Contenuti online

ebook.scuola.zanichelli.it/amaldiscientifici

 Su questo sito ci sono esercizi interattivi e approfondimenti accessibili a tutti.

 L'**interactive e-book** con gli esperimenti filmati, gli esperimenti virtuali, le animazioni e altri contenuti multimediali e interattivi è riservato a chi possiede la *chiave di attivazione*.

SE VUOI ACCEDERE AI CONTENUTI ONLINE RISERVATI		
Studente		**Insegnante**
Se non sei registrato:		**Se non sei registrato:**
1. Vai su **my.zanichelli.it** e seleziona **Procedi con la registrazione**. 2. Segui i tre passaggi per registrarti come **studente**. Ti arriverà un'e-mail: clicca sul link per completare la registrazione.		1. Vai su **my.zanichelli.it** e seleziona **Procedi con la registrazione**. 2. Segui i tre passaggi per registrarti come **docente**. Ti arriverà un'e-mail: clicca sul link per completare la registrazione.
Se sei registrato*:		**Se sei registrato*:**
Hai un **Libro Misto (LM)**: devi acquistare una *chiave di attivazione*. 1. Vai su **my.zanichelli.it** e nell'**area shop** della tua area personale acquista una *chiave di attivazione*. 2. Vai nella sezione **La mia scrivania** e clicca sull'applicazione del libro.	Hai un **Libro Misto Multimediale (LMM)**: l'accesso è gratuito. 1. Cerca la tua *chiave di attivazione* stampata in verticale sul bollino argentato in questa pagina e inseriscila nel campo **Attivazione nuova opera** nella tua area personale su **my.zanichelli.it**. 2. Vai nella sezione **La mia scrivania** e clicca sull'applicazione del libro.	1. Vai su **my.zanichelli.it** 2. Nella sezione **La biblioteca del docente** della tua area personale clicca sull'applicazione del libro.

D'ora in poi potrai entrare nell'area protetta ( ) del **sito del libro** con il tuo indirizzo e-mail e la password.

* La registrazione su my.zanichelli.it è unica per tutte le opere del catalogo. Se ti sei già registrato, per accedere alle risorse di altri volumi non occorre registrarsi di nuovo.

Per maggiori informazioni: www.scuola.zanichelli.it/attivazione

⬇ Libro scaricabile sul tablet e sul computer

www.zanichelli.it/libri-scaricabili

Libro scaricabile	**Libro scaricabile multimediale**
Il **libro come in PDF** da sfogliare e annotare, anche sul computer.	Il **libro arricchito** con in più audio, video, animazioni ed esercizi interattivi.

Visita questo sito per sapere come:
- averli gratis se hai un **Libro Misto Multimediale (LMM)**
- acquistarli se hai un **Libro Misto (LM)**

Copyright © 2012 Zanichelli editore S.p.A., via Irnerio 34, 40126 Bologna [5913der]
www.zanichelli.it

I diritti di elaborazione in qualsiasi forma o opera, di memorizzazione anche digitale su supporti di qualsiasi tipo (inclusi magnetici e ottici), di riproduzione e di adattamento totale o parziale con qualsiasi mezzo (compresi i microfilm e le copie fotostatiche), i diritti di noleggio, di prestito e di traduzione sono riservati per tutti i paesi. L'acquisto della presente copia dell'opera non implica il trasferimento dei suddetti diritti né li esaurisce.

Le fotocopie per uso personale (cioè privato e individuale, con esclusione quindi di strumenti di uso collettivo) possono essere effettuate, nei limiti del 15% di ciascun volume, dietro pagamento alla S.I.A.E del compenso previsto dall'art. 68, commi 4 e 5, della legge 22 aprile 1941 n. 633. Tali fotocopie possono essere effettuate negli esercizi commerciali convenzionati S.I.A.E. o con altre modalità indicate da S.I.A.E.

Per le riproduzioni ad uso non personale (ad esempio: professionale, economico, commerciale, strumenti di studio collettivi, come dispense e simili) l'editore potrà concedere a pagamento l'autorizzazione a riprodurre un numero di pagine non superiore al 15% delle pagine del presente volume. Le richieste per tale tipo di riproduzione vanno inoltrate a

Centro Licenze e Autorizzazioni per le Riproduzioni Editoriali (CLEARedi)
Corso di Porta Romana, n. 108
20122 Milano
e-mail autorizzazioni@clearedi.org e sito web www.clearedi.org

L'editore, per quanto di propria spettanza, considera rare le opere fuori del proprio catalogo editoriale, consultabile al sito www.zanichelli.it/f_catalogo.html.
La fotocopia dei soli esemplari esistenti nelle biblioteche di tali opere è consentita, oltre il limite del 15%, non essendo concorrenziale all'opera.
Non possono considerarsi rare le opere di cui esiste, nel catalogo dell'editore, una successiva edizione, le opere presenti in cataloghi di altri editori o le opere antologiche. Nei contratti di cessione è esclusa, per biblioteche, istituti di istruzione, musei ed archivi, la facoltà di cui all'art. 71 - ter legge diritto d'autore.
Maggiori informazioni sul nostro sito: www.zanichelli.it/fotocopie/

Realizzazione editoriale:
– Redazione: Silvia Merialdo, Antonia Ricciardi, Stefania Varano
– Segreteria di redazione: Deborah Lorenzini
– Progetto grafico, impaginazione e ricerca iconografica: Miguel Sal & C.
– Disegni: Graffito, Cusano Milanino (MI)
– Elaborazione delle immagini: Danilo Cinti
– Fotografie sperimentali: Carlo Gardini, Massimiliano Trevisan
– Correzione bozze e indice analitico: T2, Bologna

Contributi:
– Mappe dei concetti: Danilo Cinti
– Schede di storia della fisica: Giulio Maltese
– Schede di epistemologia: Laura Russo
– Collaborazione alla stesura degli esercizi: Markus Cirone, Alberto De Gregorio, Ernesta De Masi, Maria Salvina Ferrari, Casimira Fischetti, Luigi Gambetti, Fabio Grandi, Simona Graziadei, Elisa Groppi, Sergio Lo Meo, Olga Martinoli, Rossella Mistroni, Giuditta Parolini, Fabiola Rosati, Paola Sardella (Centro Servizi Archeometria), Simona Scardova.
– Stesura degli esercizi di Test per l'università, Prove d'esame all'università e Study abroad: Elisa Lauretani
– Controllo soluzioni degli esercizi: Carlo Incarbone, Giovanni Pezzi
– Stesura di Physics in English: Eleonora Anzola, Silvia Borracci, Roger Loughney (revisione linguistica)

Si ringrazia l'Associazione per l'Insegnamento della Fisica (AIF, www.aif.it) per la gentile concessione dei testi dalle Olimpiadi della Fisica.

I contributi alla realizzazione dei contenuti multimediali e dell'interactive e-book sono online su ebook.scuola.zanichelli.it/amaldiscientifici

Copertina:
– Progetto grafico: Miguel Sal & C., Bologna
– Realizzazione: Roberto Marchetti
– Immagine di copertina: Micimakin/Shutterstock; Michelangelus/Shutterstock; Artwork Miguel Sal & C., Bologna

Le icone

 Risorse online su
ebook.scuola.zanichelli.it/amaldiscientifici

 Risorse online con codice di attivazione

Livello di difficoltà degli esercizi

15 **Esercizi facili**: richiedono l'applicazione di una
★☆☆ formula per volta

36 **Esercizi medi**: richiedono l'applicazione di una
★★☆ o più leggi fisiche

37 **Esercizi difficili**: richiedono il riconoscimento
★★★ di un modello fisico studiato nella teoria
e la sua applicazione a situazioni concrete nuove

Prima edizione: marzo 2012

Ristampa:
5 4 3 2   2013 2014 2015 2016

L'impegno a mantenere invariato il contenuto di questo volume per un quinquennio (art. 5 legge n. 169/2008) è comunicato nel catalogo Zanichelli, disponibile anche online sul sito www.zanichelli.it, ai sensi del DM 41 dell'8 aprile 2009, All. 1/B.

 Zanichelli garantisce che le risorse digitali di questo volume sotto il suo controllo saranno accessibili, a partire dall'acquisto dell'esemplare nuovo, per tutta la durata della normale utilizzazione didattica dell'opera.
Passato questo periodo, alcune o tutte le risorse potrebbero non essere più accessibili o disponibili: per maggiori informazioni, leggi my.zanichelli.it/fuoricatalogo.

File per diversamente abili
L'editore mette a disposizione degli studenti non vedenti, ipovedenti, disabili motori o con disturbi specifici di apprendimento i file pdf in cui sono memorizzate le pagine di questo libro. Il formato del file permette l'ingrandimento dei caratteri del testo e la lettura mediante software screen reader. Le informazioni su come ottenere i file sono sul sito www.zanichelli.it/diversamenteabili

Suggerimenti e segnalazione degli errori
Realizzare un libro è un'operazione complessa, che richiede numerosi controlli: sul testo, sulle immagini e sulle relazioni che si stabiliscono tra essi. L'esperienza suggerisce che è praticamente impossibile pubblicare un libro privo di errori. Saremo quindi grati ai lettori che vorranno segnalarceli.
Per segnalazioni o suggerimenti relativi a questo libro scrivere al seguente indirizzo:

lineauno@zanichelli.it

Le correzioni di eventuali errori presenti nel testo sono pubblicate nel sito www.zanichelli.it/aggiornamenti

Zanichelli editore S.p.A. opera con sistema qualità
certificato CertiCarGraf n. 477
secondo la norma UNI EN ISO 9001:2008

 Questo libro è stampato su carta che rispetta le foreste.
www.zanichelli.it/la-casa-editrice/carta-e-ambiente/

Stampa: Rotolito Lombarda S.p.A.
20096 Seggiano di Pioltello (Milano)
per conto di Zanichelli editore S.p.A.
Via Irnerio 34, 40126 Bologna

Ugo Amaldi

L'Amaldi
per i licei scientifici.blu

Onde, Campo elettrico e magnetico
con Physics in English

con la collaborazione di
Gianni Melegari ed Elena Joli

a Clelia

SCIENZE ZANICHELLI

INDICE

ONDE

CAPITOLO 15 — LE ONDE ELASTICHE

CAPITOLO 16 — IL SUONO

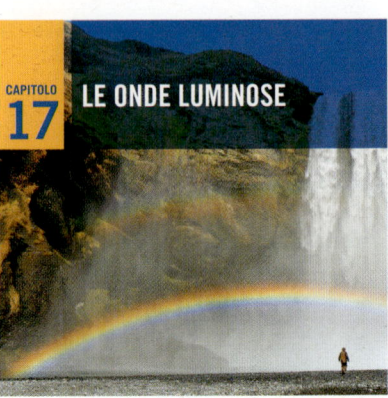

CAPITOLO 17 — LE ONDE LUMINOSE

1 Le onde	538
Animazione *Onde trasversali e longitudinali*	540
2 Fronti d'onda e raggi	541
3 Le onde periodiche	542
4 Le onde armoniche	545
Approfondimento *Onde progressive e regressive, onde stazionarie*	545
5 L'interferenza	547
Esperimento virtuale *Interferenze*	547
Animazione *L'interferenza*	547
6 L'interferenza in un piano e nello spazio	550
In laboratorio *Interferenza nell'ondoscopio*	550
I concetti e le leggi	552
Mappa interattiva	553
Esercizi	554

1 Le onde sonore	564
Animazione *Le onde sonore*	564
Approfondimento *La risonanza*	566
2 Le caratteristiche del suono	567
In laboratorio *Oscilloscopio e onde sonore*	567
3 I limiti dell'udibilità	570
4 L'eco	572
5 Le onde stazionarie	573
Animazione *I modi normali di oscillazione*	574
6 I battimenti	576
Esperimento virtuale *Note e battimenti*	576
7 L'effetto Doppler	578
I concetti e le leggi	582
Mappa interattiva	583
Esercizi	584

1 Onde e corpuscoli	594
2 L'irradiamento e l'intensità di radiazione	596
3 Le grandezze fotometriche	598
4 L'interferenza della luce	600
Esperimento virtuale *Forever Young*	601
5 La diffrazione	604
6 La diffrazione della luce	605
In laboratorio *Diffrazione da una fenditura*	605
7 Il reticolo di diffrazione	608
8 I colori e la lunghezza d'onda	609
9 L'emissione e l'assorbimento della luce	610
I concetti e le leggi	613
Mappa interattiva	613
Esercizi	615

CAMPO ELETTRICO

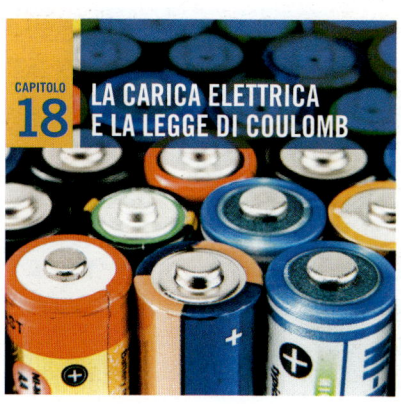

CAPITOLO 18 — LA CARICA ELETTRICA E LA LEGGE DI COULOMB

1. L'elettrizzazione per strofinio — 626
   - Animazione *Corpi negativi e corpi positivi* — 628
2. I conduttori e gli isolanti — 629
3. La definizione operativa della carica elettrica — 631
   - In laboratorio *Funzionamento di un elettroscopio* — 631
4. La legge di Coulomb — 633
   - Animazione *Il principio di sovrapposizione delle cariche elettriche* — 635
5. L'esperimento di Coulomb — 636
6. La forza di Coulomb nella materia — 638
7. L'elettrizzazione per induzione — 640
   - Esperimento virtuale *Attrazioni elettriche* — 640
   - Animazione *Polarizzazione e costante dielettrica* — 642
   - I concetti e le leggi — 643
   - Mappa interattiva — 643
   - Esercizi — 645

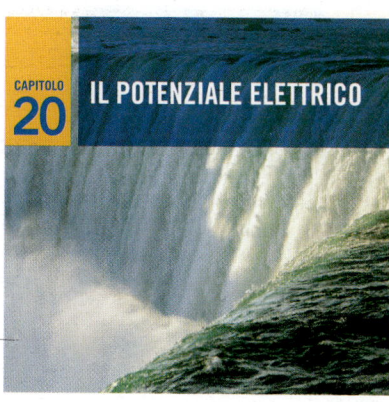

CAPITOLO 19 — IL CAMPO ELETTRICO

1. Il vettore campo elettrico — 656
   - Animazione *Il vettore campo elettrico* — 657
2. Il campo elettrico di una carica puntiforme — 659
   - Animazione *Campo elettrico di più cariche puntiformi* — 660
3. Le linee del campo elettrico — 661
   - Esperimento virtuale *Le forze in campo* — 661
   - Matematica *Campi vettoriali e campi scalari* — 662
   - In laboratorio *Linee del campo elettrico* — 664
4. Il flusso di un campo vettoriale attraverso una superficie — 664
5. Il flusso del campo elettrico e il teorema di Gauss — 666
6. Il campo elettrico generato da una distribuzione piana infinita di carica — 669
7. Altri campi elettrici con particolari simmetrie — 672
8. Dimostrazione delle formule relative ai campi elettrici con particolari simmetrie — 674
   - I concetti e le leggi — 679
   - Mappa interattiva — 679
   - Esercizi — 681

CAPITOLO 20 — IL POTENZIALE ELETTRICO

1. L'energia potenziale elettrica — 694
2. Il potenziale elettrico — 698
   - Animazione *Il potenziale elettrico non dipende dalla carica di prova* — 698
   - Matematica *L'integrale e l'energia potenziale elettrica* — 699
   - Animazione *Spostamento spontaneo delle cariche* — 701
3. Le superfici equipotenziali — 703
   - Animazione *Superfici equipotenziali per una carica puntiforme* — 703
   - Animazione *Superfici equipotenziali per un campo elettrico uniforme* — 704
4. La deduzione del campo elettrico dal potenziale — 705
   - Esperimento virtuale *Potenziale al lavoro* — 705
5. La circuitazione del campo elettrostatico — 706
   - I concetti e le leggi — 709
   - Mappa interattiva — 709
   - Esercizi — 711

INDICE

CAPITOLO 21 — FENOMENI DI ELETTROSTATICA

CAPITOLO 22 — LA CORRENTE ELETTRICA CONTINUA

CAPITOLO 23 — LA CORRENTE ELETTRICA NEI METALLI

1 La distribuzione della carica nei conduttori in equilibrio elettrostatico		722
2 Il campo elettrico e il potenziale in un conduttore all'equilibrio		724
Animazione *Potenziale elettrico in un conduttore in equilibrio elettrostatico*		725
3 Il problema generale dell'elettrostatica		726
In laboratorio *Potere delle punte in un conduttore carico*		729
4 La capacità di un conduttore		730
5 Sfere in equilibrio elettrostatico		732
6 Il condensatore		734
Esperimento virtuale *Punte e condensatori*		734
Approfondimento *Moto di una carica in un campo elettrico uniforme*		735
Animazione *Capacità di un condensatore piano*		737
7 Capacità del condensatore sferico		739
Approfondimento *Il condensatore cilindrico*		739
8 I condensatori in serie e in parallelo		741
9 L'energia immagazzinata in un condensatore		745
Animazione *Il condensatore come serbatoio di energia*		745
10 Verso le equazioni di Maxwell		748
I concetti e le leggi		750
Mappa interattiva		751
Esercizi		752

1 L'intensità della corrente elettrica		768
Animazione *L'intensità di corrente*		769
2 I generatori di tensione e i circuiti elettrici		771
Animazione *Il generatore di tensione*		771
Matematica *Le quantità istantanee e la derivata*		772
In laboratorio *Lampadine in serie e in parallelo*		775
3 La prima legge di Ohm		776
4 I resistori in serie e in parallelo		778
Esperimento virtuale *Circuiti e resistori*		778
5 Le leggi di Kirchhoff		783
6 La trasformazione dell'energia elettrica		784
Animazione *L'effetto Joule e la potenza dissipata*		785
7 La forza elettromotrice		787
Animazione *La forza elettromotrice*		787
I concetti e le leggi		790
Mappa interattiva		791
Esercizi		792

1 I conduttori metallici		808
2 La seconda legge di Ohm		810
Animazione *La seconda legge di Ohm e la resistività*		811
In laboratorio *La seconda legge di Ohm*		811
3 Il resistore variabile e il potenziometro		812
4 La dipendenza della resistività dalla temperatura		814
Esperimento virtuale *Buoni e cattivi conduttori*		814
5 La forza di attrazione tra le armature di un condensatore piano		816
6 Carica e scarica di un condensatore		819
Animazione *Processo di carica di un condensatore*		820
Animazione *Processo di scarica di un condensatore*		821
Matematica *L'esponenziale e i circuiti RC*		822
7 L'estrazione degli elettroni da un metallo		824
Approfondimento *Il diodo termoionico*		826
8 L'effetto Volta		827
9 L'effetto termoelettrico e la termocoppia		829
I concetti e le leggi		831
Mappa interattiva		831
Esercizi		833

CAPITOLO 24 — LA CORRENTE ELETTRICA NEI LIQUIDI E NEI GAS

1. Le soluzioni elettrolitiche — 844
- Animazione *La dissociazione elettrolitica* — 846
- In laboratorio *Corrente elettrica in una cella elettrolitica* — 846
2. L'elettrolisi — 847
3. Le leggi di Faraday per l'elettrolisi — 850
4. Le pile e gli accumulatori — 852
5. La conducibilità nei gas — 856
- Animazione *Ionizzazione di un gas* — 856
6. I raggi catodici — 860
- Esperimento virtuale *Raggi catodici* — 860
- I concetti e le leggi — 864
- Mappa interattiva — 865
- Esercizi — 866

CAPITOLO 25 — FENOMENI MAGNETICI FONDAMENTALI

1. La forza magnetica e le linee del campo magnetico — 874
- Animazione *I poli magnetici* — 875
2. Forze tra magneti e correnti — 878
- In laboratorio *Esperimento di Oersted* — 878
- Animazione *Esperimento di Faraday* — 879
3. Forze tra correnti — 879
4. L'intensità del campo magnetico — 881
- Esperimento virtuale *Fili magnetici* — 882
5. La forza magnetica su un filo percorso da corrente — 883
- Animazione *L'intensità della forza magnetica* — 883
6. Il campo magnetico di un filo percorso da corrente — 884
7. Il campo magnetico di una spira e di un solenoide — 886
8. Il motore elettrico — 889
9. L'amperometro e il voltmetro — 893
- I concetti e le leggi — 895
- Mappa interattiva — 895
- Esercizi — 897

CAPITOLO 26 — IL CAMPO MAGNETICO

1. La forza di Lorentz — 910
- Esperimento virtuale *La forza di Lorentz* — 910
2. Forza elettrica e magnetica — 913
3. Il moto di una carica in un campo magnetico uniforme — 916
- Animazione *Il moto di una carica in un campo magnetico uniforme* — 917
4. Applicazioni sperimentali del moto di cariche in campi magnetici — 919
- In laboratorio *Misura della carica specifica dell'elettrone* — 919
5. Il flusso del campo magnetico — 921
6. La circuitazione del campo — 924
7. Applicazioni del teorema di Ampère — 925
8. Le proprietà magnetiche dei materiali — 928
- Animazione *Le sostanze ferromagnetiche* — 928
- Animazione *Le sostanze diamagnetiche e paramagnetiche* — 929
- Approfondimento *Il campo magnetico H* — 931
9. Il ciclo di isteresi magnetica — 931
10. Verso le equazioni di Maxwell — 936
- I concetti e le leggi — 938
- Mappa interattiva — 939
- Esercizi — 940

🇬🇧 PHYSICS IN ENGLISH — E1
- Physics Talk — E2
- Reading Comprehension — E4

INDICE ANALITICO — E16

LA STORIA DELL'AMALDI

Questo libro è stato scritto nel ricordo di Ugo Amaldi (1875-1957), illustre matematico, uomo di grande fede e magnifico didatta che nel 1904, presso la Zanichelli, pubblicò con Federigo Enriques (1871-1946) gli *Elementi di geometria*, primo di una lunga serie di testi di geometria e analisi usati per più di ottant'anni nelle scuole secondarie di tutta Italia.

Cinquant'anni dopo, Ginestra Amaldi ed Edoardo Amaldi pubblicarono, per la Zanichelli, il *Corso di fisica – ad uso dei licei scientifici* che portava il sottotitolo *rielaborato da un testo di Enrico Fermi*, testo che era stato pubblicato, sempre dalla Zanichelli, nel 1929.

▶ **Ginestra Amaldi** (1911-1993), astronoma, ha pubblicato diversi libri di divulgazione scientifica rivolti ai giovani. Uno di essi, *Questo nostro mondo*, è stato tradotto in cinque lingue.

▶ **Edoardo Amaldi** (1908-1989), scienziato di fama internazionale, è stato collaboratore di Fermi nella scuola di via Panisperna. Nel dopoguerra ha ricostruito la fisica italiana.

A

B

Edoardo Amaldi è stato uno dei padri fondatori del CERN (Conseil Européen pour la Recherche Nucléaire), il prestigioso centro europeo per la ricerca nucleare, e ha contribuito alla creazione dell'ESA (European Space Agency), l'ente spaziale europeo. Ha dedicato gli ultimi decenni della sua vita alla ricerca delle onde gravitazionali.

Dagli anni Cinquanta a oggi il libro di Edoardo e Ginestra ha avuto numerose edizioni e rifacimenti completi; io ne sono il solo autore da più di vent'anni. Più di due milioni di studenti hanno studiato fisica sulle pagine di questi testi.

La nuova edizione presenta una fisica ricca di esempi di esercizi e di risorse multimediali (esperimenti virtuali, animazioni, video girati in laboratorio) che parlano dell'esperienza quotidiana. È una fisica che vuole stimolare i giovani cittadini ad acquisire una visione scientifica del mondo, attraverso le spiegazioni semplici ma rigorose che hanno contraddistinto la storia degli «Amaldi».

Ugo Amaldi
Ginevra, gennaio 2012

ONDE

THP | Tim Hester Photography/Shutterstock

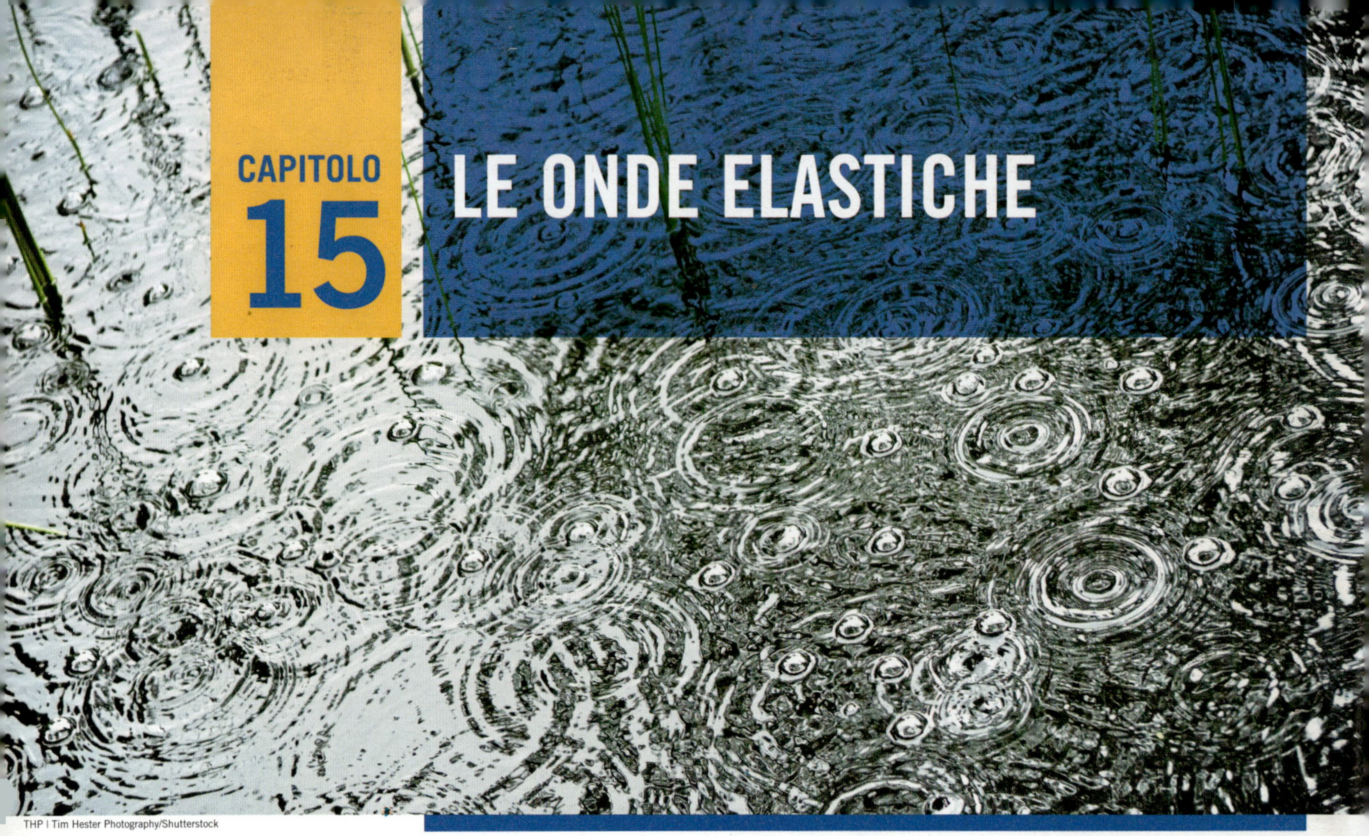

CAPITOLO 15 LE ONDE ELASTICHE

1 LE ONDE

Una goccia di pioggia che cade su una pozzanghera genera un'increspatura circolare che si allarga sempre più. Osservando tale fenomeno, possiamo notare due moti distinti.

▶ La perturbazione si muove verso l'esterno in orizzontale.

A

▶ Un tappo, che galleggia sull'acqua, si sposta su e giù in verticale.

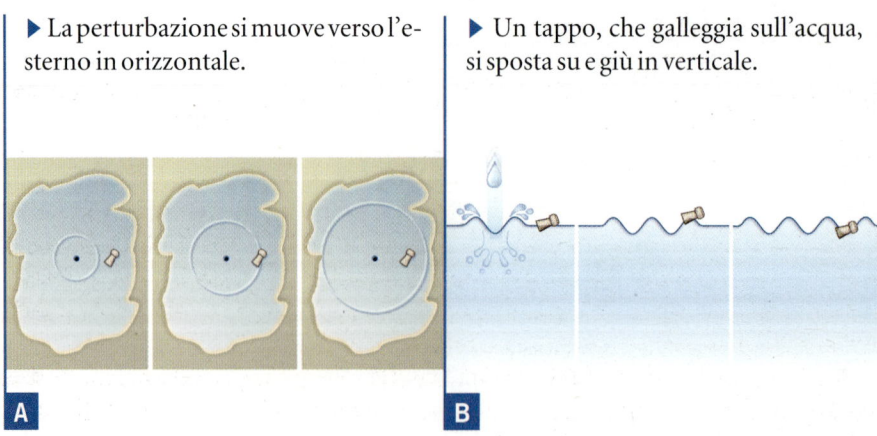

B

Come accade al tappo, anche le molecole dell'acqua oscillano in su e in giù, ma non si spostano verso l'esterno. Quindi, l'onda non trasporta materia, perché le molecole rimangono dove sono. Invece, l'onda trasporta energia, cioè la capacità di mettere in movimento molecole d'acqua sempre più lontane.

Un'**onda** è una perturbazione che si propaga trasportando energia ma non materia.

Al contrario un proiettile, che è sparato da una pistola e si conficca in una tavola di legno, trasporta sia materia sia energia.

Nel nostro esempio, l'acqua è il *mezzo materiale* in cui l'onda si propaga, mentre la goccia che cade è la *sorgente* dell'onda.

Onde su una corda

Per ottenere un diverso tipo di onda, agitiamo l'estremità di una corda tesa, spostandola in su e in giù.

▶ La deformazione si propaga lungo la corda, in orizzontale.

▶ Ma ogni singolo tratto di corda si muove soltanto in su e in giù.

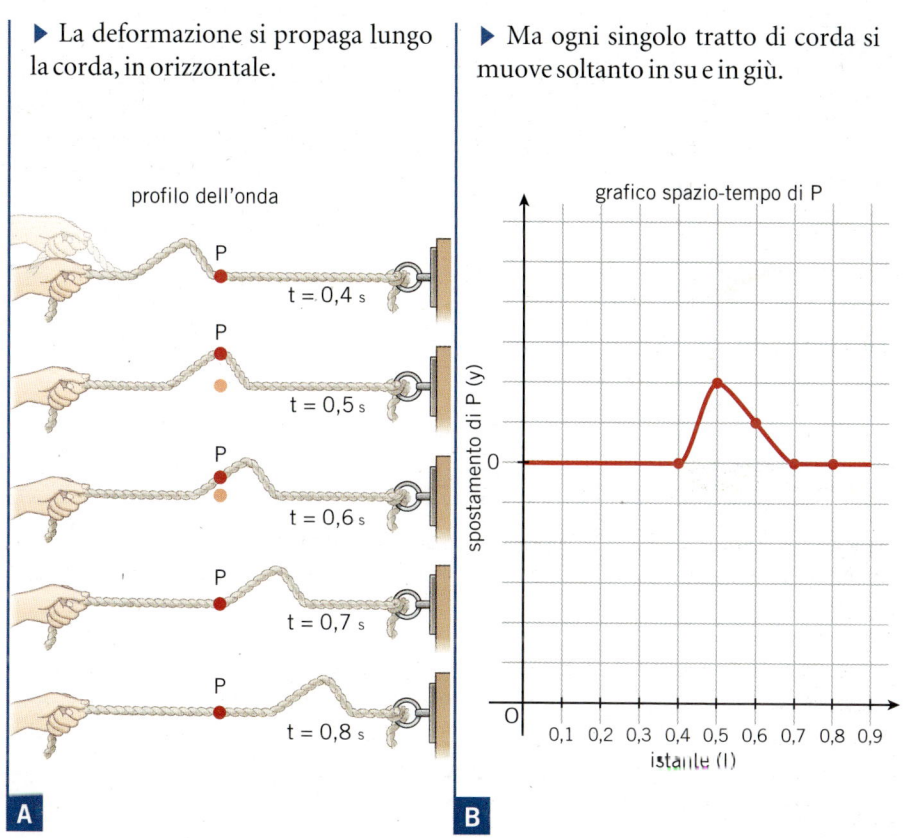

L'onda, cioè la deformazione, si muove lungo la corda. Tuttavia, ciascun punto oscilla in su e in giù attorno alla posizione in cui si trovava prima della perturbazione: come si vede nel grafico spazio-tempo della figura *B* esso ripete il moto che la mano ha impresso all'estremità della corda.

Non c'è trasporto di materia, ma l'onda porta con sé energia; infatti, i punti della corda raggiunti dall'onda acquistano energia cinetica (perché si mettono in movimento) e possono aumentare o diminuire la propria energia potenziale gravitazionale (quando la loro quota è maggiore o minore di quella iniziale).

In questo esempio la corda è il *mezzo materiale* in cui l'onda si propaga, mentre la mano è la *sorgente* dell'onda, cioè la sua causa.

Si propagano mediante onde anche il suono, la luce, i segnali radio e i terremoti.

Onde trasversali e longitudinali

Spostiamo rapidamente avanti e indietro l'estremità di una molla: le spire prima si avvicinano, poi si allontanano, per poi tornare nella posizione iniziale.

La perturbazione si propaga in direzione orizzontale, verso destra, lungo la molla (figura 1).

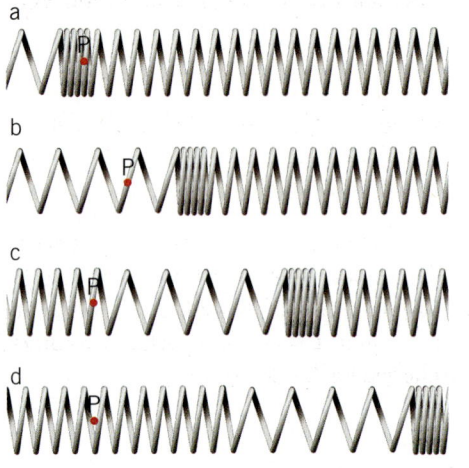

Ogni spira oscilla prima a destra, poi a sinistra e infine torna nella posizione iniziale. Il punto P della figura ha proprio questo moto.

Abbiamo creato un'onda che avanza lungo la molla. In questo caso, il moto dei singoli elementi è *parallelo* a quello complessivo dell'onda e non perpendicolare, come accadeva nelle onde sull'acqua e lungo una corda. Questo tipo di onda si chiama *onda longitudinale*, perché gli elementi oscillano parallelamente alla direzione di propagazione dell'energia.

Figura 1 Onda longitudinale che si propaga su una molla.

Un altro tipo di onda longitudinale è quella che si propaga in un solido percosso. Consideriamo, per esempio, una sbarra di acciaio che viene colpita a una estremità da un martello (figura 2).

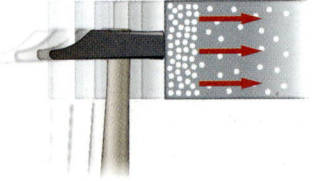 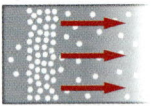 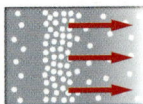 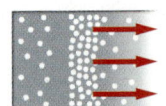

Figura 2 Onda longitudinale di densità che si propaga lungo una sbarra di acciaio.

ANIMAZIONE

Onde trasversali e longitudinali (1 minuto)

Il colpo di martello comprime leggermente l'acciaio all'estremità della sbarra. A causa della continuità dell'acciaio, questo piccolo aumento di densità locale (che è esagerato nella figura) si propaga lungo la sbarra. L'onda è longitudinale perché ogni piccolo volume di acciaio oscilla avanti e indietro in orizzontale, nella stessa direzione in cui si propaga l'onda di compressione.

> Un'onda è:
> - **trasversale** quando gli elementi del mezzo materiale si spostano perpendicolarmente al moto dell'onda;
> - **longitudinale** quando gli elementi del mezzo materiale si spostano parallelamente al moto dell'onda.

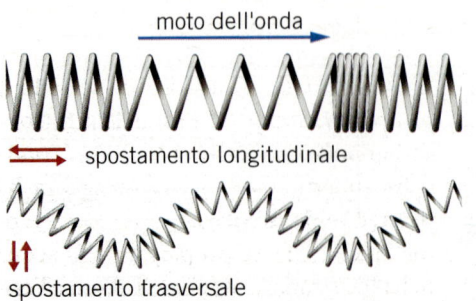

Figura 3 Confronto tra un'onda trasversale e un'onda longitudinale.

Nella molla possono propagarsi onde longitudinali, se muoviamo l'estremità avanti e indietro, oppure onde trasversali, se muoviamo l'estremità perpendicolarmente alla molla, come abbiamo visto per le onde su una corda (figura 3). Le onde sismiche sono sia longitudinali sia trasversali, mentre quelle sonore sono soltanto longitudinali.

Vari tipi di onde

Le onde che si propagano su una corda, in una sbarra d'acciaio, nell'aria sono esempi di *onde elastiche*.

> Un'**onda elastica** è un'onda che si propaga grazie alle proprietà elastiche del mezzo materiale che le fa da supporto.

Le onde sull'acqua non sono elastiche, ma sono dovute al peso dell'acqua stessa e al fatto che essa è incompressibile. I piccoli volumetti d'acqua che formano le onde sono soggetti a due moti: uno trasversale (in su e giù) che segue l'alzarsi e l'abbassarsi dell'onda, e uno longitudinale, nella direzione in cui si propaga l'onda. Come conseguenza, i volumetti d'acqua descrivono una traiettoria circolare che genera l'onda (figura 4).

Figura 4 Moto circolare di un volumetto di liquido in un'onda sull'acqua.

Questo movimento circolare avviene fino a quando la profondità dell'acqua lo permette; invece, quando, il fondo è vicino, l'onda si rifrange.
Anche le onde radio e la luce non sono onde elastiche (in quanto si propagano anche nel vuoto, dove non c'è alcun mezzo materiale a sostenerle).

> Un'onda è definita dalla grandezza fisica che oscilla: a volte un pezzetto di corda, altre volte un volumetto d'acqua. Nel caso delle onde elettromagnetiche si tratta dei valori dei campi elettrici e magnetici.

2 FRONTI D'ONDA E RAGGI

Le onde si possono propagare in un mezzo unidimensionale (come una corda), in un mezzo bidimensionale (come la membrana di un tamburo) e anche nello spazio tridimensionale, come accade alle onde sonore nell'aria.

Se facciamo scoppiare un petardo, la grandezza che oscilla è la pressione di un volumetto d'aria; l'onda acustica si propaga radialmente in tutte le direzioni. Tutti i punti che si trovano a distanza r dallo scoppio sono investiti dall'onda nello stesso istante e formano un *fronte d'onda*.

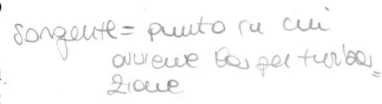

> Si chiama **fronte d'onda** l'insieme di tutti i punti in cui la grandezza oscillante ha lo stesso valore.

L'onda sonora generata dal petardo è un'*onda sferica*, perché i suoi fronti d'onda hanno forma sferica (figura 5). L'onda sulla superficie di una pozzanghera ha fronti d'onda circolari. Le *onde piane*, come quelle che si propagano sull'acqua nella fotografia a lato, hanno fronti d'onda che sono porzioni di piano.

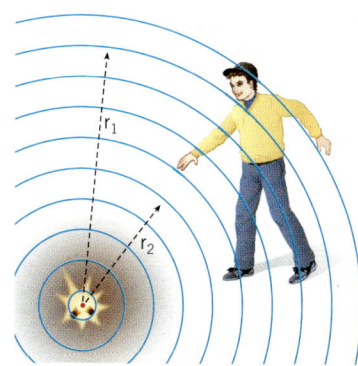

Figura 5 Fronti d'onda circolari dell'onda sonora generata dall'esplosione di un petardo.

541

I raggi dell'onda

Si chiamano **raggi** dell'onda le rette perpendicolari ai fronti d'onda.

▶ In un'onda circolare i raggi sono semirette che escono dalla sorgente dell'onda.

▶ In un'onda piana i raggi sono segmenti di retta paralleli tra loro.

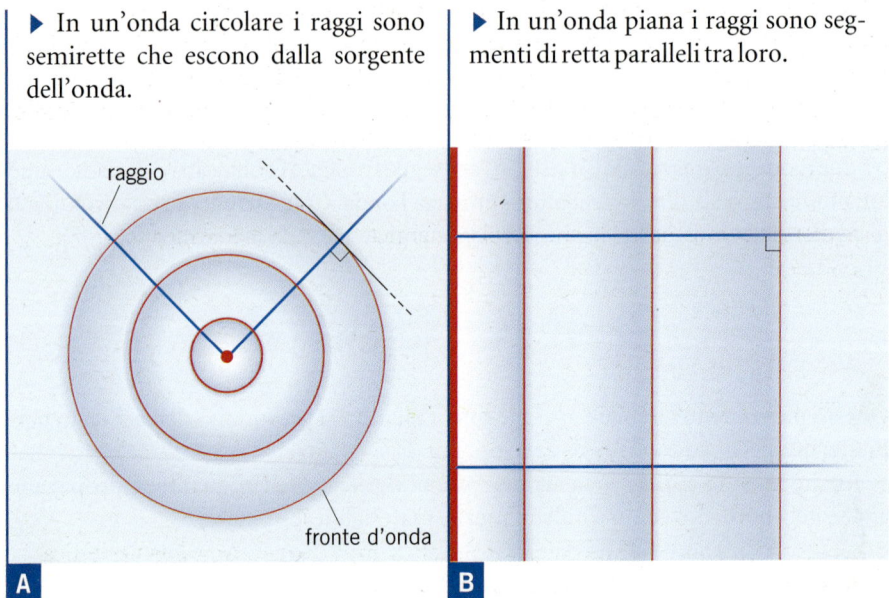

3 LE ONDE PERIODICHE

Muoviamo in su e in giù l'estremità di una corda senza cambiare ritmo. Per compiere un'oscillazione completa impieghiamo, per esempio, 0,5 s. Mentre la mano continua a muoversi, la grandezza «spostamento di un pezzetto di corda» oscilla e l'onda si propaga verso destra. Nella figura 6 vi sono tre disegni dell'onda a tre istanti diversi.

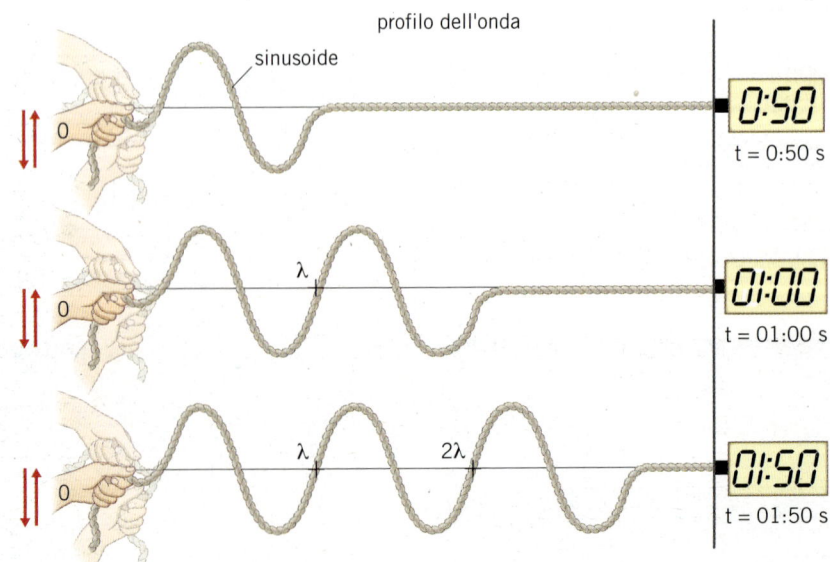

Figura 6 Moto di un'onda trasversale lungo una corda.

- Nel primo mezzo secondo la mano ha compiuto un'oscillazione completa: è andata su, è tornata nella posizione 0 di partenza, è andata giù ed è risalita di nuovo alla posizione di partenza. All'istante 0,5 s, l'onda è avanzata di 40 cm, dando alla corda il profilo di una sinusoide.
- All'istante 1 s, il disegno della corda mette in evidenza due cicli di sinusoide, che corrispondono a due oscillazioni complete della mano.
- All'istante 1,5 s, dopo tre oscillazioni della mano, le sinusoidi sono tre.

L'onda che avanza è formata dalla ripetizione regolare di oscillazioni sinusoidali, ciascuna delle quali è lunga 40 cm. Ogni oscillazione della corda si è formata con un'oscillazione completa della mano, che dura 0,5 secondi. Quindi il massimo di un'oscillazione va avanti di 40 cm in 0,5 s, alla velocità di 80 cm/s.

Si dice **periodica** un'onda che si ripete identica dopo un intervallo di tempo costante.

La lunghezza d'onda e l'ampiezza

Osserviamo un disegno dell'onda periodica.

La **lunghezza d'onda** λ è la minima distanza dopo la quale un'onda periodica torna a riprodursi identica a se stessa (figura 7).

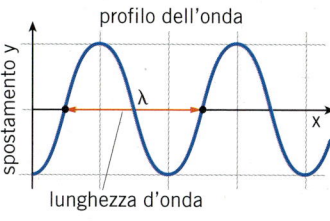

Figura 7 Forma di un'onda: è evidenziata la lunghezza d'onda.

Nell'esempio della corda la lunghezza d'onda è di 40 cm.

L'**ampiezza** dell'onda periodica è la differenza tra il valore massimo della grandezza che oscilla e il valore di equilibrio (figura 8).

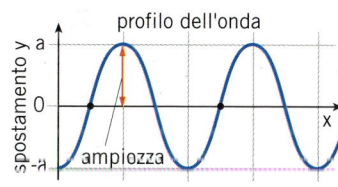

Figura 8 Forma di un'onda: è evidenziata l'ampiezza dell'onda.

Un'**onda del mare**, in cui le creste distano 3 m tra loro ha una lunghezza d'onda di 3 m. Se le creste sono sollevate di 1 m rispetto al livello normale dell'acqua, l'ampiezza è di 1 m.

Il periodo e la frequenza

Osserviamo come si muove un punto della corda, man mano che passa il tempo: il punto oscilla in su e in giù, mentre l'onda si sposta in orizzontale.

> *tempo necessario per percorrere una lunghezza d'onda.*
>
> Il **periodo** T dell'onda periodica è l'intervallo di tempo che un punto del mezzo materiale impiega a compiere una oscillazione completa.

Nell'esempio della corda il periodo è 0,5 s.

> La **frequenza** f è il numero di oscillazioni che l'onda descrive nell'unità di tempo, cioè in 1 s.

Come sappiamo dalla meccanica, la relazione tra periodo T e frequenza f è data dalla formula

$$f = \frac{1}{T}. \tag{1}$$

Dal momento che il periodo si misura in secondi, la frequenza si misura in (secondi)$^{-1}$, cioè hertz (Hz).

Nell'esempio della corda la frequenza è 2 Hz.

Determinati dalla sorgente dell'onda
La frequenza e il periodo di un'onda sono determinati dalla sorgente dell'onda (per esempio, la frequenza di un'onda sonora dipende dalla frequenza con cui vibra il corpo che genera il suono).

La velocità di propagazione

Nell'intervallo di tempo di un periodo l'onda percorre la distanza di una lunghezza d'onda. Quindi l'onda periodica si propaga alla velocità

$$v = \frac{\lambda}{T} \qquad v = \frac{s}{t} \qquad v = \lambda \cdot f \tag{2}$$

Determinati dal mezzo
La velocità di propagazione di un'onda dipende dal mezzo in cui essa si propaga; quindi, mantenendo la frequenza costante, anche il valore della lunghezza d'onda dipende dal mezzo.

> **ESEMPIO**
>
> In un tratto di mare troviamo delle onde con un periodo $T = 6{,}0$ s e con una lunghezza d'onda $\lambda = 41$ m. Calcola quanto valgono:
>
> ▶ la frequenza dell'onda;
>
> ▶ la sua velocità di propagazione.
>
> - La frequenza f dell'onda è data dalla formula (**1**):
>
> $$f = \frac{1}{T} = \frac{1}{6{,}0 \text{ s}} = 0{,}17 \text{ s}^{-1} = 0{,}17 \text{ Hz}.$$
>
> - La velocità v di propagazione è invece data dalla formula (**2**):
>
> $$v = \frac{\lambda}{T} = \frac{41 \text{ m}}{6{,}0 \text{ s}} = 6{,}8 \frac{\text{m}}{\text{s}}.$$

4 LE ONDE ARMONICHE

L'onda periodica più semplice è l'*onda armonica*.

Un'onda è **armonica** quando la grandezza che la definisce oscilla di moto armonico.

APPROFONDIMENTO

Onde progressive e regressive, onde stazionarie
(2 pagine)

La legge delle onde armoniche in un punto fissato

Consideriamo di nuovo un'onda che si propaga su una corda. Se questa onda è armonica, un suo punto fissato P si allontana dalla posizione di riposo nel tempo secondo la legge

$$y = a\cos\left(\frac{2\pi}{T}t + \varphi_0\right) = a\cos(\omega t + \varphi_0) \qquad (3)$$

dove (figura 9):
- y è lo spostamento, cioè la posizione verticale del punto rispetto alla quota di equilibrio della corda;
- a è l'ampiezza dell'onda;
- T è il periodo;
- $\frac{2\pi}{T}t + \varphi_0 = \omega t + \varphi_0$, cioè l'argomento della funzione coseno, è la **fase** dell'onda;
- φ_0 è la *fase iniziale* dell'onda perché è il valore della fase all'istante $t = 0$ s.
- $\omega = \frac{2\pi}{T}$ è la pulsazione del moto armonico.

La figura 10 mostra il grafico della formula (3) in funzione del tempo. Per semplicità si è scelto $\varphi_0 = 0$, per cui la curva che si ottiene è una *cosinusoide*.

Moto armonico
La formula (3) è una generalizzazione della formula $s = r\cos\omega t$

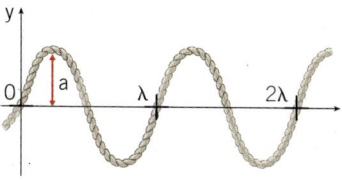

Figura 9 Onda armonica su una corda.

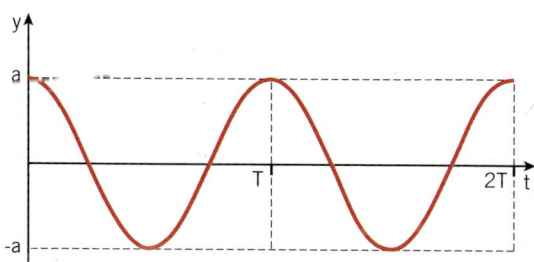

Figura 10 Grafico posizione-tempo che descrive il moto verticale di un punto della corda lungo cui si propaga un'onda armonica.

La fase iniziale

Il grafico precedente rappresenta il moto di un punto della corda che si trova alla quota massima all'istante $t = 0$ s, arriva al punto di minimo all'istante $t = T/2$ e torna alla massima altezza all'istante $t = T$.

Gli altri punti della corda hanno un moto analogo, ma all'istante $t = 0$ s si trovano, in generale, a quote diverse. Il disegno a lato (figura 11) mostra la corda all'istante $t = 0$ s. In tale istante il punto P si trova alla massima quota e, quindi, il suo moto è descritto dalla formula (3) con $\varphi_0 = 0$, cioè dalla cosinusoide della figura precedente.

Un altro punto Q ha, all'istante $t = 0$ s, una quota generica y_0. Anche Q si muove di moto armonico tra la quota massima a e la quota minima $2a$, ma tale moto è sfasato rispetto a quello di P.

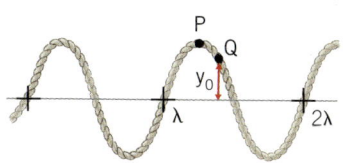

Figura 11 Il moto del punto Q è sfasato rispetto a quello del punto P.

Questo fatto è descritto dalla grandezza φ_0, che varia da punto a punto della corda. Sostituendo $y = y_0$ e $t = 0$ s nella formula (3), otteniamo che φ_0 deve soddisfare la condizione

$$y_0 = a \cos \varphi_0. \tag{4}$$

ESEMPIO

Un'onda che si propaga su una corda ha ampiezza $a = 0{,}466$ m e periodo $T = 1{,}82$ s. Il punto P della corda si trova, all'istante $t = 0$ s, alla quota massima della sua oscillazione.

▶ Calcola il valore dell'ordinata y_1 dello stesso punto P all'istante $t = 2{,}19$ s.

- Il fatto che, all'istante $t = 0$ s, il punto P si trova alla quota massima significa che il suo moto è descritto dall'equazione (3) con $\varphi_0 = 0$.
- Allora il valore di y_1 si può calcolare sostituendo i dati numerici nella formula:

$$y_1 = a \cos\left(\frac{2\pi}{T} t\right) = (0{,}466 \text{ m}) \times \cos\left(\frac{2\pi}{1{,}82 \text{ s}} \times 2{,}19 \text{ s}\right) =$$
$$= (0{,}466 \text{ m}) \times \cos(7{,}56) = (0{,}466 \text{ m}) \times 0{,}290 = 0{,}135 \text{ m}.$$

La legge delle onde armoniche in un istante fissato

Prima abbiamo studiato come varia la grandezza fisica spostamento y di un punto P fissato al variare del tempo. Possiamo però compiere l'operazione complementare, cioè scegliere un istante t fissato e vedere com'è il profilo dell'onda al variare della posizione x. Ciò equivale a scattare una fotografia dell'onda all'istante t.

Come si vede nella figura 9, in questa condizione il profilo di un'onda armonica ha la forma di una cosinusoide (o di una sinusoide), che è data dalla formula

$$y = a \cos\left(\frac{2\pi}{\lambda} x + \varphi_0\right) \tag{5}$$

dove λ rappresenta il *periodo spaziale* dell'onda, cioè la **lunghezza d'onda**. Come nella formula (3), l'argomento ($2\pi x/\lambda + \varphi_0$) della funzione coseno si chiama **fase dell'onda**.

In questo caso la variabile y rappresenta la quota di un punto della corda rispetto alla posizione di equilibrio della corda stessa e il valore della fase iniziale φ_0 dipende dalla posizione scelta come origine.

Le formule di questo paragrafo valgono anche per altri tipi di onde: ciò che cambia è il significato della variabile y.

Per l'onda che si trasmette lungo una sbarra d'acciaio, la grandezza fisica che oscilla y è la variazione di densità del materiale; per un'onda sonora y può essere una variazione di pressione, per un'onda radio y è il valore di un campo elettrico.

Una volta definita la grandezza rappresentata da y, si sa che tipo di onda si sta esaminando.

5 L'INTERFERENZA

Vogliamo ora studiare ciò che accade quando due o più onde si propagano contemporaneamente nello stesso mezzo materiale.

ESPERIMENTO VIRTUALE

Interferenze
- Gioca
- Misura
- Esercitati

Il principio di sovrapposizione

Quando ascoltiamo la musica prodotta dalle casse acustiche dello stereo, due complesse onde sonore, generate dagli altoparlanti delle casse, si propagano nell'aria della stanza.

L'esperienza dice che il suono che noi percepiamo è la sovrapposizione delle onde prodotte dagli altoparlanti: nessuna delle due onde sonore è modificata dal fatto che un'altra onda «viaggia» nello stesso volume d'aria.

Lo stesso accade quando si incrociano due fasci laser: la luce di ciascun fascio procede indisturbata dopo avere attraversato l'altro fascio.

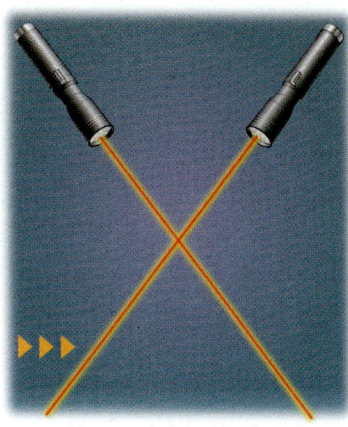

In entrambi gli esempi, le onde rispettano il *principio di sovrapposizione*.

> **Principio di sovrapposizione**: due o più onde che si propagano nello stesso mezzo generano una perturbazione che è la somma delle perturbazioni che ciascuna onda produrrebbe da sola.

Quasi tutte le onde, quando le loro oscillazioni non sono troppo grandi, rispettano il principio di sovrapposizione. Esso, inoltre, vale in tutti i casi per le onde elettromagnetiche che si propagano nel vuoto.

ANIMAZIONE

L'interferenza
(1 minuto e mezzo)

Interferenza di onde

Due o più onde che si sovrappongono nello stesso mezzo materiale danno origine al fenomeno dell'**interferenza**.

Come esempio di interferenza tra onde consideriamo la figura 12, dove si vedono due onde trasversali (non periodiche) che si propagano su una corda in versi opposti. Puoi notare che le due onde, quando si sovrappongono, provocano uno spostamento verso l'alto della corda che è maggiore dei singoli spostamenti dovuti alle due onde (i singoli spostamenti sono disegnati in grigio nel «fotogramma» centrale).

È questo un esempio di *interferenza costruttiva*.

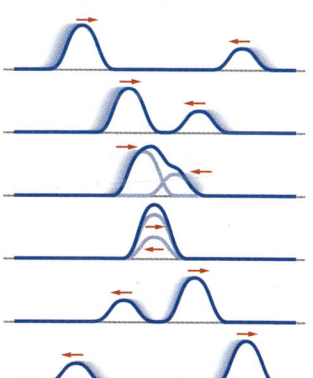

Figura 12 Sovrapposizione di due onde che si propagano sulla stessa corda.

Dopo la sovrapposizione
Nota che ognuna delle due onde, dopo avere attraversato l'altra, è rimasta invariata e si propaga come se esistesse da sola sulla corda.

> Si ha **interferenza costruttiva** quando gli effetti di due o più onde si rafforzano a vicenda; nel caso opposto si ha **interferenza distruttiva**.

Interferenza di onde armoniche su una retta

Come primo caso, studiamo la sovrapposizione di due onde armoniche della stessa grandezza fisica che hanno la stessa frequenza f e si propagano nella stessa direzione. Stessa frequenza significa stesso periodo $T = 1/f$ e stessa pulsazione $\omega = 2\pi/T = 2\pi f$. Per semplicità, supponiamo che le due onde abbiano anche la stessa ampiezza a.

In generale, le due onde hanno fasi iniziali diverse; perciò, se per la prima possiamo scegliere $\varphi_0 = 0$, lo stesso non vale per la seconda. Quindi le equazioni delle due onde in un punto fissato, al trascorrere del tempo, sono

$$y_1 = a\cos(\omega t) \quad \text{e} \quad y_2 = a\cos(\omega t + \varphi_0). \tag{6}$$

La grandezza oscillante totale è $y = y_1 + y_2$, cioè:

$$y = y_1 + y_2 = a\cos(\omega t) + a\cos(\omega t + \varphi_0) = a[\cos(\omega t) + \cos(\omega t + \varphi_0)]. \tag{7}$$

La formula (7) può essere rielaborata mediante l'identità goniometrica

$$\cos\alpha + \cos\beta = 2\cos\frac{\beta - \alpha}{2}\cos\frac{\beta + \alpha}{2} \tag{8}$$

(formula di prostaferesi per il coseno), da cui si ottiene

$$y = a[\cos(\omega t) + a\cos(\omega t + \varphi_0)] =$$

$$= 2a\cos\left(\frac{\omega t + \varphi_0 - \omega t}{2}\right)\cos\left(\frac{\omega t + \varphi_0 + \omega t}{2}\right) = 2a\cos\frac{\varphi_0}{2}\cos\left(\omega t + \frac{\varphi_0}{2}\right). \tag{9}$$

Quindi, componendo due onde armoniche abbiamo ottenuto ancora un'onda armonica di forma $y = A\cos(\omega t + \varphi_0/2)$, che ha stessa pulsazione (cioè stessa frequenza) delle due onde di partenza; fase iniziale uguale a $\frac{\varphi_0}{2}$; ampiezza A data dalla formula

$$A = 2a\cos\frac{\varphi_0}{2}. \tag{10}$$

Quindi l'ampiezza dell'onda risultante dipende dal valore di φ_0:

- se $\varphi_0 = 2k\pi$, con k intero, si ha $|A| = 2a$ e lo spostamento massimo risultante è la somma degli spostamenti dovuti alle singole onde: c'è interferenza *costruttiva*;
- se $\varphi_0 = (2k + 1)\pi$, con k intero, si ha $A = 0$ e le due onde si annullano a vicenda: si ha interferenza *distruttiva*.

Lo sfasamento

Nel calcolo precedente l'onda y_1 aveva fase $\varphi_1 = \omega t$ e l'onda y_2 aveva fase $\varphi_2 = \omega t + \varphi_0$.
La differenza tra le fasi di due onde è detta **sfasamento**, che si indica con $\Delta\varphi$ e che, nel calcolo precedente, era dato da $\Delta\varphi = \varphi_0$.

Se lo sfasamento è nullo o è uguale a un numero intero di angoli giri ($\Delta\varphi = 2k\pi$) si dice che le due onde sono *in fase*; ciò significa che le due grandezze oscillano insieme, raggiungendo i valori massimi e minimi nello stesso istante.

Se lo sfasamento è uguale a un numero dispari di angoli piatti ($\Delta\varphi = (2k+1)\pi$) si dice che le due onde sono *in opposizione di fase*; ciò significa che quando una di esse è in un massimo, l'altra è in un minimo e viceversa.

▶ Due onde in fase danno interferenza costruttiva: in ogni punto le loro ampiezze si sommano, le onde si rafforzano a vicenda.

▶ Due onde in opposizione di fase danno interferenza distruttiva: se hanno la stessa ampiezza si annullano a vicenda.

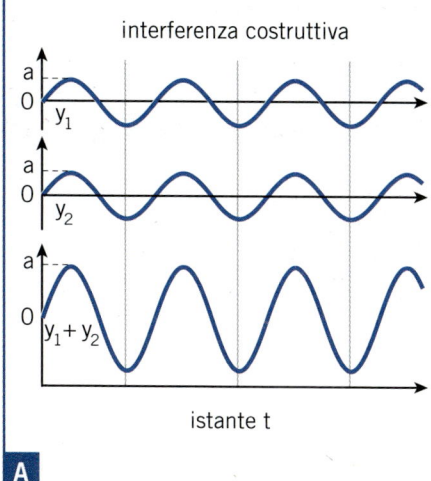

A

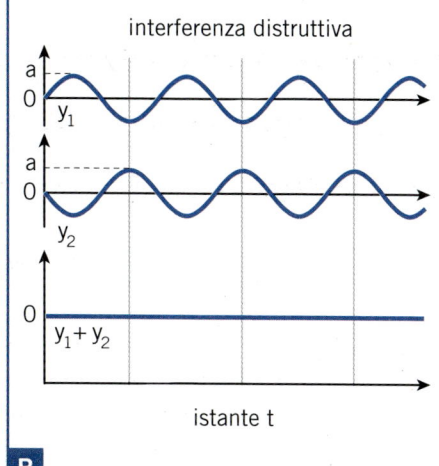

B

Due onde sonore uguali che giungono nello stesso punto in opposizione di fase si annullano a vicenda e producono una situazione di silenzio. Per esempio, nei concerti tenuti al chiuso può capitare di «sentire male» perché nel punto in cui ci si trova giungono due onde: quella diretta dagli strumenti e quella riflessa dal soffitto, che arriva con un poco di ritardo.

Se questo ritardo fa sì che le due onde siano in opposizione di fase, non si riesce a sentire bene la musica. Se è possibile spostarsi in un punto in cui l'interferenza è costruttiva, l'ascolto è molto migliore. Le sale da concerto e i teatri sono progettati in modo da tenere in considerazione l'interferenza fra onde sonore e assicurare così l'acustica migliore.

ESEMPIO

Su una corda sono generate due onde armoniche y_1 e y_2, con la stessa ampiezza $a = 0{,}41$ m e sfasate di $\Delta\varphi = 90°$.

▶ Calcola l'ampiezza A dell'onda che si ottiene dalla sovrapposizione di y_1 e y_2.

L'ampiezza risultante A si ottiene con la formula (**10**), che in questo caso è riscritta come:

$$A = 2a\cos\frac{\Delta\varphi}{2} = (0{,}82 \text{ m}) \times \cos\frac{90°}{2} = (0{,}82 \text{ m}) \times \frac{\sqrt{2}}{2} = 0{,}58 \text{ m}.$$

6 L'INTERFERENZA IN UN PIANO E NELLO SPAZIO

IN LABORATORIO

Interferenza nell'ondoscopio
- Video (2 minuti)
- Test (3 domande)

Nel paragrafo precedente abbiamo analizzato l'interferenza di onde che si propagano su una retta; in particolare abbiamo visto che si ha interferenza costruttiva dove le onde sommano i loro effetti e interferenza distruttiva quando esse si annullano a vicenda. Ora vediamo come lo stesso fenomeno si realizza nel caso generale.

Immergiamo nell'acqua due punte che salgono e scendono insieme: esse generano due onde circolari, con lo stesso periodo e, quindi, la stessa lunghezza d'onda λ. Queste onde si generano nei punti S_1 e S_2 e si propagano contemporaneamente nella bacinella.

Le due punte che salgono e scendono insieme nell'acqua oscillano *in fase*; esse sono un esempio di sorgenti *coerenti* di onde.

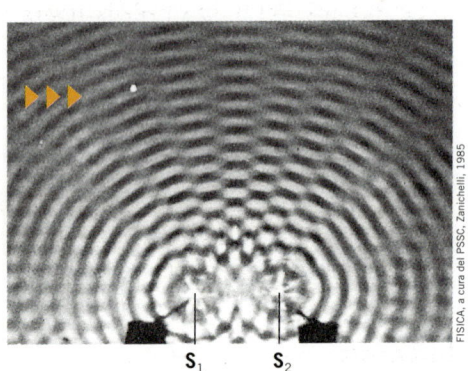

> Due sorgenti si dicono **coerenti** quando la differenza di fase tra le onde che esse emettono è costante.

Quindi, perché due sorgenti di onde sull'acqua siano coerenti non è necessario che le loro punte salgano e scendano insieme: per esempio, andrebbe bene anche il caso in cui, quando la prima punta scende in acqua, la seconda si trova nel suo punto di massimo. Questa relazione tra le due sorgenti deve però restare inalterata.

Le increspature sulla superficie dell'acqua generate dalle due sorgenti coerenti hanno una struttura piuttosto complessa e stabile, detta *figura di interferenza*, dovuta alla sovrapposizione delle due onde circolari.

▶ Lungo le linee *C* l'acqua è molto perturbata, perché giungono insieme i massimi e poi i minimi di oscillazione delle due onde (interferenza costruttiva).

▶ Lungo le linee *D* l'acqua è poco perturbata: mentre arriva il massimo da una sorgente, dall'altra arriva un minimo (interferenza distruttiva).

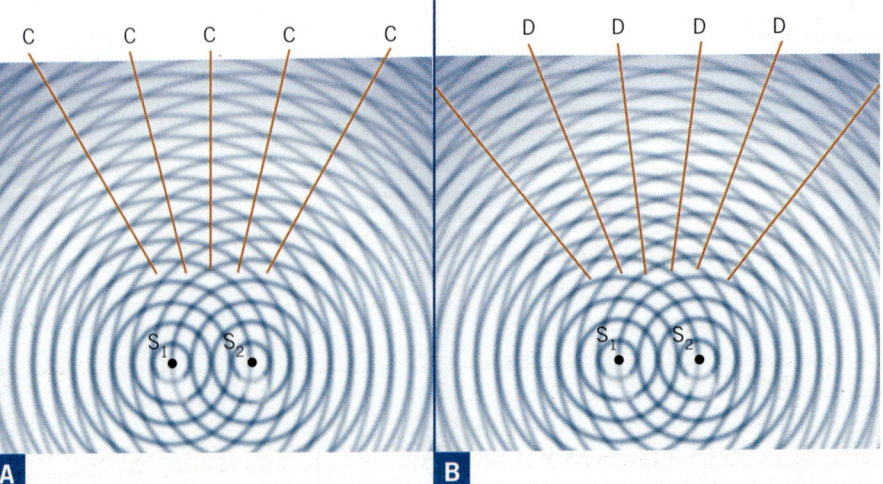

A B

Le condizioni per l'interferenza costruttiva e distruttiva

Considera il punto P rappresentato nella **figura 13**: esso dista 4λ dalla sorgente S_1 e 3λ dalla sorgente S_2, cioè si ha $\overline{S_1P} = 4\lambda$ e $\overline{S_2P} = 3\lambda$. Ciò significa che le due onde arrivano in P sempre *in fase* (massimo con massimo e minimo con minimo) e che, quindi, in P si ha interferenza costruttiva.

Le distanze del punto P della figura dalle due sorgenti differiscono per una lunghezza d'onda; ma questa non è l'unica maniera per realizzare la condizione di interferenza costruttiva:

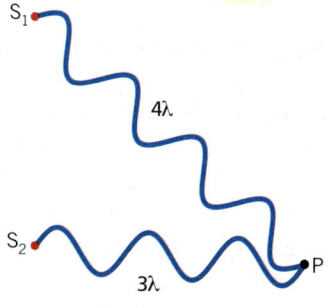

Figura 13 Le distanze di S_1 e di S_2 da P differiscono di una lunghezza d'onda: in P si ha interferenza costruttiva.

> due sorgenti identiche danno interferenza costruttiva nei punti P per i quali la differenza delle distanze dalle sorgenti è uguale a un multiplo intero della lunghezza d'onda.

In formule:

$$\overline{S_1P} - \overline{S_2P} = k\lambda \qquad (11)$$

distanza punto-sorgente 1 (m); distanza punto-sorgente 2 (m); numero intero relativo; lunghezza d'onda (m)

Il numero intero k può anche essere negativo, perché la distanza $\overline{S_1P}$ può essere minore di $\overline{S_2P}$.

Il punto Q della **figura 14** ha $\overline{S_1Q} = 4\lambda$ e $\overline{S_2Q} = \frac{7}{2}\lambda$; in Q si ha interferenza distruttiva perché un massimo di S_1 arriva sempre insieme a un minimo di S_2 e viceversa. In generale:

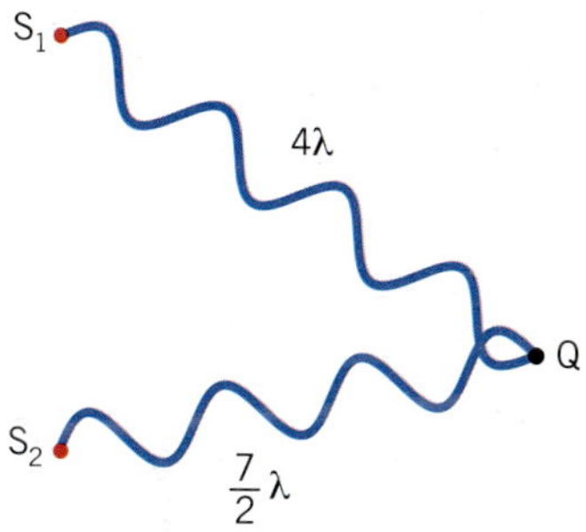

> due sorgenti identiche danno interferenza distruttiva nei punti Q per i quali la differenza delle distanze dalle sorgenti è uguale a un multiplo intero della lunghezza d'onda, più mezza lunghezza d'onda.

Figura 14 Le distanze di S_1 e di S_2 da Q differiscono di mezza lunghezza d'onda: in Q si ha interferenza distruttiva.

In formule:

$$\overline{S_1Q} - \overline{S_2Q} = k\lambda + \frac{1}{2}\lambda \qquad (12)$$

distanza punto-sorgente 1 (m); distanza punto-sorgente 2 (m); numero intero relativo; lunghezza d'onda (m)

Le due formule (11) e (12) dicono che i punti P e Q devono stare su linee per le quali è costante la differenza delle distanze da due punti fissi S_1 e S_2. Quindi le linee C di interferenza costruttiva (formate dai punti P) e le linee D di interferenza distruttiva (formate dai punti Q) sono iperboli (**figura 15**) con i fuochi nelle sorgenti S_1 e S_2.

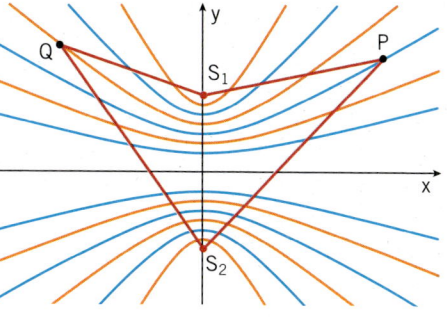

Figura 15 I punti P e Q di interferenza costruttiva e distruttiva si trovano su iperboli con i fuochi nelle sorgenti S_1 e S_2 delle onde.

I CONCETTI E LE LEGGI

LE CARATTERISTICHE FISICHE DI UN'ONDA

Un'onda è una *perturbazione* che si propaga trasportando energia, ma non materia. Le onde sono generate da una *sorgente* e si possono propagare in un *mezzo materiale*.

Onda trasversale

Si ha quando gli elementi del mezzo materiale si spostano *perpendicolarmente* al moto dell'onda.

- Per esempio, è trasversale l'onda che attraversa una *corda tesa* (mezzo materiale) alla quale abbiamo dato uno strattone con la *mano* (sorgente): la *perturbazione* è la variazione della posizione di ogni singolo tratto di corda, che si sposta verticalmente.

Onda longitudinale

Si ha quando gli elementi del mezzo materiale si spostano *parallelamente* al moto dell'onda.

- Per esempio, è longitudinale l'onda che attraversa una *molla* (mezzo materiale) che è stata compressa da una *forza esterna* (sorgente): la perturbazione è la variazione della posizione delle spire della molla, che oscillano orizzontalmente.

Onda elastica

È un'onda che si propaga grazie alle proprietà elastiche del mezzo materiale che le fa da supporto.

- È quella che si propaga su una corda, in una sbarra d'acciaio e nell'aria.
- Non sono elastiche le onde radio, la luce (che si propagano nel vuoto) e le onde sull'acqua (dovute al peso dell'acqua e al fatto che essa è incompressibile).

Fronte d'onda

È l'insieme di tutti i punti in cui l'onda vibra allo stesso modo, cioè la grandezza che oscilla ha lo stesso valore.

- Quando ha una forma sferica, l'onda si dice *sferica*.
- Quando è una porzione di piano, l'onda si dice *piana*.

Raggi dell'onda

Sono le rette perpendicolari ai fronti d'onda.

- In un'onda circolare sono semirette che escono dalla sorgente.
- In un'onda piana sono segmenti di retta paralleli tra loro.

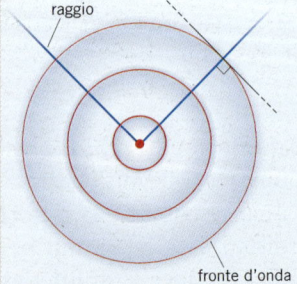

LE PROPRIETÀ DELLE ONDE PERIODICHE

Un'*onda periodica* è un'onda che si ripete identica dopo un intervallo di tempo costante. In essa ogni elemento del mezzo materiale ripete lo stesso movimento a intervalli di tempo regolari.

Lunghezza d'onda λ

È la minima distanza dopo la quale un'onda periodica torna a riprodursi identica a se stessa.

Ampiezza

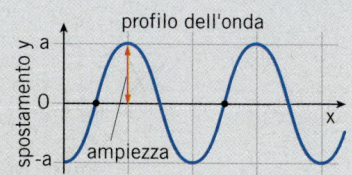

È la differenza tra il valore massimo della grandezza che oscilla e il valore di equilibrio.

Periodo T

È l'intervallo di tempo che un punto del mezzo materiale impiega per compiere un'oscillazione completa.

- Si misura in secondi.

Frequenza f

$$f = \frac{1}{T}$$

$$\text{frequenza} = \frac{1}{\text{periodo}}$$

È il numero di oscillazioni che l'onda descrive nell'unità di tempo, cioè in 1 s.

- Si misura in hertz: 1 Hz = 1/s

Onda armonica

Un'onda è armonica quando i punti del mezzo materiale in cui essa si propaga si muovono di moto armonico.

- È l'onda periodica più semplice.
- La curva che rappresenta la sua propagazione temporale è una *cosinusoide*.

Legge delle onde armoniche in un punto fissato

$$y = a\cos\left(\frac{2\pi}{T}t + \varphi_0\right) = a\cos(\omega t + \varphi_0)$$

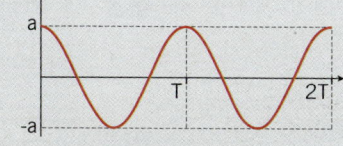

Legge delle onde armoniche in un istante fissato

$$y = a\cos\left(\frac{2\pi}{\lambda}x + \varphi_0\right)$$

a = ampiezza; T = periodo; φ_0 = fase iniziale; ω = pulsazione

Velocità di propagazione

$$v = \frac{\lambda}{T}$$

$$\text{velocità} = \frac{\text{lunghezza d'onda}}{\text{periodo}}$$

- Per calcolarla bisogna misurare la lunghezza d'onda e il periodo durante il quale la sorgente dell'onda compie una oscillazione completa: nell'intervallo di tempo di un periodo, infatti, l'onda percorre la distanza di una lunghezza d'onda.

Principio di sovrapposizione

Due o più onde che si propagano nello stesso mezzo generano una perturbazione che è la somma delle perturbazioni che ciascuna onda produrrebbe da sola.

Interferenza costruttiva

Si ha quando gli effetti di due o più onde si rafforzano a vicenda.

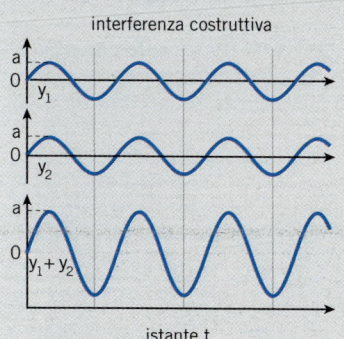

Interferenza distruttiva

Si ha quando gli effetti di due onde si annullano a vicenda.

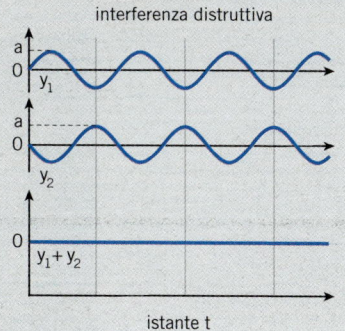

ESERCIZI
DOMANDE SUI CONCETTI

1. Perché è pericoloso produrre rumori in montagna, in zone con pericolo di valanghe?

2. In una coda di persone a uno sportello, quando il primo cliente se ne va, si crea un intervallo vuoto che si muove attraverso la coda mentre le persone si spostano in avanti per riempire l'intervallo vuoto.

   ▶ Si tratta di un impulso trasversale o longitudinale? longitudinale

   ▶ Che cosa determina la velocità di questo impulso? la gente che si sposta

3. In uno stadio i tifosi festeggiano i gol facendo la ola, che è un'onda.

   ▶ In che direzione si propaga?

   ▶ Qual è il «mezzo» che permette la trasmissione dell'onda?

   ▶ Qual è il moto di ogni elemento di tale «mezzo»?

   ▶ È un'onda trasversale o longitudinale?

4. La figura mostra un semplice dispositivo costituito da una corda le cui estremità sono infilate nel fondo di due bicchieri di plastica o carta e annodate in modo da non sfilarsi. Mario emette dei suoni in un bicchiere, e il suo amico Luigi può udirli se accosta l'altro bicchiere al suo orecchio.

   ▶ L'onda che passa attraverso la corda è longitudinale o trasversale?

5. Colpendo con un martello l'estremità di un tavolo, è possibile far sobbalzare un oggetto posto sul tavolo stesso.

   ▶ Le onde che si propagano attraverso il tavolo sono longitudinali o trasversali?

6. Considera le onde generate da un sasso lasciato cadere in una piscina d'acqua ferma.

   ▶ Che forma hanno i fronti d'onda?

7. ▶ Che forma hanno i fronti d'onda di una perturbazione che si propaga da un campanello in ogni direzione in un mezzo omogeneo? tutto uguale a sono sferiche livello T.P.

8. In un parco di divertimenti acquatici c'è una piscina abbastanza lunga, dove vi sono onde artificiali prodotte facendo oscillare una delle pareti più corte.

   ▶ Che forma hanno i fronti d'onda?

9. La frequenza di un'onda periodica è sempre uguale alla frequenza della sua sorgente? Giustifica la risposta.

10. Un ondoscopio è uno strumento che permette di osservare la propagazione delle onde sulla superficie di un liquido. Si può realizzare anche in modo molto semplice utilizzando una vaschetta con pareti trasparenti e una sorgente luminosa che illumina dal basso la vaschetta riempita d'acqua. Con un battitore dotato di una punta che pesca nell'acqua si possono generare onde circolari la cui propagazione si può osservare sia sulla superficie del liquido che proiettata sul soffitto. Variando la forma del battitore si possono ottenere onde di differenti forma.

   ▶ Per aumentare la lunghezza d'onda delle onde generate dal battitore, è necessario aumentare o diminuire il numero d'impulsi al secondo?

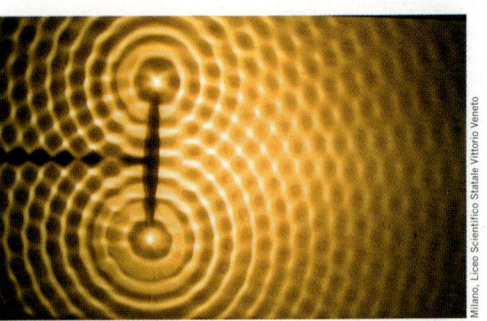

11 Uno studio televisivo produce onde sonore che in aria hanno una lunghezza d'onda di 2 m. Queste onde sono trasformate in onde elettromagnetiche che arrivano all'antenna di casa con lunghezza d'onda pari a 2 m.

▶ Quale delle due ha frequenza più alta, l'onda elettromagnetica o l'onda sonora?

12 Due boe si trovano alla distanza di 60 m e 100 m dalla riva del mare. In un certo istante, vengono investite dalle onde prodotte da un motoscafo che passa al largo e che hanno fronti d'onda paralleli alla costa. La lunghezza d'onda delle onde è di 20 m. Le boe si mettono a oscillare.

▶ Le loro oscillazioni sono in fase o in opposizione di fase? Giustifica la risposta.

13 Nella figura sono rappresentati i fronti d'onda delle onde generate da tre sorgenti puntiformi uguali. Le curve disegnate in nero indicano i massimi, le curve disegnate in grigio rappresentano i minimi.

▶ Segna tutti i punti in cui si ha interferenza costruttiva.

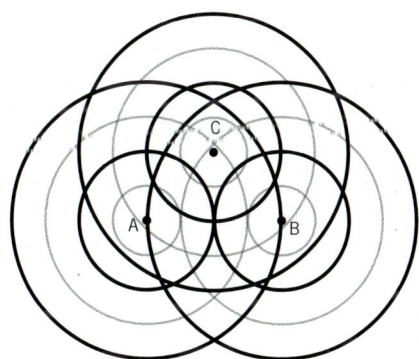

14 Considera l'asse a del segmento S_1S_2, cioè la retta perpendicolare a S_1S_2 e passante per il suo punto medio (figura a lato).

▶ Nei punti di a si ha interferenza costruttiva o distruttiva?

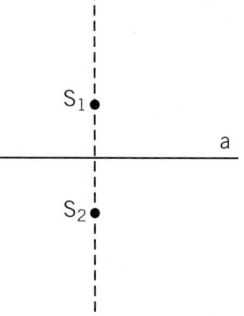

PROBLEMI

3 LE ONDE PERIODICHE

1 In un tratto di mare troviamo delle onde con un periodo di 6,0 s e con una lunghezza d'onda di 90 m. Calcola quanto valgono:

▶ la frequenza dell'onda;

▶ la sua velocità di propagazione.

2 A un dato istante su una distanza di 100 m si contano esattamente 14 creste di un'onda periodica sulla superficie dell'acqua.

▶ Qual è la lunghezza d'onda dell'onda periodica?

[7,14 m]

3 Una sorgente sonora produce onde periodiche di frequenza pari a 500 Hz e lunghezza d'onda pari a 662 mm.

▶ Calcola la velocità con la quale si propaga il suono emesso dalla sorgente.

[331 m/s]

4 Un pescatore ha ancorato la sua barca e vede che le creste delle onde passano per la prua ogni 2,0 s. La distanza tra due creste è di 6,5 m.

▶ A che velocità viaggiano le onde?

[3,3 m/s]

5 Il grafico mostra tre onde.

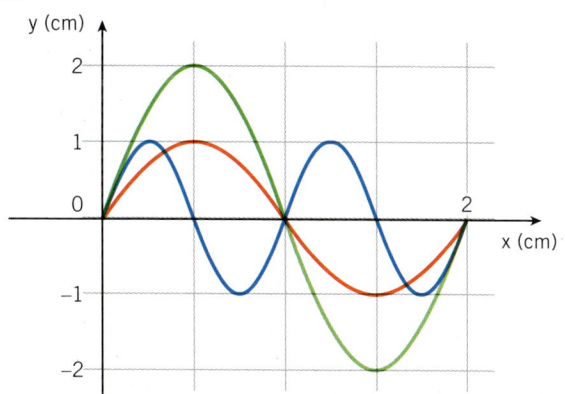

▶ Qual è l'ampiezza dell'onda disegnata in rosso? E la sua lunghezza d'onda?

ESERCIZI

▶ Quali sono le lunghezze d'onda delle onde disegnate in verde e in blu?

▶ Quale grandezza usata per descrivere un'onda ha lo stesso valore per l'onda disegnata in rosso e per l'onda disegnata in verde?

5 ★★ In un'escursione in montagna, indirizzi la tua voce verso una parete rocciosa verticale posta a 840 m di distanza. L'eco ti raggiunge dopo 4,90 s. La lunghezza d'onda del suono è di 800 mm. Calcola:

▶ la velocità del suono nell'aria;

▶ la frequenza dell'onda sonora;

▶ il periodo dell'onda sonora.

[343 m/s; 429 Hz; 2,33 × 10^{-3} s]

7 ★★ Un'onda in acqua si propaga con la velocità di 18 m/s e ha una frequenza di 0,18 Hz.

▶ Quanto vale la distanza tra una cresta e una gola dell'onda?

▶ Quale sarà la velocità di un'onda che ha la stessa lunghezza d'onda, ma una frequenza tripla della prima?

[50 m; 54 m/s]

8 ★★ Un diapason emette un suono di frequenza 546 Hz che si propaga con una lunghezza d'onda di 2,82 m. Un ragazzo ascolta il suono del diapason da una distanza di 35,8 m.

▶ Calcola il tempo necessario perché il suono sia percepito dal ragazzo.

[0,0233 s]

9 ★★ Luigi e Maria stanno conducendo un esperimento per studiare come varia la velocità di propagazione di un'onda in una molla slinky al variare delle caratteristiche fisiche e geometriche delle molle e della frequenza delle onde. I dati raccolti nell'esperimento sono riportati nella tabella seguente.

▶ Utilizzando una stessa molla, varia la velocità dell'onda se viene variata la frequenza dell'oscillazione?

▶ Da che cosa dipende la velocità delle onde?

▶ Calcola le velocità e riempi l'ultima colonna della tabella.

Mezzo	Diametro delle spire	Lunghezza d'onda	Frequenza	Velocità
Zinco	2,5 cm	1,75 m	2,0 Hz	
Zinco	2,5 cm	0,90 m	3,9 Hz	
Rame	2,5 cm	1,19 m	2,1 Hz	
Rame	2,5 cm	0,60 m	4,2 Hz	
Zinco	7,5 cm	0,95 m	2,2 Hz	
Zinco	7,5 cm	1,82 m	1,2 Hz	

10 ★★ La velocità di propagazione di un'onda in un liquido, in acque poco profonde, è data da $v = \sqrt{gh}$, con h profondità del liquido (consideriamo h maggiore dell'ampiezza dell'onda ma minore della sua lunghezza d'onda). In una vasca sono prodotte onde circolari di lunghezza d'onda pari a 5,0 cm facendo oscillare una sfera mossa da un motore con una frequenza di 10 Hz.

▶ Calcola la velocità delle onde e la profondità del liquido.

[0,50 m/s; 2,6 cm]

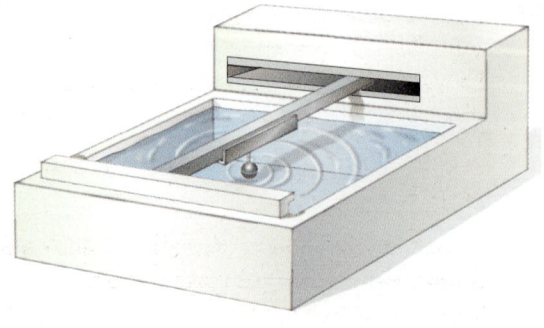

4 LE ONDE ARMONICHE

11 Un'onda sull'acqua ha la forma di un'onda armonica con ampiezza di 1,73 m e lunghezza d'onda di 4,22 m.

▶ Qual è l'altezza dell'onda in un punto che è 50,0 cm a destra della cresta dell'onda?

(*Suggerimento*: l'argomento del coseno delle formule (3) e (5) è espresso in radianti)

[1,27 m]

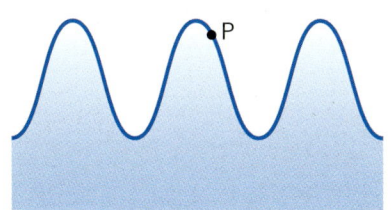

12 In un punto P dello spazio l'altezza di un'onda periodica ottenuta agitando l'estremità di una molla varia nel tempo seguendo la legge del moto armonico, con $\varphi_0 = 0$. L'ampiezza a dell'onda è di 0,15 m e il suo periodo vale 1,8 s.

▶ Scrivi l'equazione dell'onda.

▶ Calcola l'altezza dell'onda nel punto P considerato, all'istante $t = 2,2$ s.

$$\left[y = (0{,}15 \text{ m}) \cos\left(\frac{2}{1{,}8 \text{ s}} \pi t\right); 0{,}026 \text{ m} \right]$$

13 Un punto di un'onda oscilla secondo l'equazione $y = (2{,}5 \text{ m}) \cos(\pi t)$.

▶ Calcola il periodo di oscillazione.

▶ Quanto vale la fase iniziale dell'onda?

▶ Che cosa indica il coefficiente 2,5 m?

[2 s; 0 rad]

14 L'oscillazione di un punto di una corda avviene secondo l'equazione $y = (0{,}80 \text{ m}) \cos(2\pi t)$. La velocità di propagazione dell'onda è 0,040 m/s.

▶ Calcola la lunghezza d'onda dell'onda che si propaga nella corda.

▶ Costruisci il grafico dell'altezza dell'onda in funzione del tempo per i primi 2,00 s.

[0,040 m]

15 Un'onda sull'acqua ha la forma di un'onda armonica di ampiezza 1,40 m. L'onda si propaga alla velocità di 1,88 m/s e presenta un periodo di 2,13 s. Considera la fase iniziale uguale a zero.

▶ Calcola l'altezza dell'onda in un punto posto 40,0 cm a destra di una cresta dell'onda.

▶ A quale distanza x dall'origine del sistema di riferimento scelto la quota y dell'onda sarà per la prima volta nulla?

▶ Verifica i risultati ottenuti costruendo per punti il grafico y-x, dove y è la posizione verticale del punto rispetto alla quota di equilibrio e x indica la posizione lungo la corda.

[1,13 m; 1,00 m]

16 Il grafico mostra un'onda armonica:

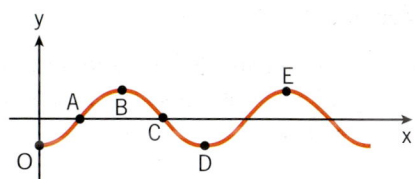

▶ Qual è la differenza di fase tra il punto O e il punto A?

▶ Quale punto oscilla in fase con D?

▶ Quale punto oscilla in fase con B?

▶ Qual è la differenza di fase tra O e C?

▶ Quale punto ha una differenza di fase con A pari a π?

▶ Qual è la differenza di fase tra i punti B e D?

[$\pi/2$; il punto O; il punto E; $3\pi/2$; il punto C; π]

5 L'INTERFERENZA

17 Due onde armoniche di uguale pulsazione e di uguale ampiezza a sono sfasate di un angolo retto.

▶ Quanto vale l'ampiezza dell'onda risultante?

ESERCIZI

18 **PROBLEMA SVOLTO**
★★

Due onde armoniche di pulsazione ω e di ampiezza a si sovrappongono in un punto P. Si osserva che anche l'onda risultante ha ampiezza pari ad a.

▶ Quanto vale lo sfasamento tra le due onde?

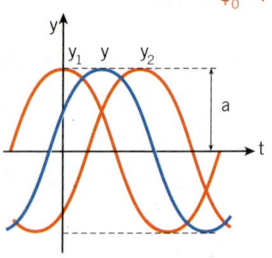

■ **Strategia e soluzione**

- Per trovare lo sfasamento è conveniente scegliere la fase iniziale di un'onda uguale a zero; in questo modo, lo sfasamento è uguale alla fase iniziale φ_0 dell'altra onda.

- Con questa scelta possiamo usare direttamente la formula **(10)** con $A = a$. Quindi otteniamo

$$a = 2a \cos \frac{\varphi_0}{2} \quad \Rightarrow \quad \cos \frac{\varphi_0}{2} = \frac{1}{2}.$$

Dalla goniometria sappiamo che l'angolo (nel primo quadrante) che ha il coseno uguale a 1/2 è $\alpha = \frac{\pi}{3}$. Quindi abbiamo

$$\frac{\varphi_0}{2} = \frac{\pi}{3} \quad \Rightarrow \quad \varphi_0 = \frac{2\pi}{3}.$$

■ **Discussione**

Quando lo sfasamento tra le due onde è $\varphi_0 = \frac{2\pi}{3} = 120°$ (o uno qualunque degli angoli che si ottengono da esso aggiungendo un numero intero di angoli giri), l'interferenza tra due onde che hanno la stessa pulsazione e la stessa ampiezza produce un'onda risultante che è identica alle due di partenza, ma è traslata rispetto a esse.

---

19 Due onde armoniche che hanno la stessa frequenza e la stessa ampiezza, si sovrappongono nello stesso punto. L'ampiezza dell'onda risultante è la metà dell'ampiezza di ciascuna delle due onde iniziali.

▶ Calcola lo sfasamento tra le due onde. (Usa la calcolatrice scientifica per determinare la funzione inversa del coseno di un angolo.)

[151°]

20 Considera due oscillazioni di equazioni:
★★ $y = A \cos(b_1 t + \pi/3)$
$y = A \cos(b_2 t + \pi/6)$,
dove $A = 3{,}5$ cm, $b_1 = 2{,}0$ rad/s, $b_2 = 4{,}0$ rad/s.

▶ Disegna il grafico y-t delle due onde al variare del tempo.

▶ Disegna il grafico dell'onda ottenuta dalla loro sovrapposizione per t da 0 s a 3,0 s.

21 Tre onde armoniche si sovrappongono e danno luogo alla perturbazione descritta dall'equazione
$y = (2{,}0 \text{ m}) \cos t + (0{,}50 \text{ m}) \cos \pi t + (1{,}0 \text{ m}) \cos 2t$

▶ Determina la frequenza e l'ampiezza delle onde armoniche componenti.

▶ Rappresenta in un grafico y-t l'andamento dell'onda risultante per t da 0,0 s a 8,0 s.

[0,16 Hz; 0,50 Hz; 0,32 Hz; 2,0 m; 0,50 m; 1,0 m]

22 Nel disegno sono rappresentate due onde.
★★

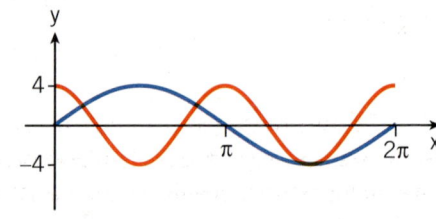

▶ Disegna l'onda che si ottiene dalla loro sovrapposizione.

23 ★★ Il disegno mostra due impulsi che si propagano su di una corda, in verso opposto, all'istante $t = 0$ s. La velocità di ciascun impulso è di 2 m/s.

▶ Disegna la forma della corda dopo 1 s e dopo 2 s.

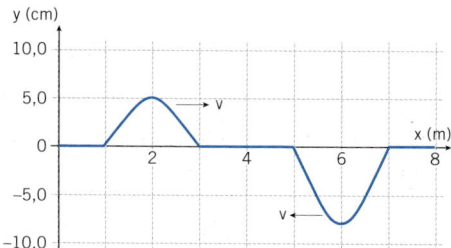

6 L'INTERFERENZA IN UN PIANO E NELLO SPAZIO

24 ★★ Due casse acustiche sono separate da una distanza di 2,10 m. Un ascoltatore è collocato davanti a una delle casse, con la testa alla stessa altezza della cassa e alla distanza di 2,80 m. Le due casse e l'ascoltatore sono ai vertici di un triangolo rettangolo. Per la velocità del suono assumi il valore di 340 m/s.

▶ Trova la frequenza per la quale la differenza delle distanze dalle sorgenti è uguale a mezza lunghezza d'onda.

[243 Hz]

25 ★★ Due altoparlanti A e B distano 4,0 m ed emettono, in fase, onde sonore con lunghezza d'onda $\lambda = 1,0$ m. Spostandosi lungo la semiretta che ha origine dall'altoparlante A ed è perpendicolare al segmento che unisce i due altoparlanti, si noteranno alcuni minimi.

▶ Determina quanti sono e a quali distanze dall'altoparlante A si notano i minimi.

(*Tratto dalle Olimpiadi della Fisica, selezione regionale*, 1992)

[4; 16 m; 4,6 m; 2,0 m; 0,54 m]

26 ★★★ Maria e Giulia sono due studentesse che condividono la stessa stanza. Maria desidera ascoltare musica mentre studia e ha installato due altoparlanti a ogni estremità della stanza. Gli altoparlanti sono a 10 m di distanza e producono lo stesso tipo di onde sonore di frequenza 170 Hz. A Giulia piace studiare al centro della stanza: la sua scrivania è posizionata sulla linea che unisce i due altoparlanti a 5,0 m da ciascuno di essi. L'interferenza costruttiva in questo punto produce però un suono molto forte che disturba Giulia.

▶ Di quanto deve spostare la scrivania in modo che le onde prodotte interferiscano distruttivamente per poter studiare con maggiore tranquillità? Assumi come valore della velocità del suono 340 m/s.

[0,500 m o a destra o a sinistra]

PROBLEMI GENERALI

1 ★★ Fai oscillare un estremo di una corda e lungo di essa si propaga un'onda sinusoidale. Il tempo necessario perché un punto della corda passi dalla quota nulla alla quota di valore numerico massimo è di 0,30 s. La velocità di propagazione dell'onda è di 4,0 m/s.

▶ Calcola il valore della lunghezza d'onda.

[4,8 m]

2 ★★ Una punta che vibra alla frequenza di 50,0 Hz immersa in una vasca piena d'acqua produce una serie di 200 onde che si estendono su un tratto di 8,40 m, ognuna di ampiezza 28,2 cm. All'istante iniziale $t = 0$ s, l'ampiezza dell'onda è $y = -28,2$ cm.

▶ Calcola la lunghezza d'onda e la velocità di propagazione dell'onda.

▶ Scrivi l'equazione dello spostamento verticale di un punto dell'acqua in funzione della posizione x.

[$4,20 \times 10^{-2}$ m; 2,10 m/s; $y = (0,282 \text{ m}) \cos(48 \text{ m}^{-1} \pi x + \pi)$]

3 ★★ Un'onda armonica viaggia verso destra con un'ampiezza di 0,32 m, una lunghezza d'onda di 3,5 m e un periodo di 2,4 s. Considera la fase iniziale uguale a zero.

▶ Dimostra che l'equazione di un'onda armonica, in funzione della posizione e del tempo, può assumere la forma:
$y = a \cos[(2\pi/\lambda)x - (2\pi/T)t]$

▶ Scrivi l'equazione dell'onda armonica corrispondente a questa formulazione, con i valori indicati nel testo dell'esercizio.

▶ Costruisci il grafico y-x, che va da $x = 0,0$ m a $x = 10$ m per i tempi $t_1 = 0$ s; $t_2 = 3,0$ s; $t_3 = 6,0$ s.

(*Suggerimento*: ricorda che nel moto rettilineo uniforme la posizione varia con la legge $s = vt$, se la posizione iniziale $s_0 = 0$ m)

$$[y = (0,32 \text{ m}) \cos[(1,8 \text{ rad/m})x - 2,6(\text{rad/s})t]]$$

4 ★★ La figura che segue mostra un'onda su corda che si propaga alla velocità di 10 m/s. Calcola:

▶ la lunghezza d'onda;

▶ l'ampiezza dell'onda;

▶ il periodo;

▶ la frequenza.

$$[8,0 \times 10^{-2} \text{ m}; 8,0 \times 10^{-2} \text{ m}; 8,0 \times 10^{-3} \text{ s}; 1,3 \times 10^2 \text{ Hz}]$$

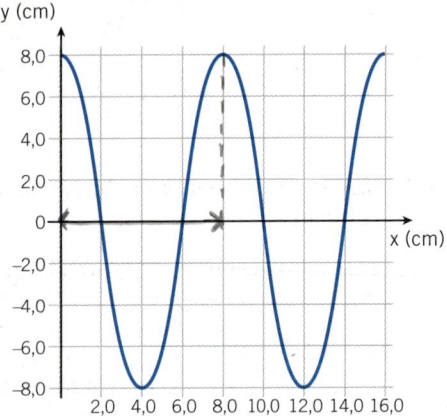

5 ★★ Nella figura che segue è rappresentata un'onda periodica in moto verso destra su una corda. La curva tratteggiata rappresenta la forma della corda all'istante $t = 0$ s, la curva continua rappresenta la forma della corda all'istante $t = 0,20$ s.

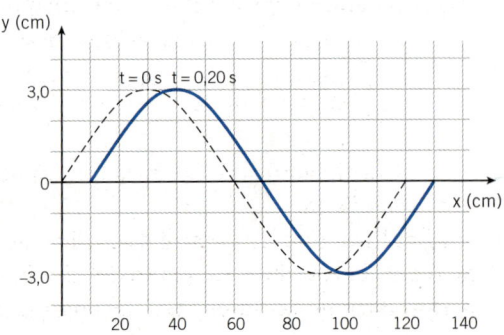

Per questa onda, calcola:

▶ la lunghezza d'onda;

▶ la velocità di propagazione;

▶ il periodo;

▶ la frequenza.

$$[1,2 \text{ m}; 0,50 \text{ m/s}; 2,4 \text{ s}; 0,42 \text{ Hz}]$$

6 ★★ Nei film western, gli indiani d'America, per sentire l'arrivo di una mandria di bisonti, poggiano l'orecchio al suolo. L'intervallo di tempo che intercorre tra la percezione del segnale sonoro nel suolo e nell'aria è di circa 10 s. La velocità di propagazione del suono nel terreno è circa dieci volte maggiore che nell'aria (la velocità di propagazione del suono nell'aria è $v = 340$ m/s).

▶ Determina la distanza degli indiani dalla mandria di bisonti quando viene percepito il segnale sonoro al suolo.

$$[3,8 \times 10^3 \text{ m}]$$

7 ★★ Un terremoto genera sia onde longitudinali, dette P, che onde trasversali dette S. Le onde P si propagano con una velocità più elevata rispetto alle onde S: le prime possono raggiungere una velocità massima $v_p = 10$ km/s e le seconde una velocità massima $v_s = 5$ km/s. Misuriamo l'intervallo di tempo che intercorre tra l'arrivo delle onde P e l'arrivo delle onde S presso una stazione sismica, prendendo in considerazione i valori massimi assunti da queste velocità e dunque trascurando le possibili variazioni dovute all'attraversamento di terreni non omogenei.

▶ Dalla conoscenza dei tempi di arrivo dei due tipi di onde e delle loro velocità, ricava l'espressione della distanza della stazione di rilevamento dall'epicentro del terremoto.

$$\left[D = (t_s - t_p)\frac{v_s v_p}{v_p - v_s}\right]$$

8 ★★★ Due onde armoniche di ampiezza $a = 0,21$ m e di pulsazione $\omega = 10\pi$ rad/s si sovrappongono in un punto P dello spazio. L'onda risultante ha un'ampiezza pari a 0,36 m.

▶ Calcola lo sfasamento tra le due onde.

▶ Determina l'equazione dell'onda armonica risultante.

$$\left[62°;\ y=(0{,}36\ \text{m})\cos\left[(10\ \text{rad/s})\pi t+\frac{31}{180}\pi\ \text{rad}\right]\right]$$

9 ★★★ Due onde armoniche della stessa ampiezza a e con la stessa pulsazione ω giungono nello stesso punto e si sovrappongono. L'onda risultante è descritta dalla formula:
$y=\sqrt{3}\,a\cos(\omega t+\pi/4)$.

▶ Scrivi le equazioni che descrivono le due onde iniziali.

▶ Calcola la differenza di fase tra le due onde.

▶ Calcola la differenza di fase iniziale che fornirebbe un'onda risultante di ampiezza a.

(*Suggerimento*: ricorda che in trigonometria vale la relazione:
$\cos\alpha\cos\beta=1/2[\cos(\alpha+\beta)+\cos(\alpha-\beta)]$
e che l'ampiezza $\sqrt{3}\,a$ può essere scritta come $\frac{\sqrt{3}}{2}(2a)$.)

$$[y_1=a\cos(\omega t+5/12\pi);\ y_2=a\cos(\omega t+\pi/12);$$
$$\pi/3;\ \pm 2/3\pi+4k\pi]$$

10 ★★★ Un'onda trasversale si propaga lungo una corda tesa.

▶ Dimostra che la sua velocità di propagazione è data da $v=\sqrt{\dfrac{F}{\mu}}$, dove F è la tensione a cui è soggetta la corda e μ è la massa per unità di lunghezza.

(*Suggerimento*: schematizza un tratto di corda di lunghezza Δs e le relative forze applicate come nella figura.

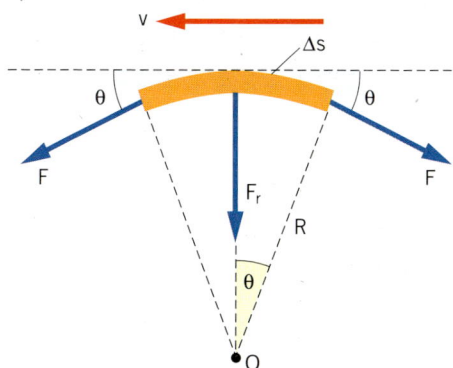

Considera il tratto di corda come un arco appartenente alla circonferenza di raggio R. Scomponi le forze nei componenti orizzontali e verticali e applica la seconda legge della dinamica alla risultante F_r delle componenti verticali. Per angoli piccoli puoi considerare $\sin\theta\approx\theta$.)

11 ★★★ Una corda omogenea è lunga 10 m, ha una massa pari a 400 g ed è tenuta in tensione da una massa di 1,5 kg come mostra la figura.

▶ Sfruttando il risultato ottenuto nel problema 10, calcola la velocità con cui un impulso si propaga attraverso la corda.

[19 m/s]

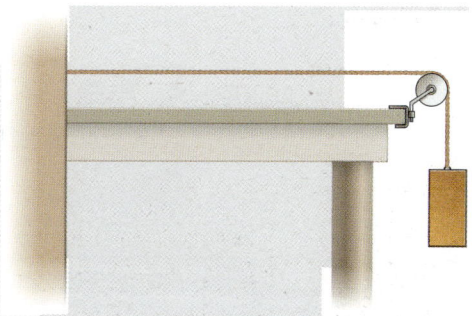

12 ★★★ Un'onda sonora di frequenza 200 Hz ha una velocità di 340 m/s.

▶ Calcola la distanza tra due punti tra i quali vi è una differenza di fase di $\pi/3$ rad.

▶ Calcola la differenza di fase dei segnali che giungono in uno stesso punto x, in modo tale che l'intervallo di tempo che intercorre tra l'arrivo del primo e l'arrivo del secondo sia di 1,0 ms.

▶ Due onde di questo tipo e di uguale ampiezza sono emesse lungo l'asse x da due sorgenti in fase, poste in modo che tra loro vi sia una distanza uguale a quella calcolata al primo punto, e successivamente al suo doppio o al suo triplo. In quale di questi tre casi si avrà interferenza distruttiva?

[a) 0,283 m; b) 1,3 rad; c) $\pi/3$ rad; $2\pi/3$ rad; π rad; nel terzo caso si ha interferenza distruttiva]

13 ★★★ Fino ad alcuni anni fa si ascoltava musica utilizzando giradischi.
Un giradischi funziona così: il disco di vinile viene messo in rotazione sul piatto del giradischi e la riproduzione del suono avviene appoggiando

ESERCIZI

sui solchi incisi sul disco una puntina di lettura. Il profilo irregolare del solco provoca la vibrazione della puntina; tale vibrazione genera deboli segnali elettrici grazie a opportuni dispositivi presenti nella testina che sorregge la punta. Un sistema di amplificazione trasferisce questi segnali agli altoparlanti montati nei diffusori.

Una puntina sta leggendo le incisioni in un solco di un disco di vinile che ruota sul giradischi con una frequenza di 33 giri/min a una distanza dal centro di rotazione pari a 10 cm. Considera le incisioni sul solco come onde con lunghezza d'onda di 1,5 mm.

▶ Calcola la frequenza del suono prodotta dal sistema puntina-testina.

[$2,3 \times 10^2$ Hz]

14 Due sorgenti sonore puntiformi, S_1 e S_2, emettono onde sinusoidali con la stessa frequenza di 430 Hz. La velocità di propagazione è 344 m/s. Le due sorgenti sono in fase tra di loro ed hanno la stessa potenza.

▶ Qual è lo sfasamento con cui le onde provenienti dalle due sorgenti arrivano in un punto P situato a 2,4 s da S_1 e a 3,6 s da S_2?

▶ Se nel punto P l'ampiezza delle onde provenienti da S_2 è A_2, qual è (in funzione di A_2) l'ampiezza delle onde provenienti da S_1?

(*Suggerimento*: l'intensità delle onde è direttamente proporzionale al quadrato dell'ampiezza e inversamente proporzionale al quadrato della distanza dalla sorgente).

▶ Qual è (sempre in funzione di A_2) l'ampiezza dell'onda risultante?

▶ Se l'intensità delle onde nel punto P è di $2,0 \times 10^{-6}$ W/m², quale diventerebbe l'intensità se si spegnesse la sorgente S_2?

(*Olimpiadi della fisica, gara di 2° livello, 2007*)

[3π rad; $A_1 = 1,5\,A_2$; $A_{ris} = 0,5\,A_2$; $A_1 = 1,8 \times 10^{-5}$ W/m²]

15 Uno studente conduce un esperimento in cui delle onde sonore di frequenza costante, provenienti da una sorgente, sono riflesse da uno schermo piano, perpendicolare alla direzione di propagazione.

Lo schermo viene allontanato lentamente dal microfono osservando nel contempo le indicazioni di uno strumento che misura l'intensità del suono. Si nota l'esistenza di un massimo con lo schermo a 22,5 cm dal microfono; successivamente si osservano altri dieci massimi fino a che il riflettore si sposta a 36,5 cm dal microfono: in quest'ultimo punto c'è un massimo.

▶ Determinare la lunghezza d'onda delle onde sonore usate nell'esperimento.

(*Olimpiadi della fisica, gara di 2° livello, edizione 1997*)

[2,8 cm]

QUESITI PER L'ESAME DI STATO

Rispondi ai quesiti in un massimo di 10 righe.

1 Definisci un'onda elastica e illustra i modi in cui si può propagare.

2 Dai una definizione di fronte d'onda e illustra alcuni esempi.

3 Spiega, anche con esempi, cosa si intende per onda armonica.

4 Descrivi il fenomeno dell'interferenza evidenziando quando si realizza l'interferenza *costruttiva* e quella *distruttiva*.

TEST PER L'UNIVERSITÀ

1 Due corde dello stesso materiale e con diverso diametro, una grossa e una sottile, sono collegate tra loro. Un'onda viaggia sulla corda grossa e raggiunge la connessione con la corda sottile. Quale delle seguenti grandezze cambia alla connessione tra le due corde?

A Frequenza.

B Periodo.

C Nessuna.

D Velocità di propagazione.

(*Concorso a borse di studio per l'iscrizione ai corsi di laurea della classe «Scienze e Tecnologie Fisiche» della SIF, 2006/2007*)

2 Che cos'è l'interferenza di due onde?

A Il loro annullamento.

B L'effetto della loro sovrapposizione.

C L'incremento di intensità.

D La variazione di lunghezza d'onda.

(*Concorso a borse di studio per l'iscrizione ai corsi di laurea della classe «Scienze e Tecnologie Fisiche» della SIF, 2008/2009*)

STUDY ABROAD

1 The first graph shows the variation of the displacement of particles with distance along a wave at a particular instant in time:

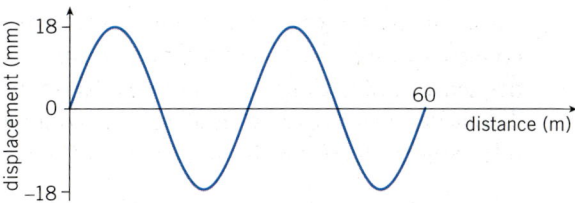

The second graph shows the variation with time of the displacement of a particular particle in this wave:

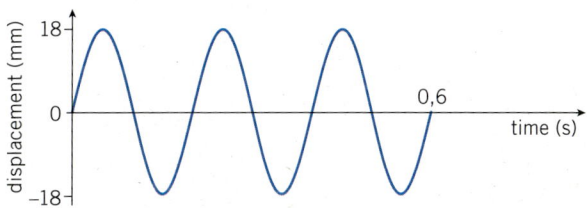

▶ What is the speed of this wave?

A 30 m/s

B 50 m/s

C 90 m/s

D 100 m/s

E 150 m/s

F 300 m/s

(*BioMedical Admission Test (BMAT), UK, 2009/2010*)

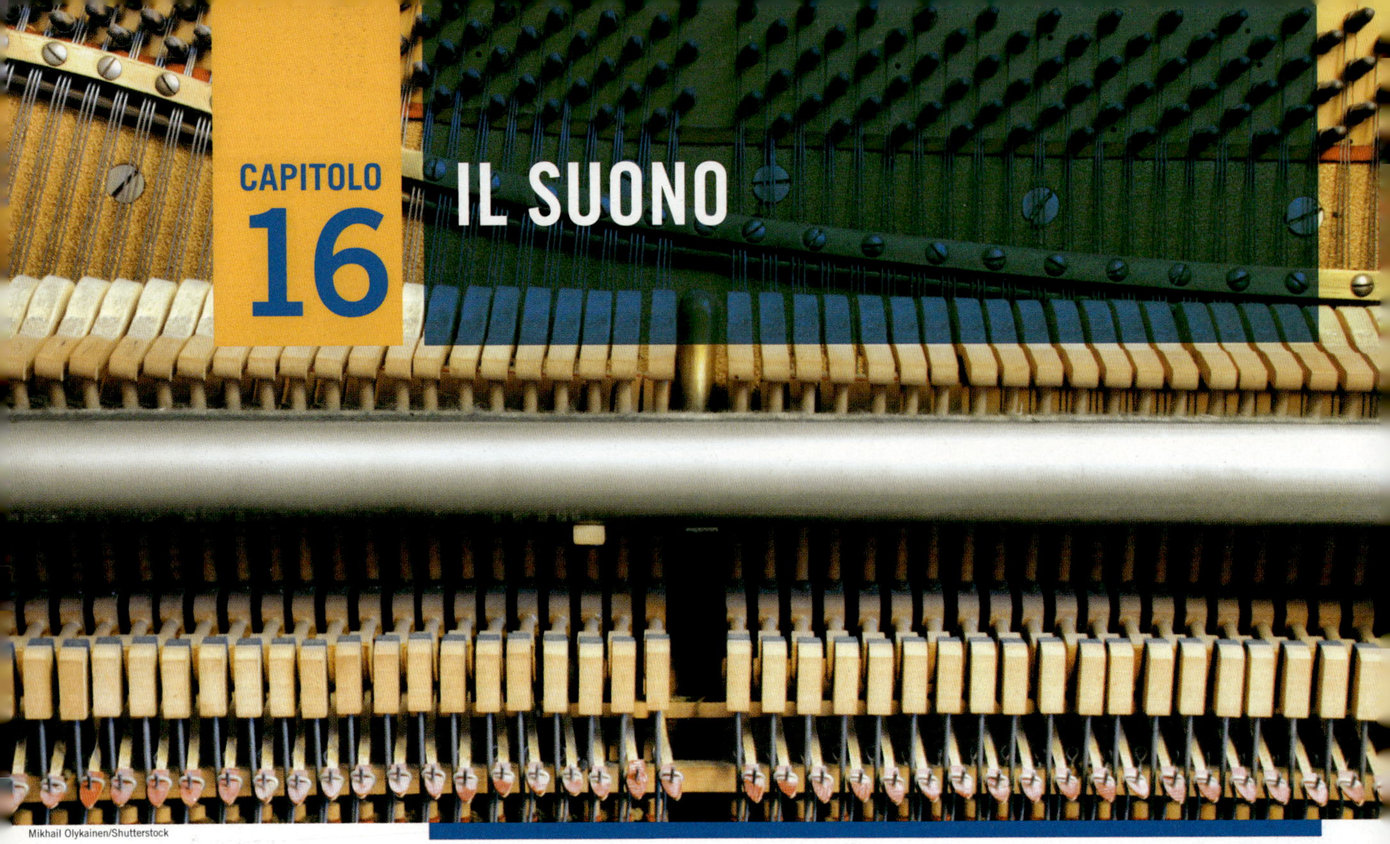

CAPITOLO 16 IL SUONO

Mikhail Olykainen/Shutterstock

1 LE ONDE SONORE

ANIMAZIONE

Le onde sonore
(2 minuti)

Se stiamo in una stanza con la porta socchiusa, sentiamo ciò che accade in una stanza vicina. Come abbiamo detto nel capitolo precedente, c'è una perturbazione (un suono) che si propaga nello spazio senza che si abbia uno spostamento apprezzabile del mezzo materiale (l'aria) in cui essa si propaga. Se così non fosse, insieme ai suoni sentiremmo il «vento» dovuto al movimento dell'aria. Questa esperienza ci fa pensare che il suono sia dovuto a un particolare tipo di onda.

Se colpiamo una pentola con un cucchiaio, udiamo un suono e, nello stesso tempo, percepiamo che la pentola vibra. Quando tocchiamo la pentola con le mani, le impediamo di vibrare e il suono cessa.

La sorgente del suono è un corpo che vibra.

La campana vibra quando è colpita dal batacchio. La corda della chitarra vibra quando è pizzicata. Le corde vocali, che sono delle piccole membrane tese **(figura 1)**, vibrano per effetto dell'aria che esce dai nostri polmoni.

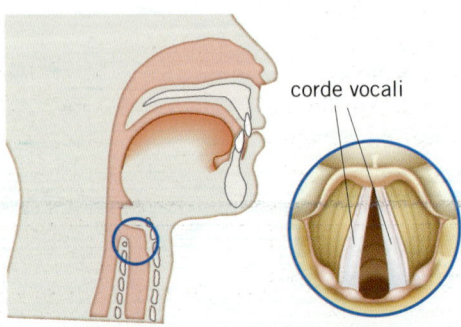

Figura 1 Forma e localizzazione delle corde vocali.

Il suono è un'onda longitudinale

Facciamo vibrare una sottile lamina di acciaio, che oscilla avanti e indietro molto rapidamente e in modo periodico.

▶ Quando la lamina si sposta verso destra, comprime l'aria a destra e provoca una rarefazione dell'aria a sinistra.

▶ Quando invece si sposta a sinistra, crea una compressione dell'aria a sinistra e una rarefazione a destra.

L'altoparlante e il microfono
In un altoparlante il suono è generato dalle vibrazioni di una membrana. In un microfono il suono provoca le vibrazioni di una membrana che sono trasformate in un segnale elettrico.

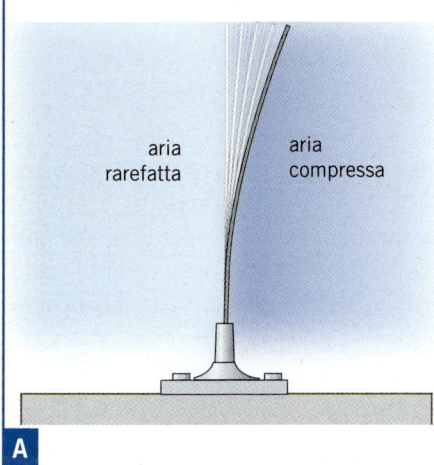
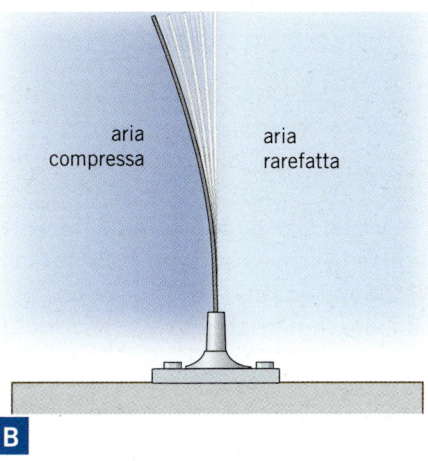
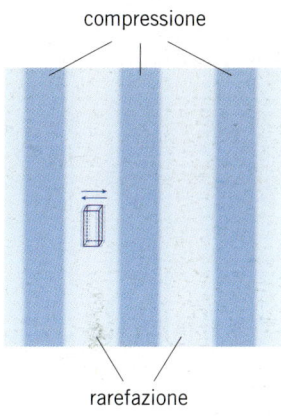

Si creano così nell'aria zone di compressione e zone di rarefazione (figura 2) che si allontanano dalla lamina. Un piccolo volumetto d'aria, quando è investito dall'onda, oscilla avanti e indietro lungo la direzione di propagazione del suono.

Figura 2 Nell'onda sonora i volumetti d'aria oscillano nella stessa direzione in cui si propaga l'onda.

> Il suono è un'**onda longitudinale**, generata da successive compressioni e rarefazioni del mezzo in cui il suono si propaga.

Quindi in un suono la grandezza che oscilla (tra un valore massimo e uno minimo) è la pressione dell'aria o, in modo equivalente, la sua densità.

Questa variazione di pressione giunge fino alle nostre orecchie, al cui interno si trova una membrana, il *timpano*, che viene spinta verso l'interno quando l'aria è più compressa ed è invece aspirata verso l'esterno quando l'aria è più rarefatta (figura 3). Questo movimento del timpano è poi trasmesso, attraverso gli ossicini dell'orecchio medio, alla «chiocciola», una struttura a spirale piena di liquido. Le oscillazioni di questo liquido eccitano delle sottilissime terminazioni nervose producendo il segnale che, attraverso il nervo acustico, giunge fino al cervello. È così che percepiamo suoni e rumori.

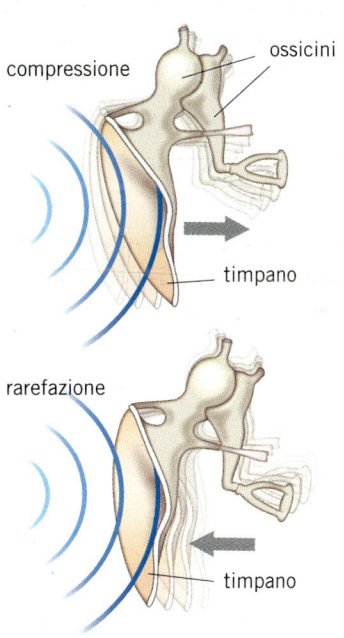

Figura 3 Meccanismo di oscillazione del timpano.

APPROFONDIMENTO

La risonanza
(3 pagine)

Il suono non si propaga nel vuoto

Mettiamo un campanello elettrico dentro una campana di vetro, collegata a una pompa che fa il *vuoto*.

Quando nella campana c'è aria udiamo il suono del campanello, che corrisponde al movimento del batacchio. Quando facciamo il vuoto non sentiamo più nulla, anche se vediamo il batacchio che continua a colpire la calotta metallica.

> Il suono si può propagare in un mezzo materiale, ma non si propaga nel vuoto.

Se una sonda spaziale esplode al di fuori dell'atmosfera terrestre, non si sente alcun boato.

Il suono non si propaga soltanto nell'aria, ma anche in tutti i materiali. Quando nuotiamo vicino a un motoscafo, pur immersi nell'acqua sentiamo il rumore dell'elica. Se appoggiamo l'orecchio a una parete, mentre un muratore sta scalpellando, sentiamo che il rumore arriva più forte attraverso il muro che attraverso l'aria.

La velocità del suono

Come tutte le onde anche il suono ha una sua velocità di propagazione, che dipende dal materiale in cui si propaga e da altre sue caratteristiche (come la temperatura e la pressione).

Gli esperimenti mostrano che il suono si propaga in *aria secca* (alla pressione atmosferica normale di $1,01 \times 10^5$ Pa e alla temperatura di 0 °C) con la velocità

$$v = 332 \frac{m}{s}$$

che equivale circa a 1200 km/h. A temperatura ambiente, la velocità del suono è circa pari a 340 m/s.

Nell'acqua il suono è quasi 5 volte più veloce che nell'aria, nel ferro 15 volte più veloce (tabella sotto). Rispetto alla luce, che si propaga alla velocità di 300 000 km/s, il suono è molto lento. Questo spiega il perché vediamo prima un fulmine e poi sentiamo il tuono.

Velocità del suono in diversi mezzi materiali		
Mezzo	Temperatura (°C)	Velocità (m/s)
Aria	0	332
Acqua	15	1450
Piombo	20	1230
Ferro	20	5130
Granito	20	4000
Gomma vulcanizzata	0	54

2 LE CARATTERISTICHE DEL SUONO

Il suono è un'onda sonora periodica. Invece i rumori sono onde sonore che non hanno forma periodica.

Un suono ha tre caratteristiche: l'altezza, l'intensità e il timbro.

L'**altezza** distingue un suono più acuto da uno più grave e dipende dalla *frequenza dell'onda*. Un suono è tanto più alto quanto maggiore è la frequenza dell'onda sonora che lo produce. Infatti negli strumenti a corda, come la chitarra, la corda più sottile e leggera, che può oscillare con frequenza maggiore, genera il suono più acuto, mentre quella più spessa e pesante, che vibra con frequenza molto minore, dà origine a un suono più grave. Nella **figura 4** sono riportare le frequenze dei diversi Do nella tastiera di un pianoforte.

IN LABORATORIO

Oscilloscopio e onde sonore
- Video (2 minuti)
- Test (3 domande)

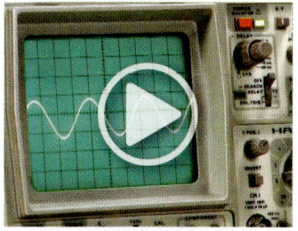

Suono e rumore
Nel paragrafo precedente abbiamo usato il termine «suono» in modo generico, per indicare anche il rumore. In questo paragrafo trattiamo del suono propriamente detto.

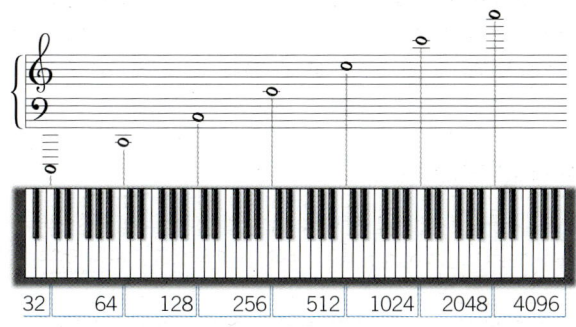

Figura 4 Frequenze delle note «Do» emesse da un pianoforte.

Mentre sta volando, un'ape può emettere un La, che corrisponde alla frequenza di 440 Hz. Ciò significa che batte le ali 440 volte al secondo. Se però è carica di miele emette un Mi a 330 Hz.

L'**intensità** distingue un suono ad alto volume da uno a basso volume. Essa cresce all'aumentare dell'*ampiezza* dell'onda: onde di ampiezza maggiore creano compressioni e rarefazioni dell'aria più marcate e, quindi, trasportano un suono che si ode meglio.

Il **timbro** dipende dalla particolare legge periodica con cui oscilla l'onda sonora. Ci permette di capire se stiamo ascoltando musica generata da un pianoforte o da una tromba.

Ogni strumento musicale ha infatti un proprio timbro a cui corrisponde un tipo particolare di onda periodica. Nella **figura 5** è rappresentato come varia nel tempo la pressione dell'aria in un punto quando la stessa nota Sol è emessa da un diapason, da un vibrafono e da un trombone. Le tre onde hanno lo stesso periodo di 2,6 ms, ma forme molto diverse.

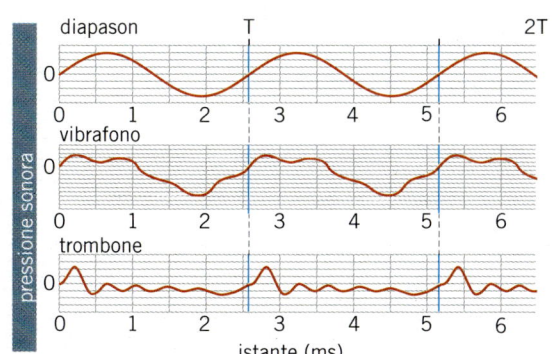

Figura 5 Forma delle onde sonore emesse da vari strumenti.

L'intensità di un'onda sonora

elemento fisico che corrisponde all'energia

Abbiamo descritto in modo intuitivo cosa si intende per *intensità* di un suono. Per dare una definizione rigorosa di questa grandezza consideriamo una superficie piana, di area *A*, perpendicolare alla direzione di propagazione dell'onda sonora. In un intervallo di tempo Δt la superficie è attraversata da un'energia *E*. L'intensità sonora *I* dell'onda è allora definita come

intensità sonora (W/m²) — energia (J)

$$I = \frac{E}{A \Delta t} \qquad (1)$$

area (m²) — intervallo di tempo (s)

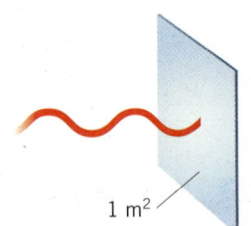

Figura 6 Superficie di area 1 m² posta perpendicolarmente all'onda.

L'*intensità sonora* si misura in joule al secondo al metro quadrato, cioè in watt al metro quadrato:

$$\frac{J}{s \cdot m^2} = \frac{W}{m^2}.$$

Questa grandezza dice quanta energia (misurata in joule) giunge, in ogni secondo, su una superficie ampia un metro quadrato e posta perpendicolarmente all'onda (figura 6).

> **ESEMPIO**
>
> La membrana di un microfono, di area $A = 4{,}6$ cm², è disposta perpendicolarmente a un'onda sonora che giunge su di essa. Dopo 7,9 s, l'onda sonora ha convogliato sulla membrana un'energia $E = 2{,}5 \times 10^{-6}$ J.
>
> ▶ Quanto vale l'intensità di tale onda sonora?
>
> Il valore dell'intensità sonora *I* si trova con la formula (**1**):
>
> $$I = \frac{E}{A \Delta t} = \frac{2{,}5 \times 10^{-6} \text{ J}}{(4{,}6 \times 10^{-4} \text{ m}^2) \times (7{,}9 \text{ s})} = 6{,}9 \times 10^{-4} \frac{\text{J/s}}{\text{m}^2} = 6{,}9 \times 10^{-4} \frac{\text{W}}{\text{m}^2}.$$

Il livello di intensità sonora

Logaritmo decimale
Il logaritmo decimale di un numero reale *x* è l'esponente al quale si deve elevare 10 per ottenere come risultato *x*:
$y = \log_{10} x \Leftrightarrow 10^y = x$.

La nostra percezione del suono non è direttamente proporzionale alla sua intensità sonora: se, partendo da un certo valore base, l'intensità aumenta di dieci, cento, mille volte, noi percepiamo un suono due, tre o quattro volte più «forte». Per queste ragioni è utile introdurre una misura della sensazione sonora, che si chiama *livello di intensità sonora* L_s e segue una scala logaritmica.

Nel sistema SI il livello di intensità sonora si misura in *decibel* (simbolo dB) ed è definito dalla formula

livello di intensità sonora (dB) — intensità (W/m²)

$$L_s = 10 \log_{10} \frac{I}{I_0} \qquad (2)$$

minima intensità percepibile (W/m²)

In questa formula I è l'intensità dell'onda sonora percepita e I_0 è la minima intensità percepibile (di solito presa uguale a 10^{-12} W/m²).

Sulla base della formula (**2**), il valore di 0 dB corrisponde al livello di intensità sonora della *soglia di udibilità*, cioè la minima intensità che è normalmente percepibile. A 130 dB corrisponde la *soglia del dolore*. Suoni e rumori con livello di intensità superiore a 100 dB trasportano un'energia circa 10^{10} volte maggiore di quella dell'intensità di soglia e possono danneggiare l'udito in modo permanente (**figura 7**).

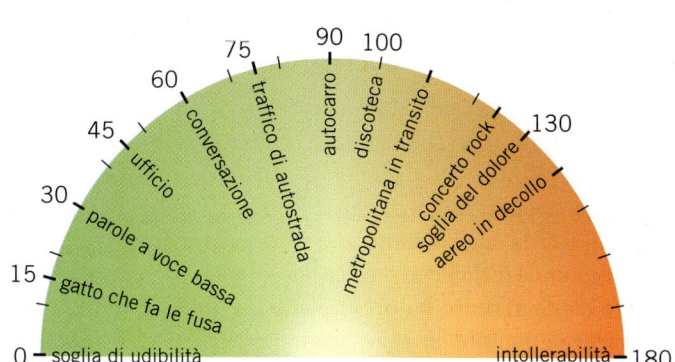

Figura 7 Livelli di intensità sonora (dB).

ESEMPIO

Considera il risultato dell'Esempio precedente.

▶ Calcola il livello di intensità sonora di tale onda.

Una volta noto il valore di $I = 6{,}9 \times 10^{-4}$ W/m², il corrispondente livello di intensità sonora L_s è dato dalla formula (**2**) (ponendo $I_0 = 1{,}0 \times 10^{-12}$ W/m²):

$$L_s = 10 \log_{10} \frac{I}{I_0} = 10 \log_{10} \frac{6{,}9 \times 10^{-4} \text{ W/m}^2}{1{,}0 \times 10^{-12} \text{ W/m}^2} =$$
$$= 10 \log_{10}(6{,}9 \times 10^8) \text{ dB} = 10 \times 8{,}8 \text{ dB} = 88 \text{ dB}.$$

L'onda sonora che giunge sul microfono descritto nell'Esempio precedente ha un livello sonoro di 88 dB.

Le note e le scale musicali

La musica sviluppata nell'ambito della cultura occidentale si basa sulla successione di sette note, chiamate Do, Re, Mi, Fa, Sol, La e Si. La nota che segue il Si è ancora chiamata Do ma, come si dice, è posta «un'ottava sopra» al Do precedente.

Abbiamo già detto che a ogni altezza (nota) del suono corrisponde una determinata frequenza dell'onda sonora.

Due note sono separate da un'ottava se la frequenza della seconda nota è esattamente il doppio della frequenza della prima.

Anche le frequenze delle altre note sono un multiplo della frequenza della nota da cui si parte.

Nota	Intervallo
Do	
	$\frac{9}{8}$
Re	
	$\frac{10}{9}$
Mi	
	$\frac{16}{15}$
Fa	
	$\frac{9}{8}$
Sol	
	$\frac{10}{9}$
La	
	$\frac{9}{8}$
Si	
	$\frac{16}{15}$
Do	

Incremento percentuale
In pratica, nel temperamento equabile la frequenza di ogni semitono supera del 6% circa quella del semitono precedente.

Fin dall'epoca classica è stata utilizzata la cosiddetta *scala naturale*, in cui la frequenza di ogni nota è ottenuta da quella precedente moltiplicandola per una frazione semplice. La tabella a lato mostra i rapporti (*intervalli*) tra la frequenza di una nota e di quella precedente nella scala naturale.

Partendo dal La naturale, a cui è stata assegnata la frequenza di 440 Hz, è possibile calcolare la frequenza di tutte le altre note.

Se osserviamo gli intervalli nella tabella, vediamo che l'intervallo Mi-Fa e quello Si-Do valgono $\frac{16}{15} \cong 1{,}0667$, mentre gli altri intervalli sono più ampi: $\frac{9}{8} = 1{,}125$ e $\frac{10}{9} \cong 1{,}111$; in musica, l'intervallo più ampio (9/8 o 10/9) è detto *tono*, mentre quello più piccolo (16/15) è detto *semitono*. Visto che un tono «vale» due semitoni (cioè, è circa uguale a due semitoni), l'intera ottava (che conta 5 toni e 2 semitoni) contiene $5 \times 2 + 2 = 12$ semitoni.

La scala naturale, avendo rapporti variabili tra un tono e l'altro, crea problemi quando si cerca di usarla sugli strumenti a intonazione fissa (pianoforte, organo, arpa…) e, dunque, rende difficile in pratica l'accordatura degli strumenti musicali.

Così, a partire dal Settecento ha preso piede un nuovo metodo di accordatura, detto **temperamento equabile**, in cui c'è un rapporto fisso k tra la frequenza di un semitono e quella del semitono precedente.

Partiamo, per esempio, da una nota Do che ha frequenza f_0. Nella scala ben temperata, il semitono successivo (Do diesis) ha frequenza $f_1 = k f_0$ e quello successivo ancora (Re) ha frequenza $f_2 = k f_1 = k^2 f_0$.

Continuando in questo modo, il Do che si trova dodici semitoni sopra quello di partenza ha frequenza $f_{12} = k^{12} f_0$. Ma sappiamo che questo Do deve avere una frequenza uguale a $2 f_0$. Quindi abbiamo la relazione

$$2 f_0 = k^{12} f_0,$$

da cui possiamo calcolare il valore di k:

$$k = \sqrt[12]{2} \cong 1{,}05946. \tag{3}$$

Questa è anche la proporzione delle distanze che separano i tasti di una **chitarra**, che quindi non sono equamente spaziati; il dodicesimo tasto divide esattamente a metà la corda della chitarra.

3. I LIMITI DI UDIBILITÀ

Non tutte le onde sonore sono percepite come suono dal nostro sistema orecchio-cervello.

Per essere udibile, un'onda sonora deve avere una frequenza compresa tra 20 Hz e 20 000 Hz.

A frequenze inferiori corrispondono gli *infrasuoni* e a quelle superiori corrispondono gli *ultrasuoni*, a cui l'orecchio umano è sordo. Però essi possono essere uditi da alcuni animali. Per esempio, i cani arrivano a percepire ultrasuoni fino a 50 000 Hz e i pipistrelli raggiungono i 120 000 Hz.

Nella figura 8 sono indicati in rosso gli intervalli di frequenze che corrispondono ai suoni emessi dall'uomo e da diversi animali.

Gli intervalli in blu corrispondono ai suoni uditi. Come si vede, cani, gatti, delfini e pipistrelli riescono a percepire come suoni delle onde che il nostro orecchio non riesce a registrare.

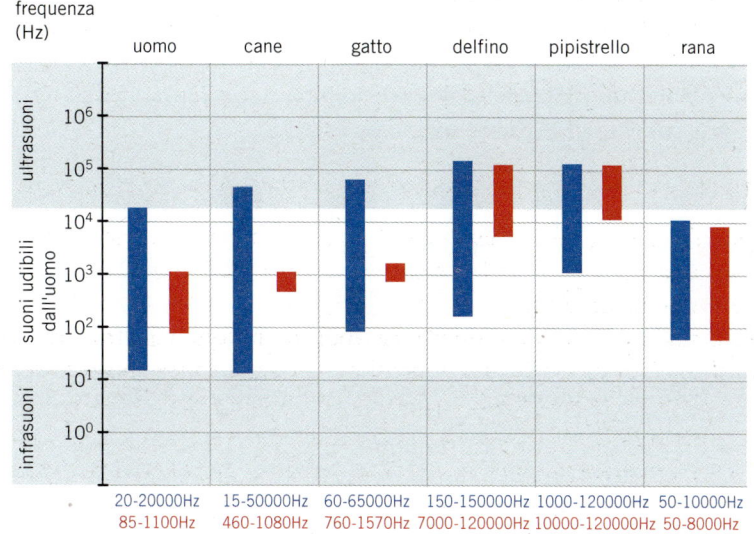

Figura 8 Intervalli di frequenze emesse (in rosso) e percepite (in blu) da diversi esseri viventi.

Relazione tra frequenza e lunghezza d'onda

Vediamo qual è la relazione tra la frequenza f di un'onda (per esempio un'onda sonora) e la sua lunghezza d'onda λ, se si conosce la velocità di propagazione v dell'onda stessa.

La formula (**2**) del capitolo «Le onde elastiche» stabilisce che vale la relazione

$$v = \frac{\lambda}{T},$$

dove T è il periodo del moto. D'altronde si ha $f = 1/T$, per cui la formula precedente può essere riscritta come

$$v = \frac{\lambda}{T} = \lambda \frac{1}{T} = \lambda f. \qquad (4)$$

ESEMPIO

Un cane riesce ad udire un ultrasuono la cui frequenza è $f = 40$ kHz.

▶ Qual è la lunghezza d'onda λ quando tale suono si propaga nell'acqua?

- Nella tabella del paragrafo 1 leggiamo che la velocità del suono nell'acqua è $v = 1450$ m/s.
- Dalla formula (**4**) possiamo ricavare l'espressione:

$$\lambda = \frac{v}{f}.$$

- Sostituendo in essa questo dato e quello fornito nel testo, otteniamo:

$$\lambda = \frac{v}{f} = \frac{1450 \, \frac{m}{s}}{4{,}0 \times 10^4 \, \text{Hz}} = 3{,}6 \times 10^{-2} \, \frac{\frac{m}{s}}{\frac{1}{s}} = 3{,}6 \times 10^{-2} \, \text{m}.$$

4 L'ECO

In condizioni particolari capita di udire la nostra stessa voce, che sembra provenire da un luogo lontano. È questo il fenomeno dell'*eco*.

> L'**eco** è dovuta alla *riflessione* delle onde sonore, cioè al fatto che il suono si comporta come se rimbalzasse contro un ostacolo.

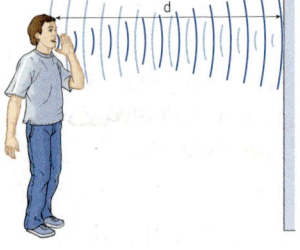

Figura 9 Meccanismo di formazione dell'eco.

L'onda sonora **(figura 9)** percorre due volte la distanza d tra noi e la parete (percorso di andata e ritorno), per cui impiega un tempo

$$\Delta t = \frac{2d}{v},$$

dove v è la velocità del suono. Se ci troviamo a 20 m dalla parete, sentiamo l'eco dopo

$$\frac{2 \times 20{,}0 \text{ m}}{340 \frac{\text{m}}{\text{s}}} = 0{,}118 \text{ s},$$

cioè dopo poco più di 1/10 di secondo.

Il nostro orecchio riesce a percepire in modo distinto due suoni intervallati da almeno 1/10 di secondo. Visto che in tale intervallo di tempo il suono percorre 34 m, per udire l'eco l'ostacolo si deve trovare almeno a una ventina di metri dal luogo in cui il suono parte. Se la distanza è minore, l'orecchio umano non distingue i suoni e si ha la spiacevole sensazione del *rimbombo*.

Mediante l'eco, si possono «vedere» oggetti che sono invisibili ai nostri occhi.

▶ Il sonar consente di calcolare la distanza di oggetti sotto il mare, misurando il tempo di andata e ritorno degli ultrasuoni che si riflettono sull'oggetto.

▶ Con l'ecografia si ottiene l'immagine di un feto nel ventre della madre, misurando i tempi di riflessione degli ultrasuoni inviati sulle sue diverse parti.

A

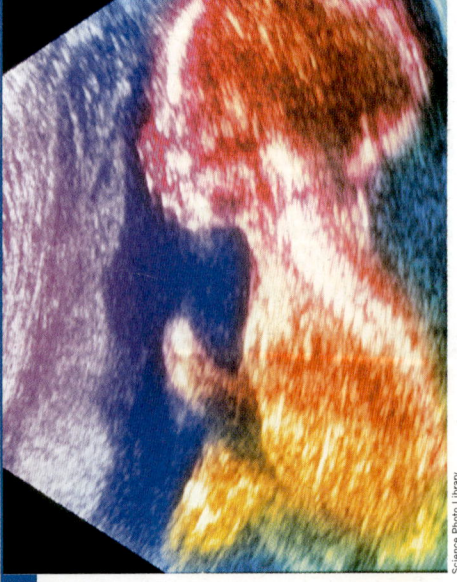

B

IL SUONO **16** CAPITOLO

Mediante l'ecografia del feto, si riconoscono diverse caratteristiche del bambino non ancora nato, come lo sviluppo della testa, degli arti e del cuore. Quando è abbastanza grande è anche possibile determinarne il sesso.

Ma l'uso delle onde sonore per «vedere» non è stato inventato dagli esseri umani.

Per esempio, i pipistrelli si orientano nel buio emettendo ultrasuoni che producono un'eco nell'ambiente circostante (figura 10). Le onde riflesse dagli ostacoli sono captate dalle loro grandi orecchie e trasmesse al cervello, dove si traducono in una mappa dello spazio esplorato.

A seconda della specie, gli ultrasuoni sono prodotti dalle narici o dalla bocca. Le loro frequenze vanno da 10 000 Hz fino a circa 200 000 Hz. Più è alto il valore della frequenza, più piccola è la lunghezza d'onda associata e quindi maggiori sono i dettagli dell'ambiente che l'animale riesce a percepire. Le alte frequenze si rivelano utili soprattutto nella caccia: poiché la lunghezza d'onda è di pochi millimetri, un pipistrello può individuare e catturare anche una impercettibile zanzara.

Anche i delfini esplorano l'ambiente emettendo ultrasuoni e captandone l'eco. In base alla formula (**4**), visto che un'onda sonora si propaga nell'acqua con velocità maggiore rispetto all'aria, per ottenere lunghezze d'onda piccole un delfino deve emettere ultrasuoni di frequenza più alta rispetto a un pipistrello.

Figura 10 Il pipistrello emette ultrasuoni per localizzare gli oggetti.

I delfini arrivano a emettere ultrasuoni di frequenza 400 000 Hz, attraverso un complesso sistema di sacche e aperture formate dai tessuti grassi posti sul loro capo. L'aria viene spinta avanti e indietro per queste aperture per produrre il suono, che viene poi emesso dallo sfiatatoio posto sulla testa del delfino.

5 LE ONDE STAZIONARIE

La fotografia a lato mostra un **impulso trasversale** in una molla fissata a un estremo fisso. La perturbazione si propaga lungo l'intera molla, si riflette e torna indietro capovolta. Questo è, dopo quello delle onde sonore visto nel paragrafo precedente, un altro esempio di riflessione di un'onda.

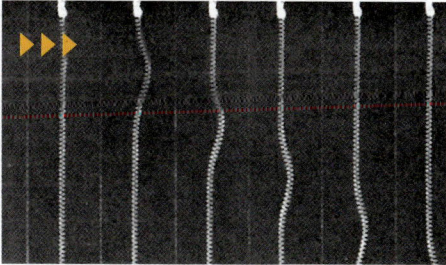

Quando si pizzica una corda di chitarra si generano delle onde che si propagano verso i due estremi della corda. Arrivate alle due estremità, le onde si riflettono e si dirigono verso il capo opposto della corda, per generare diverse riflessioni consecutive.

L'interferenza tra queste onde che, tutte della stessa frequenza, si propagano lungo la corda dà origine a un fenomeno complessivo detto *onda stazionaria*:

un'**onda stazionaria** è un'onda che non si propaga, ma rimane sempre nella stessa zona di spazio.

Di conseguenza, un'onda stazionaria non trasporta energia da un estremo all'altro dello spazio che essa occupa.

Onde non stazionarie
Le onde che si propagano nello spazio sono dette **onde progressive** oppure **onde regressive**, a seconda del loro verso di propagazione.

I modi normali di oscillazione

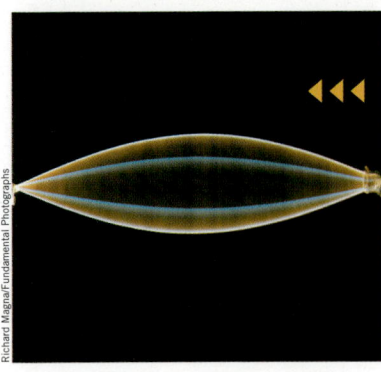

Se pizzichiamo con attenzione la corda di una chitarra nel suo centro possiamo ottenere un moto come quello rappresentato nella foto. Questa onda stazionaria ha due punti sempre fissi (detti **nodi**) agli estremi della corda; tutti gli altri punti della corda si muovono di moto armonico nello stesso verso: o tutti verso l'alto, o tutti verso il basso. Hanno tutti la stessa frequenza e si muovono in fase, cioè raggiungono insieme sia il punto massimo dell'oscillazione, sia il punto minimo.

Pizzicando opportunamente una corda si possono ottenere onde stazionarie con un numero maggiore di nodi. Per esempio

▶ questa è un'onda stazionaria con tre nodi;

▶ mentre quest'altra è un'onda stazionaria con quattro nodi.

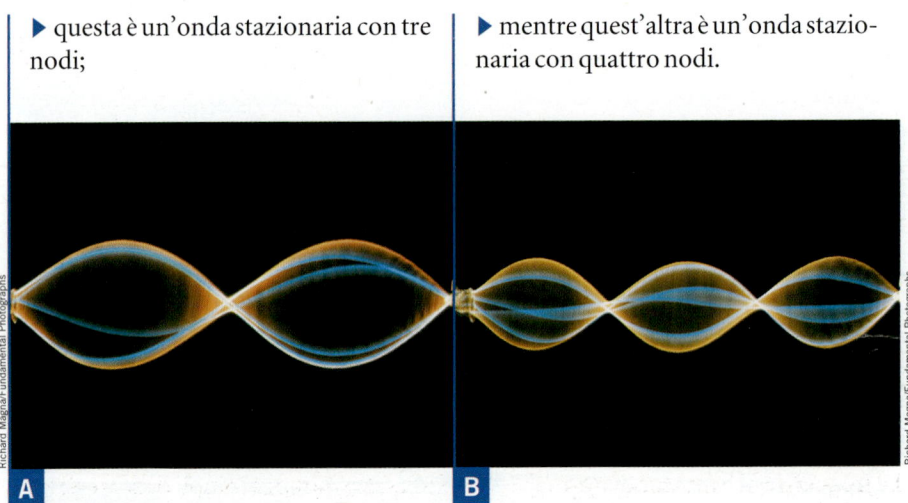

Ciascuna di queste particolari onde rappresenta un *modo normale* di oscillazione della corda.

ANIMAZIONE

I modi normali di oscillazione
(1 minuto)

> Si chiamano **modi normali** di oscillazione le onde stazionarie in cui tutti i punti della corda oscillano di moto armonico con la stessa frequenza.

Le frequenze dei modi normali

La **figura 11** mostra che il primo modo normale di oscillazione, quello con due nodi, ha una lunghezza d'onda $\lambda_1 = 2L$, dove L è la lunghezza della corda che vibra.

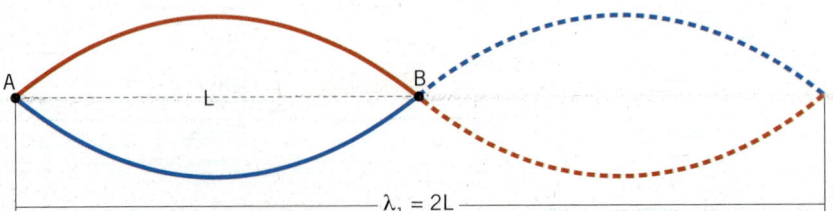

Figura 11 La lunghezza d'onda del primo modo normale di oscillazione è due volte la lunghezza della corda.

▶ Il modo normale successivo, con tre nodi, ha lunghezza d'onda $\lambda_2 = L$.

▶ Poi c'è il modo normale con quattro nodi, che ha lunghezza d'onda $\lambda_3 = \dfrac{2}{3} L$.

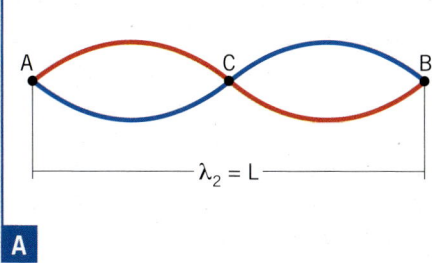

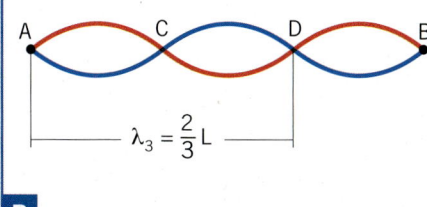

A

B

In generale, la lunghezza d'onda del modo normale numero n (che ha $n + 1$ nodi) è

$$\lambda_n = \frac{2L}{n}, \quad n = 1, 2, \ldots \qquad (5)$$

Se indichiamo con v la velocità delle onde sulla corda, possiamo ottenere la frequenza f_n del modo normale numero n; infatti la formula (4) dice che vale

$$v = \lambda_n f_n,$$

da cui

$$f_n = \frac{v}{\lambda_n} = n \frac{v}{2L} \quad n = 1, 2, \ldots \qquad (6)$$

Le frequenze di tutti i modi normali sulla corda sono quindi multipli della frequenza

$$f_1 = \frac{v}{2L}. \qquad (7)$$

In linguaggio musicale la frequenza f_1 è detta **fondamentale** o **prima armonica**. Tutte le altre frequenze da f_2 in poi sono multiple di f_1 e sono dette *armoniche superiori*.

ESEMPIO

Una corda tesa è lunga $L = 1{,}25$ m e su di essa l'onda sonora si propaga alla velocità $v = 2{,}06 \times 10^3$ m/s.

▶ Qual è la frequenza fondamentale con cui vibra quella corda?

Dalla formula (7) vediamo che la frequenza fondamentale f_1 di oscillazione della corda è

$$f_1 = \frac{v}{2L} = \frac{2{,}06 \times 10^3 \, \frac{\text{m}}{\text{s}}}{2 \times (1{,}25 \text{ m})} = 824 \, \frac{\text{m}}{\text{s}} \cdot \frac{1}{\text{m}} = 824 \text{ Hz}.$$

Sovrapposizione di modi normali

Se pizzichiamo a caso una corda di chitarra non otterremo uno dei modi normali di oscillazione, ma una forma d'onda più complessa. In generale

> un'onda stazionaria generica si può ottenere come sovrapposizione di due o più modi normali di oscillazione.

Come esempio, l'onda complessa della **figura 12** (colore verde), che è seguita nel corso di metà periodo, è ottenuta come sovrapposizione dell'onda fondamentale e della seconda armonica (quest'ultima ha un'ampiezza che è la metà di quella della fondamentale).

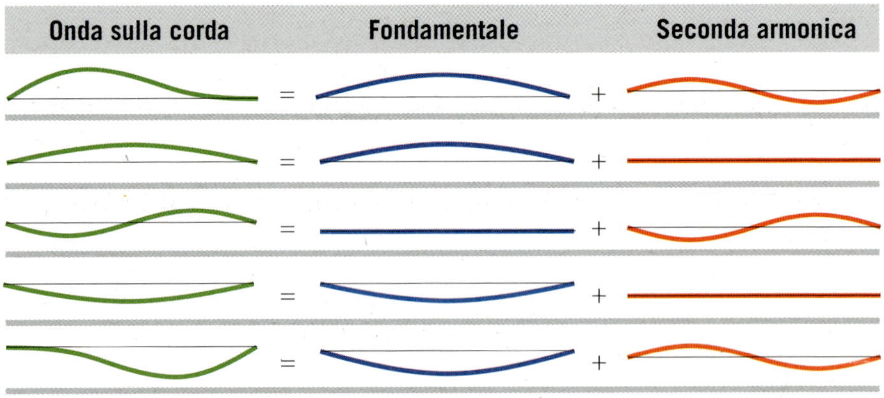

Frequenza dell'onda composta
Se la fondamentale ha frequenza f e periodo T, la seconda armonica ha periodo $T/2$. L'onda composta ha ancora periodo T e frequenza f, perché dopo un tempo T la fondamentale ha compiuto un'oscillazione completa e la seconda armonica ne ha compiute due: in questo modo l'intero sistema è di nuovo nella situazione di partenza.

Onda sulla corda	Fondamentale	Seconda armonica

Figura 12 Onda (in verde) risultante dalla sovrapposizione della prima armonica (in blu) e della seconda (in rosso).

Un'onda sinusoidale semplice, come la fondamentale, è percepita dal nostro orecchio come un suono semplice e metallico (per esempio quello del diapason). Le forme complesse delle onde sonore prodotte dagli altri strumenti sono dovute al fatto che il suono contiene, oltre alla fondamentale, anche diverse armoniche superiori.

Queste onde complesse sono percepite dall'orecchio con timbri diversi, anche se hanno la stessa frequenza fondamentale e, quindi, la stessa altezza.

ESPERIMENTO VIRTUALE

Note e battimenti
- Gioca
- Misura
- Esercitati

6 I BATTIMENTI

Un'onda stazionaria è un fenomeno generato dalla sovrapposizione di più onde della stessa frequenza.

La sovrapposizione di onde con frequenze non troppo diverse tra loro (cioè quando la loro differenza è piccola rispetto ai valori delle singole frequenze) dà origine al fenomeno dei battimenti. Infatti

> quando si sovrappongono due onde sonore, con frequenze f_1 e f_2 vicine tra loro, si ode un unico suono che ha frequenza uguale alla media di f_1 e f_2 e intensità variabile nel tempo.

Queste pulsazioni di intensità che l'orecchio avverte sono dette **battimenti**.

L'equazione dei battimenti

Consideriamo, in un punto fissato dello spazio, due onde sonore che si sovrappongono in fase; la prima onda ha frequenza f_1, periodo $T_1 = 1/f_1$ e pulsazione

$$\omega = \frac{2\pi}{T_1} = 2\pi f_1.$$

Ampiezza e fase iniziale
Per semplicità, le due onde hanno la stessa ampiezza e fase iniziale uguale a zero.

Secondo l'equazione (3) del capitolo «Le onde elastiche», la legge della prima onda in funzione del tempo è

$$y_1 = a\cos(\omega_1 t) = a\cos(2\pi f_1 t). \qquad (8)$$

In modo analogo, l'equazione della seconda onda, di frequenza f_2, è

$$y_2 = a\cos(2\pi f_2 t). \qquad (9)$$

Così possiamo ricavare l'equazione dell'onda risultante $y = y_1 + y_2$ usando le formule di prostaferesi:

$$y = y_1 + y_2 = a\cos(2\pi f_1 t) + a\cos(2\pi f_2 t) = a[\cos(2\pi f_1 t) + \cos(2\pi f_2 t)] =$$

$$= 2a\cos\frac{2\pi f_2 t + 2\pi f_1 t}{2}\cos\frac{2\pi f_2 t - 2\pi f_1 t}{2} =$$

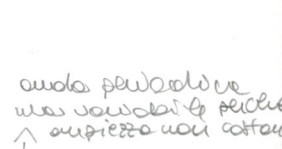

$$y = 2a\cos(\pi(f_2 - f_1)t)\cos\left(2\pi\frac{(f_2 + f_1)}{2}t\right). \qquad (10)$$

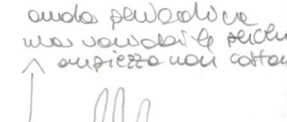

La formula (10) ha ancora la forma di un'onda periodica del tipo $y = A\cos(2\pi ft)$, con
- $f = \dfrac{f_1 + f_2}{2}$: il suono ha una frequenza che è la media aritmetica delle frequenze delle due onde;
- $A = 2a\cos(\pi(f_2 - f_1)t)$: l'ampiezza dell'onda è variabile.

Quindi l'ampiezza A varia nel tempo con una frequenza f^*, detta *frequenza dei battimenti*, che è data da

$$f^* = f_2 - f_1: \qquad (11)$$

> la frequenza di variazione dell'ampiezza dell'onda risultante, e quindi anche della sua intensità, è uguale alla differenza tra le frequenze delle due onde componenti.

Nella **figura 13**, a pagina successiva, l'onda rappresentata in blu ha frequenza $f_1 = 12$ Hz e l'onda rossa ha frequenza $f_2 = 15$ Hz. La loro sovrapposizione produce l'onda colorata in verde, con un'ampiezza variabile che passa da zero al valore massimo tre volte $(15 - 12 = 3)$ in un secondo.

Figura 13 L'onda (in verde) che si ottiene sovrapponendo le prime due presenta un'ampiezza variabile (fenomeno dei battimenti).

Nota che quello dei battimenti è un fenomeno di interferenza:
- dove un massimo della curva blu corrisponde a un massimo della curva rossa, l'onda risultante ha un massimo pari alla somma dei valori delle due onde (per esempio nei punti P_1, P_2 e P_3);
- dove un massimo della curva blu corrisponde a un minimo della curva rossa, l'onda risultante si annulla (per esempio nei punti Q_1, Q_2 e Q_3).

Il fenomeno dei battimenti è utilizzato, per esempio, quando si **accorda la chitarra**: fino a quando si avvertono i battimenti, le due corde pizzicate non emettono la stessa nota; quando i battimenti scompaiono, le due corde sono accordate.

7 L'EFFETTO DOPPLER

Quando un'ambulanza si muove verso di noi sentiamo che la sirena emette un suono più acuto di quello che udiamo quando la stessa ambulanza è ferma; quando l'ambulanza si allontana, il suono che percepiamo è più grave. È questo un esempio di **effetto Doppler**, secondo cui

> la frequenza di un'onda periodica, rilevata da un ricevitore in moto rispetto alla sorgente dell'onda, è diversa da quella rilevata da un ricevitore in quiete rispetto alla sorgente.

Il fisico tedesco Christian Johann Doppler (1803-1853) previde questo effetto per le onde luminose nel 1842. Infatti, anche se il caso più comune dell'effetto Doppler si ha per le onde sonore, lo stesso fenomeno vale per tutte le onde (radio, luce ecc.). Per questioni di semplicità tecnica la prima conferma sperimentale delle leggi previste da Doppler fu ottenuta, nel 1845, con onde sonore.

Tornando all'effetto Doppler per il suono, esaminiamo ora i due casi semplici in cui la sorgente sonora è ferma e il ricevitore in moto, oppure in cui la sorgente è in moto e il ricevitore è fermo.

Sorgente ferma e ricevitore in movimento

Consideriamo una sorgente che emette un suono di frequenza f e indichiamo con v_0 la velocità del suono nell'aria.

▶ L'orecchio di una persona ferma rispetto alla sorgente che emette il suono avverte i fronti d'onda di compressione separati da un periodo $T = 1/f$.

▶ Una persona che corre verso la sorgente incontra i fronti d'onda dopo un tempo $T' < T$. Così percepisce una frequenza $f' > f$ e, quindi, un suono più acuto.

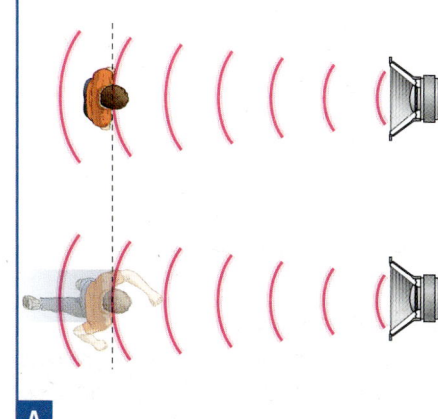

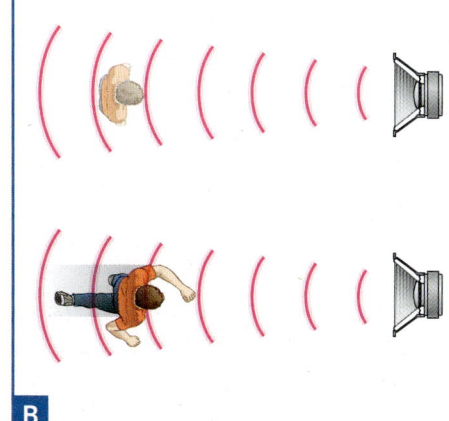

A **B**

Se il ricevitore si allontana dalla sorgente, il periodo T' risulta maggiore di T e, di conseguenza, la frequenza f' rilevata è minore di f.

Indicando con $\pm v$ la velocità con cui si muove il ricevitore, la frequenza f' che esso rileva è data dalla formula

$$f' = \frac{v_0 \pm v}{v_0} f \qquad (12)$$

frequenza rilevata (Hz); velocità del ricevitore (m/s); velocità del suono (m/s); frequenza emessa (Hz).

Nella formula precedente:
- se il ricevitore si avvicina alla sorgente si sceglie il segno «+» e risulta $f' > f$;
- se il ricevitore si allontana dalla sorgente si sceglie il segno «−» e risulta $f' < f$.

Dimostriamo la formula (12) nel caso in cui il ricevitore si avvicina alla sorgente con velocità di modulo v.

- Per il ricevitore fermo, la frequenza f del suono, la sua lunghezza d'onda λ e la velocità del suono v_0 sono legate dalla formula (4)

$$v_0 = \lambda f.$$

- Come si vede dalle figure precedenti, per il ricevitore in movimento la lunghezza d'onda (cioè la distanza tra i fronti d'onda) non cambia. Invece, nel suo sistema di riferimento la velocità del suono è $v'_0 = v_0 + v$, per cui vale la relazione

$$v_0 + v = \lambda f',$$

dove f' è la frequenza rilevata dal ricevitore in movimento.

- Dalla formula (4) si ricava $\lambda = \dfrac{v_0}{f}$, per cui l'equazione precedente diviene:

$$v_0 + v = \frac{v_0}{f} f'.$$

- In questo modo si ottiene

$$f' = \frac{v_0 + v}{v_0} f,$$

che è la formula (**12**) nel caso in cui il ricevitore si avvicina alla sorgente.

ESEMPIO

Un'automobile ferma con il motore acceso genera un'onda sonora con frequenza $f = 50{,}0$ Hz. Un pullman si muove verso l'auto alla velocità $v = 21$ m/s.

▶ Calcola la frequenza f' dell'onda sonora generata dall'automobile, secondo una persona che si trova sul pullman. (Per la velocità del suono utilizza il valore $v_0 = 340$ m/s).

Il caso descritto nel testo richiede la formula (**12**), presa con il segno positivo a numeratore. Sostituendo in essa i valori numerici otteniamo:

$$f' = \frac{v_0 + v}{v_0} f = \frac{340 \,\frac{m}{s} + 21 \,\frac{m}{s}}{340 \,\frac{m}{s}} \times (50{,}0 \, Hz) = 1{,}06 \times (50{,}0 \, Hz) = 53{,}0 \text{ Hz}.$$

Sorgente in movimento e ricevitore fermo

Se la sorgente è in movimento, i fronti d'onda delle onde emesse sono delle sfere con il centro che si sposta.

▶ Un ricevitore a cui la sorgente si avvicina osserva una minore distanza tra i fronti d'onda, cioè una lunghezza d'onda minore, a cui corrisponde una frequenza maggiore e un suono più acuto.

▶ Un ricevitore da cui la sorgente si allontana osserva una maggiore distanza tra i fronti d'onda, cioè una lunghezza d'onda maggiore, a cui corrisponde una frequenza minore e un suono più grave.

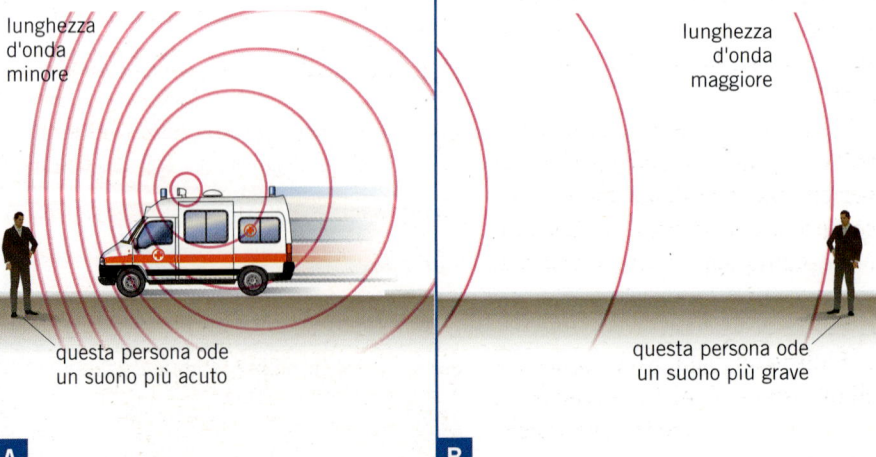

A

B

Indicando con $\pm v$ la velocità con cui si muove la sorgente, si può dimostrare che la frequenza f' rilevata dal ricevitore è data dalla formula

$$f' = \frac{v_0}{v_0 \pm v} f \qquad (13)$$

- frequenza rilevata (Hz): f'
- velocità del suono (m/s): v_0
- velocità della sorgente (m/s): v
- frequenza emessa (Hz): f

Nella formula precedente:
- se la sorgente si avvicina al ricevitore si sceglie il segno «$-$» e risulta $f' > f$;
- se la sorgente si allontana dal ricevitore si sceglie il segno «$+$» e risulta $f' < f$.

Applicazioni dell'effetto Doppler

Il funzionamento di molti sensori di movimento si basa sull'effetto Doppler: questi sensori emettono onde radio che sono riflesse dal corpo in movimento (figura 14). A causa dell'effetto Doppler, l'onda riflessa non ha la stessa frequenza dell'onda incidente, ma ha una frequenza maggiore se il corpo, come nella figura, si avvicina al sensore e ha una frequenza minore se esso si allontana.

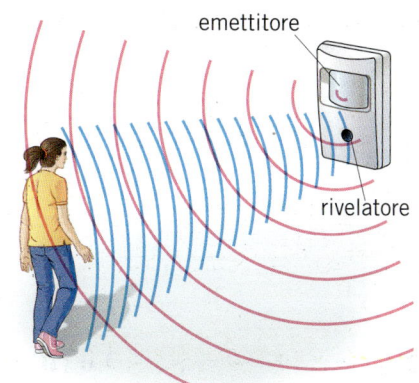

Figura 14 Principio di funzionamento del rivelatore che gestisce l'apertura di una porta automatica.

Il sensore rileva l'onda riflessa e ne analizza la frequenza. Per esempio, nelle porte automatiche il sensore rimane inattivo se la frequenza dell'onda riflessa è minore o uguale di quella emessa (in questo caso le persone sono ferme o si stanno allontanando dalla porta), mentre ordina l'apertura della porta se la frequenza dell'onda riflessa è maggiore di quella dell'onda emessa (ciò indica che una persona si sta avvicinando alla porta).

Lo stesso principio è utilizzato da molti *autovelox* utilizzati per misurare la velocità degli automezzi: conoscendo la frequenza dell'onda emessa e di quella riflessa, il dispositivo calcola la velocità dell'automezzo.

Se l'*autovelox* è montato a sua volta su un'auto della polizia, la velocità indicata dallo strumento è composta con la velocità dell'auto della polizia per fornire la velocità, rispetto al terreno, dell'automezzo che viene controllato.

Utilizzando l'effetto Doppler degli ultrasuoni si misura anche la velocità del sangue nelle vene e nelle arterie.

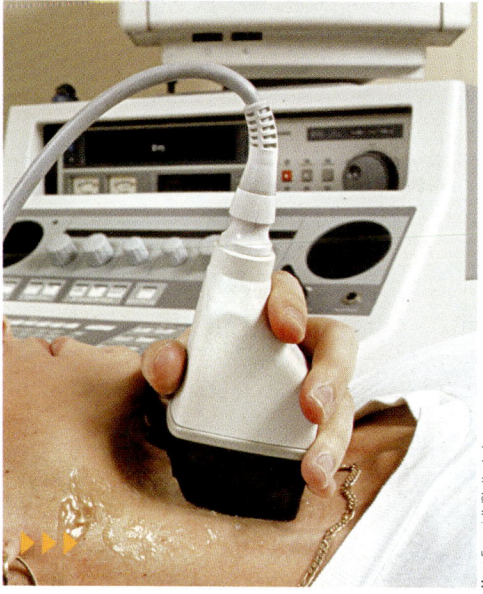

I CONCETTI E LE LEGGI

LE ONDE SONORE

Il suono è un'onda longitudinale generata da successive compressioni e rarefazioni del mezzo in cui si propaga: senza un mezzo materiale, a differenza della luce, il suono non si propaga. La sorgente del suono è un corpo che vibra.

La velocità del suono

Dipende dal materiale in cui si propaga, dalla temperatura e dalla pressione.
- In aria secca, alla pressione atmosferica normale di $1{,}01 \times 10^5$ Pa e alla temperatura di 0°C, è pari a $v = 331{,}4$ m/s = = 1193 km/h; nell'acqua è quasi 5 volte più veloce che nell'aria.
- È molto inferiore alla velocità della luce (300 000 km/s): questo spiega perché vediamo prima il fulmine e poi sentiamo il tuono.

Caratteristiche del suono

Altezza
Distingue un suono più acuto da un suono più grave e cresce all'aumentare della frequenza dell'onda sonora.
- Per esempio, in una chitarra, la corda più sottile e leggera può oscillare con una frequenza maggiore di quella di una corda spessa, e genera quindi un suono più acuto.

Intensità
Distingue un suono ad alto volume da uno a basso volume e cresce all'aumentare dell'ampiezza dell'onda sonora.

$$I = \frac{E}{A \Delta t}$$

- E è l'energia che attraversa in un tempo Δt una superficie di area A perpendicolare all'onda.
- La sua unità di misura è J/(s · m^2) = W/m^2.

Timbro
Ci permette di capire se stiamo ascoltando musica generata da un pianoforte o da una tromba.
- Dipende dalla particolare legge periodica con cui oscilla l'onda sonora.

Livello di intensità sonora

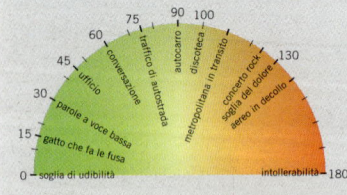

$$L_s = 10 \log_{10} \frac{I}{I_0}$$

livello di intensità sonora =
$= 10 \log_{10} \dfrac{\text{intensità}}{\text{minima intensità percepibile}}$

- Misura la nostra percezione dell'intensità del suono.
- Si misura in decibel (dB).
- Si assegna il valore 0 dB alla *soglia di udibilità*, cioè alla minima intensità percepibile, e il valore 130 dB alla *soglia del dolore*: i suoni oltre i 100 dB possono danneggiare gravemente l'udito.

Limiti di udibilità

Per essere udibile da un orecchio umano, un'onda sonora deve avere una frequenza compresa tra 20 Hz e 20 000 Hz.
- A frequenze inferiori si trovano gli **infrasuoni**, a frequenze maggiori gli **ultrasuoni**.
- Per esempio, i cani arrivano a percepire ultrasuoni fino a 50 000 Hz.

Eco

- È dovuta alla riflessione delle onde sonore, cioè al fatto che il suono si comporta come se rimbalzasse contro un ostacolo. Se l'ostacolo è a distanza d e il suono si propaga a velocità v, l'eco arriva con un ritardo:

$$\Delta t = \frac{2d}{v}$$

intervallo di tempo = $\dfrac{2 \times \text{distanza}}{\text{velocità}}$

- Mediante l'eco si possono «vedere» oggetti che sono invisibili ai nostri occhi: per esempio, l'ecografia fornisce l'immagine di un feto nel ventre della madre misurando i tempi di riflessione degli ultrasuoni inviati.

LE PROPRIETÀ DELLE ONDE STAZIONARIE

Un'onda stazionaria è un'onda che non si propaga, ma rimane sempre nella stessa zona di spazio; di conseguenza, *non* trasporta energia da un estremo all'altro dello spazio che occupa. I punti dell'onda stazionaria che rimangono sempre fissi vengono chiamati *nodi*.

Modi normali di oscillazione

Sono le onde stazionarie in cui tutti i punti di una corda pizzicata oscillano di moto armonico con la stessa frequenza.

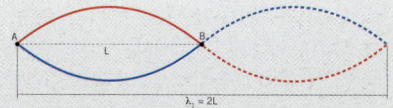

Lunghezza d'onda

$$\lambda_n = \frac{2L}{n}, \quad n = 1, 2, \ldots$$

lunghezza d'onda modo $n = \dfrac{2 \times (\text{lunghezza corda})}{n}$

- In generale, la lunghezza d'onda del modo normale numero n ha $n + 1$ nodi.
- Un'onda stazionaria generica si può ottenere come sovrapposizione di due o più modi normali di oscillazione: ogni diversa combinazione è percepita dall'orecchio come avente un timbro diverso.

Frequenza

$$f_n = \frac{v}{\lambda_n} = n\frac{v}{2L}, \quad n = 1, 2, \ldots$$

frequenza modo $n = n\dfrac{\text{velocità}}{2 \times (\text{lunghezza corda})}$

- Le frequenze di tutti i modi normali sulla corda sono multipli della frequenza $f_1 = \dfrac{v}{2L}$, che è detta *fondamentale* o *prima armonica*.
- Tutte le frequenze da f_2 in poi sono dette armoniche superiori.

Battimenti

Pulsazioni di intensità che si generano quando si sovrappongono due onde sonore con frequenze f_1 e f_2 vicine tra loro: in questi casi si ode un unico suono che ha frequenza uguale alla media di f_1 e f_2 e con intensità variabile nel tempo.

$y_1 = a\cos(2\pi f_1 t) \qquad y_2 = a\cos(2\pi f_2 t)$

$y = A\cos(2\pi f t)$

$f = \dfrac{f_2 + f_1}{2}$ frequenza del suono udito;

$A = 2a\cos(\pi(f_2 - f_1)t)$ ampiezza variabile dell'onda;

$f^* = f_2 - f_1$ frequenza dei battimenti.

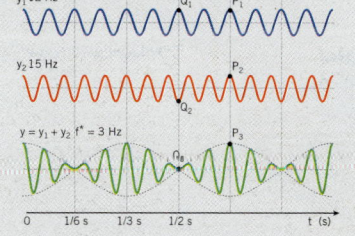

- La frequenza di variazione f^* dell'ampiezza dell'onda risultante, cioè della sua intensità, è uguale alla differenza delle frequenze delle due onde componenti.

Effetto Doppler

La frequenza di un'onda periodica, rilevata da un ricevitore in moto rispetto alla sorgente dell'onda, è diversa da quella rilevata da un ricevitore in quiete rispetto alla sorgente.

Sorgente ferma e ricevitore in movimento

$$f' = \frac{v_0 \pm v}{v_0} f$$

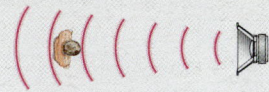

- segno $+$: il ricevitore si avvicina alla sorgente.
- segno $-$: il ricevitore si allontana dalla sorgente.

Sorgente in movimento e ricevitore fermo

$$f' = \frac{v_0}{v_0 \pm v} f$$

- segno $+$: la sorgente si allontana dal ricevitore.
- segno $-$: la sorgente si avvicina al ricevitore.

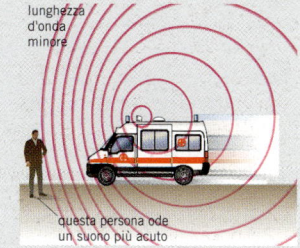

f' frequenza rilevata; v_0 velocità del suono; v velocità del ricevitore; f frequenza emessa.

ESERCIZI

DOMANDE SUI CONCETTI

1 Seduto sulla riva di un fiume, ti può capitare di sentire mormorare l'acqua. Come puoi spiegare questo effetto?

2 Un'onda sonora si propaga nell'aria con una frequenza di 500 Hz; a un certo punto, passa dall'aria all'acqua. La sua frequenza cambia? La sua lunghezza d'onda cambia? (La velocità del suono in aria è circa 340 m/s, nell'acqua raggiunge circa 1500 m/s.)

3 In seguito a una esplosione lontana, un osservatore sente dapprima una scossa sismica al suolo, poi avverte il boato dell'esplosione. Come puoi spiegare questo fatto?

4 Le chitarre elettriche, che usano un amplificatore elettrico per il loro funzionamento, possono avere forme fra loro molto varie. Invece le chitarre acustiche hanno sempre la tipica forma a clessidra. Perché?

5 Da quale delle caratteristiche del suono dipende la sua eventuale pericolosità per l'orecchio umano?

6 Prendi due fogli di carta e strappali con velocità diverse: sentirai due rumori di altezza diversa. Come puoi spiegarlo?

7 Quali delle seguenti caratteristiche cambiano quando un suono ha un volume più alto? Intensità, velocità di propagazione, frequenza, livello di intensità sonora, lunghezza d'onda, ampiezza.

8 Quanto vale la minima lunghezza d'onda che può percepire l'orecchio umano? (Per la velocità di propagazione del suono utilizza il valore $v = 340$ m/s).

9 Ti avvicini a una parete fatta di materiale non fonoassorbente, ponendoti a una distanza di 10 m e urli la parola «ciao». Senti distintamente la stessa parola ripetuta dall'eco?

10 L'onda stazionaria su una corda è ottenuta sovrapponendo la seconda armonica e la quarta armonica. Quanti nodi ha l'onda risultante?

11 Su quale elemento caratteristico delle corde di uno strumento deve operare l'accordatore?

12 Come puoi spiegare il fatto che, ascoltando due diapason che vibrano con frequenze leggermente diverse, al tuo orecchio giunge un alternarsi di suoni deboli e suoni forti?

13 Il fenomeno dei battimenti viene utilizzato per accordare gli strumenti musicali, ad esempio una chitarra. Puoi spiegare come?

14 Al passaggio di un aereo supersonico si può sentire un «boom». A cosa è dovuto?

15 Descrivi il funzionamento di un *autovelox*.

PROBLEMI

1 LE ONDE SONORE

1 PROBLEMA SVOLTO

A un concerto, tenuto in uno stadio, l'ultima fila di spettatori si trova a 150 m dagli altoparlanti.

▶ Qual è il ritardo Δt con cui la musica giunge a questi spettatori? (Per la velocità del suono utilizza il valore 340 m/s.)

$\Delta s = 150$ m
$v = 340$ m/s
$\Delta t = ?$

■ **Strategia e soluzione**

- Dalla definizione di velocità

$$v = \frac{\Delta s}{\Delta t},$$

otteniamo

$$\Delta t = \frac{\Delta s}{v}.$$

- Sostituendo i valori numerici nella formula precedente troviamo

$$\Delta t = \frac{\Delta s}{v} = \frac{150 \text{ m}}{340 \frac{\text{m}}{\text{s}}} = \frac{150}{340} \text{m} \frac{\text{s}}{\text{m}} = 0{,}441 \text{ s}.$$

■ **Discussione**

Si tratta di un ritardo di quasi mezzo secondo. Se nello stadio c'è un maxischermo televisivo che trasmette le immagini del palco, riconosciamo facilmente la «mancanza di sincronizzazione» che esiste, per esempio, tra il suono delle parole e il movimento delle labbra del cantante.

2 Il disegno mostra due diversi percorsi seguiti da un'onda sonora per andare dal punto A, in aria, al punto B, in acqua. Il percorso rettilineo è costituito da due tratti lunghi entrambi 1,8 cm, mentre l'altro percorso è costituito da due segmenti lunghi rispettivamente 1,6 cm e 2,1 cm.

▶ Calcola il tempo necessario a completare ciascun percorso.

▶ Come riesci a spiegare il fatto che il percorso più lungo richiede meno tempo?

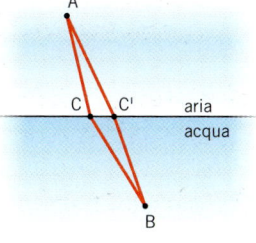

$[6{,}5 \times 10^{-5} \text{ s}; 6{,}7 \times 10^{-5} \text{ s}]$

3 Un diapason si trova sul fondo di una piscina ed emette un La, di frequenza pari a 440 Hz, che si propaga con una lunghezza d'onda di 3,5 m. Anna sott'acqua ascolta il suono a 30 m di distanza.

▶ Dopo quanto tempo il suono del diapason raggiunge la ragazza?

[0,019 s]

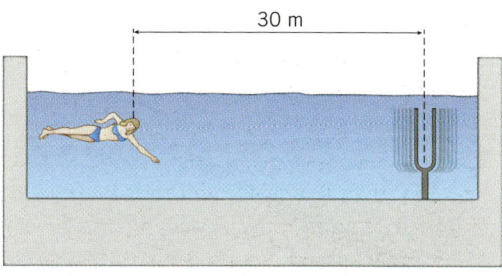

585

ESERCIZI

4 ★★ Due cacciatori si trovano a una distanza di 2 km. Il primo cacciatore spara un colpo di fucile alle ore 9 h 22 min 45 s del suo orologio. Il secondo cacciatore sente il suono dello sparo quando il suo orologio segna le ore 9 h 22 min 55 s.

▶ Gli orologi dei due cacciatori sono sincronizzati?

[il secondo orologio ritarda di circa 4 s]

5 ★★★ Un tecnico delle ferrovie francesi, che sta analizzando gli effetti del passaggio del TGV (treno ad alta velocità) su un ponte, si trova nella posizione 2 (vedi figura) quando gli giunge il rumore prodotto dal passaggio del treno nella posizione 1 alla velocità di $1,4 \times 10^2$ km/h. Oltrepassato il punto 1, il treno si muove con accelerazione costante e l'angolo α in figura vale 10°.

▶ Calcola la velocità del treno nel punto V.

[$1,6 \times 10^2$ m]

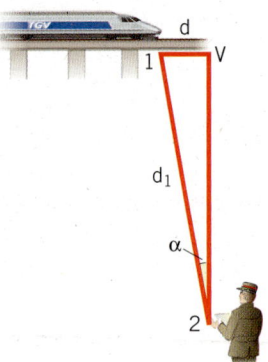

2 LE CARATTERISTICHE DEL SUONO

6 ★ A distanza di circa 1 m da un frigorifero in funzione, il rumore udito normalmente ha un'intensità sonora di 10^{-8} W/m².

▶ Quante volte questa intensità sonora è maggiore dell'intensità sonora di riferimento (0 dB), che vale 10^{-12} W/m²?

▶ Qual è il valore del suo livello di intensità sonora in dB?

[10 000 volte; 40 dB]

7 ★ Una nota si trova sette semitoni sopra i 440 Hz del La naturale.

▶ Qual è la sua frequenza?

[659 kHz]

8 ★★ Una sorgente sonora puntiforme emette 500 J di energia in 1,0 min. Carlo e Alice ascoltano il suono nelle posizioni mostrate nella figura.

▶ Calcola l'intensità sonora che ricevono Carlo e Alice.

[$6,6 \times 10^{-3}$ W/m²; $1,7 \times 10^{-3}$ W/m²]

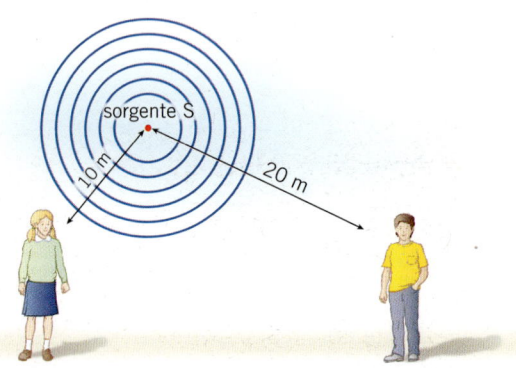

9 ★★ I suoni provenienti da due diverse sorgenti sonore arrivano alle orecchie di un turista con la stessa intensità. La potenza di una sorgente però è il triplo di quella dell'altra. La sorgente più potente è situata a 200 m dal turista.

▶ A che distanza si trova la seconda sorgente?

(*Suggerimento*: considera circolare l'area investita dalle due sorgenti.)

[115 m]

10 ★★ Il termine della partita di calcio Inter-Bologna è decretato dall'arbitro, che si trova in quel momento al centro del campo, con i suoni emessi dal fischietto in dotazione. Il giocatore Milito si trova a 8,0 metri dall'arbitro, in direzione sud, mentre il giocatore Di Vaio si trova in direzione est (sempre rispetto all'arbitro). Milito avverte un suono di intensità tripla di quella avvertita da Di Vaio.

▶ Rappresenta graficamente la situazione e calcola la distanza tra i due giocatori.

[16 m]

11 ★★★ Un rilevatore di onde sonore, posto a una distanza di 50 m da un'auto di Formula 1, registra una intensità sonora del motore pari a 80 W/m². Un secondo rilevatore percepisce un livello di intensità sonora di $1,1 \times 10^2$ dB.

▶ Calcola la distanza tra i due rilevatori.

[$1,6 \times 10^3$ m]

3 I LIMITI DI UDIBILITÀ

12 **PROBLEMA SVOLTO**

La più piccola frequenza percepita dal nostro orecchio è 20 Hz.

▶ Qual è la lunghezza d'onda corrispondente? (Per la velocità del suono utilizza il valore $v = 340$ m/s).

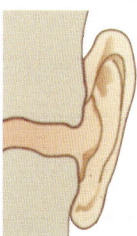

$f_{min} = 20$ Hz
$\lambda = ?$

■ **Strategia e soluzione**

- Dal momento che $f = 1/T$, la formula per la velocità di un'onda periodica

$$v = \frac{\lambda}{t}$$

può essere riscritta come

$$v = \lambda f.$$

- Da questa possiamo ricavare la lunghezza d'onda

$$\lambda = \frac{v}{f} = \frac{340 \frac{m}{s}}{20 \text{ Hz}} = 17 \text{ m}.$$

■ **Discussione**

Frequenza e periodo sono inversamente proporzionali. Quindi, alla *minima* frequenza percepita dal nostro orecchio corrisponde il valore *massimo* del periodo.

13 I pipistrelli possono percepire ultrasuoni fino a 120 000 Hz.

▶ Qual è il valore della minima lunghezza d'onda percepibile da un pipistrello?

[2,83 mm]

14 I limiti di udibilità di un delfino vanno da circa $1,0 \times 10^2$ Hz a circa $1,0 \times 10^5$ Hz. Nell'acqua di mare la velocità di propagazione del suono è di circa $1,5 \times 10^3$ m/s.

▶ Esprimi i limiti di udibilità di un delfino in immersione in termini di lunghezza d'onda.

[$1,5 \times 10^{-2}$ m; 15 m]

15 Una conversazione tranquilla ha in media un'intensità sonora di 10^{-7} W/m². L'intensità sonora della caduta delle foglie, scelta come rumore di riferimento, è di 10^{-12} W/m², pari a un livello di intensità di 0 dB. Un televisore ad alto volume produce in una stanza un rumore con un livello di intensità sonora di circa 70 dB.

▶ Calcola il livello di intensità sonora di una conversazione tranquilla.

▶ Qual è in media l'intensità sonora del rumore prodotto da un televisore ad alto volume?

[50 dB; 10^{-5} W/m²]

4 L'ECO

16 Ti trovi in montagna e riesci a percepire un ritardo di 2,0 s tra un forte suono emesso nelle tue vicinanze e l'arrivo dell'eco.

▶ A quale distanza dalla tua posizione si trovano le pareti di roccia che rimandano l'eco?

[$3,4 \times 10^2$ m]

ESERCIZI

17 La velocità di propagazione del suono in aria è di 340 m/s, mentre nei tessuti cellulari è di circa $1{,}50 \times 10^3$ m/s. In una ecografia sono usati ultrasuoni di frequenza 1,8 MHz.

Calcola la lunghezza d'onda di questi ultrasuoni:

▶ in aria.

▶ nei tessuti cellulari.

[$1{,}9 \times 10^{-4}$ m; $8{,}3 \times 10^{-4}$ m]

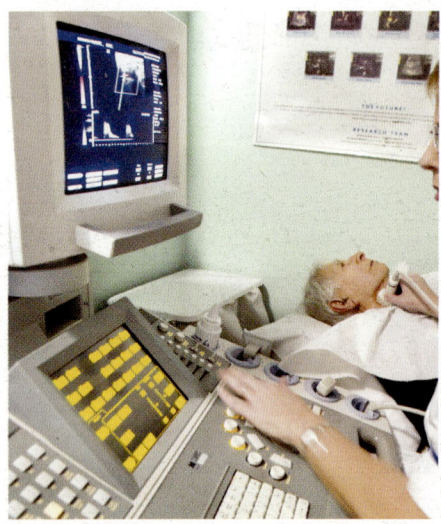

18 Due osservatori si trovano a distanza di 160 m l'uno dall'altro e a una stessa distanza da un muro. Uno di loro spara un colpo di rivoltella. L'altro osservatore ode due suoni separati da un intervallo di 3,00 s.

▶ Qual è la loro distanza dal muro?

[585 m]

19 Alessandra e Carla si trovano in un cunicolo largo 60 m (con una delle pareti che riflette il suono) e pronunciano sillabandolo il proprio nome, per sentirlo distintamente restituito dall'eco.

▶ Riescono a ottenere l'effetto desiderato?

20 I pipistrelli valutano la distanza dagli ostacoli emettendo ultrasuoni e rivelandone l'eco. Un pipistrello emette due ultrasuoni in direzioni tra di loro perpendicolari ricevendo il primo segnale di ritorno dopo 0,30 s e il secondo dopo 0,20 s.

▶ Calcola la distanza tra i due ostacoli.

[61 m]

5 LE ONDE STAZIONARIE

21 In una corda tesa tra due supporti fissi distanti tra loro 75,0 cm viaggia un'onda trasversale. La frequenza fondamentale dell'onda sulla corda è di 410 Hz.

▶ Calcola la velocità di propagazione dell'onda.

[615 m/s]

22 Una corda di violino è lunga 50,0 cm e ha una frequenza fondamentale di 440 Hz.

▶ Qual è la velocità di propagazione delle onde sulla corda?

[440 m/s]

23 In una corda lunga 2,0 m, con entrambe le estremità vincolate, si registrano onde stazionarie con quattro nodi. La corda oscilla alla frequenza di 1,8 Hz.

▶ Calcola la velocità di propagazione dell'onda progressiva che genera l'onda stazionaria.

[2,4 m/s]

24 La frequenza fondamentale alla quale vibra una corda tesa lunga 1,00 m è 256 Hz. La corda viene accorciata a una lunghezza di 0,400 m.

▶ Qual è la nuova frequenza fondamentale?

[640 Hz]

25 La velocità di propagazione di un'onda stazionaria su una fune tesa è di 310 m/s. La fune oscilla in uno dei suoi modi normali alla frequenza di 375 Hz. La frequenza del modo successivo è di 450 Hz. Calcola:

▶ la lunghezza della corda.

▶ la frequenza fondamentale dell'onda.

[2,07 m; 75 Hz]

26 Su una corda di lunghezza L si propaga un'onda stazionaria la cui lunghezza d'onda è pari a $L/4$.

▶ Determina il numero del modo normale di oscillazione.

▶ Stabilisci il numero di nodi presenti.

[8; 9]

6 I BATTIMENTI

27 PROBLEMA SVOLTO

Accordando la chitarra, due corde sono pizzicate insieme. Una di esse è intonata sul Sol (392 Hz) e il suono risultante delle due corde produce battimenti con la frequenza di tre al secondo.

▶ Quale può essere la frequenza della seconda corda?

■ Strategia e soluzione

- La frequenza dei battimenti è $f = 3$ Hz e la frequenza generata dalla prima corda è $f_{Sol} = 392$ Hz. Quindi la frequenza f dell'altra corda può avere soltanto due valori:
$f = (392 − 3)$ Hz $= 389$ Hz   oppure $f = (392 + 3)$ Hz $= 395$ Hz.

■ Discussione

Il fenomeno dei battimenti, da solo, non dice se la seconda corda ha un suono più acuto o più grave della prima. Per procedere all'accordatura, si può controllare se, tendendo di più la corda, la frequenza dei battimenti aumenta o diminuisce ed, eventualmente, si gira il pirolo dall'altra parte.

---

28 Due onde sonore si propagano in aria e interferiscono dando luogo al fenomeno dei battimenti. La frequenza di un'onda è di 487,5 Hz e il periodo dei battimenti risultanti è di 2,875 s.

▶ Calcola le possibili frequenze dell'altra onda.

[487,2 Hz; 487,8 Hz]

29 Due onde sonore di lunghezze d'onda rispettivamente 57 cm e 58 cm, che si propagano in aria, interferiscono tra di loro.

▶ Calcola la frequenza dei battimenti risultanti.

[10 Hz]

30 La corda di una chitarra produce un La naturale, di frequenza pari a 440 Hz, e viene fatta vibrare insieme a un'altra che emette un suono di frequenza 437 Hz.

▶ Quanti battimenti sono contati in 10 s?

▶ Qual è il tempo di durata di ogni battimento?

[30; 0,3 s]

31 Se soffi sull'apertura di una bottiglia, la colonna d'aria all'interno comincia a vibrare e produce una nota. Per accordare la bottiglia, confronti la sua frequenza con quella del La di un diapason, pari a 440 Hz. All'inizio avverti una frequenza dei battimenti di 5,00 Hz, poi introduci un po' d'acqua nella bottiglia e la frequenza dei battimenti raggiunge il valore di 6,00 Hz.

▶ Quanto vale la frequenza finale della nota prodotta soffiando nella bottiglia?

(*Suggerimento*: quando aggiungi acqua, la frequenza della bottiglia deve aumentare.)

[446 Hz]

32 In un punto fissato dello spazio si sovrappongono due onde sonore di ampiezza $a = 3{,}0 \times 10^{-2}$ m e frequenza rispettivamente $f_1 = 14$ Hz e $f_2 = 16$ Hz.

▶ Scrivi l'equazione dell'onda risultante.

▶ Calcola la frequenza dei battimenti.

$$\left[(6{,}0 \times 10^{-2}\text{ m})\cos\left(\frac{2\pi}{\text{s}}t\right)\cos\left(\frac{30\pi}{\text{s}}t\right); 2\text{ Hz}\right]$$

ESERCIZI

7 L'EFFETTO DOPPLER

33 **PROBLEMA SVOLTO**

La frequenza del suono emesso dalla sirena di un'ambulanza è $1{,}25 \times 10^3$ Hz. L'ambulanza si muove alla velocità di 31,6 m/s allontanandosi da un pedone fermo sul marciapiede.

$f = 1{,}25 \times 10^3$ Hz
$v = 31{,}6$ m/s
$v_0 = 340$ m/s
$f' = ?$

▶ Con quale frequenza è percepito il suono della sirena dal pedone? (Per la velocità del suono nell'aria usa il valore $v_0 = 340$ m/s.)

■ **Strategia e soluzione**

- Per risolvere il problema basta usare la formula **(12)** con il segno «+», visto che l'ambulanza si allontana dal pedone. Quindi otteniamo

$$f' = \frac{v_0}{v_0 + v} f = \frac{340 \, \frac{m}{s}}{340 \, \frac{m}{s} + 31{,}6 \, \frac{m}{s}} \times (1{,}25 \times 10^3 \, \text{Hz}) = 1{,}14 \times 10^3 \, \text{Hz}.$$

■ **Discussione**

Il rapporto tra f e f' è $(1{,}25 \times 10^3 \text{ Hz}/1{,}14 \times 10^3 \text{ Hz}) = 1{,}09$; questo valore è un po' più grande dell'intervallo di semitono $k = \sqrt[12]{2} \cong 1{,}06$; quindi il suono percepito dal pedone è più grave di un semitono abbondante rispetto a quello che egli avvertirebbe se l'ambulanza fosse ferma, e questa differenza è facilmente percepibile dall'orecchio.

---

34 Un motociclista è fermo ad un passaggio a livello. Un treno che giunge alla velocità di 108 km/h emette un fischio di frequenza 900 Hz.

Quale frequenze registra il motociclista:

▶ mentre il treno si avvicina?

▶ mentre il treno si allontana?

[987 Hz; 827 Hz]

35 Una sorgente sonora in quiete vibra alla frequenza di 1100 Hz. Un rilevatore di suoni che si sta avvicinando alla sorgente registra una frequenza di 1300 Hz.

▶ Calcola la velocità del rilevatore.

[61,8 m/s]

36 Un agente è fermo sul ciglio della strada dove il limite di velocità è 50 km/h. Punta l'autovelox su di un'auto in avvicinamento e registra un aumento del 10% della frequenza di ritorno rispetto alla frequenza emessa, che è di 30 000 Hz.

▶ Qual è la velocità dell'automobilista?

▶ L'agente multerà l'automobilista?

[$1{,}1 \times 10^2$ km/h]

37 Un osservatore fermo a terra misura la frequenza del fischio di un treno. La frequenza percepita in un dato istante mentre il treno si sta allontanando è inferiore del 13% a quella percepita mentre il treno si sta avvicinando.

▶ Qual è la velocità del treno?

[85 km/h]

38 Un'auto transita a una certa velocità sotto un segnalatore acustico che emette un lungo fischio e, mentre si allontana, registra un valore della frequenza emessa dalla sirena uguale ai ¾ della frequenza registrata quando era in avvicinamento.

▶ Calcola la velocità a cui si sta muovendo l'auto.

[49 m/s]

PROBLEMI GENERALI

1 ★★ Sulla riva di un lago viene fatta brillare una mina. Un pescatore che si trova sulla riva opposta sente due suoni a distanza di 12 s, uno che si è propagato in aria, l'altro in acqua. La velocità di propagazione del suono in acqua è $1{,}5 \times 10^3$ m/s.

▶ Qual è la larghezza del lago?

[$5{,}3 \times 10^3$ m]

2 ★★ Il fenomeno del bang supersonico si verifica quando un oggetto, per esempio un caccia militare, viaggia a una velocità superiore a quella di propagazione del suono nel mezzo in cui si sposta (di solito l'aria). Un aereo, che sta viaggiando alla velocità di 800 km/h, inizia ad accelerare con un'accelerazione di 50 (km/h)/s.

▶ Dopo quanto tempo inizierà a verificarsi il «bang» supersonico?

[8,5 s]

3 ★★ Un bambino lascia cadere un sasso in un pozzo vuoto. Al termine della sua corsa il sasso urta un oggetto metallico ed emette un suono. Tra l'istante in cui il bambino ha lasciato cadere il sasso e l'istante in cui sente il suono trascorrono 6,8 s.

▶ Qual è la profondità del pozzo?

[$1{,}9 \times 10^2$ m]

4 ★★ Un automobilista va alla velocità $v_0 = 90$ km/h e ode la sirena dell'antifurto posto in un appartamento accanto alla strada. L'onda sonora emessa dalla sirena ha un frequenza $f_s = 4{,}3 \times 10^3$ Hz.

▶ Qual è la frequenza f_0 percepita dall'automobilista mentre si avvicina alla sirena?

▶ Quale dovrebbe essere la velocità dell'automobilista per fare in modo che il suono che egli ode nell'allontanarsi sia esattamente un'ottava sotto di quello che udiva avvicinandosi?

[$4{,}6 \times 10^3$ Hz; $4{,}1 \times 10^2$ km/h]

5 ★★ Una delle armoniche su una corda lunga 1,30 m ha una frequenza di 15,6 Hz. La successiva armonica superiore ha una frequenza di 23,4 Hz. Trova:

▶ la frequenza fondamentale.

▶ la velocità di propagazione delle onde su questa corda.

[7,8 Hz; 20 m/s]

6 ★★ In una conferenza pubblica viene utilizzato un altoparlante che ha una potenza di uscita di 16,0 W alla frequenza di 1000 Hz. La platea di ascoltatori è distribuita alla distanza di 12,0 m dall'oratore. Gli operatori si accorgono che l'impianto è insufficiente e, pertanto, raddoppiano la potenza dell'altoparlante. Calcola:

▶ i livelli sonori corrispondenti alle due potenze utilizzate;

▶ la differenza in decibel tra i due livelli.

[99,5 dB; 102 dB; 3 dB]

7 ★★ Un aereo che viaggia alla velocità orizzontale di 250 m/s si trova a 7,0 km di altezza sulla verticale rispetto a un osservatore al suolo.

▶ Calcola la distanza reciproca tra l'aereo e un osservatore a terra quando quest'ultimo sente il rumore prodotto dall'aereo al momento del passaggio sopra la sua testa.

[8,7 km]

8 ★★ I livelli di intensità sonora di due suoni differiscono di 4,0 dB.

▶ Calcola il rapporto tra le due intensità.

[2,5]

9 ★★ Una sorgente emette un suono di frequenza 13,0 Hz che non viene percepito dall'orecchio umano.

▶ A che velocità Marco dovrebbe muoversi verso la sorgente per sentire il segnale?

[183 m/s]

10 ★★ Un diapason si allontana da un osservatore, avvicinandosi alla velocità di 4,00 m/s a un ostacolo che ne riflette la vibrazione sonora emessa. Il diapason vibra alla frequenza di 320 Hz. Calcola:

▶ la frequenza delle onde che arrivano direttamente all'osservatore.

ESERCIZI

▶ la frequenza delle onde che arrivano all'osservatore dopo essere state riflesse dall'ostacolo.

▶ la frequenza del battimento che si produce.

[316 Hz; 324 Hz; 8 Hz]

11 ★★★ Un'automobile si avvicina con una velocità di 43,2 km/h a una parete ferma. Il suo avvisatore acustico anteriore emette onde sonore di 200 Hz che si propagano alla velocità di 340 m/s. Le onde sonore si riflettono sulla parete che agisce come una nuova sorgente di onde sonore. Calcola:

▶ la lunghezza d'onda del suono davanti all'automobile.

▶ la frequenza con cui le onde colpiscono la parete.

▶ la frequenza dell'onda riflessa dalla parete e percepita dall'autista.

▶ la frequenza dei battimenti tra il suono principale e il suono riflesso udita dall'autista.

[1,64 m; 207 Hz; 214 Hz; 14 Hz]

12 ★★★ Una nave che si trova in oceano aperto utilizza un *ecogoniometro* per la localizzazione di ostacoli in profondità. A un certo punto, lo strumento rileva due segnali sonori di ritorno. Il primo proviene direttamente da un ostacolo e il secondo proviene dalla riflessione sonora intermedia da parte del fondo marino. In quel punto la profondità è di $2,5 \times 10^3$ m, la velocità del suono in acqua marina è di $1,5 \times 10^3$ m/s e i due segnali sono separati da un intervallo di tempo di 2,0 s.

▶ A che profondità si trova l'ostacolo?

[$1,0 \times 10^3$ m]

13 ★★★ L'autista di una macchina che sta viaggiando alla velocità costante di 20 m/s su uno stretto sentiero vede davanti a sé una seconda macchina che sta procedendo in senso opposto alla velocità di 11 m/s e suona il clacson che emette un'onda sonora di frequenza 350 Hz. Una parte dell'onda emessa dal clacson viene riflessa dalla seconda macchina e ritorna verso la prima.

▶ Calcola la frequenza dell'onda riflessa rilevata dalla prima macchina.

[417 Hz]

QUESITI PER L'ESAME DI STATO

Rispondi ai quesiti in un massimo di 10 righe.

1 Spiega cos'è un'onda sonora e come è possibile generarla.

2 Illustra il fenomeno delle onde stazionarie e definisci i modi normali di oscillazione.

3 Descrivi e analizza il fenomeno dei *battimenti*.

4 Descrivi e analizza l'effetto Doppler quando la sorgente è ferma e il ricevitore in moto e viceversa. Confronta le frequenze registrate dal ricevitore.

TEST PER L'UNIVERSITÀ

1 Indicare la corretta affermazione sulle onde acustiche:

A non si propagano nel vuoto.

B la velocità di propagazione dipende solo dalla frequenza.

C la velocità di propagazione non dipende dal mezzo attraversato.

D si propagano nel vuoto senza attenuarsi.

E la velocità di propagazione dipende solo dall'ampiezza.

(*Prova di ammissione al corso di laurea in Scienze Motorie*, 2008/2009)

2 Quale di questi fenomeni relativi alla propagazione ondulatoria non può essere messo in luce utilizzando onde sonore?

A Rifrazione

B Interferenza

C Polarizzazione

D Riflessione

E Diffrazione

(*Prova di ammissione al corso di laurea in Ingegneria*, 2005/2006)

3 Due note musicali diverse prodotte da due diversi diapason, si differenziano per:

A intensità sonora.

B potenza.

C fase.

D frequenza.

E numero di decibel.

(*Prova di ammissione al corso di laurea nelle Professioni Sanitarie, 2002/2003*)

4 La velocità di propagazione del suono in acqua è:

A uguale alla velocità di propagazione del suono in aria.

B i suoni non si propagano in acqua.

C maggiore della velocità di propagazione del suono in aria.

D uguale alla velocità di propagazione del suono nel vuoto.

E molto bassa, praticamente zero a tutti gli effetti pratici.

(*Prova di ammissione al corso di laurea nelle Professioni Sanitarie, 2002/2003*)

5 Il suono è un'onda che si propaga:

A nel vuoto con velocità di 340 m/s.

B nel vuoto con frequenza uguale a 20 Hz.

C in un mezzo elastico con velocità che dipende dal mezzo.

D nel vuoto con velocità di 3×10^8 m/s.

E in un mezzo elastico con velocità uguale a 3×10^8 m/s.

(*Prova di ammissione al corso di laurea in Architettura e Ingegneria Edile, 2000/2001*)

PROVE D'ESAME ALL'UNIVERSITÀ

1 Se la velocità di propagazione del suono nell'aria è 340 m/s, dopo quanto tempo si ode l'eco di un suono emesso verso una parete distante 500 m?

(*Esame di Fisica, Corso di laurea in Scienze biologiche, Università di Torino, 2001/2002*)

2 Se la velocità di propagazione del suono nell'aria è 340 m/s, quanto è distante una parete verso cui è diretto il suono se si ode l'eco dopo 4,30 s?

(*Esame di Fisica, Corso di laurea in Scienze biologiche, Università di Torino, 2001/2002*)

STUDY ABROAD

1 An oscilloscope is used to analyze two musical notes (I and II) recorded with a microphone. Two traces are obtained as shown below. The oscilloscope settings are the same in both cases.

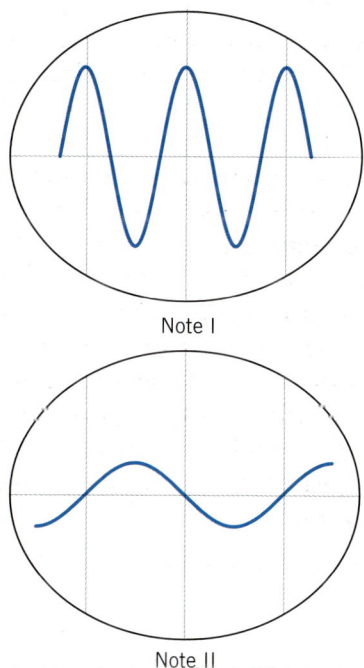

Which one of the following statements is true?

Compared to Note II, Note I is:

A louder and has higher pitch.

B louder and has lower pitch.

C softer and has higher pitch.

D softer and has lower pitch.

(*Trends in International Mathematics and Science Study, 2008/2009*)

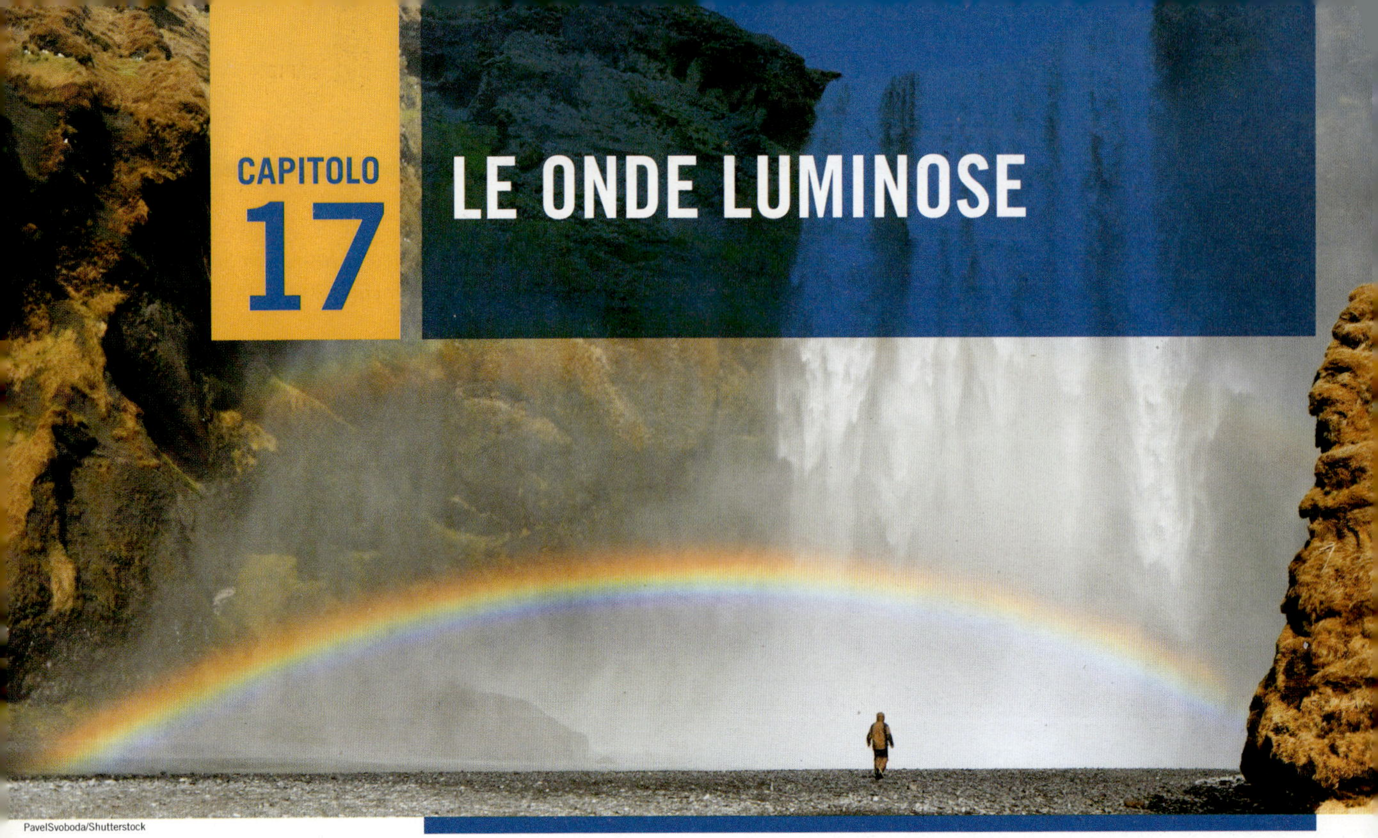

CAPITOLO 17 — LE ONDE LUMINOSE

1 ONDE E CORPUSCOLI

Che cos'è la luce? A partire dal 1600 sono state date due risposte diverse a questa domanda, e sono stati sviluppati due modelli rivali: il *modello corpuscolare*, proposto da Isaac Newton, e il *modello ondulatorio*, sostenuto dal fisico, astronomo e matematico olandese Christiaan Huygens (1629-1695).

- Secondo il **modello corpuscolare**, la luce è un flusso di particelle microscopiche (*corpuscoli*) emesse dalle sorgenti luminose.
- Secondo il **modello ondulatorio**, la luce è un'onda, simile alle onde che si propagano nell'acqua e alle onde sonore.

I corpuscoli, come piccoli proiettili, sono materia in movimento, mentre le onde trasportano energia e non materia.

Fino all'inizio del 1800 la comunità degli scienziati riteneva valido il modello corpuscolare, perché descriveva in modo efficace la formazione delle ombre nette (dove arrivano i corpuscoli c'è luce, dove non arrivano c'è ombra) e la riflessione della luce (i corpuscoli rimbalzano come palline sulle superfici riflettenti).

Il modello corpuscolare spiega anche la rifrazione della luce.

▶ Secondo tale modello, quando una particella che proviene dall'aria raggiunge la superficie di un oggetto trasparente, su di essa si esercita una forza diretta verso l'interno dell'oggetto. Tale forza produce un'accelerazione parallela a essa.

▶ A sua volta, l'accelerazione genera una variazione di velocità che:
1. piega la direzione del moto delle particelle come avviene nella rifrazione;
2. aumenta il modulo della velocità dei corpuscoli.

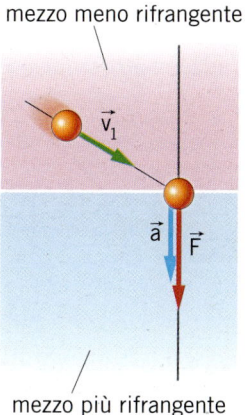

A

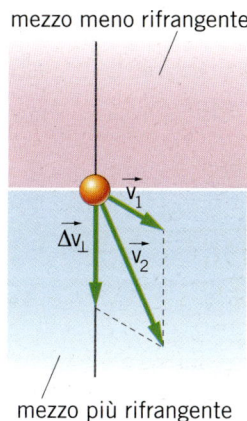

B

Il modello ondulatorio era giudicato poco convincente, anche se descriveva bene diversi fenomeni come la riflessione e la rifrazione, perché non era chiaro che tipo di perturbazione fosse la luce né in quale mezzo si propagasse.

L'affermazione del modello ondulatorio

Nei primi decenni del 1800 alcuni esperimenti, di cui parleremo meglio nel seguito, mettono in evidenza che la luce presenta il fenomeno dell'interferenza, che è tipico delle onde. Questo modifica l'opinione di diversi scienziati a favore del modello ondulatorio.

A confermare questa opinione giunge, a metà del 1800, la scoperta che la velocità della luce nei mezzi trasparenti, come l'acqua, è *minore* di quella nel vuoto. Ciò è in contraddizione con la previsione del modello corpuscolare, secondo cui la velocità della luce nell'acqua deve essere maggiore di quella nell'aria o nel vuoto. Al contrario, il modello ondulatorio prevede che, passando dall'aria all'acqua, la velocità della luce diminuisca.

Il risultato sperimentale sulla velocità della luce nell'acqua è così un'ulteriore conferma del modello ondulatorio.

Quest'ultimo si impone del tutto alla fine del 1800, quando trova conferma la previsione di James Maxwell, secondo cui

> la luce è un'onda elettromagnetica: la perturbazione è costituita da campi elettrici e magnetici, le cui oscillazioni si propagano anche nel vuoto.

Negli anni successivi si sarebbe poi scoperto che la luce è simile alle onde radio, ai raggi ultravioletti e ai raggi X, anch'essi onde elettromagnetiche, ma di frequenza diversa.

La luce è sia onda sia corpuscolo

La disputa sembrava finita con la vittoria del modello ondulatorio, quando nel 1905 il quadro si complicò di nuovo. Albert Einstein scoprì che la luce, quando incide su un metallo e provoca l'emissione di elettroni (*effetto fotoelettrico*), si comporta come se fosse costituita da una pioggia di particelle, i *fotoni*.

Oggi si ritiene che i modelli siano tutti e due validi, nel senso che descrivono caratteristiche diverse della luce.

> In certe situazioni la luce si comporta come un'onda, in altre come un insieme di corpuscoli.

2 L'IRRADIAMENTO E L'INTENSITÀ DI RADIAZIONE

La luce è un'onda e trasporta con sé energia, che può scaldare un oggetto lasciato al Sole o può produrre corrente elettrica in una cella fotovoltaica, come per esempio quella di una comune calcolatrice.

Questa energia può arrivare su una superficie posta sul cammino dei raggi di luce, per esempio su una pagina di questo libro, e illuminarla così da poterla leggere.

La grandezza che descrive con quanta energia un fascio luminoso investe un oggetto si chiama *irradiamento* e viene indicata con il simbolo E_e.

Consideriamo una superficie di area A, perpendicolare a un fascio di raggi luminosi che, nel tempo Δt, la colpiscono trasportando una quantità E di energia. L'**irradiamento** della superficie è dato dal rapporto

$$E_e = \frac{E}{A \, \Delta t} \tag{1}$$

(irradiamento (W/m²); energia (J); area (m²); intervallo di tempo (s))

Come l'intensità sonora, anche l'irradiamento si misura in J/(m² · s), cioè W/m². L'irradiamento dice quanta energia (misurata in joule) giunge, in ogni secondo, su una superficie ampia un metro quadrato e posta perpendicolarmente ai raggi di luce.

> **ESEMPIO**
>
> Una superficie di 3,2 cm², perpendicolare ai raggi di luce, riceve 1,9 J di energia in 4,5 s.
>
> ▶ Quanto vale l'irradiamento di quella superficie?
>
> Sostituendo i dati nella formula (**1**) otteniamo:
>
> $$E_e = \frac{E}{A \Delta t} = \frac{1{,}9 \text{ J}}{(3{,}2 \times 10^{-4} \text{ m}^2) \times (4{,}5 \text{ s})} = 1{,}3 \times 10^3 \, \frac{\text{J/s}}{\text{m}^2} = 1{,}3 \times 10^3 \, \frac{\text{W}}{\text{m}^2}.$$

La **figura 1** mostra una sorgente puntiforme di luce che illumina uno schermo di area A posto a distanza d dalla sorgente.

In un secondo, sulla superficie, che in ogni punto è perpendicolare ai raggi, cade una quantità di energia pari a E.

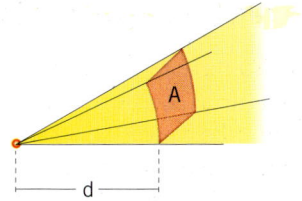

Figura 1 Superficie illuminata posta a distanza d dalla sorgente luminosa.

▶ Se lo schermo è posto a distanza $2d$, l'area illuminata vale $4A$. Quindi la stessa energia, nello stesso tempo, si suddivide su un'area quadrupla: l'irradiamento risulta $1/4$ di quello precedente.

▶ Se lo schermo viene spostato a distanza $3d$, l'area illuminata diventa $9A$. Quindi l'irradiamento diventa $1/9$ di quello che si aveva con lo schermo a distanza d dalla sorgente.

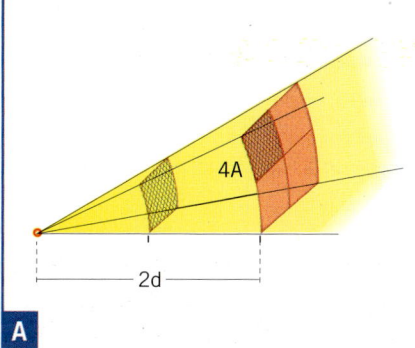

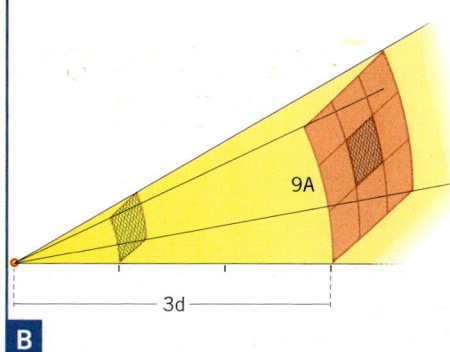

Da questo esempio si vede che

> a parità di potenza della sorgente di luce, l'irradiamento diminuisce in modo inversamente proporzionale al quadrato della distanza tra la sorgente e lo schermo.

L'angolo solido NO

Consideriamo un cono infinito con il vertice in un punto V; si chiama *angolo solido* la parte di spazio compresa all'interno del cono. In realtà, l'angolo solido si può definire anche per figure solide più complesse del cono, purché siano formate da rette uscenti dallo stesso punto V **(figura 2)**.

Nel sistema SI l'ampiezza di un angolo solido è definita in modo analogo all'ampiezza di un angolo in radianti **(figura 3)**:

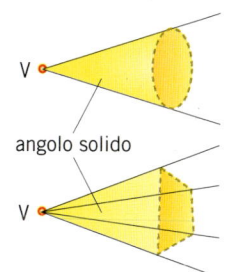

Figura 2 Definizione di angolo solido.

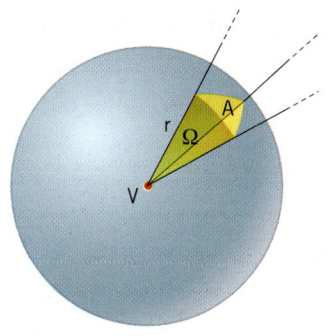

Figura 3 Metodologia della determinazione dell'ampiezza in steradianti di un angolo solido.

597

- si sceglie una sfera di raggio r con il centro nel punto V;
- si considera l'area A della parte di sfera intercettata dall'angolo solido;
- si calcola l'ampiezza Ω dell'angolo solido con la formula

$$\Omega = \frac{A}{r^2} \tag{2}$$

L'unità di misura dell'angolo solido è detta **steradiante** (sr). Dal momento che l'area dell'intera sfera è $A_S = 4\pi r^2$, l'angolo solido completo Ω_C (l'equivalente dell'angolo giro) ha ampiezza

$$\Omega_C = \frac{A_s}{r^2} = \frac{4\pi r^2}{r^2} = 4\pi \text{ sr}.$$

L'intensità di radiazione

La grandezza che descrive quanta potenza una sorgente emette nello spazio è l'*intensità di radiazione*.

Come nel caso della formula (1), consideriamo una superficie di area A perpendicolare ai raggi di luce e indichiamo con E l'energia che giunge sulla superficie nell'intervallo di tempo Δt; inoltre indichiamo con Ω l'angolo solido che si ottiene congiungendo il punto in cui si trova la sorgente di luce con i bordi della superficie (**figura 4**). L'**intensità di radiazione** è definita come:

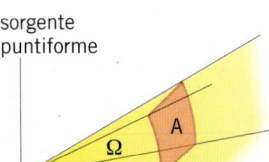

Figura 4 La superficie illuminata definisce, rispetto alla sorgente luminosa, un angolo solido Ω.

intensità di radiazione (W/sr) — energia (J)

$$I = \frac{E}{\Omega \, \Delta t} \tag{3}$$

angolo solido (sr) — intervallo di tempo (s)

Nel sistema SI l'intensità di radiazione si misura in J/(sr · s), cioè W/sr. L'intensità di radiazione dice quanta energia (misurata in joule) è convogliata, in ogni secondo, entro un angolo solido ampio 1 sr.

Assorbimento
Se lo spazio non è vuoto e la luce è parzialmente assorbita, A deve essere molto vicino alla sorgente.

3 LE GRANDEZZE FOTOMETRICHE

Due sorgenti di luce che emettono ogni secondo la stessa quantità di energia, possono apparire più o meno luminose a seconda del colore della luce emessa.

L'occhio umano infatti ha una diversa sensibilità per i vari colori: la sua sensibilità è massima per la luce di colore giallo-verde e decresce spostandosi verso gli estremi dei colori visibili, come mostra la **figura 5**.

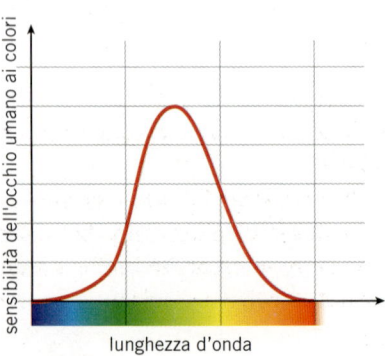

Figura 5 Grafico qualitativo della sensibilità dell'occhio umano alla luce di diversi colori.

Per questa ragione la conoscenza dell'irradiamento o dell'intensità di radiazione non è sufficiente: per capire quale sarà l'effetto di quella luce una volta percepita da una persona è utile introdurre le grandezze *fotometriche*, che tengono conto del sistema fisiologico occhio-cervello. Per distinguerle, le grandezze fisiche che misurano in modo oggettivo le caratteristiche della radiazione luminosa, come l'irradiamento e l'intensità di radiazione definite nel paragrafo precedente, si dicono grandezze *radiometriche*.

La grandezza fotometrica di base è l'**intensità luminosa**, che descrive quanto una certa sorgente di luce è brillante secondo la percezione dell'occhio umano. La sua unità di misura è la *candela* (cd), che è una delle unità fondamentali del sistema SI.

Una **candela** è l'intensità luminosa, in una data direzione, di una sorgente che emette una radiazione di frequenza 540×10^{12} Hz con una intensità di radiazione, in quella direzione, pari a 1/683 W/sr.

Come vedremo più avanti, una radiazione con $f = 540 \times 10^{12}$ Hz corrisponde a una luce giallo-verde; essa si trova nella zona in cui l'occhio umano ha la massima sensibilità. L'intensità luminosa emessa da una normale candela è proprio dell'ordine di 1 cd.

Due altre grandezze fotometriche di uso comune sono il *flusso luminoso* Φ_L e l'*illuminamento* E_L.

Il **flusso luminoso** Φ_L fornisce una misura della quantità di luce che una sorgente emette in ogni secondo. Il suo valore tiene conto in modo diverso delle varie lunghezze d'onda, in accordo con la sensibilità dell'occhio umano.

La lettera «Fi»
Il simbolo Φ è una lettera maiuscola dell'alfabeto greco che si legge «fi».

L'unità SI del flusso luminoso è il **lumen** (lm), che è definito dalla relazione

$$\text{lm} = 1 \,(\text{cd} \cdot \text{sr}).$$

Così una sorgente luminosa dell'intensità di 1 cd, che illumini ugualmente in tutte le direzioni (cioè su 4π sr), ha un flusso luminoso di 4π lm. Di solito il flusso luminoso, in lumen, è indicato sulle lampadine per segnalare al consumatore quanto è vivace la luce emessa.

L'**illuminamento** E_L è dato dal rapporto tra il flusso luminoso Φ_L e l'area A della superficie illuminata, perpendicolare ai raggi di luce:

$$E_L = \frac{\Phi_L}{A}. \tag{4}$$

Nel Sistema Internazionale la sua unità di misura è il lumen fratto metro quadrato (lm/m²), che è chiamato **lux** (lx).

L'illuminamento è quella grandezza fotometrica che permette di stabilire in modo quantitativo se un foglio di carta è illuminato abbastanza bene da potere leggere ciò che c'è scritto. L'esposimetro, presente in molte macchine fotografiche, misura l'illuminamento prodotto sulla pellicola, o sul rivelatore elettronico, dalla scena che si vuole fotografare.

La lettura
Per leggere, l'illuminamento deve essere maggiore di 200 lx.

La tabella che segue riassume le grandezze fotometriche descritte.

Grandezze fotometriche		
Grandezza	Definizione	Unità di misura
Intensità luminosa	Descrive il grado di brillantezza di una sorgente di luce secondo la percezione dell'occhio umano	candela (cd)
Flusso luminoso Φ_L	Misura la quantità di luce che una sorgente emette in ogni secondo	lumen (lm)
Illuminamento E_L	È il rapporto tra il flusso luminoso Φ_L e l'area A della superficie illuminata, perpendicolare ai raggi di luce: $E_L = \dfrac{\Phi_L}{A}$	lux (lx)

4 L'INTERFERENZA DELLA LUCE

Con la luce si può effettuare un esperimento analogo a quello delle onde sull'acqua che abbiamo esaminato nell'ultimo paragrafo del capitolo «Le onde elastiche».

Invece delle due punte che battono insieme, si usano due strette fenditure praticate su uno schermo illuminato da una sorgente luminosa di un solo colore (monocromatica). Le due fenditure illuminate dalla stessa sorgente luminosa si comportano, dalla parte buia dello schermo, come due sorgenti luminose puntiformi e coerenti.

▶ Se chiudiamo una fenditura, la luce proveniente dall'altra illumina lo schermo in modo quasi uniforme.

▶ Se apriamo entrambe le fenditure, sullo schermo compaiono frange luminose intervallate a frange scure.

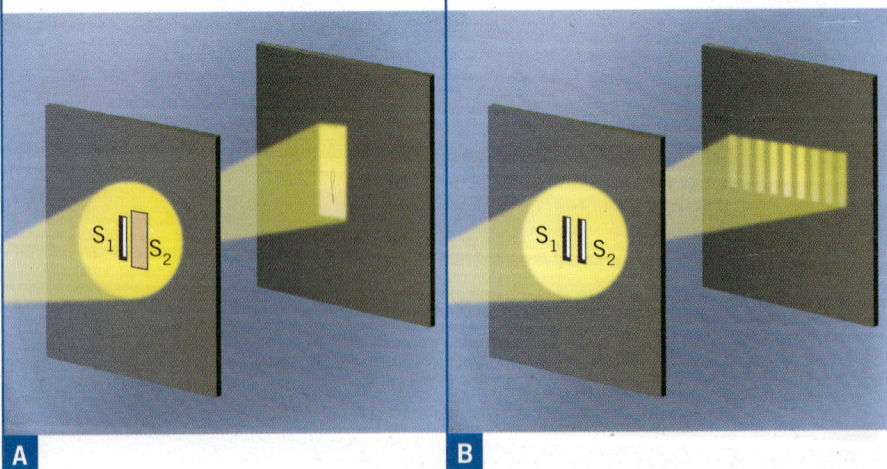

Nelle frange luminose si ha interferenza costruttiva e in quelle scure si ha interferenza distruttiva. Quindi

la luce mostra il fenomeno dell'interferenza, che è tipico delle onde. Ciò mostra che la luce ha natura ondulatoria.

L'esperimento di Young

L'esperimento che mostra l'interferenza della luce fu eseguito la prima volta nel 1801 dal fisico e medico Thomas Young (1773-1829); grazie al suo apparato sperimentale egli riuscì anche a misurare la lunghezza d'onda della luce di vari colori.

L'idea fondamentale è che le due fenditure S_1 e S_2, colpite da un'onda piana, si comportano come sorgenti di luce e generano due onde circolari (in realtà cilindriche, visto che le fenditure hanno una lunghezza) che sono sempre in fase, perché sono dovute alla stessa onda luminosa che arriva in S_1 e S_2 (figura 6).

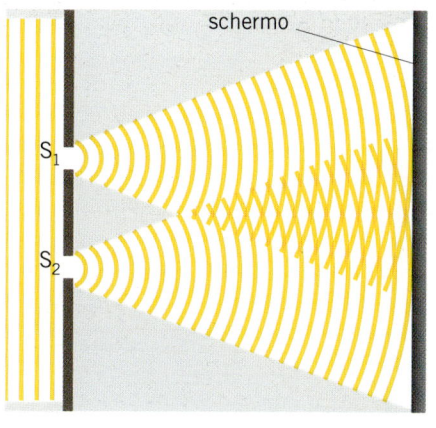

Figura 6 Le due fenditure sono le sorgenti di due onde luminose che vengono raccolte sullo schermo.

ESPERIMENTO VIRTUALE

Forever Young
- Gioca
- Misura
- Esercitati

Queste due onde formano una figura di interferenza che è visibile là dove la luce colpisce uno schermo.

Lo schermo non è illuminato in modo uniforme, ma presenta una serie di *frange d'interferenza*: una striscia centrale più brillante e, ai suoi fianchi, altre strisce buie e brillanti alternate.

Fisica, a cura del PSSC, Zanichelli, 1985

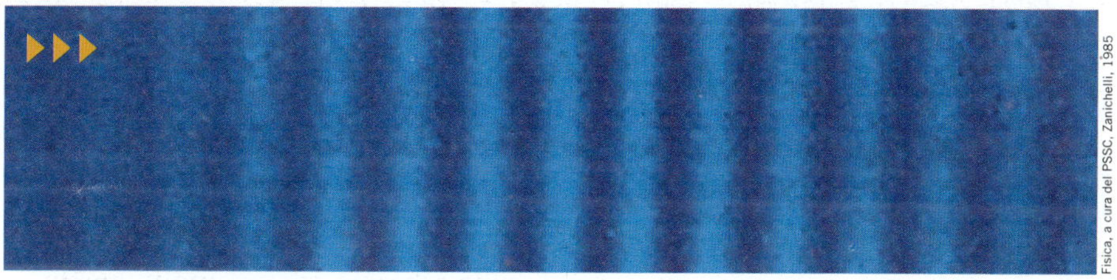

Come è mostrato nella figura 7, indichiamo con y la distanza tra la fascia luminosa centrale e la prima frangia luminosa laterale, con d la distanza tra le due fenditure e con l la distanza tra lo schermo e la parete dove si trovano le fenditure.

Allora la lunghezza d'onda λ della luce monocromatica impiegata nell'esperimento è data dalla formula

$$\lambda = \frac{yd}{l} \qquad (5)$$

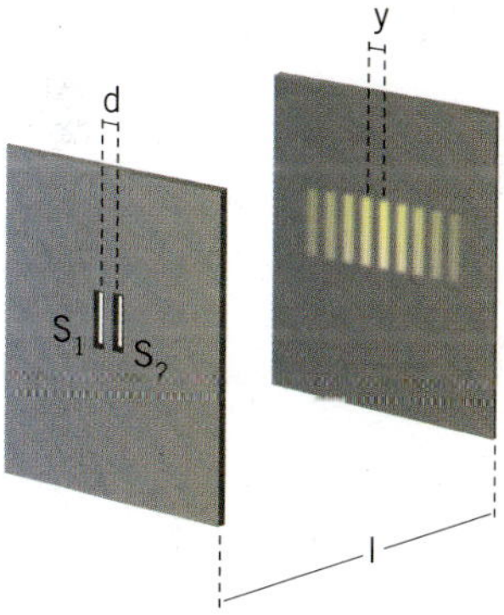

Figura 7 Schema delle grandezze fisiche rilevanti nell'esperimento di Young.

ESEMPIO

Una ripetizione moderna dell'esperimento di Young viene effettuata utilizzando come sorgente luminosa un laser che genera luce verde con lunghezza d'onda $\lambda = 532$ nm. La distanza tra le fenditure è $d = 0{,}240$ mm e quella tra le fenditure e lo schermo è $l = 4{,}65$ m.

▶ Quanto vale la distanza y tra la linea luminosa centrale della figura di interferenza risultante e la prima frangia luminosa laterale?

Dalla formula (5) del testo possiamo ricavare

$$y = \lambda\frac{l}{d} = (5{,}32 \times 10^{-7}\ \text{m}) \times \frac{4{,}65\ \cancel{\text{m}}}{2{,}40 \times 10^{-4}\ \cancel{\text{m}}} = 1{,}03 \times 10^{-2}\ \text{m}.$$

Analisi dell'esperimento di Young

La struttura geometrica dei punti ove si ha interferenza costruttiva e distruttiva nell'esperimento di Young è analoga a quella che abbiamo visto nel capitolo «Le onde elastiche» per le onde sull'acqua. Esaminiamo, per esempio, le frange d'interferenza nel centro e alla destra di esso.

▶ La striscia brillante centrale è equidistante da S_1 e S_2: le due onde luminose sono in fase perché i loro massimi sono partiti dalle sorgenti nello stesso istante.

▶ I punti della prima frangia oscura hanno una distanza da S_1 che è uguale a quella da S_2, più mezza lunghezza d'onda. Così si ha interferenza distruttiva.

▶ La distanza dei punti della prima frangia luminosa da S_1 è uguale alla distanza da S_2, più una lunghezza d'onda. In questo modo le due onde sono in fase.

La **figura 8** mostra con più dettagli la situazione geometrica che porta i raggi di luce a formare la prima frangia luminosa al fianco della fascia centrale.

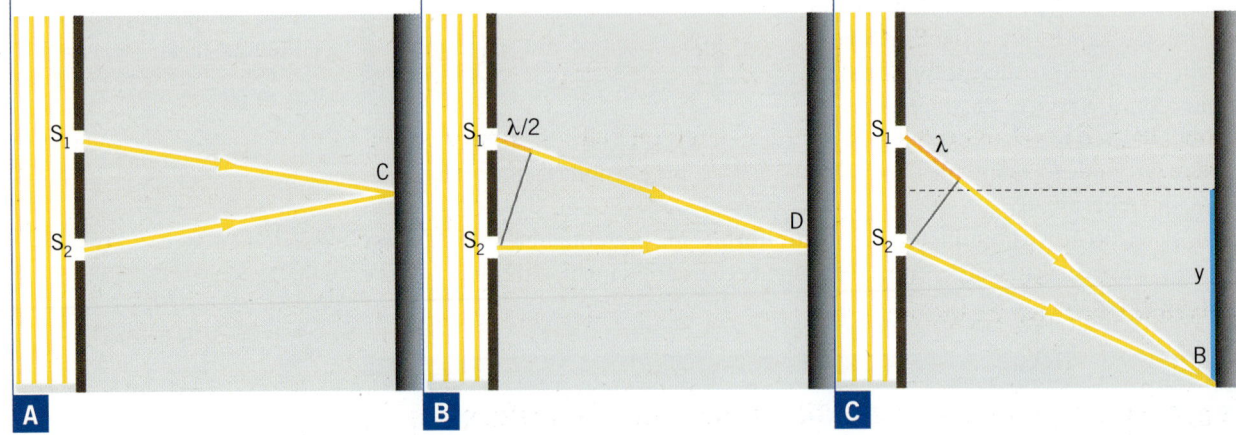

Figura 8 I due triangoli COB e MS_2S_1 sono simili.

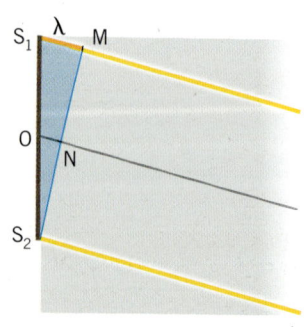

Figura 9 Le tre linee che partono dai punti S_2, O ed S_1 si possono considerare parallele tra loro.

La figura non è in scala, perché negli esperimenti la distanza $\overline{OC} = l$ è molto più grande della distanza d tra le fenditure.

Per questa ragione i due raggi S_1B e S_2B si possono considerare paralleli tra loro e anche paralleli al segmento OB. La **figura 9** mostra un ingrandimento della zona delle fenditure che illustra questa situazione.

Tenendo conto delle condizioni appena illustrate si possono fare alcune considerazione geometriche.

- Il triangolo MS_2B della **figura 8** è isoscele di base S_2M, perché è stato costruito con $S_2B = MB$. Quindi i due angoli $M\widehat{S_2}B$ e $S_2\widehat{M}B$ sono uguali tra loro.

- Visto che d è molto piccolo rispetto a l, l'angolo $S_2\widehat{B}M$ è circa uguale a 0°. Allora i due angoli $M\widehat{S_2}B$ e $S_2\widehat{M}B$ si possono considerare retti e, di conseguenza è retto anche l'angolo $S_2\widehat{M}S_1$.
- Siccome abbiamo ammesso che S_2B è parallelo a OB, anche l'angolo $S_2\widehat{N}O$ (figura 9) è retto.
- Quindi abbiamo $OB \perp S_2M$ e $OC \perp S_1S_2$. Per un teorema di geometria piana, l'angolo $C\widehat{O}B$ formato da OC e OB è uguale all'angolo $S_1\widehat{S_2}M$ formato da S_2M e S_2S_1; questi due angoli sono indicati con α nella figura 8.
- Allora i due triangoli COB e MS_2S_1 sono simili per il primo criterio, in quanto hanno ciascuno un angolo retto e gli angoli α uguali. Usando il simbolo $\overline{OB} = L$, possiamo scrivere la proporzione

$$\frac{\overline{S_1M}}{\overline{S_1S_2}} = \frac{\overline{CB}}{\overline{OB}} \longrightarrow \frac{\lambda}{d} = \frac{y}{L}.$$

- Ma $\overline{OB} = L$ è praticamente uguale a $\overline{OC} = l$, per cui l'ultima proporzione diventa

$$\frac{\lambda}{d} = \frac{y}{l}, \tag{6}$$

da cui si ricava la formula (5).

Espressione goniometrica della formula per l'interferenza

Indichiamo con B_k un punto della k-esima frangia luminosa a fianco della striscia centrale e con α_k l'angolo $B_k\widehat{O}C$; per la formula (11) del capitolo «Le onde elastiche» si ha

$$\overline{S_1B_k} - \overline{S_2B_k} = k\lambda. \tag{7}$$

Ma, come abbiamo mostrato nella trattazione precedente, anche l'angolo $S_1\widehat{S_2}M_k$ della figura 10 è uguale a α_k; inoltre sappiamo che l'angolo $S_2\widehat{M_k}S_1$ è retto, per cui vale

$$\overline{S_1B_k} - \overline{S_2B_k} = \overline{S_1M_k} = d\,\mathrm{sen}\,\alpha_k.$$

Sostituendo questo risultato al primo membro della formula (7) troviamo

$$d\,\mathrm{sen}\,\alpha_k = k\lambda,$$

da cui otteniamo la relazione che permette di trovare la lunghezza d'onda partendo dall'angolo α_k che individua una generica frangia luminosa:

$$\lambda = \frac{d}{k}\mathrm{sen}\,\alpha_k. \tag{8}$$

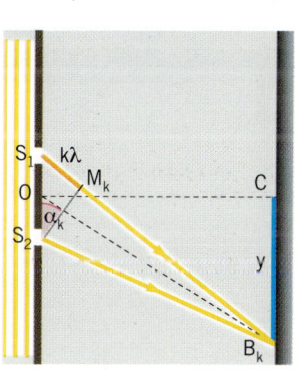

Figura 10 Gli angoli $B_k\widehat{O}C$ e $S_1\widehat{S_2}M_k$ sono uguali tra loro.

Con un ragionamento del tutto analogo, in cui si considera la formula (12) del capitolo «Le onde elastiche» al posto della formula (11), si dimostra che per la n-esima riga *scura* della figura di diffrazione (individuata dall'angolo α_n) valgono le formule

$$d\,\mathrm{sen}\,\alpha_n = \left(n + \frac{1}{2}\right)\lambda \longrightarrow \lambda = \frac{2d}{2n+1}\mathrm{sen}\,\alpha_n. \tag{9}$$

Primo minimo
Il primo minimo si ha per
$$d\,\mathrm{sen}\,\alpha = \frac{1}{2}\lambda,$$
cioè per $n = 0$.

> **ESEMPIO**
>
> In un esperimento di interferenza la distanza tra le fenditure è $d = 0{,}550$ mm e l'angolo α_3 che individua la quarta fascia scura a fianco del massimo luminoso centrale vale $0{,}236°$.
>
> ▶ Determina la lunghezza d'onda λ della luce utilizzata nell'esperimento.
>
> Per la formula (9), il valore di λ è dato dall'espressione
>
> $$\lambda = \frac{2d}{2 \times 3 + 1} \operatorname{sen} \alpha_3 = \frac{2 \times (5{,}50 \times 10^{-4} \text{ m})}{7} \operatorname{sen}(0{,}236°) =$$
> $$= (1{,}57 \times 10^{-4} \text{ m}) \times 4{,}12 \times 10^{-3} = 6{,}47 \times 10^{-7} \text{ m}.$$

5 LA DIFFRAZIONE

Nell'esperienza quotidiana osserviamo che la luce disegna ombre nette. Tuttavia, in condizioni particolari la luce diffrange, cioè aggira gli ostacoli e invade la zona d'ombra. Facciamo passare un fascio di luce attraverso una fenditura.

▶ Se la fenditura è larga, sullo schermo compare una striscia luminosa molto netta.

▶ Restringendo la fenditura, la striscia si allarga, invadendo progressivamente la zona d'ombra.

▶ Restringendo ancora la fenditura, compaiono delle frange luminose alternate a zone scure.

A **B** **C**

> Si ha **diffrazione** quando la luce non si propaga in linea retta e invade quella che dovrebbe essere una zona d'ombra.

La diffrazione è un fenomeno tipico delle onde, che non si spiega con il modello corpuscolare della luce. Infatti, questo modello prevede che i corpuscoli di luce si propaghino soltanto in linea retta.

La diffrazione delle onde d'acqua e del suono

Anche le onde di acqua diffrangono. La fotografia seguente mostra cosa accade quando le onde sull'acqua incontrano una barriera con un'apertura sempre più stretta.

  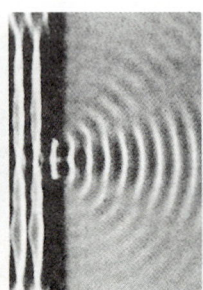 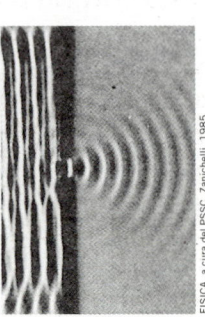

Nelle fotografie della pagina precedente è ben visibile la lunghezza d'onda λ dell'onda sull'acqua. Si osserva che la diffrazione è quasi inesistente quando l'onda passa attraverso una fenditura molto più grande della sua lunghezza d'onda. Invece,

> la diffrazione è molto marcata quando la fenditura ha dimensioni simili a quelle della lunghezza d'onda.

Questa è la ragione per cui sentiamo i suoni che provengono da un'altra stanza attraverso una porta aperta, anche se ci troviamo nella zona d'ombra. Le onde sonore hanno lunghezze d'onda dell'ordine del metro. Passando da una stanza all'altra, l'onda incontra delle aperture (le porte) che hanno dimensioni simili a quelle della sua lunghezza d'onda. Perciò essa diffrange e può essere udita anche da chi non si trova in corrispondenza dell'apertura della porta.

Le onde diffrangono anche quando incontrano un ostacolo.

▶ Se l'ostacolo è molto più grande della lunghezza d'onda, blocca la perturbazione e forma un'ombra netta.

▶ Se l'ostacolo ha dimensioni simili a quelle della lunghezza d'onda, è aggirato e non crea la zona d'ombra.

6 LA DIFFRAZIONE DELLA LUCE

Torniamo a considerare la diffrazione della luce attraverso una fenditura. Possiamo immaginare di avere ottenuto questa fenditura mettendo l'una accanto all'altra tante fenditure più piccole (come quelle che si usano per l'esperimento di Young), ciascuna delle quali genera un'onda luminosa circolare (figura 11).

La figura di diffrazione che si ottiene è la sovrapposizione di tutte le frange di interferenza generate da queste piccole fenditure virtuali.

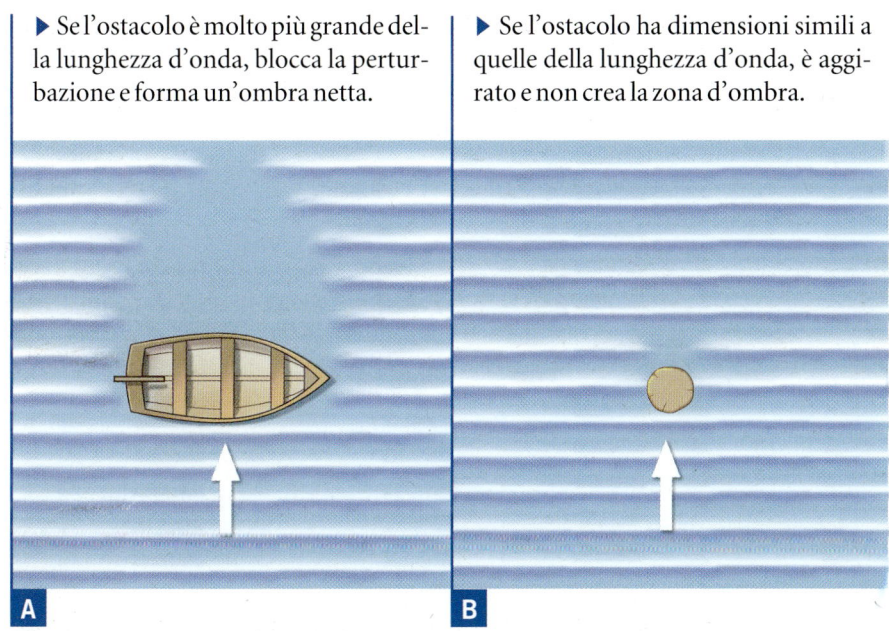

IN LABORATORIO

Diffrazione da una fenditura
- Video (2 minuti)
- Test (3 domande)

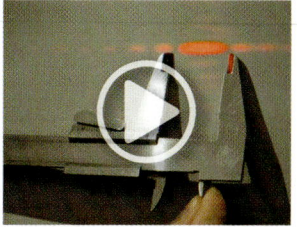

Figura 11 La fenditura di diffrazione si può vedere come l'unione di tante fenditure più strette, analoghe a quelle dell'esperimento di Young.

La fascia luminosa centrale

Per prima cosa vediamo, come mostra la **figura 12**, che

> la fascia centrale brillante della figura di diffrazione è dovuta ai raggi di luce che, dalla fenditura, arrivano sullo schermo in direzione perpendicolare a esso.

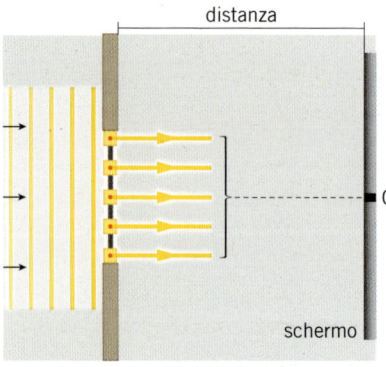

Figura 12 Formazione della riga luminosa centrale sullo schermo.

Infatti, i punti della fenditura hanno praticamente tutti la stessa distanza dal centro C dello schermo (ricorda che la distanza tra le fenditure e lo schermo è molto grande rispetto alla larghezza d della fenditura); quindi le onde che partono da essi arrivano a C in fase e lì interferiscono costruttivamente.

Con un procedimento matematico è possibile determinare la posizione angolare delle frange scure della figura di diffrazione.

La prima frangia scura

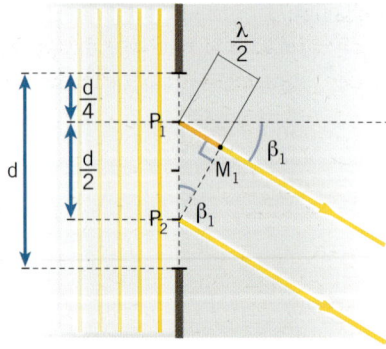

Figura 13 La differenza delle distanze di P_1 e di P_2 dalla prima frangia scura vale $\lambda/2$. P_1 e P_2 distano $d/2$ tra loro.

Per fissare le idee, consideriamo due raggi che partono dai punti P_1 e P_2, come nella **figura 13**. P_1 si trova a $1/4$ della fenditura e P_2 è a $3/4$ di essa; in questo modo la distanza tra P_1 e P_2 vale $d/2$. Il segmento P_2M_1 è perpendicolare al raggio di luce.

Scegliamo l'angolo β_1, formato dai raggi di luce rispetto alla perpendicolare alla fenditura, in modo che si abbia $\overline{P_1M_1} = \lambda/2$. In questo modo i due raggi risultano in opposizione di fase e interferiscono sullo schermo in modo distruttivo.

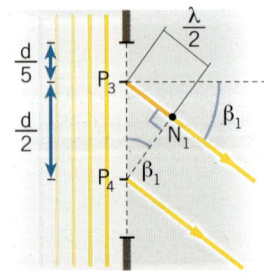

Figura 14 Anche P_3 e P_4 distano $d/2$ tra loro e hanno la stessa proprietà dei punti P_1 e P_2.

Anche tutti gli altri punti della fenditura possono essere presi a coppie che distano $d/2$ tra loro e che interferiscono in modo distruttivo; per esempio, nella **figura 14** sono indicati i raggi che partono da punti che distano $1/5\,d$ e $(1/5 + 1/2)\,d$ dal bordo sinistro della fenditura. Quindi tutti i raggi che partono dalla fenditura con l'angolo β_1 descritto sopra interferiscono distruttivamente tra loro e formano la prima frangia scura.

Come è stato mostrato nella trattazione dell'esperimento di Young, anche l'angolo $P_1P_2M_1$ è uguale a β_1. Quindi, per la trigonometria del triangolo rettangolo, vale la relazione

$$\frac{d}{2}\operatorname{sen}\beta_1 = \frac{\lambda}{2},$$

da cui otteniamo l'equazione che consente di trovare il seno di β_1:

$$\operatorname{sen}\beta_1 = \frac{\lambda}{d} \tag{10}$$

Fenomeno simmetrico
Anche se ci siamo concentrati sulla frangia scura a destra della striscia luminosa centrale, ricorda che un'altra frangia scura si trova alla sinistra di essa, in posizione simmetrica.

Le altre frange scure

Consideriamo ora, sulla fenditura, due punti Q_1 e Q_2 che distano $d/4$ tra loro e consideriamo i raggi che escono da questi punti con un angolo β_2. Ripetendo la costruzione geometrica vista prima (figura 15), in cui il segmento Q_2M_2 è perpendicolare a Q_1M_2, l'angolo β_2 è scelto in modo tale che si abbia $\overline{Q_1M_2} = \lambda/2$.

Questa volta la relazione geometrica che vale nel triangolo $Q_2M_2Q_1$ è

$$\frac{d}{4}\,\text{sen}\,\beta_2 = \frac{\lambda}{2} \quad \Longrightarrow \quad \text{sen}\,\beta_2 = 2\frac{\lambda}{d}.$$

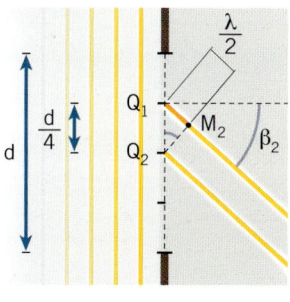

Figura 15 Con punti che distano $d/4$ si ottiene la seconda frangia scura, e così via.

Questo processo può continuare prendendo punti della fenditura che distano tra loro $d/6$, $d/8$ e così via; quindi la relazione che permette di calcolare l'angolo β_n, da cui escono i raggi che formano la n-esima frangia scura, è

$$\text{sen}\,\beta_n = n\frac{\lambda}{d}, \quad n = 1, 2, 3, \ldots \quad (11)$$

Le frange luminose

Non esiste un modo semplice per determinare le posizioni angolari dei punti di massimo nelle frange luminose che sono alternate a quelle scure nella figura di diffrazione; se si prendono gli angoli che definiscono due frange scure successive, dati dalla formula (11), i valori di massimo della luminosità non si trovano a metà strada tra di essi, ma un poco spostati verso il centro della figura.

La figura 16 mostra l'andamento dell'intensità luminosa relativa (cioè il rapporto tra l'intensità della luce a un angolo dato divisa per la massima luminosità che si ha nel centro della figura) nel caso $d = 20\lambda$.

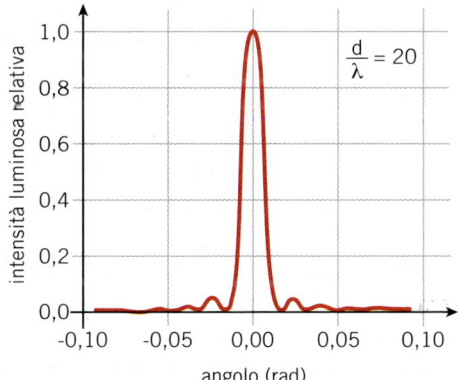

Figura 16 Grafico dell'intensità luminosa relativa in funzione dell'angolo per una fenditura di larghezza $d = 20\lambda$.

Come si vede

l'intensità luminosa della figura di diffrazione diminuisce rapidamente passando dal massimo centrale alle fasce chiare laterali.

Puoi vedere direttamente le fasce chiare e scure di diffrazione della luce guardando una sorgente di luce (una lampada, la finestra illuminata...) attraverso due dita della mano molto vicine tra loro: guardando con attenzione tra le dita si vedono alcune strisce scure.

7 IL RETICOLO DI DIFFRAZIONE

Un **reticolo di diffrazione** è uno schermo su cui sono praticate delle fenditure molto sottili e spaziate in modo regolare. La distanza d tra due fenditure successive è detta *passo reticolare*.

Nella **figura 17**, la luce che proviene dalle due fenditure A_1 e A_2 interferisce in modo costruttivo sullo schermo. Infatti i due raggi di luce che provengono da esse hanno distanze dallo schermo che differiscono per una lunghezza d'onda e, quindi, oscillano in fase.

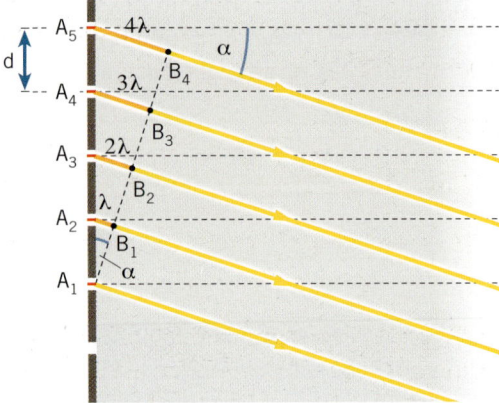

Figura 17 Formazione, a opera di un reticolo di diffrazione, della prima frangia chiara a fianco della riga luminosa centrale.

Tutti i triangoli rettangoli della figura sono simili tra loro. Per esempio, il triangolo $A_1B_3A_4$ è simile a $A_1B_1A_2$; visto che A_1A_4 è il triplo di A_1A_2, anche B_3A_4 è il triplo di B_1A_2.

Quindi si ha $\overline{B_3A_4} = 3\lambda$ e, di conseguenza, anche il raggio che esce da A_4, inclinato di un angolo α, è in fase con i due considerati prima. Ed è in fase con tutti gli altri raggi, con la stessa inclinazione, che escono da tutte le fenditure, perché la stessa dimostrazione si applica a ciascuna di esse. Così

> gli angoli per cui si hanno le frange chiare di interferenza per un reticolo sono gli stessi che si osservano nell'esperimento di Young.

La formula che fornisce tali angoli α_k è, quindi,

$$\operatorname{sen}\alpha_k = k\frac{\lambda}{d}, \quad k = 1, 2, 3, \dots \tag{12}$$

Lunghezze d'onda diverse hanno massimi di luminosità ad angoli diversi. Ecco perché il reticolo di diffrazione separa i colori della luce esattamente come fa un prisma. Però, se il reticolo è molto fitto, le frange luminose che si ottengono sono sottili e nette, per cui il reticolo funziona meglio del prisma per analizzare la composizione della luce.

Un reticolo di diffrazione che funziona in riflessione (invece che in trasmissione, come quelli di cui abbiamo parlato finora) è la faccia incisa di un CD-ROM. Infatti su di essa sono praticate circa 625 incisioni per millimetro; ne risulta che il CD-ROM è un reticolo di diffrazione abbastanza fitto e che i diversi colori della luce bianca hanno i massimi di intensità di riflessione ad angoli diversi tra loro.

Per questo vediamo colorate di un determinato colore quelle parti del CD che inviano verso i nostri occhi un massimo di intensità di quel colore.

8 I COLORI E LA LUNGHEZZA D'ONDA

L'apparato di Young, la fenditura di diffrazione e il reticolo di diffrazione sono strumenti di misura che permettono di verificare che

> a ciascun colore della luce corrisponde una particolare lunghezza d'onda, e quindi una particolare frequenza, dell'onda luminosa.

Per esempio, un raggio di luce rossa è costituito da campi elettrici e magnetici che vibrano alla frequenza di $4{,}28 \times 10^{14}$ Hz. Quando si propaga nel vuoto alla velocità c, quest'onda ha una lunghezza d'onda:

$$\lambda = \frac{c}{f} = \frac{3{,}00 \times 10^8 \, \frac{m}{s}}{4{,}28 \times 10^{14} \, Hz} = 7{,}01 \times 10^{-7} \, m = 701 \times 10^{-9} \, m = 701 \, nm.$$

La luce bianca è una miscela di onde che hanno lunghezze d'onda diverse (tabella sotto).

Lunghezza d'onda dei colori dello spettro	
Colore	λ(nm)
Violetto	380-420
Indaco	420-440
Azzurro	440-470
Verde	470-570
Giallo	570-590
Arancione	590-610
Rosso	610-750

Perché gli oggetti hanno colori diversi? Perché quando sono investiti da luce bianca, come quella prodotta dal Sole o da una lampadina, assorbono alcuni colori e ne diffondono altri.

Per esempio, il girasole della fotografia a destra è giallo, perché diffonde il giallo e assorbe tutti gli altri colori. Un corpo bianco rinvia tutti i colori, mentre un corpo nero li assorbe tutti.

Il colore non è una proprietà tipica di un oggetto, ma dipende dalla luce che lo colpisce. Nella fotografia a fianco, l'albume bianco e il tuorlo arancione delle uova al burro, illuminati solo da una lampada rossa, appaiono di colore rosso. Essi infatti possono diffondere soltanto la luce che li colpisce, che è rossa.

Gli oggetti che alla luce del giorno vediamo di colore rosso, in queste condizioni appaiono più luminosi degli altri, mentre quelli verdi e blu appaiono neri, in quanto assorbono la luce rossa e non la diffondono.

La luce e il suono

La luce e il suono sono onde completamente diverse, perché sono diverse le grandezze che oscillano: i campi elettrici e magnetici nel primo caso e la pressione dell'aria nell'altro. **La luce è un'onda elettromagnetica che si propaga anche nel vuoto** (per esempio dal Sole alla Terra), **mentre il suono è un'onda di pressione che si propaga nella materia** (aria, acqua…), **ma non nel vuoto**.

Onde luminose di diversa frequenza sono percepite dall'occhio come luci di diverso colore. Onde sonore di diversa frequenza sono percepite dall'orecchio come suoni di diversa altezza.

Onde luminose e sonore		
	Luce	**Suono**
Grandezza che oscilla	Campo elettrico e magnetico	Pressione
Sorgente	Cariche elettriche oscillanti	Vibrazioni meccaniche
Mezzo di propagazione	Vuoto e materia	Solo materia (aria, acqua…)
Velocità	3×10^8 m/s (vuoto)	3×10^2 m/s *
Frequenza	$(10^{14}\text{-}10^{15})$ Hz	(20-20000) Hz
Lunghezza d'onda	(380-750) nm	(0,017-17) m *

*Nell'aria

Come si vede anche dalla tabella, la lunghezza d'onda della luce è molto più piccola di quella del suono nell'aria. Ciò spiega come mai è così difficile riconoscere l'interferenza e la diffrazione della luce nei fenomeni quotidiani, mentre osserviamo comunemente la diffrazione del suono attraverso porte e finestre, e possiamo riconoscere piuttosto facilmente anche il fenomeno dell'interferenza sonora.

9 L'EMISSIONE E L'ASSORBIMENTO DELLA LUCE

La fascia colorata che si vede nell'arcobaleno o nella luce rifratta da prismi è lo spettro solare. Ma, utilizzando un prisma o un reticolo di diffrazione **(figura 18)**, si possono ottenere altri spettri esaminando sorgenti luminose diverse dal Sole. Le caratteristiche di questi spettri dipendono dal tipo di sorgente luminosa scelta.

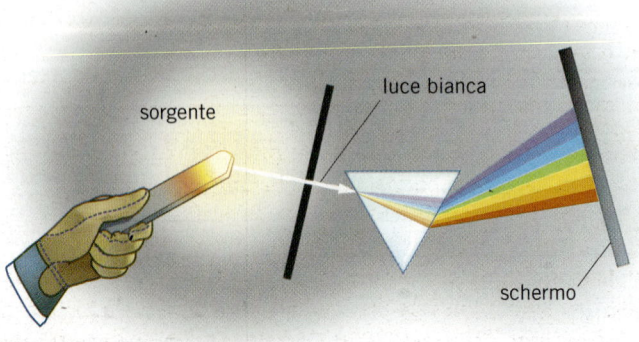

Figura 18 La luce emessa da un metallo incandescente è scomposta mediante un prisma.

Corpi solidi e liquidi

I corpi solidi o liquidi portati all'incandescenza, come la lava liquida che esce da un vulcano o il filamento di una lampadina, emettono uno *spettro continuo*. Nella figura 19 e nelle successive le lunghezze d'onda sono espresse in nanometri (1 nm = 10^{-9} m).

Uno **spettro continuo** appare come una striscia luminosa continua di vari colori.

Uno spettro continuo contiene radiazioni elettromagnetiche visibili di tutte le lunghezze d'onda.

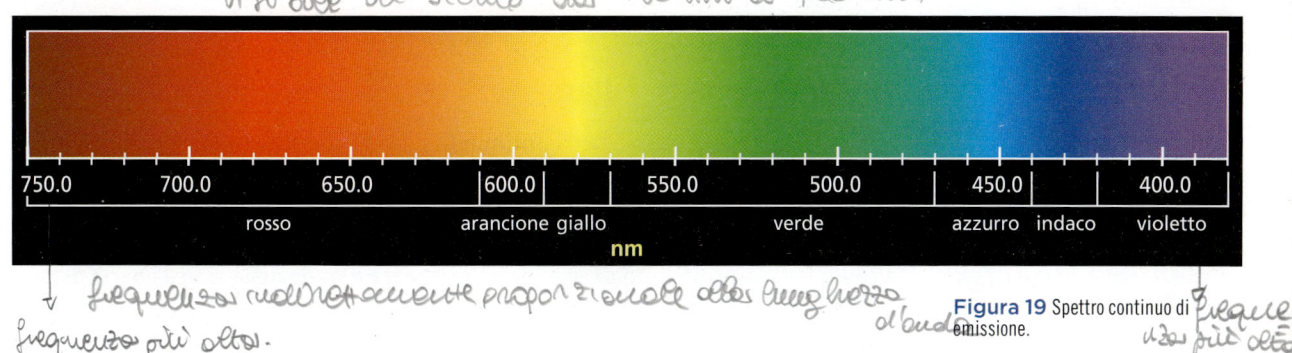

Figura 19 Spettro continuo di emissione.

Gas

Le sostanze gassose portate ad alta temperatura o attraversate da una corrente elettrica emettono uno *spettro di righe* (figura 20).

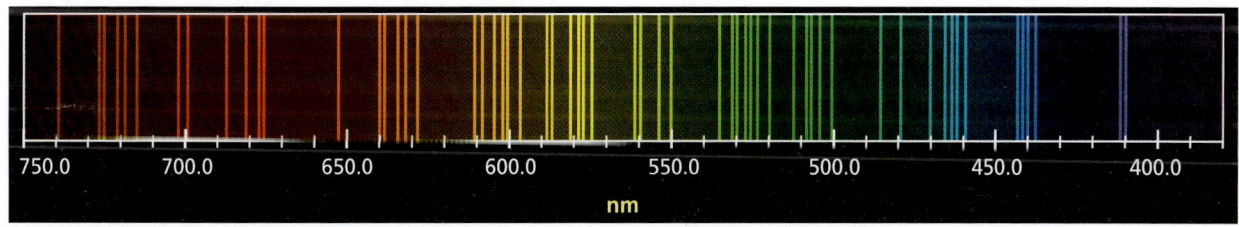

Figura 20 Spettro di righe di emissione.

Uno **spettro di righe** risulta come un insieme di righe brillanti e separate.

Ogni riga è un'immagine della fenditura di selezione da cui è passata la luce prima di essere scomposta dal prisma o dal reticolo. Una sostanza gassosa emette quindi soltanto alcune lunghezze d'onda.

Gli spettri di righe emessi da gas monoatomici sono caratteristici del particolare elemento chimico di cui il gas è costituito.

Per esempio, la figura 21 mostra lo spettro di emissione del sodio (Na). Questo elemento emette, tra l'altro, un'intensa luce gialla dovuta a due righe gialle brillanti molto vicine (doppietto del sodio). Tutte le volte che, in uno spettro di emissione, si osservano queste due righe si è sicuri che il corpo luminoso contiene sodio.

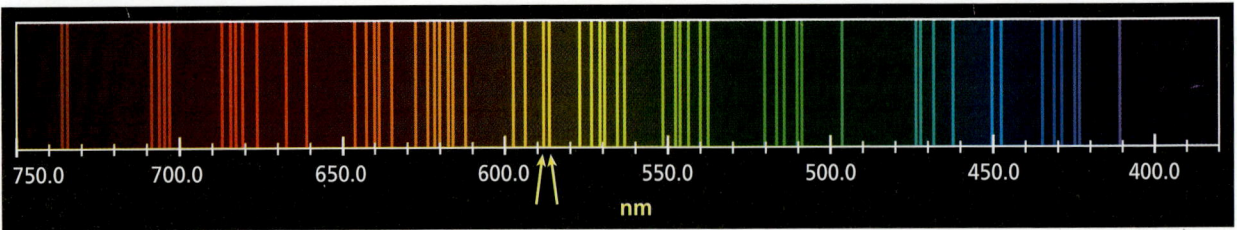

Figura 21 Lo spettro di righe del sodio mostra due caratteristiche righe gialle molto brillanti.

Dall'osservazione di uno spettro di righe si può quindi risalire all'elemento che lo ha emesso. Per questo, dall'analisi della luce che proviene da corpi lontani, come il Sole e le stelle, si individuano gli elementi chimici o le sostanze in essi presenti.

Spettro solare e stellare

Le stelle emettono uno spettro continuo di luce, anche se non si trovano allo stato solido o liquido ma in quello di plasma, in cui elettroni e atomi carichi positivamente (ioni) si muovono in modo indipendente.

Osservato in dettaglio, lo spettro solare mostra molte righe oscure. Ciò avviene a causa dell'assorbimento di specifiche lunghezze d'onda della luce da parte del gas che si trova negli strati più esterni. Infatti

> ogni gas, attraversato da luce di spettro continuo, assorbe le stesse lunghezze d'onda che è in grado di emettere.

Per esempio, inviando una luce bianca intensa attraverso i vapori di sodio, nello spettro continuo si osservano due righe scure **(figura 22)**. Esse occupano esattamente le stesse posizioni delle due righe luminose gialle nello spettro di emissione del sodio. Quindi, anche gli spettri di assorbimento sono caratteristici di una particolare sostanza.

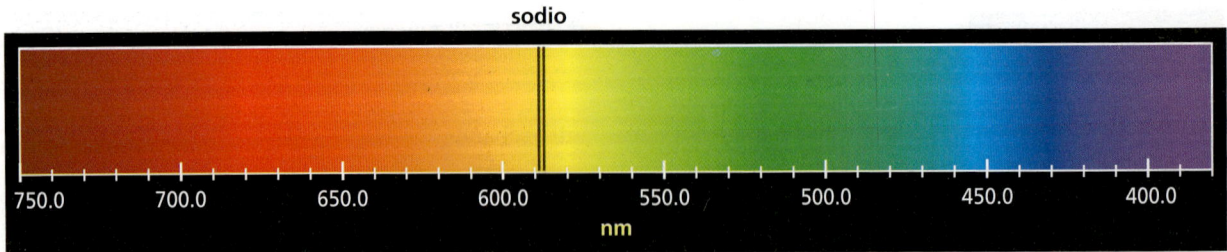

Figura 22 Spettro di assorbimento del sodio: si notano due righe nere in corrispondenza delle righe brillanti nello spettro di emissione.

Esaminando le righe scure dello spettro solare possiamo quindi dedurre quali sono le sostanze, presenti nell'atmosfera solare, che hanno causato l'assorbimento.

A 150 milioni di kilometri dal Sole, con un esperimento piuttosto semplice possiamo ottenere informazioni precise sulla natura degli elementi che lo costituiscono.

L'astrofisica, studiando gli spettri dei corpi celesti, ci dà informazioni sulla composizione chimica di oggetti che sono lontanissimi da noi. Sappiamo così che tutte le stelle sono costituite dagli stessi elementi che sono presenti (seppure in percentuale diversa) sulla Terra. Ciò conferma l'universalità delle leggi fisiche e la convinzione, introdotta da Galileo e Newton, dell'identità tra fisica celeste e fisica terrestre.

I CONCETTI E LE LEGGI

MAPPA INTERATTIVA

L'INTERFERENZA DELLA LUCE

A seconda delle situazioni, la luce si può descrivere come un'*onda elettromagnetica* (modello ondulatorio) costituita cioè da campi elettrici e magnetici oscillanti che si propagano anche nel vuoto, o come un insieme di corpuscoli chiamati *fotoni* (modello corpuscolare): l'interferenza della luce è un fenomeno tipico delle onde.

Irradiamento

$$E_e = \frac{E}{A\Delta t} \quad \text{irradiamento} = \frac{\text{energia}}{\text{area} \times \text{intervallo di tempo}}$$

- Dice quanta energia giunge, in ogni secondo, su una superficie ampia un metro quadrato e posta perpendicolarmente ai raggi di luce.
- A parità di potenza della sorgente di luce, diminuisce in modo inversamente proporzionale al quadrato della distanza tra la sorgente e lo schermo.
- La sua unità di misura è J/(s·m^2) = W/m^2.

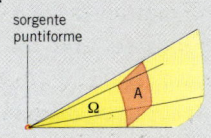

Intensità di radiazione

$$I = \frac{E}{\Omega \Delta t}$$

$$\text{intensità radiazione} = \frac{\text{energia}}{\text{angolo solido} \times \text{intervallo di tempo}}$$

- Dice quanta energia è convogliata, in ogni secondo, entro un angolo solido ampio 1 sr.
- Descrive quanta potenza una sorgente luminosa emette nello spazio.
- La sua unità di misura è J/(sr·s) = W/sr.
- Lo steradiante è l'unità di misura dell'ampiezza Ω dell'angolo solido nel SI, cioè $\Omega = \frac{A}{r^2}$ (A = area della parte di sfera di raggio r intercettata dall'angolo solido).

Sono *grandezze radiometriche*, cioè descrivono in modo oggettivo la radiazione luminosa.

Intensità luminosa

Descrive quanto una certa sorgente di luce è brillante secondo la percezione dell'occhio umano.

- La sua unità di misura nel SI è la *candela* (cd).

Flusso luminoso

Misura la quantità di luce che una sorgente emette ogni secondo.

- Nel SI si misura in *lumen* (lm).

1 lm = 1 (cd · sr).

Illuminamento

È il rapporto fra il flusso luminoso Φ_L e l'area A della superficie illuminata, perpendicolare ai raggi di luce.

- Nel SI si misura in *lux* (lx).

1 lx = (lm/m^2)

Sono *grandezze fotometriche*, cioè tengono conto del sistema fisiologico occhio-cervello.

Esperimento di Young

È il primo esperimento che mostra l'interferenza della luce mettendo in evidenza la sua natura ondulatoria.

- Le due fenditure, colpite da un'onda piana *monocromatica*, si comportano come sorgenti di luce e generano due onde circolari che sono sempre in fase.
- Nelle frange luminose si ha interferenza costruttiva, in quelle scure interferenza distruttiva.

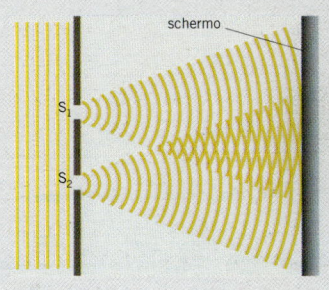

Misura della lunghezza d'onda della luce

$$\lambda = \frac{yd}{l}$$

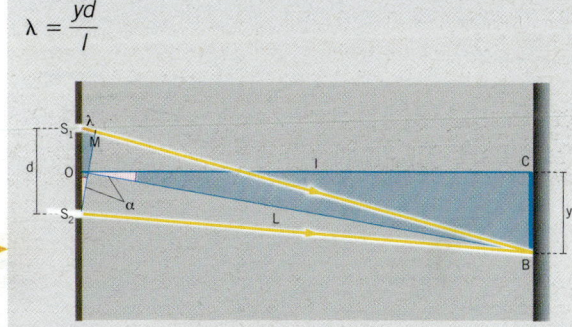

$$\lambda = \frac{d}{k} \operatorname{sen} \alpha_k, \, k = 1, 2, 3, \ldots \text{ (frange luminose)}$$

$$\lambda = \frac{2d}{2n+1} \operatorname{sen} \alpha_n, \, n = 0, 1, 2, \ldots \text{ (righe scure)}$$

I CONCETTI E LE LEGGI

MAPPA INTERATTIVA

LA DIFFRAZIONE DELLA LUCE

La *diffrazione* è un fenomeno tipico delle onde che non si spiega con il modello corpuscolare della luce. Si ha quando la luce non si propaga in linea retta e diffrange, cioè aggira gli ostacoli e invade quella che dovrebbe essere una zona d'ombra.

Diffrazione delle onde d'acqua e del suono

Tutte le onde mostrano il fenomeno della diffrazione, che è molto marcata quando la fenditura ha dimensioni simili a quelle della lunghezza d'onda.

- Per esempio, le onde sonore hanno lunghezza d'onda dell'ordine del metro, confrontabile con la larghezza delle porte in una casa: ecco perché sentiamo i suoni che provengono da un'altra stanza attraverso una porta aperta anche se siamo nella zona d'ombra.

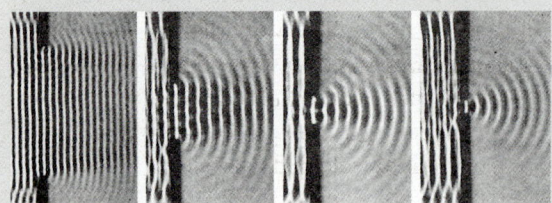

Diffrazione della luce da una singola fenditura

La figura di diffrazione si ottiene come sovrapposizione di tutte le frange di interferenza generate dalle piccole fenditure virtuali che immaginiamo compongano la fenditura singola.

Fascia luminosa centrale

È la più brillante ed è dovuta ai raggi di luce che, dalla fenditura, arrivano sullo schermo in direzione perpendicolare a esso.

Frange scure

L'angolo β_n che individua la n-esima fascia scura si ottiene dalla formula:

$$\text{sen}\,\beta_n = n\frac{\lambda}{d}, \quad n = 1, 2, 3, \ldots$$

Frange luminose

L'intensità luminosa della figura di diffrazione diminuisce rapidamente passando dal massimo centrale alle fasce chiare laterali.

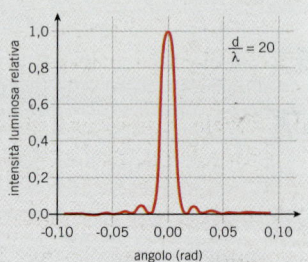

Reticolo di diffrazione

È uno schermo su cui sono praticate delle fenditure molto sottili e spaziate in modo regolare: la distanza d tra due fenditure successive è detta *passo reticolare*.

- Gli angoli per cui si hanno le frange chiare di interferenza per un reticolo sono gli stessi che si osservano nell'esperimento di Young, cioè:

$$\text{sen}\,\alpha_k = k\frac{\lambda}{d}, \quad k = 1, 2, \ldots$$

Colori e spettri di emissione e assorbimento

A ciascun colore della luce corrisponde una particolare frequenza, e quindi una particolare lunghezza d'onda.

- Il colore di un oggetto dipende dalle lunghezze d'onda che esso assorbe e da quelle che diffonde.
- I corpi solidi o liquidi portati all'incandescenza emettono **spettri continui**.
- Le sostanze gassose ad alta temperatura o attraversate da correnti elettriche emettono **spettri di righe** brillanti e separate.
- Ogni gas, attraversato da luce di spettro continuo, assorbe le stesse lunghezze d'onda che è in grado di emettere.

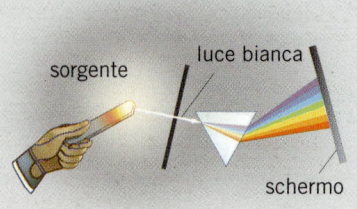

614

ESERCIZI

DOMANDE SUI CONCETTI

1 Un ologramma è un'immagine tridimensionale prodotta dall'interferenza di due fasci laser indirizzati sullo stesso oggetto.

▶ Quale dei due modelli (ondulatorio o corpuscolare) permette di spiegarne le proprietà?

2 Ci sono comportamenti della luce che sono spiegati bene da entrambi i modelli, quello corpuscolare e quello ondulatorio?

3 Perché la luce dei fendinebbia è di colore giallo?

4 Quale comportamento della luce è alla base della formazione dell'arcobaleno?

5 Vanessa afferma che in un punto dove si sovrappongono i due minimi delle onde emesse da due sorgenti coerenti, ma non in fase, si ha interferenza distruttiva.

▶ Ha ragione?

6 Perché nella vita di tutti i giorni, ad esempio in casa, è molto più comune sperimentare la diffrazione del suono, anziché quella della luce? Per rispondere, calcola la lunghezza d'onda massima e quella minima delle onde acustiche udibili e confrontale con quelle della luce.

7 Osservando un lampione acceso di sera, il nostro occhio forma degli anelli colorati attorno a esso o delle righe uscenti dal lampione. Prova a spiegare perché.

8 Per quale motivo il segnale delle trasmissioni televisive via satellite (10 GHz - 12 GHz) è più disturbato durante una grandinata o un fortissimo temporale, rispetto a quello del digitale terrestre (400 MHz - 800 MHz)?

9 La verifica sperimentale definitiva della diffrazione della luce si ottenne con un esperimento in cui la luce di una sorgente veniva inviata su un ostacolo circolare (ad esempio un disco) e si osservava la figura di diffrazione su uno schermo posto oltre l'oggetto. Secondo le previsioni teoriche si sarebbe dovuto vedere un punto luminoso al centro dell'ombra proiettata sullo schermo, come effettivamente accadde.

▶ Sai spiegare perché è presente il punto luminoso centrale?

(*Suggerimento*: tieni conto del cammino che fanno le onde prodotte sul bordo dell'oggetto per giungere fino al centro dell'ombra sullo schermo.)

10 La luce bianca è la sovrapposizione dei diversi colori dello spettro della luce visibile. Ciò può essere evidenziato o con un prisma triangolare di vetro o con un reticolo di diffrazione.

▶ Quali comportamenti della luce stanno alla base della dispersione della luce bianca con i due diversi metodi?

▶ Nel caso del prisma qual è il colore maggiormente deviato e quale quello più vicino alla direzione del raggio incidente sul prisma?

▶ Nel caso di un reticolo di diffrazione investito da luce bianca, si osserveranno bande colorate in corrispondenza dei massimi di interferenza costruttiva. Quale colore risulterà più vicino al massimo centrale, per esempio nella zona del primo massimo laterale?

11 Perché un CD illuminato da luce bianca riflette tutti i colori dell'arcobaleno, analogamente a quello che fa un prisma colpito da luce bianca?

12 Quale grandezza fisica corrisponde al colore della luce e all'altezza di un suono?

13 Su un foglio bianco sono state scritte le parole «ROSSO» usando un pennarello rosso e «VERDE» usando un pennarello verde.

615

ESERCIZI

▶ Per leggere la parola «ROSSO» è meglio osservare il foglio attraverso un vetro rosso o attraverso un vetro verde?

14 Quali informazioni si possono ricavare dagli spettri di emissione dei gas?

15 Perché i corpi solidi riscaldati fino ad alte temperature emettono, contrariamente ai gas, spettri continui?

PROBLEMI

2 L'IRRADIAMENTO E L'INTENSITÀ DI RADIAZIONE

1 ★☆☆ Una superficie di 3,2 cm², perpendicolare ai raggi di luce, riceve 1,9 J di energia in 4,5 s.

▶ Quanto vale l'irradiamento di quella superficie?

2 ★★☆ Gli standard di sicurezza prevedono che per tutelare gli occhi dei lavoratori esposti ai raggi UV sia imposto un limite di 10 kJ/m² per una giornata di 8 ore di lavoro.

▶ Stima l'ordine di grandezza dell'irradiamento massimo a cui possono essere sottoposti per unità di superficie.

$[10^{-1} \text{ W/m}^2]$

3 ★★☆ Una lampada rischiara una porzione di parete di area 1 m² posta a distanza d.

▶ A quale distanza bisogna metterla per rischiarare una superficie doppia?

▶ Come cambia l'irradiamento nei due casi?

$[\sqrt{2}\, d]$

4 ★★☆ Il caricabatterie solare SOLIO, costituito da tre pannelli solari di superficie approssimativa 50 cm² ciascuno, accumula l'energia irradiata dal Sole. L'irradiamento vale in media 0,10 W/cm².

▶ Quanta energia può immagazzinare SOLIO in un secondo?

$[15 \text{ J}]$

5 ★★☆ L'irradiamento del Sole, misurato al di fuori dell'atmosfera terrestre su una superficie perpendicolare alla direzione di provenienza della luce, è di circa 1,35 kW/m².

▶ Calcola l'energia complessivamente irradiata in 1 s su un angolo solido completo.

▶ Calcola la corrispondente intensità di radiazione in 1 s.

(*Suggerimento*: cerca nelle tabelle in fondo al libro il valore della distanza Terra-Sole.)

$[3{,}80 \times 10^{26} \text{ J}; 3{,}02 \times 10^{25} \text{ W/sr}]$

6 ★★☆ Durante l'equinozio di primavera in provincia di Udine si rileva un irradiamento solare medio di 650 W/m² calcolato su 8,00 h di sole. Viene utilizzato un pannello solare da 200 W (per un irradiamento di 1 kW/m²) montato su un orientatore che lo dispone sempre perpendicolarmente alla radiazione solare.

▶ Calcola l'energia complessiva erogata nelle 8,00 h dal pannello solare.

$[3{,}74 \times 10^6 \text{ J}]$

3 LE GRANDEZZE FOTOMETRICHE

7 ★★☆ **PROBLEMA SVOLTO**

Un foglio di carta è posto a 2,0 m da una lampadina che emette un flusso luminoso di 1500 lm.

▶ Quanto vale l'illuminamento del foglio?

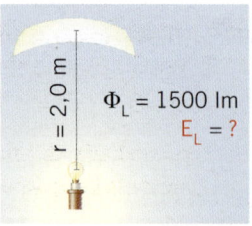

■ Strategia e soluzione

- Per semplicità, consideriamo la lampadina come una sorgente di luce puntiforme. La luce che essa emette sarebbe in grado di illuminare non soltanto il foglio posto a 2,0 m da essa, ma tutta la superficie sferica di raggio 2,0 m.

- Quindi l'area A che compare nella **(4)** è l'area A_S della sfera di raggio $r = 2,0$ m, che risulta

$$A_S = 4\pi r^2 = 4\pi \times (4,0 \text{ m}^2) = 50 \text{ m}^2$$

e l'illuminamento risulta

$$E_L = \frac{\Phi_L}{A_S} = \frac{1500 \text{ lm}}{50 \text{ m}^2} \; 30 \text{ lx}.$$

■ Discussione

Sarebbe stato un errore dividere il flusso luminoso della lampadina per l'area del foglio, perché non tutta la luce emessa dalla lampadina va a finire sul foglio di carta (come accadrebbe, per esempio, se si trattasse del fascio di una torcia elettrica o di un riflettore).

---

8 Fornisci un valore plausibile per il flusso luminoso delle seguenti sorgenti:

▶ candela;

▶ tubo al neon;

▶ lampada da 40 W.

(*Suggerimento*: per le lampadine, leggi l'indicazione sulla confezione.)

9 L'illuminamento di uno schermo, posto a 3,3 m da una sorgente puntiforme di luce, vale 41 lx.

▶ Qual è il flusso luminoso emesso dalla sorgente?

10 Per preservare i quadri di una pinacoteca l'illuminamento medio prodotto da una sorgente luminosa posta a 5,0 m di distanza non può superare il valore di 60 lux.

▶ Qual è il flusso luminoso massimo?

[$1,9 \times 10^4$ lm]

11 Un paralume di forma sferica con diametro 40 cm diffonde la luce di una lampadina di intensità 15 cd collocata nel suo centro.

▶ Calcola l'illuminamento prodotto sul paralume dalla lampadina.

[$3,8 \times 10^2$ lx]

12 Il flusso luminoso di una lampada al sodio (luce giallo-verde) è pari a 1200 lm ed è distribuito in modo omogeneo su una semisfera.

▶ Calcola l'intensità luminosa.

▶ L'intensità luminosa aumenta o diminuisce se anziché luce gialla si adopera una lampada con luce rossa?

[191 cd]

13 Una lanterna con un flusso luminoso di 800 lm illumina una superficie quadrata di lato 60 cm. Senza intervenire sul flusso luminoso, vuoi aumentare del 30% l'illuminamento modificando le dimensioni della superficie illuminata.

▶ Come deve cambiare il lato della superficie?

[53 cm]

14 Il flusso luminoso di una lampadina di 25,0 W è di 210 lm. La lampadina è posta nel centro di un paralume cilindrico di raggio 12,0 cm e altezza 20,0 cm. Assumi che i raggi siano tutti perpendicolari alla superficie laterale del cilindro.

▶ Calcola l'illuminamento sul paralume.

▶ Calcola come deve essere il raggio di un altro paralume in modo che con la stessa lampadina si abbia un aumento del 40% di illuminamento.

ESERCIZI

▶ Calcola l'energia erogata in due ore dalla lampadina.

[$1,40 \times 10^3$ lx; $8,51 \times 10^{-2}$ m; $1,80 \times 10^5$ J]

4 L'INTERFERENZA DELLA LUCE

15 ★☆☆ Due sorgenti laser identiche interferiscono costruttivamente in un punto P per il quale la differenza delle distanze dalle due sorgenti è $2,356 \times 10^{-5}$ m.

▶ Le due sorgenti emettono luce di lunghezza d'onda $\lambda_1 = 546$ nm o $\lambda_2 = 589$ nm?

16 ★☆☆ Due sorgenti laser identiche emettono radiazione infrarossa di lunghezza d'onda 800 nm. Il punto P dista 1200 μm dalla prima sorgente e 3640 μm dalla seconda.

▶ Nel punto P si ha interferenza costruttiva o distruttiva?

17 ★☆☆ Un raggio di luce monocromatica, di lunghezza d'onda 650 nm incide perpendicolarmente su due fenditure distanti $2,0 \times 10^{-4}$ m. Sullo schermo, che dista 2,0 m dalle fenditure, posto parallelamente al piano delle fenditure, si forma una figura d'interferenza.

▶ Qual è, sullo schermo, la distanza tra il massimo centrale e quello del primo ordine?

[$6,5 \times 10^{-3}$ m]

18 ★☆☆ Un raggio di luce gialla, di lunghezza d'onda λ pari a 589,0 nm, illumina due sottili fenditure collocate a 10,0 m di distanza da uno schermo. La prima striscia luminosa di interferenza si forma sullo schermo a 0,50 cm dal massimo centrale.

▶ Qual è la distanza tra le due fenditure?

▶ La distanza tra schermo e fenditure raddoppia: come varia la distanza tra due massimi laterali?

[1,2 mm]

19 ★★★ Due fenditure, distanti fra loro 0,80 mm, sono illuminate da una luce monocromatica di lunghezza d'onda pari a 720 nm. La distanza tra due frange luminose della figura di interferenza è 4,0 mm.

▶ A che distanza dallo schermo si trovano le fenditure?

[4,4 m]

20 ★☆☆ In un'esperienza di Young effettuata con radiazione di microonde di 3,0 cm di lunghezza d'onda, la distanza fra due massimi di interferenza su un piano situato a 8,4 m dalle fenditure, in prossimità del massimo centrale, è risultata di 50 cm.

▶ Qual è la separazione fra le fenditure?

(*Olimpiadi della Fisica 2003, gara di secondo livello*)

[50 cm]

21 ★★☆ Due sorgenti coerenti monocromatiche emettono luce rossa di lunghezza d'onda $\lambda = 660$ nm. La luce della seconda sorgente è sfasata di un quarto di lunghezza d'onda rispetto alla prima.

▶ Quanto deve essere la differenza delle distanze delle sorgenti da un punto P dello schermo per osservare interferenza costruttiva?

▶ In quali punti si ha invece interferenza distruttiva?

[Costruttiva nei punti in cui la differenza delle distanze delle sorgenti è $\left(k + \frac{1}{4}\right) \cdot \lambda$; distruttiva nei punti in cui la differenza delle distanze delle sorgenti è $\left(k + \frac{3}{4}\right) \cdot \lambda$]

22 PROBLEMA SVOLTO

Un esperimento di interferenza è eseguito, con luce rossa, mediante due fenditure separate da 0,350 mm. La distanza tra le fenditure e lo schermo è 6,00 m e si osserva che la distanza tra la fascia luminosa centrale e la prima frangia luminosa laterale è 1,27 cm.

▶ Calcola la lunghezza d'onda della luce utilizzata.

▶ Calcola la distanza tra due frange luminose adiacenti.

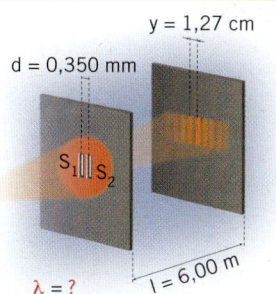

■ Strategia e soluzione

- Per risolvere il problema basta usare la formula (5), con d e y espressi come $d = 3{,}50 \times 10^{-4}$ m e $y = 1{,}27 \times 10^{-2}$ m. Quindi troviamo

$$\lambda = \frac{yd}{l} = \frac{(1{,}27 \times 10^{-2} \text{ m}) \times (3{,}50 \times 10^{-4} \text{ m})}{6{,}00 \text{ m}} = 7{,}41 \times 10^{-7} \text{ m}.$$

- Per rispondere alla seconda richiesta occorre considerare la formula (8) che, per piccoli angoli ($\alpha \ll 1$ rad), essendo sen$\alpha_k \sim$ tan$\alpha_k = \frac{y_k}{l}$, diviene: $\lambda = \frac{d}{k} \frac{y_k}{l}$.
Da cui: $y_k = \frac{k \lambda l}{d}$ e, analogamente per la frangia luminosa adiacente, $y_{k+1} = \frac{(k+1) \lambda l}{d}$; la distanza tra due frange luminose adiacenti sarà perciò: $y_{k+1} - y_k = \frac{\lambda l}{d}$.
Il risultato dimostra che le frange luminose sono tutte equidistanziate.

■ Discussione

L'ordine di grandezza della lunghezza d'onda della luce rossa impiegata nell'esperimento è 10^{-6} m, cioè 1 µm. Il valore, così piccolo, della lunghezza d'onda spiega come mai è difficile riconoscere la natura ondulatoria della luce nei fenomeni fisici quotidiani.
È abituale esprimere la lunghezza d'onda della luce in µm (nanometri: 1 nm = 10^{-9} m). Così la lunghezza d'onda misurata nell'esperimento precedente si può esprimere come

$$\lambda = 7{,}41 \times 10^{-7} \text{ m} = 741 \times 10^{-9} \text{ m} = 741 \text{ nm}.$$

---

23 ★★ Due fenditure poste a una distanza $2{,}00 \times 10^{-4}$ m sono attraversate da un fascio di luce monocromatica. Il secondo minimo sopra la frangia centrale forma un angolo di 0,254° con la perpendicolare allo schermo.

▶ Qual è la lunghezza d'onda della luce?

[591 nm]

24 ★★ In un esperimento di Young si usa luce con $\lambda = 633$ nm. Gli angoli che individuano due massimi simmetrici rispetto alla frangia luminosa centrale sono ±0,299°. La distanza fra le fenditure è 850 mm.

▶ Quanto vale il numero k corrispondente alle due frange?

▶ A quale distanza minima devi posizionare lo schermo se vuoi che i due massimi si trovino ad almeno 10 cm uno dall'altro?

[7; 9,58 m]

25 ★★ Una luce monocromatica produce una figura d'interferenza su uno schermo posto a distanza di 2,5 m da due fenditure distanti 0,80 mm. La distanza della prima frangia luminosa dal massimo centrale è di 2,0 mm.

▶ Calcola la lunghezza d'onda della luce utilizzata.

ESERCIZI

▶ Cosa accade alle frange di interferenza se davanti alle fenditure si pone una lastrina piana di plexiglas di spessore $s = 13$ mm con indice di rifrazione 1,5?

[$6,4 \times 10^{-7}$ m]

26 ★★ In una figura di interferenza la frangia centrale luminosa è larga 1,60 cm. La distanza tra lo schermo e le fenditure è 4,00 m.

▶ Quanto vale la distanza tra i terzi minimi di interferenza ai due lati della frangia centrale?

(*Suggerimento*: la larghezza della frangia centrale è determinata dalla posizione del primo minimo).

[$0,8 \times 10^{-2}$ m]

27 ★★★ Una nave si muove parallelamente alla linea di costa su cui sono poste due antenne che trasmettono, in fase, onde elettromagnetiche di uguale ampiezza e alla stessa frequenza $f = 109$ MHz. Quando la nave transita di fronte alle antenne un passeggero sulla nave osserva che la distanza angolare tra le due antenne è circa 2° e che l'intensità dell'onda radio ricevuta varia periodicamente nel tempo, con un periodo $T = 8,4$ s tra due massimi successivi.

▶ Il passeggero si accorge che con questi dati può stimare la velocità della nave: che valore ottiene?

(*Olimpiadi della Fisica 2001, gara di secondo livello*)

[34 km/h]

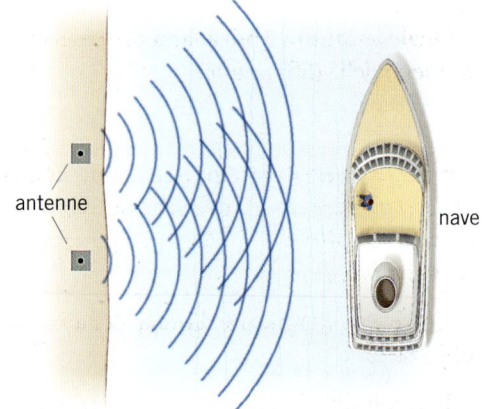

6 LA DIFFRAZIONE DELLA LUCE

28 ★★★

PROBLEMA SVOLTO

Un esperimento di diffrazione attraverso una fenditura è realizzato con luce verde. La larghezza della fenditura misura 7,25 μm e la prima fascia scura è posizionata a un angolo di 3° 54′ rispetto alla fascia luminosa centrale.

▶ Calcola la lunghezza d'onda della luce utilizzata nell'esperimento.

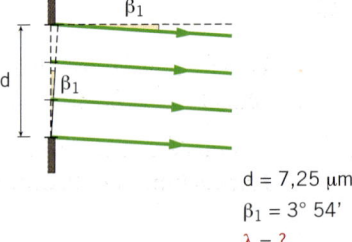

$d = 7{,}25$ μm
$\beta_1 = 3° 54′$
$\lambda = ?$

■ **Strategia e soluzione**

• Dalla formula (**10**) possiamo ricavare

$$\lambda = d \operatorname{sen} \beta_1 = (7{,}25 \times 10^{-6} \text{ m}) \times \operatorname{sen}(3° 54′) = (7{,}25 \times 10^{-6} \text{ m}) \times 0{,}0680 =$$

$$= 0{,}493 \times 10^{-6} \text{ m} = 493 \text{ nm}.$$

■ **Discussione**

L'esperimento è stato realizzato con una fenditura di 7,25 μm, che è grande rispetto alla lunghezza d'onda della luce utilizzata, cioè 493 nm = 0,493 μm. È per questo che la fascia luminosa centrale è piuttosto stretta, visto che la separazione angolare tra le prime fasce scure laterali vale $2\beta_1 = 7° 48′$ (figura a lato).

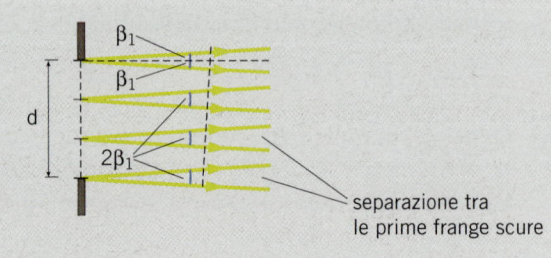

29 Un laser emette un fascio di luce rossa, di lunghezza d'onda 670 nm, che attraversa una sottile fenditura di larghezza 1,0 mm.

▶ Trova l'angolo corrispondente alle prime frange scure di diffrazione simmetriche rispetto alla striscia luminosa centrale.

▶ Calcola l'angolo se l'ampiezza della fenditura fosse invece di 0,10 mm o 1,0 µm.

▶ Quale fenditura è più adatta per osservare il fenomeno della diffrazione?

[2,3′; 23′; 42°]

30 Un fascio piano di microonde incide su una fenditura larga 6,0 cm. Le prime zone con assenza di microonde diffratte si rilevano in corrispondenza di un angolo di 30°.

▶ Qual è la lunghezza d'onda della radiazione utilizzata?

▶ In quali direzioni si dovrebbero rilevare le seconde zone di assenza di radiazione?

[3,0 cm; 90°]

31 Un fascio di luce rossa (λ = 690 nm) attraversa una fenditura larga 5,0 µm e forma una figura di diffrazione su uno schermo posto alla distanza di 40 cm.

▶ Determina quanto è larga la fascia chiara centrale tra le prime due fasce scure laterali.

▶ Quante frange scure si formano in tutto sullo schermo?

[11 cm; 14]

32 Un lampione stradale emette luce che attraversa una fenditura, ottenuta accostando i rebbi di un calibro, la cui larghezza è di (0,56±0,05) mm, e proietta una figura di diffrazione su uno schermo distante (3,02±0,02) m. La distanza tra il centro della frangia chiara centrale e la seconda frangia scura è di (6,40±0,05) mm.

▶ Qual è la lunghezza d'onda della luce con la sua incertezza di misura?

▶ Quale misura occorrerebbe migliorare per ridurre l'incertezza di misura?

[(590 ± 60) nm]

7 IL RETICOLO DI DIFFRAZIONE

33 **PROBLEMA SVOLTO**

Una luce gialla, con una lunghezza d'onda di 589 nm, è inviata su un reticolo di diffrazione largo 1,00 cm e su cui sono praticate 4800 fenditure.

▶ A quale angolo, rispetto alla perpendicolare al reticolo, si trova la seconda frangia luminosa di diffrazione?

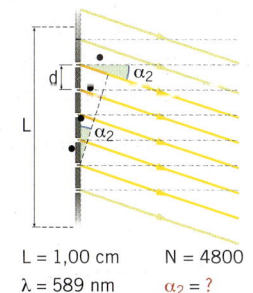

L = 1,00 cm   N = 4800
λ = 589 nm α_2 = ?

■ **Strategia e soluzione**

• Per utilizzare la formula (12) occorre determinare il passo reticolare d, che è uguale al rapporto tra la larghezza L del reticolo e il numero N di fenditure:

$$d = \frac{L}{N} = \frac{1,00 \text{ cm}}{4800} = 2,08 \times 10^{-4} \text{ cm} = 2,08 \times 10^{-6} \text{ m}.$$

Allora possiamo calcolare il seno dell'angolo α_2:

$$\text{sen } \alpha_2 = 2\frac{\lambda}{d} = 2 \times \frac{5,89 \times 10^{-7} \text{ m}}{2,08 \times 10^{-6} \text{ m}} = 0,566$$

e l'angolo cercato è

$$\alpha_2 = \text{arcsen}(0,566) = 34°28′.$$

ESERCIZI

> **■ Discussione**
>
> Cercando, secondo la formula (12), l'angolo a cui si trova la quarta frangia luminosa si trova la condizione
>
> $$\text{sen}\,\alpha_4 = 4\frac{\lambda}{d} = 2 \times \left(2\frac{\lambda}{d}\right) = 2 \times 0{,}566 = 1{,}132$$
>
> che è impossibile perché il seno di un angolo non può essere maggiore di 1. Quindi, con il reticolo di diffrazione del problema si possono ottenere soltanto tre frange chiare per parte a fianco della fascia luminosa centrale. Il fatto di generare poche frange è una proprietà comune dei reticoli di diffrazione.

34 In un reticolo largo 2,50 cm sono praticate 10 000 fenditure.

▶ Determina il passo del reticolo.

▶ Qual è la densità lineare delle fenditure, cioè il numero di fenditure per metro?

▶ Qual è la relazione che li lega?

[$2{,}50 \times 10^{-6}$ m; $4{,}00 \times 10^5$ fenditure/m]

35 Un fascio di luce monocromatica di frequenza $f = 5{,}17 \cdot 10^{14}$ Hz, incide perpendicolarmente su un reticolo di diffrazione. La seconda frangia luminosa forma un angolo di 45,0° con la perpendicolare al reticolo.

▶ Qual è il colore della luce?

▶ Quante fenditure per unità di lunghezza ha il reticolo?

[giallo; 610 fenditure/mm]

36 Luca per trovare la lunghezza d'onda della luce prodotta da un laser tascabile a diodi usa un reticolo di diffrazione da 500 fenditure/mm. Misura con un righello la distanza tra la seconda frangia luminosa e il massimo centrale e la distanza tra il reticolo e lo schermo, ottenendo rispettivamente 15,5 cm e 22,0 cm.

▶ Quale lunghezza d'onda troverà?

[576 nm]

37 In un laboratorio scolastico un gruppo di alunni sta misurando la lunghezza della luce emessa da un laser tascabile a stato solido con un apparato schematizzato nella figura, formato da un reticolo di diffrazione da 800 fenditure/mm e uno schermo ricoperto di carta millimetrata. La distanza fra il reticolo e lo schermo è $l = 23{,}5$ cm e quella fra il massimo centrale e la prima frangia luminosa è 14,5 cm.

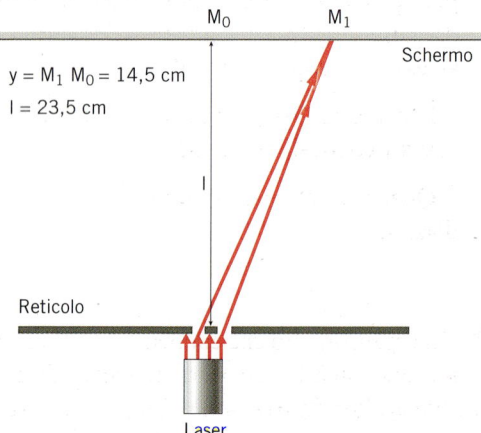

▶ Utilizza i dati riportati nella figura e calcola λ.

[$6{,}56 \times 10^{-7}$ m]

8 I COLORI E LA LUNGHEZZA D'ONDA

38 La luce gialla emessa dai vapori di sodio di un lampione stradale ha una lunghezza d'onda di 589,0 nm nel vuoto.

▶ Calcola la frequenza della radiazione.

▶ Quanto vale il periodo?

[$5{,}09 \times 10^{14}$ Hz; $1{,}96 \times 10^{-15}$ s]

39 Usa i risultati dell'esercizio precedente. Fai propagare la radiazione gialla del sodio in un mezzo il cui indice di rifrazione è $n = 1{,}50$.

▶ Calcola la lunghezza d'onda della radiazione.

[393 nm]

40 Una lampada a vapori di mercurio emette una

radiazione di lunghezza d'onda λ = 253,7 nm.

▶ Calcola la frequenza della radiazione.

▶ Corrisponde a radiazione visibile?

9 L'EMISSIONE E L'ASSORBIMENTO DELLA LUCE

41 ★★ Esaminando in uno spettroscopio la luce proveniente dal Sole, si osservano alcune caratteristiche righe di assorbimento (dette *righe di Fraunhofer*). Tra queste, la cosiddetta riga G è doppia, in quanto corrisponde a due lunghezze d'onda vicine: λ_1 = 430,7914 nm, dovuta all'assorbimento da parte del ferro, e λ_2 = 430,7749 nm, dovuta all'assorbimento da parte del calcio.

▶ In corrispondenza di quale colore dello spettro solare è collocata la riga G?

▶ Qual è la differenza di frequenza tra le due radiazioni?

[$2,67 \times 10^{10}$ Hz]

42 ★★ Uno spettrometro che contiene un reticolo di diffrazione con $2,5 \times 10^3$ fenditure/cm è utilizzato per studiare lo spettro del sodio. Questo spettro presenta due righe gialle corrispondenti a due lunghezze d'onda vicine: λ_1 = 588,995 nm e λ_2 = 589,592 nm.

▶ Quanto vale la separazione angolare fra le prime due fasce luminose laterali di diffrazione per le due righe dello spettro del sodio?

▶ E quanto vale la separazione angolare fra le due righe dello spettro del sodio per le seconde fasce luminose?

[31″; 1′4″]

PROBLEMI GENERALI

1 ★★ Un fascio di luce color porpora è composto da luce blu (λ = 450 nm) e da luce rossa (λ = 650 nm). Il fascio passa attraverso due fenditure, producendo su di uno schermo una figura di interferenza, nella quale le frange rosse appaiono separate dalle frange blu.

▶ Di quale colore è la frangia più vicina al massimo centrale?

▶ Calcola il rapporto tra la distanza di due frange rosse e la distanza di due frange blu.

[Blu; 1,44]

2 ★★ Per esaminare la figura di diffrazione prodotta da un fascio piano di luce monocromatica, con lunghezza d'onda pari a 450 nm, si usa una lente convergente che mette a fuoco l'immagine su uno schermo. La distanza focale della lente vale 1,2 m. Il reticolo di diffrazione usato ha un passo di 0,012 mm.

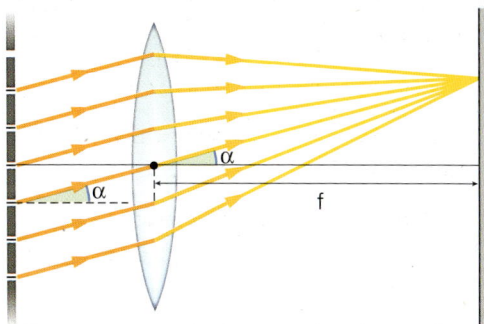

▶ A quale distanza dalla frangia luminosa centrale si produrranno le prime frange luminose laterali?

(*Suggerimento*: L'angolo α di diffrazione non è modificato dalla presenza della lente.)

[4,5 cm]

3 ★★ In un esperimento di Young la figura di interferenza di due fenditure, separate di $3,50 \times 10^{-3}$ mm, si forma su uno schermo posto a 2,00 m di distanza. La luce monocromatica usata ha lunghezza d'onda pari a 470 nm.

▶ Determina la distanza tra le prime due frange laterali e il massimo centrale.

▶ Calcola la distanza tra le prime due frange luminose simmetriche se triplica il rapporto l/d.

▶ Calcola la distanza tra le prime due frange luminose se il mezzo in cui si propaga la luce (tra le fenditure e lo schermo) è acqua.

[26,9 cm; 1,61 m; 40,4 cm]

4 ★★ Uno spettroscopio viene realizzato con un reticolo di diffrazione che ha 4000 fenditure/cm. Sullo schermo dove si forma la figura di diffrazione la distanza tra le righe gialla (con lunghezza d'onda pari a 520 nm) e violetta (con lunghezza

ESERCIZI

d'onda pari a 400 nm) della seconda fascia luminosa è di 20,0 cm.

▶ Qual è la distanza tra lo schermo e il reticolo?

▶ Di quale colore è la frangia più vicina al massimo centrale?

[1,67 m]

5 Una piastrina d'argento di superficie 25 mm² e massa 3 g subisce in un secondo l'irradiamento di 12 W/m². La piastrina riflette il 90% della radiazione ricevuta.
★★★

▶ Di quanto varia la sua temperatura?

(*Suggerimento*: ricorda che il calore specifico dell'argento vale 240 J/kg · K)

[4×10^{-5} K]

6 Il mercurio emette luce con lunghezze d'onda $\lambda_1 = 404{,}66$ nm e $\lambda_2 = 435{,}83$ nm. Questa radiazione viene fatta incidere su un reticolo di diffrazione largo 1,00 cm e la figura di diffrazione si forma su uno schermo posto oltre il reticolo. Vorresti fare in modo che la separazione angolare tra le prime due frange luminose laterali dovute alle due lunghezze d'onda fosse maggiore di 0,200°.
★★★

▶ La separazione angolare tra le due righe luminose dipende dalla distanza dallo schermo?

▶ Mille fenditure del reticolo sono sufficienti per avere una separazione angolare richiesta pari a 0,200°?

7 Una schematizzazione del sistema di radioguida per l'atterraggio degli aerei di linea può essere fatta considerando due antenne trasmittenti verticali collocate al termine della pista, separate da una distanza di 40 m ed eccitate in fase da un segnale di frequenza pari a 30 MHz. Il sistema è una sorta di dispositivo di Young, ma con onde radio anziché luminose.
★★★

▶ Calcola la lunghezza d'onda delle onde radio di questo sistema (assumi che le onde si propaghino nel vuoto).

▶ Quante frange di massima intensità attraversano il tratto fra le due antenne?

(*Ridotto da «The Physics Teacher», febbraio 1995*)

[10 m; 7]

QUESITI PER L'ESAME DI STATO

Rispondi ai quesiti in un massimo di 10 righe.

1 Confronta i modelli corpuscolare e ondulatorio che descrivono la natura della luce.

2 Descrivi l'esperimento di Young e analizza il fenomeno dell'interferenza.

3 Descrivi il fenomeno della diffrazione.

TEST PER L'UNIVERSITÀ

1 Le macchie di olio nelle pozzanghere danno luogo a strisce colorate. Questo fenomeno è dovuto:

A alla combinazione di interferenza e diffrazione.

B alla differenza in riflettività tra acqua ed olio.

C al fatto che il cielo diffonde tutti i colori e l'olio ne riflette solo alcuni.

D all'interferenza tra le interfacce dello strato sottile di olio con l'acqua e l'aria.

E alla diffrazione della luce.

(*Prova di ammissione al corso di laurea in Ingegneria, 2005/2006*)

STUDY ABROAD

1 The largest wavelength in the ultraviolet region of the hydrogen spectrum is 122 nm. The smallest wavelength in the infrared region of the hydrogen spectrum (to the nearest integer) is:

A 802 nm

B 823 nm

C 1882 nm

D 1648 nm

(*Joint Entrance Examination for Indian Institutes of Technology (JEE), India, 2007/2008*)

CAMPO ELETTRICO

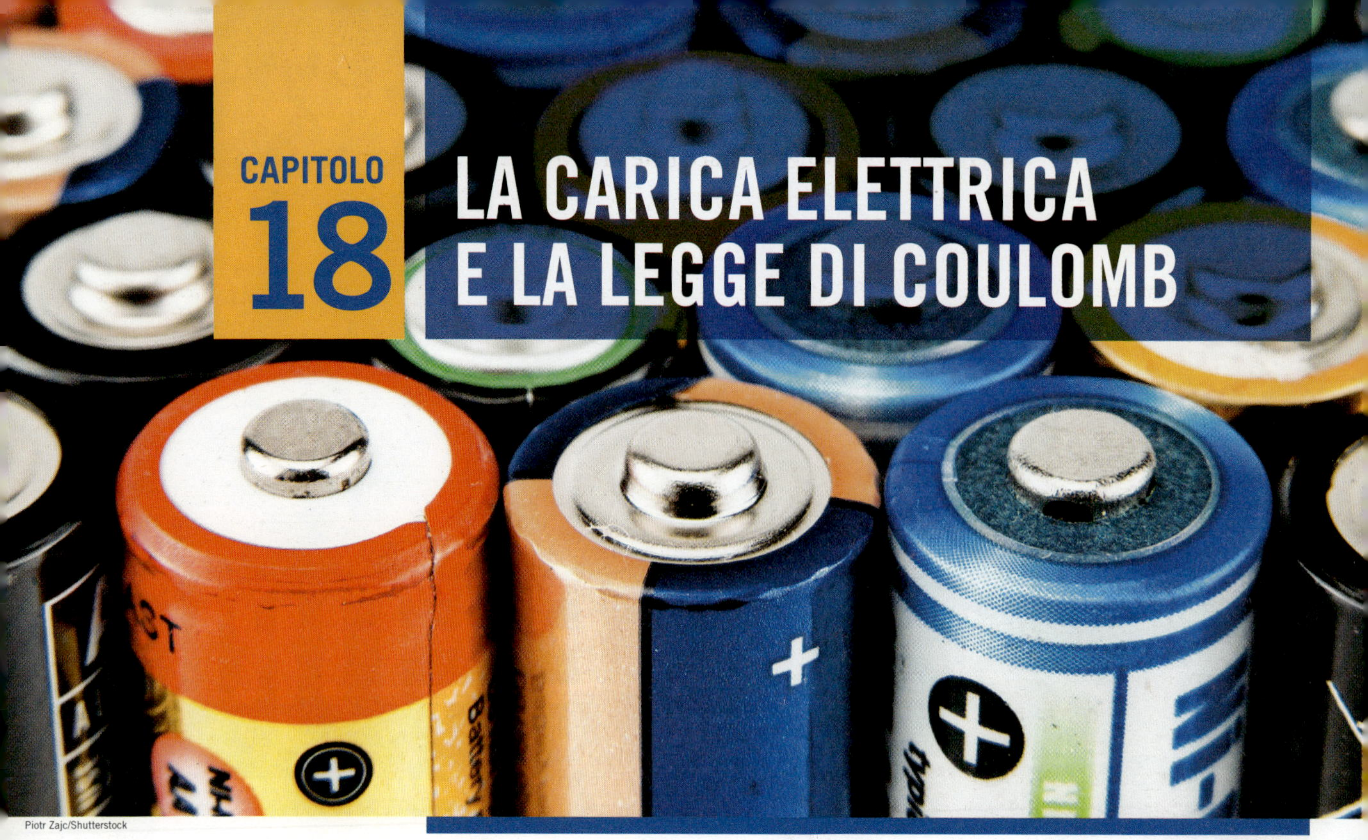

Piotr Zajc/Shutterstock

CAPITOLO 18 LA CARICA ELETTRICA E LA LEGGE DI COULOMB

1 L'ELETTRIZZAZIONE PER STROFINÌO

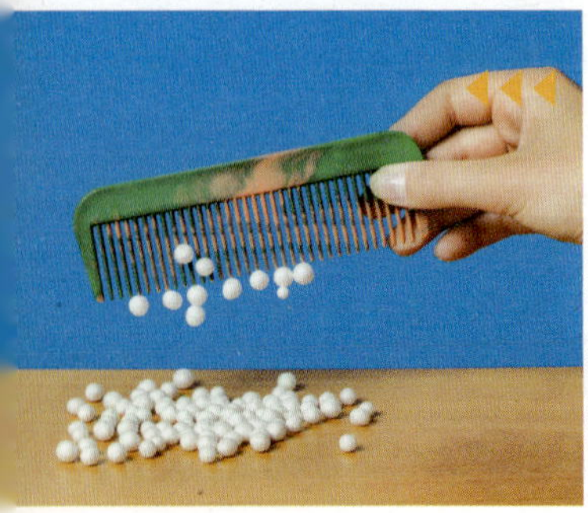

Martyn F. Chillmaid/Science Photo Library

Un pettine di plastica sfregato contro un golf di lana acquista una proprietà che prima non aveva: quella di attirare a sé degli oggetti molto leggeri, come palline di polistirolo o pezzetti di carta.

> Un corpo che ha acquisito la capacità di attirare oggetti leggeri è detto **elettrizzato**.

L'elettrizzazione *per strofinìo* avviene in diversi tipi di oggetti (per esempio di gomma, di vetro, di ceramica) ed è anche all'origine della parola «elettricità».

Gli antichi greci non avevano a disposizione gomma o plastica, ma notarono che lo stesso fenomeno che abbiamo appena descritto aveva luogo strofinando pezzi di ambra. La parola «elettricità» deriva infatti dal greco *elektron* che significa, appunto, «ambra». Questo materiale è una resina di conifere, prodotta in epoche molto antiche (anche dieci milioni di anni fa), che si è fossilizzata.

Nella goccia di ambra è rimasto intrappolato un insetto.

Falk Kienas/Shutterstock

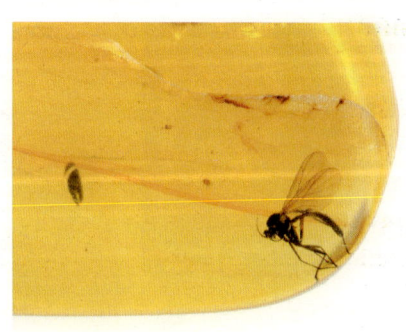

Un corpo elettrizzato attira un altro oggetto non elettrizzato. Ma cosa succede se avviciniamo due oggetti che sono stati strofinati?

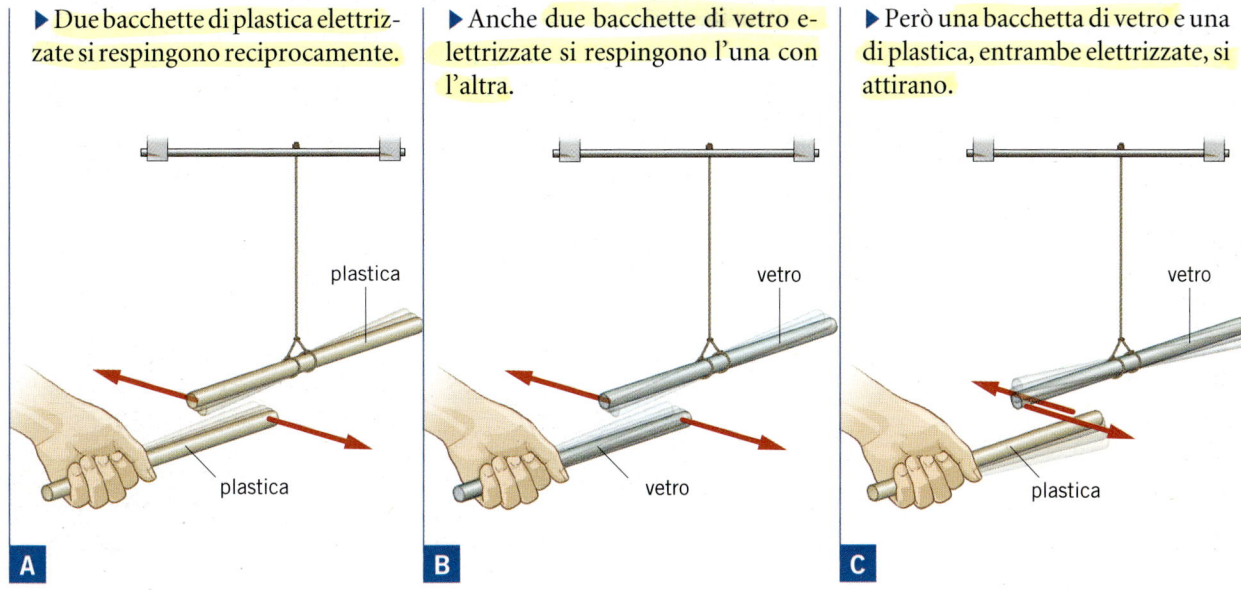

▶ Due bacchette di plastica elettrizzate si respingono reciprocamente.

▶ Anche due bacchette di vetro elettrizzate si respingono l'una con l'altra.

▶ Però una bacchetta di vetro e una di plastica, entrambe elettrizzate, si attirano.

Quindi, due oggetti elettrizzati possono attrarsi o respingersi. Strofinando altri materiali, scopriamo che alcuni si comportano come la plastica, altri come il vetro.

L'ipotesi di Franklin

Possiamo spiegare questo fenomeno facendo l'ipotesi che esistano due tipi di elettricità, o di *cariche elettriche*. Seguendo una convenzione che risale al fisico statunitense Benjamin Franklin (1706-1790), chiamiamo:
- **carica elettrica positiva** quella degli oggetti che si comportano come il vetro;
- **carica elettrica negativa** quella degli oggetti che si comportano come la plastica.

Possiamo allora affermare che:

se due corpi hanno cariche elettriche dello *stesso segno*, si respingono; invece, se hanno cariche elettriche di *segni opposti*, si attraggono.

Il modello microscopico

Nel 1897, il fisico inglese John Joseph Thomson scoprì l'elettrone, una particella di massa molto piccola (10^{-30} kg) che ha carica negativa. In seguito si comprese che tutti gli atomi contengono due tipi di particelle cariche:
- gli **elettroni**, con carica negativa,
- i **protoni**, con carica positiva.

Poiché la carica di un protone controbilancia esattamente la carica di un elettrone,

ogni **atomo**, avendo lo stesso numero di protoni e di elettroni, è *neutro*, cioè ha carica elettrica uguale a zero.

Per esempio, l'atomo di elio nella **figura 1** ha due elettroni e due protoni; quello di uranio 92 elettroni e 92 protoni.

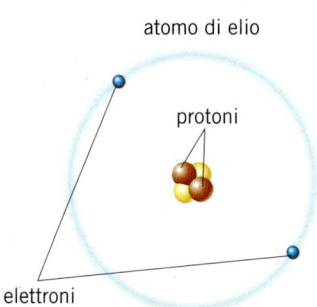

Figura 1 Configurazione schematica di un atomo di elio.

Questo modello microscopico della materia, basato su atomi neutri con protoni positivi ed elettroni negativi, spiega il comportamento elettrico dei corpi, che sono costituiti da moltissimi atomi.

Di solito i corpi sono **neutri**, perché sono costituiti da tanti «grani» (gli atomi) neutri. Quando un corpo è carico, significa che c'è uno squilibrio tra protoni ed elettroni.

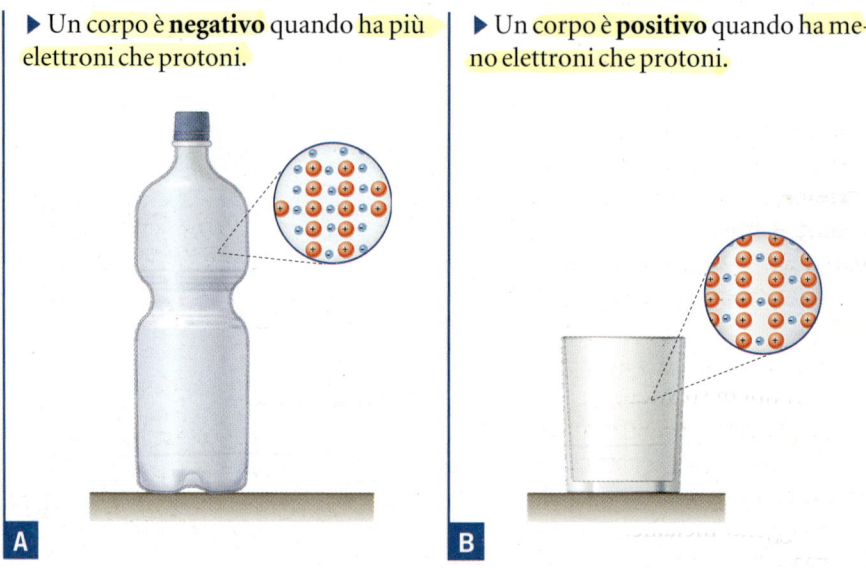

▶ Un corpo è **negativo** quando ha più elettroni che protoni.

▶ Un corpo è **positivo** quando ha meno elettroni che protoni.

Quindi un corpo carico contiene cariche di tutti e due i tipi; però soltanto gli elettroni sono mobili e possono trasferirsi da un corpo all'altro.

Infatti, come mostra anche la **figura 1**, negli atomi i protoni sono legati tra loro (insieme ai neutroni) e formano un corpuscolo detto nucleo. Per questa ragione i protoni non sono liberi di muoversi e non abbandonano l'atomo a cui appartengono.

ANIMAZIONE

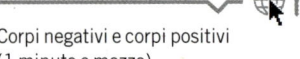

Corpi negativi e corpi positivi
(1 minuto e mezzo)

- Un corpo **negativo** ha un eccesso di elettroni;
- un corpo **positivo** ha una mancanza di elettroni.

Che cosa succede, a livello microscopico, durante lo strofinìo?

▶ Strofinando il vetro con la lana, degli elettroni passano dal vetro alla lana.

▶ Il panno, che ora ha più elettroni di prima, è carico negativamente.

▶ Il vetro, che invece ha perso degli elettroni, è carico positivamente.

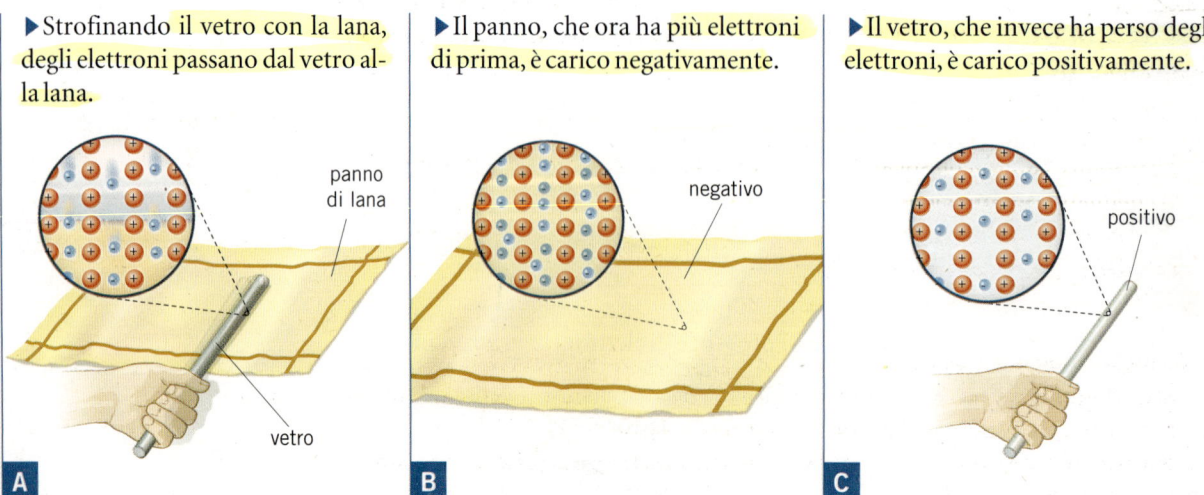

La carica totale è rimasta sempre la stessa. Prima dello strofinìo c'era equilibrio e il vetro e la lana erano neutri. Dopo, c'è un eccesso di elettroni nel panno e una mancanza nel vetro, per cui entrambi i corpi sono elettrizzati.

L'elettrizzazione per strofinìo ha luogo in diverse occasioni nella vita quotidiana: per esempio, in una giornata secca la carrozzeria di un'automobile in moto si può caricare per attrito con l'aria. Ma anche lo sfregamento di una felpa di *pile* con lo schienale di una poltrona in materiale sintetico può portare all'elettrizzazione della persona seduta. In questi e altri casi l'elettrizzazione può essere rivelata dalla *scintilla* che scocca tra la persona che si è caricata e un altro oggetto.

Nelle zone molto fredde questo fenomeno è particolarmente rilevante perché a bassa temperatura l'umidità dell'aria è praticamente uguale a zero e l'aria secca non disperde le cariche. Per esempio, nella base di Amundsen-Scott, che è posta al Polo Sud, sono a disposizione vari tipi di strutture che servono per scaricare l'elettricità statica e che vengono utilizzate continuamente; altrimenti, il contatto con un oggetto metallico o anche solo una stretta di mano potrebbero dar luogo a forti scosse elettriche.

2 I CONDUTTORI E GLI ISOLANTI

Un oggetto di plastica, gomma o vetro si carica per strofinìo. Invece, se strofiniamo con un panno un oggetto di metallo, non sempre riusciamo a elettrizzarlo.

Prima prendiamo in mano un cucchiaio di metallo e lo strofiniamo con un panno di lana. Osserviamo che il cucchiaio non attrae i pezzettini di carta (figura 2).

Poi impugniamo il cucchiaio con dei guanti di plastica. Dopo averlo di nuovo strofinato, osserviamo che il cucchiaio si elettrizza e attrae i pezzi di carta.

Questo esperimento ci dice che tutti gli oggetti si possono caricare per strofinìo, ma alcuni, in particolari circostanze, non sono in grado di trattenere la carica elettrica. Per esempio, gli oggetti di metallo perdono la carica quando sono a contatto con le mani nude.

- Le sostanze come la plastica, che si caricano sempre quando sono strofinate, si chiamano **isolanti** elettrici.
- Le sostanze come i metalli o il nostro corpo, che si comportano in modo diverso, si dicono **conduttori** elettrici.

Figura 2 Per caricare il cucchiaio per strofinio occorre indossare un guanto di materiale isolante.

Questa distinzione non è assoluta: tutte le sostanze possono essere ordinate secondo la capacità di trattenere, o di lasciare fluire, le cariche elettriche. Esistono quindi sostanze più o meno conduttrici oppure più o meno isolanti.

La plastica e il vetro sono ottimi isolanti mentre i metalli, in particolare il rame e l'argento, sono ottimi conduttori.

CAPITOLO 18 CAMPO ELETTRICO

Il modello microscopico

Gli esperimenti di strofinìo possono essere spiegati facendo queste ipotesi:

- negli **isolanti** tutte le cariche occupano delle posizioni fisse e non possono spostarsi;
- nei **conduttori** vi sono cariche elettriche che si muovono liberamente.

Per esempio, nei conduttori metallici vi sono degli *elettroni liberi*, che si spostano con facilità da un atomo all'altro. In un isolante, invece, gli elettroni sono molto legati ai protoni dell'atomo e difficilmente se ne allontanano.

Perché, secondo questo modello microscopico, il cucchiaio di metallo non si elettrizza quando lo impugniamo con le mani nude?

Come mostra la **figura 3**, durante lo strofinìo gli elettroni passano dal panno al cucchiaio, poi arrivano a terra attraverso il nostro corpo, che è un conduttore.

Usando i guanti di plastica gli elettroni si fermano nel cucchiaio, perché sono bloccati dalla plastica, che è un materiale isolante.

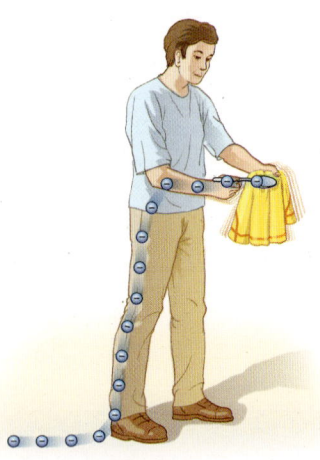

Figura 3 Il cucchiaio si elettrizza per strofinìo, ma le cariche sono continuamente scaricate a terra tramite la mano e il corpo, che sono conduttori.

Quindi, quando teniamo in mano il cucchiaio senza guanti, gli elettroni transitano nel cucchiaio e non si accumulano elettrizzandolo.

Nei cavi che trasportano l'energia elettrica, gli elettroni si muovono lungo il filo di metallo e non si scaricano a terra attraverso il traliccio, perché tra i fili e il traliccio ci sono gli *isolatori*, costituiti da materiale isolante.

L'elettrizzazione per contatto

▶ Abbiamo un primo conduttore, carico, che impugniamo con un manico isolante, e un secondo conduttore neutro.

▶ Mettendo in contatto i due conduttori, parte della carica del primo passa sul secondo. Ora anch'esso è carico.

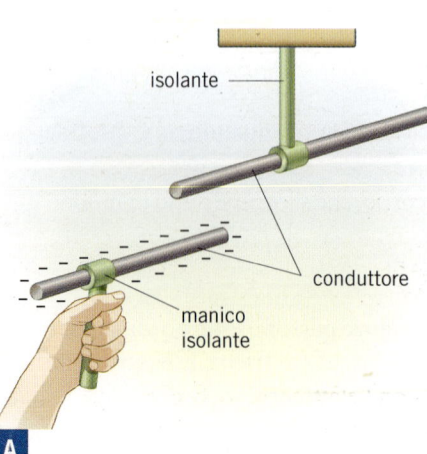

A

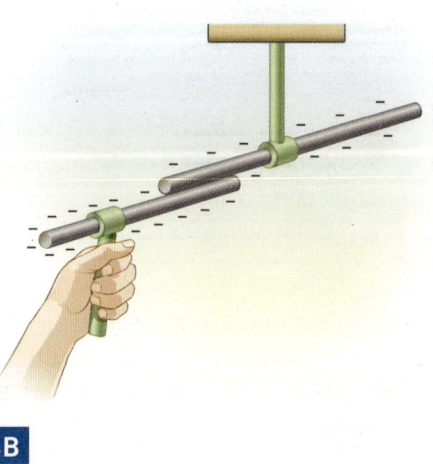

B

All'inizio il primo conduttore era negativo, perché aveva un eccesso di elettroni. Una parte di questi elettroni è fluita nel secondo conduttore, che a sua volta è diventato negativo.

Questo esperimento mette in luce che

i conduttori possono essere elettrizzati **per contatto**.

L'elettrizzazione per contatto permette di suddividere una carica in *n* parti uguali. Per esempio, immaginiamo di avere una sfera carica e altre due sfere, identiche ma scariche. Ponendo le tre sfere a contatto (figura 4), per simmetria la carica si distribuisce allo stesso modo su di esse: se le si stacca, si ottengono tre sfere elettrizzate, ciascuna con una carica che è 1/3 di quella della sfera carica di partenza.

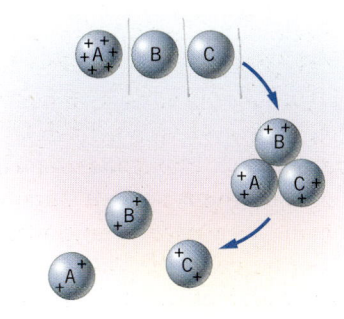

Figura 4 Metodo per dividere una carica in tre parti uguali, usando sferette identiche.

3 LA DEFINIZIONE OPERATIVA DELLA CARICA ELETTRICA

L'**elettroscopio** (figura 5) è uno strumento che serve per sapere se un oggetto è carico. È formato da un'asta metallica verticale, con in alto una sferetta conduttrice e in basso due foglie conduttrici molto sottili. Il tutto è contenuto in un recipiente di vetro che serve da protezione e da sostegno.

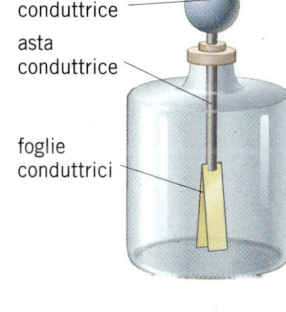

Figura 5 Elettroscopio a foglie.

▶ Se si tocca la sferetta con un oggetto elettrizzato, parte della carica passa all'asta e, così, si distribuisce in tutto il dispositivo fino alle foglioline.

▶ Le foglioline risultano cariche dello stesso segno e si respingono. Così, la loro divaricazione attesta che l'oggetto in esame è elettricamente carico.

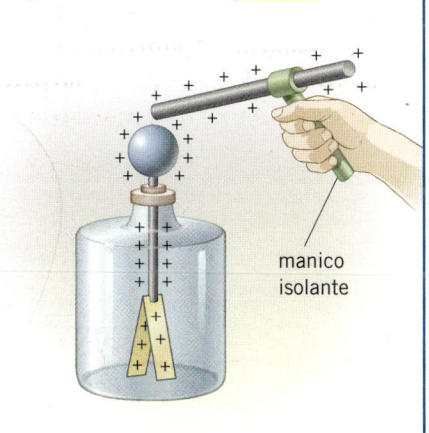

A

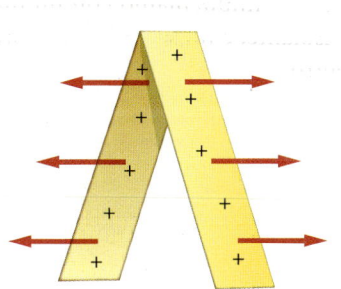

B

Un oggetto è carico se, messo a contatto con l'elettroscopio, fa divaricare le sue foglie.

IN LABORATORIO

Funzionamento di un elettroscopio
- Video (2 minuti)
- Test (3 domande)

La misura della carica elettrica

L'elettroscopio permette di confrontare in modo operativo due cariche elettriche, per sapere quale delle due è più grande. Prendiamo due sferette conduttrici uguali, che abbiamo prima caricato per contatto.

▶ Tocchiamo l'asta dell'elettroscopio con la sferetta A e osserviamo la divaricazione delle foglioline.

▶ Poi scarichiamo l'elettroscopio (per esempio toccando l'asta con le dita), in modo da riportarlo nella sua condizione iniziale.

▶ Ora poniamo l'elettroscopio a contatto con la sferetta B e osserviamo di nuovo l'angolo formato dalle due foglioline.

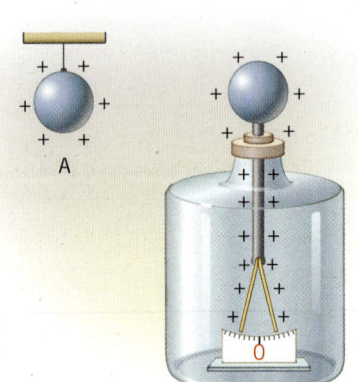

A

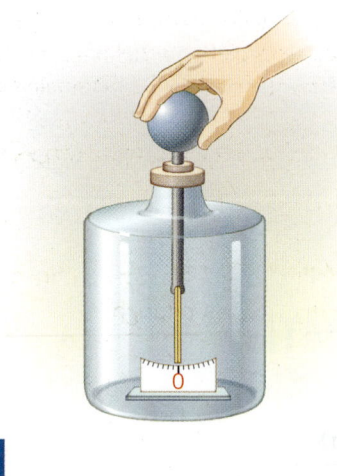

B

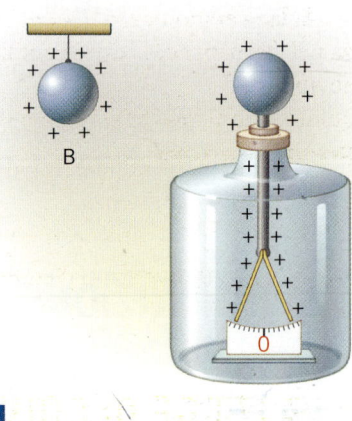

C

Se nei due casi gli angoli formati dalle foglioline sono uguali, anche le cariche sulle due sferette erano uguali. Altrimenti la carica maggiore era quella che ha fatto divaricare di più le foglie. In linea di principio,

> per misurare la carica elettrica, si sceglie una carica come unità di misura, poi si tara l'elettroscopio con una scala che misuri le divaricazioni delle foglioline.

Il coulomb

Nel Sistema Internazionale l'unità di misura della carica elettrica è il **coulomb** (simbolo C), dal nome dello scienziato francese Charles Augustin de Coulomb (1736-1806). Definiamo il coulomb a partire dalla carica dell'elettrone.

> Tutti gli elettroni dell'Universo hanno la stessa carica (negativa) $-e$, il cui valore numerico è $-e = -1{,}6022 \times 10^{-19}$ C.

Per ottenere una carica negativa di -1 C occorrono quindi

$$\frac{1}{1{,}6022 \times 10^{-19}} = 6{,}2414 \times 10^{18}$$

elettroni.

Finora non è mai stata osservata una carica più piccola di quella dell'elettrone e tutte le particelle elementari conosciute hanno una carica che è un multiplo (positivo o negativo) della

carica elettrica elementare $e = 1{,}6022 \times 10^{-19}$ C.

Conservazione della carica elettrica

Torniamo a considerare la bacchetta di vetro caricata con un panno di lana: prima e dopo, la carica totale è sempre la stessa. Prima dello strofinìo c'era equilibrio e il vetro e la lana erano neutri. Dopo, c'è un eccesso di elettroni nel panno e una mancanza nel vetro, per cui i due corpi sono elettrizzati con cariche di uguale valore e di segno opposto.

Questo fenomeno è un esempio di una proprietà generale, detta **legge di conservazione della carica elettrica**:

in un sistema chiuso la somma algebrica delle cariche elettriche si mantiene costante, qualunque siano i fenomeni che in esso hanno luogo.

Sistema fisico chiuso
Un sistema fisico si dice **chiuso** se non scambia materia con l'esterno.

4 LA LEGGE DI COULOMB

Consideriamo due corpi puntiformi e indichiamo con Q_1 e con Q_2 le cariche elettriche che si trovano su di essi. La forza elettrica che si esercita tra di esse è descritta dalla **legge di Coulomb**, secondo cui

il valore della forza elettrica tra due cariche puntiformi è:
- direttamente proporzionale a ciascuna carica,
- inversamente proporzionale al quadrato della loro distanza.

Questo è riassunto nella formula

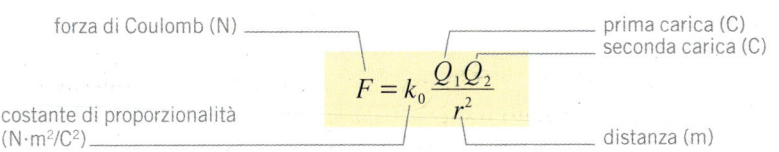

$$F = k_0 \frac{Q_1 Q_2}{r^2} \qquad (1)$$

forza di Coulomb (N); prima carica (C); seconda carica (C); costante di proporzionalità (N·m²/C²); distanza (m)

Se le cariche sono nel vuoto, la costante di proporzionalità k_0 vale:

$$k_0 = 8{,}99 \times 10^9 \, \frac{\text{N} \cdot \text{m}^2}{\text{C}^2}.$$

Questo valore numerico non può essere ricavato da alcun ragionamento ed è, perciò, *una costante naturale* determinata sperimentalmente. Essa è la sintesi di tantissime misure che danno lo stesso risultato.

Mantenendo fissa la distanza r:
- se si triplica una delle cariche, anche il valore della forza triplica;
- se si dimezza una delle cariche, anche il valore della forza si riduce alla metà.

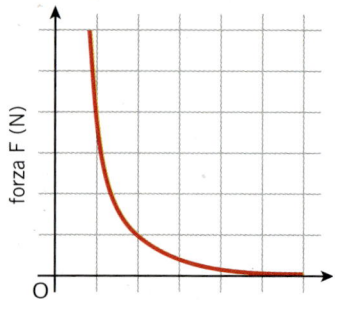

Figura 6 Grafico del modulo della forza di Coulomb in funzione della distanza tra le cariche.

Mantenendo fisse le cariche, l'intensità $|\vec{F}|$ della forza varia in funzione di r come è mostrato nella figura 6. In particolare:

- se la distanza raddoppia la forza diventa quattro ($=2^2$) volte più piccola;
- se la distanza si riduce di quattro volte, la forza diventa sedici ($=4^2$) volte più grande.

La figura 7 mostra come varia la forza di Coulomb, al variare della distanza, nel caso di una carica positiva e di una negativa che si attraggono.

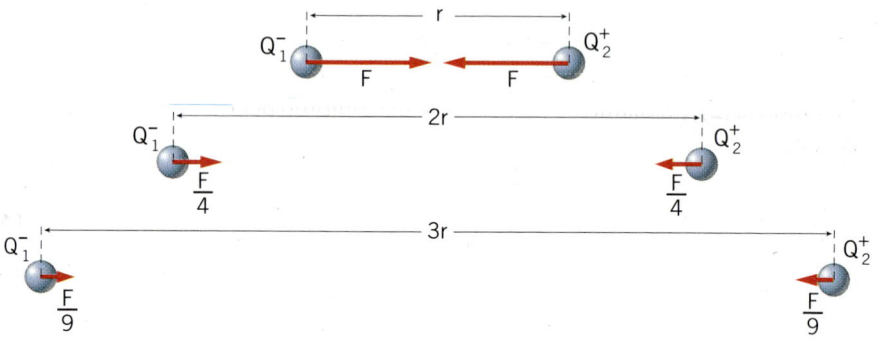

Figura 7 Esempio della variazione della forza di Coulomb con la distanza tra le cariche.

ESEMPIO

Due cariche puntiformi di $+1{,}0$ C si trovano, nel vuoto, alla distanza di $1{,}0$ m.

▶ Con quale forza si respingono?

Sostituiamo i valori numerici nella forza di Coulomb:

$$F = k_0 \frac{Q_1 Q_2}{r^2} = \left(8{,}99 \times 10^9 \, \frac{\text{N} \cdot \text{m}^2}{\text{C}^2}\right) \times \frac{(1{,}0 \text{ C}) \times (1{,}0 \text{ C})}{(1{,}0 \text{ m})^2} =$$

$$= \left(8{,}99 \times 10^9 \, \frac{\text{N} \cdot \text{m}^2}{\text{C}^2}\right) \times 1{,}0 \, \frac{\text{C}^2}{\text{m}^2} = 9{,}0 \times 10^9 \text{ N}.$$

Il valore della forza repulsiva è circa uguale a nove miliardi di newton, che è enorme: si tratta di 90 volte il peso della tour Eiffel di Parigi. Ciò significa che non è possibile isolare due cariche pari a 1 C (neanche una sola, in realtà), né tantomeno portarle alla distanza di 1 m tra loro.

Le cariche che incontriamo nella vita quotidiana e nei laboratori sono milioni o miliardi di volte più piccole del coulomb. Molto spesso, infatti, per misurarle si usano il microcoulomb ($1 \, \mu\text{C} = 10^{-6}$), il nanocoulomb ($1 \text{ nC} = 10^{-9}$ C) e il picocoulomb ($1 \text{ pC} = 10^{-12}$ C).

Direzione e verso della forza

La direzione della forza elettrica è quella della retta che congiunge le due cariche puntiformi.

Come sappiamo, il verso è repulsivo (verso l'esterno) se le due cariche hanno lo stesso segno e attrattivo (verso l'interno) se le cariche hanno segni diversi. Ciò è espresso anche dalla legge di Coulomb:

> se Q_1 e Q_2 hanno lo stesso segno, F risulta positiva (forza repulsiva); invece, se Q_1 e Q_2 hanno segni diversi, F risulta negativa (forza attrattiva).

La costante dielettrica

È abituale scrivere la costante k_0 della legge di Coulomb come

$$k_0 = \frac{1}{4\pi\varepsilon_0}, \qquad (2)$$

dove ε_0 è detta **costante dielettrica assoluta del vuoto** (o, più semplicemente, **costante dielettrica del vuoto**). Il suo valore numerico, ottenuto ricavando ε_0 nella (**2**), è

$$\varepsilon_0 = 8{,}854 \times 10^{-12} \frac{C^2}{N \cdot m^2}.$$

Utilizzando la (**2**), possiamo scrivere la legge di Coulomb per cariche poste nel vuoto nella forma

$$F_0 = \frac{1}{4\pi\varepsilon_0} \frac{Q_1 Q_2}{r^2}. \qquad (3)$$

Il principio di sovrapposizione

Una carica puntiforme può risentire contemporaneamente delle forze elettriche generate da numerose cariche presenti nelle vicinanze. In questo caso:

> la forza totale che agisce su una carica elettrica è uguale alla somma vettoriale delle singole forze che agirebbero su di essa se ciascuna delle altre cariche fosse presente da sola.

Questo risultato sperimentale, che è detto **principio di sovrapposizione**, è illustrato nella figura 8.

ANIMAZIONE

Il principio di sovrapposizione delle cariche elettriche (1 minuto)

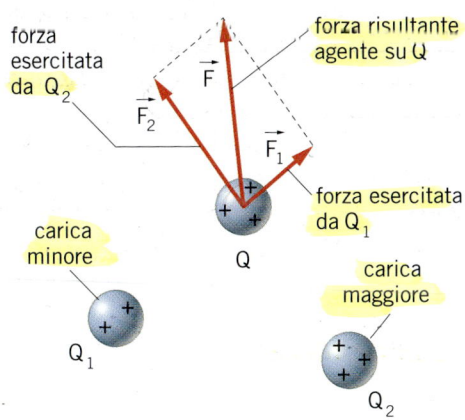

Figura 8 Come ottenere, con il principio di sovrapposizione, la forza complessiva su Q.

La forza elettrica e la forza gravitazionale

La forza elettrica tra due cariche ha la stessa forma matematica della forza gravitazionale di Newton tra due masse:

$$F_N = G \frac{m_1 m_2}{r^2}.$$

Le due forze sono simili perché:
- agiscono a distanza (e non a contatto);
- diminuiscono in modo inversamente proporzionale al quadrato della distanza;
- sono direttamente proporzionali a una grandezza caratteristica (rispettivamente la massa e la carica).

Tuttavia, le due forze sono diverse perché:
- le cariche sono di due tipi diversi (positive e negative), mentre per le masse non esiste una simile proprietà;
- per questo motivo, la forza gravitazionale ha un solo comportamento (quello attrattivo), mentre la forza elettrica è attrattiva o repulsiva;
- la forza gravitazionale agisce tra qualsiasi coppia di corpi, mentre la forza elettrica agisce solo tra corpi carichi. Se i due corpi sono neutri, si attraggono di pochissimo perché hanno una massa, ma non subiscono forze elettriche perché non hanno carica;
- nelle condizioni ordinarie, la forza elettrica è molto più intensa di quella gravitazionale.

Confronto tra forza elettrica e forza gravitazionale		
	Forza elettrica	Forza gravitazionale
Tipo di forza	a distanza	a distanza
Dipendenza dalla distanza	inverso del quadrato	inverso del quadrato
Direttamente proporzionale a:	prodotto delle cariche	prodotto delle masse
Valori delle grandezze caratteristiche	cariche positive e negative	masse solo positive
Verso della forza	attrattivo e repulsivo	solo attrattivo

5 L'ESPERIMENTO DI COULOMB

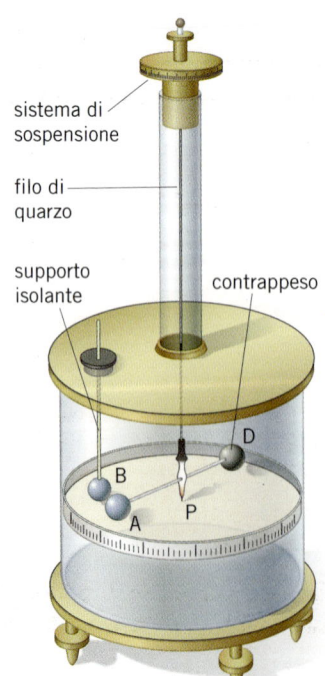

Charles Coulomb determinò le caratteristiche della forza elettrica nel 1784, servendosi di una *bilancia a torsione* (figura 9).

Questo strumento permette di misurare la forza che si esercita tra due sferette cariche: la sfera B è sostenuta da un supporto isolante, mentre la sfera A si trova a un estremo di un manubrio che può ruotare appeso a un filo. Una sfera D, elettricamente neutra, permettere di equilibrare il manubrio sotto l'effetto della forza di gravità.

Come nell'esperimento originale di Coulomb, supponiamo che tra le sfere A e B (cariche) si eserciti una forza repulsiva $\vec{F}$; questa, a sua volta, genera un momento della forza $\vec{M}$ che pone in rotazione il manubrio.

Figura 9 Bilancia di torsione.

▶ La torsione del filo provoca un momento elastico di ritorno $\vec{M}_e$ capace di opporsi alla deformazione; così si giunge a una nuova posizione di equilibrio, in cui il filo ha subito un primo angolo di torsione e la somma vettoriale dei due momenti delle forze è nulla.

▶ A questo punto si ruota il meccanismo di sospensione del filo di un ulteriore angolo, tale da portare il manubrio nella posizione voluta, per esempio perpendicolare al segmento che congiunge i centri delle sfere A e B. Indichiamo con α l'angolo di torsione *totale* del filo.

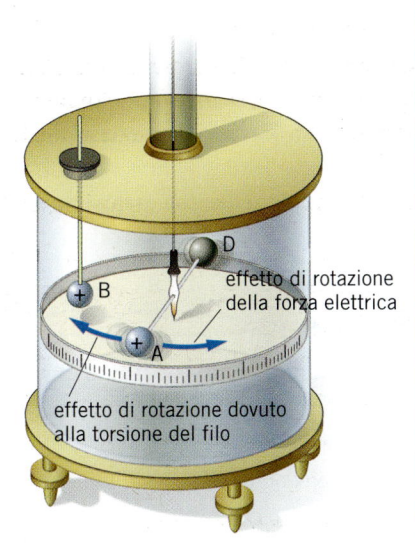

A

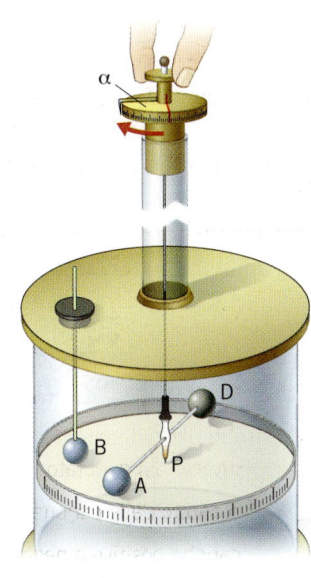

B

- Nella condizione di equilibrio, i due momenti della forza $\vec{M}_e$ e $\vec{M}$ (calcolati rispetto al punto medio P tra le sfere A e D) hanno versi opposti e moduli uguali:

$$M = M_e. \qquad (4)$$

- Visto che la forza elettrica è perpendicolare al segmento PA **(figura 10)**, il modulo del momento M è dato dal prodotto tra il modulo della forza elettrica e la distanza $\overline{PA} = b$:

$$M = Fb.$$

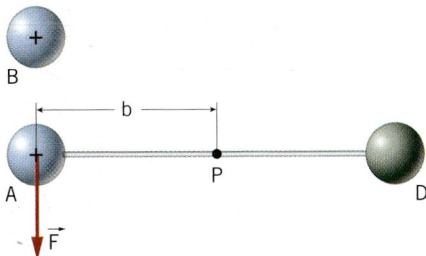

Figura 10 $\overline{AB}$ è perpendicolare ad $\overline{AD}$; quindi $\overline{AP} = b$ è il braccio del momento di $\vec{F}$ rispetto a P.

- Coulomb aveva precedentemente trovato sperimentalmente che il modulo del momento elastico è direttamente proporzionale all'angolo α di torsione del filo:

$$M_e = c\alpha,$$

dove c è una costante di proporzionalità che dipende dalle caratteristiche del filo di sospensione.

Sostituendo le due formule precedenti nella condizione di equilibrio (**4**) si ottiene

$$Fb = c\alpha,$$

da cui si trova

$$F = \frac{c}{b}\alpha \qquad (5)$$

Il coefficiente c è una costante caratteristica della particolare bilancia di torsione che si utilizza.

La formula (**5**) permette quindi di determinare la forza F misurando il valore dell'angolo α.

Per esempio, Coulomb verificò che, dimezzando una delle due cariche su A o B, anche l'angolo di torsione si dimezzava. Ciò significa che la forza elettrica si dimezza, indicando che essa è direttamente proporzionale al valore di ognuna delle cariche come è espresso dalla formula (**3**).

In modo analogo Coulomb osservò che, raddoppiando la distanza tra le sfere A e B e mantenendo costanti le cariche, l'angolo α di torsione si riduceva a un quarto di quello ottenuto in precedenza.

La (**5**) implica che, in tale caso, la forza elettrica si è ridotta di quattro volte, in accordo con la proporzionalità della formula (**3**) con l'inverso del quadrato della distanza.

6 LA FORZA DI COULOMB NELLA MATERIA

In un mezzo materiale isolante (per esempio, nell'acqua o dentro il vetro), a parità di cariche e di distanza misuriamo una forza di Coulomb minore della forza F_0 che agisce nel vuoto.

Gli esperimenti mostrano che il rapporto

$$\varepsilon_r = \frac{F_0}{F_m} \qquad (6)$$

è indipendente dalle cariche che interagiscono e dalla loro distanza. ε_r si chiama **costante dielettrica relativa** del mezzo considerato e, essendo il rapporto tra due forze, è un numero puro.

Si tratta di una grandezza che caratterizza il mezzo materiale e che misura di quanto l'intensità della forza elettrica è ridotta, rispetto al vuoto, dalla presenza del mezzo.

Nel vuoto si ha $F_m = F_0$, per cui la costante dielettrica relativa del vuoto è per definizione uguale a 1. In ogni altro caso, dal momento che F_0 è sempre maggiore di F_m la costante dielettrica relativa risulta maggiore di 1.

Dalla formula (**6**) si ottiene

$$F_m = \frac{F_0}{\varepsilon_r}.$$

Se sostituiamo al numeratore del secondo membro l'espressione della legge di Coulomb, troviamo l'equazione che fornisce la forza che si esercita in un mezzo materiale tra due cariche puntiformi Q_1 e Q_2 poste a distanza r:

$$F_m = \frac{k_0}{\varepsilon_r} \frac{Q_1 Q_2}{r^2} \qquad (7)$$

oppure

$$F_m = \frac{1}{4\pi\varepsilon_0 \varepsilon_r} \frac{Q_1 Q_2}{r^2}. \qquad (8)$$

La costante dielettrica assoluta

Si usa definire una nuova costante, indicata con ε, attraverso la relazione

$$\varepsilon = \varepsilon_0 \varepsilon_r \qquad (9)$$

ε è detta **costante dielettrica assoluta** del mezzo considerato e ha le stesse unità di misura di ε_0. Grazie a essa è possibile scrivere la legge di Coulomb nella forma generale

$$F = \frac{1}{4\pi\varepsilon} \frac{Q_1 Q_2}{r^2}. \qquad (10)$$

Se si ha $\varepsilon = \varepsilon_0$ la formula precedente descrive la forza di Coulomb nel vuoto ($F = F_0$); in ogni altro caso la (8) descrive l'interazione in un mezzo materiale isolante ($F = F_m$).

La tabella a fianco mostra il valore della costante dielettrica relativa per diversi materiali; come si vede, quella relativa all'aria è quasi uguale a 1. Quindi, dal punto di vista pratico si trattano spesso le cariche elettriche poste nell'aria come se fossero nel vuoto.

Costanti dielettriche relative (T = 298 K)	
ambra	2,8
carta	2,1
legno	3-7
PVC	4,5
silicio	12
vetro	5-10
zucchero	3,3
alcol etilico (etanolo)	24-26
ghiaccio (268 K)	75
acqua	80
vapore acqueo* (393 K)	1,00060
aria (273 K)*	1,00056

*a pressione normale ($1,01 \times 10^5$ Pa).

ESEMPIO

Due cariche $Q_1 = 8,2 \times 10^{-8}$ C e $Q_2 = 7,6 \times 10^{-8}$ C sono immerse in acqua alla distanza $r = 2,3$ cm.

▶ Qual è l'intensità della forza con cui si respingono?

- Nella tabella leggiamo che la costante dielettrica relativa dell'acqua è $\varepsilon_r = 80$.
- Allora sostituiamo questo valore e quelli del problema nella formula (7), in modo da trovare:

$$F = \frac{k_0}{\varepsilon_r} \frac{Q_1 Q_2}{r^2} = \frac{\left(8,99 \times 10^9 \, \frac{\text{N} \cdot \text{m}^2}{\text{C}^2}\right)}{80} \times \frac{(8,2 \times 10^{-8} \, \text{C}) \times (7,6 \times 10^{-8} \, \text{C})}{(0,023 \, \text{m})^2} =$$
$$= 1,3 \times 10^{-3} \, \text{N}.$$

ESPERIMENTO VIRTUALE

Attrazioni elettriche
- Gioca
- Misura
- Esercitati

7 L'ELETTRIZZAZIONE PER INDUZIONE

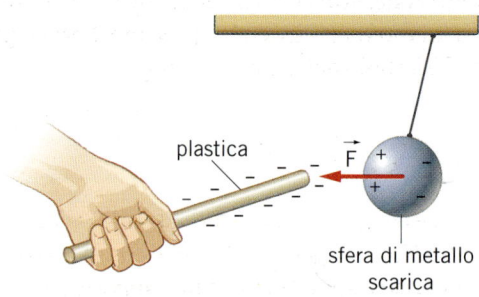

Se avviciniamo una bacchetta elettrizzata a una pallina di metallo scarica, appesa a un filo isolante (figura 11), osserviamo che la bacchetta attrae la pallina.

Come fa un corpo carico ad attrarne uno scarico? La ragione sta nella legge di Coulomb, secondo la quale la forza elettrica diminuisce rapidamente con l'aumentare della distanza.

Figura 11 Per effetto dell'induzione una sfera conduttrice neutra è attratta da una bacchetta elettrizzata.

Nell'esempio della figura:
- la bacchetta di plastica, carica negativamente, respinge gli elettroni che sono liberi di muoversi dentro la sfera conduttrice.
- Di conseguenza, la superficie della sfera vicina alla bacchetta diventa positiva (mancano elettroni), mentre la superficie lontana diventa negativa (ci sono elettroni in più).
- Per la legge di Coulomb, l'attrazione tra cariche vicine è maggiore della repulsione tra cariche lontane: quindi la sfera è attratta verso la bacchetta.

Nel complesso il conduttore è ancora neutro, ma la carica non è più distribuita in modo uniforme.

> Si chiama **induzione elettrostatica** la ridistribuzione di carica causata, in un conduttore neutro, dalla vicinanza di un corpo carico.

L'induzione elettrostatica è reversibile: basta allontanare la bacchetta elettrizzata e sulla sfera le cariche, positive e negative, tornano a mischiarsi.

Mediante l'induzione elettrostatica è possibile caricare un conduttore neutro.

▶ Se si tocca la sfera con un dito, mantenendo vicino la bacchetta elettrizzata, gli elettroni si allontanano attraverso il nostro corpo, che è un conduttore.

▶ Dopo aver tolto il dito e avere allontanato la bacchetta elettrizzata, la sfera rimane carica positivamente, perché mancano elettroni.

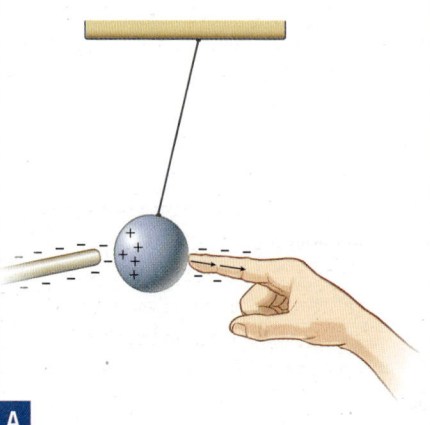

A

B

Gli elettroni, attraverso il nostro corpo, finiscono al suolo, che è un conduttore capace di accumulare carica elettrica in grande quantità.

Mettere a terra un conduttore significa collegarlo al suolo mediante un altro conduttore (per esempio, il nostro corpo o un filo metallico), che consente il passaggio delle cariche. Nella figura 12 è disegnato il simbolo della messa a terra.

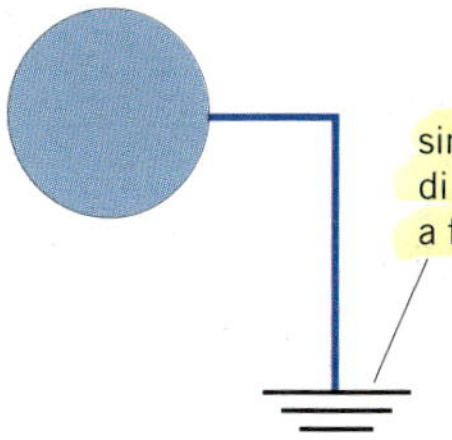

L'elettròforo di Volta

Il fenomeno dell'induzione elettrostatica viene sfruttato nell'**elettròforo di Volta**, inventato dallo scienziato italiano Alessandro Volta (1745-1827). Esso è costituito da un piatto metallico collegato a un manico isolante e appoggiato su un supporto isolante (per esempio, un disco di plastica). Il suo utilizzo richiede una serie di passaggi:

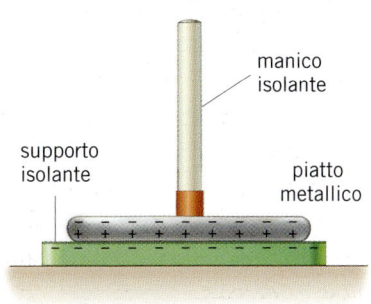

Figura 12 Una sfera metallica collegata a terra.

1. Prima si elettrizza il supporto per strofinìo.
2. Poi si appoggia sul supporto carico il piatto metallico, che si carica per induzione **(figura 13)**. Se il supporto ha carica negativa, la faccia inferiore del piatto è positiva mentre quella superiore è negativa.
3. Toccando il piatto con un dito, le cariche negative che si trovano sulla faccia superiore si scaricano a terra e il piatto rimane carico positivamente.

È ora possibile afferrare il piatto carico con il manico isolante e usarlo per fare esperimenti di elettrostatica.

Figura 13 Elettròforo di Volta.

Una volta esaurita la carica presente sul piatto, per averne altra basterà appoggiarlo di nuovo sul supporto isolante (che è ancora elettrizzato e, quindi, non va strofinato tutte le volte) e ripetere il procedimento da capo.

I metodi di elettrizzazione			
Metodo	**Descrizione**	**Meccanismo**	**Materiali**
Per strofinìo	Si ottiene strofinando tra loro due corpi.	Elettroni passano da un oggetto (che si carica positivamente) a un altro (che si carica negativamente).	Isolanti o conduttori impugnati con un manico isolante.
Per contatto	Si ottiene mettendo a contatto un corpo elettricamente neutro con uno caricato in precedenza.	Una parte delle cariche che si trovano sul corpo elettrizzato si sposta su quello che era neutro.	Avviene in maniera molto efficace tra corpi conduttori. Un corpo isolante può cedere solo le cariche che si trovano su quella parte che è in diretto contatto con il corpo neutro.
Per induzione	Si pone un corpo carico (induttore) in prossimità di un conduttore scarico (indotto) costruito in modo da poterlo suddividere in due parti. Senza allontanare il corpo induttore, si separano le due parti del conduttore indotto.	A causa dell'induzione elettrostatica le cariche del corpo neutro si separano: quelle dello stesso segno della carica inducente si allontanano da essa, quelle di segno opposto le si avvicinano.	Due conduttori posti dapprima vicini e poi allontanati.

La polarizzazione

In un isolante gli elettroni non sono liberi di muoversi. Tuttavia, se avviciniamo un oggetto carico a un isolante, gli elettroni nelle molecole si spostano di poco, in modo da creare una piccola ma diffusa ridistribuzione di carica.

▶ Una penna di plastica, che è stata elettrizzata per strofinìo, riesce ad attrarre i pezzettini di carta che sono di materiale isolante.

▶ La penna respinge gli elettroni della carta, in modo che le cariche di segno opposto siano nel complesso più vicine rispetto alle cariche dello stesso segno.

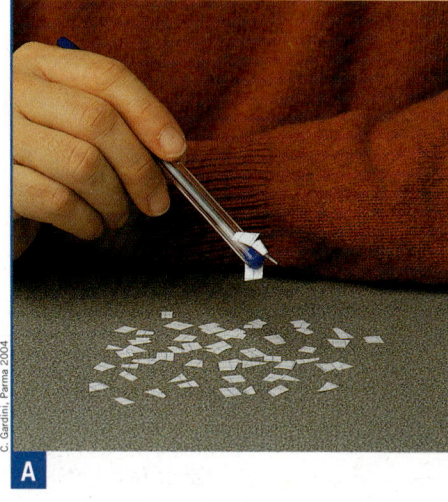
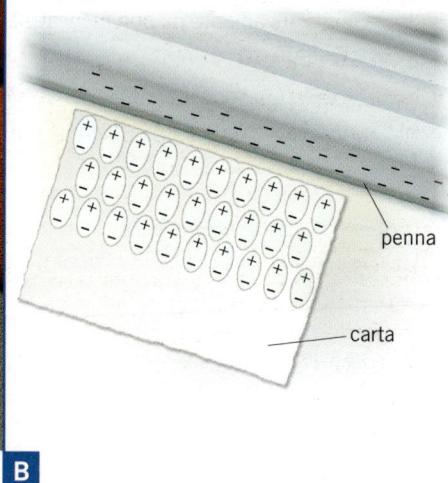

A   **B**

Per la legge di Coulomb l'attrazione prevale sulla repulsione e i pezzettini di carta sono attratti dalla penna.

> Si chiama **polarizzazione** la ridistribuzione di carica in un isolante neutro, causata dalla vicinanza di un corpo carico.

ANIMAZIONE

Polarizzazione e costante dielettrica
(1 minuto)

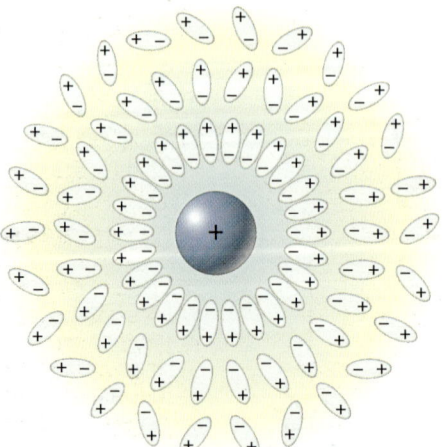

Figura 14 Distribuzione delle molecole di un materiale isolante, in presenza di una carica.

La polarizzazione spiega come mai la forza di Coulomb è minore quando le cariche sono poste in un materiale isolante.

Per esempio, una carica positiva sferica attrae verso di sé gli elettroni delle molecole che la circondano (figura 14).

In questo modo la carica positiva è schermata dallo strato di cariche negative che la avvolge e, come risultato, interagisce più debolmente con le altre cariche presenti nella stessa zona di spazio.

Ciò provoca una diminuzione della forza elettrica e, di conseguenza, il valore della costante dielettrica relativa ε_r risulta maggiore di 1.

I CONCETTI E LE LEGGI

MAPPA INTERATTIVA

LA CARICA ELETTRICA

I corpi si possono elettrizzare, assumendo una carica elettrica totale di segno positivo o negativo: cariche di segno uguale si respingono, cariche di segno diverso si attraggono.

Elettrizzazione

Gli elettroni possono passare da un corpo all'altro. Un corpo elettrizzato negativamente ha un eccesso di elettroni; un corpo elettrizzato positivamente ha una mancanza di elettroni.

Isolanti e conduttori
- Negli *isolanti* (plastica, ceramica) le cariche non possono spostarsi.
- Nei *conduttori* (ferro, corpo umano) vi sono cariche elettriche libere di muoversi.

Elettrizzazione per strofinio

Strofinando il vetro con la lana lo si può elettrizzare, cioè gli elettroni passano dal vetro alla lana.

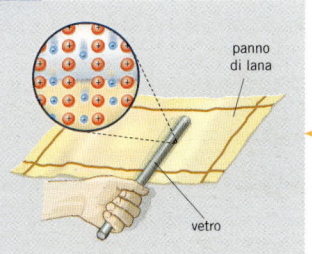

Elettrizzazione per contatto

Parte della carica presente su un conduttore elettrizzato passa a un secondo conduttore che viene a contatto con esso.

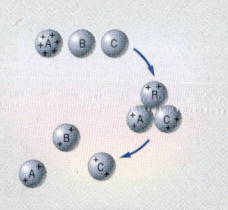

Induzione

- Riguarda i conduttori.
- È la ridistribuzione di carica, in un conduttore neutro (sfera metallica), causata dalla vicinanza di un corpo carico (plastica).
- Permette di caricare un conduttore neutro.

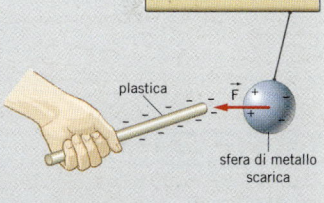

Polarizzazione

- Riguarda i conduttori.
- è la ridistribuzione di carica, in un conduttore neutro (sfera metallica), causata dalla vicinanza di un corpo carico (plastica)
- Permette di caricare un conduttore neutro.

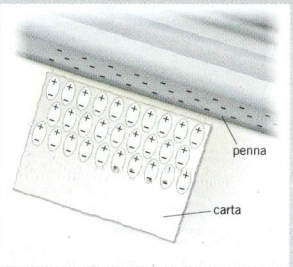

Carica elementare

- È l'opposto della carica dell'elettrone.
- Vale $e = 1{,}6021 \times 10^{-19}$ C.
- Tutte le particelle elementari conosciute hanno una carica che è un multiplo (positivo o negativo) di e.

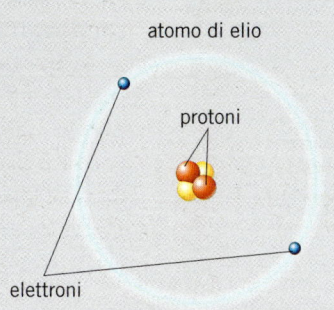

Carica elettrica

- Un oggetto è carico se, messo a contatto con un elettroscopio, fa divaricare le sue foglie.
- Per misurare la carica elettrica si sceglie una carica come unità di misura, poi si tara l'elettroscopio con una scala che misuri le divaricazioni delle fogliolline.
- La carica elettrica si misura in Coulomb (C).

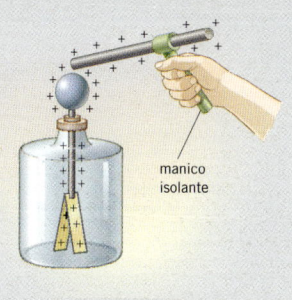

I CONCETTI E LE LEGGI

MAPPA INTERATTIVA

LA LEGGE DI COULOMB

La forza elettrica di Coulomb, come la forza gravitazionale, è una forza a distanza, e in condizioni ordinarie è molto più intensa di quella gravitazionale. Agisce solo tra corpi carichi, mentre la gravitazione agisce sempre.

Forza di Coulomb nel vuoto

$$F = k_0 \frac{Q_1 Q_2}{r^2}$$

- Il valore della forza elettrica tra due cariche puntiformi è direttamente proporzionale a ciascuna carica e inversamente proporzionale al quadrato della loro distanza.
- Se Q_1 e Q_2 hanno lo stesso segno, F risulta positiva (forza repulsiva); invece, se Q_1 e Q_2 hanno segni diversi, F risulta negativa (forza attrattiva).
- k_0 è una costante naturale di proporzionalità determinata sperimentalmente che nel vuoto vale
$$k_0 = 8{,}99 \times 10^9 \, \frac{\text{N} \cdot \text{m}^2}{\text{C}}$$

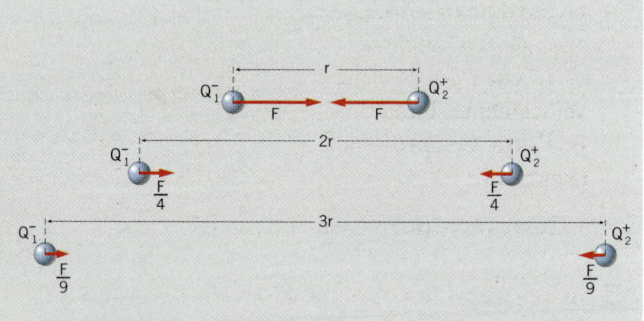

Principio di sovrapposizione

La forza totale che agisce su una carica elettrica è uguale alla somma vettoriale delle singole forze che agirebbero su di essa se ciascuna delle altre cariche fosse presente da sola.

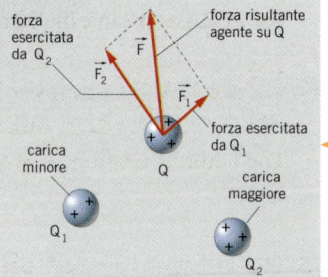

Costante dielettrica assoluta del vuoto ε_0

- È definita ponendo $k_0 = \dfrac{1}{4\pi\varepsilon_0}$.
- Vale $\varepsilon_0 = 8{,}854 \times 10^{-12} \, \dfrac{\text{C}^2}{\text{N} \cdot \text{m}^2}$.
- La formula della forza di Coulomb diviene:
$$F = \frac{1}{4\pi\varepsilon_0} \frac{Q_1 Q_2}{r^2}$$

Costante dielettrica relativa del mezzo ε_r

$$\varepsilon_r = \frac{F}{F_m}$$

costante dielettrica relativa del mezzo = $\dfrac{\text{forza di Coulomb nel vuoto}}{\text{forza di Columb nella materia}}$

- È il rapporto tra la forza elettrica F tra due cariche nel vuoto e la forza F_m tra le stesse due cariche in un mezzo materiale.
- È un numero puro.
- Nei mezzi materiali, a causa della loro polarizzazione, è sempre maggiore di 1.

Forza di Coulomb nella materia

$$F_m = \frac{1}{4\pi\varepsilon_0} \frac{Q_1 Q_2}{r^2}$$

- In un mezzo materiale isolante (per esempio nell'acqua o dentro il vetro), a parità di cariche e di distanza, la forza di Coulomb F_m ha un valore minore di quello della forza F che agisce nel vuoto, a causa della polarizzazione dell'isolante.
- ε è la costante dielettrica assoluta del mezzo considerato e misura di quanto l'intensità della forza elettrica è ridotta, rispetto al vuoto, dalla presenza del mezzo.

Costante dielettrica assoluta del mezzo ε_r

$$\varepsilon = \varepsilon_0 \varepsilon_r$$

cost. dielett. assoluta mezzo =
= cost. dielett. assoluta vuoto ×
× cost. dielett. relativa mezzo

- È il prodotto della costante dielettrica assoluta del vuoto ε_0 per la costante dielettrica relativa εr del mezzo considerato.
- Ha le stesse unità di misura di ε_0.

ESERCIZI

DOMANDE SUI CONCETTI

1 Un pezzetto di ambra strofinato e una bacchetta di vetro strofinata si attirano. Puoi concludere che l'ambra respinge un oggetto elettrizzato che il vetro attira?

2 Attacca sul piano del tavolo due strisce di nastro adesivo lunghe circa 10 cm e poi staccale velocemente, l'una dopo l'altra. Ora prova ad avvicinarle.

▶ Cosa noti? Come spieghi questo fenomeno?

3 In un giorno con poca umidità, strofina avanti e indietro una decina di volte un palloncino gonfio con un golf, poi avvicinalo ai tuoi capelli.

▶ I capelli sono attratti dal palloncino?

▶ Il palloncino è un conduttore o un isolante?

4 Spesso, quando d'inverno scendi dall'auto, prendi la scossa chiudendo la portiera. Per evitare questo fenomeno alcuni automobilisti fissano alla carrozzeria catene o strisce metalliche che dall'auto arrivano a terra. Spiega a che cosa servono e come funzionano.

5 Su un giornale leggi la seguente notizia: «Il Professor Rossi e la sua équipe hanno scoperto che alcune cellule irradiate con raggi X si caricano positivamente con una carica $q = +0{,}8 \times 10^{-19}$ C». La notizia contiene sicuramente almeno un errore di stampa. Quale?

6 Su un giornale leggi la seguente notizia: «Il Professor Bianchi e la sua équipe hanno scoperto che un nucleo di uranio, che contiene 92 protoni, può trasformarsi in un nucleo di plutonio, che contiene 94 protoni, emettendo tre elettroni». La notizia contiene sicuramente almeno un errore. Perché?

7 Le foglioline di un elettroscopio sono divaricate dopo essere state caricate positivamente. L'elettroscopio viene poi in contatto con un corpo carico. A seguito di questo contatto le foglioline risultano più divaricate di prima. Puoi concludere senz'altro che il secondo corpo aveva anch'esso carica positiva?

8 Due piccole sfere A e B, elettricamente cariche e distanti tra loro, si attraggono. La sfera A attrae anche una terza piccola sfera C, carica anch'essa. Di che tipo è la forza elettrica tra le sfere B e C?

9 Tre corpi elettricamente carichi possono attrarsi reciprocamente?

10 Per quale motivo nell'esperimento di Coulomb è conveniente posizionare il manubrio in posizione perpendicolare al segmento che congiunge le due cariche?

11 Immagina di definire la costante dielettrica di un materiale isolante relativa, per esempio, al silicio, invece che al vuoto. In questo caso, quale sarebbe il valore della costante dielettrica relativa dell'acqua?

12 Un pezzetto di ambra strofinato e una bacchetta di vetro strofinata si attirano. Puoi concludere che l'ambra respinge i pezzetti di carta che il vetro attira?

13 Hai a disposizione un panno, una bacchetta di vetro, una di plastica e una sfera metallica sospesa a un gancio metallico. Come puoi elettrizzare negativamente la sfera?

PROBLEMI

3 LA DEFINIZIONE OPERATIVA DI UNA CARICA ELETTRICA

 Un nucleo di plutonio-239 contiene 94 protoni e 145 neutroni. Un protone ha una carica positiva uguale alla carica elementare e.

▶ Calcola la quantità di carica che contiene.

$[1{,}506 \times 10^{-17}\text{ C}]$

 Il nucleo dell'atomo di ossigeno è composto da 8 protoni e 8 neutroni, mentre il nucleo dell'atomo

ESERCIZI

di idrogeno è composto da un solo protone.

▶ Calcola la quantità di carica complessiva dei nuclei di una molecola di acqua.

[$1,6 \times 10^{-18}$ C]

3 ★☆☆ In un processo di decadimento nucleare un nucleo di uranio-238, che contiene 92 protoni, si trasforma in un nucleo di torio-234, che contiene 90 protoni, ed emette una particella denominata particella alfa.

▶ Determina la carica elettrica della particella alfa.

[$3,2 \times 10^{-19}$ C]

4 ★★★ In un processo di decadimento nucleare un nucleo di torio-234, che contiene 90 protoni, emette una particella detta beta, che ha carica elettrica pari a quella dell'elettrone.

▶ Nel nucleo di quale elemento chimico si è trasformato il nucleo iniziale?

5 ★★★ Nel filamento di una lampadina scorrono circa 3×10^{18} elettroni al secondo.

▶ Quanta carica in coulomb attraversa la lampadina in un'ora di funzionamento?

[2×10^3 C]

4 LA LEGGE DI COULOMB

6 ★★☆ **PROBLEMA SVOLTO**

Due palline uguali portano cariche uguali pari a 7,4 μC e sono poste alla distanza di 50 cm. La forza di attrazione gravitazionale potrebbe, in linea di principio, equilibrare la forza elettrica di repulsione tra le palline.

▶ Quale dovrebbe essere la massa di ciascuna delle due palline per ottenere l'equilibrio tra forza elettrica e forza gravitazionale?

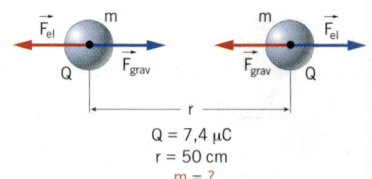

$Q = 7,4$ μC
$r = 50$ cm
$m = ?$

■ **Strategia e soluzione**

- L'uguaglianza tra il modulo della forza di Newton e quella della forza di Coulomb è espressa dall'equazione

$$G\frac{m^2}{r^2} = k_0 \frac{Q^2}{r^2} \Rightarrow m^2 = \frac{k_0}{G} Q^2.$$

- Dall'ultima formula possiamo ricavare

$$m = \sqrt{\frac{k_0}{G}} Q = \sqrt{\left(8,99 \times 10^9 \frac{\text{N} \cdot \text{m}^2}{\text{C}^2}\right) \times \left(\frac{1}{6,67 \times 10^{-11}} \frac{\text{kg}^2}{\text{N} \cdot \text{m}^2}\right)} \times (7,4 \times 10^{-6}\text{ C}) =$$

$$= \sqrt{1,35 \times 10^{20} \frac{\text{kg}^2}{\text{C}^2}} \times (7,4 \times 10^{-6}\text{ C}) = \left(1,16 \times 10^{10} \frac{\text{kg}}{\text{C}}\right) \times (7,4 \times 10^{-6}\text{ C}) = 8,6 \times 10^4 \text{ kg}.$$

■ **Discussione**

In linea di principio, la forza elettrica repulsiva tra le due cariche potrebbe essere equilibrata se ciascuna di esse avesse una massa di circa 86 000 kg. È evidente che ciò non è realizzabile in pratica. Il risultato di questo calcolo ci mostra come, nelle situazioni quotidiane, la forza di Newton è molto meno intensa di quella di Coulomb.
La forza gravitazionale è molto intensa su scala astronomica perché, in quel caso, le masse degli oggetti coinvolti sono enormi.
Nota che il risultato ottenuto non dipende dalla distanza tra le due sfere, fornita tra i dati del problema: entrambe le forze dipendono dall'inverso del quadrato della distanza e, quindi, nei calcoli questo dato si elimina.

7 L'atomo di idrogeno è composto da un solo elettrone e un solo protone, a una distanza dell'ordine di 10^{-10} m l'uno dall'altro.

▶ Stima gli ordini di grandezza della forza di Coulomb e della forza di attrazione gravitazionale tra queste due particelle.

[10^{-8} N, 10^{-47} N]

8 Considera due cariche identiche $Q = 1{,}0\ \mu C$. Immagina che la loro distanza assuma i valori 1,0 cm, 2,0 cm, 4,0 cm, 6,0 cm, 8,0 cm, 10,0 cm.

▶ Disegna l'andamento della forza F con cui si respingono nel vuoto in funzione della loro distanza d.

9 Due cariche $Q_1 = 2{,}0 \times 10^{-6}$ C e $Q_2 = -1{,}5 \times 10^{-5}$ C sono poste nel vuoto alla distanza di 3,0 cm.

▶ Calcola l'intensità della forza con cui si attraggono.

[$-3{,}0 \times 10^2$ N]

10 Due cariche identiche $q = 3{,}0 \times 10^{-6}$ C si respingono con una forza di 10,0 N.

▶ A quale distanza si trovano?

[9,0 cm]

11 Una sfera di carica $-6{,}3 \times 10^{-3}$ C viene attratta con una forza di 1500 N da un'altra carica posta a 7,0 cm di distanza.

▶ Quanto vale la seconda carica?

[$1{,}3 \times 10^{-7}$ C]

12 **PROBLEMA SVOLTO**

Il segmento AC è lungo 24,0 cm e B è il suo punto medio. In A, B e C sono poste tre cariche puntiformi positive che valgono, rispettivamente, $Q_A = 73{,}5$ nC, $Q_B = 18{,}1$ nC e $Q_C = 33{,}8$ nC.

▶ Determina la forza elettrica totale che agisce sulla carica posta nel punto C.

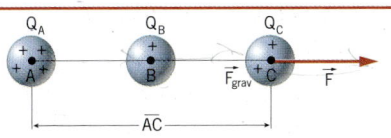

$\overline{AC} = 24{,}0$ cm
$\overline{AB} = \overline{BC}$
$Q_A = 73{,}5$ nC
$Q_B = 18{,}1$ nC
$Q_C = 33{,}8$ nC
$\vec{F} = ?$

■ **Strategia e soluzione**

• Visto che tutte le cariche sono positive, le due forze che agiscono sulla carica Q_C sono entrambe repulsive. Quindi, nella figura sotto le forze $\vec{F}_{A \to C}$ (dovuta alla carica Q_A che agisce su Q_C) e $\vec{F}_{B \to C}$ (dovuta alla carica Q_B che agisce su Q_C) sono entrambe rivolte verso destra.

• I moduli delle due forze si calcolano a partire dalla legge di Coulomb (formula (**1**)) e risultano

$$F_{A \to C} = k_0 \frac{Q_A Q_C}{L^2} = \left(8{,}99 \times 10^9\ \frac{\text{N} \cdot \text{m}^2}{\text{C}^2}\right) \times \frac{(7{,}35 \times 10^{-8}\ \text{C}) \times (3{,}38 \times 10^{-8}\ \text{C})}{(0{,}240\ \text{m})^2} = 3{,}88 \times 10^{-4}\ \text{N}$$

e

$$F_{B \to C} = k_0 \frac{Q_B Q_C}{(L/2)^2} = \left(8{,}99 \times 10^9\ \frac{\text{N} \cdot \text{m}^2}{\text{C}^2}\right) \times \frac{(1{,}81 \times 10^{-8}\ \text{C}) \times (3{,}38 \times 10^{-8}\ \text{C})}{(0{,}120\ \text{m})^2} = 3{,}82 \times 10^{-4}\ \text{N}.$$

ESERCIZI

> - La forza totale $\vec{F} = \vec{F}_{A \to C} + \vec{F}_{B \to C}$ è la somma di due vettori paralleli e con lo stesso verso. Quindi ha la stessa direzione (orizzontale nella prima figura) di $\vec{F}_{A \to C}$ e $\vec{F}_{B \to C}$, il loro stesso verso e modulo dato da
>
> $$F = \vec{F}_{A \to C} + \vec{F}_{B \to C} = 3{,}88 \times 10^{-4}\,\text{N} + 3{,}82 \times 10^{-4}\,\text{N} = 7{,}70 \times 10^{-4}\,\text{N}.$$
>
> ### ■ Discussione
>
> La carica Q_A è circa il quadruplo di Q_B, ma la distanza tra A e C è il doppio di quella tra B e C. Visto che F è *direttamente* proporzionale alle cariche ma *inversamente* proporzionale al quadrato della distanza, i due effetti si compensano quasi esattamente: così le due forze $\vec{F}_{A \to C}$ e $\vec{F}_{B \to C}$ risultano all'incirca uguali.

13 ★★ Su due sfere identiche, conduttrici e isolate, vengono depositate due cariche elettriche uguali. Le sfere si trovano a distanza d grande rispetto al loro diametro e si respingono con forza di modulo F. Una terza sfera conduttrice identica alle due precedenti, ma scarica, viene posta in contatto elettrico con la prima sfera e poi con la seconda, quindi viene allontanata definitivamente.

▶ Qual è ora l'intensità della forza tra le due sfere?

(*Olimpiadi di fisica 2006, gara nazionale di primo livello*)

[F/8]

14 ★★ Considera tre cariche allineate:

$Q_1 = -2{,}50 \times 10^{-6}\,\text{C},$

$Q_2 = +3{,}00 \times 10^{-6}\,\text{C},$

$Q_3 = +2{,}50 \times 10^{-6}\,\text{C}.$

La distanza fra Q_1 e Q_2 è uguale alla distanza fra Q_2 e Q_3 e vale 10,0 cm.

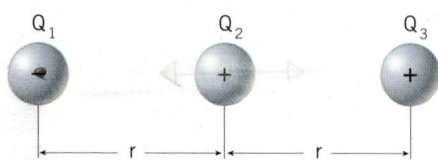

▶ Traccia i vettori forza che agiscono sulla carica centrale Q_2.

▶ Determina direzione, verso e intensità della forza risultante su Q_2.

[13,5 N]

15 ★★ Una sferetta di massa $m = 12$ g e con carica elettrica $q = 4{,}6 \times 10^{-8}$ C è collegata a un punto fisso S per mezzo di un sottile filo di seta di lunghezza $L = 10$ cm. In presenza di una seconda sferetta con carica $Q = 1{,}8 \times 10^{-8}$ C, posta su un supporto isolante, il filo, in posizione di equilibrio, forma con la verticale un angolo $\varphi = 30°$, come è mostrato nella figura. Assumi che le due sferette siano puntiformi.

▶ Qual è la distanza tra le due sferette?

▶ A un certo istante il filo si spezza. Con quale accelerazione inizia a muoversi la prima sferetta?

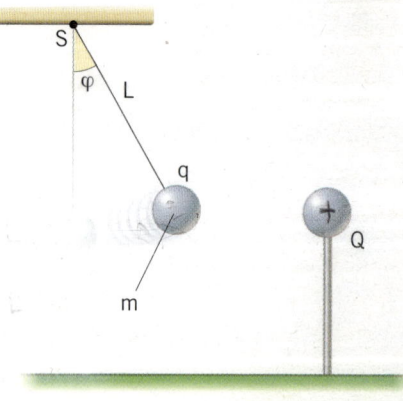

[0,010 m; 11 m/s²]

16 ★★ Tre cariche puntiformi $Q_1 = 4{,}0 \times 10^{-6}$ C, $Q_2 = 5{,}0 \times 10^{-6}$ C e $Q_3 = 3{,}0 \times 10^{-6}$ C sono disposte sui vertici di un triangolo rettangolo di cateti $a = 3{,}0$ cm e $b = 4{,}0$ cm. La carica Q_2 è posta in corrispondenza del vertice dell'angolo retto.

▶ Traccia i vettori forza che agiscono sulla carica Q_2.

▶ Determina direzione, verso e intensità della forza risultante su Q_2.

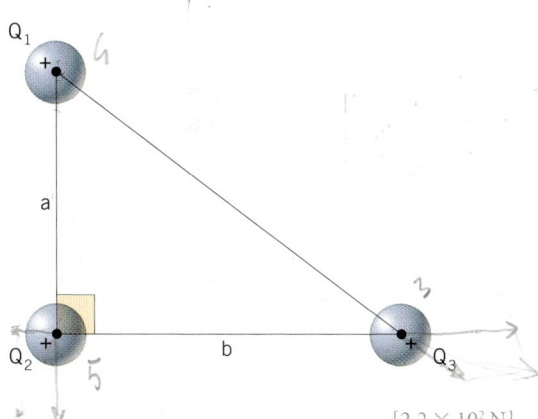

$[2{,}2 \times 10^2 \text{ N}]$

 Due palline uguali portano cariche uguali pari a $2{,}45 \times 10^{-7}$ C e sono poste alla distanza di 15,0 cm. La loro forza di repulsione elettrica, in linea di principio, potrebbe equilibrare la loro attrazione gravitazionale.

▶ Quanto dovrebbe valere in questo caso la loro massa?

$[2{,}84 \times 10^3 \text{ kg}]$

5 L'ESPERIMENTO DI COULOMB

18 Una ripetizione dell'esperimento di Coulomb è effettuata con una bilancia a torsione che ha il manubrio lungo 6,0 cm. Nell'esperimento si usano due cariche di $9{,}7 \times 10^{-8}$ C poste alla distanza di 2,5 cm e il manubrio è posizionato in modo da essere perpendicolare alla forza elettrica.

▶ Calcola il modulo del momento elastico rispetto al punto medio del manubrio nella condizione di equilibrio.

$[4{,}1 \times 10^{-3} \text{ N} \cdot \text{m}]$

19 Supponi di ripetere l'esperimento di Coulomb con una bilancia di torsione il cui momento torcente è $1{,}32 \times 10^{-2}$ N · m. Nell'esperimento si usano due cariche uguali che si respingono con una forza di $3{,}11 \times 10^{-2}$ N, poste a una distanza pari al doppio del braccio della forza.

▶ Calcola la carica presente su ciascuna delle due sfere.

$[1{,}58 \times 10^{-6} \text{ C}]$

20 In una ripetizione dell'esperimento di Coulomb viene usato un manubrio lungo 10 cm. Le due cariche, identiche, si trovano alla distanza di 4,0 cm nella posizione di equilibrio, che viene raggiunta quando il filo è ruotato di un angolo pari a 8,0°. Il coefficiente c della bilancia di torsione vale $1{,}6 \times 10^{-3}$ m·N/rad.

▶ Calcola il valore delle due cariche elettriche.

$[2{,}8 \times 10^{-8} \text{ C}]$

6 LA FORZA DI COULOMB NELLA MATERIA

21 PROBLEMA SVOLTO

Due cariche puntiformi positive $Q_1 = 9{,}20 \times 10^{-7}$ C e $Q_2 = 4{,}15 \times 10^{-7}$ C sono immerse in acetone e distano tra loro 6,47 cm. Esse si respingono con una forza di 39 mN.

▶ Calcola la costante dielettrica relativa dell'acetone.

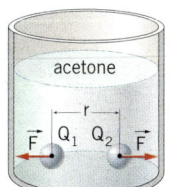

$Q_1 = 9{,}20 \times 10^{-7}$ C
$Q_2 = 4{,}15 \times 10^{-7}$ C
$r = 0{,}0647$ m
$F = 39$ mN
$\varepsilon_r = ?$

■ **Strategia e soluzione**

• Dalla formula (7) si ottiene

$$\varepsilon_r = \frac{k_0}{F_m} \frac{Q_1 Q_2}{r^2} = \left(8{,}99 \times 10^9 \frac{\text{N} \cdot \text{m}^2}{\text{C}^2}\right) \times \frac{1}{0{,}039 \text{ N}} \times \frac{(9{,}20 \times 10^{-7} \text{ C}) \times (4{,}15 \times 10^{-7} \text{ C})}{0{,}0647^2 \text{ m}^2} = 21$$

ESERCIZI

> ■ **Discussione**
> Nel vuoto, la forza tra le stesse cariche poste alla stessa distanza sarebbe 21 volte più grande di quella misurata nell'acetone. Quindi si avrebbe
> $$F_0 = 21\, F_m = 21 \times (0{,}039 \text{ N}) = 0{,}82 \text{ N}.$$

 Due cariche puntiformi $Q_1 = 3{,}65 \times 10^{-8}$ C e $Q_2 = 7{,}10 \times 10^{-8}$ C sono immerse nel polietilene e distano tra loro 2,35 cm. Esse si respingono con una forza di $1{,}84 \times 10^{-2}$ N.

▶ Calcola la costante dielettrica relativa del polietilene.

[2,29]

 23 Le stesse cariche del problema precedente sono poste nell'acqua a 5,00 cm tra loro.
★★★

▶ Qual è il valore della forza con cui le due cariche si respingono?

[$1{,}16 \times 10^{-4}$ N]

 Due cariche elettriche puntiformi e identiche si trovano immerse nel silicio e distano 4,5 cm l'una dall'altra, respingendosi con una forza di $0{,}82 \times 10^{-2}$ N.

▶ Calcola l'intensità delle due cariche elettriche.

[$1{,}5 \times 10^{-7}$ C]

25 Due cariche elettriche puntiformi e identiche si
★★ respingono con una forza di $2{,}8 \times 10^{-2}$ N quando sono immerse a una certa distanza in acqua.

▶ Calcola il valore della forza con cui si respingono quando sono immerse alla stessa distanza nell'etanolo, con costante dielettrica relativa $\varepsilon_r = 26$.

[$8{,}6 \times 10^{-2}$ N]

PROBLEMI GENERALI

 Quattro cariche puntiformi ($Q_1 = -2{,}0$ µC, $Q_2 = Q_4 = +5{,}0$ µC, $Q_3 = +3{,}0$ µC) sono disposte in senso orario sui vertici di un quadrato di lato 40 cm.

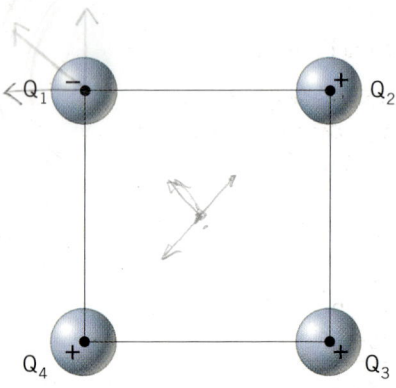

▶ Determina direzione, verso e intensità della forza elettrica risultante sulla carica Q_1.

▶ Determina direzione, verso e intensità della forza elettrica risultante sulla carica Q_1 supponendo che le cariche siano immerse in acetone ($\varepsilon_r = 21$).

▶ Al centro del quadrato ora è posta una carica $Q = -3{,}0$ µC. Determina direzione, verso e intensità del vettore forza elettrica risultante sulla carica Q.

[$-9{,}6 \times 10^{-1}$ N; $-4{,}6 \times 10^{-2}$ N; 1,7 N]

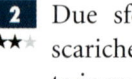 Due sfere conduttrici identiche, inizialmente scariche, di massa $m = 500{,}0$ g vengono a contatto in momenti successivi con un'altra sfera, identica alle precedenti, dotata di carica $Q = 4{,}8 \times 10^{-7}$ C. Dopo il contatto, si trovano a una distanza di 3,0 cm. Determina:

▶ la carica sulle due sfere dopo il contatto.

▶ la forza elettrica con cui le due sfere si respingono dopo il contatto.

▶ l'accelerazione con cui la prima si allontana dalla seconda, supponendo che quest'ultima sia vincolata in un punto.

[$Q_1 = 2{,}4 \times 10^{-7}$ C, $Q_2 = 1{,}2 \times 10^{-7}$ C; $2{,}9 \times 10^{-1}$ N; $5{,}8 \times 10^{-1}$ m/s²]

650

3 ★★ Una sferetta di massa $m = 8{,}0$ g è sospesa nel vuoto a un punto fisso O mediante un filo di seta e si trova 40 cm al di sopra di una seconda sfera fissa che giace su un tavolo di legno. I raggi delle sfere sono sufficientemente piccoli da potere considerare le due sfere puntiformi. Le cariche della prima e della seconda sferetta sono, rispettivamente, $q_1 = 0{,}8 \times 10^{-6}$ C e $q_2 = 1{,}1 \times 10^{-6}$ C.

▶ Calcola l'intensità della tensione del filo.

▶ Supponi adesso che sia $q_2 = -1{,}1 \times 10^{-6}$ C. La tensione del filo cambia? Se sì, quale sarà il suo nuovo valore?

[$2{,}9 \times 10^{-2}$ N; $0{,}13$ N]

4 ★★ Due cariche puntiformi positive A e B si trovano alla distanza di $8{,}0$ cm. Le due cariche valgono $3{,}0$ μC e $9{,}0$ μC.

▶ Qual è la posizione di equilibrio elettrostatico di una terza carica elettrica?

▶ È importante conoscere il segno della terza carica?

[$2{,}9$ cm da A]

5 ★★ Una particella carica negativamente di massa $9{,}16 \times 10^{-8}$ kg si trova alla distanza di $1{,}00$ nm da una particella identica che ha la stessa carica. Il valore della loro forza di repulsione elettrostatica nel vuoto è uguale a quello della loro forza di attrazione gravitazionale.

▶ Determina la carica delle particelle.

▶ Quanti elettroni ci vogliono per ottenere quel valore della carica?

[$7{,}89 \times 10^{-18}$ C; 49]

6 ★★ La lunghezza a riposo di una molla orizzontale di materiale plastico è di $16{,}2$ cm. I suoi estremi sono elettrizzati con cariche di valore uguale ma di segno opposto. La carica positiva vale $3{,}1 \times 10^{-6}$ C. Per effetto dell'attrazione tra le cariche elettriche, la molla si accorcia e la sua lunghezza diventa $9{,}8$ cm.

▶ Quanto vale la costante elastica della molla?

(*Suggerimento*: considera le forze elettrica ed elastica all'equilibrio.)

[$1{,}4 \times 10^2$ N/m]

7 ★★ Tre piccole sfere metalliche, di massa $m_1 = 12$ g, $m_2 = 25$ g, $m_3 = 40$ g, e aventi cariche elettriche $Q_1 = 1{,}6 \times 10^{-6}$ C, $Q_2 = -2{,}6 \times 10^{-6}$ C e $Q_3 = 4{,}0 \times 10^{-6}$ C sono poste su sostegni isolanti in $x_1 = 0$ m, $x_2 = 0{,}4$ m e $x_3 = 1$ m.

▶ Quale delle tre sfere subisce la forza più intensa? Quale quella meno intensa?

▶ Se le sfere non fossero vincolate dai sostegni, quale avrebbe l'accelerazione maggiore? Quale quella minore?

8 ★★ Tre cariche elettriche identiche sono disposte ai vertici di un triangolo equilatero.

▶ Come deve essere scelta una quarta carica che, posizionata opportunamente, consenta alle tre cariche di rimanere in equilibrio, ossia permetta di avere una forza nulla su ciascuna delle cariche iniziali?

(*Olimpiadi di fisica 2004, gara nazionale di secondo livello*)

[$Q/\sqrt{3}$]

9 ★★★ Una sbarretta isolante di lunghezza $2a$ porta ai suoi estremi due cariche puntiformi e uguali Q ed è posta nel vuoto. Come è mostrato nella figura, altre due cariche negative, di valore $-Q$, sono posizionate in modo da formare due triangoli equilateri con un lato in comune.

▶ Verifica che la forza totale agente su ciascuna delle cariche negative è nulla.

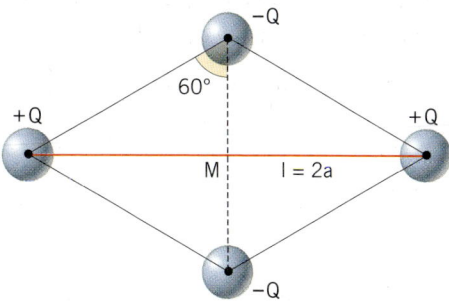

10 ★★★ A un sottile cilindro isolante, la cui altezza h è molto maggiore del diametro di base d, viene avvicinata una carica positiva Q. Il cilindro è sospeso orizzontalmente e la carica è posta lungo l'asse del cilindro a una distanza $h/2$ da una delle due

ESERCIZI

basi. Il cilindro è allora attratto dalla carica con una forza F.

▶ Determina la carica di polarizzazione Q_p del cilindro, ipotizzando che le cariche di polarizzazione siano localizzate solo sulle basi del cilindro.

(*Suggerimento*: la forza F con cui il cilindro polarizzato è attratto da Q è la forza risultante dell'interazione di ognuna delle due basi, dove consideriamo localizzata la carica, con la carica Q.)

$$\left[\frac{9Fh^2}{32k_0 Q}\right]$$

11 ★★★ Due cariche di valore $4{,}0 \times 10^{-5}$ C sono poste agli estremi di una molla orizzontale di materiale plastico di costante elastica 540 N/m. La sua lunghezza dopo l'allungamento dovuto alla repulsione delle cariche risulta di 79,0 cm. L'apparato è immerso in una bacinella contenente olio isolante di costante dielettrica 2,2.

▶ Determina la lunghezza della molla a riposo nell'olio.

(*Suggerimento*: risolvi prima il problema 6.)

$$[7{,}7 \times 10^{-1} \text{ m}]$$

12 ★★★ Due cariche $q = 5{,}0$ μC sono poste, nel vuoto, agli estremi di un segmento AB lungo $2l$, con $l = 6{,}0$ cm. Come è mostrato nella figura, una sferetta di massa $m = 9{,}0$ mg e con una carica negativa $q' = -4{,}0$ μC compie un moto circolare uniforme con centro nel punto medio M di AB nel piano perpendicolare ad AB e passante per M. La frequenza del moto è 1,0 kHz.

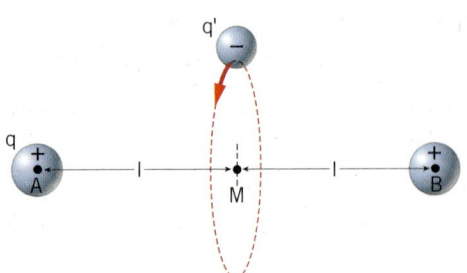

▶ Calcola la forza totale che le due cariche positive esercitano su quella negativa e, in particolare, mostra che questa forza punta sempre verso M.

▶ Calcola il modulo della velocità della sferetta.

$$[29 \text{ N}; 5{,}1 \times 10^2 \text{ m/s}]$$

13 ★★★ Due piccole sfere identiche sono sospese a due punti P e O, distanti 2,0 cm l'uno dall'altro, mediante due sottili fili di seta lunghi $L = 12$ cm ciascuno. Le due sfere hanno entrambe carica elettrica $Q = 36$ nC. L'angolo φ che ciascuno dei due fili forma con la verticale quando le due sfere sono in equilibrio, come mostrato nella figura, è di 3,0°.

▶ Determina la massa delle due sfere.

▶ Determina la tensione di ciascun filo.

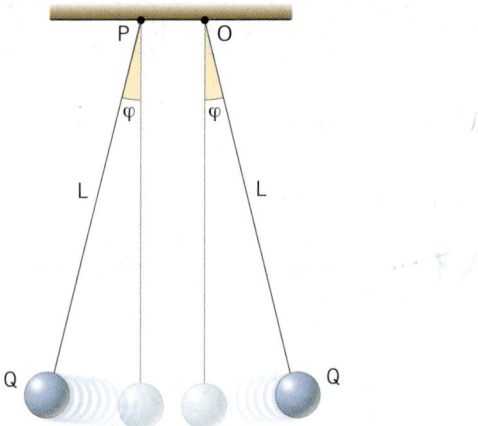

$$[21 \text{ g}; 0{,}21 \text{ N}]$$

14 ★★★ Le foglioline d'oro di un elettroscopio vengono sostituite da due sottili fili d'oro, di massa trascurabile e lunghi $L = 5{,}0$ cm ciascuno, a cui sono sospese due piccole sfere conduttrici identiche di massa $m = 20$ g. Quando si tocca l'asta dell'elettroscopio con una sfera carica, le due sfere si allontanano, e i fili a cui sono sospese formano un angolo φ pari a 10°.

▶ Determina la carica elettrica presente sulle due sfere dell'elettroscopio.

$$[1{,}2 \times 10^{-8} \text{ C}]$$

15 ★★★ Due piccole sfere conduttrici di uguali dimensioni sono sospese a due punti P e O, distanti 4,0 cm l'uno dall'altro, mediante due sottili fili di seta lunghi $L_1 = 12$ cm e $L_2 = 20$ cm. Ciascuna sfera è elettrizzata con cariche elettriche $Q_1 = 0{,}90 \times 10^{-7}$ C e $Q_2 = 3{,}8 \times 10^{-8}$ C. A causa della elettrizzazione, le sfere si allontanano e gli angoli φ_1 e φ_2 che ciascuno dei due fili forma con la verticale quando le due sfere sono nella nuova posizione di equilibrio misurano $\varphi_1 = 2{,}0°$ e $\varphi_2 = 5{,}0°$.

▶ Determina le masse m_1 e m_2 delle due sfere.

▶ Determina i valori delle tensioni T_1 e T_2 dei due fili.

▶ Determina il lavoro W compiuto dalla forza elettrostatica per portare le cariche dalla posizione di equilibrio iniziale a quella finale.

[5,7 g, 1,9 g; 0,054 N, 0,22 N; $1{,}8 \times 10^{-5}$ J]

QUESITI PER L'ESAME DI STATO

Rispondi ai quesiti in un massimo di 10 righe

1 Elenca e descrivi i modi di elettrizzare i corpi.

2 Spiega la differenza a livello microscopico tra conduttori e isolanti.

3 Spiega il funzionamento dell'elettròforo di Volta.

TEST PER L'UNIVERSITÀ

1 Due sferette elettricamente cariche con carica di segno opposto vengono collocate vicine l'una all'altra, ciascuna sospesa a un filo inizialmente verticale. Indicare la descrizione più adeguata tra le seguenti:

A le sferette si attraggono.

B le sferette si respingono.

C le sferette non si muovono dalla posizione iniziale.

D le sferette si mettono a ruotare.

E le sferette oscillano indefinitamente.

(*Prova di ammissione al corso di laurea in Odontoiatria e Protesi Dentaria, 2009/2010*)

2 Tra due cariche q_1 e q_2 poste ad una certa distanza r si esercita una forza F. Per ottenere una forza pari a $4F$ la distanza r tra le due cariche deve essere:

A dimezzata.

B raddoppiata.

C divisa per 4.

D restare invariata.

(*Concorso a borse di studio per l'iscrizione ai corsi di laurea della classe «Scienze e Tecnologie Fisiche» della SIF, 2008/2009*)

3 La legge di Coulomb stabilisce che la forza di interazione tra due cariche elettriche puntiformi e ferme nel vuoto è:

A inversamente proporzionale al cubo della distanza tra le due cariche.

B inversamente proporzionale alla distanza tra le due cariche.

C direttamente proporzionale alla distanza tra le due cariche.

D direttamente proporzionale al quadrato della distanza tra le due cariche.

E inversamente proporzionale al quadrato della distanza tra le due cariche.

(*Prova di ammissione al corso di laurea delle Professioni Sanitarie, 2008/2009*)

PROVE D'ESAME ALL'UNIVERSITÀ

1 Due cariche negative uguali ($q = -10^{-6}$ C) sono poste agli estremi di un segmento orizzontale di lunghezza $d = 20$ cm, ed una carica positiva Q è posta nel punto di mezzo del segmento.

a) Descrivere le forze che agiscono su Q e calcolarne la risultante.

b) Calcolare il valore che deve avere Q perché la forza su ognuna delle cariche q negative sia nulla.

(*Esame di Fisica, Corso di laurea in Scienze Biologiche, Università di Genova, 2007/2008*)

2 Due cariche sono separate da una distanza l. Se il valore di ogni singola carica raddoppia, di quanto varia la forza elettrostatica tra le cariche?

ESERCIZI

A Rimane la stessa perché non varia la distanza.

B Raddoppia.

C Dimezza.

D Quadruplica.

E Dipende dal segno delle due cariche.

(*Esame di Fisica, Corso di laurea in Farmacia, Università La Sapienza di Roma, 2003/2004*)

3 Due particelle di carica positiva q e $4q$ sono separate da una distanza d. Determinare la posizione x di un punto compreso tra le due cariche, misurato da q, presso il quale la forza netta su una terza carica sarebbe zero.

A $x = 2d$

B $x = d/2$

C $x = d/3$

D $x = d/4$

E $x = d/5$

(*Esame di Fisica, Corso di laurea in Farmacia, Università La Sapienza di Roma, 2003/2004*)

4 Due sferette sono cariche positivamente e quindi si respingono. Se la forza repulsiva agente su ciascuna di esse ha modulo 6×10^{-2} N quando la distanza tra di esse è 20 cm, quanto vale la forza quando la loro distanza è 10 cm?

(*Esame di Fisica, Corso di laurea in Tossicologia, Università La Sapienza di Roma, 2002/2003*)

STUDY ABROAD

Q_1 P Q_2

1 A known positive charge is located at point P as shown above, between two unknown charges, Q_1 and Q_2. P is closer to Q_2 than Q_1. If the net electric force acting on the charge at P is zero, it may correctly be concluded that:

A both Q_1 and Q_2 are positive.

B both Q_1 and Q_2 are negative.

C Q_1 and Q_2 have opposite signs.

D Q_1 and Q_2 have the same sign, but the magnitude of Q_1 is greater than the magnitude of Q_2.

E Q_1 and Q2 have the same sign, but the magnitude of Q_2 is greater than the magnitude of Q_1.

(*Scholastic Aptitude Test (SAT), USA*)

2 Two small conducting spheres are identical except that sphere X has a charge of -10 microcoulombs and sphere Y has a charge of $+6$ microcoulombs. After the spheres are brought in contact and then separated, what is the charge on each sphere, in microcoulombs?

	Sphere X	Sphere Y
A	-4	0
B	-2	-2
C	$+2$	-2
D	$+4$	0
E	$+6$	-10

(*Scholastic Aptitude Test (SAT), USA*)

3 The following question has 4 choices for its answer, out of which ONE OR MORE is/are correct. Under the influence of the Coulomb field of charge $+Q$, a charge $-q$ is moving around it in an elliptical orbit. Find out the correct statement(s).

A The angular momentum of the charge $-q$ is constant.

B The linear momentum of the charge $-q$ is constant.

C The angular velocity of the charge $-q$ is constant.

D The linear speed of the charge $-q$ is constant.

(*Joint Entrance Examination for Indian Institutes of Technology (JEE), India, 2009/2010*)

4 Consider a neutral conducting sphere. A positive point charge is placed outside the sphere. The net charge on the sphere is then,

A negative and distributed uniformly over the surface of the sphere.

B negative and appears only at the point on the sphere closest to the point charge.

C negative and distributed non-uniformly over the entire surface of the sphere.

D zero.

(*Joint Entrance Examination for Indian Institutes of Technology (JEE), India, 2007/2008*)

5 Two small charges of $+2\ \mu C$ (microcoulombs) and $-6\ \mu C$ respectively are placed 4 cm apart as shown.

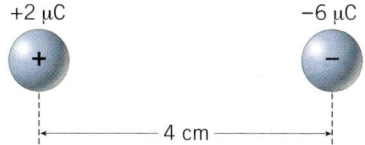

Where should a third charge $-8\ \mu C$ be placed so that there is no net force on the $-6\ \mu C$ charge?

A 4 cm left of the $-6\ \mu C$ charge.

B 16 cm left of the $-6\ \mu C$ charge.

C 16 cm right of the $-6\ \mu C$ charge.

D 8 cm left of the $-6\ \mu C$ charge.

E 8 cm right of the $-6\ \mu C$ charge.

(*Trends in International Mathematics and Science study, 2008/2009*)

6 Two particles have charges q and $2q$, respectively. Which figure BEST describes the electric forces acting on the two particles?

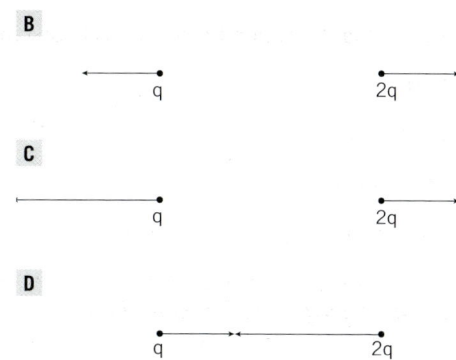

(*Trends in International Mathematics and Science study, 2008/2009*)

7

The figure above shows three point charges, A, B, and C. The combined force from A and B on C is shown as an arrow.

The two charges A and B are then interchanged. Draw an arrow on the figure below to show what the combined force from A and B will be on C.

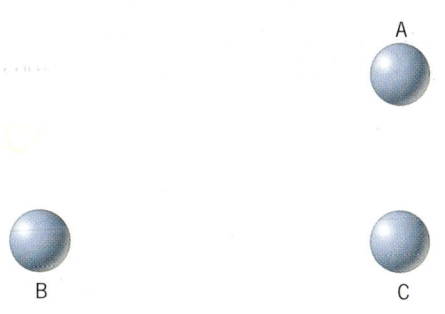

(*Trends in International Mathematics and Science study, 2008/2009*)

CAPITOLO 19
IL CAMPO ELETTRICO

1 IL VETTORE CAMPO ELETTRICO

La forza che si esercita tra due corpi carichi è una *forza a distanza*, come quella gravitazionale che si esercita tra due masse. In entrambi i casi, non è chiaro come sia possibile che un corpo che si trova in un punto A possa avvertire un effetto elettrico (o gravitazionale) dovuto a un secondo corpo situato in un punto B che può essere molto lontano da A, magari separato da esso da spazio vuoto di materia.

Per risolvere questa difficoltà si interpretano i dati sperimentali introducendo il concetto di *campo*. Il concetto di campo elettrico è costruito a partire da due idee:

- la presenza di una carica elettrica Q_1 modifica le caratteristiche dello spazio che la circonda; in particolare cambia le proprietà in un punto B in cui si trova una seconda carica Q_2;
- la carica Q_2 avverte una forza elettrica, che è dovuta alle nuove proprietà della zona di spazio in cui essa si trova.

Si dice che la carica Q_1 *genera* un campo elettrico e che la zona di spazio in cui si possono avvertire forze elettriche è *sede* di un campo elettrico. La forza elettrica che agisce sulla carica Q_2 ci permette di constatare che nel punto B esiste un campo elettrico, ma esso esisterebbe comunque, anche se non ci fosse una carica a rilevarlo.

La stessa logica si applica ad altri campi di forza, come il campo gravitazionale che è presentato nel capitolo «La gravitazione» della Meccanica. Nella trattazione di tale argomento, per chiarire il concetto si era utilizzata la metafora del telo elastico (figura 1): la carica Q_1 è rappresentata in questo modello da una prima sfera che, appoggiata sul telo, ne cambia la forma. La carica Q_2 è analoga alla seconda sfera, che si muove verso la prima come se fosse attirata da essa ma che, in realtà, segue soltanto l'inclinazione della zona di telo in cui si trova: l'interazione non avviene direttamen-

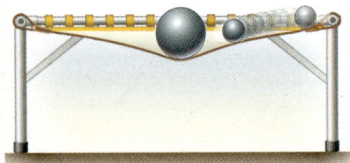

Figura 1 Metafora del telo elastico che illustra l'idea di campo elettrico.

te tra la prima sfera e la seconda, ma è «comunicata» a distanza grazie alle proprietà dello spazio in cui le due sfere sono immerse.

Definizione del vettore campo elettrico

Consideriamo il campo elettrico generato da un sistema di *n* cariche puntiformi (come quello della **figura 2**); vogliamo caratterizzare in modo quantitativo le proprietà di tale campo in un punto *P* in cui non si trova alcuna carica.

Per prima cosa, mettiamo una carica di prova q^+ nel punto *P* scelto.

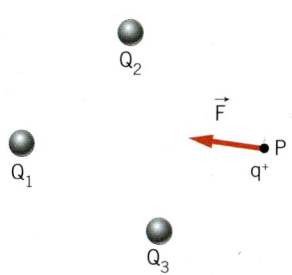

Figura 2 Sistema di cariche che genera un campo elettrico, di cui vogliamo studiare le caratteristiche nel punto *P*.

> Una **carica di prova** è una carica elettrica puntiforme, abbastanza piccola da non modificare, a causa delle forze che essa esercita, il sistema fisico che si intende studiare.

La forza $\vec{F}$ che agisce sulla carica di prova dipende:
- dalle cariche che generano il campo (se queste cariche fossero diverse oppure posizionate diversamente, anche $\vec{F}$ cambierebbe);
- dal punto *P* (in un altro punto la forza sarebbe differente);
- dal valore della carica di prova (se la carica di prova fosse più grande, anche la forza sarebbe maggiore).

Vogliamo definire una grandezza che descriva l'interazione elettrica in ogni punto dello spazio, ma che *non* dipenda dalla particolare carica di prova che usiamo. Conviene quindi introdurre una *grandezza unitaria*, che si ottiene dividendo la forza $\vec{F}$ per la carica di prova q^+.

Questa nuova grandezza si chiama **vettore campo elettrico**:

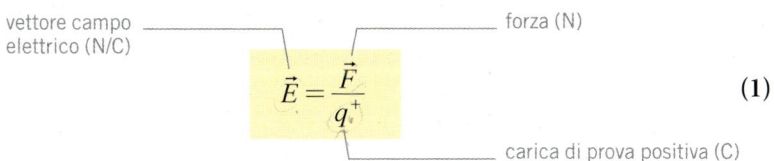

$$\vec{E} = \frac{\vec{F}}{q^+} \qquad (1)$$

vettore campo elettrico (N/C) — forza (N) — carica di prova positiva (C)

ANIMAZIONE

Il vettore campo elettrico (2 minuti)

Il campo elettrico si misura in newton/coulomb (N/C). In sostanza, per determinare il campo elettrico in un punto dello spazio, mettiamo la carica di prova positiva q^+ in quel punto, poi

▶ osserviamo la direzione e il verso della forza

▶ e misuriamo con un dinamometro il valore della forza.

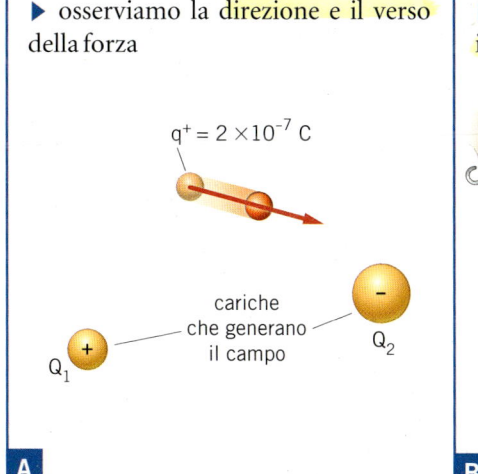

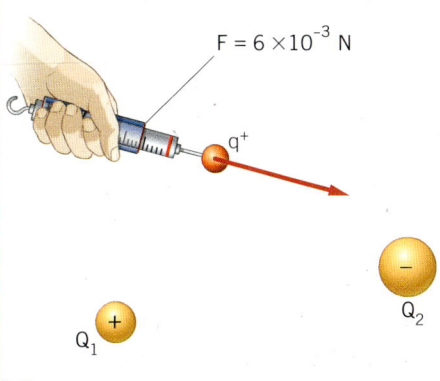

A **B**

Per ottenere il valore del campo elettrico, dividiamo il modulo della forza per la carica di prova:

$$E = \frac{F}{q^+} = \frac{6 \times 10^{-3}\,\text{N}}{2 \times 10^{-7}\,\text{C}} = 3 \times 10^4\,\frac{\text{N}}{\text{C}}.$$

La direzione e il verso del vettore campo elettrico sono gli stessi della forza che agisce sulla carica di prova positiva.

Il calcolo della forza

Se conosciamo il campo elettrico, siamo in grado di calcolare la forza che agisce su qualsiasi carica. Moltiplicando per q i due membri della definizione di $\vec{E}$, isoliamo l'incognita $\vec{F}$ e otteniamo:

$$\vec{F} = q\vec{E} \tag{2}$$

forza (N) — vettore campo elettrico (N/C) — carica elettrica (C)

Per esempio, su una carica $q = 2 \times 10^{-9}$ C, che si trova in un punto dove c'è un campo elettrico di 4×10^3 N/C, agisce una forza che ha valore

$$F = qE = (2 \times 10^{-9}\,\text{C}) \times \left(4 \times 10^3\,\frac{\text{N}}{\text{C}}\right) = 8 \times 10^{-6}\,\text{N}.$$

▶ Se la carica q è positiva, il campo elettrico e la forza hanno la stessa direzione e lo stesso verso.

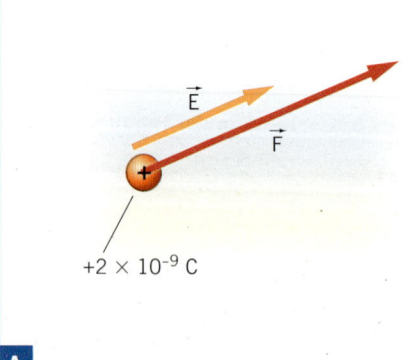

A

▶ Se la carica q è negativa, il campo elettrico e la forza hanno la stessa direzione e versi opposti.

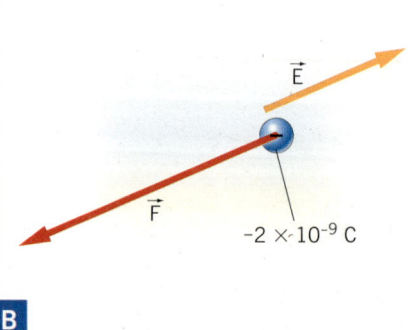

B

Conoscere il vettore $\vec{E}$ in una zona dello spazio è un'informazione molto potente: siamo in grado di calcolare la forza elettrica che agisce su *qualsiasi* carica in quella zona.

Se poniamo $q = 1$ C, notiamo che i vettori $\vec{F}$ ed $\vec{E}$ hanno lo stesso valore numerico. Quindi

l'intensità del vettore campo elettrico in un punto P è numericamente uguale al valore della forza che agirebbe su una carica puntiforme di 1 C posta in P.

2 IL CAMPO ELETTRICO DI UNA CARICA PUNTIFORME

Il campo elettrico più semplice è quello generato da una singola carica puntiforme Q. Per la legge di Coulomb, il valore della forza elettrica tra questa carica Q e la carica di prova q^+, quando si trovano nel vuoto a distanza r, è

$$F = k_0 \frac{Qq^+}{r^2}.$$

L'intensità E del campo elettrico è uguale al rapporto tra la forza e la carica di prova:

$$E = \frac{F}{q^+} = \frac{k_0 \frac{Qq^+}{r^2}}{q^+} = k_0 \frac{Q}{r^2}.$$

Quindi l'intensità del campo elettrico E di una carica puntiforme Q in un punto, nel vuoto, a distanza r da essa è:

campo elettrico in un punto P (N/C) — carica che genera il campo (C)

$$E = k_0 \frac{Q}{r^2} \qquad (3)$$

distanza tra il punto P e la carica (m)

Quando le cariche sono immerse in un mezzo materiale isolante (per esempio nell'acqua distillata), la forza di Coulomb è ridotta di un fattore ε_r, la costante dielettrica relativa del mezzo. In questo caso la costante k_0 vale $\frac{1}{4\pi\varepsilon}$ con $\varepsilon = \varepsilon_0 \varepsilon_r$, e il valore del campo elettrico $\vec{E}_m$ nella materia è uguale al rapporto tra la forza

$$E_m / F_m = \frac{1}{4\pi\varepsilon} \frac{Qq^+}{r^2}$$

e la carica di prova q^+:

$$E_m = \frac{1}{4\pi\varepsilon} \frac{Q}{r^2}. \qquad (4)$$

I valori di E e di E_m non dipendono dalla carica di prova q^+ (che non compare più nelle formule finali), mentre dipendono dal valore della carica Q che genera il campo elettrico e dal materiale in cui essa si trova. Inoltre, essi sono inversamente proporzionali al quadrato della distanza r tra la carica Q e il punto in cui si esamina il campo elettrico.

- Se la carica che crea il campo è *positiva*, i vettori campo elettrico sono diretti verso l'esterno (figura 3). Con $Q > 0$, l'intensità data dalle formule (3) e (4) risulta positiva.
- Se la carica che crea il campo è *negativa*, i vettori campo elettrico sono diretti verso l'interno (figura 4). Con $Q < 0$, l'intensità di E_m risulta negativa.

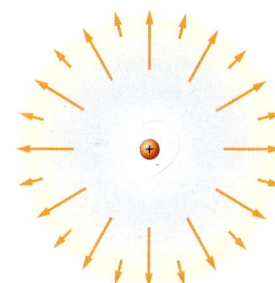

Figura 3 Campo elettrico uscente da una carica positiva.

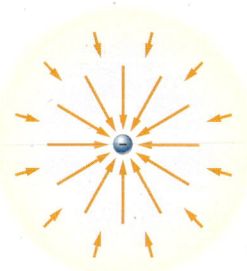

Figura 4 Campo elettrico entrante in una carica negativa.

Campo elettrico di più cariche puntiformi

Nello spazio possono essere presenti diverse cariche puntiformi. Per esempio, immaginiamo che ci siano due cariche positive.

▶ La sola carica puntiforme Q_1 genera il campo elettrico $\vec{E}_1$ nel punto P.

▶ Aggiungiamo la carica Q_2 che, se fosse da sola, creerebbe in P il campo $\vec{E}_2$.

▶ Il campo elettrico in P è allora la somma vettoriale dei campi $\vec{E}_1$ ed $\vec{E}_2$.

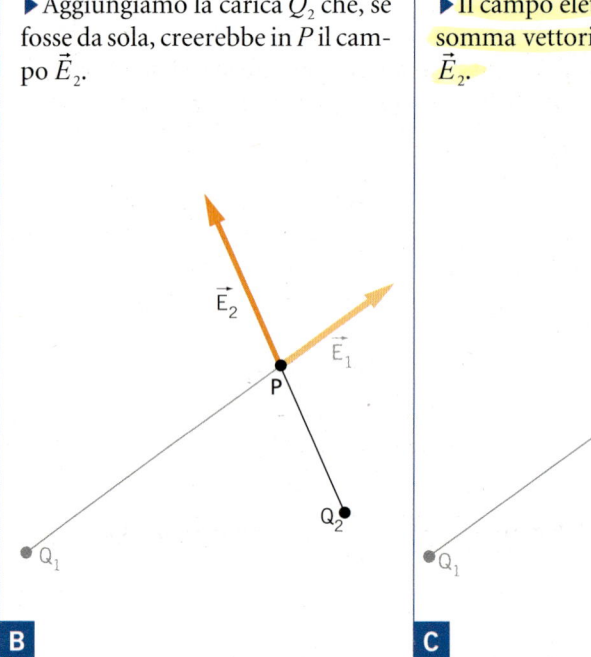

A B C

Come accade per le forze, che sono grandezze vettoriali,

ANIMAZIONE

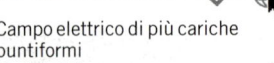

Campo elettrico di più cariche puntiformi
(1 minuto)

i diversi campi elettrici in uno stesso punto si sommano con la regola del parallelogramma.

La presenza di una carica non influisce sui campi elettrici generati dalle altre: l'effetto totale di più cariche, le cui posizioni non cambiano, è semplicemente la somma vettoriale di ciò che accadrebbe se ogni carica fosse presente da sola.

Questo risultato sperimentale può essere dimostrato a partire dal principio di sovrapposizione delle forze, visto nel capitolo precedente. Se vi sono n cariche puntiformi che agiscono sulla carica di prova q^+ posta nel punto P, la forza elettrica totale $\vec{F}$ su q^+ è la somma vettoriale delle n forze $\vec{F}_1, \vec{F}_2, ..., \vec{F}_n$ che misureremmo se ogni carica fosse presente da sola:

$$\vec{F} = \vec{F}_1 + \vec{F}_2 ... + \vec{F}_n.$$

Sostituendo questa espressione nella definizione (**1**) vediamo quindi che il campo elettrico complessivo $\vec{E}$ si ottiene come

$$\vec{E} = \frac{\vec{F}}{q^+} = \frac{\vec{F}_1 + \vec{F}_2 + ... + \vec{F}_n}{q^+} = \frac{\vec{F}_1}{q^+} + \frac{\vec{F}_2}{q^+} + ... + \frac{\vec{F}_n}{q^+}.$$

Nota che $\vec{F}_1/q^+ = \vec{E}_1$ è, per definizione, il campo elettrico che vi sarebbe in P se nello spazio fosse presente la sola carica Q_1; lo stesso discorso si può ripetere per $\vec{F}_2/q^+ = \vec{E}_2$ e per gli altri addendi fino a $\vec{F}_n/q^+ = \vec{E}_n$.

Così la formula precedente può essere riscritta come

$$\vec{E} = \vec{E}_1 + \vec{E}_2 + ... + \vec{E}_n,$$

che è proprio l'espressione matematica del fatto che i singoli campi elettrici si sommano vettorialmente tra loro.

ESEMPIO

Nel vuoto, a distanza di 7,4 cm da una carica puntiforme Q, si misura un campo elettrico di $9{,}2 \times 10^4$ N/C rivolto verso la carica Q.

▶ Calcola il valore di Q.

- Visto che il campo elettrico è rivolto verso di essa, la carica Q è negativa.
- Allora il modulo e il verso del campo elettrico si possono sintetizzare scrivendo che la sua intensità è pari a $E = -9{,}2 \times 10^4$ N/C.
- A questo punto è possibile isolare Q nella formula (3) e si ottiene:

$$Q = \frac{Er^2}{k_0} = \frac{\left(-9{,}2 \times 10^4 \, \frac{\text{N}}{\text{C}}\right) \times (0{,}074 \text{ m})^2}{8{,}99 \times 10^9 \, \frac{\text{N} \cdot \text{m}^2}{\text{C}^2}} =$$

$$= -5{,}6 \times 10^{-8} \, \frac{\text{N} \cdot \text{m}^2}{\text{C}} \cdot \frac{\text{C}^2}{\text{N} \cdot \text{m}^2} = -5{,}6 \times 10^{-8} \text{ C}.$$

3 LE LINEE DEL CAMPO ELETTRICO

Mettendo dei pezzettini di filo da cucito in un bagno d'olio, possiamo visualizzare il campo elettrico: i fili si dispongono a raggiera intorno a una carica positiva Q che crea il campo elettrico.

▶ Questo accade perché la carica polarizza i fili, che si allineano nella direzione del campo elettrico.

▶ Possiamo schematizzare il campo elettrico, tracciando alcune linee che seguono la direzione dei fili.

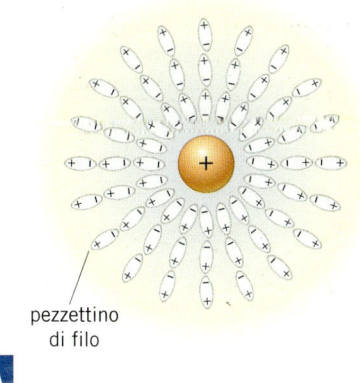

pezzettino di filo

A

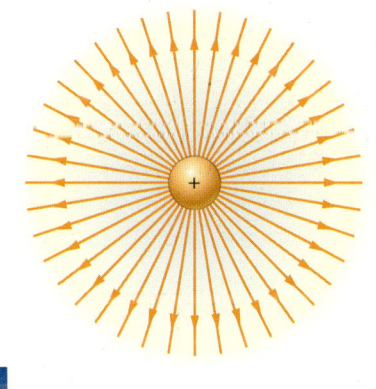

B

Queste linee, dette *linee di campo*, non esistono nella realtà. Sono una nostra costruzione che serve per visualizzare il campo elettrico.

ESPERIMENTO VIRTUALE

Le forze in campo
- Gioca
- Misura
- Esercitati

Costruzione delle linee di campo

Consideriamo il campo elettrico generato da un insieme di cariche fisse. Scegliamo un punto P_1 e disegniamo il vettore campo elettrico $\vec{E}_1$ generato in P_1 da tutte le cariche in esame. Poi ci spostiamo di un tratto Δs nella direzione e nel verso di $\vec{E}_1$ fino a un punto P_2, in cui disegniamo ancora il campo elettrico $\vec{E}_2$ che, in generale, è diverso da $\vec{E}_1$.

MATEMATICA

CAMPI VETTORIALI E CAMPI SCALARI

Descrivere un campo elettrico in una certa zona dello spazio significa *assegnare a ogni punto P di tale zona uno e un solo vettore $\vec{E}(P)$*. Questa scrittura indica che il vettore campo elettrico $\vec{E}$ dipende dal punto P: in generale, quindi, $\vec{E}$ può variare da punto a punto.

L'APPLICAZIONE TRA INSIEMI

Per rendere più rigorosa la descrizione di cosa è un campo elettrico dobbiamo ricordare una nozione matematica: dati due insiemi A e B diversi dall'insieme vuoto, si chiama *applicazione f da A a B* una legge che a ogni elemento a di A associa uno e un solo elemento b di B detto *immagine* di a (ciò si indica simbolicamente con le scritture $b = f(a)$ o $f : a \to b$). Gli insiemi A e B si dicono rispettivamente *dominio* e *codominio* dell'applicazione f. L'insieme $f(A) \subseteq B$ di tutti gli elementi del codominio che sono immagine degli elementi di A si chiama *immagine* di f. La figura sotto illustra la definizione mediante i diagrammi di Eulero-Venn.

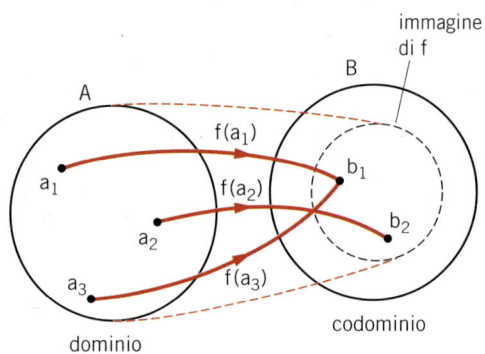

I CAMPI VETTORIALI

Ora siamo in grado di dare una definizione rigorosa di campo vettoriale. Indichiamo con $\mathbb{R}^3$ lo spazio euclideo tridimensionale e con V_3 l'insieme di tutti i vettori definiti in tale spazio. Inoltre, indichiamo con M un opportuno sottoinsieme di $\mathbb{R}^3$ ($M \subseteq \mathbb{R}^3$). Si chiama allora **campo vettoriale** un'applicazione $f : P \to \vec{v}$ che ha l'insieme M come dominio e V_3 come codominio: f associa a ogni punto $P \in M$ uno e un solo vettore $\vec{v} \in V_3$.

Dal punto di vista matematico, il campo elettrico è un campo vettoriale, il cui dominio M è dato dalla zona di spazio (che può anche coincidere con l'intero spazio euclideo) in cui si avvertono effetti elettrici.

Anche il *campo gravitazionale* introdotto nel capitolo «La gravitazione» della Meccanica, è un campo vettoriale.

Un altro esempio di campo vettoriale è il *campo delle velocità* di un fluido in movimento. A un istante di tempo fissato, il campo delle velocità si ottiene facendo corrispondere a ogni punto che si trova all'interno del fluido la velocità con cui esso sta transitando in quel punto (figura sotto).

Questi sono solo alcuni casi semplici, ma i campi vettoriali che si utilizzano in fisica sono molto più numerosi; per fare soltanto un altro esempio, nella seconda parte dell'Elettromagnetismo si studia ancora un altro campo vettoriale, il *campo magnetico*.

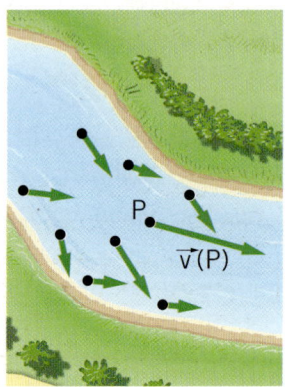

I CAMPI SCALARI

Nell'ambito delle previsioni del tempo è molto utile studiare i campi di pressione e di temperatura in una certa zona geografica. Ciò equivale a conoscere quanto valgono la pressione atmosferica e la temperatura dell'aria in ogni punto di quella zona. In questi casi, a ogni punto dello spazio si associa una grandezza scalare. Per questo motivo, questi vengono detti *campi scalari*. Con un linguaggio rigoroso, si chiama **campo scalare** un'applicazione s tra un opportuno sottoinsieme M di $\mathbb{R}^3$ e l'insieme $\mathbb{R}$ dei numeri reali.

I campi scalari che si studiano in fisica sono moltissimi. Per fare soltanto un altro esempio, per studiare come varia la densità dell'atmosfera terrestre (che è una grandezza scalare), si studia un *campo di densità*.

IL CAMPO ELETTRICO 19 CAPITOLO

Ripetendo questa operazione più volte, come nella **figura 5**, otteniamo una linea spezzata che congiunge i punti $P_1, P_2, P_3, \ldots, P_n$, che distano tutti Δs dal precedente.

Se si sceglie un valore di Δs sempre più piccolo, fino a farlo tendere a zero, la spezzata diventa una linea orientata che modifica la propria direzione in modo continuo e che è, in ogni punto, tangente al vettore campo elettrico in quel punto. Essa è una linea del campo elettrico.

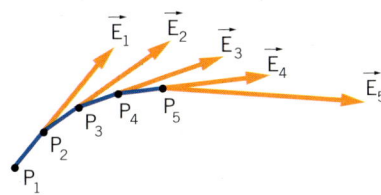

Figura 5 Costruzione geometrica di una linea di campo elettrico.

In ogni punto dello spazio, che non è occupato da cariche puntiformi, passa una e una sola linea di campo; però, se si disegnassero le linee di campo in tutti i punti la pagina sarebbe colorata in modo uniforme. Così si stabilisce di disegnarne solo alcune, scelte in modo da essere più dense dove il campo è più intenso e più rade dove il campo è più debole.

In definitiva, le **linee del campo elettrico** hanno le seguenti proprietà:

- in ogni punto sono tangenti al vettore campo elettrico (**figura 6**);
- sono orientate nel verso del vettore campo elettrico;
- escono dalle cariche positive ed entrano in quelle negative;
- la loro densità è direttamente proporzionale all'intensità del campo elettrico.

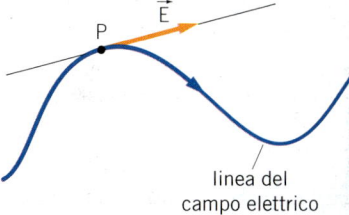

Figura 6 In un punto P il vettore $\vec{E}$ è tangente alla linea di campo.

Il campo di una carica puntiforme

Guardando le linee di un campo elettrico, si colgono a colpo d'occhio alcune importanti informazioni. Esaminiamo il campo creato nello spazio da una carica positiva e quello di una carica negativa (**figure 7 e 8**).

In entrambi i casi le linee sono semirette che hanno origine nella carica al centro.

- Le linee escono dalla **carica positiva**. Quindi il campo è tangente alle semirette e punta verso l'esterno (infatti una carica di prova q^+ è respinta da Q^+).
- Le linee entrano nella **carica negativa**. Quindi il campo è tangente alle semirette e punta verso l'interno (infatti una carica di prova q^+ è attratta da Q^-).

In tutti e due i casi le linee sono dense vicino alla carica e si diradano man mano che si allontanano. Questo significa che il campo è più intenso vicino alla carica ed è più debole lontano, in accordo con il fatto che il campo elettrico di una carica puntiforme diminuisce con l'inverso del quadrato della distanza secondo la formula (**4**).

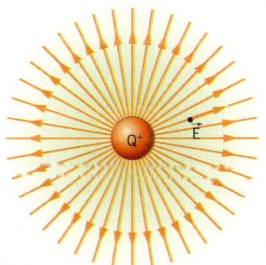

Figura 7 Linee di campo uscenti da una carica positiva.

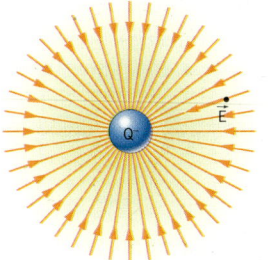

Figura 8 Linee di campo entranti in una carica negativa.

Densità delle linee di campo

La densità delle linee di campo diminuisce con il quadrato r della distanza dalla carica, come l'intensità del campo, perché la superficie di una sfera vale $4\pi r^2$ e quindi cresce con r^2.

Il campo di due cariche puntiformi

Esaminiamo i campi di due cariche uguali, nel primo caso di segni opposti e nel secondo caso tutte e due positive.

Osserviamo le linee del campo nella zona 1 compresa tra le due cariche.

IN LABORATORIO

Linee del campo elettrico
• Video (2 minuti)
• Test (3 domande)

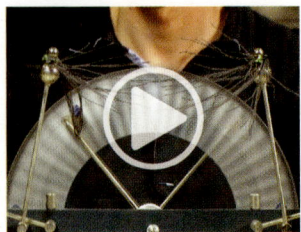

▶ Nella zona 1 i campi si rafforzano, perché una carica di prova q^+ è respinta verso destra dalla carica positiva e attratta verso destra da quella negativa. Quindi nella zona 1 il campo è intenso e, in modo coerente, le linee di campo sono fitte.

▶ Nella zona 1 i campi tendono ad annullarsi, perché una carica di prova q^+ è respinta verso destra dalla prima carica e respinta verso sinistra dalla seconda. Quindi nella zona 1 il campo è molto debole e, in modo coerente, le linee di campo sono rade.

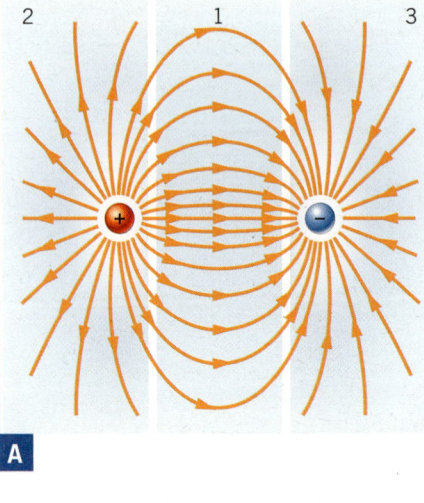

A

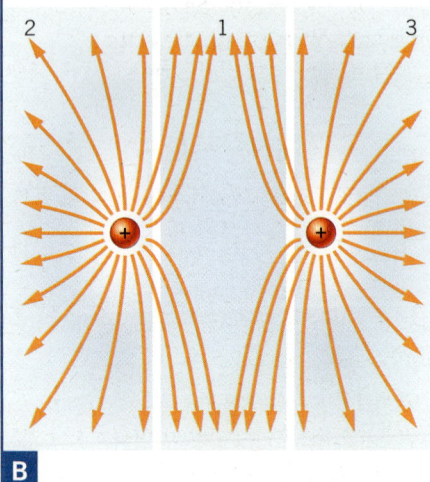

B

Nelle zone esterne 2 e 3 il campo assomiglia a quello della carica puntiforme più vicina. Per esempio, nella zona 2 il campo è simile a quello di una sola carica positiva, perché l'altra carica, che è lontana, fa sentire poco la sua influenza.

4 IL FLUSSO DI UN CAMPO VETTORIALE ATTRAVERSO UNA SUPERFICIE

Simboli diversi
La portata è stata indicata con $\overline{q}$ per non confonderla con la carica elettrica q e il volume è stato indicato con $\mathcal{V}$ per distinguerlo dal potenziale elettrico V che è definito nel capitolo «Il potenziale elettrico».

Nel capitolo «La meccanica dei fluidi» si introduce la portata $\overline{q}$ di un fluido attraverso una superficie. La portata è definita come il rapporto tra il volume $\Delta \mathcal{V}$ di fluido che attraversa la superficie in un tempo Δt e l'intervallo di tempo Δt stesso:

$$\overline{q} = \frac{\Delta \mathcal{V}}{\Delta t}.$$

Se il fluido si muove con velocità $\vec{v}$ e la superficie ha area S:

▶ quando la superficie è perpendicolare a $\vec{v}$, la portata è data dalla formula **(9)** del capitolo «La meccanica dei fluidi»
$$\overline{q} = Sv;$$

▶ quando la superficie è parallela a $\vec{v}$, attraverso di essa non passa fluido e, quindi, la portata è uguale a zero.

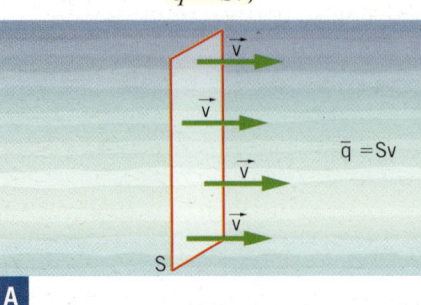

A

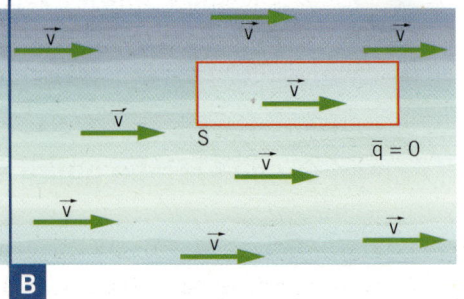

B

Quanto vale la portata attraverso la superficie quando essa è inclinata in modo qualunque rispetto alla velocità del fluido? Per rispondere alla domanda conviene scomporre $\vec{v}$ in due componenti: $\vec{v}_\perp$, perpendicolare alla superficie, e $\vec{v}_{//}$, ottenuto proiettando $\vec{v}$ sulla superficie (figura 9). Se indichiamo con α l'angolo formato dai vettori $\vec{v}$ e $\vec{v}_\perp$, secondo la trigonometria

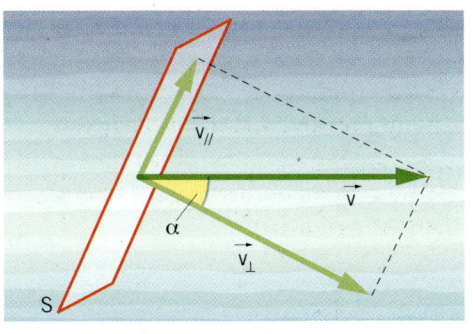

Figura 9 Il vettore velocità $\vec{v}$ è scomposto nei vettori $\vec{v}_\perp$ e $\vec{v}_{//}$.

$$v_\perp = v \cos \alpha. \tag{5}$$

La portata $\overline{q}$ attraverso S è la somma della portata calcolata con $\vec{v}_\perp$ e di quella dovuta a $\vec{v}_{//}$:

$$\overline{q} = \overline{q}(\vec{v}_\perp) + \overline{q}(\vec{v}_{//}). \tag{6}$$

con:
- $\overline{q}(\vec{v}_\perp) = S v_\perp$, come è mostrato nella figura A precedente;
- $\overline{q}(\vec{v}_{//}) = 0$, come è illustrato nella figura B precedente.

Così, ricordando anche la (5), la formula (6) diventa:

$$\overline{q} = \overline{q}(\vec{v}_\perp) + \overline{q}(\vec{v}_{//}) = S v_\perp + 0 = S v \cos \alpha. \tag{7}$$

ESEMPIO

Una cornice rettangolare di area $S = 0{,}63$ m² è immersa in una conduttura d'acqua in modo che l'angolo tra la velocità vettoriale dell'acqua e il vettore $\vec{v}$ sia $\alpha = 45°$. La portata dell'acqua attraverso la superficie è $\overline{q} = 2{,}4$ m³/s.

▶ Determina il modulo v della velocità con cui l'acqua scorre nella conduttura.

Se si isola v nella formula (7) si può calcolare:

$$v = \frac{\overline{q}}{S \cos \alpha} = \frac{2{,}4 \ \frac{m^3}{s}}{(0{,}63 \ m^2) \times \cos 45°} = \frac{3{,}8}{\sqrt{2}/2} \ \frac{m^3}{s} \cdot \frac{1}{m^2} = 5{,}4 \ \frac{m}{s}.$$

Il vettore superficie

Per caratterizzare una superficie piana immersa nello spazio è comodo definire il **vettore superficie** $\vec{S}$; esso ha

- direzione perpendicolare alla superficie (figura 10);
- modulo pari all'area S della superficie stessa.

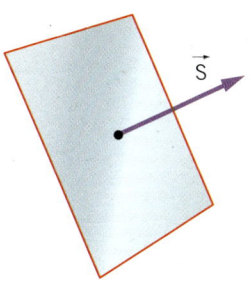

Figura 10 Il vettore superficie è perpendicolare alla superficie a cui si riferisce.

Per una superficie generica il verso è arbitrario. Ma se la superficie che si considera è parte di una superficie chiusa si adotta una convenzione particolare: si sceglie come

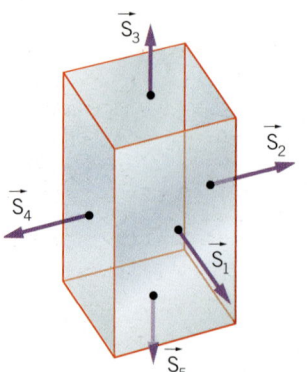

Figura 11 Il verso del vettore superficie è uscente da una superficie chiusa.

Figura 12 Angolo α formato dai vettori $\vec{S}$ e $\vec{v}$.

Prodotto scalare
Il prodotto scalare tra due vettori è illustrato nel capitolo «Applicazioni dei princìpi della dinamica».

verso di tale vettore quello *uscente* dalla superficie chiusa, come è mostrato nella **figura 11** nel caso di un parallelepipedo.

Avendo introdotto il vettore superficie, la formula (7) può essere riscritta come il prodotto scalare tra il vettore velocità $\vec{v}$ e il vettore superficie $\vec{S}$:

$$q = \vec{v} \cdot \vec{S}; \qquad (8)$$

nota che l'angolo α che compare nella (6) è proprio quello formato dai due vettori $\vec{v}$ ed $\vec{S}$ (**figura 12**).

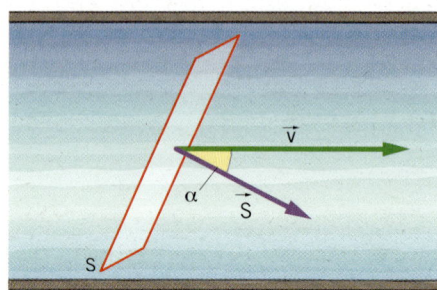

Il prodotto scalare $\vec{v} \cdot \vec{S}$ si chiama **flusso del vettore velocità** $\vec{v}$ attraverso la superficie orientata $\vec{S}$ e si indica con il simbolo

$$\Phi_{\vec{S}}(\vec{v}) = \vec{v} \cdot \vec{S} \qquad (9)$$

(il simbolo Φ si legge «fi» ed è la lettera greca maiuscola che corrisponde alla «F» dell'alfabeto latino).

5 IL FLUSSO DEL CAMPO ELETTRICO E IL TEOREMA DI GAUSS

La definizione (8) contiene il vettore velocità $\vec{v}$, ma può essere scritta per un campo vettoriale qualunque, per esempio il campo elettrico. In questo caso

> data una superficie piana descritta dal vettore $\vec{S}$ e un campo elettrico $\vec{E}$ costante sulla superficie orientata $\vec{S}$, il **flusso del vettore campo elettrico** (o **flusso del campo elettrico**) attraverso $\vec{S}$ è definito dalla relazione

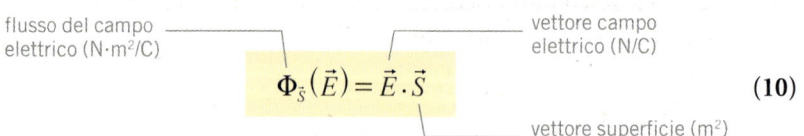

flusso del campo elettrico (N·m²/C) — vettore campo elettrico (N/C)

$$\Phi_{\vec{S}}(\vec{E}) = \vec{E} \cdot \vec{S} \qquad (10)$$

vettore superficie (m²)

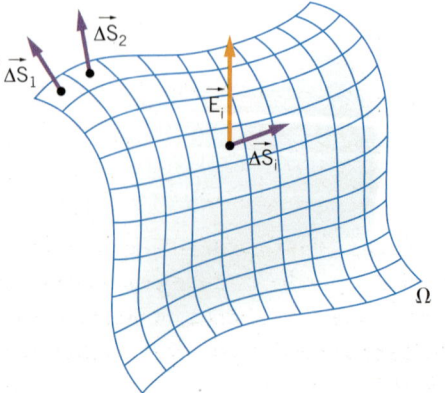

Se si vuole calcolare il flusso $\Phi_\Omega(\vec{E})$ del campo elettrico attraverso una superficie Ω (**figura 13**) che non è piana, o su cui il campo elettrico non è costante, bisogna suddividere Ω in n parti $\Delta \vec{S}_i$ ($i = 1, ..., n$) così piccole da soddisfare le condizioni della definizione (superficie piana e campo elettrico costante su di essa).

Figura 13 Superficie non piana divisa in n parti $\Delta \vec{S}_i$.

Dopo di che occorre

- calcolare per ogni piccola superficie piana $\Delta\vec{S}_i$ il flusso $\Delta\Phi_i(\vec{E}) = \vec{E}_i \cdot \Delta\vec{S}_i$ (dove $\vec{E}_i$ è il valore del campo elettrico su $\Delta\vec{S}_i$);
- determinare il flusso complessivo $\Phi_\Omega(\vec{E})$ come la somma di tutti i contributi $\Delta\Phi_i(\vec{E})$:

$$\Phi_\Omega(\vec{E}) = \Delta\Phi_1(\vec{E}) + \Delta\Phi_2(\vec{E}) + \ldots + \Delta\Phi_n(\vec{E}) =$$
$$= \vec{E}_1 \cdot \Delta\vec{S}_1 + \vec{E}_2 \cdot \Delta\vec{S}_2 + \ldots + \vec{E}_n \cdot \Delta\vec{S}_n \quad (11)$$

Uso del simbolo Δ
Il simbolo $\Delta\vec{S}_i$ (invece di $\vec{S}_i$) ricorda che ogni superficie piana in cui è stata suddivisa Ω è infinitamente piccola. Allo stesso modo, il simbolo $\Delta\Phi_i(\vec{E})$ ricorda che il flusso attraverso la superficie infinitesima $\Delta\vec{S}_i$ è infinitamente piccolo.

Utilizzando il simbolo di sommatoria (che è stato introdotto nel capitolo «Entropia e disordine» della Termologia), la formula precedente si scrive come

$$\Phi_\Omega(\vec{E}) = \sum_{i=1}^{n} \Delta\Phi_i(\vec{E}) = \sum_{i=1}^{n} \vec{E}_i \cdot \Delta\vec{S}_i. \quad (12)$$

ESEMPIO

Una superficie piana di area $S = 14{,}8$ cm² è immersa in un campo elettrico uniforme di modulo $E = 319$ kN/C. L'angolo tra i vettori $\vec{S}$ ed $\vec{E}$ vale $53{,}0°$.

▶ Calcola il flusso di campo elettrico $\Phi_{\vec{S}}(\vec{E})$ attraverso tale superficie.

Utilizzando la definizione **(10)** si può calcolare:

$$\Phi_{\vec{S}}(\vec{E}) = \vec{E} \cdot \vec{S} = ES\cos\alpha =$$
$$= \left(3{,}19 \times 10^5 \frac{\text{N}}{\text{C}}\right) \times \left(1{,}48 \times 10^{-3} \text{ m}^2\right) \times \cos(53{,}0°) =$$
$$= \left(4{,}72 \times 10^2 \frac{\text{N} \cdot \text{m}^2}{\text{C}}\right) \times 0{,}602 = 2{,}84 \times 10^2 \frac{\text{N} \cdot \text{m}^2}{\text{C}}.$$

Il teorema di Gauss per il campo elettrico

Lo scienziato tedesco Karl Friedrich Gauss (1777-1855), che fu matematico, fisico e astronomo, dimostrò un importante teorema relativo al flusso del campo elettrico.

Il **teorema di Gauss** per il campo elettrico stabilisce che il flusso del campo elettrico attraverso una superficie chiusa è direttamente proporzionale alla carica totale contenuta all'interno della superficie:

$$\Phi_\Omega(\vec{E}) = \frac{Q_{tot}}{\varepsilon} \quad (13)$$

- flusso del campo elettrico (N·m²/C)
- superficie chiusa
- carica totale all'interno della superficie (C)
- costante dielettrica del mezzo (C²/(N·m²))

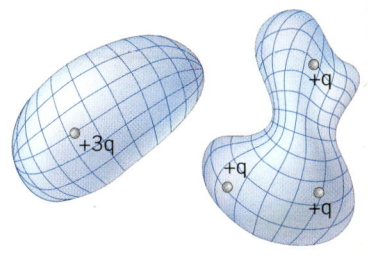

Il valore del flusso non dipende dalla forma della superficie Ω, purché sia chiusa, né da come è posizionata e suddivisa la carica Q_{tot}, purché sia all'interno della superficie. Le due superfici della figura 14 hanno forme diverse ma contengono la stessa carica $Q_{tot} = 3q$. Per il teorema di Gauss, il flusso del campo elettrico attraverso le due superfici ha lo stesso valore, dato da $3q/\varepsilon$.

Figura 14 Il flusso di campo elettrico attraverso le due superfici gaussiane è lo stesso.

Dimostrazione del teorema di Gauss

Dimostriamo ora il teorema di Gauss (formula **(13)**) nel caso particolare in cui:
- il campo elettrico è generato da una singola carica puntiforme positiva Q;
- la superficie Ω attraverso cui si calcola il flusso del campo elettrico è una sfera di raggio r con il centro nel punto occupato da Q **(figura 15A)**.

Secondo le formule **(11)** e **(12)**, per calcolare il flusso $\Phi_\Omega(\vec{E})$ del campo elettrico attraverso la sfera, dobbiamo suddividerla in n parti così piccole da poterle considerare piane. In questo modo, come si vede dalla **figura 15B**,
- tutti i vettori superficie $\Delta\vec{S}_i$, perpendicolari alle singole superfici, hanno la direzione del raggio della sfera in quel punto e sono rivolti verso l'esterno;
- in ogni punto anche il vettore $\vec{E}_i$ ha direzione radiale e verso uscente dalla carica.

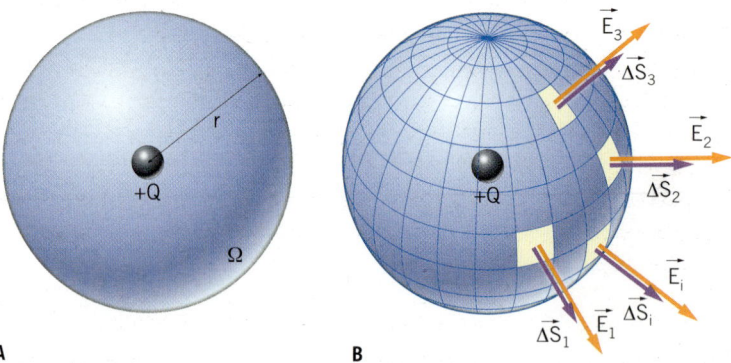

Figura 15 Dimostrazione del teorema di Gauss. In ogni zona della superficie sferica (A) il vettore superficie $\Delta\vec{S}_i$ è parallelo al corrispondente vettore campo elettrico (B).

Quindi il vettore $\vec{E}_i$ è, in ogni zona della sfera, parallelo al corrispondente vettore $\Delta\vec{S}_i$, per cui il prodotto scalare dei due vettori è uguale al prodotto dei rispettivi moduli. È quindi possibile calcolare il flusso $\Delta\Phi_i(\vec{E})$ attraverso la generica superficie $\Delta\vec{S}_i$:

$$\Delta\Phi_i(\vec{E}) = \vec{E}_i \cdot \Delta\vec{S}_i = E_i \Delta S_i. \tag{14}$$

Inoltre, visto che i punti della sfera hanno la stessa distanza dalla carica posta al suo centro, i vettori $\vec{E}_i$ hanno tutti lo stesso modulo

$$E_i = E = \frac{1}{4\pi\varepsilon}\frac{Q}{r^2}, \tag{15}$$

dove ε è la costante dielettrica $\varepsilon_0\varepsilon_r$ del mezzo materiale in cui si trova la carica Q. Per calcolare il flusso $\Phi_\Omega(\vec{E})$ attraverso la superficie sferica, possiamo introdurre le relazioni **(14)** nella **(11)** e scrivere

$$\begin{aligned}\Phi_\Omega(\vec{E}) &= \vec{E}_1 \cdot \Delta\vec{S}_1 + \vec{E}_2 \cdot \Delta\vec{S}_2 + \ldots + \vec{E}_n \cdot \Delta\vec{S}_n = \\ &= E_1 \Delta S_1 + E_2 \Delta S_2 + \ldots + E_n \Delta S_n = \\ &= E(\Delta S_1 + \Delta S_2 + \ldots + \Delta S_n) = E S_\Omega\end{aligned} \tag{16}$$

dove

$$S_\Omega = 4\pi r^2 \tag{17}$$

è l'area della sfera di raggio r, ottenuta nella **(16)** come somma delle aree di tutte le piccole parti in cui la sfera era stata suddivisa.

Ora possiamo sostituire nella (**16**) le espressioni (**15**) e (**17**), in modo da trovare:

$$\Phi_\Omega(\vec{E}) = ES_\Omega = \frac{1}{4\pi\varepsilon}\frac{Q}{r^2} \cdot 4\pi r^2 = \frac{Q}{\varepsilon},$$

che è proprio il teorema di Gauss (**13**), dimostrato nel caso particolare che abbiamo esaminato.

Validità del teorema di Gauss
Deformando la sfera in una superficie chiusa qualsiasi, il numero di linee di campo che attraversa $\vec{S}_1$ (nella sfera) e $\vec{S}_2$ (nella superficie distorta) è lo stesso. Questo è il motivo per cui il teorema di Gauss vale sempre.

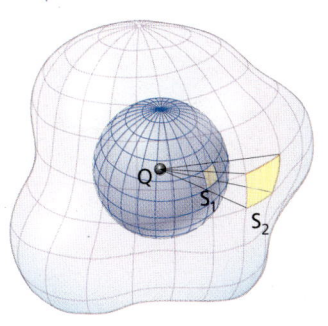

6 IL CAMPO ELETTRICO GENERATO DA UNA DISTRIBUZIONE PIANA INFINITA DI CARICA

Il teorema di Gauss, che vale per qualsiasi configurazione delle cariche e qualsiasi superficie chiusa, permette di determinare il modulo del campo elettrico generato da distribuzioni di carica che abbiano particolari simmetrie.

Per esempio, si può considerare il campo elettrico generato da una distribuzione piana infinita di carica, immersa in un mezzo di costante dielettrica ε, in cui la carica stessa è disposta in modo uniforme. Ciò significa che ogni parte di piano di area ΔS contiene *la stessa* quantità di carica ΔQ.

Utilizzando le simmetrie del sistema e il teorema di Gauss dimostreremo che il vettore campo elettrico generato dal piano infinito di carica ha le seguenti proprietà:

- la direzione è perpendicolare al piano di carica (**figura 16**);
- il verso è uscente dal piano se questo ha carica positiva; è entrante in caso contrario;
- il modulo è uguale in tutti i punti che non appartengono al piano di carica ed è dato dalla formula.

campo elettrico (N/C) — densità superficiale di carica (C/m²)

$$E = \frac{\sigma}{2\varepsilon} \quad (18)$$

costante dielettrica del mezzo (C²/(N·m²))

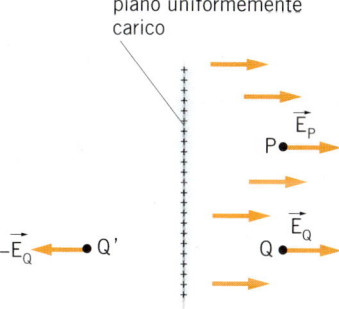

Figura 16 Proprietà geometriche del vettore campo elettrico generato da una distribuzione piana omogenea di carica elettrica.

Nella formula precedente il simbolo σ rappresenta la **densità superficiale di carica**, definita come il rapporto

$$\sigma = \frac{\Delta Q}{\Delta S} \quad (19)$$

tra la carica ΔQ contenuta su una porzione di piano e l'area ΔS di tale porzione. Questa *grandezza unitaria* è numericamente uguale alla carica elettrica contenuta in una porzione di piano di area 1 m².

Nota che nella formula (**18**) non compare la distanza tra il piano di carica e il punto P in cui si calcola il campo elettrico; da ciò si riconosce che il modulo di tale campo è *uniforme*, cioè rimane costante al variare del punto P, come accade per il campo gravitazionale della forza-peso nelle vicinanze della Terra.

Questa proprietà è confermata anche dalla forma delle linee di campo (**figura 17**). Esse, a una distanza fissata dal piano di carica, sono parallele ed equidistanziate; visto che non si incurvano e non si interrompono, esse rimangono parallele tra loro e poste alla stessa distanza. Quindi la densità delle linee di campo è uguale dappertutto, a indicare che il modulo del campo elettrico non cambia.

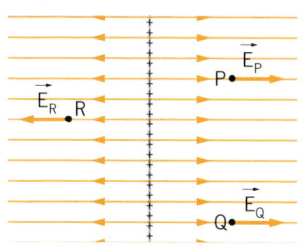

Figura 17 Le linee di campo elettrico dovute a un piano di carica sono parallele ed equidistanziate.

CAPITOLO 19 CAMPO ELETTRICO

ESEMPIO

Una distribuzione piana di carica elettrica presenta una densità uniforme di carica del valore $\sigma = 2{,}19 \times 10^{-8}$ C/m² ed è immersa in un isolante che ha costante dielettrica relativa $\varepsilon_r = 2{,}15$.

▶ Calcola il modulo E del campo elettrico generato dal piano di carica.

Il valore di E si ricava dalla formula (18):

$$E = \frac{\sigma}{2\varepsilon} = \frac{\sigma}{2\varepsilon_0 \varepsilon_r} = \frac{2{,}19 \times 10^{-8} \dfrac{\text{C}}{\text{m}^2}}{2 \times \left(8{,}854 \times 10^{-12} \dfrac{\text{C}^2}{\text{N} \cdot \text{m}^2}\right) \times 2{,}15} =$$

$$= 575 \frac{\cancel{\text{C}}}{\text{m}^2} \frac{\text{N} \cdot \cancel{\text{m}^2}}{\cancel{\text{C}^2}} = 575 \frac{\text{N}}{\text{C}}.$$

Proprietà di simmetria del campo elettrico generato dal piano infinito di carica

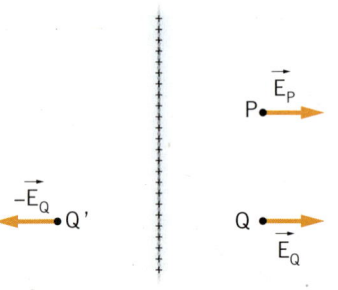

Per dimostrare la (18), bisogna in primo luogo dimostrare alcune proprietà del vettore $\vec{E}$. Queste proprietà si deducono dalle simmetrie del sistema fisico che stiamo esaminando e sono riassunte nella **figura 18**, in cui il piano di carica è visto in sezione e, per fissare le idee, supponiamo che la carica su di esso sia positiva:

Figura 18 I vettori campo elettrico generati da un piano infinito di carica sono perpendicolari al piano stesso. Alla stessa distanza dal piano, hanno lo stesso modulo.

- in ogni punto P che non appartiene al piano di carica, il vettore campo elettrico è perpendicolare al piano stesso;
- il vettore campo elettrico è lo stesso in tutti i punti che hanno la stessa distanza dal piano di carica e che stanno dalla stessa parte rispetto a esso;
- due punti che si trovano, alla stessa distanza, da parti opposte rispetto alla distribuzione di carica hanno campi elettrici uguali in modulo e in direzione, e opposti in verso.

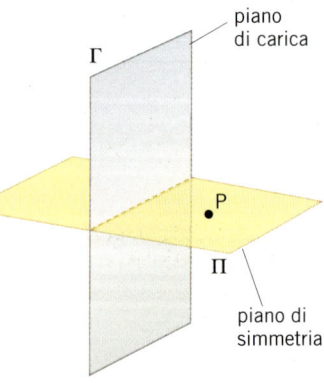

Figura 19 Simmetria del piano di carica Γ rispetto a un piano geometrico Π perpendicolare a Γ.

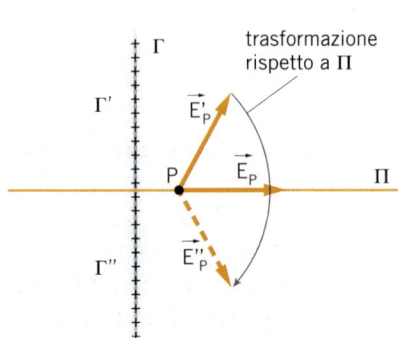

Figura 20 Il vettore $\vec{E}_P$, perpendicolare a Γ, rimane inalterato nella trasformazione.

Proprietà 1: il piano di carica Γ rimane inalterato se lo si sottopone a una trasformazione di *riflessione* rispetto al piano Π: le cariche, che si trovano sui due semipiani Γ' e Γ'', si scambiano, ma il piano di carica, nel suo complesso, non cambia. (**figura 19**).

Quindi anche il vettore campo elettrico in P, $\vec{E}_P$, deve rimanere invariato sotto tale riflessione. Perché ciò accada, $\vec{E}_P$ deve essere perpendicolare a Γ. Infatti, se il campo elettrico in P fosse inclinato come il vettore $\vec{E}'_P$, la riflessione trasformerebbe $\vec{E}'_P$ nel nuovo vettore $\vec{E}''_P$, diverso da $\vec{E}'_P$ (**figura 20**).

Così, sotto la trasformazione effettuata, si avrebbe che il piano di carica che genera il campo è rimasto inalterato, ma il suo effetto in *P* è cambiato. Ciò è assurdo e quindi il vettore campo elettrico in *P* deve essere perpendicolare al piano di carica.

Proprietà 2: il piano Γ rimane inalterato se lo si *trasla* lungo se stesso. Una traslazione di tale genere trasporta il punto *P* della **figura 21** nel punto *Q* (che ha la stessa distanza di *P* dal piano di carica). Di conseguenza, il vettore campo elettrico $\vec{E}_Q$ nel punto *Q* è il traslato di $\vec{E}_P$ e risulta, quindi, uguale a $\vec{E}_P$.

Proprietà 3: il piano di carica Γ rimane inalterato se si opera una trasformazione di riflessione rispetto a Γ stesso. In tale trasformazione il punto *Q* è trasformato nel punto *Q'* che si trova dalla parte opposta rispetto a Γ (**figura 22**) e il campo elettrico $\vec{E}'_Q$ in tale punto è uguale e opposto al campo elettrico $\vec{E}_Q$ in *Q*.

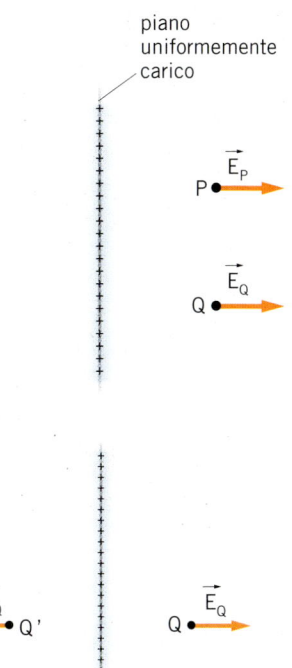

Figura 21 Una traslazione lungo Γ porta il punto *P* in un punto *Q* alla stessa distanza da Γ e in cui non può che esserci lo stesso campo elettrico.

Figura 22 Una riflessione rispetto a Γ porta *Q* nel punto *Q'*, alla stessa distanza da Γ; i campi elettrici nei due punti sono uguali e opposti.

Il modulo del campo elettrico generato da un piano infinito di carica

Sulla base delle osservazioni precedenti risulta conveniente scegliere una superficie gaussiana Ω di forma cilindrica, disposta perpendicolarmente al piano di carica e con le superfici di base equidistanti da esso (**figura 23**). Le due superfici di base, descritte dai vettori $\Delta\vec{S}_1$ e $\Delta\vec{S}_2$, hanno la stessa area ΔS e i due vettori campo elettrico $\vec{E}_1$ ed $\vec{E}_2$ hanno lo stesso modulo (incognito) *E*.

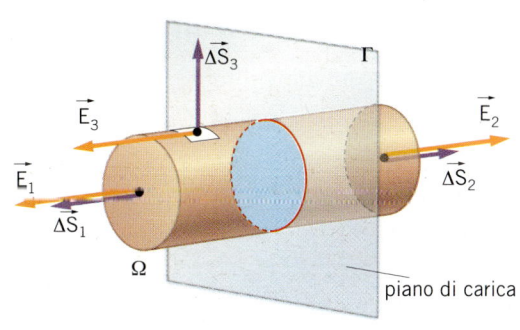

Figura 23 Superficie gaussiana cilindrica perpendicolare a Γ.

Il teorema di Gauss afferma che vale la relazione

$$\Phi_\Omega(\vec{E}) = \frac{\Delta Q}{\varepsilon}, \qquad (20)$$

dove ΔQ è la carica contenuta nella parte di piano (rappresentata in azzurro nella **figura 23**) che si trova all'interno del cilindro Ω.

$\Phi_\Omega(\vec{E})$ è dato dalla somma di tre contributi, due relativi alle basi $\Delta\vec{S}_1$ e $\Delta\vec{S}_2$ e il terzo proveniente dalla superficie laterale del cilindro. Però questo terzo contributo è nullo perché tale superficie laterale può essere scomposta in piccole parti il cui vettore superficie, come il vettore $\Delta\vec{S}_3$ della **figura 23**, è perpendicolare al corrispondente campo elettrico $\vec{E}_3$. Quindi il prodotto scalare $\vec{E}_3 \cdot \Delta\vec{S}_3$ è nullo, e anche la somma di tutti i contributi relativi alla superficie laterale di Ω è uguale a zero.

Prodotto scalare
Su ognuna delle due basi del cilindro i vettori campo elettrico e superficie sono paralleli e hanno lo stesso verso. Quindi il coseno dell'angolo compreso è uguale a 1.

Come conseguenza, la (**20**) può essere scritta nella forma

$$\vec{E}_1 \cdot \Delta\vec{S}_1 + \vec{E}_2 \cdot \Delta\vec{S}_2 = \frac{\Delta Q}{\varepsilon},$$

da cui si ottiene

$$E\Delta S + E\Delta S = 2E\Delta S = \frac{\Delta Q}{\varepsilon}.$$

Ricavando E tra il secondo e il terzo passaggio del calcolo precedente otteniamo

$$E = \frac{\Delta Q}{2\varepsilon\Delta S} = \frac{\Delta Q}{\Delta S} \cdot \frac{1}{2\varepsilon} = \frac{\sigma}{2\varepsilon},$$

che è la formula (**18**) enunciata in precedenza.

7 ALTRI CAMPI ELETTRICI CON PARTICOLARI SIMMETRIE

In modi analoghi a quello esposto nel paragrafo precedente si determinano i campi elettrici generati da altre distribuzioni di carica che possiedono simmetrie particolari. Per semplicità supponiamo che le cariche siano poste nel vuoto, ma se vi fosse un materiale isolante basterebbe sostituire alla costante dielettrica assoluta del vuoto ε_0 la costante dielettrica $\varepsilon = \varepsilon_r\varepsilon_0$ del materiale.

Distribuzione lineare infinita di carica

Consideriamo un «filo» infinito costituito da cariche elettriche disposte in modo uniforme. In un punto P a distanza r dal filo il campo elettrico ha

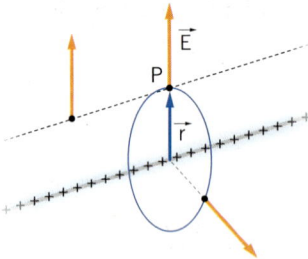

Figura 24 Proprietà geometriche del campo elettrico generato da una distribuzione lineare omogenea di carica.

- direzione perpendicolare al «filo» di carica (**figura 24**);
- verso uscente dalle cariche se sono positive, entrante se sono negative;
- intensità data dalla formula:

campo elettrico (N/C) — densità lineare di carica (C/m)

$$E = \frac{\lambda}{2\pi\varepsilon_0 r} \quad (21)$$

costante dielettrica del vuoto (C²/(N·m²))

Nella formula precedente il simbolo λ rappresenta la **densità lineare di carica**, definita come il rapporto

$$\lambda = \frac{\Delta Q}{\Delta l} \quad (22)$$

tra la carica ΔQ contenuta su un tratto della distribuzione lineare di carica e la lunghezza Δl di tale parte. Questa *grandezza unitaria* è numericamente uguale alla carica elettrica contenuta in un segmento, lungo 1 m, del «filo» di carica.

Campo elettrico all'esterno di una distribuzione sferica di carica

Utilizzando le simmetrie del sistema e il teorema di Gauss dimostreremo anche che

> nello spazio esterno a una distribuzione di carica con simmetria sferica il campo elettrico è uguale a quello che ci sarebbe se tutta la carica fosse concentrata nel centro della sfera.

Consideriamo una sfera di raggio R e che è composta da una carica totale Q. In un punto P a distanza r dal centro della sfera (con $r > R$) il campo elettrico ha, quindi,

- direzione radiale dal centro della sfera (figura 25);
- verso uscente se la carica è positiva, entrante se è negativa;
- intensità data dalla formula:

$$E = \frac{1}{4\pi\varepsilon_0} \frac{Q}{r^2} \quad (r \geq R) \qquad (23)$$

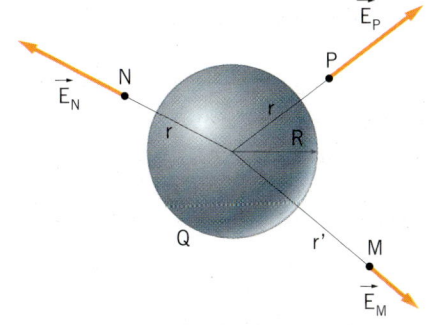

Figura 25 Il campo elettrico all'esterno di una distribuzione sferica di carica è lo stesso che si avrebbe se tutta la carica fosse concentrata nel centro della sfera.

Le proprietà precedenti valgono tutte le volte che la distribuzione di carica che genera il campo ha simmetria sferica. In particolare sono valide:

▶ sia quando la carica Q riempie in modo omogeneo una sfera di raggio R;

▶ sia quando la carica Q è distribuita in modo uniforme sulla superficie della sfera.

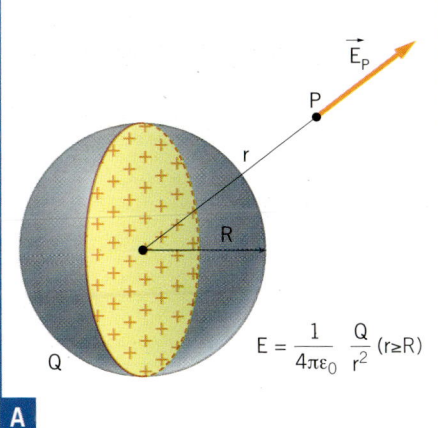

A

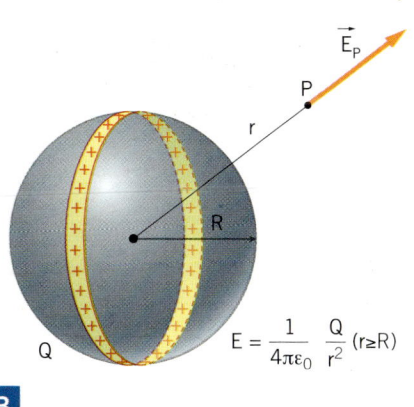

B

Campo elettrico all'interno di una sfera omogenea di carica

Consideriamo una carica Q distribuita omogeneamente in una sfera di raggio R.

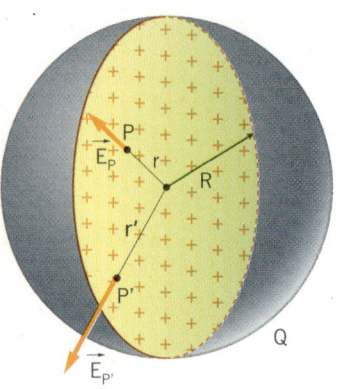

Figura 26 Campo elettrico all'interno di una distribuzione sferica omogenea di carica.

Il campo elettrico in un punto P all'*interno* della sfera, a distanza r dal suo centro ($r < R$), ha

> direzione radiale dal centro della sfera (figura 26);
> verso uscente se la carica è positiva, entrante se è negativa;
> intensità data dalla formula:

$$E = \frac{Q}{4\pi\varepsilon_0 R^3} r \quad (r \leq R) \tag{24}$$

Come si vede, all'interno della sfera, il campo elettrico è *direttamente proporzionale* alla distanza dal centro.

Analogia con il campo gravitazionale

Visto che la forza di Newton

$$F_N = G \frac{m_1 m_2}{r^2}$$

ha la stessa forma matematica della forza di Coulomb, anche per il campo gravitazionale valgono proprietà analoghe a quelle appena viste per il campo elettrico. In particolare,

> l'attrazione della Terra in un punto sulla superficie terrestre o al di sopra di essa è, con ottima approssimazione, quella che si avrebbe se tutta la massa della Terra fosse concentrata nel suo centro.

Inoltre, al centro della Terra il suo campo gravitazionale è nullo, mentre esso cresce man mano che si risale verso la superficie terrestre.

La forma della Terra
La Terra non è una sfera omogenea (è schiacciata ai Poli e le sue zone interne hanno una densità maggiore di quelle più superficiali), per cui alla Terra non si applicano esattamente le proprietà matematiche analoghe a quelle esposte per le sfere di carica.

8 DIMOSTRAZIONE DELLE FORMULE RELATIVE AI CAMPI ELETTRICI CON PARTICOLARI SIMMETRIE

Utilizzando il teorema di Gauss e le simmetrie dei vari sistemi fisici, in questo paragrafo dimostreremo le proprietà enunciate nel paragrafo precedente.

Le dimostrazioni saranno analoghe a quella che, nel paragrafo 6, è stata usata per ricavare il campo elettrico generato da una distribuzione piana di carica: prima si studieranno le simmetrie del sistema in esame e sulla base di esse si sceglierà in modo conveniente la forma di una superficie chiusa che permetta di applicare il teorema di Gauss.

Il campo di una distribuzione lineare infinita di carica

Per prima cosa compiliamo una tabella con le simmetrie del «filo» di carica e le proprietà del vettore campo elettrico che sono in accordo con tali simmetrie.

Simmetrie della distribuzione di carica		Proprietà del vettore campo elettrico
Rispetto a un piano che contiene il «filo» di carica e a un piano perpendicolare a esso.	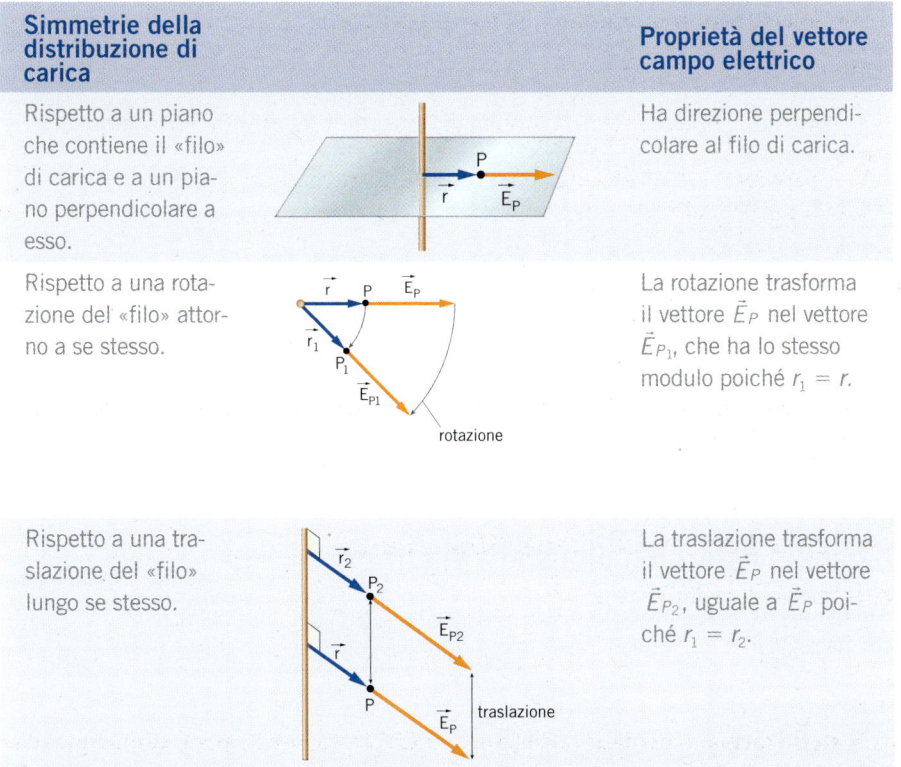	Ha direzione perpendicolare al filo di carica.
Rispetto a una rotazione del «filo» attorno a se stesso.		La rotazione trasforma il vettore $\vec{E}_P$ nel vettore $\vec{E}_{P_1}$, che ha lo stesso modulo poiché $r_1 = r$.
Rispetto a una traslazione del «filo» lungo se stesso.	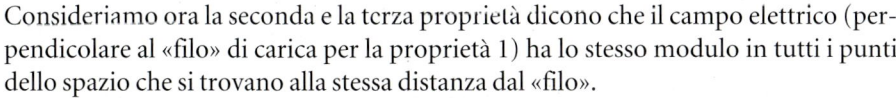	La traslazione trasforma il vettore $\vec{E}_P$ nel vettore $\vec{E}_{P_2}$, uguale a $\vec{E}_P$ poiché $r_1 = r_2$.

Consideriamo ora la seconda e la terza proprietà dicono che il campo elettrico (perpendicolare al «filo» di carica per la proprietà 1) ha lo stesso modulo in tutti i punti dello spazio che si trovano alla stessa distanza dal «filo».

Allora consideriamo una superficie gaussiana costituita da un cilindro chiuso di raggio r e lunghezza Δl, disposto in modo da avere l'asse di simmetria che coincide con la distribuzione di carica (figura 27).

Impostiamo i vari passaggi che conducono al calcolo di E.

- Il flusso $\Phi_C(\vec{E})$ è dato dalla somma di tre contributi, due relativi alle basi $\Delta \vec{S}_1$ e $\Delta \vec{S}_2$ e il terzo proveniente dalla superficie laterale del cilindro. Come si vede dalla figura 20, sulle basi i vettori superficie sono perpendicolari ai corrispondenti vettori campo elettrico, per cui questi due contributi al flusso sono nulli.
- Dividiamo la superficie laterale del cilindro in n parti praticamente piane e osserviamo che su ognuna di esse il vettore superficie $\Delta \vec{S}_i$ è parallelo al corrispondente campo elettrico $\vec{E}_i$, per cui (ricordando che tutti i vettori $\vec{E}_i$ hanno lo stesso modulo E) si ha $\vec{E}_i \cdot \Delta \vec{S}_i = E_i \Delta S_i = E \Delta S_i$.
- Visto che i due flussi del campo elettrico attraverso le basi sono nulli, $\Phi_C(\vec{E})$ è uguale al flusso calcolato attraverso la superficie laterale, che risulta:

$$\Phi_C(\vec{E}) = \vec{E}_1 \cdot \Delta \vec{S}_1 + \vec{E}_2 \cdot \Delta \vec{S}_2 + ... + \vec{E}_n \cdot \Delta \vec{S}_n =$$
$$= E_1 \Delta S_1 + E_2 \Delta S_2 + ... + E_n \Delta S_n =$$
$$= E_1(\Delta S_1 + \Delta S_2 + ... + \Delta S_n) = E S_C$$

dove

$$S_C = 2\pi r \Delta l$$

è l'area della superficie laterale del cilindro, ottenuta come somma delle aree di tutte le piccole parti in cui essa era stata suddivisa. Così si ottiene

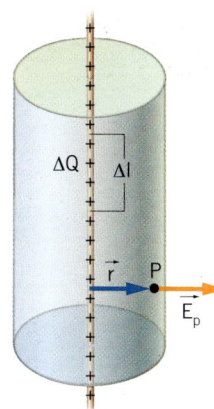

Figura 27 Scegliamo una superficie gaussiana cilindrica, centrata sul «filo» di carica.

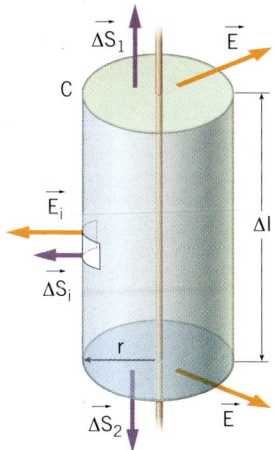

Figura 28 Sulle basi il vettore superficie è perpendicolare al corrispondente vettore campo elettrico. Sulla superficie laterale questi due vettori sono ovunque paralleli.

$$\Phi_C(\vec{E}) = ES_C = 2\pi r\, \Delta l\, E.$$

- Il cilindro contiene una quantità di carica pari a ΔQ. Possiamo quindi sostituire l'espressione precedente nel teorema di Gauss $\Phi_C(\vec{E}) = \Delta Q/\varepsilon_0$ trovando

$$2\pi r\, \Delta l\, E = \frac{\Delta Q}{\varepsilon_0},$$

da cui isoliamo il modulo del campo elettrico

$$E = \frac{\Delta Q}{\Delta l} \frac{1}{2\pi\varepsilon_0 r} = \frac{\lambda}{2\pi\varepsilon_0 r}.$$

L'ultima espressione ottenuta è la formula (**21**) del paragrafo precedente, che risulta così dimostrata.

Il campo esterno a una sfera di carica

Anche questa volta esaminiamo le simmetrie di una distribuzione sferica di carica, che ha raggio R.

Simmetrie della distribuzione di carica		Proprietà del vettore campo elettrico
Rispetto a un piano che passa per il centro della sfera.		1. Ha direzione radiale rispetto al centro della sfera.
Rispetto a una rotazione qualunque attorno al centro della sfera.		2. La rotazione trasforma il vettore $\vec{E}_P$ nel vettore $\vec{E}_{P_1}$, che ha lo stesso modulo poiché $r = r_1$.

Per la seconda proprietà, il modulo E del campo elettrico è lo stesso in tutti i punti che hanno la stessa distanza dal centro della distribuzione sferica. Quindi è conveniente utilizzare una superficie gaussiana Ω che ha la forma di una sfera di raggio r (con $r > R$).

In più, per la prima proprietà, il campo elettrico è radiale, per cui in ogni piccola calotta della sfera il vettore campo elettrico $\vec{E}_i$ è parallelo al corrispondente vettore superficie $\Delta \vec{S}_i$ (**figura 29**).

Vediamo ora come è possibile determinare il valore di E.

- Le due proprietà sopra esposte (campo radiale e con lo stesso modulo in tutti i punti della superficie sferica) sono proprio quelle che, nella dimostrazione del teorema di Gauss del paragrafo 6, hanno permesso di ricavare l'espressione (**16**):

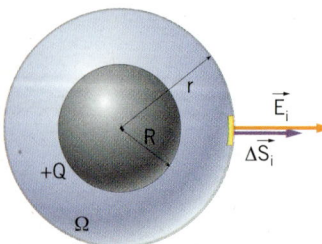

Figura 29 In ogni piccola calotta piana in cui può essere suddivisa la superficie gaussiana sferica, il vettore campo elettrico e il vettore superficie sono paralleli.

$$\Phi_\Omega(\vec{E}) = ES_\Omega,$$

dove $S_\Omega = 4\pi r^2$ è l'area della sfera di raggio r; così, dalla formula precedente si può ricavare

$$E = \frac{\Phi_\Omega(\vec{E})}{S_\Omega} = \frac{\Phi_\Omega(\vec{E})}{4\pi r^2}. \qquad (25)$$

- Inoltre, per il teorema di Gauss si ha

$$\Phi_\Omega(\vec{E}) = \frac{Q_{tot}}{\varepsilon_0};$$

in questo modo la formula (25) si riscrive come

$$E = \Phi_\Omega(\vec{E})\frac{1}{4\pi r^2} = \frac{1}{4\pi\varepsilon_0}\frac{Q_{tot}}{r^2}. \qquad (26)$$

- Nel caso che stiamo esaminando, tutta la carica Q della distribuzione sferica è contenuta all'interno della superficie gaussiana. Quindi si ha $Q_{tot} = Q$ e l'espressione (26) diviene

$$E = \frac{1}{4\pi\varepsilon_0}\frac{Q}{r^2},$$

che è proprio la precedente formula (23), ora dimostrata.

Il campo all'interno di una distribuzione sferica omogenea di carica

Infine, consideriamo ora il caso in cui il punto P in cui vogliamo conoscere il vettore campo elettrico si trova all'interno di una distribuzione sferica omogenea di carica elettrica.

- Le simmetrie del sistema sono ancora quelle della sfera; quindi rimangono valide quelle individuate nel caso precedente. L'unica differenza è che, ora, la distanza r tra il punto P e il centro della sfera è minore del raggio R della sfera stessa.
- Come mostra la **figura 30**, anche questa volta scegliamo come superficie gaussiana Ω una sfera di raggio r concentrica alla distribuzione di carica. A differenza di prima, la sfera Ω risulta interna alla sfera di carica.
- Visto che le proprietà generali sono le stesse del caso precedente, continua a valere la formula (26), dove Q_{tot} è la parte della carica Q contenuta nella sfera Ω.
- Per ipotesi, nella sfera di raggio R la carica elettrica è distribuita in modo uniforme. Quindi Q_{tot} sta alla carica totale Q come il volume $4\pi r^3/3$ della sfera di raggio r sta al volume $4\pi R^3/3$ della sfera grande, di raggio R:

$$\frac{Q_{tot}}{Q} = \frac{\frac{4}{3}\pi r^3}{\frac{4}{3}\pi R^3} = \frac{r^3}{R^3} \;\Rightarrow\; Q_{tot} = Q\frac{r^3}{R^3}.$$

- Sostituendo l'ultima espressione nell'equazione (26) si ottiene

$$E = \frac{1}{4\pi\varepsilon_0}\frac{Q_{tot}}{r^2} = \frac{1}{4\pi\varepsilon_0}\frac{1}{r^2}Q\frac{r^3}{R^3} = \frac{Q}{4\pi\varepsilon_0 R^3}r,$$

che è la formula (24) del paragrafo precedente.

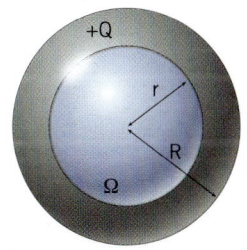

Figura 30 La superficie gaussiana Ω è una sfera concentrica alla sfera di carica e interna a essa.

CAPITOLO 19 — CAMPO ELETTRICO

	CAMPO GRAVITAZIONALE	**CAMPO ELETTRICO**
Sorgente	masse	cariche elettriche
Definizione	Data una massa di prova m cui agisce una forza gravitazionale $\vec{F_g}$: $$\vec{g} = \frac{\vec{F_g}}{m}$$	Data una carica di prova q^+ su cui agisce una forza elettrica $\vec{F_e}$: $$\vec{E} = \frac{\vec{F_e}}{q^+}$$
Modulo del campo generato da una sorgente puntiforme	$$g = G\frac{M}{r^2}$$	$$E = k\frac{Q}{r^2}$$
Linee di campo	Le linee di campo sono dirette verso la massa che genera il campo.	Le linee di campo escono dalla carica positiva ed entrano nella carica negativa.
	Campo generato da due masse: le linee di campo entrano nelle masse. Nella zona compresa tra le due masse, le linee di campo sono più rade in quanto il campo totale è molto debole o nullo.	Campo generato da due cariche negative uguali: le linee di campo entrano nelle cariche. Campo generato da due cariche positive uguali: le linee di campo escono dalle cariche. Campo generato da due cariche uguali e opposte: le linee escono dalla carica $+$ ed entrano nella carica $-$.
Distribuzione sferica	Nello spazio esterno, il campo gravitazionale di un pianeta è lo stesso che si avrebbe se tutta la sua massa fosse concentrata nel suo centro.	Nello spazio esterno, il campo elettrico di una distribuzione di carica con simmetria sferica è lo stesso che si avrebbe se tutta la carica fosse concentrata nel centro di simmetria.

I CONCETTI E LE LEGGI

MAPPA INTERATTIVA

IL CAMPO ELETTRICO

Una carica elettrica modifica le proprietà dello spazio in cui essa si trova; una seconda carica si muove secondo le proprietà dello spazio modificato dalla prima.

Campo elettrico

$$\vec{E} = \frac{\vec{F}}{q} \qquad \text{campo elettrico} = \frac{\text{forza sulla carica di prova}}{\text{carica di prova}}$$

- È il rapporto tra la forza che agisce sulla carica di prova e la carica stessa.
- Si misura in $\frac{N}{C}$ oppure $\frac{V}{m}$.

Linee di campo

- Sono utilizzate per rappresentare il campo elettrico.
- In ogni punto sono tangenti al campo elettrico.
- Il vettore $\vec{E}$ ha il verso delle linee di campo.
- Il modulo di $\vec{E}$ in una regione è proporzionale alla densità di linee di campo in quella regione.

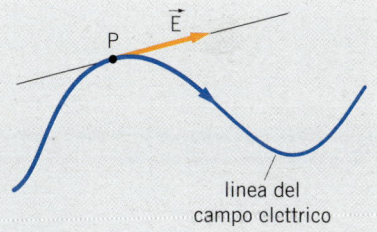
linea del campo elettrico

Carica puntiforme

Modulo del campo elettrico

$$E = \frac{1}{4\pi\varepsilon} \frac{Q}{r^2}$$

$$\text{campo elettrico} = \frac{1}{4\pi \cdot \text{costante dielettrica assoluta mezzo}} \cdot \frac{\text{carica elettrica}}{(\text{distanza})^2}$$

- Non dipende dalla carica di prova q.

Direzione

Radiale rispetto a Q

Verso

- Ha verso entrante nelle cariche negative.

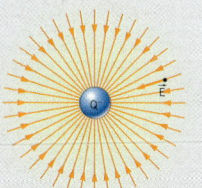

- Uscente dalle cariche positive.

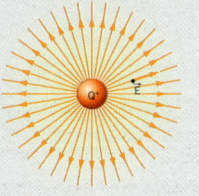

Più cariche puntiformi

Campo elettrico

$$\vec{E} = \vec{E}_1 + \vec{E}_2$$

campo elettrico totale =
= campo elettrico + 1campo elettrico 2

Principio di sovrapposizione: i diversi campi elettrici in uno stesso punto si sommano con la regola del parallelogramma.

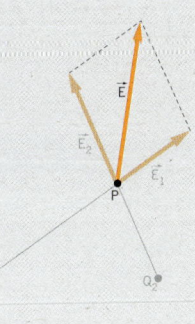

679

I CONCETTI E LE LEGGI

MAPPA INTERATTIVA

IL TEOREMA DI GAUSS

Il teorema di Gauss permette di determinare il campo elettrico generato da distribuzioni di carica con particolari simmetrie.

Flusso del vettore campo elettrico

- Caso semplice (superficie piana e campo $\vec{E}$ uniforme):
$$\Phi_{\vec{S}}(\vec{E}) = \vec{E} \cdot \vec{S} = ES \cos \alpha$$
- Caso generale (superficie suddivisa in porzioni così piccole da essere considerate piane):
$$\Phi_{\Omega}(\vec{E}) = \sum \Delta \Phi_i(\vec{E}) = \sum \vec{E}_i \cdot \Delta \vec{S}_i = \sum E_i \Delta S_i \cos \alpha_i$$
- È il prodotto scalare fra il campo elettrico $\vec{E}$ e la superficie orientata sul quale il campo elettrico è costante.
- È massimo quando il campo elettrico e il vettore superficie sono paralleli, è zero quando sono perpendicolari.
- Si misura in $\dfrac{N \cdot m^2}{C}$.

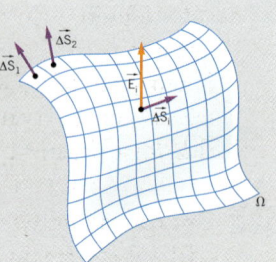

Teorema di Gauss per l'elettrostatica

$$\Phi_{\Omega}(\vec{E}) = \frac{Q_{tot}}{\varepsilon}$$

flusso del campo elettrico = $\dfrac{\text{carica totale}}{\text{costante dielettrica assoluta del mezzo}}$

- Il flusso del campo elettrico attraverso una superficie chiusa è direttamente proporzionale alla carica totale contenuta all'interno della superficie.
- Il flusso del campo elettrico è zero se la superficie non racchiude nessuna carica al suo interno.
- Il valore del flusso non dipende dalla forma della superficie, purché sia chiusa.

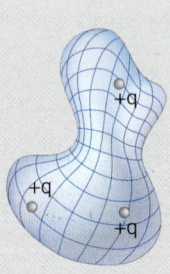

Vettore superficie

Si definisce per una superficie piana S immersa nello spazio.

- Ha direzione perpendicolare alla superficie.
- Ha modulo pari all'area della superficie.
- Ha verso arbitrario se la superficie è aperta, verso uscente se la superficie è chiusa.

Applicazioni del teorema di Gauss

Distribuzione piana infinita di carica

$E = \dfrac{\sigma}{2\varepsilon}$ (σ: densità superficiale di carica)

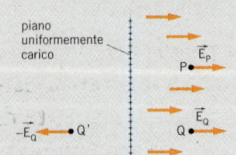

Il vettore $\vec{E}$ ha:
- direzione perpendicolare al piano di carica.
- verso uscente dal piano (carica positiva), entrante (carica negativa).

Distribuzione lineare infinita di carica

$E = \dfrac{\lambda}{2\pi\varepsilon_0 r}$ (λ: densità lineare di carica)

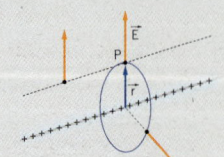

Il vettore $\vec{E}$ ha:
- direzione perpendicolare al «filo» di carica.
- verso uscente dal «filo» (cariche positive), entrante (negative).

Distribuzione di carica con simmetria sferica

$E = \dfrac{1}{4\pi\varepsilon_0} \dfrac{Q}{r^2}$ ($r \geq R$)

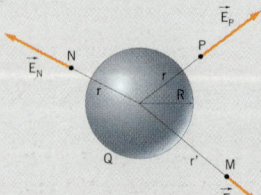

Il campo elettrico è lo stesso che si avrebbe se tutta la carica fosse concentrata nel centro della sfera.

Distribuzione di carica omogenea con simmetria sferica

$E = \dfrac{Q}{4\pi\varepsilon_0 R^3} r$ ($r \leq R$)

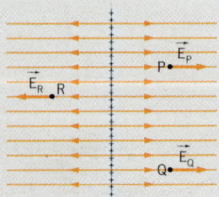

Il vettore $\vec{E}$ ha:
- direzione radiale.
- verso uscente (carica positiva), entrante (negativa).

ESERCIZI

DOMANDE SUI CONCETTI

1 Un punto materiale con carica elettrica positiva è in moto in una regione di spazio in cui è presente un campo elettrico uniforme.

▶ Cosa puoi dedurre relativamente alla direzione e al verso dell'accelerazione e della velocità del punto materiale? Come cambierebbe la risposta nel caso in cui la carica elettrica del punto materiale fosse negativa?

2 Una carica puntiforme genera un campo elettrico di valore E in un punto P che si trova a distanza d dalla carica stessa.

▶ Quale sarà il valore del campo elettrico generato dalla carica a una distanza tripla? $\frac{1}{9}$

3 Il valore del campo elettrico generato da una carica puntiforme immersa nell'acqua distillata è maggiore, uguale o ~~minore~~ di quello generato dalla stessa carica nel vuoto? $E = \frac{1}{4\pi\varepsilon_0} \cdot \frac{Q_q}{r^2}$

80 ca H₂O

4 Le linee del campo elettrico generato da due cariche puntiformi sono rappresentate nella figura.

▶ Cosa puoi dedurre relativamente al segno e al valore delle due cariche?

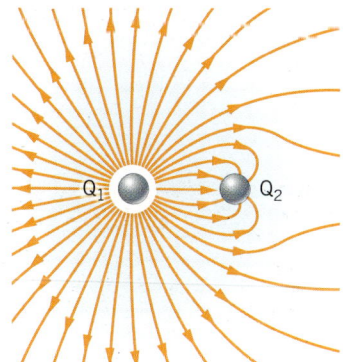

5 Due cariche puntiformi q_1 e q_2 si trovano a distanza d l'una dall'altra. Lungo il segmento che congiunge le due cariche si trova un punto O nel quale il campo elettrico totale generato dalle due cariche è nullo.

▶ Cosa puoi dedurre relativamente al segno delle due cariche elettriche?

6 Considera la situazione descritta nella domanda precedente. Supponi che la distanza tra q_1 e il punto O sia pari a un terzo della lunghezza del segmento che congiunge le due cariche.

▶ Cosa puoi dedurre relativamente ai valori delle cariche q_1 e q_2?

7 Un campo vettoriale uniforme di intensità v ha una portata q attraverso una superficie quadrata di lato L. Supponi di dimezzare il lato L della superficie.

▶ Quanto deve valere l'intensità del campo per avere la stessa portata q?

8 Diverse cariche elettriche sono distribuite in una determinata zona di spazio. Considera una superficie sferica chiusa.

▶ È necessario conoscere il valore di tutte le cariche presenti per determinare il valore del flusso del campo elettrico attraverso quella superficie?

9 In una zona di spazio vuoto caratterizzata da un campo elettrico uniforme, considera una superficie chiusa S contenente una sola carica elettrica.

▶ Il valore del flusso del campo elettrico attraverso la superficie chiusa ci fornisce informazioni sul valore della carica elettrica? E sulla sua posizione precisa?

10 Considera un piano infinito elettricamente carico. Una carica di prova posta a distanza r dal piano, risente di una forza elettrica di valore F.

▶ Come cambia la forza se la carica è posta a distanza tripla ($3r$) dal piano?

11 Due piani infiniti disposti parallelamente l'uno all'altro sono entrambi dotati di una carica elettrica distribuita uniformemente. Nella parte di spazio compresa tra i due piani esiste un punto in cui il campo elettrico totale è nullo.

▶ Cosa è possibile dedurre sulle densità di carica dei due piani?

▶ È possibile inoltre dedurre informazioni sul valore del campo elettrico in altri punti dello spazio compreso tra i due piani?

ESERCIZI

12 Considera un filo infinito elettricamente carico. Una carica di prova posta a distanza r dal filo risente di una forza elettrica di valore F.

▶ Come cambia la forza se la carica è posta a distanza doppia ($2r$) dal filo?

13 Considera un filo infinito elettricamente carico. Una carica elettrica è in moto su una traiettoria circolare attorno al filo, che appartiene a un piano perpendicolare al filo stesso.

▶ Si tratta di un fenomeno fisicamente possibile? In caso affermativo, a quali condizioni?

14 Considera una sfera omogenea di carica di raggio R. Il campo elettrico generato dalla sfera assume valore E in un punto A situato a distanza d dal centro pari a un terzo del raggio.

▶ Puoi ricavare il valore che assume il campo in un punto B situato a distanza $2d$ dal centro? E in un punto C a distanza $4d$?

PROBLEMI

1 IL VETTORE CAMPO ELETTRICO

1 Una carica $q = 3{,}6 \times 10^{-3}$ C è collocata in un punto dello spazio in cui è presente un campo elettrico di modulo pari a 25 N/C.

▶ Calcola l'intensità della forza elettrostatica che agisce sulla carica.

▶ È possibile dire in che direzione e verso si sposterà la carica una volta lasciata libera di muoversi?

[$9{,}0 \times 10^{-2}$ N]

2 Un corpo puntiforme di massa $m = 6{,}15 \times 10^{-3}$ kg e carica $q = 0{,}273$ C si muove in un campo elettrico uniforme, diretto verso l'alto, di intensità $E = 10$ N/C.

▶ Nell'ipotesi di poter trascurare l'effetto della forza gravitazionale, determina il vettore accelerazione del corpo.

▶ Verifica se l'assunzione di trascurare la forza peso del corpo puntiforme sia plausibile.

[$4{,}4 \times 10^2$ m/s²]

3 ★★ Nella figura è rappresentato il vettore $\vec{E}$, di modulo pari a 70 N/C, in un punto A. Nello stesso punto c'è una particella puntiforme di carica $q = 5{,}0 \times 10^{-4}$ C e massa $m = 0{,}71$ kg.

▶ Disegna il vettore forza che agisce su q, usando la scala 1 cm → 10^{-2} N.

▶ Disegna il vettore accelerazione della particella, usando la scala 1 cm → 10^{-2} m/s².

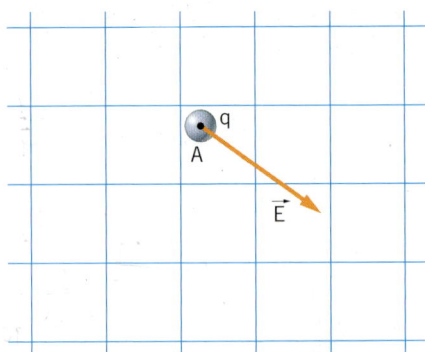

4 ★★ La figura mostra una particella di carica $q = -3{,}50 \times 10^{-4}$ C in quiete su un piano orizzontale senza attrito, attaccata a una molla di costante elastica $k = 14{,}5$ N/m e sottoposta a un campo elettrico uniforme $E = 1{,}75 \times 10^3$ N/C diretto come nella figura.

▶ La molla si comprime o si dilata? Giustifica la risposta senza calcoli.

▶ Determina la deformazione della molla.

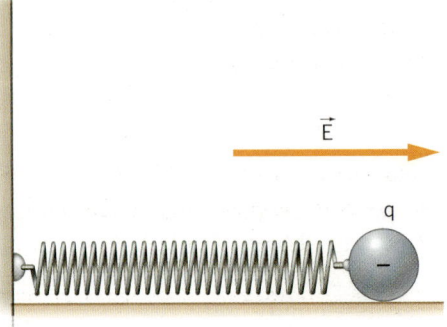

[si comprime; $4{,}22 \times 10^{-2}$ m]

2 IL CAMPO ELETTRICO DI UNA CARICA PUNTIFORME

5 ★★★ **PROBLEMA SVOLTO**

Una carica positiva Q di 3,19 nC genera un campo elettrico.

▶ Determina il vettore campo elettrico in un punto B posto nel vuoto a 13,7 cm di distanza da Q.

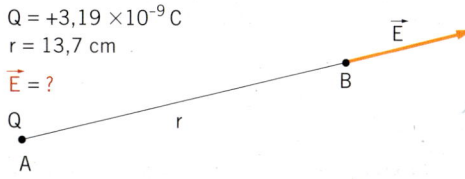

■ **Strategia e soluzione**

Indichiamo con A il punto in cui si trova la carica puntiforme Q. Il campo elettrico $\vec{E}$ in B è un vettore con le seguenti caratteristiche:

- la direzione è data dal segmento AB;
- visto che Q è positiva, il verso di $\vec{E}$ è quello uscente da Q, cioè quello che va da A verso B;
- il valore di $\vec{E}$ è dato dalla formula

$$E = k_0 \frac{Q}{r^2} = \left(8,99 \times 10^9 \, \frac{\text{N} \cdot \text{m}^2}{\text{C}^2}\right) \times \frac{3,19 \times 1,0^{-9} \, \text{C}}{(0,137 \, \text{m})^2} = 1,53 \times 10^3 \, \frac{\text{N}}{\text{C}}.$$

■ **Discussione**

L'ordine di grandezza di k_0 è 10^{10} N·m²/C², quello di Q è 10^{-9} C e quello di r è 0,1 m. Quindi l'ordine di grandezza del risultato è

$$10^{10} \, \frac{\text{N} \cdot \text{m}^2}{\text{C}^2} \times \frac{10^{-9} \, \text{C}}{(0,1 \, \text{m})^2} = \frac{10^{10-9}}{(10^{-1})^2} \, \frac{\text{N} \cdot \text{m}^2}{\text{C}^2 \cdot \text{m}^2} = 10^{1-(-2)} \, \frac{\text{N}}{\text{C}} = 10^3 \, \frac{\text{N}}{\text{C}}.$$

Questo ordine di grandezza concorda con quello del risultato ottenuto prima.

---

6 ★ Una carica Q si trova nel vuoto e produce in un punto P un campo elettrico di modulo $2,0 \times 10^4$ N/C. Il punto P si trova a una distanza di 40 cm da Q.

▶ Determina il valore di Q.

▶ Determina il campo elettrico che genererebbe la stessa carica Q nel punto P se fosse in olio invece che nel vuoto ($\varepsilon_r = 2,5$).

[0,36 µC; 8,1×10³ N/C]

7 Una carica Q di $8,0 \times 10^{-5}$ C genera un campo elettrico nello spazio vuoto circostante. Un carica di prova di 2,0 µC risente di una forza di 1,0 N.

▶ A che distanza da Q si trova la carica di prova?

[1,2 m]

8 Una carica $Q = 3,0 \times 10^{-5}$ C genera un campo elettrico di modulo $1,35 \times 10^5$ N/C a una distanza di 40,0 cm.

▶ Stabilisci se la carica si trova nel vuoto.

▶ In caso di risposta negativa, determina il materiale in cui si trova (vedi tabella nella teoria).

[$\varepsilon_r = 12$; silicio]

9 Una carica puntiforme $Q = 3 \times 10^{-3}$ C è fissata in un punto dello spazio vuoto. Una seconda carica q di massa $m = 4,2 \times 10^{-3}$ kg si trova alla distanza di 2 m dalla prima e, lasciata libera, inizia a muoversi con un'accelerazione di 5 m/s².

▶ Calcola il valore di q.

[3×10^{-9} C]

10 ★★★ Un protone genera nello spazio vuoto circostante un campo elettrico e un campo gravitazionale.

683

ESERCIZI

▶ Calcola il rapporto tra il modulo del campo elettrico e il modulo del campo gravitazionale generati dal protone in un punto a distanza r.

($m_p = 1,67 \times 10^{-27}$ kg; $e = 1,6 \times 10^{-19}$ C;
$G = 6,67 \times 10^{-11}$ (N · m²)/kg²)

[$1,3 \times 10^{28}$ kg/C]

11 ★★ La figura rappresenta una sferetta di massa $m = 3,15 \times 10^{-3}$ kg e di carica elettrica q, in quiete su un piano inclinato di 30,0°, in assenza di attrito. La sferetta è immersa in un campo elettrico uniforme di intensità $E = 4,45 \times 10^4$ N/C come indicato nella figura.

▶ Determina, senza fare calcoli, il segno della carica q.

▶ Determina il valore di q.

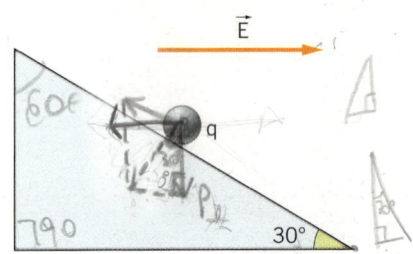

[carica negativa; $-4,01 \times 10^{-7}$ C]

3 LE LINEE DEL CAMPO ELETTRICO

12 ★ **PROBLEMA SVOLTO**

Due cariche $Q_1 = 6,0$ pC e $Q_2 = -6,0$ pC sono separate da una distanza $L = 8,2$ cm e poste nel vuoto.

▶ Qual è il vettore campo elettrico nel punto medio M tra le posizioni occupate dalle due cariche?

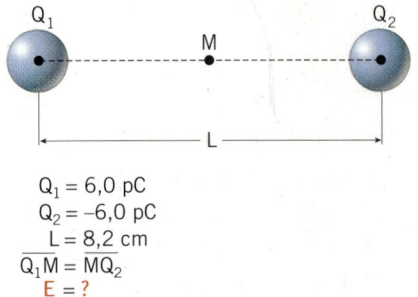

$Q_1 = 6,0$ pC
$Q_2 = -6,0$ pC
$L = 8,2$ cm
$\overline{Q_1M} = \overline{MQ_2}$
$E = ?$

■ **Strategia e soluzione**

• Le due cariche Q_1 e Q_2, da sole, genererebbero nel punto M i due campi elettrici descritti, rispettivamente, dai vettori $\vec{E}_1$ ed $\vec{E}_2$. Il vettore campo elettrico $\vec{E}$ che si osserva nel punto M è la somma di questi due vettori:

$$\vec{E} = \vec{E}_1 + \vec{E}_2.$$

• Come si vede dalla figura a fianco, i due vettori $\vec{E}_1$ ed $\vec{E}_2$ sono paralleli e hanno lo stesso verso. Infatti il primo è uscente dalla carica positiva Q_1 e il secondo è diretto verso la carica negativa Q_2. Inoltre hanno lo stesso modulo, perché le due cariche Q_1 e Q_2 sono uguali in modulo e M è nel punto medio tra esse. Quindi possiamo scrivere la relazione

 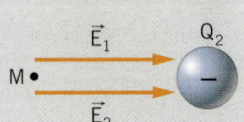

$$\vec{E} = 2\vec{E}_1,$$

che ci fornisce la direzione e il verso del campo elettrico $\vec{E}$.

- Il modulo di $\vec{E}$ si calcola conoscendo quello di $\vec{E}_1$:

$$E = 2E_1 = 2k_0 \frac{Q_1}{(L/2)^2} = 8k_0 \frac{Q_1}{L^2}.$$

- Sostituendo i valori numerici si ottiene

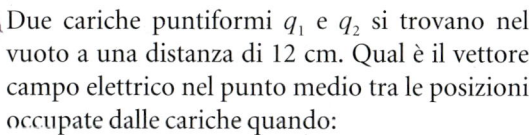

il modulo del campo elettrico in M è di circa 64 N/C.

■ **Discussione**

Se le due cariche Q_1 e Q_2 sono uguali in modulo e in segno, il campo elettrico nel punto medio M tra di esse risulta nullo, perché i due vettori $\vec{E}_1$ ed $\vec{E}_2$ generati dalle due cariche hanno stessa direzione, stesso modulo e versi opposti.

13 Due cariche puntiformi q_1 e q_2 si trovano nel vuoto a una distanza di 12 cm. Qual è il vettore campo elettrico nel punto medio tra le posizioni occupate dalle cariche quando:

▶ $q_1 = q_2$?

▶ $q_1 = 2{,}4 \times 10^{-3}$ C e $q_2 = -1{,}2 \times 10^{-3}$ C?

[0 N/C; $9{,}0 \times 10^9$ N/C]

14 Tre cariche uguali pari a $8{,}9 \times 10^{-4}$ C sono poste nel vuoto ai vertici di un triangolo equilatero di lato $l = 3{,}0$ m. Calcola quanto vale il campo elettrico:

▶ nel baricentro del triangolo.

▶ nel punto medio di uno dei lati.

[0 N/C; $1{,}2 \times 10^6$ N/C]

15 Due cariche puntiformi positive sono immerse in un mezzo di costante dielettrica $\varepsilon_r = 1{,}8$ a una distanza di 1,5 m. La carica q_1 vale $5{,}2 \times 10^{-3}$ C. Il campo elettrico totale si annulla in un punto che dista 0,50 m da q_1 e appartiene al segmento che congiunge le due cariche.

▶ Quanto vale q_2?

▶ Sposti le cariche nel vuoto: il campo elettrico si annulla in una posizione diversa?

[$2{,}1 \times 10^{-2}$ C]

16 La figura mostra due cariche Q uguali, poste agli estremi di un segmento AB di lunghezza $d = 40{,}3$ cm. Il vettore campo elettrico generato dalle due cariche nel punto C, terzo vertice di un triangolo rettangolo isoscele, è rappresentato nella figura e ha intensità $EC = 1{,}50 \times 10^6$ N/C.

▶ Determina il modulo e il segno delle cariche Q.

▶ Determina il vettore campo elettrico in un punto D del segmento AB tale che $AD = 2DB$.

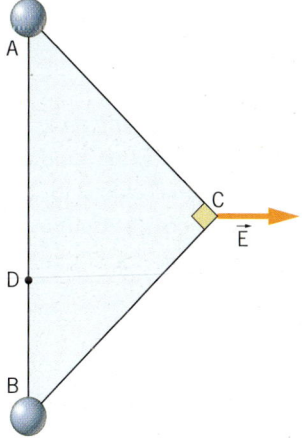

[9,57 μC; $3{,}60 \times 10^6$ N/C]

ESERCIZI

4 IL FLUSSO DI UN CAMPO VETTORIALE ATTRAVERSO UNA SUPERFICIE

17 ★☆☆ **PROBLEMA SVOLTO**

Una grata rettangolare, che racchiude un'area di 0,480 m², è inserita in una conduttura dove fluisce acqua alla velocità di 2,75 m/s. Rispetto alla direzione della velocità dell'acqua, la grata è inclinata di 60°.

▶ Calcola la portata dell'acqua attraverso la grata.

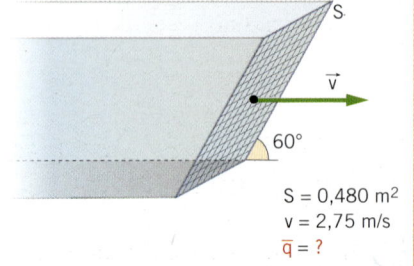

$S = 0{,}480 \text{ m}^2$
$v = 2{,}75 \text{ m/s}$
$\overline{q} = ?$

■ Strategia e soluzione

- Visto che il profilo della grata è inclinato di 60° rispetto al vettore velocità $\vec{v}$ dell'acqua, l'angolo α tra lo stesso $\vec{v}$ e il vettore superficie $\vec{S}$, che è perpendicolare alla grata, vale 30° (figura a lato).

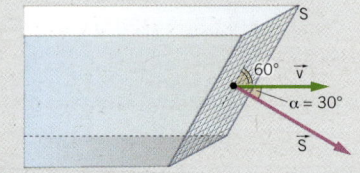

- Sostituendo i valori numerici nella formula **(6)** troviamo quindi

$$q = Sv \cos \alpha =$$
$$= (0{,}480 \text{ m}^2) \times \left(2{,}75 \frac{\text{m}}{\text{s}}\right) \times \cos 30° =$$
$$= \left(1{,}32 \frac{\text{m}^3}{\text{s}}\right) \times \frac{\sqrt{3}}{2} = 1{,}14 \frac{\text{m}^3}{\text{s}}.$$

■ Discussione

Se la stessa grata fosse perpendicolare al moto dell'acqua, attraverso di essa si avrebbe una portata di 1,32 m³/s; dal momento che essa è inclinata di 60°, la portata si riduce a 1,14 m³/s.

---

18 ★☆☆ Una griglia quadrata di superficie $S = 4{,}00$ m² viene inserita all'interno di una conduttura in cui l'acqua si muove con una velocità di 7,5 m/s. La portata dell'acqua attraverso la griglia è di 15 m³/s.

▶ Determina l'inclinazione della cornice rispetto alla velocità.

[30°]

19 ★★☆ Una grata circolare di raggio pari a 1,00 m si trova immersa in una conduttura in cui l'acqua scorre con una velocità $\vec{v}$ uniforme. La grata è inclinata di 45° rispetto alla direzione di $\vec{v}$ e la portata attraverso di essa è 32,7 m³/s.

▶ Quanto vale il modulo della velocità?

La grata viene ruotata in modo tale da essere inclinata di un angolo di 60° rispetto alla direzione di $\vec{v}$.

▶ Di quanto dovrebbe diminuire la superficie affinché la portata non cambi?

[15 m/s; 0,57 m²]

20 ★★☆ Nella figura è rappresentata una manica a vento che si gonfia sotto l'azione del vento. L'imboccatura è circolare e ha raggio R, mentre la lunghezza complessiva è d. Il vento si muove con velocità costante di modulo v e direzione perpendicolare all'imboccatura.

▶ Calcola il flusso del vettore velocità dell'aria attraverso l'imboccatura della manica.

(*Suggerimento*: la superficie dell'imboccatura assieme alla superficie laterale costituiscono una superficie chiusa…)

[$R^2\pi v$]

5 IL FLUSSO DEL CAMPO ELETTRICO E IL TEOREMA DI GAUSS

21 In una zona di spazio vuoto sono presenti tre cariche elettriche: $q_1 = 3{,}75 \times 10^{-4}$ C, $q_2 = -4{,}58 \times 10^{-4}$ C e $q_3 = 6{,}18 \times 10^{-4}$ C.

Considera tre superfici chiuse: S_A contenente solo q_1 e q_2, S_B contenente solo q_2 e q_3 ed S_C contenente tutte e tre le cariche.

▶ Calcola i flussi del campo elettrico attraverso le tre superfici S_A, S_B e S_C.

▶ Determina il segno e il modulo della carica Q da aggiungere per annullare il flusso attraverso S_C.

[$-9{,}38 \times 10^6$ N·m²/C; $1{,}81 \times 10^7$ N·m²/C; $6{,}05 \times 10^7$ N·m²/C; $-5{,}35 \times 10^{-4}$ C]

22 Un cilindro di raggio r e altezza h è immerso in un campo elettrico uniforme diretto lungo l'asse del cilindro. Determina il flusso del campo elettrico:

▶ attraverso la superficie laterale del cilindro.

▶ attraverso ogni superficie di base del cilindro.

▶ totale attraverso il cilindro.

[0 (N·m²)/C; $\pi r^2 E$ e $-\pi r^2 E$; 0 (N·m²)/C]

23 Una carica $Q = 1{,}207 \times 10^{-1}$ C si trova, nel vuoto, al centro di una sfera di superficie $S = 34{,}57$ m².

▶ Determina il modulo del campo elettrico sui punti della superficie della sfera.

Nel caso in cui la carica sia immersa in acqua ($\varepsilon_r = 80$) invece che nel vuoto, determina:

▶ il modulo del campo elettrico sui punti della superficie della sfera.

▶ la superficie di una seconda sfera, necessaria perché il campo elettrico sui punti della sua superficie sia uguale a quello determinato nel caso del vuoto.

[$3{,}943 \times 10^8$ N/C; $4{,}9 \times 10^6$ N/C; $0{,}43$ m²]

24 Otto cariche uguali di valore q sono situate sui vertici di un cubo di lato $L = 10$ cm. Il flusso del campo elettrico attraverso una superficie sferica di raggio 9,5 cm e centro nel punto d'incontro delle diagonali di una delle facce del cubo, vale $2{,}3 \times 10^7$ N·m²/C. Determina:

▶ il valore della carica q.

▶ il flusso del campo elettrico attraverso la sfera inscritta nel cubo.

▶ il flusso del campo elettrico attraverso una sfera con centro su uno dei vertici del cubo e raggio 15 cm

[$5{,}1 \times 10^{-5}$ C; 0 N·m²/C; $4{,}0 \times 10^7$ N·m²/C]

6 IL CAMPO ELETTRICO GENERATO DA UNA DISTRIBUZIONE PIANA INFINITA DI CARICA

25 **PROBLEMA SVOLTO**

Una porzione, con area 3,7 m², di un piano infinito uniformemente carico contiene $8{,}4 \times 10^{-9}$ C.

▶ Calcola l'intensità del campo elettrico generato dal piano di carica.

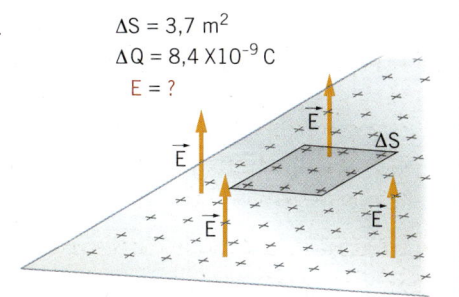

ESERCIZI

> ■ **Strategia e soluzione**
>
> - Per prima cosa calcoliamo σ, la densità superficiale di carica che si trova nel piano; dalla definizione troviamo
>
> $$\sigma = \frac{\Delta Q}{\Delta S} = \frac{8{,}4 \times 10^{-9} \text{ C}}{3{,}7 \text{ m}^2} = 2{,}3 \times 10^{-9} \frac{\text{C}}{\text{m}^2}.$$
>
> - Ora possiamo fare ricorso alla formula (**17**), ottenendo il valore richiesto:
>
> $$E = \frac{\sigma}{2\varepsilon} = \frac{2{,}3 \times 10^{-9} \frac{\text{C}}{\text{m}^2}}{2 \times \left(8{,}85 \times 10^{-12} \frac{\text{C}^2}{\text{N} \cdot \text{m}^2}\right)} = 1{,}3 \times 10^2 \frac{\text{N}}{\text{C}}.$$
>
> ■ **Discussione**
>
> Per ipotesi, sul piano di carica che genera il campo la carica elettrica è distribuita in modo uniforme. Ciò significa che la densità superficiale di carica sul piano è la stessa in tutte le sue parti. Un'altra porzione del piano avrebbe avuto un'area diversa e avrebbe contenuto una quantità di carica diversa, ma la densità superficiale di carica ottenuta da questi dati sarebbe risultata uguale a quella calcolata sopra.

26 ★★★ La carica $q_1 = -2{,}5 \times 10^{-3}$ C, posta nel vuoto in prossimità di una distribuzione piana infinita di carica, è soggetta a una forza di intensità -5000 N.

▶ Calcola la densità superficiale di carica che si trova nel piano.

Immagina che la carica e il piano siano invece immersi in un mezzo con costante dielettrica pari a 2,5.

▶ Calcola allora la densità superficiale di carica che si trova nel piano.

[$3{,}5 \times 10^{-5}$ C/m^2; $8{,}9 \times 10^{-5}$ C/m^2]

27 ★★ Due piani infiniti sono disposti parallelamente l'uno all'altro e possiedono rispettivamente densità di carica $\sigma_1 = 1{,}5 \times 10^{-6}$ C/m^2 e $\sigma_2 = -4{,}5 \times 10^{-6}$ C/m^2.

▶ Determina il modulo, la direzione e il verso di $\vec{E}$ in ciascuna delle tre regioni di spazio individuate dai due piani.

[a sinistra di σ_1: $+1{,}7 \times 10^5$ N/C; tra i due piani: $3{,}4 \times 10^5$ N/C; a destra di σ_2: $-1{,}7 \times 10^5$ N/C]

28 ★★ Una particella di massa $m = 2{,}0 \times 10^{-11}$ kg possiede una carica q e si trova in equilibrio nel vuoto al di sopra di un piano orizzontale infinito con densità di carica 6,9 C/m^2. La carica si trova ad una distanza di 20 cm dal piano.

▶ Qual è il segno di q? Giustifica la risposta senza fare calcoli.

▶ Determina il valore di q.

Immagina ora che la carica sia immersa in etanolo ($\varepsilon_r = 25$) invece che nel vuoto.

▶ La carica sarebbe ancora in equilibrio? Giustifica la risposta senza fare calcoli e determina l'accelerazione della particella.

[positiva; $5{,}0 \times 10^{-22}$ C; 9,5 m/s^2]

29 ★★ Una particella di massa $m = 3{,}0 \times 10^{-3}$ kg possiede una carica $q = 7{,}8 \times 10^{-4}$ C ed è posta in prossimità di un piano infinito di carica. Lasciata libera di muoversi, percorre 3,0 m in 240 ms. Fai l'ipotesi di poter trascurare la forza gravitazionale sulla particella.

▶ Di che tipo di moto si muove la particella? Giustifica la risposta senza fare calcoli.

▶ Determina la densità superficiale di carica del piano.

▶ Valuta l'entità dell'approssimazione effettuata nel trascurare la forza-peso rispetto a quella elettrica, confrontando le due forze.

[moto uniformemente accelerato; $7{,}1 \times 10^{-9}$ C/m^2; 9 %]

7 ALTRI CAMPI ELETTRICI CON PARTICOLARI SIMMETRIE

30 ★★★ Una sfera omogenea di raggio $R = 10$ cm genera a una distanza di 25 cm dal suo centro un campo elettrico di $1,3 \times 10^6$ N/C.

▶ Calcola la carica Q contenuta nella sfera.

▶ Se la sfera fosse immersa in un mezzo con $\varepsilon_r = 2,3$ quale sarebbe la carica contenuta nella sfera?

[$9,0 \times 10^{-6}$ C; $2,1 \times 10^{-5}$ C]

31 ★★★ Nel disegno seguente, due fili infiniti di carica sono disposti parallelamente a distanza $d = 2,0$ m. Il primo ha densità di carica $\lambda_1 = 4,0 \times 10^{-3}$ C/m e il secondo ha densità $\lambda_2 = 1,0 \times 10^{-3}$ C/m.

▶ Calcola il modulo di $\vec{E}$ nel punto P equidistante dai due fili.

▶ In quale punto tra i due fili, nel piano individuato dai due fili, si annulla il campo elettrico?

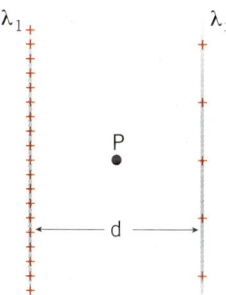

[$5,4 \times 10^7$ N/C; 1,6 m da λ_1]

32 ★★ Una carica $Q = 3,2 \times 10^{-9}$ C è distribuita uniformemente all'interno di una sfera di raggio $R = 2,5$ cm e di centro O. In un punto P all'interno della sfera il campo elettrico ha un'intensità di $9,1 \times 10^{-3}$ N/C.

▶ Determina a che distanza dal centro della sfera si trova il punto P.

Una carica puntiforme q è poi posizionata a 5,0 cm dal centro O della sfera in un punto A, in modo che nel punto B del segmento AO, a distanza 1,5 cm da O, il campo elettrico totale si annulla.

▶ Determina il valore di q.

[$4,9 \times 10^{-9}$ m; $5,9 \times 10^{-9}$ C]

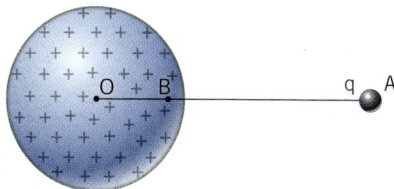

33 ★★ Una carica puntiforme q, di massa trascurabile, si trova in equilibrio tra un piano infinito di carica con densità $\sigma = 4,2$ C/m² e una distribuzione lineare infinita di carica con densità $\lambda = 5,6$ C/m, parallela al piano.

▶ Determina a che distanza dal filo si trova la carica.

Immagina ora di dimezzare la densità di carica della distribuzione lineare: la carica q comincia a muoversi verso il piano a causa di una forza $F = 7,2 \times 10^5$ N.

▶ Determina il segno e il modulo della carica q.

[0,42 m; $6,0 \times 10^{-6}$ C]

PROBLEMI GENERALI

1 ★★ Nel sale da cucina (NaCl), gli ioni Na⁺ e Cl⁻ si dispongono secondo uno schema molto preciso, che costituisce il reticolo cristallino del composto. L'unità elementare di questo reticolo è data da un cubo il cui lato misura $5,64 \times 10^{-10}$ m. Ai vertici del cubo sono collocati gli ioni Na⁺ e Cl⁻ come nella figura seguente.

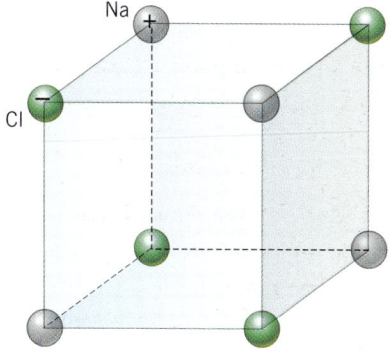

▶ Calcola il campo elettrico $\vec{E}$ nel centro del cubo.

▶ Calcola il campo elettrico $\vec{E}$ in ciascuno dei vertici dovuto alle cariche che si trovano sugli

ESERCIZI

altri vertici. (Ricorda che la carica dell'elettrone vale $-1{,}6021 \times 10^{-19}$ C.)

[0 N/C; $5{,}43 \times 10^9$ N/C (Cl$^-$); $-5{,}43 \times 10^9$ N/C (Na$^+$)]

2 ★★ Una carica $q = 8{,}3$ μC di massa $m = 0{,}15$ kg è appesa con un filo rigido lungo 35 cm sopra una distribuzione piana infinita di carica di densità $\sigma = 4{,}3 \times 10^{-6}$ C/m^2. Sia la carica sia il piano si trovano nel vuoto. La carica è in equilibrio.

▶ Quanto vale la forza vincolare esercitata dal filo?

Supponi di spostare la carica dalla posizione di equilibrio.

▶ Calcola il periodo di oscillazione del pendolo, nell'ipotesi di piccole oscillazioni.

[0,55 N; 2,0 s]

3 ★★ In prossimità di una distribuzione piana infinita di carica, una carica $q = 2{,}6 \times 10^{-6}$ C risente di una forza $F_1 = 40$ N. La densità di carica superficiale varia da un valore iniziale σ_1 fino a un valore finale σ_2 e, alla fine, la stessa carica subisce una forza $F_2 = 70$ N che ha lo stesso verso della forza F_1.

▶ Determina la differenza fra le due densità di carica $\Delta\sigma = \sigma_2 - \sigma_1$.

[$2{,}0 \times 10^{-4}$ C/m^2]

4 ★★ Due cariche puntiformi $q_1 = 7 \times 10^{-2}$ C e $q_2 = 4 \times 10^{-2}$ C si trovano nel vuoto a una distanza di 2,00 m.

▶ A quale distanza dalla carica q_2 si trovano i punti, sulla retta che congiunge le due cariche, in cui il campo elettrico generato dalle due cariche si annulla?

[0,9 m]

5 ★★ La figura rappresenta un piano infinito disposto a 45° rispetto alla verticale, che possiede una densità di carica superficiale uniforme. Una particella di massa 3,0 g e carica $7{,}8 \times 10^{-4}$ C, posta in prossimità del piano, subisce un'accelerazione diretta orizzontalmente, cioè parallela all'asse x della figura.

▶ Calcola il valore della densità di carica del piano e il valore dell'accelerazione della particella.

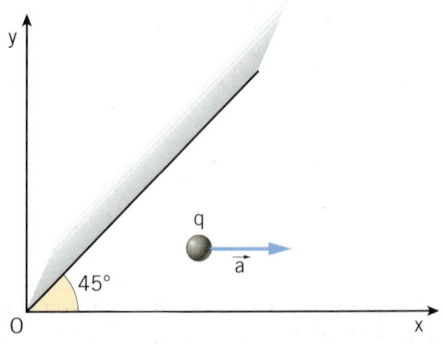

[$9{,}5 \times 10^{-10}$ C/m^2; 9,8 m/s^2]

6 ★★ Una sfera carica omogenea di raggio $R = 1{,}0$ m e $Q = -0{,}5$ C è attraversata da un foro che la percorre lungo un diametro; il foro è particolarmente piccolo e non modifica le proprietà elettriche della sfera. Una carica $q = 2{,}8$ mC di massa $m = 3{,}0 \times 10^{-8}$ kg viene appoggiata all'imboccatura del foro.

▶ Calcola il periodo con cui oscillerebbe la massa appoggiata all'imboccatura del foro.

(*Suggerimento*: la forza che agisce sulla carica è direttamente proporzionale alla distanza dal centro della sfera. La forza elastica ha le medesime caratteristiche: vedi nel capitolo «Applicazioni dei princìpi della dinamica» della Meccanica come si calcola il periodo di una massa che oscilla attaccata a una molla di costante k.)

[3×10^{-7} s]

7 ★★★ Una particella di massa $m_a = 5{,}0 \times 10^{-2}$ kg e carica $q = 3{,}0 \times 10^{-3}$ C è immersa in un campo elettrico, la cui dipendenza dal tempo è riportata nel grafico. Parte da ferma all'istante $t = 0$ s e all'istante $t = 15$ s urta una seconda particella, inizialmente ferma, di massa $m_b = 0{,}15$ kg e priva di carica elettrica. Dopo l'urto le due particelle rimangono attaccate.

▶ Calcola la velocità della particella immediatamente prima dell'urto.

▶ Calcola la velocità del corpo costituito dalle due particelle immediatamente dopo l'urto.

[$5{,}0 \times 10^4$ m/s; $1{,}3 \times 10^4$ m/s]

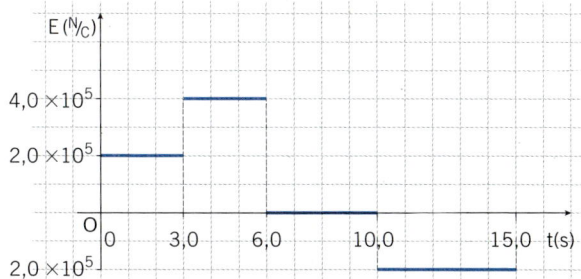

8 La figura rappresenta una pallina di massa
★★★ $m = 2{,}00 \times 10^{-3}$ kg e carica $q = 3{,}72 \times 10^{-7}$ C, in equilibrio su un piano inclinato di 25,0°. La pallina è attaccata a una molla di costante elastica $k = 1{,}57$ N/m ed è immersa in un campo elettrico uniforme diretto orizzontalmente e di intensità $E = 7{,}25 \times 10^{-4}$ C. Il coefficiente di attrito statico tra la pallina e il piano è $\mu_s = 0{,}4$.

▶ Determina la deformazione d della molla e la reazione vincolare T del piano.

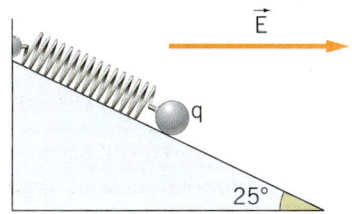

$[7{,}45 \times 10^{-4}$ m ; $1{,}78 \times 10^{-10}$ N$]$

9 La figura mostra una sferetta in equilibrio, appesa a un filo inestensibile inclinato di 30° rispetto alla verticale. La sferetta è immersa in un campo elettrico uniforme diretto orizzontalmente come mostra la figura. L'intensità del campo elettrico è di 150 N/C e la tensione del filo è di $3{,}5 \times 10^{-2}$ N.

▶ Determina la massa e la carica elettrica della sferetta.

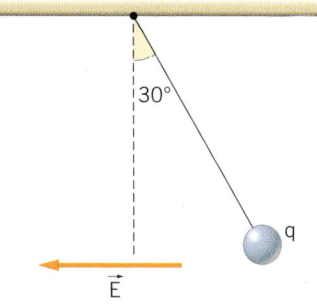

$[3{,}1 \times 10^{-3}$ kg ; $-1{,}2 \times 10^{-4}$ C$]$

10 La figura mostra una particella di massa 3,95 g e
★★★ carica 10,0 nC che si muove, nel vuoto, di moto circolare uniforme attorno a un filo infinito con densità lineare di carica uniforme. Il raggio della traiettoria è di 17,0 cm e la velocità angolare è $1{,}00 \times 10^4$ rad/s.

▶ Determina il segno e il modulo della densità lineare di carica.

Immagina che il moto avvenga in un mezzo di costante dielettrica tripla rispetto a quella del vuoto.

▶ Come cambia la velocità angolare nel nuovo mezzo rispetto a quella nel vuoto?

In seguito a un urto improvviso, alla particella è trasferita una velocità perpendicolare al piano su cui avviene il moto.

▶ Che tipo di traiettoria seguirà la particella da quel momento in poi?

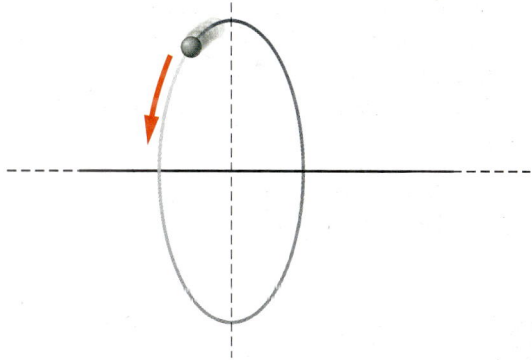

$[-63{,}5$ C/m; $5{,}77 \times 10^3$ rad/s$]$

11 Una densità superficiale di carica σ è distribuita
★★★ su una superficie cilindrica infinita di raggio R. L'interno del cilindro non contiene carica.

▶ Determina l'espressione del campo elettrico all'esterno e all'interno del cilindro.

(*Suggerimento*: Le simmetrie da considerare sono le stesse della distribuzione sferica di carica.)

$\left[E = 0 \text{ N/C per } R < r; E = \dfrac{\sigma R}{\varepsilon_0 r} \text{ per } R > r \right]$

12 Una carica Q è distribuita uniformemente all'in-
★★★ terno di una regione di spazio cilindrica, di raggio R e lunghezza infinita.

▶ Determina $\vec{E}$ all'interno e all'esterno del cilindro.

ESERCIZI

Simmetrie della distribuzione di carica	Proprietà del vettore campo elettrico
Rispetto a un piano che contiene il cilindro, passante per il suo centro, e a un piano perpendicolare a esso.	Ha direzione perpendicolare al cilindro di carica.
Rispetto a una rotazione del cilindro intorno al proprio asse di simmetria.	La rotazione trasforma il vettore $\vec{E}$ nel vettore $\vec{E}_P$ che ha lo stesso modulo.
Rispetto a una traslazione del cilindro rispetto a se stesso.	La traslazione trasforma il vettore $\vec{E}_P$ nel vettore $\vec{E}_{P_2}$ uguale a $\vec{E}_P$.

(*Suggerimento*: la tabella fornisce informazioni sulle simmetrie di cui gode il sistema. Conviene considerare una superficie gaussiana di forma cilindrica con l'asse coincidente con l'asse della distribuzione di carica. Ricorda che la densità volumica di carica è $\rho = \dfrac{\Delta Q}{\Delta V}$)

$[\dfrac{\rho r}{2\varepsilon_0}, r < R; \dfrac{R^2 \rho}{2\varepsilon_0 r}, r > R$; direzione radiale, verso uscente se $Q > 0$, entrante altrimenti]

13 ★★★ Una carica Q è distribuita in una sfera cava come quella rappresentata nella figura: la carica è distribuita nella regione di spazio compresa tra la superficie sferica esterna, di raggio R_1, e quella interna, di raggio R_2; lo spazio interno alla sfera interna è invece privo di carica.

▶ Determina l'espressione del campo elettrico all'interno e all'esterno della sfera.

(*Suggerimento*: Le simmetrie da considerare sono le stesse della distribuzione sferica di carica. Le zone in cui è diviso lo spazio sono stavolta tre: all'interno della sfera interna, tra le due superfici sferiche, all'esterno della sfera.)

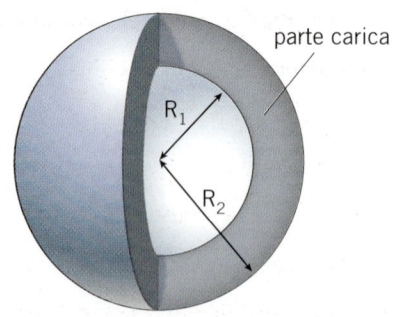
parte carica

$[E = 0 \text{ N/C per } r < R_1; E = \dfrac{Q}{4\pi\varepsilon_0 r^2}$ per $r > R_2$;

$E = \dfrac{Q}{4\pi\varepsilon_0 R_2^3}\left(\dfrac{r^3 - R_1^3}{r^2}\right)$ per $R_1 < r < R_2]$

QUESITI PER L'ESAME DI STATO

Rispondi ai quesiti in un massimo di 10 righe

1 Definisci la grandezza fisica vettore campo elettrico, spiegando il significato delle grandezze che compaiono nella definizione.

2 Spiega che cosa sono le linee del campo elettrico e di quali proprietà godono.

3 Enuncia il teorema di Gauss per il campo elettrico nella sua forma più generale e fornisci un esempio della sua applicazione.

TEST PER L'UNIVERSITÀ

1 Un sistema di cariche è costituito da due cariche puntiformi uguali ed opposte collocate ad una certa distanza tra di loro. Che cosa si può dire del campo elettrico generato da un tale sistema?

A È dato dalla somma vettoriale dei campi elettrici prodotti dalle singole cariche.

B È dato dalla differenza dei campi elettrici prodotti dalle singole cariche.

C È dappertutto nullo perché le due cariche sono uguali ed opposte.

D È identico a quello di una carica puntiforme di valore pari a metà della carica positiva.

E È identico a quello di una carica puntiforme di valore pari a metà della carica negativa.

(*Prova di ammissione al corso di laurea in Medicina Veterinaria*, 2005/2006)

2 Le linee di forza del campo elettrostatico

A non possono essere linee chiuse.

B sono sempre linee chiuse.

C sono sempre linee rette.

D si intersecano nei punti a potenziale massimo.

E possono avere una forma qualsiasi.

(*Prova di ammissione al corso di laurea in Ingegneria, 2002/2003*)

PROVE D'ESAME ALL'UNIVERSITÀ

1 Una sfera non conduttrice di raggio $R = 10$ cm e densità di carica $\rho = 1$ μC/m^3 si trova vicino ad una sfera cava anch'essa non conduttrice di raggio interno $r_1 = 20$ cm e raggio esterno $r_2 = 40$ cm, carica con uguale densità di carica $\rho = 1$ μC/m^3. Le due sfere sono poste con i rispettivi centri a distanza $d = 4$ m. Calcolare:

▶ la carica della due sfere.

▶ il modulo del campo elettrico nel centro della sfera cava.

▶ il campo elettrico nel punto di mezzo del segmento che congiunge i due centri, in modulo, direzione e verso.

(*Esame di Fisica, Corso di laurea in Farmacia, Università La Sapienza di Roma, 2008/2009*)

2 Una carica elettrica $q_1 = 10$ nC si trova nell'origine delle coordinate, mentre una seconda carica $q_2 = +6$ nC si trova lungo l'asse x nel punto $x_2 = 8$ cm.

▶ Determinare il modulo e il verso del campo elettrico in un punto posto sull'asse x di coordinate $x = 5$ cm.

(*Esame di Fisica, Corso di laurea in Farmacia, Università La Sapienza di Roma, 2007/2008*)

3 Due cariche elettriche uguali $q_1 = q_2 = -16$ μC, sono poste alla distanza $d = 4$ cm. Determinare:

▶ il campo elettrico nel punto P fra le due cariche, sulla loro congiungente, a distanza $p = 0,5$ cm da q_1.

▶ l'accelerazione a cui è soggetto un elettrone in P, in modulo, direzione e verso, assumendo come verso positivo quello che va da q_2 a q_1.

▶ la posizione nella quale deve essere messo l'elettrone (sulla congiungente, fra q_1, q_2) affinché esso resti in quiete.

($m_e = 9,1 \times 10^{-31}$ kg, $e = -1,6 \times 10^{-19}$ C)

(*Esame di Fisica, Corso di laurea in Farmacia, Università La Sapienza di Roma, 2006/2007*)

STUDY ABROAD

1 A disk of radius $a/4$ having a uniformly distributed charge 6 C is placed in the x-y plane with its centre at $(-a/2, 0, 0)$. A rod of length a carrying a uniformly distributed charge 8 C is placed on the x-axis from $x = a/4$ to $x = 5a/4$. Two point charges -7 C and 3 C are placed at $(a/4, -a/4, 0)$ and $(-3a/4, 3a/4, 0)$, respectively. Consider a cubical surface formed by six surfaces $x = \pm a/2$, $y = \pm a/2$, $z = \pm a/2$. The electric flux through this cubical surface is

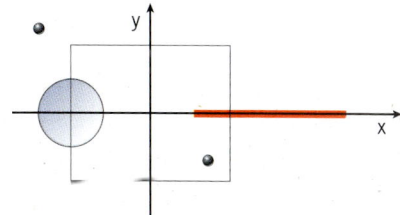

A $\dfrac{-2C}{\varepsilon_0}$ **C** $\dfrac{10C}{\varepsilon_0}$

B $\dfrac{2C}{\varepsilon_0}$ **D** $\dfrac{12C}{\varepsilon_0}$

(*Joint Entrance Examination for Indian Institutes of Technology (JEE), India, 2009/2010*)

2 A small charged plastic foam ball is held at rest by the electric field between two large horizontal oppositely charged plates.

▶ If the charge on the ball is 5.7 μC and its mass is $1{,}4 \times 10^{-4}$ kg, what is the magnitude of the electric field strength? Show your work.

(*Trends in International Mathematics and Science Study, 2008/2009*)

CAPITOLO 20 — IL POTENZIALE ELETTRICO

1 L'ENERGIA POTENZIALE ELETTRICA

Nel paragrafo 6 del capitolo «Il lavoro e l'energia», l'energia potenziale U associata a una forza *conservativa* $\vec{F}$ è definita con una procedura che comporta due passi:

1. Se un sistema di corpi passa dalla configurazione A alla configurazione B mentre agisce una forza conservativa $\vec{F}$, si definisce la **differenza di energia potenziale** $\Delta U = U_B - U_A$ attraverso la relazione

$$\Delta U = -W_{A \to B} \tag{1}$$

dove $W_{A \to B}$ è il lavoro fatto dalla forza $\vec{F}$ nel passaggio dalla configurazione A a quella B.

2. Una volta scelta ad arbitrio una configurazione R di zero (in modo che in R si abbia $U_R = 0\,\text{J}$), si chiama **energia potenziale** del sistema in una configurazione A la differenza di energia potenziale tra A e R:

$$U_A = U_A - 0 = U_A - U_R = -W_{R \to A} = +W_{A \to R} \tag{2}$$

Così l'energia potenziale di A risulta uguale al lavoro fatto dalla forza conservativa mentre il sistema passa dalla configurazione A a quella di riferimento R.

L'energia potenziale della forza di Coulomb

La formula della forza di Coulomb

$$F = \frac{1}{4\pi\varepsilon}\frac{Q_1 Q_2}{r^2}$$

Configurazione
Con la parola «configurazione» si intende la disposizione nello spazio dei corpi del sistema.

può essere ottenuta da quella della forza della gravitazione universale di Newton

$$F_N = -G\frac{m_1 m_2}{r^2} \quad (3)$$

con la sostituzione

$$-Gm_1 m_2 \longrightarrow \frac{1}{4\pi\varepsilon}Q_1 Q_2. \quad (4)$$

Le due forze hanno la stessa forma matematica e, di conseguenza, anche le stesse proprietà.

In particolare, visto che la forza di Newton è conservativa, è vero anche che

la forza di Coulomb è conservativa.

Quindi possiamo definire anche per la forza elettrica (come per tutte le altre forze conservative) un'energia potenziale.

L'energia potenziale di Newton U_N per un sistema di due masse m_1 e m_2 poste a distanza r è data dalla formula

$$U_N = -G\frac{m_1 m_2}{r} + k;$$

da questa, operando la sostituzione (4), si ottiene l'espressione dell'energia potenziale per un sistema di due cariche puntiformi Q_1 e Q_2 poste a distanza r:

$$U(r) = \frac{1}{4\pi\varepsilon}\frac{Q_1 Q_2}{r} + k. \quad (5)$$

Il parametro k che compare nelle ultime due formule ha un valore che dipende dalla scelta che si effettua per la condizione di zero dell'energia potenziale.

Come nel caso gravitazionale, anche per l'energia potenziale elettrica la convenzione più comune consiste nel porre uguale a zero l'energia potenziale di due cariche puntiformi poste a distanza infinita. Con tale scelta, la costante k risulta nulla e si ottiene l'espressione

$$U(r) = \frac{1}{4\pi\varepsilon}\frac{Q_1 Q_2}{r} \quad (6)$$

- energia potenziale elettrica (J)
- costante dielettrica (C²/(N · m²))
- prima carica (C)
- seconda carica (C)
- distanza (m)

La **figura 1** mostra l'andamento dell'energia potenziale $U(r)$ data dalla formula (6), in funzione della distanza r tra due cariche dello stesso segno; essa conferma che U si annulla quando r diventa infinitamente grande.

Lo stesso risultato può essere ottenuto calcolando un limite:

$$\lim_{r\to\infty} U(r) = \lim_{r\to\infty} \frac{1}{4\pi\varepsilon}\frac{Q_1 Q_2}{r} = \frac{Q_1 Q_2}{4\pi\varepsilon}\lim_{r\to\infty}\frac{1}{r} = \frac{Q_1 Q_2}{4\pi\varepsilon}\times 0 = 0.$$

Segno «meno»
La formula (3) è scritta con il segno meno in accordo con la convenzione, che utilizziamo per la legge di Coulomb, di indicare con il segno positivo le forze repulsive e con il segno negativo le forze attrattive.

Distanza r
La distanza r definisce la configurazione del sistema.

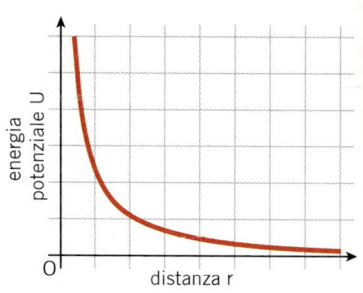

Figura 1 Grafico dell'energia potenziale del sistema di due cariche puntiformi di segno uguale in funzione della loro distanza. Se le cariche hanno segno opposto, l'energia potenziale è negativa.

L'energia potenziale in meccanica ed elettrostatica

	Tipo	Definizione	Formula	Livello zero	Sistema
	Gravitazionale della forza-peso (cioè vicino alla Terra)	Lavoro compiuto dalla forza-peso quando un corpo di massa m scende di un dislivello z	mgz	$z = 0\,m$	Terra + corpo
	Gravitazionale di Newton (cioè tra due masse M e m)	Lavoro compiuto dalla forza di gravità quando le masse sono spostate fino a distanza infinita tra loro	$-G\dfrac{mM}{r}$	Masse a distanza infinita	Masse M e m a distanza r
	Elastica di una molla	Lavoro compiuto dalla forza elastica quando si riporta la molla nella posizione di riposo	$\dfrac{1}{2}ks^2$	Molla a riposo ($s = 0\,m$)	Molla ideale
	Elettrostatica della forza di Coulomb	Lavoro compiuto dalla forza elettrica quando le cariche sono spostate a distanza infinita tra loro	$\dfrac{1}{4\pi\varepsilon}\dfrac{Qq}{r}$	Cariche a distanza infinita	Cariche elettriche Q e q a distanza r

ESEMPIO

Due cariche elettriche puntiformi $Q_1 = 813$ nC e $Q_2 = -561$ nC si trovano nel vuoto alla distanza $r = 11{,}2$ cm.

▶ Usando la convenzione usuale sulla condizione di zero, calcola l'energia potenziale U del sistema.

- La convenzione usuale sulla condizione di zero conduce alla formula (**6**).
- Dal momento che le cariche sono nel vuoto, si ha $\varepsilon = \varepsilon_0$.
- Possiamo quindi calcolare:

$$U = \frac{1}{4\pi\varepsilon_0}\frac{Q_1 Q_2}{r} =$$

$$= \left(8{,}99 \times 10^9\,\frac{\text{N}\cdot\text{m}^2}{\text{C}^2}\right) \times \frac{(8{,}13 \times 10^{-7}\,\text{C}) \times (-5{,}61 \times 10^{-7}\,\text{C})}{0{,}112\,\text{m}} =$$

$$= -3{,}66 \times 10^{-2}\,\frac{\text{N}\cdot\text{m}^2}{\text{C}^2}\frac{\text{C}^2}{\text{m}} = -3{,}66 \times 10^{-2}\,\text{N}\cdot\text{m} = -3{,}66 \times 10^{-2}\,\text{J}.$$

Il caso di più cariche puntiformi

Se sono presenti più di due cariche puntiformi,

l'energia potenziale del sistema è data dalla somma delle energie potenziali che si ottengono scegliendo le cariche a coppie in tutti i modi possibili.

Esaminiamo, come esempio, il sistema fisico della **figura 2**, formato da quattro cariche numerate da 1 a 4. Se indichiamo con U_{ij} l'energia potenziale relativa alle cariche numero i e numero j, l'energia potenziale U del sistema nella configurazione rappresentata è data dalla somma di sei contributi:

$$U = U_{12} + U_{13} + U_{14} + U_{23} + U_{24} + U_{34}. \quad (7)$$

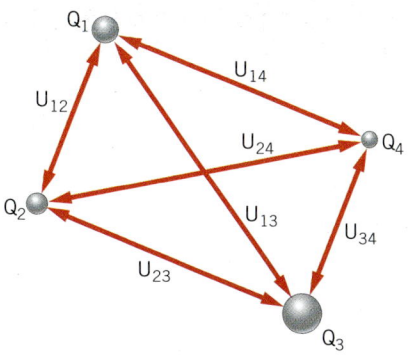

Figura 2 Rappresentazione dei diversi contributi per il calcolo dell'energia potenziale di un sistema di quattro cariche elettriche.

I sei contributi sono alcuni positivi e altri negativi, a seconda dei segni delle cariche. Immaginiamo ora di allontanare all'infinito le cariche una alla volta, cominciando con quella numero 1.

Carica Q_1. Mentre questa carica è portata all'infinito, la forza elettrica dovuta alle altre cariche compie un lavoro

$$W_1 = U_{12} + U_{13} + U_{14}.$$

che è la somma dei singoli lavori che sarebbero compiuti su Q_1 dalle forze generate dalle cariche Q_2, Q_3 e Q_4 se fossero presenti da sole.

Carica Q_2. Il lavoro fatto dalla forza elettrica dovuta alle due cariche rimanenti, quando Q_2 è spostata all'infinito, vale

$$W_2 = U_{23} + U_{24}.$$

Carica Q_3. Quando anche Q_3 è portata all'infinito, il lavoro compiuto dalla forza elettrica è

$$W_3 = U_{34}.$$

Carica Q_4. Può essere lasciata dove si trova, visto che è già a distanza infinita dalle altre

In definitiva, mentre «disgreghiamo» il sistema della figura precedente, portando le cariche a distanza infinita l'una dall'altra, le forze elettriche compiono un lavoro

$$W = W_1 + W_2 + W_3 = U_{12} + U_{13} + U_{14} + U_{23} + U_{24} + U_{34}$$

che è uguale all'energia potenziale, data dalla formula (7), del sistema di quattro cariche. L'energia potenziale può essere sia positiva sia negativa.

> L'energia potenziale di un sistema di cariche è uguale al lavoro fatto dalle forze elettriche se il sistema viene «disgregato», portando tutte le cariche a distanza infinita tra loro.

Energia cinetica nulla
Si intende che, all'inizio, le cariche fossero ferme all'infinito e che, alla fine, siano ancora ferme nella posizione loro attribuita. Sotto tale ipotesi il lavoro fatto dalla forza elettrica mentre le cariche si allontanano è uguale a quello della forza esterna nel fare avvicinare le cariche.

In modo equivalente, si può dire che l'energia potenziale di un sistema di cariche è pari al lavoro fatto da una forza esterna, che si oppone alla forza elettrica, mentre si costruisce il sistema di cariche, portandole da una distanza infinita fino alla loro posizione finale con energia cinetica nulla.

2 IL POTENZIALE ELETTRICO

Consideriamo un sistema fisico costituito da N cariche elettriche $Q_1, Q_2, ..., Q_N$. Se vogliamo studiare il loro effetto complessivo in un punto A dello spazio (figura 3), dobbiamo mettere in quel punto una carica di prova q, che *non appartiene* all'insieme che intendevamo esaminare. Nel capitolo «Il campo elettrico» si mostra che è possibile definire una *grandezza unitaria*, il vettore campo elettrico $\vec{E}$, che dipende dalle N cariche che generano il campo, ma non dalla carica di prova. È utile, però, disporre anche di una grandezza *scalare* che abbia le stesse proprietà; questa grandezza è il *potenziale elettrico*.

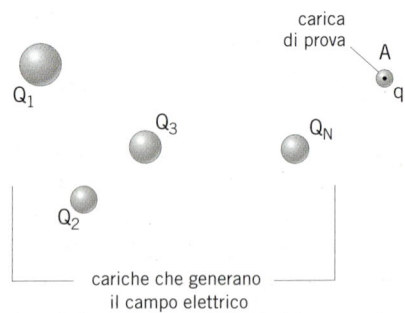

Figura 3 Sistema di N cariche elettriche; nel punto A è posta una carica di prova.

La definizione del potenziale elettrico

Calcoliamo l'energia potenziale relativa alla carica di prova q nel punto A in presenza delle N cariche che generano il campo. Se indichiamo con U_i l'energia potenziale del sistema formato dalla carica di prova q e dalla carica Q_i, l'energia potenziale complessiva U_A, relativa a q nel punto A, è data dalla somma

$$U_A = U_1 + U_2 + ... + U_N = \sum_{i=1}^{n} U_i.$$

Sulla base di questa grandezza definiamo il potenziale elettrico V_A del punto A attraverso la relazione

$$V_A = \frac{U_A}{q} \tag{8}$$

potenziale elettrico (J/C o V) — energia potenziale elettrica (J) — carica di prova (C)

> Il potenziale elettrico nel punto A è uguale al rapporto tra l'energia potenziale U_A (dovuta all'interazione di ciascuna delle cariche che generano il campo con la carica di prova q posta in A) e la stessa carica di prova q.

Come vedremo meglio tra poco, V_A risulta indipendente dalla carica di prova. Dipende, invece, dalle N cariche che generano il campo e dal punto A.

Inoltre, il valore dell'energia potenziale U_A dipende dalla configurazione di zero scelta e, quindi, anche il potenziale elettrico dipende da tale scelta.

Le grandezze che descrivono un sistema di cariche		
	Vettori	**Scalari**
Dipendono dalla carica di prova	Forza elettrica $\vec{F}$	Energia potenziale elettrica U
Non dipendono dalla carica di prova	Campo elettrico $\vec{E}$	Potenziale elettrico V

MATEMATICA

L'INTEGRALE E L'ENERGIA POTENZIALE ELETTRICA

Per calcolare l'energia potenziale associata alla forza di Coulomb occorre calcolare il lavoro $W_{A \to R}$ compiuto dalla forza elettrica mentre una carica è spostata dal punto A alla posizione di riferimento R.

Questo calcolo è illustrato nella **figura sotto**: in un punto P dello spazio è posta una carica puntiforme positiva Q; la carica di prova positiva q è posta in un punto A che si trova a distanza r da P, mentre si è posta uguale a zero l'energia potenziale che si ha quando la carica q si trova nel punto R a distanza r_0 da P.

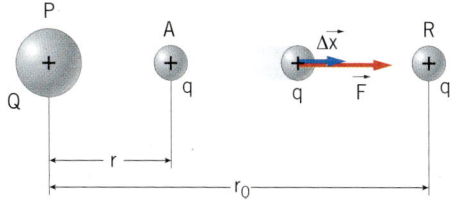

Scriviamo il modulo della forza di Coulomb tra le due cariche come

$$F(x) = \frac{1}{4\pi\varepsilon} \frac{Qq}{x^2},$$

dove x è la distanza variabile tra Q e q.

IL LAVORO DI UNA FORZA VARIABILE

Tenendo fissa la carica Q, mentre q è spostata da A a R il valore di x cambia continuamente, per cui anche il modulo della forza elettrica è variabile. Ciò impedisce di calcolare $W_{A \to R}$ in modo semplice, applicando la formula $W_{A \to R} = \vec{F} \cdot \vec{s}$.

Invece bisogna suddividere il segmento AR in n parti così piccole da potere considerare costante la forza elettrica all'interno di ciascuna di esse. Possiamo scegliere queste parti tutte uguali tra loro e indicare con $\Delta \vec{x}$ il vettore spostamento che descrive ciascuna di esse.

Quando q si trova nel tratto numero i del suo spostamento, su di essa agisce la forza elettrostatica F_i, determinata in modo da approssimare bene il valore della forza di Coulomb in quella situazione **(figura in alto a destra)**. Una volta nota F_i, possiamo calcolare il lavoro ΔW_i compiuto da F_i come

$$\Delta W_i = F_i \cdot \Delta \vec{x} = F_i \Delta x.$$

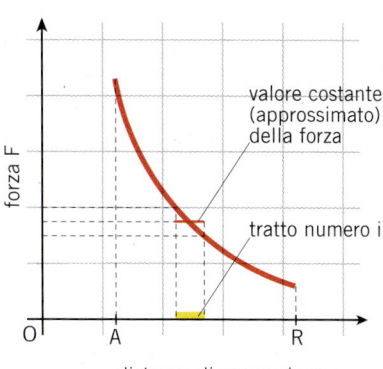

La formula precedente è dovuta al fatto che, nel caso che stiamo studiando, i vettori F_i e $\Delta \vec{x}$ hanno la stessa direzione e lo stesso verso, per cui il loro prodotto scalare è dato dal prodotto dei loro moduli.

Il lavoro totale $W_{A \to R}$ è approssimato dalla somma di tutti i lavori elementari ΔW_i:

$$W_{A \to R} \cong \Delta W_1 + \Delta W_2 + \ldots + \Delta W_n = \sum_{i=1}^{n} \Delta W_i.$$

Nel grafico forza-distanza, il lavoro $\Delta W_i = F_i \Delta x$ è rappresentato dall'area di un rettangolo di base Δx e altezza F_i **(figura sotto)** e il lavoro complessivo $W_{A \to R}$ è approssimato dalla somma delle aree di n rettangoli con basi uguali e altezze diverse.

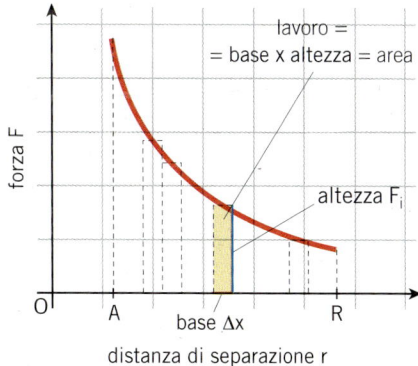

Per rendere rigoroso il calcolo del lavoro $W_{A \to R}$ bisogna fare in modo che il numero n di suddivisioni

MATEMATICA

diventi infinitamente grande, in modo che la lunghezza Δx di ogni singolo tratto divenga infinitamente piccola.

In questo limite, gli infiniti rettangoli infinitesimi che complessivamente forniscono $W_{A \to R}$ riempiono tutta la parte di piano sottesa alla curva del diagramma forza-posizione (figura sotto).

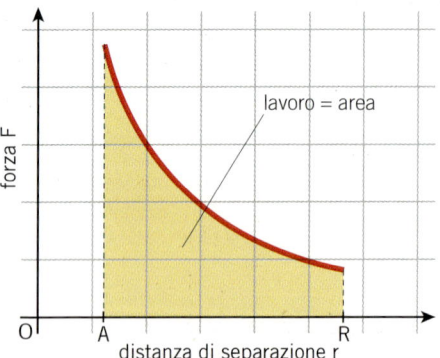

Questo risultato può essere generalizzato: il lavoro fatto da una forza variabile, parallela allo spostamento, è uguale all'area della parte di piano compresa tra il grafico della forza e l'asse delle ascisse, e delimitata dalle posizioni iniziale e finale dello spostamento.

Un risultato analogo è stato ottenuto, per la distanza percorsa in moto vario, nella scheda matematica «La distanza e l'integrale definito» che si trova nel capitolo «Le forze e i moti».

La determinazione delle aree di parti di piano con contorni non rettilinei è risolta in matematica mediante l'uso dell'**integrale definito**. Questo strumento concettuale permette di calcolare la somma di infiniti addendi, ciascuno dei quali è infinitamente piccolo (infinitesimo). Vediamo ora come è possibile calcolare l'energia potenziale relativa alla forza di Coulomb mediante un integrale definito.

IL CALCOLO DELL'ENERGIA POTENZIALE ELETTRICA

Mentre la carica q è spostata da A verso R di un tratto $d\vec{x}$ infinitesimo, in modo che $\vec{F}(x)$ sia costante lungo di esso, la forza elettrica compie un lavoro infinitesimo $dW(x)$ dato dalla formula

$$dW(x) = F(x)dx = \frac{1}{4\pi\varepsilon}\frac{Qq}{x^2}dx \quad (r \leq x \leq r_0),$$

che discende dal fatto che i vettori $\vec{F}$ e $d\vec{x}$ hanno la stessa direzione.

Siamo ora in grado di determinare l'energia potenziale $U(r)$, cioè $W_{A \to R}$, calcolando

$$U(r) = W_{A \to R} = \int_r^{r_0} F(x)dx = \frac{qQ}{4\pi\varepsilon} \int_r^{r_0} \frac{1}{x^2}dx,$$

cioè la somma di tutti gli infiniti lavori elementari $dW(x)$ per x compreso tra r e r_0. Otteniamo così

$$U(r) = \frac{qQ}{4\pi\varepsilon}\int_r^{r_0}\frac{1}{x^2}dx = \frac{qQ}{4\pi\varepsilon}\left[-\frac{1}{x}\right]_r^{r_0} =$$

$$= \frac{qQ}{4\pi\varepsilon}\left(-\frac{1}{r_0}+\frac{1}{r}\right) = \frac{1}{4\pi\varepsilon}\frac{qQ}{r} - \frac{1}{4\pi\varepsilon}\frac{qQ}{r_0},$$

dove si è fatto uso dell'integrale *indefinito* della funzione $1/x^2$, che vale $(-1/x + c)$.

Ponendo

$$-\frac{1}{4\pi\varepsilon}\frac{qQ}{r_0} = k$$

possiamo così ottenere la formula (5), secondo cui l'energia potenziale di un sistema composto da due cariche puntiformi q e Q poste a distanza r è, nel caso generale,

$$U(r) = \frac{1}{4\pi\varepsilon}\frac{qQ}{r} + k.$$

LA CONVENZIONE USUALE PER LO ZERO DELL'ENERGIA POTENZIALE

Di solito si pone uguale a zero l'energia potenziale di due cariche puntiformi poste a distanza infinita tra loro. Nel nostro calcolo, ciò corrisponde a operare il limite della formula precedente per $r_0 \to +\infty$. Sotto tale condizione, il valore di k si annulla; infatti si ha

$$\lim_{r_0 \to \infty}\left(-\frac{1}{4\pi\varepsilon}\frac{qQ}{r_0}\right) = 0.$$

Di conseguenza, ponendo lo zero dell'energia potenziale all'infinito si ottiene l'espressione

$$U(r) = \frac{1}{4\pi\varepsilon}\frac{qQ}{r},$$

che corrisponde alla formula (6) del paragrafo precedente.

La differenza di potenziale elettrico

Mettendo la carica di prova q in un altro punto B dello spazio possiamo conoscere la corrispondente energia potenziale U_B e, quindi, il potenziale elettrico V_B nel punto B:

$$V_B = \frac{U_B}{q}.$$

Calcoliamo ora la **differenza di potenziale elettrico** tra i due punti B e A:

$$\Delta V = V_B - V_A = \frac{U_B}{q} - \frac{U_A}{q} = \frac{\Delta U}{q}. \qquad (9)$$

Utilizzando la definizione (**1**) di ΔU, dal calcolo precedente si ottiene

$$\Delta V = \frac{\Delta U}{q} = -\frac{W_{A \to B}}{q} \qquad (10)$$

dove $W_{A \to B}$ è, come sempre, il lavoro fatto dalla forza elettrica sulla carica di prova q durante il suo spostamento da A a B.

Tensione
La differenza di potenziale elettrico si chiama anche tensione elettrica.

Il moto spontaneo delle cariche elettriche

Se la forza elettrica compie un lavoro positivo ($W_{A \to B} > 0$) mentre la carica positiva q si sposta da A verso B, questo spostamento può avvenire anche *spontaneamente*. In questo caso la differenza di potenziale $\Delta V = V_B - V_A$ è negativa, cioè si ha $V_A > V_B$: il moto naturale delle cariche positive è, quindi, da punti a potenziale maggiore verso punti a potenziale minore. Per le cariche negative vale la proprietà opposta: il lavoro $W_{A \to B}$ è positivo quando la differenza di potenziale è positiva. Quindi (**figura 4**):

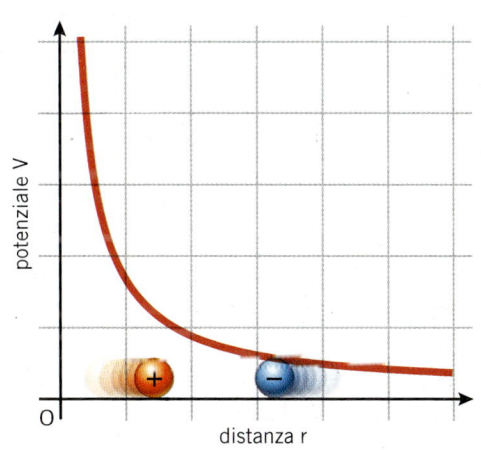

ANIMAZIONE
Spostamento spontaneo delle cariche
(1 minuto e mezzo)

Figura 4 Il moto spontaneo delle cariche positive è da punti a potenziale maggiore verso punti a potenziale minore; quello delle cariche negative in verso opposto.

- Le cariche positive «scendono» lungo la differenza di potenziale, cioè passano spontaneamente da punti a potenziale più alto verso punti a potenziale più basso.
- Le cariche negative «risalgono» la differenza di potenziale, cioè passano spontaneamente da punti a potenziale più basso verso punti a potenziale più alto.

L'unità di misura del potenziale elettrico

Dalle formule (**8**) e (**9**) si vede che, nel Sistema Internazionale, l'unità di misura del potenziale elettrico è il J/C (joule fratto coulomb).

Tale unità è chiamata anche **volt** (V) in onore di Alessandro Volta:

$$1\,V = 1\,\frac{J}{C}$$

Dalla (9), riscritta come

$$\Delta U = q\Delta V,$$

si ricava che

> tra due punti c'è una differenza di potenziale di 1 V quando, spostando una carica di 1 C da un punto a un altro, l'energia potenziale cambia di 1 J.

Il potenziale di una carica puntiforme

Vogliamo ora calcolare il potenziale elettrico generato da una carica puntiforme Q in un punto P a distanza r da essa. Se mettiamo in P una carica di prova q, la formula (6) fornisce l'energia potenziale del sistema formato dalle due cariche:

$$U(r) = \frac{1}{4\pi\varepsilon}\frac{qQ}{r}.$$

Allora, per la formula (8), l'espressione di $V(r)$ è

$$V(r) = \frac{1}{4\pi\varepsilon}\frac{qQ}{r}\frac{1}{q} = \frac{1}{4\pi\varepsilon}\frac{Q}{r} \qquad (11)$$

Il potenziale elettrico dato dalla formula (11) è positivo o negativo a seconda del segno della carica ed è nullo nei punti che sono infinitamente distanti da Q. Con un'altra scelta della condizione di zero, il potenziale elettrico in P differisce dalla (11) per una costante.

Se il campo elettrico è generato da più cariche, il potenziale elettrico in un punto P dove non vi siano cariche è la somma algebrica dei potenziali che si misurerebbero in P se ciascuna delle cariche che generano il campo fosse presente da sola.

Potenziale e carica di prova
Nella formula per $V(r)$ non compare la carica di prova q. Si conferma, quindi, che il potenziale elettrico non dipende dalla carica di prova.

L'elettrocardiogramma

Il funzionamento del cuore genera delle piccole differenze di potenziale (dell'ordine di 1 mV) tra diversi punti del corpo umano. Queste differenze di potenziale variano nel tempo seguendo l'andamento dell'attività cardiaca.

Mettendo degli elettrodi in punti prefissati del corpo umano è possibile misurare queste differenze di potenziale e la loro variazione nel tempo. Il tracciato che ne risulta fornisce ai medici informazioni di grande importanza sullo stato di salute del cuore.

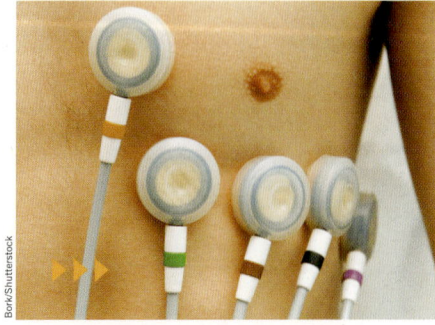
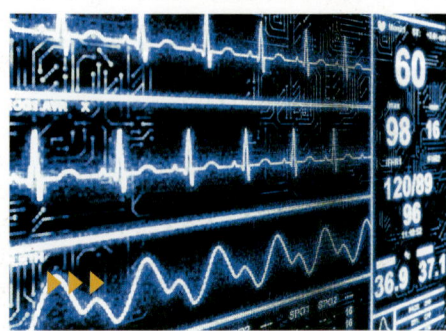

> **ESEMPIO**
>
> Il punto P si trova, nel vuoto, alla distanza $r = 7{,}32$ cm da una carica puntiforme $Q = -58{,}4$ nC.
>
> ▶ Con la solita convenzione sul livello di zero, calcola il potenziale elettrico in P.
>
> Risolviamo il problema sostituendo i valori numerici nella formula (11), scritta con $\varepsilon = \varepsilon_0$:
>
> $$V = \frac{1}{4\pi\varepsilon_0}\frac{Q}{r} = \left(8{,}99 \times 10^9\ \frac{\text{N}\cdot\text{m}^2}{\text{C}^2}\right) \times \frac{-5{,}84 \times 10^{-8}\ \text{C}}{7{,}32 \times 10^{-2}\ \text{m}} =$$
>
> $$= 7{,}17 \times 10^3\ \frac{\text{N}\cdot\text{m}^2}{\text{C}^2} \cdot \frac{\text{C}}{\text{m}} = 7{,}17 \times 10^3\ \frac{\text{N}\cdot\text{m}}{\text{C}} = 7{,}17 \times 10^3\ \frac{\text{J}}{\text{C}} =$$
>
> $$= 7{,}17 \times 10^3\ \text{V}\ .$$

3 LE SUPERFICI EQUIPOTENZIALI

Come il campo elettrico può essere rappresentato graficamente dalle linee di campo, il potenziale elettrico è rappresentato dalle *superfici equipotenziali*.

> Si chiama **superficie equipotenziale** il luogo dei punti dello spazio in cui il potenziale elettrico assume uno stesso valore.

Per esempio, dalla formula

$$V(r) = \frac{1}{4\pi\varepsilon}\frac{Q}{r}$$

vediamo che le superfici equipotenziali del campo elettrico generato da una carica puntiforme Q sono formate dai punti che hanno la stessa distanza r dalla carica, cioè da superfici sferiche con centro in Q.

Queste superfici equipotenziali sferiche sono rappresentate, in sezione, nella **figura 5**. La figura illustra la proprietà fondamentale delle superfici equipotenziali:

> in ogni punto, la superficie equipotenziale è perpendicolare alla linea di campo che passa per quel punto.

ANIMAZIONE

Superfici equipotenziali per una carica puntiforme (1 minuto)

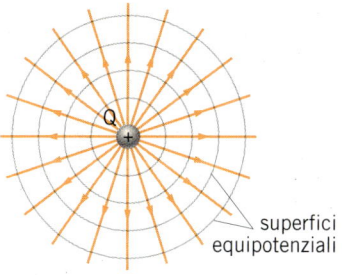

Figura 5 Le superfici equipotenziali relative a una singola carica puntiforme Q sono sfere centrate su Q.

Per il campo di una carica puntiforme Q, illustrato dalla **figura 5**, ciò è chiaro: le linee di campo sono semirette disposte lungo i raggi uscenti da Q, e i raggi sono in ogni punto perpendicolari alle superfici equipotenziali sferiche.

Un altro esempio semplice è quello del campo elettrico uniforme, per esempio quello generato da una distribuzione piana e infinita di carica (capitolo «Il campo elettrico»). In tal caso le linee di campo sono rettilinee, parallele ed equidistanti l'una dall'altra e le superfici equipotenziali sono piani paralleli tra loro e perpendicolari alle linee di forza **(figura 6)**.

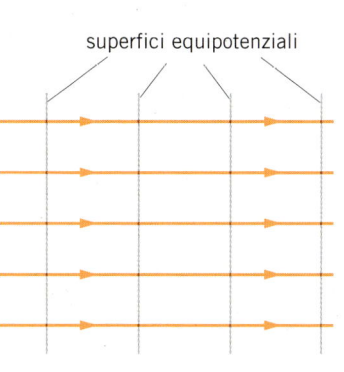

Figura 6 Le superfici equipotenziali di un campo elettrico uniforme sono piani paralleli tra loro e perpendicolari alle linee di campo.

Dimostrazione della perpendicolarità tra linee di campo e superfici equipotenziali

ANIMAZIONE

Superfici equipotenziali $\Delta \vec{s}$ per un campo elettrico uniforme
(1 minuto e mezzo)

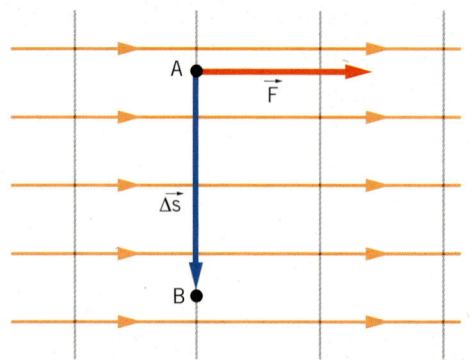

Consideriamo un campo elettrico uniforme e, all'interno di esso, un segmento AB perpendicolare alle linee di campo (figura 7). Indichiamo con $\Delta \vec{s}$ il vettore spostamento da A a B. Ora calcoliamo la differenza di potenziale $V(B) - V(A)$; per farlo, pensiamo di trasportare una carica di prova q da A fino a B e indichiamo con $W_{A \to B}$ il lavoro compiuto dalla forza elettrica nel corso di questo spostamento:

Figura 7 Lo spostamento $\Delta \vec{s}$ è perpendicolare alla forza elettrica $\vec{F}$.

$$\Delta V = V(B) - V(A) = -\frac{W_{A \to B}}{q}.$$

La forza elettrica, parallela alle linee di campo, è perpendicolare al vettore spostamento $\Delta \vec{s}$: si ha $W_{A \to B} = 0$. Sostituendo questo risultato nella formula precedente, si trova

$$\Delta V = -\frac{W_{A \to B}}{q} = 0$$

Quindi A e B hanno lo stesso potenziale e, naturalmente, lo stesso vale per tutti i punti del piano, perpendicolare alle linee di campo, di cui essi fanno parte. Quel piano è, allora, una *superficie equipotenziale*.

La dimostrazione precedente vale anche per una superficie equipotenziale qualunque, purché se ne prenda una calotta così piccola da potere essere considerata piana. La figura 8 mostra, per esempio, che la perpendicolarità locale tra linee di campo e superfici equipotenziali è valida per il campo elettrico generato da un dipolo elettrico, cioè un sistema formato da due cariche uguali e opposte.

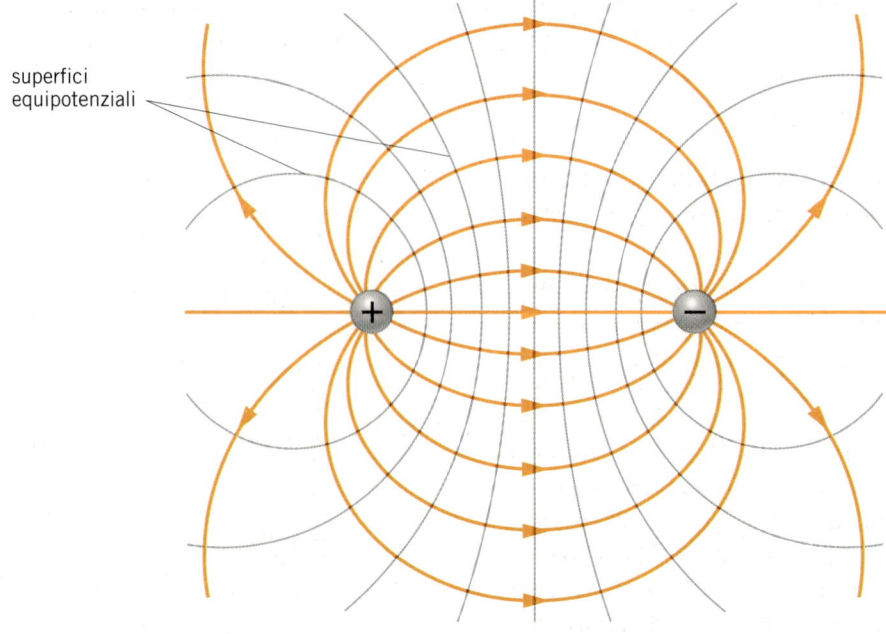

Figura 8 Linee di campo e superfici equipotenziali per il sistema formato da due cariche elettriche uguali e opposte.

ESEMPIO

Una carica puntiforme $Q = -1{,}7$ nC è posta in acqua distillata.

▶ Calcola il raggio r della superficie equipotenziale sferica che corrisponde al valore $V = -0{,}68$ V.

Nella formula (11) possiamo ricavare r, ottenendo:

$$r = \frac{1}{4\pi\varepsilon}\frac{Q}{V} = \frac{1}{4\pi\varepsilon_0\varepsilon_r}\frac{Q}{V}.$$

Per l'acqua distillata vale $\varepsilon_r = 80$, per cui troviamo

$$r = \frac{1}{4\pi\varepsilon_0\varepsilon_r}\frac{Q}{V} = \frac{1}{4\pi \times \left(8{,}854 \times 10^{-12}\,\frac{C^2}{N\cdot m^2}\right) \times 80} \times \frac{-1{,}7 \times 10^{-9}\,C}{-0{,}68\,V} =$$

$$= 0{,}28\,\frac{N\cdot m^2}{C^2}\frac{\cancel{C}}{V} = 0{,}28\,\frac{N\cdot m \cdot m}{C}\frac{1}{J/C} = 0{,}28\,\frac{\cancel{J}\cdot m}{\cancel{C}}\frac{\cancel{C}}{\cancel{J}} = 0{,}28\ m.$$

4 LA DEDUZIONE DEL CAMPO ELETTRICO DAL POTENZIALE

ESPERIMENTO VIRTUALE

Potenziale al lavoro
- Gioca
- Misura
- Esercitati

Se conosciamo il campo elettrico $\vec{E}$ (e quindi la forza $\vec{F} = q\vec{E}$ che agisce su una carica di prova q) possiamo calcolare il potenziale elettrico in una certa zona di spazio.

Vogliamo ora mostrare che

> è possibile calcolare il campo elettrico in un punto dello spazio se si conosce l'andamento del potenziale elettrico nei dintorni di quel punto.

Per fare il calcolo ci concentriamo su una zona di spazio abbastanza piccola da potere considerare uniforme il campo elettrico al suo interno. In essa consideriamo un punto A, in cui il potenziale vale V_A, e la superficie equipotenziale Ω_1 che contiene A.

Visto che consideriamo uniforme il campo elettrico, le superfici equipotenziali appaiono piane e parallele tra loro.

Ciò ci permette di determinare la direzione e il verso del vettore campo elettrico $\vec{E}$ nel punto A. Infatti, la direzione di $\vec{E}$ è quella perpendicolare alle superfici equipotenziali e il suo verso punta nel senso in cui il potenziale diminuisce (figura 9).

Verso del campo elettrico
Il verso del vettore campo elettrico è quello in cui si muovono le cariche positive. Queste, a loro volta, si spostano da punti a potenziale maggiore verso punti a potenziale minore.

Per determinare l'intensità di $\vec{E}$, consideriamo una seconda superficie equipotenziale su cui il potenziale elettrico vale $V_A + \Delta V$, dove ΔV è una differenza di potenziale infinitesima e negativa. Così Ω_2 si trova, rispetto a Ω_1, dalla parte in cui punta $\vec{E}$, a una distanza Δs da Ω_1. ΔV è una quantità nota, dal momento che abbiamo fatto l'ipotesi di conoscere l'andamento del potenziale elettrico nei dintorni di A.

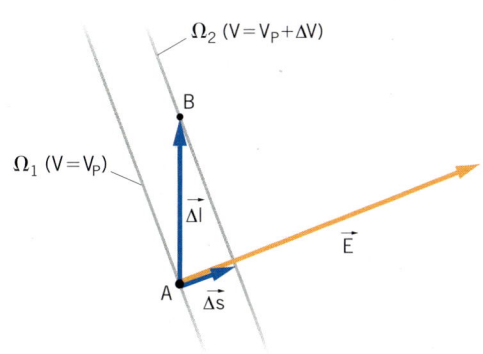

Figura 9 Il punto A appartiene alla superficie potenziale Ω_1; il punto B a Ω_2, a cui corrisponde un potenziale leggermente minore rispetto a Ω_1.

Ora spostiamo una carica di prova positiva q dal punto A a un punto B di Ω_2. Il lavoro $W_{A \to B}$ fatto dalla forza elettrica $\vec{F}$ durante tale spostamento $\Delta \vec{l}$ è

$$W_{A \to B} = \vec{F} \cdot \Delta \vec{l} = q\vec{E} \cdot \Delta \vec{l}.$$

La formula (**10**) del paragrafo 2 ci permette allora di calcolare

$$\Delta V = -\frac{W_{A \to B}}{q} = -\frac{q\vec{E} \cdot \Delta \vec{l}}{q} = -\vec{E} \cdot \Delta \vec{l}. \qquad (12)$$

Dalla figura precedente si vede che la proiezione $\Delta \vec{l}_{//}$ di $\Delta \vec{l}$, parallela a $\vec{E}$, è la distanza $\Delta \vec{s}$ tra le due superfici equipotenziali:

$$\Delta \vec{l}_{//} = \Delta \vec{s},$$

quindi

$$\vec{E} \cdot \Delta \vec{l} = E \Delta l_{//} = E \Delta s,$$

per cui la formula (**12**) consente di ottenere

$$\Delta V = -\vec{E} \cdot \Delta \vec{l} = -E \Delta s. \qquad (13)$$

Da quest'ultima formula si ricava l'intensità di $\vec{E}$:

$$\boxed{E = -\frac{\Delta V}{\Delta s}} \qquad (14)$$

Segno di E
Il modulo E del vettore campo elettrico è positivo perché si è scelta una differenza di potenziale ΔV che è negativa.

In definitiva, conoscendo il campo elettrico è possibile calcolare il potenziale e, al contrario, conoscendo il potenziale è possibile calcolare il campo elettrico. Ciò significa che le due descrizioni della realtà fisica, basate sull'uso di queste due quantità (una vettoriale e l'altra scalare), sono equivalenti tra loro.

Dalla formula (**14**) si vede che il campo elettrico si può misurare in volt fratto metro (V/m); questa unità di misura è equivalente al newton fratto coulomb (N/C) che già conosciamo. Come si controlla facilmente:

$$1\,\frac{V}{m} = 1\,\frac{J/C}{m} = 1\,\frac{N \cdot m}{C \cdot m} = 1\,\frac{N}{C}$$

5 LA CIRCUITAZIONE DEL CAMPO ELETTROSTATICO

Come è spiegato nel capitolo «Il campo elettrico», l'idea del flusso di un campo vettoriale attraverso una superficie nacque all'interno dello studio della fluidodinamica, dove il flusso del vettore velocità corrisponde alla portata di un fluido attraverso la superficie in esame.

Un altro concetto che, storicamente, è nato nell'ambito dello studio dei fluidi, ma che poi si è rivelato utile anche nel campo dell'elettricità, è la *circuitazione* di un campo vettoriale.

Definizione della circuitazione di $\vec{E}$

Per calcolare la circuitazione occorre scegliere ad arbitrio una linea chiusa orientata $\mathscr{L}$. Una linea chiusa ha due sensi di percorrenza: per definire $\mathscr{L}$ occorre specificare in quale dei due versi la linea è percorsa.

Una volta nota $\mathscr{L}$, per calcolare la *circuitazione del vettore campo elettrico*,
- si divide $\mathscr{L}$ in n parti, ciascuna così piccola da poterla considerare rettilinea e da potere considerare uniforme il campo elettrico lungo di essa;
- indicato con $\Delta \vec{l}_i$ il vettore spostamento che descrive il tratto numero i di $\mathscr{L}$, si determina il vettore campo elettrico $\vec{E}_i$ che esiste nei punti di $\Delta \vec{l}_i$;
- conoscendo $\vec{E}_i$ e $\Delta \vec{l}_i$, si calcola il loro prodotto scalare $\vec{E}_i \cdot \Delta \vec{l}_i$.

La **circuitazione del vettore $\vec{E}$ lungo** $\mathscr{L}$, che è indicata con il simbolo $\Gamma_{\mathscr{L}}(\vec{E})$, è per definizione la somma dei prodotti scalari relativi a tutti i tratti $\Delta \vec{l}_i$, con $1 \leq i \leq n$:

$$\Gamma_{\mathscr{L}}(\vec{E}) = \vec{E}_1 \cdot \Delta \vec{l}_1 + \vec{E}_2 \cdot \Delta \vec{l}_2 + \ldots + \vec{E}_n \cdot \Delta \vec{l}_n = \sum_i \vec{E}_i \cdot \Delta \vec{l}_i \qquad (15)$$

La circuitazione in fluidodinamica

Nella dinamica dei fluidi, la *circuitazione del vettore velocità* $\Gamma_{\mathscr{L}}(\vec{v})$ permette di determinare se il movimento della corrente è *laminare* (cioè senza vortici) o *turbolento* (cioè con vortici).

$\Gamma_{\mathscr{L}}(\vec{v})$ è definita in modo identico alla formula (15), con i vettori $\vec{v}_i$, che indicano la velocità del fluido nella zona considerata, al posto dei vettori $\vec{E}_i$.

Per fissare le idee, scegliamo la curva orientata $\mathscr{L}$ come una circonferenza percorsa in senso antiorario.

▶ Se $\mathscr{L}$ è centrata su un vortice antiorario, il moto del fluido segue bene un andamento circolare e, in tutti i tratti di $\mathscr{L}$, il prodotto scalare $\vec{v}_i \cdot \Delta \vec{l}_i$ è positivo. Così anche la somma, data da $\Gamma_{\mathscr{L}}(\vec{v})$, risulta positiva.

▶ Se $\mathscr{L}$ è posta in una zona senza vortici, come una corrente che scorre con velocità uniforme, alcuni dei prodotti scalari sono positivi (come in Q) e altri negativi (come in P) e la somma di tutti questi termini si annulla.

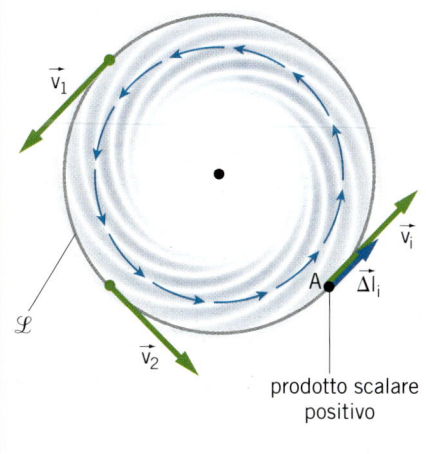

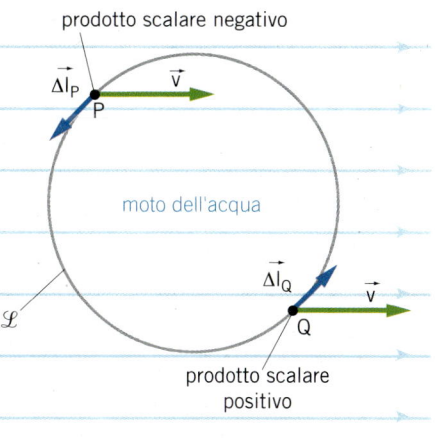

A

B

Quindi, se la circuitazione di $\vec{v}$ è:

- positiva, nella zona ci sono vortici con lo stesso verso di $\mathscr{L}$;
- negativa, nella zona ci sono vortici con verso opposto a quello di $\mathscr{L}$;
- uguale a zero, nella zona non ci sono vortici.

Il significato della circuitazione del campo elettrico

La circuitazione e il lavoro
Il prodotto $\vec{E}_i \cdot \Delta \vec{l}_i$ è uguale al lavoro fatto dal campo elettrico quando si sposta di $\Delta \vec{l}_i$ la carica di 1 C.

Per la formula (**13**) del paragrafo precedente, si ha

$$\vec{E}_i \cdot \Delta \vec{l}_i = -\Delta V_i,$$

dove ΔV_i è la differenza di potenziale tra i punti estremi del segmento orientato rappresentato da $\Delta \vec{l}_i$.

Così la formula (**15**) diviene

$$\Gamma_{\mathscr{L}}(\vec{E}) = \sum_i (-\Delta V_i) = -\sum_i \Delta V_i = 0, \qquad (16)$$

perché la sommatoria delle differenze di potenziale lungo una linea chiusa è sempre nulla. Questa proprietà deriva dal fatto che, calcolando la sommatoria lungo $\mathscr{L}$, si ritorna al punto da cui si è partiti: il potenziale ha lo stesso valore di quello di partenza e la differenza di potenziale è nulla.

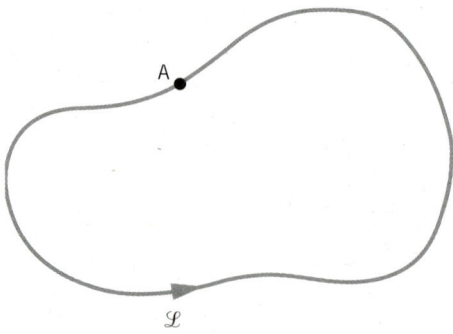

Figura 10 Linea chiusa orientata. Il punto *A* può essere considerato l'inizio e la fine della linea.

Tutto ciò dipende dal fatto che il campo elettrico è conservativo: il lavoro fatto dalla forza elettrica mentre una carica di prova è spostata da un punto *A* allo stesso punto *A* lungo la curva chiusa $\mathscr{L}$ non dipende dal particolare cammino seguito ed è quindi nullo, così come è nullo il lavoro fatto, con spostamento uguale a zero, su una carica di prova che rimane ferma in *A*.

Abbiamo ottenuto un risultato importante:

la circuitazione del campo elettrico è nulla, qualunque sia il cammino orientato lungo il quale essa è calcolata. Questa proprietà esprime in modo matematico il fatto che il campo elettrico è conservativo.

Il risultato enunciato sopra è valido nel caso in cui tutte le cariche presenti siano in equilibrio, cioè nel caso *elettrostatico*. Come si vede nei capitoli «L'induzione elettromagnetica» e «L'equazione di Maxwell e le onde elettromagnetiche», quando vi sono cariche in movimento è necessario estendere la teoria che stiamo sviluppando. Volendo usare un linguaggio corretto, che ci sarà utile in seguito, si deve dire che la circuitazione del campo *elettrostatico* è sempre uguale a zero.

I CONCETTI E LE LEGGI

MAPPA INTERATTIVA

L'ENERGIA POTENZIALE ELETTRICA

La forza elettrica è conservativa, quindi possiamo definire per un sistema di cariche un'*energia potenziale elettrica*, che è una grandezza scalare e dipende dalla carica posta in quel punto.

Energia potenziale in una configurazione A

$$U_A = -W_{R \to A} = W_{A \to R}$$

en. configurazione A = lavoro delle forze del campo quando il sistema passa da A a R.

- È la differenza di energia potenziale tra la configurazione A e la configurazione R di riferimento, a cui si assegna l'energia potenziale $U_R = 0$.
- $W_{A \to R}$ è il lavoro fatto dalla forza elettrica $\vec{F}$ quando il sistema passa dalla configurazione A alla configurazione R.
- L'energia potenziale si definisce rispetto a una configurazione di riferimento.
- Si misura in joule (J).

Energia potenziale della forza di Coulomb

Espressione generale associata alla forza di Coulomb

$$U(r) = \frac{1}{4\pi\varepsilon} \frac{Q_1 Q_2}{r} + k$$

$$\text{en. pot.} = \frac{1}{4\pi\varepsilon} \cdot \frac{(\text{carica 1}) \times (\text{carica 2})}{\text{distanza}} + \text{cost.}$$

- $U(r)$ è l'energia del sistema di due cariche Q_1 e Q_2, poste a distanza r in un materiale che ha costante dielettrica ε.
- Il valore di k dipende dalla scelta della configurazione di zero R dell'energia potenziale.

Espressione usuale dell'energia potenziale associata alla forza di Coulomb

$$U(r) = \frac{1}{4\pi\varepsilon} \frac{Q_1 Q_2}{r}$$

$$\text{en. pot.} = \frac{1}{4\pi\varepsilon} \cdot \frac{(\text{carica 1}) \times (\text{carica 2})}{\text{distanza}}$$

- La costante k risulta nulla se si pone uguale a zero l'energia potenziale del sistema di due cariche puntiformi poste a distanza infinita tra loro.
- U cioè si annulla quando r diventa infinitamente grande.

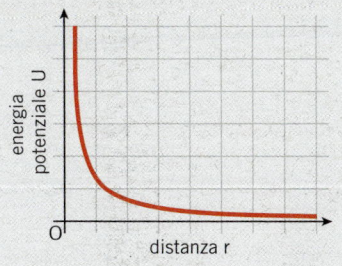

Energia potenziale elettrica di un sistema con più cariche puntiformi

$$U = U_{12} + U_{13} + U_{14} + U_{23} + U_{24} + U_{34}$$

- L'energia potenziale del sistema è data dalla somma algebrica delle energie potenziali che si ottengono scegliendo le cariche a coppie in tutti i modi possibili.
- Quindi l'energia potenziale di un sistema di cariche è uguale al lavoro fatto dalla forza elettrica se il sistema viene «disgregato», portando tutte le cariche a distanza infinita tra loro e senza energia cinetica.

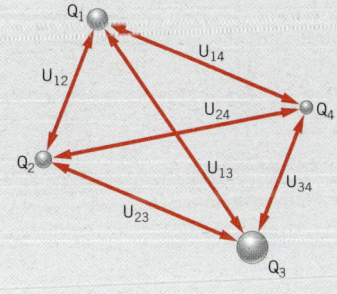

I CONCETTI E LE LEGGI

MAPPA INTERATTIVA

IL POTENZIALE ELETTRICO

Il potenziale elettrico è una grandezza scalare, si definisce in un punto di un campo elettrico e non dipende dalla carica posta in quel punto.

Potenziale elettrico in un punto

$V_A = \dfrac{U_A}{q}$ potenziale elettrico in A $= \dfrac{\text{en. potenziale della carica in A}}{\text{carica di prova in A}}$

- È il rapporto tra l'energia potenziale U_A e la carica di prova q posta nel punto A.
- L'energia potenziale U_A è dovuta all'interazione di ciascuna delle cariche che generano il campo con la carica di prova q.
- Dipende dalla configurazione di zero scelta.
- Si misura in volt $\left(1\text{ V} = \dfrac{1\text{ J}}{1\text{ C}}\right)$.

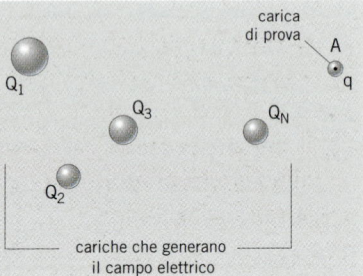

Differenza di potenziale elettrico

$\Delta V = \dfrac{\Delta U}{q} = -\dfrac{W_{A\to B}}{q}$

differenza di potenziale $= \dfrac{\text{differenza di en. potenziale}}{\text{carica di prova}}$

- È il rapporto fra la differenza di energia potenziale elettrica $\Delta U = U_B - U_A$ tra i due punti A e B e la carica di prova q.
- $W_{A\to B}$ è il lavoro fatto dalla forza elettrica sulla carica di prova q durante il suo spostamento da A a B.
- È chiamata anche tensione elettrica.

Moto delle cariche elettriche

- Le cariche positive «scendono» lungo la differenza di potenziale, cioè passano spontaneamente da punti a potenziale più alto verso punti a potenziale più basso.
- Le cariche negative «risalgono» la differenza di potenziale, cioè passano spontaneamente da punti a potenziale più basso verso punti a potenziale più alto.

Carica puntiforme

Potenziale elettrico $V(r) = \dfrac{1}{4\pi\varepsilon}\dfrac{Q}{r}$

Il potenziale elettrico generato da una carica puntiforme Q in un punto a distanza r dalla carica:

- non dipende dalla carica di prova q.
- dipende dalla carica che genera il campo.
- dipende dal punto considerato.
- si annulla a distanza infinita dalla carica Q.

Superficie equipotenziale

È il luogo dei punti dello spazio in cui il potenziale elettrico assume uno stesso valore.

- Le superfici equipotenziali servono per rappresentare graficamente il potenziale elettrico.
- In ogni punto, la superficie equipotenziale è perpendicolare alla linea di campo elettrico che passa per quel punto.

Intensità del campo elettrico

$E = -\dfrac{\Delta V}{\Delta S}$

- ΔV è la differenza di potenziale tra due punti A e B e Δs è la distanza tra le superfici equipotenziali che passano per quei due punti.
- Conoscendo il campo elettrico è possibile ricavare il potenziale e viceversa.

Circuitazione del campo elettrico

$\Gamma_{\mathscr{L}}(\vec{E}) = \vec{E}_1 \cdot \Delta \vec{l}_1 + \vec{E}_2 \cdot \Delta \vec{l}_2 + \ldots + \vec{E}_n \cdot \Delta \vec{l}_n = \sum_i \vec{E}_i \cdot \Delta \vec{l}_i$

- Quando tutte le cariche sono in equilibrio, la circuitazione del campo elettrico è uguale a zero:

$\Gamma_{\mathscr{L}}(\vec{E}) = -\sum \Delta V_i = 0$

- Ciò equivale ad affermare che il campo elettrostatico è conservativo.

ESERCIZI

DOMANDE SUI CONCETTI

1 Perché si può affermare che la forza di Coulomb è conservativa?

2 Un sistema di sei cariche puntiformi è immerso nel vuoto.

▶ Perché l'energia potenziale totale U del sistema è formata da 15 contributi?

3 L'energia potenziale elettrica per un sistema di due cariche puntiformi Q_1 e Q_2 poste a distanza r è data dalla relazione:

$$U(r) = \frac{1}{4\pi\varepsilon_0}\frac{Q_1 Q_2}{r} + k$$

▶ Cosa indica il parametro k?

4 Considera i punti A e B rispettivamente a potenziale elettrico V_A e V_B. La forza elettrica compie un lavoro positivo, spostando una carica positiva da A verso B.

▶ La differenza di potenziale $\Delta V = V_B - V_A$ è positiva o negativa?

5 Il potenziale elettrico, generato da una distribuzione di cariche, dipende dalla presenza di una carica di prova?

6 Due superfici equipotenziali possono intersecarsi, in uno o più punti?

7 Considera una regione dello spazio nella quale le linee di un campo elettrico uniforme sono parallele all'asse x di un sistema di riferimento xyz, con verso negativo.

▶ Come sono orientate le sue superfici equipotenziali?

8 Motiva la tua adesione, o il tuo dissenso, rispetto all'affermazione che segue. «I valori del potenziale e del campo elettrico dipendono dalla posizione del livello di zero del potenziale.»

9 Perché il verso del campo elettrico è quello che passa dai valori più alti ai valori più bassi del potenziale elettrico?

10 Qual è l'utilità del concetto di «circuitazione»?

11 In una zona di spazio è presente un campo elettrico uniforme, con linee di campo parallele tra loro.

▶ Il valore della circuitazione calcolata lungo un percorso chiuso che in parte è fuori dalla zona di campo è nullo?

PROBLEMI

1 L'ENERGIA POTENZIALE ELETTRICA

1 Due cariche $q_1 = 2{,}0$ nC, $q_2 = 3{,}0$ nC sono disposte nel vuoto a una distanza $\overline{AB} = 40$ cm. L'energia potenziale del sistema è $1{,}35 \times 10^{-7}$.

▶ Quanto vale la costante dielettrica del vuoto ε_0?

$[8{,}9 \times 10^{-12}\ \text{C}^2/\text{N}\cdot\text{m}^2]$

2 L'atomo di idrogeno è costituito da un protone e da un elettrone posti alla distanza del raggio di Bohr, pari a $5{,}29 \times 10^{-11}$ m.

▶ Calcola l'energia potenziale di questo sistema di cariche nel vuoto.

$[-4{,}35 \times 10^{-18}\ \text{J}]$

3 🇬🇧 Two point-like charges are in the vacuum at a distance of 25 cm from each other. The electrostatic potential energy of the system is $-8{,}6 \times 10^{-8}$ J. Q_1 has a charge of $3{,}0 \times 10^{-9}$ C.

▶ Calculate Q_2.

$[-8{,}0 \times 10^{-10}\ \text{C}]$

4 Due cariche $q_1 = 5{,}0$ nC, $q_2 = 6{,}0$ nC sono nel vuoto ad una distanza $\overline{AB} = (1{,}0 + x)$ m. Per ottenere un'energia potenziale del sistema pari a $1{,}0 \times 10^{-7}$ J,

▶ quanto deve valere x?

$[1{,}7\ \text{m}]$

ESERCIZI

5 ★★ **PROBLEMA SVOLTO**

Tre cariche $q_1 = 3{,}2$ nC, $q_2 = -2{,}7$ nC e $q_3 = 2{,}5$ nC sono disposte nel vuoto e occupano, rispettivamente, i vertici di un triangolo ABC di lati $\overline{AB} = 4{,}5$ cm, $\overline{BC} = 5{,}2$ cm e $\overline{AC} = 3{,}8$ cm. Scegliamo lo zero dell'energia potenziale nella condizione in cui le cariche sono a distanza infinita tra loro.

▶ Determina l'energia potenziale U del sistema in questa configurazione.

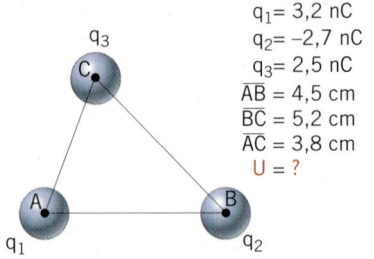

$q_1 = 3{,}2$ nC
$q_2 = -2{,}7$ nC
$q_3 = 2{,}5$ nC
$\overline{AB} = 4{,}5$ cm
$\overline{BC} = 5{,}2$ cm
$\overline{AC} = 3{,}8$ cm
$U = ?$

■ Strategia e soluzione

- L'energia potenziale del sistema è data dalla somma di tre contributi:

$$U = U_{12} + U_{23} + U_{13}.$$

- Con la scelta dello zero indicata nel testo, l'energia potenziale del sistema formato da due cariche puntiformi è data dalla formula (**6**), grazie alla quale si ricava

$$U = U_{12} + U_{23} + U_{13} = \frac{1}{4\pi\varepsilon_0}\frac{q_1 q_2}{\overline{AB}} + \frac{1}{4\pi\varepsilon_0}\frac{q_2 q_3}{\overline{BC}} + \frac{1}{4\pi\varepsilon_0}\frac{q_1 q_3}{\overline{AC}} =$$

$$= \frac{1}{4\pi\varepsilon_0}\left(\frac{q_1 q_2}{\overline{AB}} + \frac{q_2 q_3}{\overline{BC}} + \frac{q_1 q_3}{\overline{AC}}\right).$$

- Sostituendo i valori numerici nella formula precedente otteniamo

$$U = 8{,}99 \times 10^9 \frac{\text{N}\cdot\text{m}^2}{\text{C}^2}\left(\frac{-8{,}6\times 10^{-18}}{4{,}5\times 10^{-2}} + \frac{-6{,}8\times 10^{-18}}{5{,}2\times 10^{-2}} + \frac{8{,}0\times 10^{-18}}{3{,}8\times 10^{-2}}\right)\frac{\text{C}^2}{\text{m}} =$$

$$= 8{,}99 \times 10^9 \times (-1{,}1\times 10^{-16})\,\text{N}\cdot\text{m} = -9{,}9 \times 10^{-7}\,\text{J}.$$

■ Discussione

L'energia potenziale del sistema formato da due cariche di segno opposto è negativa perché, quando una delle due è spostata all'infinito, la forza elettrica attrattiva ha verso opposto allo spostamento (figura a fianco) e quindi il lavoro è negativo. Quando le due cariche hanno lo stesso segno, forza e spostamento sono concordi, per cui il lavoro e l'energia potenziale hanno segno positivo. Nel problema precedente, l'energia potenziale risulta dalla somma di due termini negativi e uno positivo e il risultato è negativo.

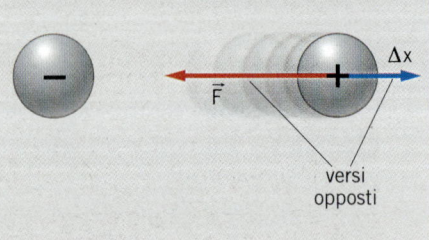

---

6 ★★ Quattro cariche puntiformi di valori rispettivamente $Q_1 = -4{,}0$ nC, $Q_2 = 2{,}5$ nC, $Q_3 = -3{,}3$ nC, $Q_4 = -4{,}0$ nC, occupano, nel vuoto, i vertici di un quadrato di lato 4,8 cm.

▶ Determina l'energia potenziale del sistema.

[$2{,}5 \times 10^{-6}$ J]

2 IL POTENZIALE ELETTRICO

7 ★★★ Una carica puntiforme positiva q è posta nel vuoto. Un punto A dista $d = 20$ cm dalla carica. Per ottenere il potenziale $V_A = 100$ V,

▶ che valore deve avere la carica?

[$2{,}2 \times 10^{-9}$ C]

8 Quattro cariche sono disposte rigidamente ai vertici di un quadrato di lato l con i lati disposti parallelamente agli assi cartesiani di un sistema di coordinate con origine nel centro del quadrato. Due cariche sono positive (q_p) e due sono negative ($q_n = -q_p$),

▶ determina il potenziale elettrico al centro del quadrato.

[0 V]

9 PROBLEMA SVOLTO

Nel punto A è fissata una carica elettrica $Q_1 = 3{,}68 \times 10^{-8}$ C e nel punto B, che dista 80,0 cm da A, è fissata una seconda carica elettrica $Q_2 = -5{,}74 \times 10^{-9}$ C. Il punto P è posto sul segmento AB, a una distanza di 50,0 cm da A. Le cariche sono poste nel vuoto.

▶ Calcola il valore del potenziale elettrico in P.

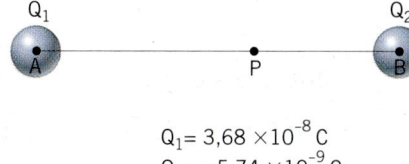

$Q_1 = 3{,}68 \times 10^{-8}$ C
$Q_2 = -5{,}74 \times 10^{-9}$ C
$\overline{AB} = 80{,}0$ cm
$\overline{AP} = 50{,}0$ cm
$V_P = ?$

■ **Strategia e soluzione**

• Per prima cosa possiamo scrivere
$$V_P = V_1 + V_2,$$
dove V_1 è il potenziale elettrico in P dovuto alla sola carica Q_1 e V_2 è il potenziale in P dovuto a Q_2.

• Ora calcoliamo
$$V_1 = k_0 \frac{Q_1}{r_1} = 8{,}99 \times 10^9 \, \frac{\text{N} \cdot \text{m}^2}{\text{C}^2} \times \frac{3{,}68 \times 10^{-8} \, \text{C}}{5{,}00 \times 10^{-2} \, \text{m}} = 662 \, \text{V}$$

e

$$V_2 = k_0 \frac{Q_2}{r_2} = 8{,}99 \times 10^9 \, \frac{\text{N} \cdot \text{m}^2}{\text{C}^2} \times \frac{-5{,}74 \times 10^{-9} \, \text{C}}{3{,}00 \times 10^{-1} \, \text{m}} = -172 \, \text{V}.$$

• Quindi il potenziale elettrico in P è
$$V_P = V_1 + V_2 = 662 \, \text{V} - 172 \, \text{V} = 490 \, \text{V}.$$

■ **Discussione**

Il problema è stato risolto utilizzando la convenzione più comune sulla condizione di zero del potenziale, in cui si pone uguale a zero il potenziale a distanza infinita dalle cariche che generano il campo. Questa convenzione è utilizzata negli esercizi e nei problemi del capitolo.

10 Due cariche $q_1 = 4{,}0 \times 10^{-8}$ C e $q_2 = -4{,}0 \times 10^{-8}$ C sono poste nel vuoto agli estremi di un segmento lungo 30 cm. Calcola il valore del potenziale elettrico:

▶ in un punto del segmento che dista 10 cm dalla carica q_1.

▶ nel punto medio del segmento.

▶ in un punto del segmento che dista 10 cm dalla carica q_2.

[$1{,}8 \times 10^3$ V; 0 V; $-1{,}8 \times 10^3$ V]

ESERCIZI

11 ★★ **PROBLEMA SVOLTO**

Il punto P si trova a 11,8 cm da una carica puntiforme Q posta nel vuoto e il potenziale elettrico in P, generato da Q, vale 330 V.

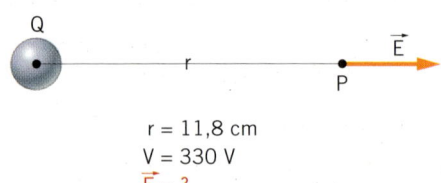

▶ Calcola l'intensità del vettore campo elettrico nel punto P.

$r = 11,8$ cm
$V = 330$ V
$\vec{E} = ?$

■ **Strategia e soluzione**

- L'intensità del vettore campo elettrico generato, nel vuoto, da una singola carica puntiforme è data dalla formula (**3**) del capitolo «Il campo elettrico»:

$$E = k_0 \frac{Q}{r^2}.$$

- Ricordando la formula (**11**) di questo capitolo, che nel vuoto diviene:

$$V = \frac{1}{4\pi\varepsilon_0} \frac{Q}{r} = k_0 \frac{Q}{r},$$

l'intensità del campo elettrico può essere espressa come

$$E = k_0 \frac{Q}{r^2} = \left(k_0 \frac{Q}{r}\right) \cdot \frac{1}{r} = \frac{V}{r}.$$

- Ora basta sostituire i valori numerici nella formula precedente e si ottiene

$$E = \frac{V}{r} = \frac{330 \text{ V}}{0,118 \text{ m}} = 2,80 \times 10^3 \frac{\text{V}}{\text{m}}.$$

■ **Discussione**

Dalla definizione $\vec{E} = \frac{\vec{F}}{q}$ sappiamo che il campo elettrico si misura in N/C. Il risultato del problema, invece, fornisce per E l'unità di misura V/m; mostriamo che queste due unità di misura coincidono:

$$1\frac{\text{V}}{\text{m}} = \frac{1\frac{\text{J}}{\text{C}}}{1 \text{ m}} = 1\frac{\text{J}}{\text{m} \cdot \text{C}} = 1\frac{\text{N} \cdot \text{m}}{\text{m} \cdot \text{C}} = 1\frac{\text{N}}{\text{C}}.$$

---

12 ★★ Il valore del potenziale elettrico generato nel vuoto da una carica elettrica in un punto P alla distanza di 6,0 m è di $4,2 \times 10^2$ V. Calcola:

▶ l'intensità del vettore campo elettrico nel punto P.

▶ il valore della carica che genera il campo elettrico.

▶ la distanza alla quale una carica di valore doppio genererebbe lo stesso valore di potenziale.

[70 V/m; $2,8 \times 10^{-7}$ C; 12 m]

13 ★★ Un elettrone ($q_e = -1,6 \times 10^{-19}$ C) viene accelerato da una differenza di potenziale $\Delta V = 1,0 \times 10^5$ V, applicata tra i punti A e B.

▶ Quanta energia cinetica acquista?

[$1,6 \times 10^{-14}$ J]

14 ★★ Ai due estremi di una sottile sbarra isolante di lunghezza $L = 1,0$ m sono fissate rigidamente due piccole sfere di metallo con carica $q = 1,0$ nC. Sulla sbarra è libero di muoversi, senza attrito, un piccolo cilindretto cavo di carica $-q$ inizialmente fermo nella posizione d'equilibrio instabile $x = L/2$ rispetto alla prima sfera, scelta come origine dell'asse x di un sistema di riferimento cartesiano.

▶ Qual è l'espressione del potenziale V, generato dalle due sfere rigide, in funzione di x?

Una piccola perturbazione sposta il cilindretto verso la prima sfera.

▶ Quanto vale l'energia cinetica K del cilindretto quando transita per la posizione $x = L/4$?

$$\left[V = \frac{qL}{4\pi\varepsilon_0 x(L-x)}; 1,0 \times 10^{-8} \text{ J} \right]$$

3 LE SUPERFICI EQUIPOTENZIALI

15 ★☆☆ Una carica puntiforme $q = 5{,}0 \times 10^{-8}$ C è posta nel vuoto. Considera la superficie sferica, centrata in q, di raggio $r = 10$ m.

▶ Che valore assume il potenziale per tutti i punti della superficie considerata?

[45 V]

16 ★☆☆ Una carica puntiforme $q = -6{,}2 \times 10^{-5}$ C posta nel vuoto genera un campo elettrostatico. La condizione di zero del potenziale riguarda i punti posti a distanza infinita da q.

▶ Calcola il raggio delle superfici equipotenziali per le quali il potenziale vale rispettivamente $V_1 = -5{,}0 \times 10^4$ V, $V_2 = -50$ V.

▶ Calcola il raggio della superficie equipotenziale che corrisponde al valore V_2 se la carica è posta in acqua distillata.

[11 m; $1{,}1 \times 10^4$ m; $1{,}4 \times 10^2$ m]

17 ★★☆ Tra due lastre A e B, considerate infinite e uniformemente cariche, c'è un campo elettrico uniforme di intensità $E = 1{,}5 \times 10^5$ V/m. Una carica di $1{,}0 \times 10^{-6}$ C si sposta dal punto P al punto Q lungo la traiettoria indicata nella figura.

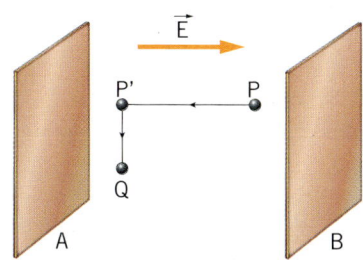

La distanza tra i punti P e P' è di 4,0 cm, mentre la distanza tra P' e Q è 2,0 cm.

▶ Determina la forma delle superfici equipotenziali che passano per i punti P, P' e Q.

▶ Calcola il lavoro che occorre compiere per trasportare la carica q.

[$6{,}0 \times 10^{-3}$ J]

18 ★★★ Una carica $q = -1{,}0 \times 10^{-8}$ C, avente massa $m = 2{,}0 \times 10^{-6}$ kg, è posta con velocità v_0 all'interno del campo elettrico generato da una carica puntiforme $Q = -q$. Inizialmente la distanza fra le due cariche, nel vuoto, è $d = 10$ cm e la carica q si muove in direzione radiale rispetto alla carica Q.

▶ Quale deve essere il valore di v_0 per permettere alla carica q di sfuggire all'attrazione elettrostatica della carica Q?

[3,0 m/s]

4 LA DEDUZIONE DEL CAMPO ELETTRICO DAL POTENZIALE

19 ★☆☆ Due piastre parallele, metalliche e cariche sono immerse nel vuoto e separate da una distanza $d = 40$ cm. Il campo elettrico uniforme, con linee di campo perpendicolari alle piastre, assume il valore $E = 40$ V/m.

▶ Quanto vale la differenza di potenziale ΔV tra le due piastre?

[16 V]

20 ★☆☆ Un piano, posto nel vuoto, è uniformemente carico con densità superficiale di carica pari a σ. Fissato l'asse x perpendicolare al piano e scegliendo il valore nullo del potenziale in $x = 0$, l'espressione del potenziale in funzione della distanza x è data da $V(x) = -\sigma \cdot x / 2\varepsilon_0$.

▶ Ricava l'espressione del campo elettrico E.

$$\left[E = \frac{\sigma}{2\varepsilon_0} \right]$$

ESERCIZI

21 ★★★ **PROBLEMA SVOLTO**

In un campo elettrico uniforme consideriamo due punti P e Q che si trovano sulla stessa linea di campo. La distanza tra i due punti è 2,57 cm e i potenziali elettrici in P e in Q valgono, rispettivamente, $V_P = 32{,}8$ V e $V_Q = 14{,}2$ V.

▶ Determina, in direzione, verso e modulo, il vettore campo elettrico nella zona di spazio dove di trovano P e Q.

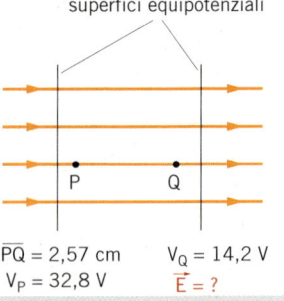

$\overline{PQ} = 2{,}57$ cm $V_Q = 14{,}2$ V
$V_P = 32{,}8$ V $\vec{E} = ?$

■ **Strategia e soluzione**

- Visto che il campo elettrico è uniforme, le linee di campo sono segmenti paralleli ed equidistanziati. Quindi il campo elettrico (di modulo costante) ha (figura a lato)
  - la direzione delle linee di campo;
  - il verso in cui il potenziale diminuisce, cioè il verso che va da P e Q.

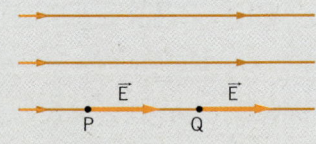

- Per calcolare il modulo del campo elettrico si utilizza la formula (14):

$$E = -\frac{\Delta V}{\Delta s} = -\frac{V_Q - V_P}{\overline{PQ}} = -\frac{(14{,}2 \times 32{,}8)\,\text{V}}{0{,}0257\,\text{m}} = 724\,\frac{\text{V}}{\text{m}}.$$

■ **Discussione**

I singoli valori di V_P e di V_Q dipendono da dove si è posto il livello di zero del potenziale elettrico, ma il valore di E non dipende da tale scelta. Infatti, E è calcolato a partire da ΔV, che è una quantità che non dipende dalla scelta dello zero del potenziale: con un'altra scelta della condizione di riferimento, i valori di V_P e di V_Q sarebbero diversi da quelli dati nel testo del problema, ma la loro differenza sarebbe stata la stessa.

---

22 ★★★ Un protone si muove tra i punti A e B di un campo elettrico uniforme, posti sulla stessa linea di campo e distanti tra loro 0,75 m. Tra i punti A e B esiste una differenza di potenziale di -50 V. Calcola:

▶ il lavoro compiuto dalle forze del campo elettrico per spostare il protone da A a B.

▶ l'intensità del campo elettrico.

[$8{,}0 \times 10^{-18}$ J; 67 V/m]

23 ★★★ Due punti A e B interni a un campo elettrico uniforme di intensità $8{,}0 \times 10^4$ N/C si trovano sulla stessa linea di campo e distano tra loro 30 cm. Una carica positiva di valore $3{,}0 \times 10^{-1}$ C si sposta, per effetto delle forze del campo, tra questi due punti. Calcola:

▶ la differenza di potenziale tra il punto finale e il punto iniziale.

▶ il lavoro compiuto dalle forze del campo per spostare la carica dal punto A al punto B.

[$-2{,}4 \times 10^4$ V; $7{,}2 \times 10^3$ J]

24 ★★ Una carica $q = +2{,}4\,\mu$C si sposta in un campo elettrico di intensità $E = 4{,}0$ N/C, seguendo la direzione e il verso del campo elettrico. La differenza fra i valori del potenziale nella posizione iniziale e in quella finale è $V_i - V_f = 0{,}29$ V. Calcola:

▶ il lavoro fatto sulla carica dalla forza elettrica.

▶ l'entità dello spostamento subìto dalla carica.

[$7{,}0 \times 10^{-7}$ J; $7{,}3 \times 10^{-2}$ m]

25 Tra due piastre metalliche poste alla distanza di 10 cm esiste una differenza di potenziale di 24 V. In un punto equidistante dalle due piastre si trova una carica $q = 4{,}0 \times 10^{-18}$ C.

▶ Disegna le linee del campo elettrico tra le piastre e determina direzione e verso del campo elettrico.

▶ Calcola l'intensità del campo elettrico fra le due piastre.

▶ Calcola la forza elettrica che si esercita sulla carica q.

[$2{,}4 \times 10^2$ N/C; $9{,}6 \times 10^{-16}$ N]

26 Nel vuoto un piano indefinito e uniformemente carico ha una densità di carica superficiale pari a $\sigma = 17{,}7 \times 10^{-11}$ C/m². Nel piano viene praticato un foro circolare di raggio $R = 1{,}0$ cm. Il campo elettrico $E_d(x)$ generato lungo l'asse perpendicolare a un disco di raggio r, uniformemente carico con densità di carica superficiale σ_d, è dato da

$$E_d(x) = \frac{\sigma_d}{2\varepsilon_0}\left(1 - \frac{x}{\sqrt{x^2 + r^2}}\right).$$

▶ Ricava il valore del campo elettrico sulla perpendicolare al piano passante per il centro del foro a 10 cm di distanza.

[10 V/m]

5 LA CIRCUITAZIONE DEL CAMPO ELETTROSTATICO

27 Considera un campo elettrico $\vec{E}$ uniforme rappresentato nella figura.

▶ Calcola esplicitamente la circuitazione del campo lungo il cammino rettangolare, di lato corto l e lato lungo L, mostrato nella figura.

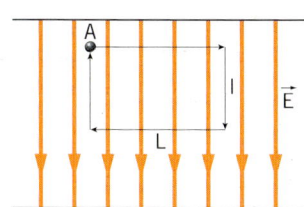

[0]

28 Un campo elettrico (non elettrostatico) ha linee di campo circolari, una delle quali è rappresentata nella figura.

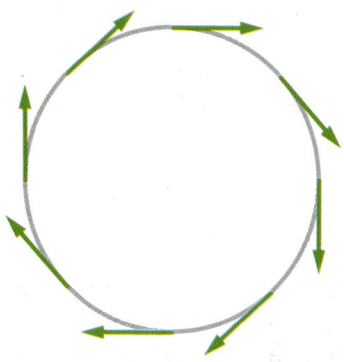

L'intensità del vettore campo elettrico è di 150 V/m e il raggio della circonferenza è di 4,00 cm.

▶ È un campo conservativo?

▶ Calcola la circuitazione di $\vec{E}$ lungo la circonferenza.

[37,7 V]

29 La velocità dell'acqua che scorre in un tubo cresce man mano che ci avviciniamo all'asse del tubo, allontanandosi dalle pareti, per effetto della viscosità. Nella figura che segue, il valore della velocità sul lato AB è $v_1 = 50$ cm/s, quello sul lato $\overline{CD}$ è $v_2 = 30$ cm/s. Le dimensioni del rettangolo sono $\overline{AB} = 20$ mm, $\overline{CD} = 5{,}0$ mm.

▶ Calcola la circuitazione di $\vec{v}$ lungo il rettangolo.

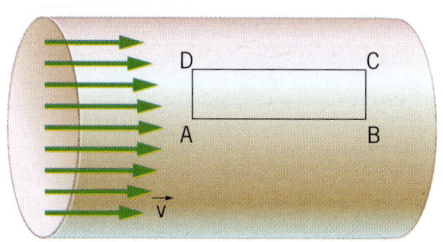

[$4{,}0 \times 10^{-3}$ m²/s]

ESERCIZI

PROBLEMI GENERALI

1 ★★ Una particella con carica elettrica $+7{,}2 \times 10^{-5}$ C e massa 10 g si muove, all'interno di un campo elettrico uniforme, tra due punti distanti 10 m. La differenza di potenziale tra i due punti è di 24×10^3 V.

▶ Calcola il tempo impiegato dalla carica q a coprire quella distanza.

[1,1 s]

2 ★★ Due cariche $q_1 = 6{,}0 \times 10^{-6}$ C e $q_2 = -6{,}0 \times 10^{-6}$ C sono fissate in due punti, A e B, che distano tra di loro 1,0 m. Una terza carica, $q_3 = 4 \times 10^{-5}$ C si trova nel punto C della figura, situato 30 cm a destra di B. Il punto D si trova 20 cm a destra di C.

▶ Calcola il lavoro necessario per spostare la carica q_3 dal punto C al punto D.

[−2,7 J]

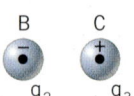

3 ★★ Nell'origine di un sistema di riferimento Oxy è posta una carica $q_1 = +1{,}4 \times 10^{-6}$ C. Nel punto P di coordinate $P(2{,}0$ cm; $0{,}0$ cm$)$ viene posta una seconda carica q_2 uguale a $-q_1$. Calcola il potenziale elettrico nel punto Q di coordinate $Q(5{,}0$ cm; $0{,}0$ cm$)$:

▶ in presenza della sola carica q_1;

▶ in presenza delle cariche q_1 e q_2.

[$2{,}5 \times 10^5$ V; $-1{,}7 \times 10^5$ V]

4 ★★ In un punto A, a distanza $r_A = 30$ cm da una carica q, il potenziale elettrico vale $2{,}5 \times 10^4$ V. Nel punto B, sulla stessa linea di campo di A, ma a distanza r_B dalla stessa carica, il potenziale vale $6{,}5 \times 10^3$ V.

▶ Calcola la distanza tra i punti A e B.

[0,85 m]

5 ★★ Una pallina di massa 8×10^{-3} kg e carica $q = 4 \times 10^{-3}$ C, inizialmente ferma all'interno di un campo elettrico, viene messa in moto e si sposta da un punto A con potenziale $V_A = 2$ V fino a un punto B con potenziale nullo e alla stessa quota di A.

▶ Calcola la velocità acquistata dalla pallina.

[1 m/s]

6 ★★ Una distribuzione piana infinita di carica elettrica nel vuoto ha una densità superficiale di carica di 1,0 μC/m². Due superfici equipotenziali del campo generato da questa distribuzione di carica presentano una differenza di potenziale di $1{,}0 \times 10^2$ V.

▶ Calcola la distanza tra le due superfici.

[$1{,}8 \times 10^{-3}$ m]

7 ★★★ Nel piano x-y della figura sono rappresentate delle superfici equipotenziali. Utilizza i dati numerici inseriti nella figura e calcola:

▶ il modulo del campo elettrico.

▶ la distanza alla quale, tra due superfici equipotenziali, si registra una differenza di potenziale di $1{,}0 \times 10^2$ V.

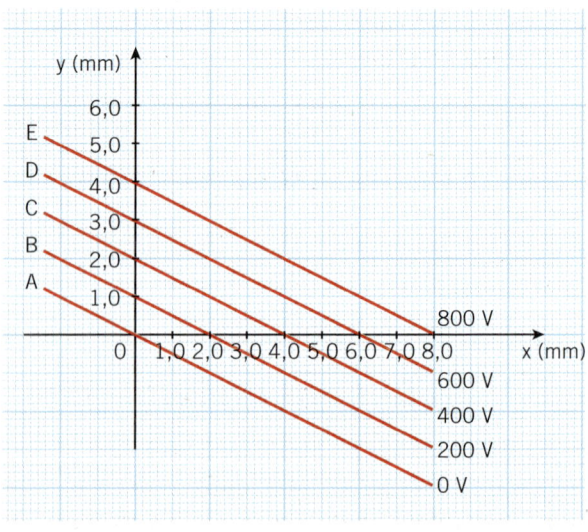

[$2{,}2 \times 10^5$ V/m; $4{,}5 \times 10^{-4}$ m]

8 ★★★ Due lastre parallele e cariche di segno opposto distano fra loro 3,0 cm. Fra le due lastre una particella di carica $q = 2{,}0 \times 10^{-15}$ C e di massa $1{,}5 \times 10^{-12}$ kg rimane in equilibrio elettrostatico.

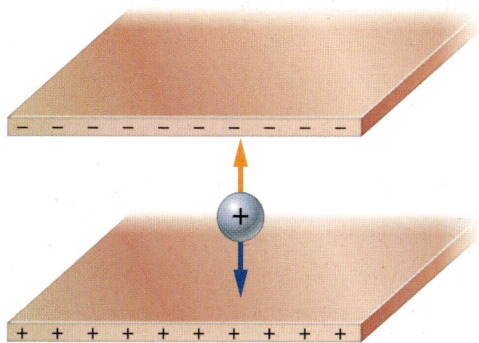

▶ Quanto vale la differenza di potenziale fra le due lastre?

[$2{,}2 \times 10^2$ V]

9 Tre cariche, di massa $m = 1{,}0$ g, sono rigidamente
★★★ disposte nel vuoto ai vertici A, B e C di un triangolo equilatero di lato $L = 1{,}0$ cm. Fissa l'asse x lungo le cariche A e B e l'asse y lungo la bisettrice passante per C. Il valore di ciascuna carica è $q = 10$ nC.

▶ Calcola il valore della forza F a cui è sottoposta la carica nel vertice C.

A un certo istante, la carica in C viene lasciata libera di muoversi.

▶ Determinare la direzione di spostamento e la velocità massima che può raggiungere.

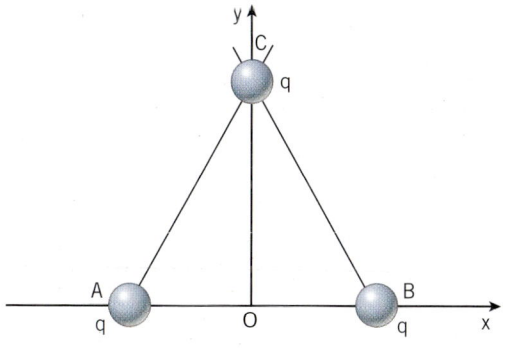

[$1{,}6 \times 10^{-2}$ N; $0{,}60$ m/s]

10 Sulla superficie di una sfera cava, disposta nel
★★★ vuoto, di carica totale $Q = 1{,}0 \times 10^{-8}$ C e raggio $R = 10$ cm, è praticato un piccolo foro da cui è libera di fuoriuscire una carica puntiforme di massa $m = 1{,}0 \times 10^{-8}$ kg e $q = -5{,}0 \times 10^{-9}$ C.

▶ Calcola la densità di carica σ della superficie sferica.

▶ Determina il campo elettrico E e l'espressione del potenziale V all'interno della superficie sferica quando non è presente al suo interno la carica q.

▶ Calcola la velocità di fuga v_0 che bisogna imprimere alla carica q per sfuggire all'attrazione elettrostatica della superficie sferica.

$\left[\sigma = 8{,}0 \times 10^{-8} \text{ C/m}^2; E = 0 \text{ N/C}; V = \dfrac{Q}{4\pi\varepsilon_0 R}; v_0 = 30 \text{ m/s} \right]$

11 Una carica puntiforme $q = 1{,}0 \times 10^{-10}$ C è al cen-
★★★ tro di una sfera, di raggio $R = 10$ cm, con densità di carica uniforme $\sigma = -8{,}0 \times 10^{-8}$ C/m³.

▶ Esiste un punto interno o esterno alla sfera dove il campo complessivo $\vec{E}$ ha valore nullo?

[internamente $r = 6{,}7$ cm]

12 Due nuclei di deuterio si avvicinano lungo una
★★★ retta con velocità opposte in verso ma con lo stesso modulo. Calcola:

▶ l'energia cinetica che dovrebbero avere per arrivare a una distanza reciproca di $2{,}0 \times 10^{-15}$ m.

▶ la temperatura necessaria perché il valore di energia ottenuto corrisponda all'energia dovuta all'agitazione termica.

[$5{,}8 \times 10^{-14}$ J; $2{,}8 \times 10^9$ K]

13 Due palline, ciascuna di massa $m = 2{,}0$ g sono ap-
★★★ pese a un unico punto posto sull'asse delle y di un sistema di riferimento cartesiano, tramite due fili inestensibili di massa trascurabile e lunghi L. Ogni pallina ha una carica positiva $q = 7{,}5 \times 10^{-7}$ C. Il sistema è in equilibrio con le palline separate da una distanza d diretta lungo l'asse delle x. L'angolo tra il lato L e l'asse delle y nella situazione d'equilibrio vale $\theta = 0{,}25$ rad. Il sistema è immerso nel vuoto e puoi trascurare ogni tipo d'attrito.

▶ Determina i valori di L e d.

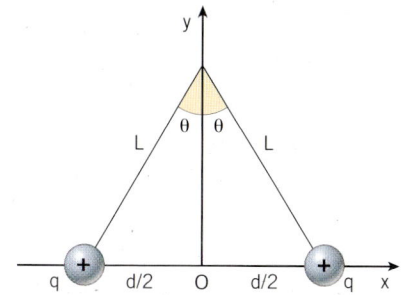

[$2{,}0$ m; $1{,}0$ m]

ESERCIZI

QUESITI PER L'ESAME DI STATO

Rispondi ai quesiti in un massimo di 10 righe.

1. Definisci le grandezze fisiche *differenza di energia potenziale elettrica* ed *energia potenziale elettrica*.

2. Definisci la grandezza fisica potenziale elettrico, specificando la sua unità di misura nel Sistema Internazionale.

3. Descrivi le proprietà e le caratteristiche delle superfici equipotenziali.

4. Illustra come è possibile calcolare il campo elettrico in un punto dello spazio se si conosce l'andamento del potenziale elettrico nei dintorni di quel punto.

5. Spiega che cosa si intende con il termine circuitazione di un campo vettoriale, riferendoti in particolare al campo elettrico. Indica il valore della circuitazione nel caso del campo elettrostatico.

TEST PER L'UNIVERSITÀ

1. Due cariche elettriche uguali ed opposte si trovano ad una distanza D. Quanto vale il potenziale elettrico nel punto di mezzo tra le due cariche?

   A Zero.

   B Il doppio del potenziale dovuto ad ogni singola carica.

   C Tende all'infinito.

   D Non è definito.

   E La metà del potenziale dovuto ad ogni singola carica.

   (*Prova di ammissione al corso di laurea in Medicina e Chirurgia, 2008/2009*)

2. Sia S una superficie equipotenziale di un campo elettrico qualsiasi. In un punto P di S il vettore campo elettrico $\vec{E}$:

   A è perpendicolare ad S.

   B è tangente ad S.

   C è nullo.

   D ha una direzione che dipende dalla distribuzione di cariche che genera il campo.

   E forma con la normale ad S un angolo acuto.

   (*Prova di ammissione al corso di laurea in Medicina e Chirurgia, 2005/2006*)

3. Il campo elettrico ed il potenziale generati da una carica puntiforme Q sono grandezze rispettivamente:

   A vettoriale e scalare.

   B entrambe vettoriali.

   C entrambe scalari.

   D scalare e vettoriale.

   E entrambe vettoriali, ma solo in questo caso per simmetria sferica.

   (*Prova di ammissione al corso di laurea delle Professioni Sanitarie, 2004/2005*)

4. Un campo elettrico si può misurare in:

   A Pa oppure in N/m^2

   B V/m oppure in N/C

   C J/C

   D V/J

   E J · C

   (*Prova di ammissione al corso di laurea in Medicina e Chirurgia, 2001/2002*)

PROVE D'ESAME ALL'UNIVERSITÀ

1. Su un piano definito dai due assi $\{xy\}$, si trovano un filo rettilineo molto lungo carico con densità lineare uniforme $\lambda = 1{,}2$ nC/m e una carica puntiforme $Q = -3$ nC. La posizione del filo coincide con l'asse y, mentre la carica si trova nel punto di coordinate ($x = 20$ cm; $y = 0$). Calcolare:

   ▶ il campo elettrico nel punto A, di coordinate ($x_A = 20$ cm; $y_A = -50$ cm).

- la differenza di potenziale tra il punto A ed un punto B di coordinate ($x_B = 20$ cm; $y_B = -60$ cm).

- il lavoro fatto dal campo elettrico per portare un elettrone dal punto A al punto B.

(*Esame di Fisica, Corso di laurea in Farmacia, Università La Sapienza di Roma, 2008/2009*)

2 Un nucleo di elio (carica $+2e$) si trova in una regione di spazio in cui è presente un campo elettrico uniforme. Esso si sposta di 20 cm lungo una linea di forza del campo, attraversando così una differenza di potenziale $\Delta V = V_{\text{finale}} - V_{\text{iniziale}} = -0{,}5$ kV. La sua energia cinetica iniziale era $K_{\text{in}} = 1{,}2 \times 10^{-16}$ J. Determinare:

- il modulo del campo elettrico.
- l'energia cinetica finale del nucleo di elio.

(*Esame di Fisica, Corso di laurea in Farmacia, Università La Sapienza di Roma, 2009/2010*)

3 Una particella di massa 1 mg e di carica 1 mC è soggetta alla gravità ed è immersa in un campo elettrico uniforme orizzontale, di intensità $E = 10$ V/m. Si determini il modulo dell'accelerazione.

(*Esame di Fisica, Corso di laurea in Biotecnologie, Università degli Studi di Milano, 2004/2005*)

4 Due cariche $q_1 = 3$ nC e $q_2 = -5$ nC sono poste ad una distanza $r = 4$ cm. Calcolare la forza F esercitata da q_1 su q_2 e la distanza da q_1 del punto P posto fra le due cariche dove il potenziale elettrostatico V si annulla.

(*Esame di Fisica, Corso di laurea in Scienze biologiche, Università di Genova, 2004/2005*)

2 At a position of a distance r from the point charge, strength of electric field is proportional to $\frac{1}{r}$.

3 At a position of a distance r from the point charge, potential energy due to electric force is proportional to Q.

4 At a position of a distance r from the point charge, potential energy due to electric force is proportional to $\frac{1}{r}$.

(*Examination for Japanese University Admission for International Students*)

2 A long hollow conducting cylinder is kept coaxially inside another long, hollow conducting cylinder of larger radius. Both the cylinders are initially electrically neutral.

A A potential difference appears between the two cylinders when a charge density is given to the inner cylinder.

B A potential difference appears between the two cylinders when a charge density is given to the outer cylinder.

C No potential difference appears between the two cylinders when a uniform line charge is kept along the axis of the cylinders.

D No potential difference appears between the two cylinders when same charge density is given to both the cylinders.

(*Joint Entrance Examination for Indian Institutes of Technology (JEE), India, 2007/2008*)

STUDY ABROAD

1 A point charge of electric charge Q is placed in a vacuum. Choose the unsuitable one from the following 1-4.

1 At a position of a distance r from the point charge, strength of electric field is proportional to Q.

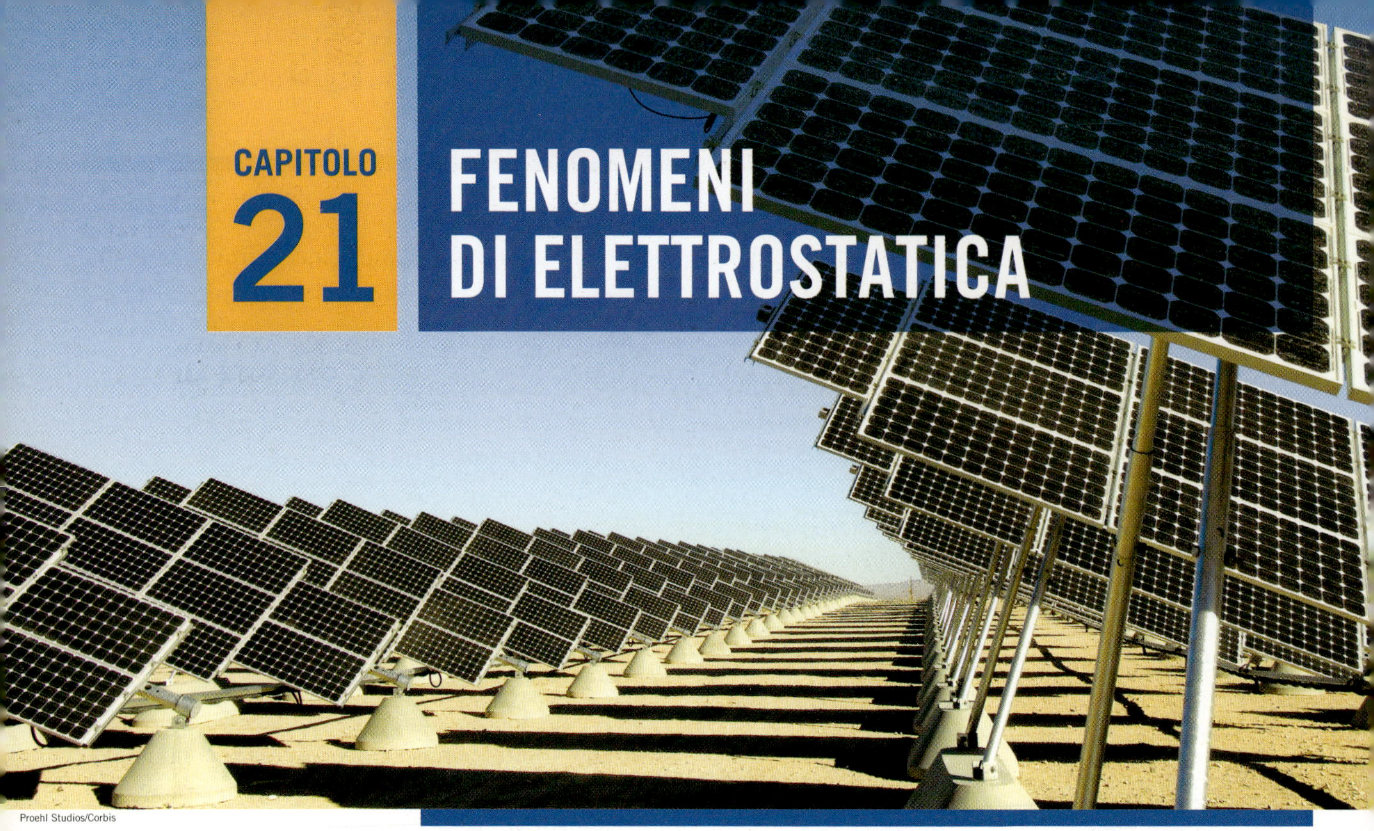

CAPITOLO 21 FENOMENI DI ELETTROSTATICA

Proehl Studios/Corbis

1 LA DISTRIBUZIONE DELLA CARICA NEI CONDUTTORI IN EQUILIBRIO ELETTROSTATICO

Fase transiente
Quando si carica un conduttore, la carica elettrica viene conferita a zone particolari del corpo e poi si ridistribuisce su tutto il conduttore. In questo capitolo si esamina la configurazione assunta dalle cariche stesse al termine della fase di ridistribuzione, quando il sistema elettrico torna all'equilibrio.

Questo capitolo è dedicato allo studio delle proprietà elettriche dei corpi conduttori carichi in equilibrio elettrostatico.

Si chiama **equilibrio elettrostatico** la condizione in cui tutte le cariche presenti sui conduttori che costituiscono il sistema in esame sono ferme.

ASchindl/Shutterstock

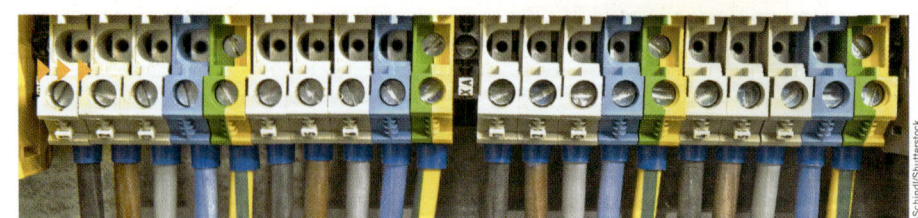

La localizzazione della carica

Gli esperimenti mostrano che:

all'equilibrio, la carica elettrica presente in eccesso nei conduttori si trova tutta sulla loro superficie esterna.

▶ Per esempio, elettrizziamo una sfera conduttrice (dotata di un sostegno isolante) fornendole una carica Q.

▶ Poi mettiamola a contatto con due semisfere metalliche scariche (con manici isolanti) che seguono la forma della sfera.

▶ Dopo averle allontanate, osserviamo che la sfera non è più elettrizzata. La carica si è portata sulle due semisfere esterne.

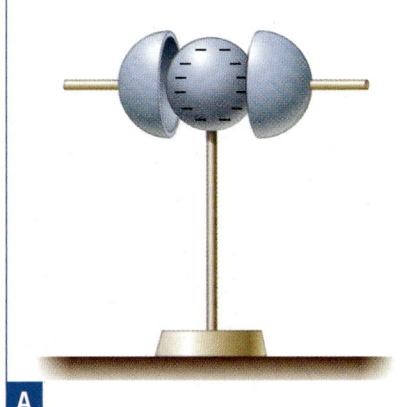

A

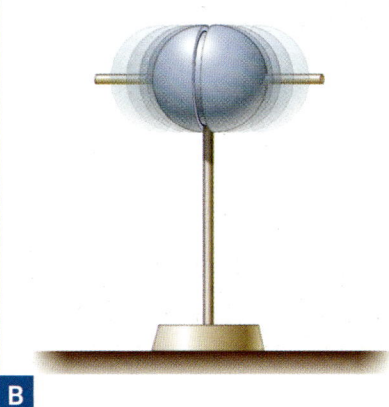

B

C

Quindi, la carica si è spostata dalla zona più interna (la sfera elettrizzata all'inizio dell'esperimento) a quella più esterna.

Un altro esperimento che dà lo stesso risultato è quello del cosiddetto *pozzo di Faraday*, in cui un conduttore carico A (per esempio la sfera sostenuta da un filo isolante rappresentata nella **figura 1**) viene inserito in un recipiente metallico P fino a toccarne la superficie interna.

Ciò che si vede è che A rimane completamente scarico, mentre la sua carica si porta sulla superficie esterna di P.

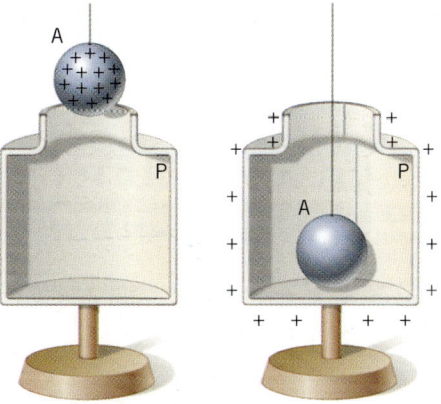

Figura 1 La sfera A si scarica completamente quando viene a contatto con l'interno del recipiente metallico P.

Il valore della densità superficiale di carica

Su una sfera che non subisce forze elettriche esterne, per simmetria la carica si dispone in modo uniforme. In altre parole, se si considera una parte di sfera di area ΔS e si misura la carica ΔQ che si trova su di essa, si vede che la densità superficiale di carica

$$\sigma = \frac{\Delta Q}{\Delta S}$$

risulta sempre la stessa, in modo indipendente dalla forma, dall'estensione e dalla posizione, sulla sfera, della superficie di area ΔS.

Ma ciò non è più vero se il conduttore carico ha una forma irregolare. Gli esperimenti, infatti, mostrano che

> la carica si concentra nelle parti del conduttore in equilibrio elettrostatico che hanno una curvatura più accentuata, mentre il valore della densità di carica σ è minore dove la forma della superficie è meno incurvata e ancora più piccolo nelle zone in cui il conduttore è incavato.

La **figura 2** illustra il concetto, mostrando che la carica prelevata sulla punta (caso a) fa divaricare con un angolo maggiore le foglioline di un elettroscopio, mentre la carica prelevata da zone sempre meno appuntite del conduttore (casi b e c) le fa divaricare di un angolo sempre minore.

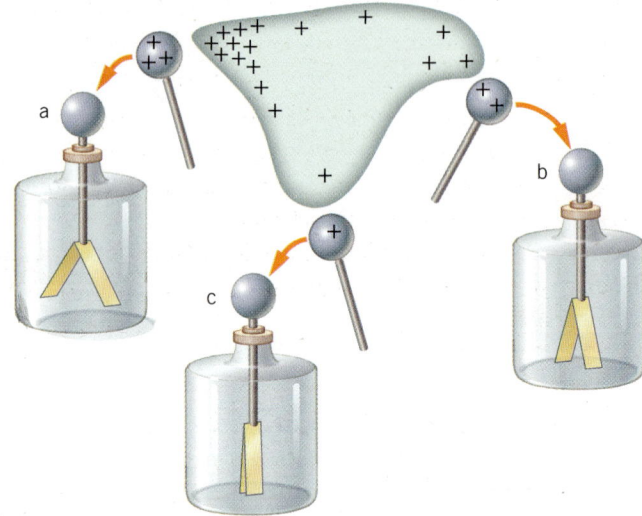

Figura 2 La densità di carica è maggiore sulle parti del conduttore che hanno una curvatura più accentuata.

2 IL CAMPO ELETTRICO E IL POTENZIALE IN UN CONDUTTORE ALL'EQUILIBRIO

Esaminiamo ora le proprietà del campo elettrico e del potenziale elettrico sulla superficie di un conduttore carico in equilibrio elettrostatico e all'interno di esso.

Il campo elettrico all'interno di un conduttore carico in equilibrio

Anche se la carica *netta* presente su un conduttore si porta sulla sua superficie esterna, al suo interno si ha una carica totale *nulla* formata dall'insieme di moltissime cariche dei due segni. Se il corpo è conduttore, alcune di queste cariche sono libere di muoversi: in un conduttore metallico si tratta delle cariche negative trasportate dagli elettroni.

Possiamo affermare che

> all'interno di un conduttore carico in equilibrio elettrostatico il campo elettrico è nullo.

Infatti, se il campo elettrico all'interno del conduttore non fosse nullo:
- le cariche libere al suo interno si muoverebbero per effetto di $\vec{E}$;
- se le cariche si muovono, il conduttore non è in equilibrio elettrostatico come si è ipotizzato.

Si riconosce, quindi, che la condizione di equilibrio elettrostatico richiede che, all'interno del conduttore, valga la condizione $\vec{E} = 0$.

Il campo elettrico sulla superficie di un conduttore carico in equilibrio

Sulla superficie di un conduttore carico in equilibrio elettrostatico il campo elettrico ha direzione perpendicolare alla superficie stessa.

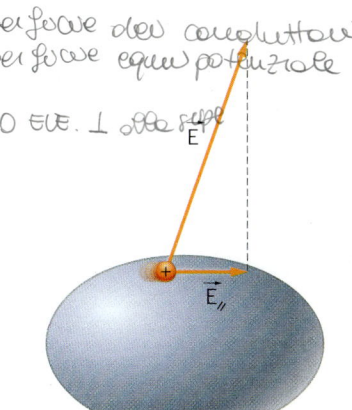

La dimostrazione è simile a quella precedente: supponiamo, per assurdo, che $\vec{E}$ non sia perpendicolare alla superficie (figura 3). Allora il suo componente $\vec{E}_{//}$, parallelo alla superficie, darebbe origine a una forza elettrica capace di muovere le cariche elettriche presenti sulla superficie esterna del conduttore.

Ma ciò è in contraddizione con l'ipotesi che il conduttore si trovi in equilibrio. Quindi $\vec{E}_{//}$ deve essere nullo e, di conseguenza, $\vec{E}$ deve essere perpendicolare alla superficie del conduttore.

Figura 3 Il vettore $\vec{E}_{//}$, se esistesse, provocherebbe un moto di cariche lungo la superficie del conduttore.

Il potenziale elettrico in un conduttore carico in equilibrio

Il potenziale elettrico ha lo stesso valore in tutti i punti all'interno e sulla superficie di un conduttore carico in equilibrio elettrostatico.

Per dimostrarlo, scegliamo due punti A e B del conduttore. Nella figura 4 uno di essi è sulla superficie del conduttore e l'altro è al suo interno, ma il ragionamento si applica anche se si trovano entrambi sulla superficie o entrambi all'interno.

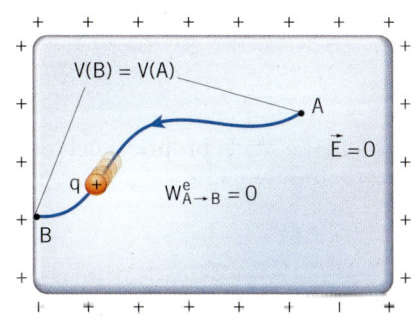

In tutti questi casi possiamo trasportare una carica di prova q da A a B attraverso un percorso tutto contenuto all'*interno* del conduttore, dove il campo elettrico è nullo.

ANIMAZIONE

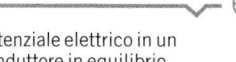

Potenziale elettrico in un conduttore in equilibrio elettrostatico (1 minuto)

Figura 4 Il cammino AB è tutto contenuto all'interno del conduttore, dove il campo elettrico è nullo.

Di conseguenza il lavoro $W_{A \to B}$ fatto dalle forze elettriche su q in tale tragitto è uguale a zero:

$$W_{A \to B} = 0.$$

Per la formula (10) del capitolo «Il potenziale elettrico», la differenza di potenziale tra i punti A e B è

$$V(B) - V(A) = -\frac{W_{A \to B}}{q} = 0.$$

Quindi, per ogni coppia di punti A e B del conduttore, si ha $V(A) = V(B)$: tutti i punti del conduttore si trovano allo stesso potenziale.

In particolare,

la superficie esterna di un conduttore carico in equilibrio elettrostatico è sempre una superficie equipotenziale.

Una applicazione del teorema di Gauss

APPROFONDIMENTO

La gabbia di Faraday
(2 pagine)

Il teorema di Gauss permette di spiegare perché, in un conduttore carico in equilibrio elettrostatico, la carica netta si trova sulla superficie.

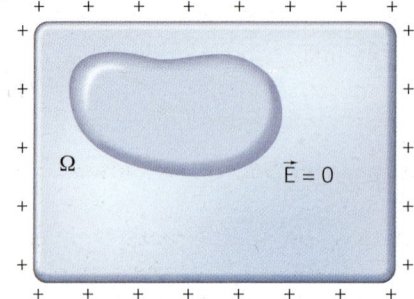

Figura 5 Il flusso del campo elettrico attraverso la superficie gaussiana Ω è nullo.

Consideriamo un conduttore carico in equilibrio elettrostatico e una superficie chiusa Ω contenuta all'interno di esso (**figura 5**). Dal momento che il campo elettrico $\vec{E}$ è nullo in tutti i punti di Ω, anche il flusso di campo elettrico attraverso la superficie $\Phi_\Omega(\vec{E})$ è uguale a zero:

$$\Phi_\Omega(\vec{E}) = 0.$$

Ma, per il teorema di Gauss (formula (**13**) del capitolo «Il campo elettrico»), vale la relazione

$$\Phi_\Omega(\vec{E}) = \frac{Q_{tot}}{\varepsilon_0},$$

dove Q_{tot} è la carica totale che si trova all'interno di Ω e ε_0 è la costante dielettrica del vuoto. Dal momento che si ha $\Phi_\Omega(\vec{E}) = 0$, anche la carica Q_{tot} risulta nulla.

Le cariche elettriche negli atomi

Da questa dimostrazione non si deduce che all'interno del conduttore non vi possano essere cariche elettriche (come i nuclei e gli elettroni degli atomi). Tali cariche positive e negative, però, devono dare una somma nulla.

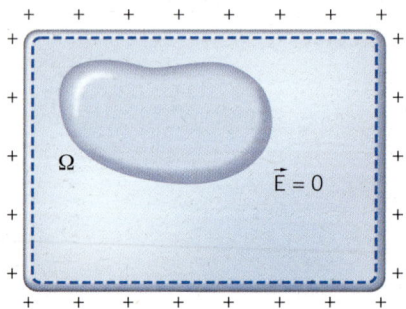

Figura 6 Il flusso di campo elettrico è nullo anche se la superficie gaussiana segue la superficie interna del conduttore (linea tratteggiata).

Quindi, dal teorema di Gauss segue che la somma delle cariche contenute in una superficie chiusa Ω, che si trova all'interno di un conduttore carico in equilibrio elettrostatico, è sempre nulla. Ciò è vero qualunque sia la forma di Ω; in particolare, l'affermazione precedente continua a essere vera se Ω riproduce la superficie interna del conduttore (linea tratteggiata nella **figura 6**).

Quindi, in un conduttore carico in equilibrio elettrostatico, la carica in eccesso non può essere all'interno del conduttore stesso. Di conseguenza, come mostrano i dati sperimentali, essa si può trovare soltanto sulla sua superficie.

3 IL PROBLEMA GENERALE DELL'ELETTROSTATICA

Campo elettrico o potenziale

Come è spiegato nel capitolo «Il potenziale elettrico», le due richieste sono equivalenti perché in una zona di spazio si può calcolare il potenziale se si conosce il campo elettrico oppure quest'ultimo se si conosce il potenziale.

Ciò che abbiamo appreso nei paragrafi precedenti ci permette di precisare qual è, in linea di principio, lo scopo che ci poniamo nello studiare l'elettrostatica. Supponiamo di avere n conduttori di cui conosciamo la forma e la posizione nello spazio, e di sapere quanto vale la carica che si trova su ognuno di essi; una volta noti questi dati

il **problema generale dell'elettrostatica** consiste nel determinare il potenziale elettrico V, oppure il campo elettrico $\vec{E}$, in tutti i punti dello spazio.

La risoluzione di questo problema richiede conoscenze matematiche avanzate. È però importante sapere che la teoria che stiamo sviluppando permette, a chi possieda gli strumenti matematici necessari, di risolvere il problema in modo generale (eventualmente con l'aiuto di un computer).

Calcolato il valore del vettore $\vec{E}$ in tutti i punti dello spazio, si può ricorrere al **teorema di Coulomb**, secondo cui, in condizioni di equilibrio elettrostatico, la densità superficiale di carica σ che si trova in un punto P che appartiene alla superficie di un conduttore è legata al modulo del campo elettrico $\vec{E}$ in quel punto dalla relazione

$$E = \frac{\sigma}{\varepsilon} \qquad (1)$$

dove ε è la costante dielettrica assoluta del mezzo isolante in cui il conduttore è immerso.

Così, una volta noto il campo elettrico $\vec{E}$ in tutti i punti dello spazio (e, in particolare, sulla superficie dei conduttori presenti nel sistema fisico che stiamo esaminando) è possibile conoscere anche il valore della densità superficiale di carica presente sui conduttori.

Abbiamo quindi a disposizione una descrizione completa del sistema che volevamo studiare.

ESEMPIO

In una zona della superficie di un conduttore carico, in equilibrio elettrostatico, si misura un campo elettrico di modulo $E = 53{,}8$ kN/C. Il conduttore è posto nel vuoto ($\varepsilon = \varepsilon_0$).

▶ Quanto vale la densità superficiale di carica σ in quella zona del conduttore?

Isolando σ nella formula (**1**) possiamo calcolare il valore della densità superficiale di carica:

$$\sigma = E\varepsilon_0 = \left(5{,}38 \times 10^4 \, \frac{\text{N}}{\text{C}}\right) \times \left(8{,}854 \times 10^{-12} \, \frac{\text{C}^2}{\text{N} \cdot \text{m}^2}\right) = 4{,}76 \times 10^{-7} \, \frac{\text{C}}{\text{m}^2}.$$

Dimostrazione del teorema di Coulomb

Dal punto di vista matematico, il campo elettrico «sulla superficie» di un conduttore (che è a esso perpendicolare) è il campo che esiste fuori dal conduttore a una distanza infinitesima da esso. Questa osservazione permette di utilizzare il teorema di Gauss per calcolare tale campo elettrico.

Di un conduttore carico in equilibrio elettrostatico consideriamo una calotta così piccola da fare in modo che valgano due proprietà:

- la calotta può essere considerata piana;
- il campo elettrico $\vec{E}$ in tutti i suoi punti può essere considerato costante.

Consideriamo ora una superficie gaussiana Ω di forma cilindrica, con le basi parallele al conduttore (**figura 7**). Le basi del cilindro hanno un'area ΔS infinitamente piccola, perché devono essere contenute nella piccola calotta piana del conduttore.

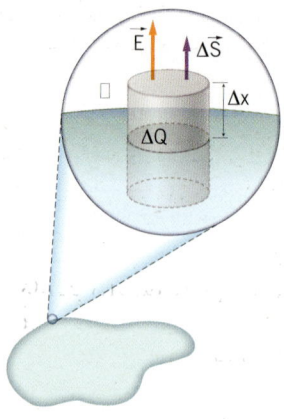

Una delle basi del cilindro è al suo interno, mentre l'altra base sporge dal conduttore di una distanza infinitesima Δx; all'interno del cilindro è contenuta una carica infinitesima ΔQ che si trova sulla superficie del conduttore.

Per il teorema di Gauss, il flusso del campo elettrico attraverso il cilindro Ω è dato da

$$\Phi_\Omega(\vec{E}) = \frac{\Delta Q}{\varepsilon}. \qquad (2)$$

Figura 7 Superficie gaussiana cilindrica utilizzata per dimostrare il teorema di Coulomb.

dove ε è la costante dielettrica assoluta del materiale isolante che si trova all'esterno del conduttore. D'altra parte, il flusso $\Phi_\Omega(\vec{E})$ è la somma di tre contributi:

▶ il flusso $\Phi_1(\vec{E})$ attraverso la parte di cilindro contenuta nel conduttore: in quella zona si ha $\vec{E} = 0$, per cui si ha:
$$\Phi_1(\vec{E}) = 0;$$

▶ il flusso $\Phi_2(\vec{E})$ attraverso la superficie laterale che sporge dal conduttore. Qui $\vec{E}$ è perpendicolare ai vettori superficie, per cui si ha:
$$\Phi_2(\vec{E}) = 0;$$

▶ il flusso $\Phi_3(\vec{E})$ attraverso la base del cilindro esterna al conduttore. Su di essa i vettori $\vec{E}$ e $\Delta \vec{S}$ sono paralleli, per cui si ha:
$$\Phi_3(\vec{E}) = E\,\Delta S.$$

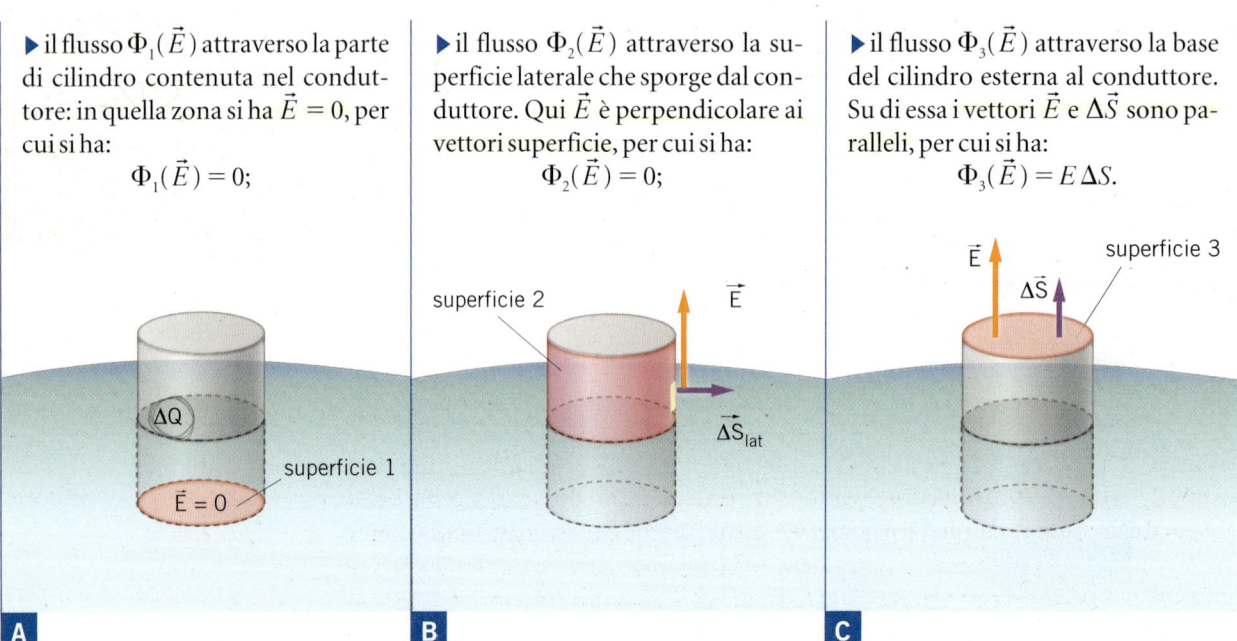

Riprendendo la formula (2) otteniamo:

$$\frac{\Delta Q}{\varepsilon} = \Phi_\Omega(\vec{E}) = \Phi_1(\vec{E}) + \Phi_2(\vec{E}) + \Phi_3(\vec{E}) = 0 + 0 + E\Delta S = E\Delta S.$$

Ora si può ricavare E tra il primo e l'ultimo passaggio di questa catena di uguaglianze e si trova:

$$E = \frac{1}{\varepsilon}\frac{\Delta Q}{\Delta S} = \frac{\sigma}{\varepsilon},$$

che è l'espressione (1) del teorema di Coulomb.

Potere delle punte e filtri elettrostatici

Per la formula (1), la densità superficiale di carica elettrica in un punto sulla superficie di un conduttore e il valore di E in quel punto sono direttamente proporzionali. Consideriamo, allora, una parte di un conduttore a forma di punta. In quella zona (che ha una curvatura accentuata) la densità di carica è molto elevata, com'è mostrato nella **figura 2**. Ciò significa che in prossimità delle punte di un conduttore carico il campo elettrico è molto intenso.

Così le molecole ionizzate, che sono sempre presenti nell'aria, sono attirate verso la punta o respinte da essa a seconda del loro segno. Questo fenomeno, conosciuto come **potere delle punte** ha conseguenze sperimentali.

▶ Le molecole dello stesso segno sono respinte e, per la terza legge, l'arganetto ruota all'indietro.

▶ Le molecole respinte da una punta carica fissa creano una corrente d'aria che piega la fiamma.

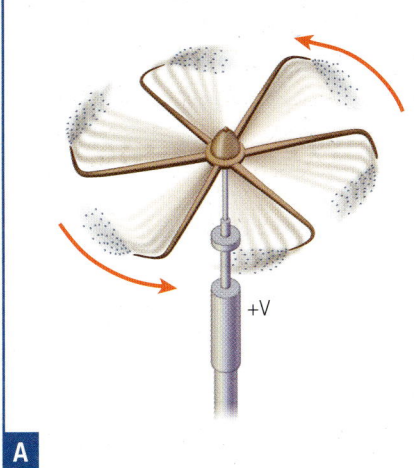

A

B

IN LABORATORIO

Potere delle punte in un conduttore carico
- Video (2 minuti)
- Test (3 domande)

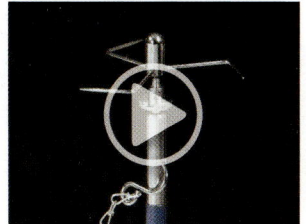

Il potere delle punte è utilizzato anche per la realizzazione di filtri elettrostatici che servono, per esempio, a ridurre le emissioni inquinanti di un camino industriale. Lungo il cammino dei fumi si trovano delle punte cariche che creano un movimento di molecole ionizzate. Queste vanno a caricare le particelle presenti nei fumi, che poi possono essere attirate ed eliminate da elettrodi carichi elettricamente posti nel camino lungo il percorso di uscita dell'aria inquinata.

Le convenzioni per lo zero del potenziale

Per conoscere il potenziale elettrico in tutti i punti dello spazio, come ci si propone di fare quando si affronta il problema generale dell'elettrostatica, bisogna prima decidere dove si pone lo zero del potenziale. Le scelte più comuni sono tre.

1. **All'infinito:** nella formula (11) del capitolo «Il potenziale elettrico» si è posto uguale a zero il potenziale elettrico nei punti che si trovano a distanza infinita dalla carica puntiforme Q che genera il campo. In generale,

   la scelta di porre uguale a zero il potenziale dei punti infinitamente lontani è vantaggiosa quando il campo elettrico è generato da un numero finito di cariche puntiformi.

2. **Al potenziale di terra:** nelle applicazioni industriali e in altri contesti produttivi si usa porre uguale a zero il potenziale elettrico a cui si trova la Terra. Così, quando si dice che «un conduttore si trova a un potenziale di 20 000 V» si intende che 20 000 V è la differenza tra il potenziale del conduttore in esame e quello della Terra.

La connessione a terra
Nei casi più semplici si può realizzare una connessione a terra collegando l'impianto a un palo metallico conficcato nel terreno o a un tubo metallico sotterraneo. Quando serve un'efficienza maggiore si interra, possibilmente in una zona in cui il terreno si mantiene umido, un conduttore piano di dimensioni adeguate.

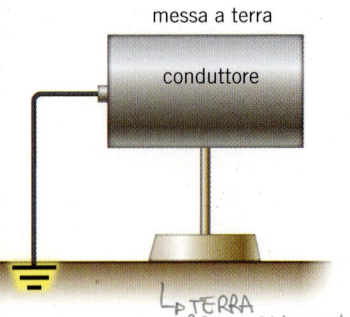

Figura 8 Conduttore collegato «a terra».

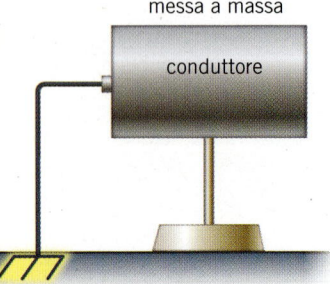

Figura 9 Conduttore collegato «a massa».

Zero del potenziale all'infinito

Se il conduttore è scarico e non ci sono altre cariche nello spazio, il campo elettrico è zero ovunque. Quindi il potenziale è costante in tutto lo spazio. Se si è posto uguale a zero il potenziale dei punti all'infinito, è nullo anche il potenziale sul conduttore.

Un conduttore collegato elettricamente con il terreno (e che, quindi, ha lo stesso potenziale della Terra) si dice «messo a terra».

Il simbolo tecnico per la connessione «a terra» è indicato nella **figura 8**.

3. **Al potenziale di massa:** la convenzione precedente cessa di essere utile quando si ha a che fare con ambienti metallici isolati dal terreno, come un'automobile o un aereo. In questi casi si preferisce assegnare lo zero del potenziale elettrico alla condizione in cui si trova l'involucro metallico che racchiude gli strumenti. Per esempio, dire che «il polo positivo della batteria di un'auto si trova a 12 V» significa che il potenziale di tale elettrodo supera di 12 V quello della scocca dell'auto, a cui è collegato il polo negativo della batteria.

Un conduttore collegato elettricamente a un involucro metallico (e che, quindi, ha il suo stesso potenziale) si dice «messo a massa».

Il simbolo tecnico per la connessione «a massa» è indicato nella **figura 9**.

4 LA CAPACITÀ DI UN CONDUTTORE

Consideriamo un conduttore **isolato**, cioè un corpo conduttore lontano da ogni altro corpo elettrizzato. Se, all'inizio, il conduttore è scarico, possiamo attribuire a esso un valore del potenziale elettrico pari a zero.

Se ora elettrizziamo il conduttore isolato con una carica Q, il potenziale del conduttore passa dallo zero a un certo valore V, che è positivo o negativo a seconda del segno della carica.

Gli esperimenti mostrano che la carica che si trova sul conduttore isolato e il potenziale a cui esso si porta sono direttamente proporzionali.

Per esempio, se raddoppiamo Q, anche il valore di V raddoppia; se lo triplichiamo, anche V triplica.

Ciò può essere espresso dicendo che il rapporto tra la carica che si trova sul conduttore e il suo potenziale è una costante, che si chiama **capacità elettrostatica del conduttore** (o, per brevità, **capacità del conduttore**) e si indica con il simbolo C:

$$C = \frac{Q}{V} \tag{3}$$

capacità del conduttore (C/V o F); carica sul conduttore (C); potenziale del conduttore (V)

La capacità del conduttore dipende solo dalla forma del conduttore, dalle sue dimensioni e dal materiale isolante in cui esso è immerso. In onore dello scienziato inglese Michael Faraday (1791-1867), nel Sistema Internazionale la capacità elettrostatica si misura in **farad** (F):

$$1\ \text{F} = \frac{1\ \text{C}}{1\ \text{V}}. \tag{4}$$

Quindi

> un conduttore ha la capacità elettrostatica di 1 F se, elettrizzato con 1 C di carica, si porta al potenziale di 1 V.

Il potenziale di una sfera carica isolata

Sappiamo che il campo elettrico all'esterno e sulla superficie di una sfera elettrizzata con una carica Q è uguale a quello che sarebbe generato da una carica puntiforme Q posta al centro della sfera.

D'altra parte, conoscendo il campo elettrico in una porzione dello spazio si può calcolare in modo univoco il potenziale elettrico nella stessa zona di spazio. Così anche il potenziale elettrico all'esterno e sulla superficie di una sfera di raggio R deve essere uguale a quello di una carica puntiforme Q e deve quindi essere dato (se si pone lo zero del potenziale all'infinito) dall'equazione (**11**) del capitolo «Il potenziale elettrico»:

$$V(r) = \frac{1}{4\pi\varepsilon}\frac{Q}{r} \quad (r \geq R). \tag{5}$$

Il potenziale V sulla superficie della sfera si calcola dalla formula precedente ponendo $r = R$:

$$V = V(R) = \frac{1}{4\pi\varepsilon}\frac{Q}{R} \tag{6}$$

Punto angoloso
Dal punto di vista matematico il grafico della funzione $V(r)$ è continuo ovunque, ma per $r = R$ presenta un punto angoloso, perché la derivata destra calcolata in quel punto è diversa dalla derivata sinistra.

Se la sfera è conduttrice, il potenziale dei suoi punti interni è uguale a quello sulla superficie, qualunque sia la distanza r tra il punto considerato e il centro O della sfera.

La **figura 10** mostra, per un conduttore sferico con carica positiva, l'andamento del potenziale elettrico in un punto P in funzione della distanza r di P da O. Come si vede, partendo da $r = 0$ il valore di $V(r)$ si mantiene costante fino a $r = R$, e poi diminuisce in modo inversamente proporzionale a r.

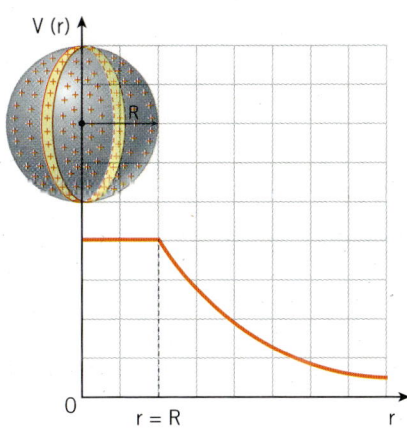

Figura 10 Grafico del potenziale elettrico generato da un conduttore sferico carico in funzione della distanza dal centro.

La capacità di una sfera conduttrice isolata

L'espressione precedente permette di calcolare la capacità elettrostatica di una sfera conduttrice isolata di raggio R.

Infatti, se forniamo alla sfera una carica Q, essa si porta al potenziale dato dalla (**6**). Quindi la definizione (**3**) permette di calcolare

$$C = \frac{Q}{V} = \frac{Q}{\frac{1}{4\pi\varepsilon}\frac{Q}{R}} = \cancel{Q}\frac{4\pi\varepsilon R}{\cancel{Q}} = 4\pi\varepsilon R \tag{7}$$

Ne risulta che la capacità di una sfera conduttrice isolata è direttamente proporzionale al raggio della sfera stessa.

Dalla (7) si vede che, essendo 4π un numero puro, l'unità di misura della costante dielettrica assoluta è data da quella della capacità (farad) divisa per quella della distanza (metro); quindi, l'unità di misura di ε e di ε_0 si può esprimere anche come F/m.

> **ESEMPIO**
>
> Una sfera conduttrice isolata di raggio $R = 0{,}500$ m è posta in aria.
>
> ▶ Calcola la capacità elettrostatica C della sfera.
>
> - Essendo posta in aria ($\varepsilon_r = 1{,}00056$) possiamo considerare la sfera nel vuoto, visto che il suo raggio è conosciuto con tre sole cifre significative.
> - Allora, sulla base della formula (7) possiamo calcolare:
>
> $$C = 4\pi\varepsilon_0 R = 4\pi \times \left(8{,}854 \times 10^{-12}\,\frac{\text{F}}{\text{m}}\right) \times (0{,}500\ \text{m}) = 5{,}56 \times 10^{-11}\ \text{F}.$$

5 SFERE IN EQUILIBRIO ELETTROSTATICO

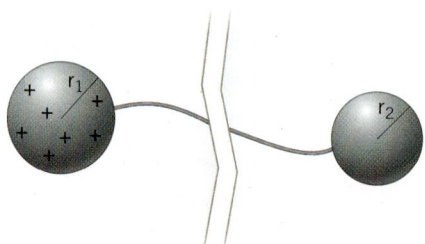

Figura 11 Un sottile filo conduttore collega una sfera conduttrice carica di raggio r_1 con una seconda sfera conduttrice scarica molto lontana, di raggio r_2

Consideriamo due sfere conduttrici di raggi rispettivamente r_1 e r_2, poste nel vuoto e abbastanza lontane tra loro da fare in modo che l'effetto dell'induzione elettrostatica fra di esse sia trascurabile.

All'inizio la sfera di raggio r_2 è scarica, mentre l'altra possiede una carica Q; poi le due sfere sono collegate con un filo molto sottile e leggero, in modo che la sua capacità elettrostatica sia trascurabile (figura 11).

Così si ha un passaggio di carica dalla prima sfera alla seconda e, quando il sistema ritorna all'equilibrio, la sfera di raggio r_2 possiede una carica $q_2 = q$, mentre sulla prima sfera è rimasta la carica $q_1 = Q - q$. Vogliamo calcolare i valori di queste cariche e le corrispondenti densità superficiali di carica.

Determinazione delle cariche sulle due sfere

Nella nuova situazione di equilibrio il sistema formato dalle due sfere e dal filo che le unisce costituisce un unico conduttore in equilibrio elettrostatico; come sappiamo, ciò significa che le due sfere devono avere lo stesso potenziale:

$$V_1 = V_2. \tag{8}$$

Per la formula (7) le capacità C_1 e C_2 delle sfere di raggio r_1 e r_2 sono, rispettivamente:

$$C_1 = 4\pi\varepsilon_0 r_1 \quad \text{e} \quad C_2 = 4\pi\varepsilon_0 r_2.$$

Così, dalla definizione (**3**) della capacità di un conduttore troviamo:

$$V_1 = \frac{q_1}{C_1} = \frac{Q-q}{4\pi\varepsilon_0 r_1} \quad \text{e} \quad V_2 = \frac{q_2}{C_2} = \frac{q}{4\pi\varepsilon_0 r_2}$$

Sulla base delle formule precedenti la condizione di equilibrio (**8**) diviene:

$$\frac{Q-q}{4\pi\varepsilon_0 r_1} = \frac{q}{4\pi\varepsilon_0 r_2},$$

da cui si ottiene

$$(Q-q)r_2 = qr_1.$$

L'espressione precedente è un'equazione di primo grado, in cui possiamo isolare q; essendo $q = q_2$ si ricava che la carica presente sulla seconda sfera è

$$q_2 = q = Q\frac{r_2}{r_1 + r_2} \tag{9}$$

Grazie a questa formula possiamo calcolare la carica rimasta sulla prima sfera:

$$q_1 = Q - q = Q - Q\frac{r_2}{r_1+r_2} = Q\left(1 - \frac{r_2}{r_1+r_2}\right) =$$
$$= Q\frac{r_1+r_2-r_2}{r_1+r_2} = Q\frac{r_1}{r_1+r_2}. \tag{10}$$

Come si vede dalle formule (**9**) e (**10**),

> le cariche sono direttamente proporzionali ai raggi delle sfere.

Se, per esempio, il raggio r_1 è maggiore di r_2, anche la carica q_1 risulta maggiore di q_2.

Densità di carica sulle due sfere

Le due sfere hanno rispettivamente aree

$$S_1 = 4\pi r_1^2 \quad \text{e} \quad S_2 = 4\pi r_2^2.$$

Visto che, per ipotesi, esse sono così lontane da potere essere considerate isolate, su di esse si determinano due densità uniformi di carica σ_1 e σ_2 date rispettivamente da

$$\sigma_1 = \frac{q_1}{S_1} = \frac{1}{4\pi r_1^2}Q\frac{r_1}{r_1+r_2} = \frac{1}{r_1}\frac{Q}{4\pi(r_1+r_2)} \tag{11}$$

e, in modo analogo, da

$$\sigma_2 = \frac{1}{r_2}\frac{Q}{4\pi(r_1+r_2)}. \tag{12}$$

Dalle formule (**11**) e (**12**) si vede che:

> le densità di carica sono inversamente proporzionali ai raggi delle sfere.

Quindi sulla sfera di raggio minore c'è la densità di carica maggiore. Il sistema che abbiamo esaminato costituisce quindi un modello semplice del fenomeno del potere delle punte: sulle parti di un conduttore che hanno curvatura più marcata (cioè, in questo caso, raggio minore) si accumula una densità di carica più grande.

6 IL CONDENSATORE

ESPERIMENTO VIRTUALE

Punte e condensatori
- Gioca
- Misura
- Esercitati

> Un **condensatore piano** è formato da due lastre metalliche parallele, chiamate **armature**, poste a una distanza piuttosto piccola rispetto alla loro estensione.

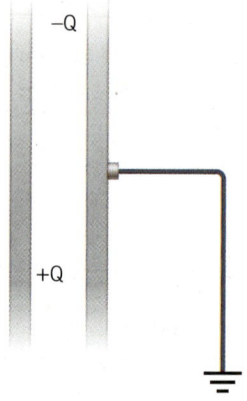

Se carichiamo una di esse con una carica positiva Q e mettiamo l'altra a terra, sulla faccia interna di quest'ultima viene indotta una carica $-Q$ **(figura 12)**.

Quando è caricata, la prima armatura passa dal potenziale di terra (che possiamo considerare uguale a zero) al potenziale V. La seconda armatura, invece, rimane al potenziale nullo di terra.

Tutto ciò non vale soltanto per un condensatore piano, ma per un condensatore di qualunque tipo. In generale:

Figura 12 Rappresentazione schematica di un condensatore piano.

> si chiama **condensatore** un dispositivo formato da due armature fatte in modo che, quando una di esse riceve la carica Q, l'altra acquista per induzione una carica $-Q$.

La fotografia a lato mostra alcuni condensatori di uso comune.

La capacità di un condensatore

> Gli esperimenti mostrano che la carica Q presente sull'armatura positiva di un condensatore è direttamente proporzionale alla differenza di potenziale ΔV tra le armature.

Quindi il rapporto tra le due grandezze è costante. Si definisce allora la **capacità del condensatore** come:

$$C = \frac{Q}{\Delta V} \quad (13)$$

capacità (C/V o F) — carica elettrica (C) — differenza di potenziale (V)

Significato dei simboli
La formula **(13)** è molto simile alla **(3)**, ma non identica: nella **(3)**, V è il potenziale del conduttore che ha ricevuto la carica Q, nella **(13)** ΔV è la differenza di potenziale tra le armature.

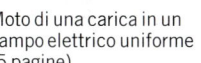

Nella formula precedente, il simbolo Q indica la carica posta sull'armatura *positiva* e anche la differenza di potenziale ΔV è presa con il segno positivo.

La capacità di un condensatore dipende dalla sua forma e dalle sue dimensioni, ma non dalle grandezze elettriche (carica o differenza di potenziale). Si misura in farad come la capacità di un conduttore.

ESEMPIO

L'armatura positiva di un condensatore acquista una carica $Q = 90{,}0 \ \mu C$ quando ai suoi capi è applicata una differenza di potenziale $\Delta V = 360$ V.

▶ Quanto vale la capacità C del condensatore?

Sostituendo i valori numerici nella formula **(13)** si ottiene:

$$C = \frac{Q}{\Delta V} = \frac{9{,}00 \times 10^{-5} \ C}{360 \ V} = 2{,}50 \times 10^{-7} \ \frac{C}{V} = 2{,}50 \times 10^{-7} \ F.$$

APPROFONDIMENTO

Moto di una carica in un campo elettrico uniforme (5 pagine)

Il campo elettrico generato da un condensatore piano

Si può modellizzare un condensatore piano considerando due distribuzioni piane e infinite di carica, parallele tra loro. Uno dei piani ha una densità superficiale di carica positiva pari a σ, l'altro ha una densità di carica $-\sigma$. In questo modo si «dimenticano» le armature in metallo che compongono il condensatore e si considerano soltanto le cariche elettriche presenti.

Nel capitolo «Il campo elettrico» si mostra che, come conseguenza del teorema di Gauss, il campo elettrico generato da un piano di carica ha direzione perpendicolare al piano stesso e modulo

$$E = \frac{\sigma}{2\varepsilon} \quad (14)$$

uguale in tutti i punti dello spazio esterno alle cariche. Il campo elettrico $\vec{E}_+$ generato dalle cariche positive è uscente da esse, mentre il campo elettrico $\vec{E}_-$ dovuto alle cariche negative è diretto verso queste ultime. I due campi $\vec{E}_+$ ed $\vec{E}_-$ hanno lo stesso modulo, dato dalla formula **(14)**, perché i valori assoluti di σ e di $-\sigma$ sono uguali.

Nel punto A della **figura 13** i campi elettrici $\vec{E}_{A+}$ ed $\vec{E}_{A-}$ sono uguali in direzione e modulo, mentre hanno versi opposti: la loro som-

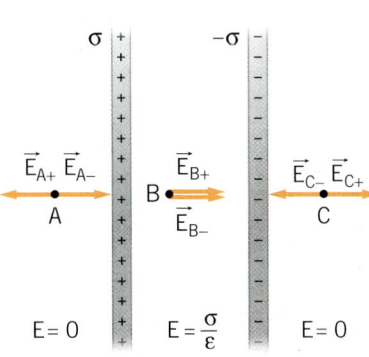

Figura 13 I campi elettrici generati dai due piani di carica hanno versi opposti all'esterno dei due piani e lo stesso verso nella zona interna.

ma è quindi nulla. Lo stesso accade in tutti gli altri punti dello spazio che (come, per esempio, C) si trovano all'esterno dei due piani di carica.

Invece nel punto B, posto tra i due piani, i campi elettrici $\vec{E}_{B+}$ ed $\vec{E}_{B-}$ sono uguali tra loro, per cui la loro somma è uguale al doppio di ciascuno dei due. In particolare, il modulo del campo elettrico risultante è il doppio di quello dato dalla formula (14).

In definitiva,

> all'esterno di un condensatore piano infinito il campo elettrico è nullo.
> All'interno il campo elettrico è uniforme, ortogonale alle armature, diretto da quella positiva a quella negativa e con una intensità data dalla formula:

$$E\,(\text{condensatore piano}) = 2E\,(\text{piano di carica}) = \frac{\sigma}{\varepsilon}. \qquad (15)$$

Il campo generato da un condensatore piano infinito è illustrato nella **figura 14**. Le linee di campo che ne risultano sono limitate all'interno del condensatore, dove risultano parallele tra di loro, perpendicolari alle armature ed equidistanziate.

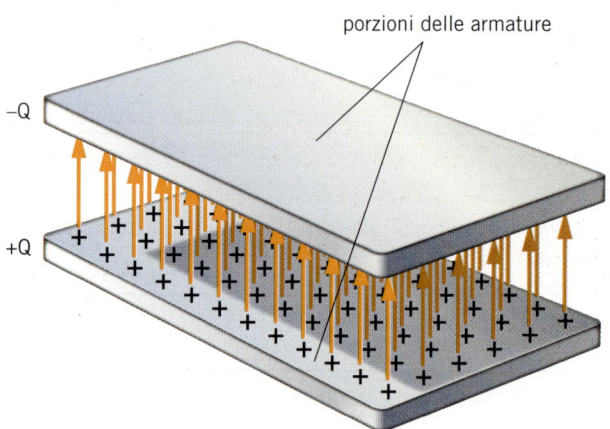

Figura 14 Andamento ideale delle linee di campo elettrico all'interno di un condensatore piano.

Naturalmente nessun condensatore ha armature infinitamente estese. Ma anche in un condensatore reale, come quello della **figura 15**, c'è un'ampia zona interna dove le linee di campo sono praticamente uguali a quelle del condensatore piano infinito.

Vicino ai bordi, invece, le linee di campo sono notevolmente diverse da quelle (rettilinee ed equidistanziate) del caso ideale. Inoltre il campo elettrico all'esterno del sistema non è nullo. Ma nei condensatori che si utilizzano in pratica le armature sono, a parità di dimensioni, molto più ravvicinate di quelle della figura precedente, per cui gli effetti di bordo sono trascurabili e le proprietà del sistema seguono con ottima approssimazione quelle di un condensatore piano ideale.

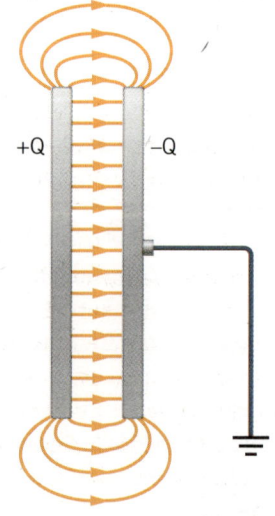

Figura 15 Andamento reale delle linee di campo elettrico generate da un condensatore piano.

ESEMPIO

In un condensatore piano l'armatura positiva (di area $S = 26{,}5$ cm²) porta una carica $Q = 11{,}4$ nC. Tra le armature si trova uno strato di nylon ($\varepsilon_r = 3{,}50$).

▶ Determina il modulo E del campo elettrico presente tra le armature del condensatore.

• La densità di carica σ sull'armatura positiva del condensatore vale

$$\sigma = \frac{Q}{S} = \frac{11{,}4 \times 10^{-9} \text{ C}}{26{,}5 \times 10^{-4} \text{ m}^2} = 4{,}30 \times 10^{-6} \frac{\text{C}}{\text{m}^2}.$$

• Allora siamo in grado di calcolare il valore di E mediante la formula (15):

$$E = \frac{\sigma}{\varepsilon} = \frac{\sigma}{\varepsilon_0 \varepsilon_r} = \frac{4{,}30 \times 10^{-6} \dfrac{\text{C}}{\text{m}^2}}{\left(8{,}854 \times 10^{-12} \dfrac{\text{F}}{\text{m}}\right) \times 3{,}50} =$$

$$= 1{,}39 \times 10^5 \frac{\text{C}}{\text{m}^2} \cdot \frac{\text{m}}{\text{F}} = 1{,}39 \times 10^5 \frac{\text{C}}{\text{m}} \cdot \frac{\text{V}}{\text{C}} = 1{,}39 \times 10^5 \frac{\text{V}}{\text{m}}.$$

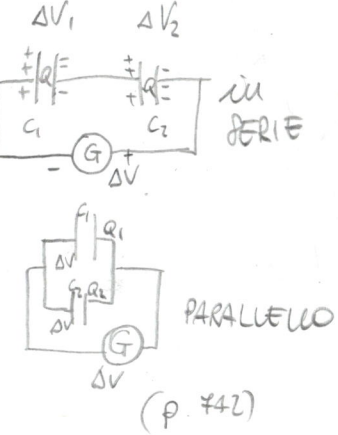

La capacità di un condensatore piano

Supponiamo di avere un condensatore piano con armature di area S. La distanza d tra di esse è piccola rispetto alle loro dimensioni. Tra le armature, che portano le cariche Q e $-Q$, è posto un materiale isolante con costante dielettrica ε.

Per la formula (13) del capitolo «Il potenziale elettrico» la differenza di potenziale (positiva) tra le armature è data da

$$\Delta V = E \Delta s = Ed = \frac{\sigma}{\varepsilon} d = \frac{Qd}{S\varepsilon}.$$

Sostituzioni
Tra il secondo e il terzo passaggio si è applicata la formula (15), $E = \sigma/\varepsilon$. In quella successiva si è ricordata la definizione $\sigma = Q/S$.

In base alla definizione (13), siamo quindi in grado di calcolare la capacità C di un condensatore piano, che risulta

$$C = \frac{Q}{\Delta V} = Q \frac{S\varepsilon}{Qd} = \varepsilon \frac{S}{d} \qquad (16)$$

ANIMAZIONE
Capacità di un condensatore piano (2 minuti)

La formula precedente conferma che la capacità del condensatore piano è una costante che dipende soltanto dalle sue caratteristiche geometriche (in questo caso, l'estensione delle armature, la distanza tra di esse e il materiale isolante posto al loro interno).

Il fatto che C dipende da d viene utilizzato per costruire le tastiere dei computer: il tasto è appoggiato sopra un condensatore che ha una determinata capacità. Quando si schiaccia il tasto (figura 16), d diminuisce e, quindi, la capacità del condensatore aumenta.

Figura 16 La variazione della distanza d tra le armature cambia la capacità del condensatore posto al di sotto di un tasto del computer.

I circuiti elettronici delle tastiere rilevano la variazione di capacità e segnalano al computer che il tasto è stato premuto.

Anche i sistemi con touch-screen capacitivi funzionano rilevando una variazione della capacità elettrica in un punto dello schermo. A questo proposito esistono diverse tecnologie ma, in tutti i casi, lo schermo sensibile al tocco contiene uno o più strati di materiale conduttore (spesso disposti in righe e in colonne per determinare le coordinate del punto in cui avviene il contatto con lo schermo).

Quando tocchiamo lo schermo con un dito andiamo ad aggiungere un conduttore che prima non c'era, e ciò fa cambiare le proprietà capacitive di quella zona. Si crea così un segnale che viene rilevato e interpretato dal software del dispositivo.

Come si è spiegato, un **touch-screen** capacitivo richiede che si tocchi lo schermo con un conduttore (un dito va benissimo); quindi esso non funziona se lo si maneggia con i guanti oppure se si utilizza uno stilo di scrittura con la punta isolante.

L'elettròmetro

> Un elettròmetro è uno strumento che misura le differenze di potenziale in maniera statica, cioè senza essere attraversato da un flusso continuo di cariche elettriche.

Gli elettròmetri sono strumenti di grande importanza pratica e, in alcuni casi, sono insostituibili.

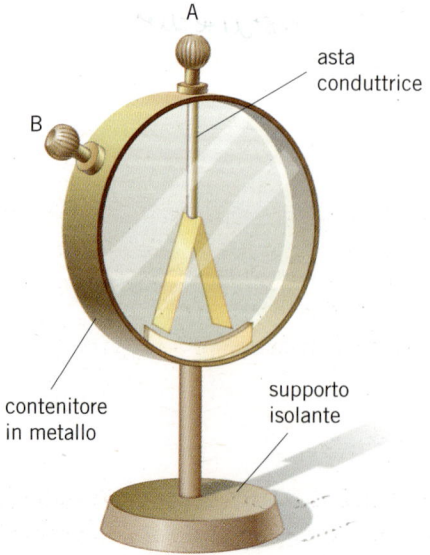

Figura 17 Schema costruttivo di un elettròmetro a foglie.

Il tipo più semplice di elettròmetro è costituito, come quello della **figura 17**, da un elettroscopio a foglie in cui il contenitore esterno, isolato dall'asta centrale, è costruito in metallo (a parte una finestra trasparente che permette di osservare le foglie). L'asta e il contenitore esterno formano le armature di un condensatore, la cui capacità C è calcolata o misurata dal costruttore.

Se si connettono i morsetti A e B ai punti tra cui si vuole misurare la differenza di potenziale, le armature dell'elettròmetro acquistano le cariche $+Q$ e $-Q$ e la deviazione delle foglie aumenta al crescere di Q.

Dalla definizione di capacità di un condensatore (formula (**13**)) si ricava

$$\Delta V = \frac{Q}{C}.$$

Data la proporzionalità diretta tra Q e ΔV, si può tarare direttamente in volt la scala graduata dell'elettròmetro e si ottiene uno strumento in cui l'angolo formato tra le foglie indica la differenza di potenziale che si vuole misurare.

La **figura 18** mostra un tipo di elettròmetro usato spesso per la misura di tensioni elevate (alcune migliaia di volt). Come si vede, le due foglie dell'elettroscopio sono diverse tra loro: una è fissa e rigida, l'altra è formata da una lamina leggera e può ruotare attorno a un perno; in questo modo essa funziona da indice e mostra il valore della tensione applicata ai contatti A e B.

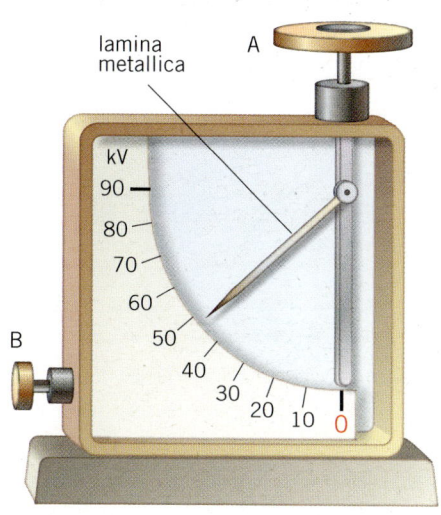

Figura 18 Elettròmetro con indice mobile.

7 CAPACITÀ DEL CONDENSATORE SFERICO

Esaminiamo ora un condensatore costituito da due armature sferiche concentriche di raggi r e R (con $r < R$) come quello della **figura 19**, in cui il guscio esterno è collegato a terra. R è il raggio *interno* della sfera posta all'esterno; l'eventuale spessore di tale conduttore sferico non è rilevante. Le armature sono inoltre separate da un isolante con costante dielettrica assoluta ε.

Vogliamo dimostrare che la capacità di questo condensatore è

APPROFONDIMENTO

Il condensatore cilindrico
(3 pagine)

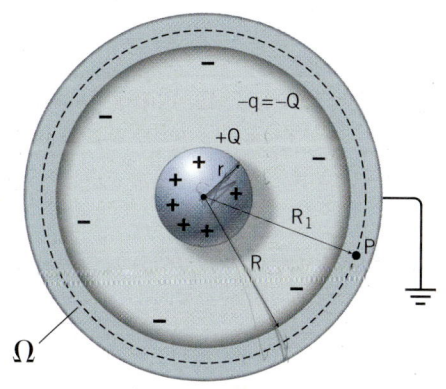

Figura 19 La sfera interna è elettrizzata con una carica Q e quella esterna acquista per induzione una carica uguale e opposta

$$C = 4\pi\varepsilon \frac{rR}{R-r}. \qquad (17)$$

Nota che la formula (**17**) possiede le proprietà generali enunciate per i condensatori: infatti essa non dipende dalla carica che si trova sul condensatore o dalla differenza di potenziale tra le armature. Invece dipende dalla forma del condensatore (infatti è diversa dall'espressione che fornisce la capacità di altri tipi di condensatore, per esempio quello piano) e dalle sue dimensioni (in effetti compaiono i raggi r e R).

Realizzazione dell'induzione completa

Supponiamo che la sfera di raggio r sia stata elettrizzata con una carica Q (positiva, per fissare le idee); allora avviene il fenomeno dell'induzione elettrostatica, per cui una carica negativa $-q$ viene indotta sulla superficie interna della sfera di raggio R e, di conseguenza, una carica positiva $+q$ si scarica a terra.

Ora esaminiamo un punto, come il punto P della figura, posto nello spessore della sfera più esterna a distanza R_1 dal centro O del sistema. Visto che si trova all'interno di un conduttore in equilibrio elettrostatico, in P il campo elettrico è nullo.

Allora consideriamo una superficie gaussiana Ω con la forma della sfera di centro O e raggio R_1. In tutti i punti di tale superficie il campo elettrico è nullo e quindi vale zero anche il flusso di campo elettrico attraverso Ω:

$$\Phi_\Omega(\vec{E}) = 0.$$

Per il teorema di Gauss, allora, è nulla anche la carica totale all'interno di Ω; quindi si ha:

$$Q + (-q) = 0 \implies Q = q.$$

Abbiamo così dimostrato che

> nel sistema in esame avviene il fenomeno dell'*induzione completa*, in cui le cariche che si separano per induzione hanno lo stesso modulo della carica inducente.

Di conseguenza i due conduttori sferici formano propriamente un *condensatore*, come si era detto fin dall'inizio del paragrafo.

Dimostrazione della capacità di un condensatore sferico

Per determinare la capacità del condensatore sferico dobbiamo prima calcolare la differenza di potenziale tra le armature. Con l'usuale scelta del livello di zero,

- il potenziale della sfera più interna è dato dalla formula (6), con r al posto di R; così si trova la relazione

$$V_{Q,\text{ sfera interna}} = \frac{1}{4\pi\varepsilon}\frac{Q}{r}. \tag{18}$$

- Il potenziale generato dalla carica Q all'esterno della sfera di raggio r, a distanza d da O, è dato dalla solita formula $V = Q/(4\pi\varepsilon d)$; così il potenziale generato da Q nei punti della sfera di raggio R si ottiene dalla formula precedente con $d = R$ e risulta

$$V_{Q,\text{ sfera esterna}} = \frac{1}{4\pi\varepsilon}\frac{Q}{r}. \tag{19}$$

- Infine, sulla sfera di raggio R la carica Q è distribuita in modo uniforme, esattamente come accadrebbe sulla superficie esterna di un conduttore in equilibrio elettrostatico. Quindi anche il potenziale generato da tale carica deve avere le stesse proprietà di quello del conduttore sferico elettrostatico: tutti i punti sulla sfera e all'interno di essa hanno potenziale

$$V_{-Q,\text{ sfera esterna}} = \frac{1}{4\pi\varepsilon}\frac{(-Q)}{R} \tag{20}$$

Dopo questa premessa possiamo calcolare:
1. il potenziale V_r sui punti della sfera di raggio r; esso è la somma del potenziale (**18**) dovuto alla carica Q e del potenziale (**20**) dovuto alla carica $-Q$ e quindi vale

$$V_r = \frac{1}{4\pi\varepsilon}\frac{Q}{r} + \frac{1}{4\pi\varepsilon}\frac{-Q}{R} = \frac{Q}{4\pi\varepsilon}\left(\frac{1}{r}-\frac{1}{R}\right) = \frac{Q}{4\pi\varepsilon}\frac{R-r}{Rr}. \qquad (21)$$

2. Il potenziale V_R sui punti della sfera di raggio R; esso è la somma del potenziale (**19**) dovuto alla carica Q e del potenziale (**20**) dovuto alla carica $-Q$ e quindi vale

$$V_R = \frac{1}{4\pi\varepsilon}\frac{Q}{R} + \frac{1}{4\pi\varepsilon}\frac{-Q}{R} = 0 \qquad (22)$$

Allora la differenza di potenziale ΔV tra le armature è

$$\Delta V = V_r - V_R = \frac{Q}{4\pi\varepsilon}\frac{R-r}{Rr} - 0 = \frac{Q}{4\pi\varepsilon}\frac{R-r}{Rr}. \qquad (23)$$

Ora possiamo finalmente utilizzare la definizione (**13**) per calcolare la capacità del condensatore sferico che, come premesso nella formula (**17**), risulta

$$C = \frac{Q}{\Delta V} = \cancel{Q}\,\frac{4\pi\varepsilon}{\cancel{Q}}\frac{rR}{R-r} = 4\pi\varepsilon\frac{rR}{R-r}.$$

8 I CONDENSATORI IN SERIE E IN PARALLELO

Spesso nei circuiti elettrici non compare un solo condensatore, ma due o più condensatori collegati tra loro. Nella rappresentazione grafica di tali circuiti un condensatore è rappresentato dal simbolo convenzionale mostrato nella **figura 20**.

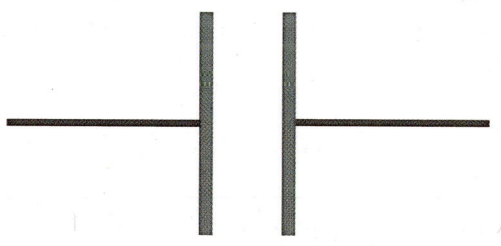

Figura 20 Schema circuitale del condensatore.

L'effetto complessivo di una rete di condensatori è descritto dalla *capacità equivalente* all'intera rete.

> Si chiama **capacità equivalente** di una rete di condensatori quella di un singolo condensatore che, sottoposto alla stessa differenza di potenziale V a cui è soggetta l'intera rete, assorbe la stessa carica elettrica.

Se indichiamo con Q_{eq} tale carica elettrica, la capacità equivalente C_{eq} è data da

$$C_{eq} = \frac{Q_{eq}}{V}. \qquad (24)$$

Condensatori in parallelo

I due condensatori della **figura 21** sono collegati *in parallelo*.

> Due o più condensatori sono collegati **in parallelo** se sono connessi in modo da avere ai loro estremi la stessa differenza di potenziale.

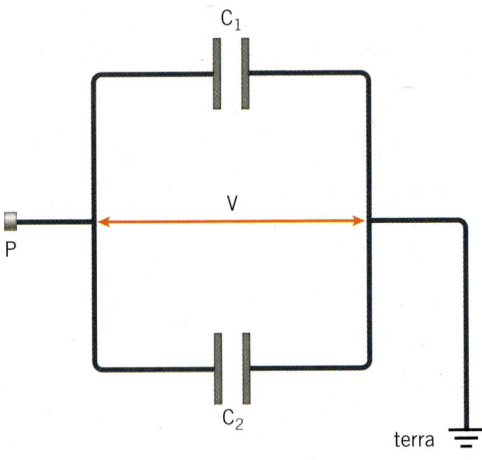

Figura 21 Due condensatori collegati in parallelo.

Studiamo qual è la capacità equivalente di due condensatori in parallelo quando si conoscono le loro capacità C_1 e C_2. La differenza di potenziale ai capi del condensatore equivalente è la stessa tensione V applicata ai due condensatori reali, mentre la carica Q_{eq} sul condensatore equivalente è uguale alla somma delle cariche Q_1 e Q_2 presenti sui condensatori reali:

$$Q_{eq}(\text{parallelo}) = Q_1 + Q_2.$$

Infatti, se pensiamo di fornire la carica elettrica attraverso il morsetto P della figura precedente, attraverso di esso passa la carica Q_1 del primo condensatore e anche la carica Q_2 del secondo. Se i due condensatori sono sostituiti dal condensatore equivalente (**figura 22**), tutta quella carica giunge su una delle sue armature.

Conoscendo C_1, C_2 e V possiamo calcolare

$$Q_1 = C_1 V \quad \text{e} \quad Q_2 = C_2 V$$

per cui la carica Q_{eq} è data da

$$Q_{eq} = Q_1 + Q_2 = C_1 V + C_2 V = (C_1 + C_2)V. \tag{25}$$

Sostituendo l'espressione (**25**) nella definizione (**24**), per i condensatori in parallelo otteniamo:

$$C_{eq} = \frac{Q_{eq}}{V} = \frac{(C_1 + C_2)V}{V} = C_1 + C_2. \tag{26}$$

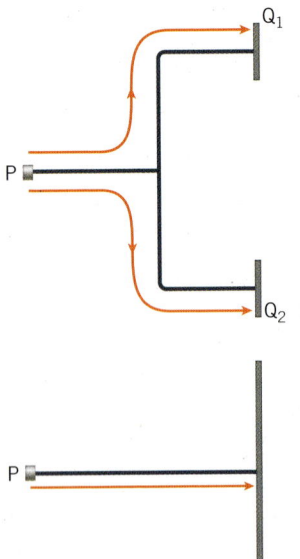

Figura 22 La carica equivalente di due condensatori in parallelo è la somma delle cariche assorbite dai due condensatori.

Nella stessa maniera si dimostra che questa proprietà è valida per un numero qualunque di condensatori che hanno capacità $C_1, C_2, \ldots, C_n$. Possiamo quindi affermare che:

la capacità equivalente di più condensatori collegati in parallelo è uguale alla somma delle capacità dei singoli condensatori:

$$C = C_1 + C_2 + C_3 + \ldots \qquad (27)$$

Condensatori in serie

I due condensatori della **figura 23**, di capacità C_1 e C_2, sono collegati l'uno di seguito all'altro, cioè *in serie*.

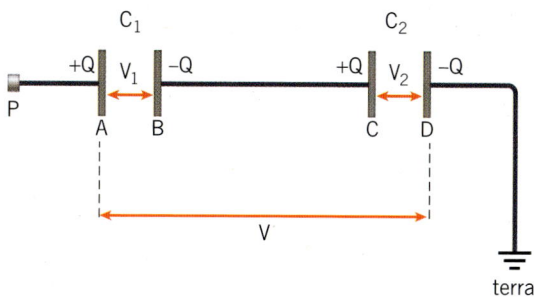

Figura 23 Due condensatori collegati in serie.

Quando l'armatura A viene elettrizzata con una carica Q, la piastra B acquista per induzione una carica $-Q$. Ma il conduttore formato dalle piastre B e C e dal filo che le collega è neutro e, perciò, anche l'armatura C del secondo condensatore ha carica Q. Infine, per induzione la piastra D del secondo condensatore acquista la carica $-Q$.

Lo stesso meccanismo varrebbe anche se i condensatori in serie fossero più di due. Ne consegue che

due o più condensatori collegati **in serie** tra loro portano sulle armature la stessa carica.

La carica Q su uno dei condensatori è anche la carica Q_{eq} sul condensatore equivalente:

$$Q_{eq}(\text{serie}) = Q.$$

Questo è vero perché la carica che forniamo attraverso il morsetto P arriva sul primo condensatore reale in serie, ma arriva anche sul condensatore equivalente che ha sostituito la catena di condensatori **(figura 24)**.

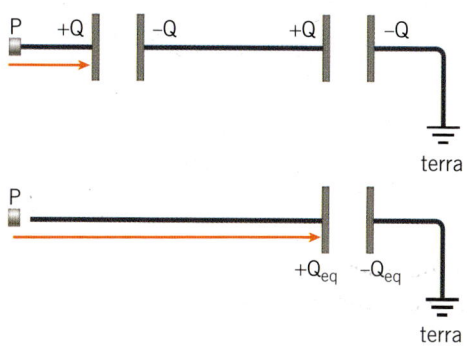

Figura 24 La carica equivalente di due condensatori in serie è uguale alla carica assorbita dal primo di essi.

Invece, la differenza di potenziale V che esiste tra le piastre A e D è uguale alla somma delle tensioni V_1 e V_2 ai capi dei due condensatori:

$$V = V_1 + V_2. \qquad (28)$$

È ora possibile dimostrare che

> l'inverso della capacità equivalente di due o più condensatori posti in serie è pari alla somma degli inversi delle loro singole capacità:

$$\frac{1}{C_{eq}} = \frac{1}{C_1} + \frac{1}{C_2} + \frac{1}{C_3} + \ldots \, . \qquad (29)$$

Come nel caso precedente, svolgeremo la dimostrazione per due condensatori, ma negli altri casi la trattazione è identica. La definizione di capacità permette di scrivere

$$V_1 = \frac{Q}{C_1} \quad \text{e} \quad V_2 = \frac{Q}{C_2}.$$

per cui la (28) diventa:

$$V = V_1 + V_2 = \frac{Q}{C_1} + \frac{Q}{C_2} = \left(\frac{1}{C_1} + \frac{1}{C_2}\right)Q.$$

Dalla formula (13) possiamo quindi ricavare l'equazione

$$\frac{1}{C_{eq}} = \frac{V}{Q_{eq}} = \frac{V}{Q} = \frac{1}{Q}\left(\frac{1}{C_1} + \frac{1}{C_2}\right)Q = \frac{1}{C_1} + \frac{1}{C_2},$$

che coincide con la formula (29) nel caso particolare di due condensatori.

ESEMPIO

Due condensatori di capacità $C_1 = 360$ nF e $C_2 = 240$ nF sono posti in serie.

▶ Calcola la loro capacità equivalente C_{eq}.

- Scrivendo la formula (29) nel caso particolare di due condensatori, si ottiene:

$$\frac{1}{C_{eq}} = \frac{1}{C_1} + \frac{1}{C_2} = \frac{C_2 + C_1}{C_1 C_2}.$$

- Prendendo il reciproco del primo e terzo termine della precedente catena di uguaglianze, otteniamo allora:

$$C_{eq} = \frac{C_1 C_2}{C_2 + C_1} = \frac{(360 \text{ nF}) \times (240 \text{ nF})}{240 \text{ nF} + 360 \text{ nF}} =$$
$$= \frac{(360 \text{ nF}) \times (240 \text{ nF})}{600 \text{ nF}} = 144 \text{ nF}.$$

9 L'ENERGIA IMMAGAZZINATA IN UN CONDENSATORE

Per caricare un corpo conduttore inizialmente scarico occorre sempre fare un lavoro. Infatti, in tutte le fasi della sua elettrizzazione le cariche che si trovano già sul conduttore *respingono* le altre cariche (dello stesso segno) che vi aggiungiamo. Per vincere questa repulsione è necessario esercitare una forza che ha lo stesso verso dello spostamento delle cariche (figura 25), per cui si compie un lavoro positivo.

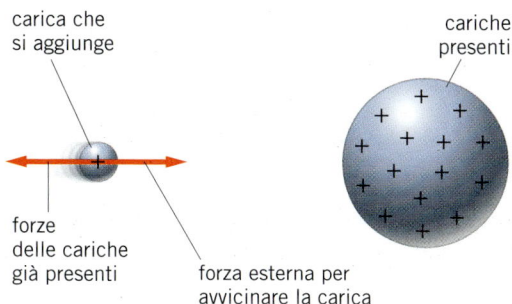

Figura 25 Le cariche già presenti sulla sfera esercitano una forza repulsiva sulla nuova carica che si vuole aggiungere.

Questo discorso vale anche se il conduttore in esame è un condensatore di capacità C. Indicando con V la differenza di potenziale ai capi del condensatore e con $Q = CV$ la carica positiva che si trova su una delle sue armature alla fine del processo di carica, dimostreremo che il lavoro di carica W_c del condensatore è dato da

$$W_c = \frac{1}{2} QV \qquad (30)$$

Ricordando la definizione di capacità di un condensatore, W_c può essere espresso anche in altre due forme equivalenti:

$$W_c = \frac{1}{2}(CV)V = \frac{1}{2}CV^2 \quad \text{oppure} \quad W_c = \frac{1}{2}Q\left(\frac{Q}{C}\right) = \frac{1}{2}\frac{Q^2}{C}. \qquad (31)$$

Per la conservazione dell'energia, il lavoro compiuto per caricare il condensatore rimane immagazzinato al suo interno fino a quando esso non si scarica. Così i condensatori sono dei serbatoi di energia.

ANIMAZIONE

Il condensatore come serbatoio di energia (2 minuti)

▶ In una macchina fotografica, un condensatore accumula l'energia che poi, mediante una scarica veloce, fa funzionare il flash.

▶ In un defibrillatore, un condensatore molto più grande accumula l'energia che poi sarà scaricata per regolarizzare il battito cardiaco.

A

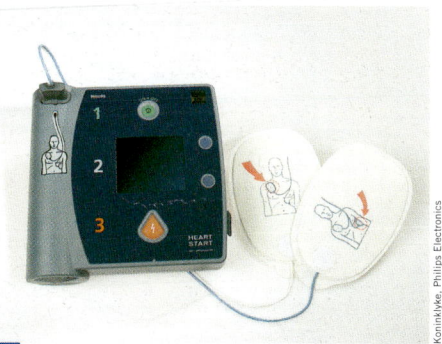

B

ESEMPIO

Un condensatore di capacità $C = 3{,}3$ µF è sottoposto a una differenza di potenziale $V = 48$ V.

▶ Calcola il valore dell'energia W_c immagazzinata nel condensatore.

Utilizzando la prima delle formule (**31**) possiamo calcolare:

$$W_C = \frac{1}{2}CV^2 = \frac{1}{2} \times (3{,}3 \times 10^{-6}\ \text{F}) \times (48\ \text{V})^2 = 3{,}8 \times 10^{-3}\ \frac{\cancel{\text{C}}}{\cancel{\text{V}}} \cdot \text{V}^{\cancel{2}}$$

$$= 3{,}8 \times 10^{-3}\ \text{J}.$$

Calcolo del lavoro di carica del condensatore

Visto che, nel processo di carica, le due piastre del condensatore hanno sempre cariche uguali e opposte, possiamo calcolare il lavoro immaginando che la carica venga spostata dalla piastra che si carica negativamente a quella che si carica di segno positivo.

Questo non è il meccanismo con cui avviene in pratica il processo di carica del condensatore, ma la forza elettrostatica è conservativa e quindi il lavoro che fa passare dalla condizione iniziale di condensatore scarico a quella finale di condensatore carico non dipende dal particolare procedimento seguito.

Quando il condensatore è completamente carico, sulla sua armatura positiva c'è una carica $+Q$ e tra le due piastre si è creata una differenza di potenziale V. Dal punto di vista matematico, indichiamo con q la carica positiva variabile che si trova sul condensatore; durante il processo di carica si ha $0 \leq q \leq Q$.

In corrispondenza alla variazione del valore di q, varia anche la differenza di potenziale tra le armature, che indichiamo con il simbolo $v(q)$; durante il processo di carica si ha $0 \leq v(q) \leq V$.

Per analizzare il problema, consideriamo un momento generico del processo di carica, quando sulle armature ci sono le cariche $+q$ e $-q$, mentre la differenza di potenziale ai capi del condensatore è, per la formula (**13**),

$$v(q) = \frac{1}{C}\, q. \tag{32}$$

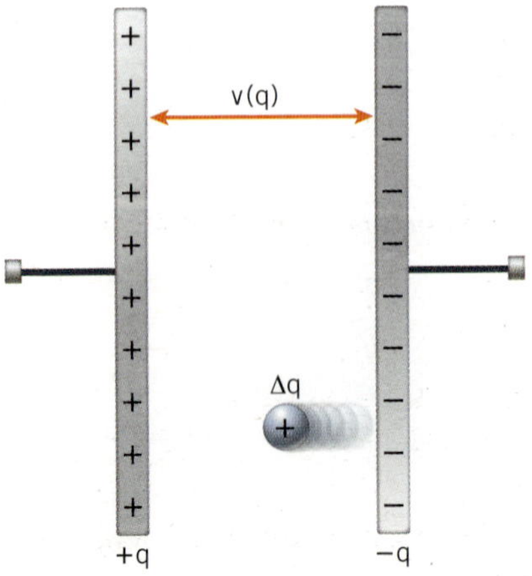

Nel corso del processo di carica la tensione tra le armature è variabile e quindi non è possibile calcolare il lavoro di carica in modo semplice. Allora supponiamo di trasportare dall'armatura negativa a quella positiva una carica infinitesima Δq, abbastanza piccola da lasciare praticamente inalterata la differenza di potenziale $v(q)$ tra le armature (**figura 26**). Il lavoro infinitesimo ΔW fatto dalla forza elettrica durante questo trasferimento è

Figura 26 Una carica infinitesima Δq passa dall'armatura negativa del condensatore a quella positiva.

$$\Delta W = v(q)\Delta q = \frac{1}{C} q \, \Delta q \tag{33}$$

Il lavoro totale di carica W_c è la somma di un numero enorme di contributi di questo tipo, fino a quando la somma delle cariche Δq trasportate non risulta uguale alla carica finale Q.

Come è spiegato nella scheda matematica *L'integrale e l'energia potenziale elettrica*, nel capitolo «Il potenziale elettrico», questo lavoro è uguale all'area della parte del piano cartesiano tensione-carica compresa tra il valore $q = 0$, quello $q = Q$ e il grafico di $v(q)$.

Dalla formula (**32**) si vede che la tensione ai capi del condensatore è direttamente proporzionale a q, per cui il grafico di $v(q)$ è una retta passante nell'origine. Il lavoro di carica è quindi uguale all'area di un triangolo rettangolo, mostrato nella **figura 27**, che ha il cateto orizzontale lungo Q e quello verticale lungo V.

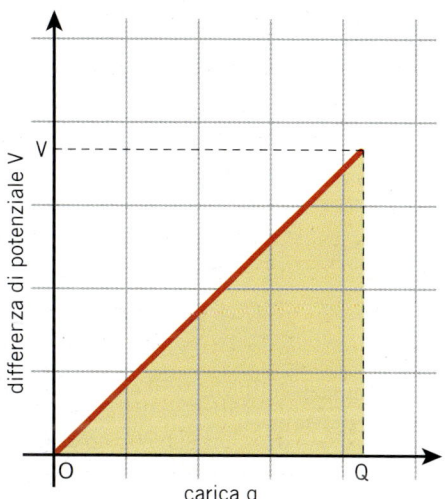

Figura 27 Il grafico che lega la carica su una delle armature alla differenza di potenziale tra di esse è una retta passante per l'origine.

L'area di questo triangolo, e perciò W_c, vale $\dfrac{QV}{2}$, in accordo con la formula (**30**).

La densità di energia elettrica nel condensatore

Nel caso del condensatore piano con armature di area S separate da una distanza d, calcoliamo il rapporto

$$w_{\vec{E}} = \frac{W_c}{Sd} \tag{34}$$

detto **densità volumica di energia elettrica**, tra l'energia W_c immagazzinata nel condensatore e il suo volume interno Sd.

Dalla formula (**31**) e dalla (**16**) si ottiene

$$W_{\vec{E}} = \frac{1}{2}\frac{Q^2}{C}\frac{1}{Sd} = \frac{1}{2}\frac{Q^2}{\varepsilon}\frac{d}{S}\frac{1}{Sd} = \frac{1}{2\varepsilon}\left(\frac{Q}{S}\right)^2 = \frac{1}{2}\varepsilon\left(\frac{Q}{S\varepsilon}\right)^2 = \frac{1}{2}\varepsilon\left(\frac{\sigma}{\varepsilon}\right)^2.$$

Dalla formula (**15**) riconosciamo che la frazione σ/ε è il modulo E del campo elettrico che si trova all'interno del condensatore.

In definitiva, per la densità volumica di energia elettrica abbiamo trovato la relazione

$$W_{\vec{E}} = \frac{1}{2}\varepsilon E^2 \tag{35}$$

che, anche se è stata dimostrata nel caso particolare del condensatore piano, ha validità generale.

Questa densità di energia è dovuta al fatto che, nella zona di spazio che si trova tra le due armature del condensatore, il modulo del campo elettrico è diverso da zero. Il fatto che alla presenza di un campo elettrico E è associata una ben definita quantità di energia conferma il fatto che il vettore «campo elettrico» non è uno strumento matematico, per quanto utile, ma una realtà fisica.

10 VERSO LE EQUAZIONI DI MAXWELL

Le proprietà matematiche fondamentali del campo elettrico sono riassunte in due equazioni

$$\Phi_\Omega(\vec{E}) = \frac{Q_{tot}}{\varepsilon}$$

e

$$\Gamma_{\mathscr{L}}(\vec{E}) = 0$$

vedremo nel capitolo «Le equazioni di Maxwell e le onde elettromagnetiche» che si tratta di due delle equazioni di Maxwell, scritte nel caso statico.

Prima equazione
Che cosa dice
La prima equazione (teorema di Gauss per il campo elettrico) stabilisce che il flusso del campo elettrico attraverso una superficie chiusa qualunque Ω è direttamente proporzionale alla carica totale contenuta nella superficie (somma algebrica delle cariche positive e negative all'interno).

Che cosa significa
Le linee del campo elettrico sono aperte: escono dalle cariche positive e terminano su quelle negative. Però le cariche elettriche che si trovano al di fuori della superficie gaussiana Ω non contribuiscono al flusso perché le linee di campo che esse generano intersecano Ω due volte, una volta entrando e una volta uscendo, e quindi il loro contributo totale al flusso è zero.

Quali sono le conseguenze
- Il fatto che le cariche elettriche sono le sorgenti del campo elettrico.
- Il modulo del campo elettrico generato da piano di carica, sfera di carica, filo di carica...
- Il fatto che su un conduttore in equilibrio elettrostatico la carica si localizza sulla superficie.
- Il modulo del campo elettrico sulla superficie di un conduttore carico in equilibrio elettrostatico (teorema di Coulomb).

Seconda equazione

Che cosa dice
La seconda equazione (teorema della circuitazione per l'elettrostatica) stabilisce che la circuitazione del campo elettrostatico lungo qualunque curva chiusa orientata $\mathscr{L}$ è sempre uguale a zero.

Che cosa significa
La relazione afferma che il campo elettrostatico è conservativo, cioè che il lavoro fatto quando una carica puntiforme si muove da un punto A a un punto B è indipendente dal percorso scelto per congiungerli.

Quali sono le conseguenze
È possibile definire il potenziale elettrico, cioè un «dislivello elettrico» che stabilisce qual è il moto spontaneo delle cariche elettriche.

La tabella seguente riassume le proprietà appena esposte.

Equazione	Campo	Grandezza interessata	A parole	Proprietà del campo	Conseguenze
$\Phi_\Omega(\vec{E}) = \dfrac{Q_{tot}}{\varepsilon}$ (Teorema di Gauss per il campo elettrico)	$\vec{E}$	Flusso	Il flusso del campo elettrico attraverso una superficie chiusa è direttamente proporzionale alla carica totale contenuta all'interno della superficie.	Le sue linee sono aperte; escono dalle cariche positive ed entrano nelle cariche negative	• Le cariche elettriche sono le sorgenti del campo elettrico • Campo $\vec{E}$ di particolari distribuzioni di carica • Carica elettrica sulla superficie dei conduttori in equilibrio • Teorema di Coulomb
$\Gamma_\mathscr{L}(\vec{E}) = 0$ (teorema della circuitazione per il campo elettrostatico)	$\vec{E}$	Circuitazione	La circuitazione del campo elettrostatico è nulla, qualunque sia il cammino orientato lungo il quale essa è calcolata.	Conservativo	Si può definire un potenziale elettrico

I CONCETTI E LE LEGGI

IL CAMPO ELETTRICO E IL POTENZIALE IN UN CONDUTTORE IN EQUILIBRIO ELETTROSTATICO

Lo scopo generale dell'elettrostatica consiste nel determinare il potenziale elettrico o il campo elettrico in tutti i punti dello spazio, partendo dalla conoscenza della carica, della forma e della posizione di un numero n dato di conduttori che costituiscono il sistema.

Equilibrio elettrostatico

- È la condizione in cui tutte le cariche presenti sui conduttori che costituiscono il sistema in esame sono ferme.
- All'equilibrio, la carica elettrica presente in eccesso nei conduttori si trova tutta sulla loro superficie esterna.
- La densità superficiale di carica σ è maggiore nelle parti del conduttore che hanno una curvatura più accentuata, mentre è minore dove la forma della superficie è meno incurvata e ancora più piccola nelle zone in cui il conduttore è incavato.

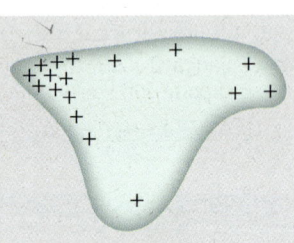

Teorema di Coulomb

$$E = \frac{\sigma}{\varepsilon}$$

campo elettrico = $\dfrac{\text{densità superficiale di carica}}{\text{costante dielettrica assoluta del mezzo}}$

- Il modulo del campo elettrico $\vec{E}$ in un punto P che appartiene alla superficie di un conduttore è direttamente proporzionale alla densità superficiale di carica σ in quel punto; ε è la costante dielettrica assoluta del mezzo isolante in cui si trova il conduttore.
- Si dimostra a partire dal teorema di Gauss.
- Il campo elettrico è molto intenso in prossimità delle punte di un conduttore.

Campo elettrico

All'interno di un conduttore carico all'equilibrio:

$$\vec{E} = 0$$

- Se il campo elettrico all'interno non avesse valore nullo, le cariche libere all'interno si muoverebbero e il conduttore non sarebbe più in equilibrio elettrostatico.

Sulla superficie di un conduttore carico all'equilibrio:

$\vec{E}$ ha direzione perpendicolare alla superficie.

- Se $\vec{E}$ non fosse perpendicolare alla superficie, la sua componente parallela alla superficie produrrebbe una forza elettrica capace di fare muovere le cariche presenti sulla superficie, e il conduttore non sarebbe più in equilibrio elettrostatico.
- $\vec{E}$ è rivolto verso l'esterno se il conduttore è carico positivamente; verso l'interno se è carico negativamente.

Potenziale elettrico

In un conduttore carico

- Il potenziale elettrico ha lo stesso valore in tutti i punti all'interno e sulla superficie di un conduttore carico in equilibrio elettrostatico.
- La superficie esterna di un conduttore carico in equilibrio elettrostatico è sempre una superficie equipotenziale.

Sfera carica isolata di raggio R

$V = \dfrac{1}{4\pi\varepsilon}\dfrac{Q}{R}$ per $r < R$ $V = \dfrac{1}{4\pi\varepsilon}\dfrac{Q}{r}$ per $r \geq R$

- Per $r \geq R$ è uguale al potenziale di una carica puntiforme Q.
- Partendo da $r = 0$, il valore di $V(r)$ si mantiene costante fino a $r = R$, poi diminuisce in modo inversamente proporzionale a r.

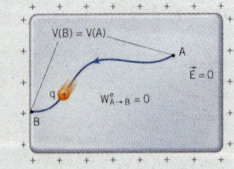

CAPACITÀ DI UN CONDUTTORE

La quantità di carica che si può accumulare sui conduttori dipende dalla loro forma e dimensione. I condensatori permettono di aumentare notevolmente la capacità di accumulare cariche elettriche: quindi diventano serbatoi di energia, con innumerevoli applicazioni pratiche e industriali.

Capacità elettrostatica di un conduttore

$$C = \frac{Q}{V} \quad \text{capacità} = \frac{\text{carica elettrica}}{\text{potenziale}}$$

- La carica Q che si trova su un conduttore isolato e il potenziale V a cui esso si porta sono direttamente proporzionali.
- Dipende solo dalla forma e dalle dimensioni del conduttore.

Unità di misura

$$1\,F = \frac{1\,C}{1\,V} \quad (\text{farad})$$

Capacità di una sfera conduttrice isolata

$C = 4\pi\varepsilon R$

- La sfera ha raggio R ed è immersa in un materiale con costante dielettrica ε.
- La capacità è direttamente proporzionale al raggio della sfera.

Capacità di un condensatore

$$C = \frac{Q}{\Delta V}$$

$$\text{capacità} = \frac{\text{carica elettrica su una armatura}}{\text{differenza di potenziale tra le armature}}$$

- Un condensatore è un dispositivo formato da due armature fatte in modo che, quando una di esse riceve la carica Q, l'altra acquista per induzione una carica $-Q$.
- La carica Q presente sull'armatura positiva di un condensatore è direttamente proporzionale alla differenza di potenziale ΔV tra le armature.

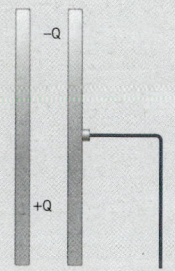

Capacità di un condensatore piano

$$C = \varepsilon \frac{S}{d}$$

$$\text{capacità} = \text{costante dielettrica assoluta del mezzo} \times \frac{\text{superficie armatura}}{\text{distanza tra le armature}}$$

- Un condensatore piano è formato da due lastre metalliche parallele, chiamate armature, poste a una distanza piuttosto piccola rispetto alla loro estensione.

Condensatori in parallelo

$C_{eq} = C_1 + C_2 + C_3 + \ldots$

- Due o più condensatori sono collegati in parallelo se sono connessi in modo da avere ai loro estremi la stessa differenza di potenziale.
- La loro capacità equivalente è uguale alla somma delle capacità dei singoli condensatori.

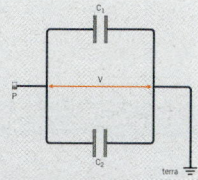

Condensatori in serie

$$\frac{1}{C_{eq}} = \frac{1}{C_1} + \frac{1}{C_2} + \frac{1}{C_3} + \ldots$$

Due o più condensatori collegati in serie portano sulle armature la stessa carica.

- L'inverso della loro capacità equivalente è pari alla somma degli inversi delle loro singole capacità.

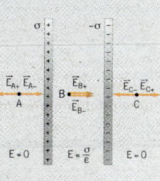

Campo elettrico

All'interno di un condensatore piano infinito:
$$E = \frac{\sigma}{\varepsilon}$$

- $\sigma = \frac{\Delta Q}{\Delta S}$ è il valore della densità superficiale di carica delle armature.
- Il vettore campo elettrico è uniforme, ortogonale alle armature, diretto da quella positiva a quella negativa.

All'esterno di un condensatore piano infinito:
$\vec{E} = 0$

- All'interno di un condensatore piano reale, con una distanza fra le armature molto piccola rispetto alla loro estensione, il campo elettrico è con ottima approssimazione uguale a quello del condensatore infinito.

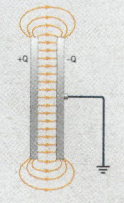

Energia immagazzinata in un condensatore

$$E = W_C = \frac{1}{2}QV = \frac{1}{2}CV^2 = \frac{1}{2}\frac{Q^2}{C}$$

ESERCIZI

DOMANDE SUI CONCETTI

1 All'interno di un conduttore cavo è inserito un altro corpo conduttore, per esempio una pallina.

▶ Sei in grado, dall'esterno, di stabilire se la pallina possedeva una carica elettrica in eccesso oppure no?

2 Dove si localizza maggiormente la carica elettrica presente nei conduttori in equilibrio elettrostatico?

3 Perché si può affermare che è nullo il campo elettrico all'interno di un conduttore carico in equilibrio elettrostatico?

4 Perché all'interno di un conduttore in equilibrio elettrostatico il potenziale è costante?

5 Perché il campo elettrico nelle vicinanze di un conduttore in equilibrio elettrostatico con raggio di curvatura molto piccolo è estremamente intenso (potere delle punte)?

6 Un conduttore A si trova a un potenziale V_A rispetto al potenziale di terra. Sai che la Terra si trova a un potenziale V_T rispetto a un conduttore B preso come riferimento ($V_B = 0$ V).

▶ Quanto vale il potenziale V'_A del conduttore A rispetto al conduttore B?

7 Due conduttori isolati possiedono la stessa carica Q. Si può affermare che hanno la stessa capacità C?

8 Raddoppiando la carica presente su un conduttore isolato, come varia il potenziale?

9 Metti a contatto due sfere conduttrici, di raggi r_1 e r_2, in modo che raggiungano una situazione di equilibrio elettrostatico in cui entrambe sono cariche: puoi definire una capacità per le due sfere considerate come un unico oggetto? Se sì, qual è la sua espressione?

(*Suggerimento*: ripercorri i calcoli svolti per determinare la carica sulle due sfere.)

10 Per aumentare la capacità di un condensatore piano, Giulio allontana le armature del condensatore per introdurvi un materiale isolante.

▶ Quanto vale la massima distanza a cui può portare le armature, se l'isolante è nylon ($\varepsilon_r = 3,5$)?

11 Perché, per caricare un condensatore, è necessario mettere «a terra» una delle due armature?

12 Per ricavare la capacità del condensatore sferico abbiamo assunto che la sfera esterna abbia carica elettrica totale $Q = 0$. Se avessimo assunto $Q \neq 0$, avremmo commesso un errore? Avremmo ottenuto un risultato differente? (Vedi anche il problema 18)

13 Hai N condensatori, tutti uguali, ognuno di capacità C e li colleghi in due modi diversi: tutti in serie oppure tutti in parallelo.

▶ Ricava le formule per calcolare le capacità equivalenti dei due sistemi.

14 Considera un certo numero di condensatori in serie: quanto vale la carica presente sul condensatore equivalente?

15 Perché i condensatori sono considerati «serbatoi» d'energia?

16 Nel processo di carica di un condensatore, si può immaginare che la carica si sposti dalla piastra che si carica negativamente a quella che si carica positivamente. Succede così nella realtà?

17 Un campo elettrostatico si dice *conservativo* se la sua circuitazione lungo qualsiasi curva chiusa orientata è nulla. Questa definizione equivale ad affermare che il lavoro compiuto dalle forze del campo tra due punti non dipende dal percorso effettuato?

18 Spiega perché le linee di campo di un campo elettrostatico non possono essere chiuse.

PROBLEMI

1 LA DISTRIBUZIONE DELLA CARICA NEI CONDUTTORI IN EQUILIBRIO ELETTROSTATICO

1 Una sfera metallica ha una densità superficiale di carica pari a $-8{,}4$ mC/m^2 e raggio 30 cm.

▶ Calcola la carica con cui è stata elettrizzata.

[$-9{,}5$ nC]

2 Un cilindro metallico isolato di raggio di base pari a 1,0 cm e altezza 30 cm è elettrizzato con una carica di 6,8 nC.

▶ Calcola la densità superficiale media di carica.

[$3{,}5 \times 10^{-7}$ C/m^2]

3 Una sfera di raggio R_1, elettrizzata con una carica $+Q$, ha una densità superficiale di carica σ. Una seconda sfera, di raggio R_2, elettrizzata con la stessa quantità di carica $+Q$, ha una densità superficiale di carica doppia della prima.

▶ Calcola il rapporto tra R_2 e R_1.

[$\sqrt{2}/2$]

2 IL CAMPO ELETTRICO E IL POTENZIALE IN UN CONDUTTORE ALL'EQUILIBRIO

4 Una sfera conduttrice di raggio 10 cm è elettrizzata con una carica di 2,7 μC. Sulla sua superficie esterna una carica di 3,5 nC viene spostata tra due punti distanti 3,0 cm.

▶ Calcola il lavoro compiuto per spostare la carica.

[0 J]

5 PROBLEMA SVOLTO

Una sfera conduttrice isolata di raggio R e posta nel vuoto è elettrizzata con una carica Q. Un punto P si trova a distanza r dal centro della sfera.

▶ Disegna il grafico del modulo del campo elettrico in P in funzione della distanza r.

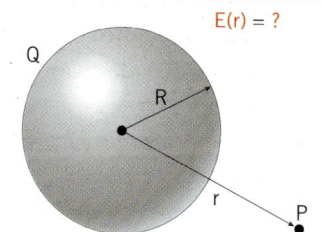

■ Strategia e soluzione

- All'interno della sfera conduttrice, carica in equilibrio elettrostatico, il campo elettrico è nullo. Si ha quindi $E = 0$ per $0 \le r < R$. Quindi, per questi valori di r la curva che descrive il valore del campo elettrico è sovrapposta all'asse delle ascisse (grafico a lato).

- Su una sfera conduttrice isolata la carica si dispone in modo uniforme e quindi con simmetria sferica (se ci fossero altri conduttori o altre cariche nelle vicinanze ciò non sarebbe più vero a causa dell'induzione elettrostatica).
Allora, come è mostrato nel capitolo «Il campo elettrico», il campo all'esterno della sfera è lo stesso che si avrebbe se la carica Q fosse tutta concentrata nel centro, con un valore dato dalla formula

$$E = k_0 \frac{Q}{r^2} \quad (r \ge R)$$

che è illustrata nel grafico a lato.

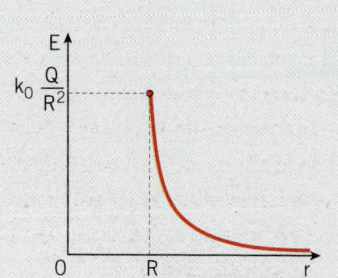

ESERCIZI

- Unendo le informazioni raccolte, il grafico a lato mostra l'andamento di E in funzione di r.

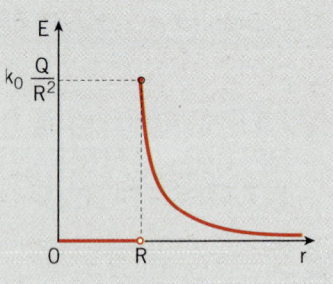

Discussione

Usando il linguaggio dell'analisi matematica, il valore del campo elettrico appena studiato è descritto da una funzione $E = f(r)$ che ha come dominio i valori di r maggiori o uguali a zero.
Le considerazioni precedenti mostrano che tale funzione è continua per tutti i valori di r contenuti nel dominio, tranne $r = R$, in cui la funzione ha un punto di discontinuità di prima specie. Infatti si ha

$$\lim_{r \to R^-} f(r) = 0 \quad \text{e} \quad \lim_{r \to R^+} f(r) = k_0 \frac{Q}{r^2} \neq 0 :$$

i limiti destro e sinistro della funzione per $r \to R$ esistono entrambi e sono entrambi finiti, ma sono diversi tra loro; questa è proprio la definizione di una discontinuità di prima specie.

---

6 ★★ Il campo elettrico di una sfera conduttrice carica posta nel vuoto è descritto dal grafico:

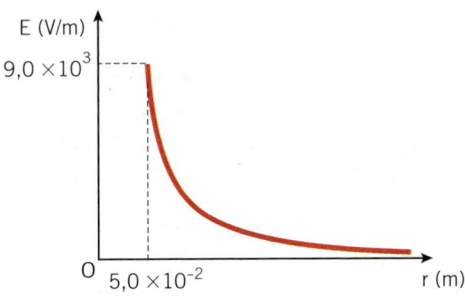

▶ Ricava dal grafico il raggio della sfera.

▶ Calcola la carica con cui è elettrizzata.

[$5{,}0 \times 10^{-2}$ m; 2,5 nC]

7 ★★ Due sfere conduttrici concentriche, di spessore trascurabile, hanno raggi $R_1 = 10$ cm e $R_2 = 20$ cm e densità superficiali di carica $\sigma_1 = 6{,}0 \times 10^{-8}$ C/m^2 e $\sigma_2 = 1{,}5 \times 10^{-8}$ C/m^2. Tra le due sfere è inserito un dielettrico con costante dielettrica relativa pari a 2,2.

▶ Quanto vale la carica sulla superficie della prima sfera?

▶ Calcola il valore del campo elettrico nei punti A e B distanti rispettivamente 5,0 cm e 12 cm dal centro delle sfere.

[7,5 nC; 0 N/C; $2{,}1 \times 10^3$ N/C]

8 ★★ Considera le due sfere dell'esercizio precedente. Sulla seconda sfera viene aggiunta una carica $Q_2 = -7{,}5$ nC mentre sulla prima sfera la carica rimane invariata.

▶ Quanto vale adesso il campo elettrico nei punti A e B?

▶ Disegna il grafico del campo elettrico in funzione della distanza r dal centro delle sfere.

9 ★★ Considera le due sfere concentriche degli esercizi precedenti, ma con uno spessore $d = 2{,}0$ cm non trascurabile. R_1 e R_2 sono i raggi interni delle due sfere.

▶ Come cambiano i campi elettrici, in funzione di r, calcolati nei due problemi precedenti?

▶ Disegna il grafico del campo elettrico generato dalle due sfere in funzione della distanza r dal centro delle sfere.

10 ★★★ Due sfere conduttrici, poste nel vuoto, rispettivamente di raggio $R_1 = 10$ cm e $R_2 = 5{,}0$ cm, sono unite da un filo conduttore rettilineo di lunghezza L molto maggiore dei raggi delle due sfere. Sul sistema così formato viene collocata una carica $Q = 5{,}0 \times 10^{-8}$ C. Consideriamo nulla la carica che si distribuisce sul filo,

▶ Quanto valgono le cariche Q_1 e Q_2 che si distribuiscono, all'equilibrio elettrostatico, sulle due sfere conduttrici?

$[Q_1 = 3{,}3 \times 10^{-8}\,\text{C}\,;\,Q_2 = 1{,}7 \times 10^{-8}\,\text{C}]$

3 IL PROBLEMA GENERALE DELL'ELETTROSTATICA

11 PROBLEMA SVOLTO

Un conduttore sferico isolato, posto nel vuoto, ha un raggio di 23,0 cm e possiede una carica pari a $-3{,}45 \times 10^{-10}$ C.

▶ Determina il vettore campo elettrico $\vec{E}$ sulla sua superficie.

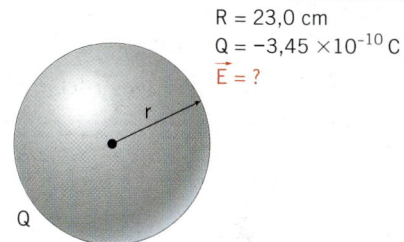

R = 23,0 cm
Q = −3,45 ×10⁻¹⁰ C
$\vec{E}$ = ?

■ Strategia e soluzione

- In ogni punto $\vec{E}$ è perpendicolare alla superficie della sfera. Ciò significa che è disposto lungo la direzione del raggio che congiunge il centro O della sfera con il punto P. Visto che la carica Q è negativa, il verso di $\vec{E}$ va da P a O (figura a lato).

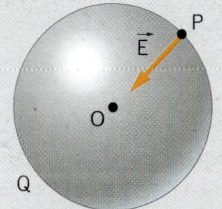

- Per calcolare l'intensità di $\vec{E}$ secondo la formula (1) bisogna prima determinare la densità superficiale di carica elettrica σ. Visto che la sfera è isolata, la carica si distribuisce sulla sua superficie in modo uniforme e il valore di σ è dato semplicemente dal rapporto tra la carica Q e la superficie $S = 4\pi R^2$ della sfera:

$$\sigma = \frac{Q}{S} = \frac{-3{,}45 \times 10^{-10}\,\text{C}}{4\pi(0{,}230\,\text{m})^2} = -5{,}19 \times 10^{-10}\,\frac{\text{C}}{\text{m}^2}.$$

- Il conduttore sferico è posto nel vuoto e quindi si ha $\varepsilon = \varepsilon_0$; così l'intensità del vettore $\vec{E}$ risulta

$$E = \frac{\sigma}{\varepsilon_0} = \frac{-5{,}19 \times 10^{-10}\,\text{C}\cdot\text{m}^{-2}}{8{,}854 \times 10^{-12}\,\text{C}^2\cdot\text{N}^{-1}\cdot\text{m}^{-2}} = -58{,}6\,\frac{\text{N}}{\text{C}}.$$

■ Discussione

Dal momento che la superficie della sfera è $S = 4\pi R^2$, nel caso che stiamo esaminando la formula (1) diviene:

$$E = \frac{\sigma}{\varepsilon_0} = \frac{1}{\varepsilon_0}\frac{Q}{S} = \frac{1}{\varepsilon_0}\frac{Q}{4\pi R^2} = \frac{1}{4\pi\varepsilon_0}\frac{Q}{R^2}.$$

Si tratta della formula che fornisce il valore del campo elettrico di una carica puntiforme in un punto che dista R dalla carica stessa. Quindi la formula (1) è in accordo con la formula (23) del capitolo «Il campo elettrico», che dice che il campo all'esterno (e sulla superficie) di una distribuzione di carica che ha simmetria sferica è uguale a quello che si avrebbe se tutta la carica fosse concentrata al centro della distribuzione.

ESERCIZI

12 In prossimità di una superficie sferica conduttrice nel vuoto la densità di carica elettrica è $1{,}77 \times 10^{-9}$ C/m².

▶ Determina il vettore campo elettrico in prossimità della superficie.

[200 N/C]

13 Il potenziale in un punto a distanza 2,00 mm dalla superficie di un conduttore è di 103 V, mentre il potenziale del conduttore è di 100 V.

▶ Quanto vale la densità di carica sulla superficie del conduttore in prossimità del punto considerato?

[$1{,}3 \times 10^{-8}$ C/m²]

14 Un conduttore A e un conduttore B si trovano, rispettivamente, a un potenziale di +120 V e di +300 V rispetto al potenziale di terra. Decidi di assumere come riferimento per il potenziale il conduttore A.

▶ Quali sono i valori del potenziale del conduttore B e della Terra?

[+180 V; −120 V]

15 La Terra si comporta come un buon conduttore carico. In prossimità del suolo il campo elettrico è diretto verso il basso e il suo valore è dell'ordine di 150 V/m.

▶ Calcola la densità di carica presente al suolo.

▶ Stima la carica in eccesso posseduta dalla Terra.

[$-1{,}33 \times 10^{-9}$ C/m²; $-6{,}80 \times 10^{5}$ C]

16 Nel guscio compreso tra i due raggi di base (R_{int} = 10 cm e R_{est} = 20 cm) di un cilindro cavo di altezza indefinita, è distribuita uniformemente una carica $\rho = 3{,}0 \times 10^{-9}$ C/m³. Il sistema è posto nel vuoto.

▶ Ricava l'andamento del campo elettrico nei seguenti punti a distanza d dall'asse di simmetria: 5 cm, 15 cm, 25 cm.

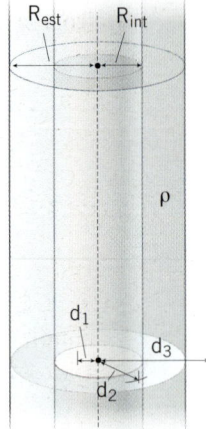

[0 V/m; 14 V/m; 20 V/m]

4 LA CAPACITÀ DI UN CONDUTTORE

17 PROBLEMA SVOLTO

Considera la Terra come un conduttore isolato di raggio $R = 6{,}38 \times 10^{6}$ m e posto nel vuoto.

▶ Qual è la sua capacità elettrostatica?

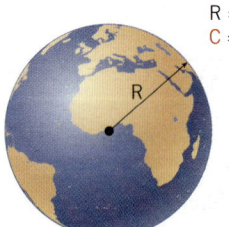

$R = 6{,}38 \times 10^{6}$ m
$C = ?$

■ **Strategia e soluzione**

- Visto che il conduttore Terra è considerato nel vuoto, utilizzeremo la formula (7) con $\varepsilon = \varepsilon_0$.

- Sostituendo in tale formula i valori numerici troviamo

$$C = 4\pi\varepsilon_0 R = 4 \times 3{,}14 \times \left(8{,}854 \times 10^{-12} \frac{\text{F}}{\text{m}}\right) \times (6{,}38 \times 10^{6} \text{ m}) = 7{,}09 \times 10^{-4} \text{ F}.$$

■ **Discussione**

La capacità elettrostatica di una sfera delle dimensioni della Terra è quindi minore di un millesimo di farad. Si vede allora che il farad è un'unità di misura troppo grande per poter essere di comodo uso con conduttori di dimensioni comuni (o anche eccezionali come la stessa Terra).
Nelle applicazioni tecnologiche si utilizzano comunemente capacità dell'ordine del picofarad (1 pF = 10^{-12} F), del nanofarad (1 nF = 10^{-9} F) e del microfarad (1 mF = 10^{-6} F).

18 Una sfera conduttrice isolata nel vuoto ha una capacità elettrostatica di 1,00 F.

▶ Determina il raggio R della sfera.

▶ Quanto vale il rapporto tra R e il raggio terrestre?

[$8,99 \times 10^9$ m; $1,41 \times 10^3$]

19 Una sfera metallica nel vuoto, inizialmente scarica, viene portata al potenziale di $-3,5 \times 10^2$ V. Il raggio della sfera è di 10 cm.

▶ Calcola la carica Q depositata sulla superficie esterna.

▶ Quante cariche elementari formano Q?

[$-3,9 \times 10^{-9}$ C; $2,4 \times 10^{10}$]

20 Una sfera conduttrice cava, come nella figura sotto, è posta nel vuoto, ha raggio interno $r_1 = 4,0$ cm e possiede una carica di 7,7 nC. Il potenziale della sfera, con la convenzione che sia zero all'infinito, è $1,2 \times 10^3$ V. Il punto P dista 15 cm dal centro della sfera.

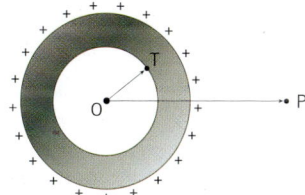

▶ Trova il valore del raggio esterno r_2 della sfera.

▶ Calcola il valore del potenziale nel punto P.

▶ Calcola il valore del potenziale nel punto T sulla superficie interna.

▶ Calcola il valore del potenziale nel centro O.

[$5,8 \times 10^{-2}$ m; $4,6 \times 10^2$ V; $1,2 \times 10^3$ V; $1,2 \times 10^3$ V]

21 Considera la sfera cava carica dell'esercizio precedente.

▶ Realizza il grafico (in scala) che mostra l'andamento del potenziale elettrico in un punto P in funzione della distanza r di P da O.

▶ Come si modifica il grafico del potenziale se sulla sfera è presente una carica di uguale valore ma negativa?

22 Due conduttori isolati nel vuoto, rispettivamente con capacità C_1 e $C_2 = 10\,C_1$ sono tenuti ad una distanza tale che i campi elettrici prodotti non possano influenzare le rispettive cariche. Inizialmente, i due conduttori sono caricati positivamente: $Q_1^I = 2,0 \times 10^{-8}$ C, $Q_2^I = 9,0 \times 10^{-8}$ C. I conduttori, in un secondo momento, vengono collegati con un filo di capacità trascurabile. Successivamente il filo viene tagliato.

▶ Calcola il valore finale (Q_1^F; Q_2^F) della carica situata su ciascun conduttore.

[$1,0 \times 10^{-8}$ C; $1,0 \times 10^{-7}$ C]

5 SFERE IN EQUILIBRIO ELETTROSTATICO

23 Due sfere conduttrici di raggi $r_1 = 2,7$ cm e $r_2 = 4,4$ cm hanno carica elettrica $Q_1 = 3,0 \times 10^{-9}$ C e $Q_2 = 2,2 \times 10^{-9}$ C. Le due sfere vengono collegate con un filo conduttore sottile di capacità elettrostatica trascurabile. Si verifica un passaggio di cariche da una sfera all'altra fino a che non si raggiunge una condizione di equilibrio.

▶ Determina la carica elettrica presente su ciascuna sfera nella nuova condizione di equilibrio.

▶ Determina la variazione del potenziale elettrico delle due sfere.

[$2,0 \times 10^{-9}$ C; $3,2 \times 10^{-9}$ C; $-3,4 \times 10^2$ V, $2,1 \times 10^2$ V]

24 Due sfere conduttrici A e B, distanti tra loro, sono collegate da un sottile filo conduttore. Su ciascuna sfera è presente una densità superficiale di carica, $\sigma_A = 4,2 \times 10^{-10}$ C/m² sulla prima e $\sigma_B = 1,8 \times 10^{-10}$ C/m² sulla seconda. Il raggio della prima sfera è $r_A = 1,2$ cm.

▶ Determina il raggio della seconda sfera.

▶ Determina il potenziale delle due sfere.

[2,8 cm; 0,57 V]

25 Tre sfere conduttrici, di raggi $r_1 = 3,4$ cm, $r_2 = 7,6$ cm e $r_3 = 12,8$ cm hanno cariche elettriche $q_1 = 14$ nC, $q_2 = -2,8$ nC e $q_3 = 5,6$ nC. Le tre sfere vengono messe a contatto e poi separate nuovamente.

▶ Determina la carica presente sulle tre sfere.

▶ Determina il potenziale delle tre sfere collegate.

▶ Determina la capacità del sistema costituito dalle tre sfere collegate tra loro.

[0,60 nC; 1,3 nC; 2,3 nC; $1,6 \times 10^2$ V; $2,6 \times 10^{-11}$ F]

ESERCIZI

6 IL CONDENSATORE

26 PROBLEMA SVOLTO

Un condensatore piano è formato da due fogli quadrati di alluminio, entrambi con un lato di 15 cm, incollati dalle parti opposte di un foglio di nylon ($\varepsilon_r = 3,5$) che ha uno spessore di $d = 0,30$ mm.

▶ Qual è la capacità del condensatore?

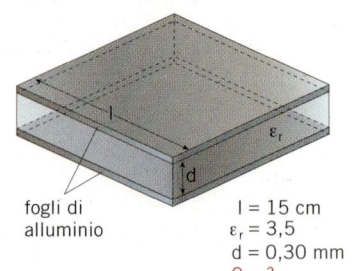

fogli di alluminio

$l = 15$ cm
$\varepsilon_r = 3,5$
$d = 0,30$ mm
$C = ?$

■ **Strategia e soluzione**

- La formula (16) può essere riscritta come:

$$C = \varepsilon \frac{S}{d} = \varepsilon_r \varepsilon_0 \frac{S}{d} = \varepsilon_r \varepsilon_0 \frac{l^2}{d}.$$

- Sostituendo i valori numerici nell'espressione precedente troviamo:

$$C = \varepsilon_r \varepsilon_0 \frac{l^2}{d} = 3,5 \times \left(8,85 \times 10^{-12} \frac{F}{m}\right) \times \frac{(0,15 \text{ m})^2}{(3,0 \times 10^{-4} \text{ m})} = 2,3 \times 10^{-9} \text{ F}.$$

La capacità del condensatore vale 2,3 nF.

■ **Discussione**

Per confronto con il condensatore, consideriamo una sfera isolata posta nel vuoto e calcoliamo che raggio dovrebbe avere per possedere la stessa capacità del condensatore, cioè una capacità $C_{\text{sfera}} = 2,3$ nF. Dalla formula (7), scritta nel caso del vuoto, abbiamo

$$C_{\text{sfera}} = 4\pi\varepsilon_0 r \Rightarrow r = \frac{C_{\text{sfera}}}{4\pi\varepsilon_0} = \frac{2,3 \times 10^{-9} \text{ F}}{4 \times 3,14 \times (8,85 \times 10^{-12} \text{ F/m})} = 21 \text{ m}.$$

Un condensatore di 15 cm di lato ha quindi la stessa capacità di una sfera isolata di 21 m di raggio. Se si vuole accumulare carica elettrica, è evidente il vantaggio che si ha usando un condensatore piuttosto che un conduttore isolato.

---

27 Un condensatore piano di capacità $6,6 \times 10^{-9}$ F ha le armature, quadrate, poste a distanza $5,0 \times 10^{-4}$ m e riempite con un materiale di costante dielettrica $\varepsilon_r = 4,0$.

▶ Quanto misura il lato delle armature?

[31 cm]

28 Un condensatore ha l'armatura positiva a un potenziale $+20$ V e l'armatura negativa a $+5$ V. Questi valori sono riferiti al potenziale di terra. La sua capacità è di 3,0 nF.

▶ Determina la carica presente sulle due armature.

[45 nC]

29 Le misure eseguite su un condensatore hanno fornito i seguenti valori: $Q = -8,80$ μC depositata sull'armatura negativa e $\Delta V = 120$ V.

▶ Calcola la capacità del condensatore.

[$7,33 \times 10^{-8}$ F]

30 Un condensatore di capacità 2,9 nF ha una carica $Q_+ = +7,2$ μC sull'armatura positiva e una carica $Q_- = -7,2$ μC sull'armatura negativa.

▶ Qual è la differenza di potenziale ai capi del condensatore?

[2,5 kV]

31 Un condensatore piano è realizzato con due lastre circolari di raggio 11,0 cm poste, in aria, a una distanza di 2,50 mm. Il campo elettrico tra le armature è $8,02 \times 10^4$ V/m.

▶ Determina la capacità del condensatore.

▶ Calcola la carica di ciascuna armatura.

▶ Calcola la differenza di potenziale tra le armature.

[135 pF; 27,0 nC; 200 V]

32 Considera il condensatore dell'esercizio precedente. Lo spazio tra le armature viene riempito con della carta ($\varepsilon_r = 2,10$) e la differenza di potenziale fra le armature viene mantenuta costante (200 V).

▶ Di quanto è aumentata la capacità del condensatore con l'introduzione del dielettrico?

▶ Quanta carica in più è fluita sulle armature?

[149 pF; 29,8 nC]

33 Un assone è un prolungamento sottile e lungo di una cellula nervosa. La sua membrana è carica positivamente all'esterno e negativamente all'interno per cui, entro certi limiti, si comporta come un condensatore piano. Lo spessore medio della membrana è pari a 1×10^{-8} m e la superficie ha area 2×10^{-6} m². Assumi $\varepsilon_r = 5$. La differenza di potenziale tra i due lati della membrana è 1 V.

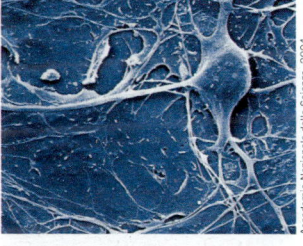

▶ Calcola la capacità elettrica dell'assone.

▶ Determina intensità, direzione e verso del campo elettrico.

[9 nF; 1×10^8 V/m]

34 Devi costruire un condensatore piano usando come armature due foglietti di stagnola quadrati di lato 10,0 cm. Vuoi che il tuo sistema possa mantenere sulla lastra negativa dieci miliardi di elettroni in eccesso quando la differenza di potenziale è pari a 4,00 V.

▶ Quanto devono distare le due armature nel vuoto?

[0,221 mm]

35 Le armature parallele di un condensatore piano posto nell'aria sono a distanza 4,00 cm l'una dall'altra e hanno area pari a 60,0 cm². Sulle armature è presente una carica di 5,60 nC. Un elettrone entra nel campo elettrico, attraverso un foro posto nel centro dell'armatura carica positivamente, con velocità di modulo v_0. Fai l'ipotesi che l'elettrone si muova perpendicolarmente alle armature del condensatore.

▶ Quale valore deve avere v_0 perché la velocità dell'elettrone si annulli a metà tra le armature?

▶ Il risultato ottenuto dipende dalla direzione della velocità iniziale v_0? NO

(*Suggerimento*: pensa alla conservazione dell'energia per l'elettrone...)

[$2,72 \times 10^7$ m/s; no]

36 Nel vuoto all'interno di un condensatore avente capacità $C = 1,0$ pF, con armature quadrate di lato $l = 10$ cm, fra le quali si ha una differenza di potenziale $\Delta V = 10$ V, viene inserita una carica $q = 2,0 \times 10^{-8}$ C e massa $m = 3,0 \times 10^{-10}$ kg posta inizialmente in quiete.

▶ Determina l'accelerazione con cui si muove.

[$7,5 \times 10^3$ m/s²]

37 Un condensatore piano è composto da due lastre di area S uniformemente cariche con densità superficiale σ. Le due lastre sono poste a distanza $d = 20$ cm e tra esse è inserito un materiale con costante dielettrica $\varepsilon_r = 0,20$. La differenza di potenziale è $\Delta V = 1,0 \times 10^3$ V.

▶ Ricava il valore di σ.

Dal centro del condensatore, all'interno del materiale, viene lanciata una carica $q = 4,0 \times 10^{-8}$ C in direzione perpendicolare alle linee del campo elettrico di massa $m = 2,0 \times 10^{-10}$ kg.

▶ In quanti secondi la carica raggiunge una delle due armature?

[$8,9 \times 10^{-9}$ C/m²; $4,5 \times 10^{-4}$ s]

ESERCIZI

7 CAPACITÀ DEL CONDENSATORE SFERICO

38 ★★ In un condensatore sferico la sfera interna, di raggio $R_1 = 3{,}6$ cm ha carica elettrica $Q_1 = 2{,}4 \times 10^{-10}$ C e il guscio sferico esterno, di raggio interno $R_2 = 12$ cm e raggio esterno $R_3 = 13$ cm, ha carica elettrica $Q = 0{,}8 \times 10^{-10}$ C. Il guscio sferico non è collegato a terra.

▶ Determina la quantità di carica presente sulle superfici delle armature del condensatore.

▶ Mostra che si può definire la capacità di questo condensatore sferico.

$[-2{,}4 \times 10^{-10}\,\text{C}; 3{,}2 \times 10^{-10}\,\text{C}]$

39 ★★ In un condensatore sferico il raggio del guscio sferico esterno è 12 cm. Quando la sfera interna ha una carica di $3{,}6 \times 10^{-12}$ C, la differenza di potenziale tra la sfera e il guscio è di 2,4 V.

▶ Determina il raggio della sfera interna del condensatore.

▶ Determina la densità superficiale di carica presente sulla superficie interna del guscio sferico.

$[1{,}2\,\text{cm}; 2{,}0 \times 10^{-9}\,\text{C/m}^2]$

8 I CONDENSATORI IN SERIE E PARALLELO

40 ★★★ **PROBLEMA SVOLTO**

Le capacità dei tre condensatori che compaiono nella figura sono, rispettivamente, $C_1 = 230$ pF, $C_2 = 200$ pF e $C_3 = 300$ pF.

▶ Qual è la capacità equivalente del sistema?

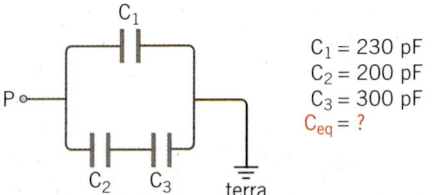

$C_1 = 230$ pF
$C_2 = 200$ pF
$C_3 = 300$ pF
$C_{eq} = ?$

■ Strategia e soluzione

- La rete della figura è più complessa di una semplice connessione in serie o in parallelo: in effetti, i condensatori di capacità C_2 e C_3 sono in serie tra loro e, insieme, sono in parallelo con quello di capacità C_1.

- In questi casi si risolve il problema per gradi. Prima di tutto, calcoliamo la capacità equivalente C_{23} dei due condensatori posti in serie. Dalla formula (29), scritta come

$$\frac{1}{C_{23}} = \frac{1}{C_2} + \frac{1}{C_3}$$

si ricava

$$C_{23} = \frac{C_2 C_3}{C_2 + C_3} = \frac{(200\,\text{pF}) \times (300\,\text{pF})}{200\,\text{pF} + 300\,\text{pF}} = 120\,\text{pF}.$$

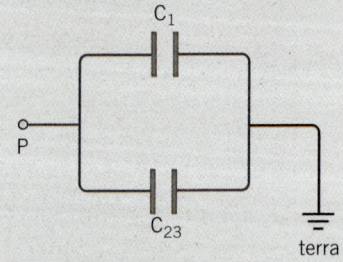

Al punto in cui siamo, lo schema del problema è equivalente a quello della figura a lato, in cui il condensatore di capacità C_1 è in parallelo a quello di capacità C_{23}.
Ricordando allora la formula (27), troviamo la capacità equivalente richiesta:

$$C_{eq} = C_1 + C_{23} = 230\,\text{pF} + 120\,\text{pF} = 350\,\text{pF}.$$

■ Discussione

Dal punto di vista elettrostatico, la rete di condensatori del problema ha le stesse proprietà di un unico condensatore di capacità pari a 350 pF.

41 Due condensatori hanno capacità $C_1 = 1{,}60\ \mu F$ e $C_2 = 2{,}40\ \mu F$.

▶ Calcola la capacità equivalente quando i condensatori sono collegati in parallelo.

▶ Calcola la capacità equivalente quando i condensatori sono collegati in serie.

[$4{,}00\ \mu F$; $0{,}960\ \mu F$]

42 Vuoi accumulare una carica di $20\ \mu C$ collegando in parallelo dei condensatori identici di capacità pari a $5{,}0 \times 10^{-8}\ F$. La differenza di potenziale ai capi del parallelo è $50\ V$.

▶ Quanti condensatori bisogna utilizzare?

[8]

43 PROBLEMA SVOLTO

È data la rete di condensatori della figura seguente, con $C_1 = C_4 = 3{,}00\ \mu F$, $C_2 = 2{,}60\ \mu F$ e $C_3 = 1{,}40\ \mu F$.
Il punto P si trova a un potenziale di $+45{,}3\ V$ rispetto al potenziale di terra.

▶ Determina la carica su ogni condensatore e la differenza di potenziale ai capi di ciascuno di essi.

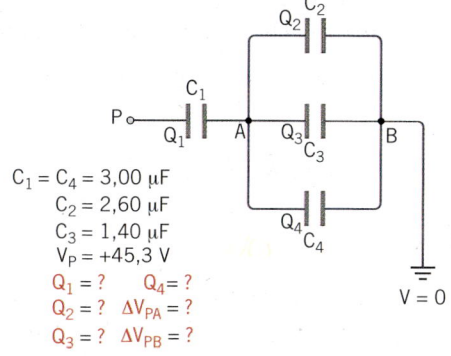

$C_1 = C_4 = 3{,}00\ \mu F$
$C_2 = 2{,}60\ \mu F$
$C_3 = 1{,}40\ \mu F$
$V_P = +45{,}3\ V$
$Q_1 = ?$ $Q_4 = ?$
$Q_2 = ?$ $\Delta V_{PA} = ?$
$Q_3 = ?$ $\Delta V_{PB} = ?$

■ **Strategia e soluzione**

- Dato il condensatore numero i ($i = 1, \ldots, 4$), indichiamo con Q_i la carica positiva presente su di esso e con V_i la differenza di potenziale tra le sue armature.

- Per risolvere il problema conviene calcolare dapprima la capacità equivalente della rete di condensatori. Per iniziare, i tre condensatori C_2, C_3 e C_4, in parallelo tra loro, sono equivalenti a un unico condensatore di capacità

$$C_{234} = C_2 + C_3 + C_4 = (2{,}60 + 1{,}40 + 3{,}00)\ \mu F = 7{,}00\ \mu F.$$

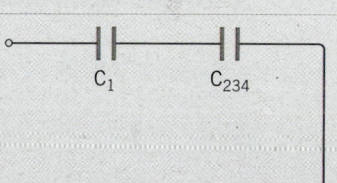

In questo modo la rete iniziale è equivalente allo schema seguente, con il condensatore C_1 in serie con il condensatore C_{234}. La capacità equivalente del sistema è, quindi,

$$C_{eq} = \frac{C_1 C_{234}}{C_1 + C_{234}} = \frac{(3{,}00\ \mu F) \times (7{,}00\ \mu F)}{3{,}00\ \mu F + 7{,}00\ \mu F} = 2{,}10\ \mu F.$$

- Il condensatore equivalente ha una capacità di $2{,}10\ \mu F$ ed è soggetto a una differenza di potenziale $V = 45{,}3\ V$; quindi la carica che si trova sulla sua armatura positiva è

$$Q_{eq} = C_{eq} V = (2{,}10 \times 10^{-6}\ F) \times (45{,}3\ V) = 9{,}51 \times 10^{-5}\ C.$$

- Come è spiegato nel paragrafo 8, per i condensatori in serie si ha $Q_{eq} = Q_1 = Q_{234}$. Ciò permette di calcolare la tensione V_1 ai capi di C_1:

$$V_1 = \frac{Q_1}{C_1} = \frac{Q_{eq}}{C_1} = \frac{9{,}51 \times 10^{-5}\ C}{3{,}00 \times 10^{-6}\ F} = 31{,}7\ V.$$

Sapendo questo, per sottrazione si può determinare

$$V_{234} = V_2 = V_3 = V_4 = 45{,}3\ V - 31{,}7\ V = 13{,}6\ V.$$

ESERCIZI

> - Abbiamo così determinato le differenze di potenziale ai capi di ciascun condensatore. Per finire il problema rimangono ancora da calcolare le cariche
>
> $$Q_2 = C_2 V_2 = (2{,}60 \times 10^{-6} \text{ F}) \times (13{,}6 \text{ V}) = 3{,}54 \times 10^{-5} \text{ C},$$
>
> $$Q_3 = C_3 V_3 = (1{,}40 \times 10^{-6} \text{ F}) \times (13{,}6 \text{ V}) = 1{,}90 \times 10^{-5} \text{ C},$$
>
> $$Q_4 = C_4 V_4 = (3{,}00 \times 10^{-6} \text{ F}) \times (13{,}6 \text{ V}) = 4{,}08 \times 10^{-5} \text{ C}.$$
>
> ■ **Discussione**
>
> Una volta conosciuti, per esempio, Q_2 e Q_3, la carica Q_4 poteva essere anche calcolata per sottrazione:
>
> $$Q_4 = Q_{eq} - Q_2 - Q_3 = (9{,}51 - 3{,}54 - 1{,}90) \times 10^{-5} \text{ C} = 4{,}07 \times 10^{-5} \text{ C}.$$
>
> Questo risultato, pur non essendo identico al precedente, è compatibile se si tiene conto delle approssimazioni fatte trattando le cifre significative.

44 ★★ Del sistema di condensatori nella figura sai che $C_1 = 350$ pF, $C_2 = 520$ pF, $C_3 = 230$ pF e $\Delta V_{AB} = 1{,}50$ kV.

▶ Calcola la capacità equivalente.

▶ Determina la carica su ciascun condensatore e la differenza di potenziale ai capi di ognuno di essi.

[182 pF; $Q_1 =$ 10 nC; $Q_2 =$ 163 nC; $Q_3 =$ 273 nC; $\Delta V_1 = \Delta V_2 = 313$ V; $\Delta V_3 = 1{,}19 \times 10^3$ V]

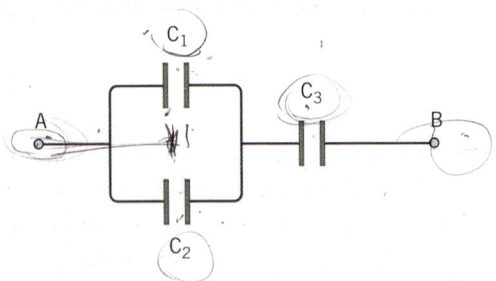

45 ★★ Nello schema di figura sotto le capacità dei condensatori sono: $C_1 = 2{,}0$ μF, $C_2 = 3{,}0$ μF, $C_3 = 1{,}6$ μF, $C_4 = 3{,}2$ μF. La carica sul condensatore C_2 è $Q_2 = 12 \times 10^{-5}$ C.

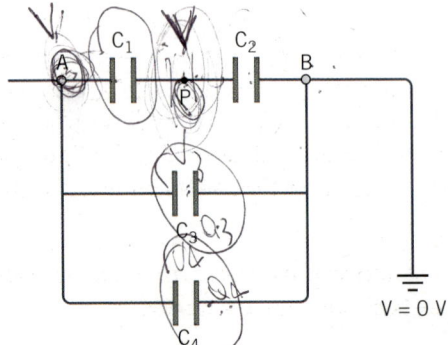

▶ Calcola la capacità equivalente del sistema.

▶ Determina il valore del potenziale nel punto P e nel punto A.

▶ Calcola la carica presente sulle armature degli altri condensatori.

[6,0 μF; $V_P = +40$ V; $V_A = +80$ V; $Q_1 = 12 \times 10^{-5}$ C; $Q_3 = 16 \times 10^{-5}$ C; $Q_4 = 32 \times 10^{-5}$ C]

46 ★★ Un condensatore di capacità $C = 6{,}50$ nF è caricato fino a ottenere una differenza di potenziale fra le sue armature di 400 V. Il condensatore viene staccato dalla sorgente di carica e poi collegato a un secondo condensatore, inizialmente scarico, di capacità $C' = 2/5\ C$, come nella figura sotto.

▶ Determina la differenza di potenziale ai capi dei due condensatori.

▶ Quanto vale la carica immagazzinata su ciascun condensatore?

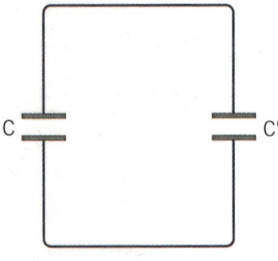

(*Suggerimento*: dopo il collegamento tra i due condensatori, la carica elettrica, inizialmente presente solo sul primo condensatore, si distribuisce su entrambi fino a che si stabilisce una nuova condizione di equilibrio elettrostatico.)

[286 V; $1{,}86 \times 10^{-6}$ C; $7{,}40 \times 10^{-7}$ C]

47 Lo spazio tra le armature di un condensatore piano, che ha capacità 1,0 nF nel vuoto, è riempito per metà del suo spessore con un dielettrico di costante dielettrica relativa $\varepsilon_{r1} = 4{,}9$; nell'altra metà, invece, è introdotto un dielettrico con $\varepsilon_{r2} = 3{,}7$.

▶ La capacità del condensatore è aumentata o diminuita?

(*Suggerimento*: puoi immaginare il condensatore come formato da due condensatori, uguali per dimensioni, riempiti con dielettrici diversi e collegati in serie. La giustificazione teorica la puoi trovare nel problema 7.)

[aumenta a 4,2 nF]

48 Tra i punti A e B di un circuito viene applicata una differenza di potenziale ΔV. Il circuito è rappresentato nella figura.

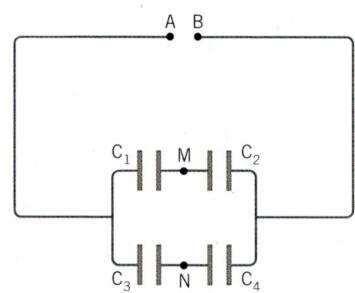

Le capacità dei condensatori che formano il circuito sono: $C_1 = 1$ nF, $C_2 = 2$ nF, $C_3 = 3$ nF e C_4.

▶ Ricava il valore di C_4 affinché si abbia $V_M - V_N = 0$.

[6 nF]

49 I tre condensatori all'interno del circuito mostrato nella figura hanno capacità rispettivamente $C_1 = 1{,}0$ nF, $C_2 = 2{,}0$ nF e $C_3 = 3{,}0$ nF.

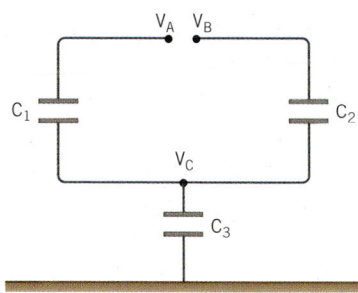

Inoltre $V_A = 20$ V e $V_B = 80$ V.

▶ Quanto vale V_C?

[30 V]

9 L'ENERGIA IMMAGAZZINATA IN UN CONDENSATORE

50 Un condensatore di capacità pari a 650 pF è caricato fino a ottenere una differenza di potenziale di 200 V fra le sue armature.

▶ Quanto lavoro è stato compiuto per caricarlo?

$[1{,}30 \times 10^{-5}$ J$]$

51 Tramite i due elettrodi di un defibrillatore, applicati vicino al cuore, viene scaricata una energia di 500 J. La capacità del dispositivo è di 300 μF.

▶ Calcola la tensione tra i due elettrodi.

▶ Calcola la carica accumulata su ciascuna piastra.

[1,83 kV; 549 mC]

52 Tra le armature di un condensatore piano (con dielettrico aria) vi è un campo elettrico uniforme di 880 V/m. Scaricandosi, il condensatore rilascia un'energia di $1{,}50 \times 10^{-8}$ J.

▶ Quanto misura il volume tra le armature?

▶ Quale sarebbe il volume se fosse riempito con un dielettrico avente $\varepsilon_r = 80$?

$[4{,}38 \times 10^{-3}$ m^3; $5{,}48 \times 10^{-5}$ m$^3]$

53 Lo spazio tra le armature di un condensatore piano da 55 μF è stato riempito inserendovi una sottile lastra di materiale isolante, di costante dielettrica relativa $\varepsilon_r = 4{,}5$. Il condensatore viene caricato alla differenza di potenziale di 24 V e successivamente isolato.

▶ Quanto lavoro occorre per estrarre la lastra?

$[25 \times 10^{-2}$ J$]$

54 Per allontanare le armature di un condensatore piano carico e isolato occorre spendere una certa energia contro le forze che tendono ad attrarre le cariche di segno opposto presenti sulle due facce. Nel condensatore carico è accumulata un'energia W_0.

▶ Quanto lavoro occorre compiere per raddoppiare la distanza tra le armature?

$[W_0]$

763

ESERCIZI

PROBLEMI GENERALI

1 ★★☆ Vuoi che il sistema di condensatori piani nella figura sia equivalente a un condensatore di capacità $C = 2{,}40\ \mu F$. Sai che $C_1 = 2{,}00\ \mu F$, $C_2 = 1{,}25\ \mu F$, $C_3 = 1{,}75\ \mu F$, $C_4 = 6{,}00\ \mu F$.

▶ Quanto deve valere C_x?

[$2{,}80\ \mu F$]

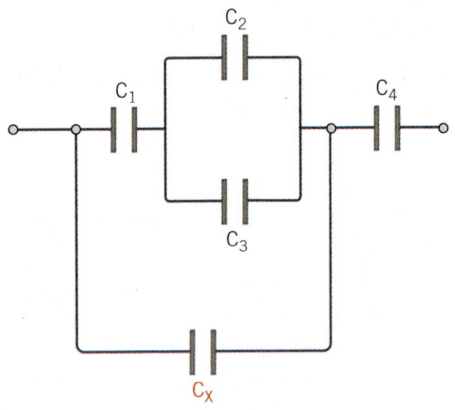

2 ★★☆ Una particella di carica q e massa m viene lasciata libera da un punto P posto a metà tra le facce di un condensatore piano mantenute a una differenza di potenziale costante V, come nella figura a lato. I valori numerici sono: $d = 10$ cm; $m = 1{,}0$ mg; $q = 1{,}0$ mC; $V = 1{,}0$ V.

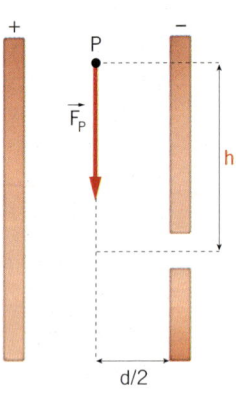

▶ A quale distanza in verticale (h) dal punto P deve essere praticato un foro su una faccia del condensatore in modo che la particella carica ci passi attraverso?

(*Olimpiadi della Fisica 2007, gara di secondo livello*)

[4,9 cm]

3 ★★☆ Due condensatori di capacità $C_1 = 1{,}2\ \mu F$ e $C_2 = 3{,}8\ \mu F$ sono connessi in serie. La differenza di potenziale ai capi della serie è $\Delta V = 100$ V. I due condensatori, carichi, vengono separati dalla sorgente di carica e nuovamente collegati tra loro unendo l'armatura positiva del primo con l'armatura positiva del secondo e l'armatura negativa del primo con l'armatura negativa del secondo.

▶ Alla fine quanto vale la differenza di potenziale ai capi della rete dei condensatori?

▶ Calcola la carica presente alla fine su ciascuno dei condensatori.

▶ Determina la variazione di energia accumulata.

[36 V; $Q_1 = 43\ \mu C$; $Q_2 = 1{,}4 \times 10^{-4}$ C; $-1{,}32 \times 10^{-3}$ J]

4 ★★☆ Una pallina conduttrice di raggio 5,0 cm posta nel vuoto è elettrizzata con una carica $Q = 1{,}5 \times 10^{-8}$ C. La pallina viene messa a contatto con un'altra pallina conduttrice scarica di raggio 3,0 cm. In seguito le due sferette vengono separate e allontanate. Calcola:

▶ la densità superficiale di carica iniziale della prima pallina;

▶ la carica presente sulle due sferette dopo che sono state allontanate;

▶ il valore iniziale e finale del potenziale della prima pallina.

(*Suggerimento*: quando le due palline si toccano formano un unico conduttore.)

[$4{,}8 \times 10^{-7}$ C/m^2; $Q_1 = 9{,}4$ nC; $Q_2 = 5{,}6$ nC; 2,7 kV; 1,7 kV]

5 ★★☆ Un filo infinito rettilineo, di raggio r_0, viene caricato uniformemente. Il campo elettrico esternamente a tale filo è inversamente proporzionale alla distanza dall'asse del filo.

▶ Determina in quali punti la densità di energia elettrica è un decimo di quella massima.

[Nei punti a distanza $r = \sqrt{10}\ r_0$ dall'asse]

6 ★★☆ Un condensatore sferico è formato da due sfere conduttrici concentriche, di raggi R_1 e R_2, elettrizzate con cariche Q_1 e Q_2 uguali in modulo ma di segno opposto. Attorno alla Terra, a circa 60 km di altezza, uno strato di particelle ionizzate (ionosfera) costituisce l'armatura esterna di un condensatore sferico di cui la superficie terrestre è l'armatura interna. Il campo elettrostatico dell'atmosfera è diretto verso il basso e ha intensità pari a circa 150 V/m.

▶ Determina la formula della capacità del condensatore sferico.

▶ Calcola la capacità del condensatore sferico Terra-ionosfera.

▶ Calcola la carica accumulata nel condensatore terrestre.

$$[C = 4\pi\varepsilon_0 \frac{R_1 R_2}{R_2 - R_1}; 7,6 \times 10^{-2} \text{ F}; 6,8 \times 10^5 \text{ C}]$$

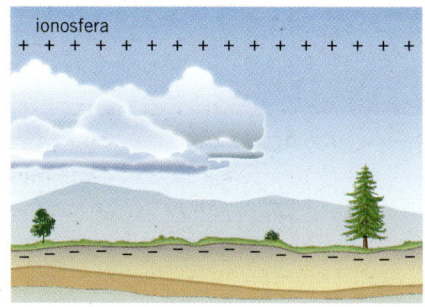

7 ★★ Un condensatore piano che ha le armature di superficie pari a 40 cm² distanti 2,0 mm viene caricato a una differenza di potenziale di 600 V. Mantenendo collegato il condensatore alla sorgente di carica che mantiene costante la differenza di potenziale, lo spazio tra le armature è riempito con olio ($\varepsilon_r = 4{,}5$).

▶ Calcola il valore del campo elettrico tra le armature prima e dopo l'inserimento del dielettrico.

▶ Calcola la variazione di energia accumulata.

▶ Per inserire il dielettrico si è compiuto un lavoro positivo o negativo?

$$[3{,}0 \times 10^5 \text{ V/m}; 11 \times 10^{-6} \text{ J}; \text{positivo}]$$

8 ★★★ Un condensatore A ha la capacità di 200 pF e viene caricato con un alimentatore che lo porta ad assumere una differenza di potenziale di 100 V tra le armature. Si hanno poi due condensatori B e C uguali fra loro. Prima si collegano B e C in parallelo con A, poi si pongono B e C in serie tra loro e li si collega in parallelo con A. Nel primo caso la differenza di potenziale fra le armature del condensatore A è 20 V.

▶ Qual è la differenza di potenziale fra le armature del condensatore A nel secondo caso?

(Adattato dalla seconda prova di maturità scientifica sperimentale, 1979)

$$[50 \text{ V}]$$

9 ★★★ Tra le armature di un condensatore piano nel vuoto viene inserita una lamina metallica di spessore δ con $0 < \delta < d$, dove d indica la distanza tra le armature.

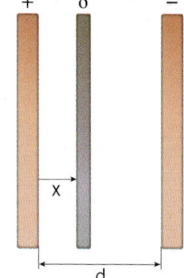

▶ Dimostra che la capacità del sistema così ottenuto è indipendente dalla distanza x, da una delle due armature, a cui è posizionata la lamina.

▶ Dimostra che se la lastra inserita ha spessore trascurabile la capacità rimane invariata.

▶ Determina il valore del rapporto δ/d affinché la capacità aumenti del 30%.

$$[C = \varepsilon_0 \frac{S}{d - \delta}; 0{,}234]$$

10 ★★★ Un condensatore, caricato a 100 V ed elettricamente isolato, è costituito da due armature rettangolari di base 10 cm, altezza 20 cm e distanti tra loro 1,0 cm. Le armature sono poste in posizione verticale all'interno di un recipiente di materiale isolante come nella figura sotto. Una certa quantità di olio isolante ($\varepsilon_r = 4{,}5$) è versata nel recipiente in modo che le armature siano immerse per una frazione x della loro altezza ($0 \leq x \leq 1$).

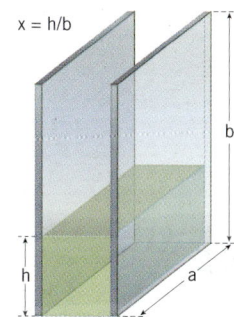

▶ Ricava la funzione $C(x)$ che descrive l'andamento della capacità del condensatore in funzione del livello crescente x dell'olio nel recipiente.

▶ Rappresenta la funzione in un grafico.

(Adattato dalla seconda prova di maturità scientifica sperimentale, 1994)

$$[C(x) = [1 + (\varepsilon_r - 1)x] \times 18 \text{ pF}]$$

11 ★★★ Una lastra conduttrice scarica di spessore $h = 0{,}40$ cm ed area $S = 200$ cm² viene inserita in un condensatore piano le cui armature hanno la stessa area S e sono distanti tra loro $d = 2{,}0$ cm, inizialmente poste alla differenza di potenziale $\Delta V_0 = 1{,}0 \times 10^5$ V. L'inserzione della piastra avviene a carica costante, cioè con il sistema isolato elettricamente.

▶ Calcola il lavoro necessario a introdurre la piastra.

$$[8{,}4 \times 10^{-3} \text{ J}]$$

ESERCIZI

12 ★★★ Nel vuoto un condensatore a facce parallele quadrate di lato $L = 20$ cm e distanza fra le armature $d = 1,0$ cm è parzialmente riempito con un dielettrico $\varepsilon_r = 2,0$ per un tratto $l = 5,0$ cm. La carica che si dispone sull'armatura superiore che si affaccia al dielettrico è $Q_d = 5,0 \times 10^{-7}$ C.

▶ Calcola la carica totale Q sull'armatura superiore del condensatore.

$[1,3 \times 10^{-6} \text{ C}]$

13 ★★★ Un condensatore di capacità elettrica C è caricato a una differenza di potenziale V_0 e successivamente isolato. Un secondo condensatore, inizialmente scarico e di capacità elettrica nC, viene collegato in parallelo al primo. Indicata con $V' = V_0/7$ la differenza di potenziale elettrico presente ai capi dei due condensatori, così collegati,

▶ quanto vale n?

(*Olimpiadi della Fisica 2005, gara di secondo livello*)

[6]

QUESITI PER L'ESAME DI STATO

1 Quali prove sperimentali conosci per affermare che la carica in eccesso si distribuisce solo sulla superficie esterna dei conduttori in equilibrio elettrostatico?

2 Illustra quali sono le caratteristiche del campo elettrico e del potenziale in un conduttore carico in equilibrio elettrostatico.

3 Ricava la formula per calcolare la capacità di un condensatore piano ideale in funzione delle sue caratteristiche geometriche e fisiche.

4 Quali sono le più comuni convenzioni che riguardano la scelta del livello di zero del potenziale elettrico?

TEST PER L'UNIVERSITÀ

1 Qual è il valore della carica elettrica che si deve dare a un conduttore isolato di capacità pari a 4 μF affinché esso acquisti il potenziale di 200 V?

A 8×10^{-4} C

B 4 C

C 2×10^{-2} C

D 0,1 C

(*Concorso a borse di studio per l'iscrizione ai corsi di laurea della classe «Scienze e Tecnologie Fisiche» della SIF, 2008/2009*)

2 Una quantità di carica Q viene depositata su un conduttore isolato costituito da una sfera piena dotata di una cavità sferica al suo interno. In condizioni statiche la carica si distribuirà:

A sulle due superfici interna ed esterna, proporzionalmente alla loro superficie.

B la carica non rimane sul conduttore ma viene immediatamente dispersa nell'atmosfera per effetto «corona».

C uniformemente sulla superficie interna della cavità.

D uniformemente nel volume del metallo.

E uniformemente sulla superficie esterna della sfera.

(*Prova di ammissione al corso di laurea in Ingegneria, 2005/2006*)

3 In un condensatore a facce piane parallele la capacità non è:

A direttamente proporzionale alla superficie delle armature.

B uguale al rapporto fra carica e differenza di potenziale fra le armature.

C inversamente proporzionale alla distanza fra le armature.

D direttamente proporzionale alla distanza fra le armature.

E direttamente proporzionale alla costante dielettrica relativa del mezzo interposto.

(*Prova di ammissione al corso di laurea delle Professioni Sanitarie, 2005/2006*)

4 In un condensatore a facce piane parallele, per raddoppiare la capacità occorre:

A raddoppiare la distanza fra le armature.

B dimezzare la costante dielettrica del mezzo interposto fra le armature.

C dimezzare la carica a pari differenza di potenziale.

D dimezzare la distanza fra le armature e raddoppiarne la superficie.

E raddoppiare la superficie delle armature.

(*Prova di ammissione al corso di laurea delle Professioni Sanitarie, 2002/2003*)

PROVE D'ESAME ALL'UNIVERSITÀ

1 Una superficie sferica conduttrice di raggio $R = 10$ cm, possiede una carica positiva $Q = 1{,}6 \times 10^{-12}$ C. Un elettrone si trova inizialmente in un punto A ad una distanza $d = 40$ cm dalla superficie della sfera ed è dotato di una velocità $v_A = 10^5$ m/s diretta verso il centro della sfera. Descrivere quello che succede e calcolare ($m_e = 9{,}1 \times 10^{-31}$ kg):

▶ il valore del potenziale nel punto A.

▶ la velocità dell'elettrone un attimo prima di urtare la superficie della sfera.

▶ il campo elettrico e il potenziale nel punto P a una distanza di 5 cm dal centro della sfera.

(*Esame di Fisica, Corso di laurea in Scienze biologiche, Università di Genova, 2009/2010*)

2 Un condensatore a facce piane parallele è costituito da due piastre di superficie $S = 10$ cm² e distanti fra loro $d = 5$ cm. Sulle armature del condensatore si trova una carica $Q = 1$ μC. Calcolare:

▶ la capacità del condensatore.

▶ l'intensità del campo elettrico fra le piastre del condensatore.

(*Esame di Fisica, Corso di laurea in Scienze biologiche, Università di Genova, 2009/2010*)

3 Una sfera conduttrice di raggio $r_1 = 2$ cm possiede la carica $Q_1 = 10$ μC; essa è contenuta all'interno di un guscio sferico conduttore di raggi $r_2 = 4$ cm e $r_3 = 6$ cm avente carica $Q_2 = -6$ μC e concentrico con la sfera. Determinare il modulo del campo elettrico alle seguenti distanze dal centro:

▶ $d_1 = 1$ cm

▶ $d_2 = 3$ cm

▶ $d_3 = 5$ cm

▶ $d_4 = 10$ cm

(*Esame di Fisica, Corso di laurea in Farmacia, Università La Sapienza di Roma, 2009/2010*)

4 Un condensatore piano è costituito da 2 armature di superficie $S = 12$ cm² distanti $d = 3$ mm. Alle armature è applicata una differenza di potenziale 10 V. Determinare:

▶ la capacità del condensatore.

▶ il campo elettrico al suo interno.

▶ la densità di carica su ciascuna armatura.

(*Esame di Fisica, Corso di laurea in Farmacia, Università La Sapienza di Roma, 2009/2010*)

STUDY ABROAD

1 STATEMENT 1

For practical purposes, the earth is used as a reference at zero potential in electrical circuits.

And

STATEMENT 2

The electrical potential of a sphere of radius R with charge Q uniformly distributed on the surface is given by $\dfrac{Q}{4\pi\varepsilon_0 R}$.

A STATEMENT 1 is true, STATEMENT 2 is true; STATEMENT 2 is a correct explanation for STATEMENT 1.

B STATEMENT 1 is true, STATEMENT 2 is true; STATEMENT 2 is NOT a correct explanation for STATEMENT 1.

C STATEMENT 1 is true, STATEMENT 2 is false.

D STATEMENT 1 is false, STATEMENT 2 is true.

(*Joint Entrance Examination for Indian Institutes of Technology (JEE), India, 2008/2009*)

CAPITOLO 22
LA CORRENTE ELETTRICA CONTINUA

1 L'INTENSITÀ DELLA CORRENTE ELETTRICA

Soluzioni elettrolitiche
Mettendo nell'acqua un po' di sale da cucina (NaCl), si formano degli ioni Na^+ (atomi di sodio che hanno perso un elettrone) e Cl^- (atomi di cloro con un elettrone in più). Così l'acqua salata è un conduttore e può essere attraversata da una corrente elettrica dovuta al moto contemporaneo e in versi opposti di cariche dei due segni.

Nel filamento di tungsteno di una lampadina accesa si muovono delle cariche elettriche (**figura 1**).

> Si chiama **corrente elettrica** un moto ordinato di cariche elettriche.

Figura 1 La corrente elettrica in un filo metallico è dovuta a un moto ordinato di elettroni. Nelle soluzioni saline le cariche sono invece portate da atomi carichi, detti ioni.

In un filo metallico le cariche elettriche in movimento sono elettroni negativi, ma in altri casi ci possono essere dei *portatori di carica* sia positivi che negativi.

Esiste un'analogia tra il moto delle cariche elettriche e quello di un liquido.

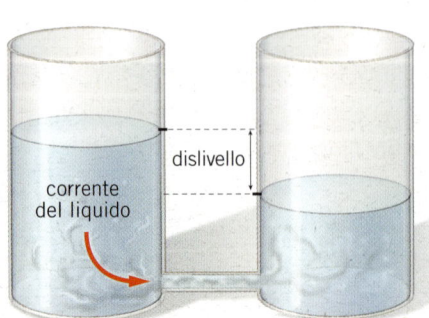

Per fare scorrere l'acqua in una conduttura occorre che il liquido si trovi a livelli diversi, in modo che un volumetto d'acqua posto ai due livelli abbia una differenza di energia potenziale.

Allo stesso modo, per far muovere le cariche è necessaria una differenza di potenziale elettrico: le cariche positive seguono la «discesa di potenziale» mentre quelle negative la risalgono (**figura 2**).

Figura 2 Un dislivello di quota crea una corrente di un liquido.

L'intensità di corrente

Consideriamo una sezione trasversale S del filo in cui c'è la corrente elettrica (figura 3). Aspettiamo per un intervallo di tempo Δt e indichiamo con ΔQ il valore della carica che attraversa la sezione S nel tempo Δt.

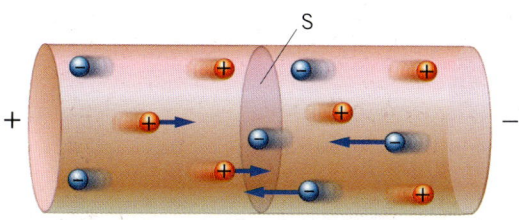

Figura 3 La carica ΔQ, fatta di cariche positive che vanno verso destra e cariche negative che vanno verso sinistra, attraversa la superficie S in un tempo Δt.

Per indicare quanto è «grande» la corrente elettrica introduciamo una nuova grandezza, l'intensità di corrente elettrica:

$$i = \frac{\Delta Q}{\Delta t} \quad (1)$$

intensità di corrente elettrica (A) — carica elettrica (C) — intervallo di tempo (s)

> Si chiama **intensità di corrente elettrica** il rapporto tra la quantità di carica che attraversa una sezione del conduttore e l'intervallo di tempo impiegato.

ANIMAZIONE

L'intensità di corrente (2 minuti)

Nel Sistema Internazionale l'intensità di corrente elettrica si misura in coulomb fratto secondi (C/s). In onore del fisico francese André Marie Ampère (1775-1836), a questa unità di misura è stato dato il nome di *ampere* (simbolo A). Una corrente di 1 A trasporta 1 C di carica in 1 s.

L'intensità di corrente si misura con l'amperometro, che può essere analogico o digitale.

L'intensità di corrente è una grandezza unitaria che misura la quantità di carica che attraversa la sezione S del conduttore in un secondo.

ESEMPIO

Nell'intervallo di tempo $\Delta t = 0{,}10$ s una sezione di un conduttore è attraversata da una carica $\Delta Q = 0{,}050$ C.

▶ Calcola l'intensità di corrente che attraversa quella sezione del conduttore.

Per la formula (**1**) l'intensità di corrente richiesta è:

$$i = \frac{\Delta Q}{\Delta t} = \frac{0{,}050 \text{ C}}{0{,}10 \text{ s}} = 0{,}50 \frac{\text{C}}{\text{s}} = 0{,}50 \text{ A}.$$

Il verso della corrente

Seguendo un'antica consuetudine,

> si definisce come **verso della corrente elettrica** quello in cui si muovono le cariche positive.

Di conseguenza, il verso convenzionale della corrente elettrica è quello che fa passare da punti a potenziale elettrico più alto verso punti che si trovano a potenziale minore.

Il valore di ΔQ che compare nella formula (**1**) si calcola considerando la somma delle cariche positive che attraversano la sezione S (**figura 3**) nel verso convenzionale della corrente e delle cariche negative che passano attraverso S nel senso opposto.

La convenzione sul verso della corrente elettrica si applica anche ai conduttori, come quelli metallici, in cui non ci sono cariche positive in movimento: se gli elettroni, carichi negativamente, si muovono da destra verso sinistra come nella **figura 4**, la corrente convenzionale è diretta da sinistra a destra.

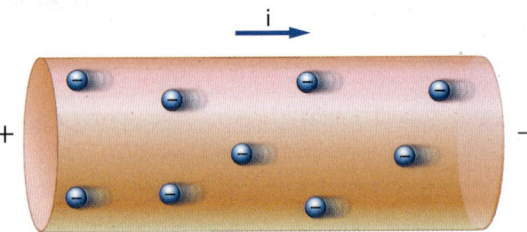

Figura 4 Il verso convenzionale della corrente elettrica è quello in cui si muovono le cariche positive; quelle negative danno contributo alla corrente muovendosi in senso opposto.

La corrente continua

Una pila stilo, collegata a una lampadina, almeno per un po' di tempo fornisce una corrente continua.

> Una corrente si dice **continua** quando la sua intensità non cambia nel tempo.

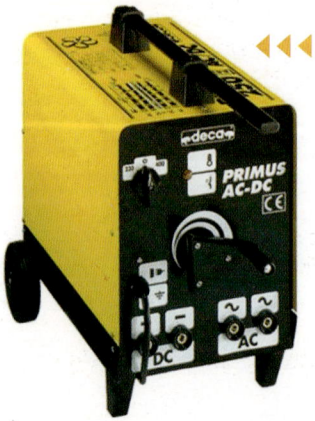

Molto spesso, su **alimentatori** o altri dispositivi con indicazioni in lingua inglese la corrente continua è indicata con il simbolo «DC» (dall'inglese *direct current*).

Dalla formula (**1**) si ottiene

$$\Delta Q = i\, \Delta t. \qquad (2)$$

Nel caso di una corrente continua, la carica che attraversa una sezione del filo e il tempo trascorso sono *direttamente proporzionali*: dopo un tempo doppio, triplo, ... anche la carica trasportata dalla corrente raddoppia, triplica ecc.

2 I GENERATORI DI TENSIONE E I CIRCUITI ELETTRICI

In una conduttura, la differenza di livello genera una corrente di liquido. Questa corrente, man mano che fluisce, tende ad annullare il dislivello.

▶ Quando il liquido si trova allo stesso livello, la corrente non fluisce più.

▶ Per mantenere la corrente del liquido, occorre ricreare il dislivello con una pompa.

ANIMAZIONE

Il generatore di tensione
(1 minuto e mezzo)

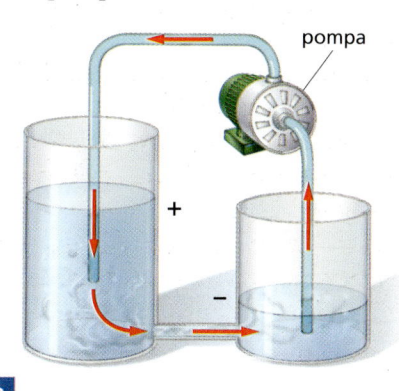

La pompa toglie l'acqua dove il livello è basso e la trasporta dove il livello è alto, ricreando così il dislivello che causa la corrente di liquido.

In modo simile, la differenza di potenziale genera una corrente elettrica. Questa corrente, man mano che fluisce, tende ad annullare la differenza di potenziale. Per mantenere la corrente, occorre ricreare il «dislivello» di potenziale con una pila o con un altro *generatore di tensione*.

> Si chiama **generatore ideale di tensione continua** un dispositivo capace di mantenere ai suoi capi una differenza di potenziale costante, per un tempo indeterminato e qualunque sia la corrente da cui è attraversato.

Un generatore di tensione continua, come la pila della **figura 5**, ha la stessa funzione della pompa: preleva le cariche positive (convenzionali) dove il potenziale è basso (−) e le trasporta dove il potenziale è alto (+). Poi, quando si trovano a potenziale più alto, le cariche scendono naturalmente lungo il dislivello elettrico, creando una corrente.

Il generatore ideale di tensione è (come il punto materiale o il gas perfetto) un modello semplificato del comportamento dei dispositivi reali, utile per analizzare in prima approssimazione il comportamento dei sistemi fisici. Nell'ultimo paragrafo di questo capitolo si mostra come è possibile rendere il modello più realistico.

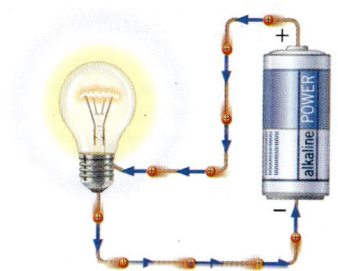

Figura 5 Le cariche positive convenzionali si muovono dal polo − a quello + all'interno del generatore di tensione e dal + al − nel circuito esterno.

I circuiti elettrici

Colleghiamo i capi di una lampadina ai poli di una pila con due fili di rame: vediamo che la lampadina si illumina. Ciò che abbiamo realizzato è un *circuito elettrico*.

> Si chiama **circuito elettrico** un insieme di conduttori connessi in modo continuo e collegati a un generatore.

Cariche positive convenzionali

Anche nei conduttori metallici, in cui la corrente è dovuta soltanto al movimento degli elettroni, non si fa alcun errore se si ragiona in termini di cariche positive ipotetiche che si muovono nel senso della corrente convenzionale.

MATEMATICA

LE QUANTITÀ ISTANTANEE E LA DERIVATA

Cominciamo all'istante $t = 0$ s a misurare la carica che attraversa una sezione S di un conduttore. La funzione $Q(t)$ misura la carica passata attraverso tale sezione tra l'istante iniziale e l'istante generico t.

Scegliamo allora un istante t e un piccolo intervallo di tempo Δt. La carica ΔQ che attraversa la sezione S tra l'istante t e l'istante $(t + \Delta t)$ può essere calcolata come

$$\Delta Q = Q(t + \Delta t) - Q(t),$$

cioè come la carica che è passata attraverso S tra l'istante iniziale $t = 0$ s e l'istante $(t + \Delta t)$, *meno* la carica che ha attraversato S tra l'istante iniziale e l'istante t.

In questo modo la definizione (**1**) dell'intensità di corrente i ha l'espressione esplicita:

$$i = \frac{\Delta Q}{\Delta t} = \frac{Q(t + \Delta t) - Q(t)}{\Delta t}.$$

Usando la terminologia corretta, questa formula fornisce l'intensità di corrente *media* tra i due istanti considerati. Dal punto di vista matematico non è altro che un **rapporto incrementale**: t è la variabile indipendente (analoga a x) e Q è la variabile dipendente (analoga a $y = f(x)$), per cui l'espressione $\Delta Q / \Delta t$ ha la stessa struttura matematica del rapporto incrementale nel caso di una funzione $f(x)$:

$$\frac{\Delta f}{\Delta x} \quad \text{o} \quad \frac{\Delta y}{\Delta x}.$$

Se si vuole ottenere l'intensità *istantanea* di corrente all'istante t, indicata con $i(t)$, bisogna vedere cosa accade quando Δt diventa molto piccolo, fino a essere praticamente nullo, cioè quando Δt tende a zero:

$$i(t) = \lim_{\Delta t \to 0} \frac{\Delta Q}{\Delta t} = \lim_{\Delta t \to 0} \frac{Q(t + \Delta t) - Q(t)}{\Delta t}.$$

Quando Δt diminuisce, anche ΔQ diventa sempre più piccolo fino a essere quasi uguale a zero. In tale situazione, il limite qui sopra diventa una forma indeterminata in cui sia il numeratore, sia il denominatore tendono a zero.

DERIVATA DI UNA FUNZIONE

Usando il linguaggio della matematica, la formula precedente indica che *la corrente istantanea è la derivata, rispetto al tempo, della funzione carica*. Infatti la formula precedente ha la stessa struttura della definizione della derivata, calcolata rispetto a x, di una funzione $f(x)$:

$$f'(x) = \lim_{\Delta x \to 0} \frac{f(x + \Delta x) - f(x)}{\Delta x}.$$

La derivata di una funzione $f(t)$ rispetto alla variabile t si indica con le notazioni

$$\frac{df(t)}{dt} \quad \text{oppure} \quad \dot{f}(t),$$

per cui la definizione della corrente istantanea si può scrivere come

$$i(t) = \frac{dQ(t)}{dt} \quad \text{o} \quad i(t) = \dot{Q}(t).$$

La derivata di $f'(x)$ è la derivata seconda $f''(x)$. La derivata seconda rispetto al tempo si indica con le notazioni

$$\frac{d^2 f(t)}{dt^2} \quad \text{oppure} \quad \ddot{f}(t).$$

ALTRE GRANDEZZE ISTANTANEE

In fisica sono molte le grandezze che indicano la *rapidità* con cui varia un'altra grandezza, e che hanno una definizione matematicamente analoga a quella dell'intensità di corrente.

Per esempio: la velocità media v_m è definita come il rapporto tra la distanza percorsa (variazione della grandezza posizione s) e il tempo impiegato

$$v_m = \frac{\Delta s}{\Delta t} = \frac{s(t + \Delta t) - s(t)}{\Delta t};$$

l'accelerazione media a_m è il rapporto tra la variazione della velocità e il tempo impiegato a realizzare tale variazione:

$$a_m = \frac{\Delta v}{\Delta t} = \frac{v(t + \Delta t) - v(t)}{\Delta t};$$

la potenza media P_m è il rapporto tra il lavoro compiuto e il tempo impiegato a compierlo:

$$P_m = \frac{\Delta W}{\Delta t} = \frac{W(t+\Delta t) - W(t)}{\Delta t}.$$

In questi casi (e in tutti gli altri analoghi), è possibile ottenere la grandezza istantanea corrispondente calcolando il limite per $\Delta t \to 0$ della grandezza media.

Così si ottiene che
- la velocità istantanea $v(t)$ è la derivata rispetto al tempo della funzione posizione:

$$v(t) = \frac{ds(t)}{dt} \quad \text{o} \quad v(t) = \dot{s}(t);$$

- l'accelerazione istantanea $a(t)$ è la derivata rispetto al tempo della funzione velocità

$$a(t) = \frac{dv(t)}{dt} \quad \text{o} \quad a(t) = \dot{v}(t);$$

se, però, ricordiamo che a sua volta la velocità è la derivata prima della posizione, capiamo che l'accelerazione è la derivata *seconda* della posizione:

$$a(t) = \frac{d^2 s(t)}{dt^2} \quad \text{o} \quad a(t) = \ddot{s}(t);$$

- la potenza istantanea è la derivata rispetto al tempo della funzione lavoro:

$$P(t) = \frac{dW(t)}{dt} \quad \text{o} \quad P(t) = \dot{W}(t).$$

La derivata matematica di una funzione rispetto al tempo è utilizzata in molte discipline anche al di fuori della fisica.

Per esempio, se la funzione $p(t)$ fornisce una misura del prezzo medio, in funzione del tempo, di un «paniere» di prodotti, l'inflazione media I_m (una grandezza economica che indica quanto rapidamente variano i prezzi dei prodotti) è data dalla formula

$$I_m = \frac{\Delta p}{\Delta t} = \frac{p(t+\Delta t) - p(t)}{\Delta t}$$

e l'inflazione «istantanea» $I(t)$ è data dalla derivata della funzione $p(t)$, fatta rispetto al tempo:

$$I(t) = \frac{dp(t)}{dt} \quad \text{o} \quad I(t) = \dot{p}(t).$$

INTERPRETAZIONE GEOMETRICA DELLA DERIVATA MATEMATICA

Torniamo ora alla definizione dell'intensità media di corrente. In un diagramma cartesiano Q-t possiamo considerare i punti $A(t, Q(t))$ e $B(t+\Delta t, Q(t+\Delta t))$ della figura seguente.

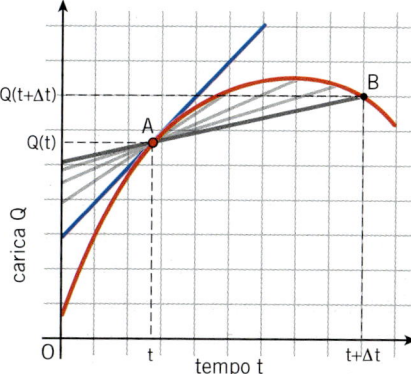

Dalla geometria sappiamo che il rapporto incrementale $i = \Delta Q/\Delta t$ fornisce il coefficiente angolare della retta (secante alla curva $Q(t)$) che passa per A e per B.

Quando si opera il limite per $\Delta t \to 0$, il punto B tende a spostarsi verso il punto A, rimanendo sempre sulla curva $Q(t)$.

Si ottiene in questo modo la tangente alla curva nel punto A.

Possiamo quindi affermare che l'intensità istantanea di corrente (la derivata della funzione carica) è il *coefficiente angolare* della retta tangente alla curva $Q(t)$ all'istante t nel grafico cartesiano Q-t. Proprietà analoghe valgono per tutte le altre grandezze che abbiamo considerato.

Per esempio, nella Meccanica abbiamo imparato che la velocità media nell'intervallo di tempo tra l'istante t e l'istante $t + \Delta t$ è uguale al coefficiente angolare della retta secante al grafico spazio-tempo nei due punti $A(t, s(t))$ e $B(t+\Delta t, s(t+\Delta t))$; inoltre, la velocità istantanea all'istante t è data dal coefficiente angolare della retta tangente in A al grafico spazio-tempo.

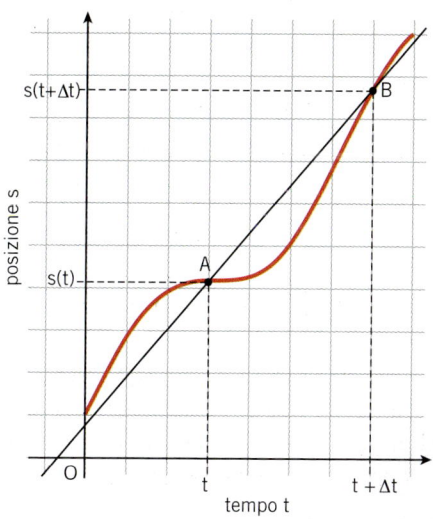

- Se la catena dei conduttori non è interrotta, il circuito si dice **chiuso** e in esso fluisce una corrente elettrica.
- Se è interrotta, il circuito si dice **aperto** e in esso non c'è corrente.

Il circuito della **figura 6** è formato da una pila e da tre conduttori: una lampadina e due fili di rame. Lo stesso circuito è modellizzato nello *schema* posto a destra, in cui è indicato il verso della corrente convenzionale.

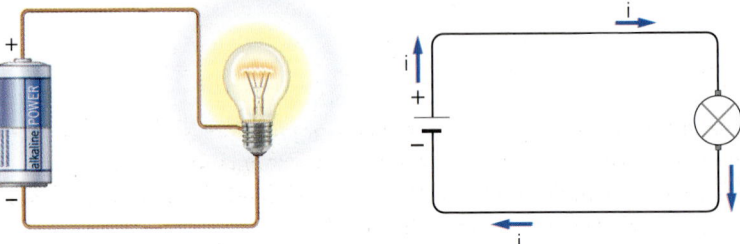

Figura 6 Lampadina collegata a una pila; a fianco lo schema circuitale corrispondente.

Ciascun elemento di un circuito è rappresentato da un simbolo (tabella sotto).

Simboli elettrici	
Generatore di tensione continua	+ − ─┤├─
Lampadina	─⊗─
Filo di collegamento	──────
Interruttore aperto	─╱ ─
Interruttore chiuso	──▪══▪──

Collegamento in serie

Le tre lampadine della **figura 7** sono collegate *in serie*, cioè una di seguito all'altra. Lo schema circuitale a lato mette in evidenza che in ogni lampadina passa la stessa corrente.

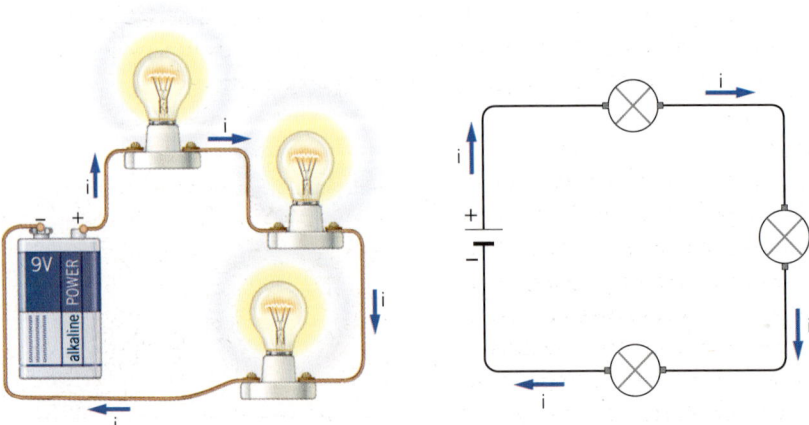

Figura 7 Tre lampadine collegate in serie; a fianco lo schema circuitale corrispondente.

> Più conduttori sono collegati in **serie** se sono posti in successione tra loro. In essi passa la stessa corrente elettrica (figura 8).

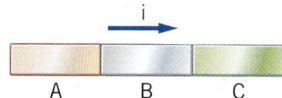

Figura 8 Conduttori in serie sono attraversati dalla stessa corrente elettrica.

Di solito sono poste in serie le lampadine dell'albero di Natale. Quando una lampadina brucia, il circuito si apre, la corrente smette di circolare e quindi tutte le altre si spengono.

Collegamento in parallelo

Le tre lampadine della figura 9 sono collegate *in parallelo*: gli estremi di sinistra sono connessi tra loro e anche gli estremi di destra sono connessi tra loro. Lo schema posto a fianco mette in evidenza che la corrente si divide in tre rami nell'estremo di sinistra e si ricongiunge nell'estremo di destra.

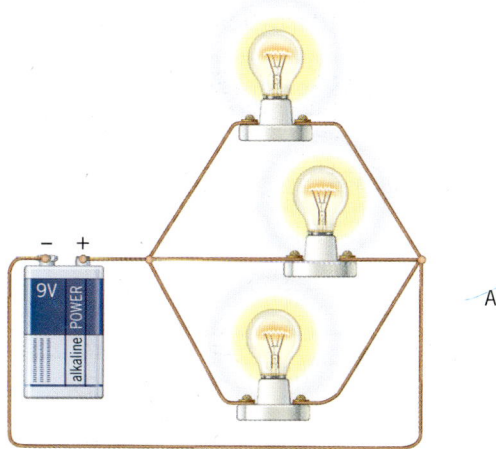
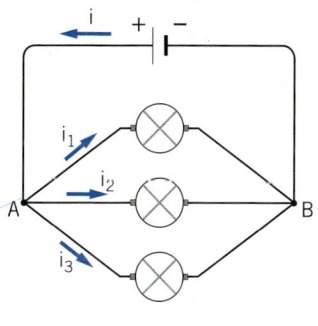

Figura 9 Tre lampadine collegate in parallelo; a fianco lo schema circuitale corrispondente.

> Più conduttori sono collegati in **parallelo** se hanno le prime estremità connesse tra loro e anche i secondi estremi connessi tra loro. Essi sono sottoposti alla stessa differenza di potenziale.

Nell'esempio precedente, la differenza di potenziale ai capi di ciascuna lampadina è quella fornita dalla pila e quindi è la stessa.

Nell'impianto elettrico di casa tutti gli utilizzatori (lampadine, televisore, elettrodomestici...) sono collegati in parallelo tra loro, in modo da funzionare tutti con la stessa differenza di potenziale, che è prelevata dalle prese (figura 10).

La connessione in parallelo consente ai singoli utilizzatori di funzionare in modo indipendente. Per esempio, si può tenere spenta la lavatrice mentre il televisore è acceso. Questo non accadrebbe se la connessione fosse in serie: spegnere la lavatrice significherebbe aprire il circuito, impedendo che al televisore arrivi la corrente.

IN LABORATORIO

Lampadine in serie e in parallelo
- Video (2 minuti)
- Test (3 domande)

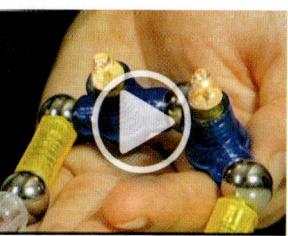

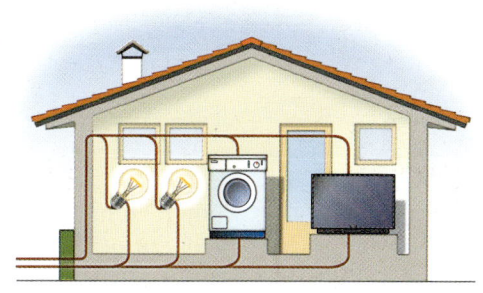

Figura 10 In un appartamento i diversi utilizzatori elettrici sono collegati in parallelo tra loro.

3 LA PRIMA LEGGE DI OHM

Facciamo un esperimento per capire come varia l'intensità di corrente in un conduttore quando cambiamo la differenza di potenziale ai suoi capi. Possiamo pensare, per esempio, di avere a disposizione molte pile di tipo diverso.

Durante l'esperimento il conduttore deve essere mantenuto in condizioni stabili di temperatura, di pressione e di tutte le altre grandezze che possono modificarne il comportamento elettrico.

▶ Misuriamo la corrente con un *amperometro*, collegato in serie con il conduttore, in modo da essere attraversato dalla stessa corrente.

▶ Misuriamo la differenza di potenziale con un *voltmetro*, collegato in parallelo al conduttore, in modo da avere ai suoi capi la stessa differenza di potenziale.

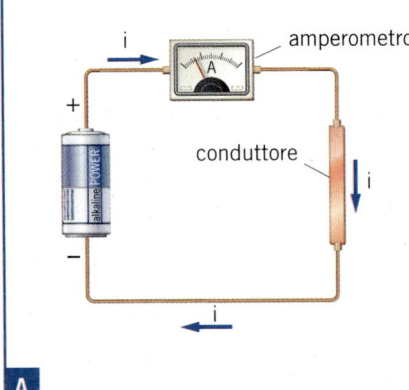
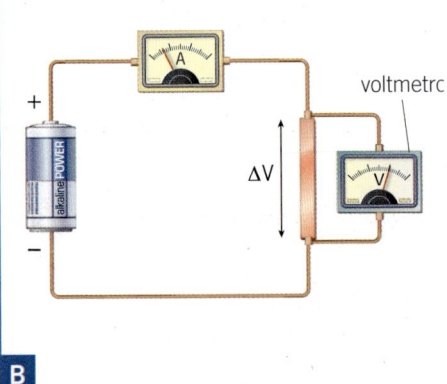

Riportiamo i dati sperimentali in un diagramma corrente-tensione e otteniamo così la **curva caratteristica** del conduttore. Le curve caratteristiche possono avere molte forme.

▶ Il diagramma sotto mostra la curva caratteristica di un tubo al neon.

▶ Diversa è la curva caratteristica di un LED luminoso, che si usa negli stereo e nei cellulari.

▶ Ancora diversa è quella dell'arco elettrico, la «lampadina» dei vecchi proiettori per cinema.

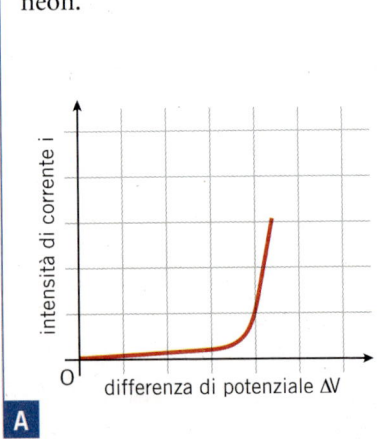
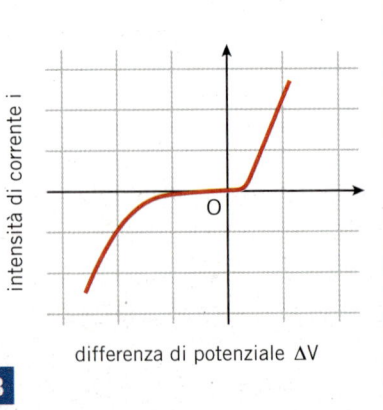
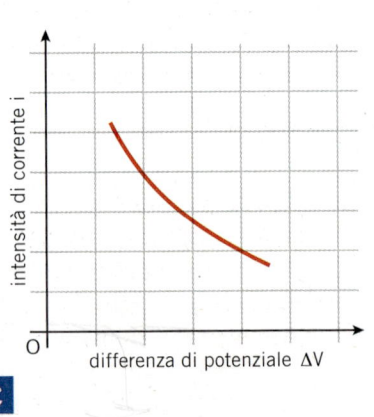

Il fisico tedesco Georg Simon Ohm (1775 - 1836) verificò sperimentalmente che esiste un'ampia classe di conduttori (che comprende i metalli e le soluzioni di acidi, basi e sali) per i quali la curva caratteristica è una retta passante per l'origine, come quella della figura 11.

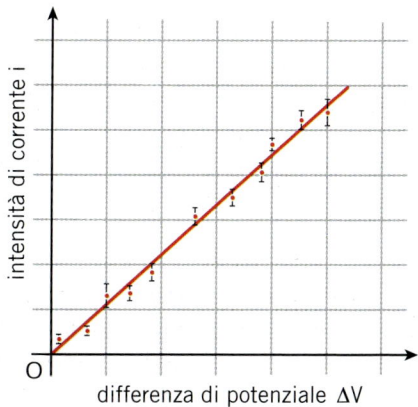

Figura 11 La curva caratteristica dei conduttori ohmici è una retta passante per l'origine degli assi ΔV e i.

Dal suo nome, i conduttori di questo tipo sono detti **ohmici**.
La **prima legge di Ohm** afferma che:

> nei conduttori ohmici l'intensità di corrente è direttamente proporzionale alla differenza di potenziale applicata ai loro capi.

Ciò si esprime con la formula

$$i = \frac{\Delta V}{R} \qquad (3)$$

dove i è l'intensità di corrente elettrica (A), ΔV è la differenza di potenziale (V), R è la resistenza elettrica (V/A o Ω).

La costante di proporzionalità R si chiama **resistenza** elettrica e si misura in volt fratto ampere (V/A). Questa unità di misura è chiamata *ohm* (Ω):

$$1\,\Omega = \frac{1\,\text{V}}{1\,\text{A}}.$$

Un conduttore ha la resistenza di 1 Ω quando, sottoposto a una differenza di potenziale di 1 V, è attraversato dalla corrente di 1 A. 1 Ω è la resistenza di un normale filo elettrico di rame lungo quasi 50 m.

ESEMPIO

Ai capi di un conduttore, che ha una resistenza elettrica di 51 Ω, è applicata una differenza di potenziale $\Delta V = 3{,}0$ V.

▶ Calcola l'intensità di corrente che attraversa il conduttore.

Sostituendo i valori numerici nella formula (3) possiamo calcolare:

$$i = \frac{\Delta V}{R} = \frac{3{,}0\,\text{V}}{51\,\Omega} = 0{,}059\,\frac{\text{V}}{\text{V/A}} = 0{,}059\,\text{V} \cdot \frac{\text{A}}{\text{V}} = 0{,}059\,\text{A}.$$

I resistori

Si chiama **resistore** un componente elettrico che segue la prima legge di Ohm.

Per esempio, un filo di rame o di alluminio è un resistore. In laboratorio, per costruire i circuiti elettrici, si usano spesso resistori come quelli della fotografia. Su alcuni di essi è presente una sequenza di anelli colorati che, attraverso un codice come quello della figura 12, permettono di leggere qual è il valore della loro resistenza.

Resistori e resistenze
Spesso i resistori sono chiamati impropriamente *resistenze*.

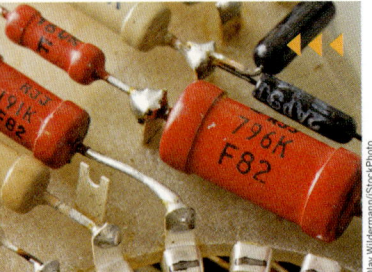

	anello 1 CIFRA	anello 2 CIFRA	anello 3 MOLTIPLICATORE	anello 4 TOLLERANZA
NERO	–	0	1	–
MARRONE	1	1	10	–
ROSSO	2	2	10^2	–
ARANCIO	3	3	10^3	–
GIALLO	4	4	10^4	–
VERDE	5	5	10^5	–
BLU	6	6	10^6	–
VIOLA	7	7	10^7	–
GRIGIO	8	8	10^8	–
BIANCO	9	9	10^9	–
ORO	–	–	10^{21}	5%
ARGENTO	–	–	10^{22}	10%

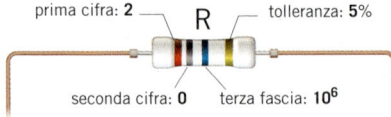

prima cifra: **2**   tolleranza: **5%**
seconda cifra: **0**   terza fascia: **10^6**

$R = (20 \pm 1) \times 10^6 \ \Omega = (20 \pm 1) \ M\Omega$

Figura 12 Sistema di lettura degli anelli colorati su un resistore.

Negli schemi elettrici, la presenza di un resistore è indicata dal simbolo mostrato in figura 13:

Figura 13 Simbolo circuitale del resistore.

ESPERIMENTO VIRTUALE

Circuiti e resistori
- Gioca
- Misura
- Esercitati

4 I RESISTORI IN SERIE E IN PARALLELO

Consideriamo ora un circuito formato da un generatore di tensione collegato a una rete di resistori. In questo caso:

si chiama **resistenza equivalente** della rete di resistori quella di un singolo resistore che, sottoposto alla stessa differenza di potenziale ΔV a cui è soggetta l'intera rete, assorbe dal generatore la stessa corrente elettrica.

Se indichiamo con i_{eq} tale corrente, la resistenza equivalente R_{eq} è data dalla formula

$$R_{eq} = \frac{\Delta V}{i_{eq}}. \tag{4}$$

Resistori in serie

Il circuito della **figura 14** è costituito da una pila e da due resistori in serie tra loro e con il generatore. Lo stesso circuito è modellizzato nello schema posto a destra.

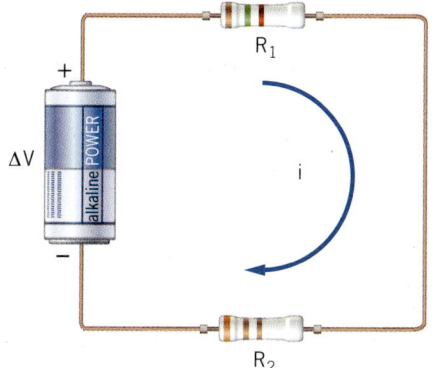 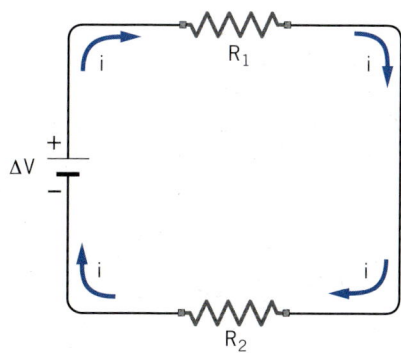

Figura 14 Due resistori collegati in serie; a fianco lo schema circuitale corrispondente.

Per definizione, l'intensità i della corrente che passa nel circuito deve essere la stessa se si sostituiscono i due resistori (di resistenze R_1 e R_2) con un unico resistore equivalente; quindi si ha

$$i_{eq}(\text{serie}) = i. \tag{5}$$

Invece, la differenza di potenziale ΔV ai capi del generatore è la somma delle tensioni ΔV_1 e ΔV_2 agli estremi dei due resistori:

$$\Delta V = \Delta V_1 + \Delta V_2. \tag{6}$$

Siamo ora in grado di dimostrare che

> la resistenza equivalente di più resistori posti in serie è uguale alla somma delle resistenze dei singoli resistori:
> $$R_{eq} = R_1 + R_2 + R_3 + \ldots \tag{7}$$

Dimostriamo la formula (7) nel caso di due resistori. Con le notazioni introdotte sopra, per la prima legge di Ohm le tensioni ai capi dei resistori sono

$$\Delta V_1 = R_1 i \quad \text{e} \quad \Delta V_2 = R_2 i.$$

Sostituendo queste espressioni nella (6) si trova

$$\Delta V = R_1 i + R_2 i = (R_1 + R_2)i$$

e infine, se sostituiamo nella (4) il risultato appena trovato e la (5), otteniamo

$$R_{eq} = \frac{\Delta V}{i_{eq}} = \frac{(R_1 + R_2)i}{i} = R_1 + R_2,$$

che dimostra la (7) nel caso particolare di due resistori.

La legge per le resistenze in serie mostra che ogni resistore aggiunto in serie aumenta la resistenza totale del circuito; ciò è dovuto al fatto che ogni resistore in più aggiunge un nuovo ostacolo al fluire della corrente.

Di solito, in un circuito come quello disegnato all'inizio del paragrafo i fili di connessione hanno resistenze trascurabili rispetto a quelle dei resistori con cui sono collegati in serie e, quindi, si possono considerare come conduttori ideali (di resistenza zero). Ma anche se la loro resistenza non è trascurabile rispetto a quelle dei resistori, si può sempre disegnare uno schema circuitale in cui le connessioni sono conduttori ideali, mentre le resistenze dei fili sono inglobate in quelle dei resistori usando la formula (**7**).

Resistori in parallelo

Il circuito della **figura 15** è costituito da una pila e da due resistori collegati in parallelo tra loro. Lo stesso circuito è rappresentato dallo schema a fianco.

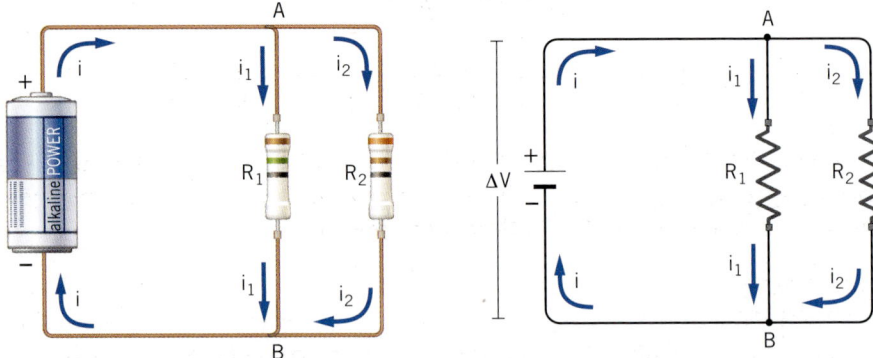

Figura 15 Due resistori collegati in parallelo; a fianco lo schema circuitale corrispondente.

La corrente erogata dal generatore reale dello schema precedente è uguale alla somma delle correnti i_1 e i_2 che attraversano i due resistori. Ma essa è anche uguale alla corrente i_{eq} che attraversa il resistore equivalente dello schema sotto (**figura 16**). Quindi si ha

$$i_{eq}(\text{parallelo}) = i_1 + i_2. \tag{8}$$

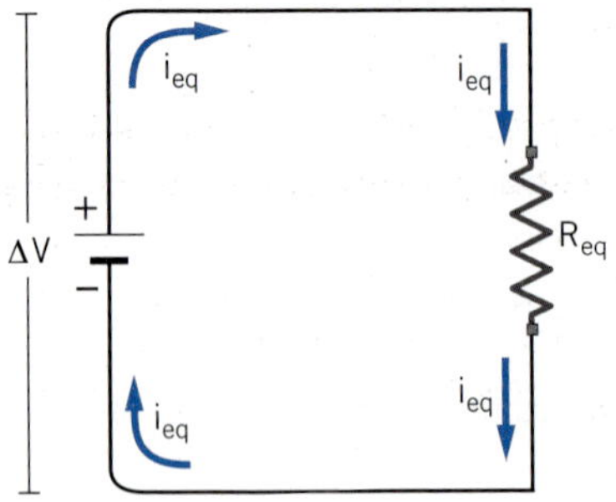

Figura 16 Circuito equivalente a quello con due resistori in parallelo.

Siamo ora in grado di dimostrare che

> se si hanno più resistori collegati in parallelo, l'inverso della loro resistenza equivalente R_{eq} è uguale alla somma degli inversi delle resistenze dei singoli resistori:
>
> $$\frac{1}{R_{eq}} = \frac{1}{R_1} + \frac{1}{R_2} + \frac{1}{R_3} + \ldots \tag{9}$$

Dimostriamo la (**9**) nel caso di due resistori. Essendo in parallelo, essi sono sottoposti alla stessa differenza di potenziale ΔV mantenuta dal generatore, per cui si ha

$$i_1 = \frac{\Delta V}{R_1} \quad \text{e} \quad i_2 = \frac{\Delta V}{R_2}. \tag{10}$$

Ora possiamo sostituire le formule (**8**) e (**10**) nella (**4**), riscritta come

$$\frac{1}{R_{eq}} = \frac{i_{eq}}{\Delta V},$$

in modo da ottenere l'espressione

$$\frac{1}{R_{eq}} = \frac{i_{eq}}{\Delta V} = \frac{1}{\Delta V}(i_1 + i_2) =$$

$$= \frac{1}{\Delta V}\left(\frac{\Delta V}{R_1} + \frac{\Delta V}{R_2}\right) = \frac{1}{\Delta V}\left(\frac{1}{R_1} + \frac{1}{R_2}\right)\Delta V = \frac{1}{R_1} + \frac{1}{R_2},$$

che è la formula (**9**) nel caso particolare di due resistori. Secondo tale formula, ogni resistore aggiunto in parallelo *diminuisce* la resistenza totale del circuito, perché si offre una possibilità in più al fluire della corrente elettrica.

ESEMPIO

Tre resistori di resistenze $R_1 = 400\ \Omega$, $R_2 = 400\ \Omega$ e $R_3 = 800\ \Omega$ sono collegati in parallelo tra loro.

▶ Quanto vale la resistenza equivalente del sistema di tre resistori?

• Scrivendo la formula (**9**) nel caso particolare di tre resistori si ottiene

$$\frac{1}{R_{eq}} = \frac{1}{R_1} + \frac{1}{R_2} + \frac{1}{R_3} = \frac{1}{400\ \Omega} + \frac{1}{400\ \Omega} + \frac{1}{800\ \Omega} =$$
$$= 2{,}50 \times 10^{-3}\ \Omega^{-1} + 2{,}50 \times 10^{-3}\ \Omega^{-1} + 1{,}25 \times 10^{-3}\ \Omega^{-1} =$$
$$= 6{,}25 \times 10^{-3}\ \Omega^{-1}.$$

• Ora prendiamo il reciproco del primo e dell'ultimo termine nella precedente catena di uguaglianze e otteniamo il risultato:

$$R_{eq} = \frac{1}{6{,}25 \times 10^{-3}\ \Omega^{-1}} = 160\ \Omega.$$

Risoluzione di un circuito

Nelle applicazioni, è spesso utile risolvere un circuito di cui sono note le caratteristiche dei generatori e dei resistori presenti.

Risolvere un circuito significa determinare il valore e il verso di tutte le correnti presenti e, di conseguenza, anche il valore delle tensioni ai capi di tutti i resistori.

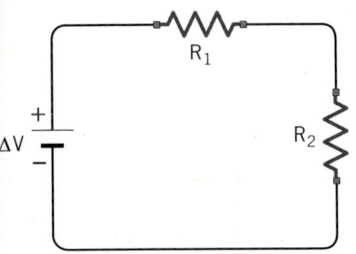

Figura 17 Circuito di cui si vogliono misurare le proprietà.

L'inserimento degli strumenti di misura in un circuito

Anche l'amperometro che misura l'intensità di corrente e il voltmetro che misura la differenza di potenziale hanno una propria resistenza (detta **resistenza interna**) e, nel corso di una misura, sono attraversati da corrente.

Supponiamo di volere studiare il circuito della **figura 17**, con un generatore che mantiene una tensione ΔV e due resistori, di resistenze R_1 e R_2, in serie. La resistenza equivalente del circuito è $R = R_1 + R_2$, per cui l'intensità della corrente elettrica è

$$i = \frac{\Delta V}{R_1 + R_2}.$$

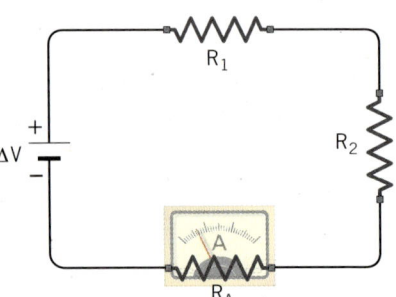

Per misurare l'intensità di corrente presente nel circuito inseriamo un amperometro (di resistenza interna R_A) in serie ai due resistori. Però, come si vede nella **figura 18**, ora nel circuito sono presenti tre resistenze in serie, per cui la nuova resistenza equivalente è $R' = R_1 + R_2 + R_A$, che è diversa dalla resistenza equivalente R che avevamo prima.

Figura 18 Per misurare l'intensità di corrente si inserisce un amperometro in serie con i resistori.

Quindi, l'inserimento di uno strumento di misura in un circuito ne cambia le proprietà; per evitare questo problema, bisognerebbe avere strumenti che comportano modifiche così piccole da essere trascurabili. In particolare

> un buon amperometro deve avere una resistenza interna molto piccola.

In questo modo, infatti, la resistenza equivalente R' in presenza dell'amperometro è quasi uguale alla resistenza totale R originale del circuito e l'errore introdotto dalla presenza dell'amperometro è trascurabile.

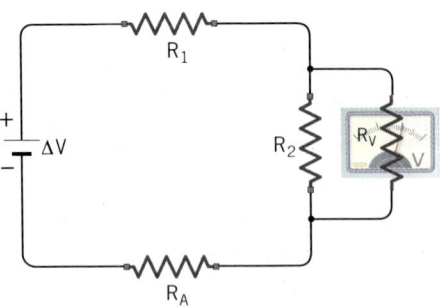

Se invece vogliamo misurare la differenza di potenziale ai capi del resistore R_2, dobbiamo porre un voltmetro in parallelo con esso **(figura 19)**.

In questo caso la resistenza interna R_V del voltmetro è in parallelo con R_2; senza il voltmetro, R_1 e R_2 sono attraversati dalla stessa corrente; con il voltmetro, parte della corrente che passa per R_1 non attraversa R_2, ma R_V.

Figura 19 Per misurare la differenza di potenziale ai capi di R_2 si pone un voltmetro in parallelo con tale resistore.

Quindi anche la differenza di potenziale ai capi di R_2, misurata dal voltmetro, non è la stessa che si aveva quando il voltmetro non c'era. Allora:

> un buon voltmetro deve avere una resistenza interna molto grande.

In questo modo la corrente che attraversa il voltmetro è relativamente piccola e l'errore introdotto dallo strumento di misura è trascurabile.

5 LE LEGGI DI KIRCHHOFF

Un circuito con più di un generatore, o in cui la disposizione dei resistori sia particolarmente complessa, non può essere risolto con il metodo dei resistori in serie e in parallelo visto nel paragrafo precedente.

Un metodo alternativo consiste nel determinare le *n* correnti incognite scrivendo un sistema di *n* equazioni che le contengono. Queste equazioni possono essere determinate utilizzando le *leggi di Kirchhoff*, che esprimono le proprietà fondamentali di qualunque circuito ohmico (che, cioè, contiene soltanto generatori di tensione e resistori). Esse furono dimostrate dal fisico e matematico tedesco Gustav Robert Kirchhoff (1824 - 1887).

La prima di queste leggi si applica ai nodi e la seconda alle maglie del circuito.

Sistema lineare
In questo modo si ottiene, in generale, un sistema lineare determinato di *n* equazioni in *n* incognite. Tale sistema ammette una e una sola soluzione.

> Un **nodo** è un punto in cui convergono tre o più conduttori. Una **maglia** è un tratto chiuso di circuito. Una maglia è fatta di più **rami** che connettono due nodi.

Per esempio, nella figura 20 i punti A e B sono nodi e il percorso evidenziato in giallo è una delle tre maglie del circuito. Ognuno dei due tratti di circuito che collegano A a B è un ramo.

A ogni ramo del circuito si assegnano un numero d'ordine e un verso di percorrenza; in questo modo è possibile indicare le intensità di corrente che fluiscono in quel ramo con un simbolo $i_1, i_2, i_3, \ldots$ e assegnare a ogni corrente un verso provvisorio (quello assegnato al ramo), utile per lo studio del circuito.

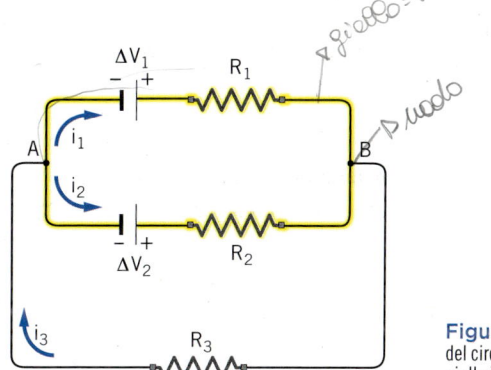

Figura 20 I punti A e B sono *nodi* del circuito; il percorso evidenziato in giallo è una *maglia*.

La legge dei nodi

> La **prima legge di Kirchhoff** (o **legge dei nodi**) stabilisce che la somma delle intensità di corrente entranti in un nodo è uguale alla somma di quelle uscenti.

Se si adotta la convenzione di considerare positive le correnti entranti e negative quelle uscenti, la legge dei nodi può essere espressa dicendo che la somma algebrica delle m correnti entranti in un nodo è sempre uguale a zero:

$$i_1 + i_2 + \ldots + i_m = \sum_{k=1}^{m} i_k = 0, \qquad (11)$$

dove i simboli i_k, con $1 \leq k \leq m$, indicano le intensità (con segno) delle m correnti che percorrono i rami che convergono nel nodo.

La prima legge di Kirchhoff è una conseguenza del principio di conservazione della carica elettrica. Infatti, se il secondo membro dell'equazione (11) fosse positivo, in corrispondenza del nodo si avrebbe creazione di carica. Al contrario, se esso fosse negativo si avrebbe scomparsa di carica elettrica (o creazione di carica negativa).

La legge delle maglie

> La **seconda legge di Kirchhoff** (o **legge delle maglie**) afferma che la somma algebrica delle differenze di potenziale che si incontrano percorrendo una maglia è uguale a zero.

Se, percorrendo una data maglia, si incontrano p variazioni di potenziale, la legge delle maglie può essere espressa mediante la formula

$$\Delta V_1 + \Delta V_2 + \ldots + \Delta V_p = \sum_{k=1}^{p} \Delta V_k = 0. \tag{12}$$

La legge delle maglie esprime il fatto che, descrivendo un percorso chiuso lungo il circuito, ritorniamo allo stesso potenziale da cui eravamo partiti. Quindi la differenza di potenziale totale attraversata, uguale alla somma algebrica delle singole differenze di potenziale incontrate, non può che essere nulla.

Una carica q che percorre l'intera maglia subisce una variazione di energia potenziale

$$\Delta U_{tot} = q\Delta V_{tot} = q \sum_{k=1}^{p} \Delta V_k = q \times (0 \text{ V}) = 0 \text{ J}.$$

Quindi, al termine del percorso lungo l'intera maglia la carica q ha la stessa energia potenziale che aveva all'inizio. In altre parole, la seconda legge di Kirchhoff è un'espressione del principio di conservazione dell'energia.

6 LA TRASFORMAZIONE DELL'ENERGIA ELETTRICA

Tensione alternata
Collegati alla rete elettrica domestica, questi elettrodomestici non funzionano con una tensione continua, ma con una tensione alternata. Lo stesso effetto di riscaldamento potrebbe però essere ottenuto facendoli attraversare da una corrente continua.

Un ferro da stiro e un asciugacapelli contengono un resistore che si scalda quando è percorso da una corrente elettrica.

▶ Nel ferro da stiro il calore riscalda la piastra.

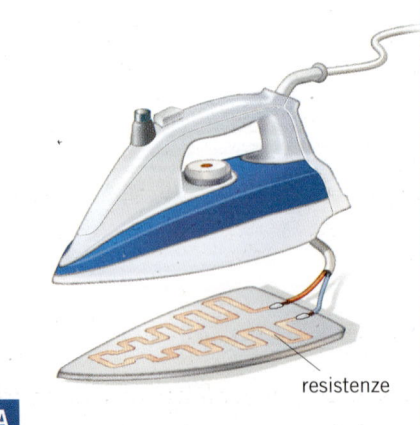

A

▶ Nell'asciugacapelli il calore riscalda l'aria.

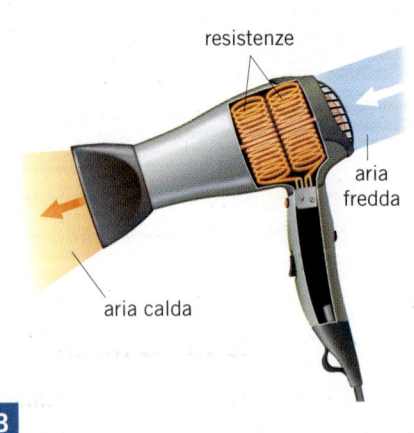

B

In questi elettrodomestici, mentre passa la corrente, l'energia (potenziale) elettrica si trasforma in energia interna del filo che diventa caldo in quanto è aumentata l'energia cinetica media delle sue molecole.

L'aumento di energia interna è dissipato sotto forma di calore, che serve per scaldare una piastra di metallo (ferro da stiro), l'aria (asciugacapelli e stufa elettrica), l'acqua (lavatrice, lavastoviglie e boiler) e anche alimenti (tostapane).

La trasformazione di energia elettrica in calore si chiama **effetto Joule**.

Consideriamo un resistore percorso da una corrente elettrica.

> Si chiama **potenza dissipata** dal resistore la rapidità con cui l'energia elettrica è trasformata in energia interna del resistore.

Resistore
Un resistore è un conduttore ohmico, cioè che segue la prima legge di Ohm.

Per esempio, se un ferro da stiro dissipa la potenza di 1 kW significa che, in ogni secondo, 1000 J di energia elettrica si trasformano in energia interna.

In un resistore di resistenza R nel quale circola la corrente i, la potenza dissipata P è data dalla formula

$$P = Ri^2 \qquad (13)$$

potenza dissipata (W), resistenza (Ω), intensità di corrente (A)

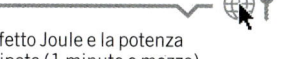

ANIMAZIONE

L'effetto Joule e la potenza dissipata (1 minuto e mezzo)

Quindi la potenza dissipata è direttamente proporzionale alla resistenza e al quadrato della corrente elettrica. Per esempio, se l'intensità di corrente triplica, la potenza dissipata aumenta di nove volte.

L'effetto Joule è utilizzato anche per realizzare semplici dispositivi con cui si verifica lo *stato di carica delle pile*: ponendo le dita sugli estremi di una striscia conduttrice, come nella fotografia a fianco, si applica la differenza di potenziale fornita dalla pila ai capi di un sottile conduttore, che così si scalda. Questo riscaldamento provoca la variazione di colore della zona che ricopre il conduttore: più la pila è efficiente, maggiore è il riscaldamento del conduttore, più evidente è la colorazione che ne consegue.

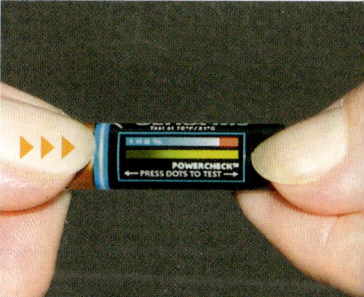

ESEMPIO

Un conduttore ohmico di resistenza $R = 130\ \Omega$ è percorso da una corrente di 1,80 A.

▶ Calcola il valore della potenza P dissipata dal conduttore.

Ricaviamo il valore di P dalla formula **(13)**:

$$P = Ri^2 = (130\ \Omega) \times (1{,}80\ A)^2 = 421\ \Omega \cdot A^2 =$$
$$= 421\ \frac{V}{A} \cdot A^2 = 421\ \frac{J}{C} \cdot \frac{C}{s} = 421\ W.$$

Dimostrazione della formula della potenza dissipata

Consideriamo un resistore di resistenza R. Ai suoi estremi A e B il potenziale elettrico ha valori, rispettivamente, V_A e V_B. La prima legge di Ohm afferma che:

$$V_A - V_B = Ri. \qquad (14)$$

Il resistore è percorso da una corrente i che, in un intervallo di tempo Δt, trasporta una carica

$$q = i\Delta t.$$

Quando una carica q si sposta da un punto all'altro, tra i quali esiste una differenza di potenziale $(V_A - V_B)$, il lavoro fatto dal campo elettrico è

$$W = q(V_A - V_B) = i\Delta t(V_A - V_B).$$

La potenza P è definita come il rapporto tra il lavoro compiuto e il tempo impiegato. Troviamo quindi

$$P = \frac{W}{\Delta t} = \frac{i\Delta t(V_A - V_B)}{\Delta t} = i(V_A - V_B). \quad (15)$$

La formula precedente vale per qualunque conduttore, anche non ohmico. Nel caso di un conduttore ohmico, sostituendo in essa la (14) si ottiene

$$P = i(V_A - V_B) = i \times (Ri) = Ri^2,$$

che è proprio la formula (13).

La conservazione dell'energia nell'effetto Joule

Il fisico inglese James P. Joule (1818-1889) fece un'importante esperienza con l'apparato sperimentale della **figura 21**: un resistore è posto all'interno di un calorimetro che contiene una massa nota m di acqua, che ha calore specifico c.

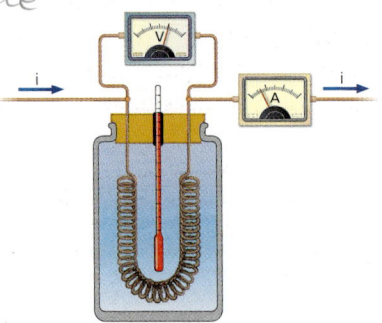

Figura 21 Apparato di Joule per controllare la conservazione dell'energia nei fenomeni termici che coinvolgono correnti elettriche.

L'amperometro A misura l'intensità i della corrente che percorre il resistore, il voltmetro V permette (nota la corrente i) di misurare la resistenza R del resistore, mentre un cronometro misura l'intervallo di tempo Δt durante il quale i è costante e diversa da zero. Nello stesso tempo, il termometro misura l'aumento di temperatura ΔT dell'acqua, dovuto alla potenza elettrica dissipata dal resistore.

Joule verificò sperimentalmente che l'energia

$$W = P\Delta t = Ri^2 \Delta t$$

ceduta dalla corrente nella resistenza durante l'intervallo di tempo Δt è uguale all'energia

$$W = cm\Delta T$$

assorbita dall'acqua.

> Il risultato dell'esperimento è una conferma che anche per i fenomeni elettrici vale il principio di conservazione dell'energia totale.

Infatti, tutta l'energia elettrica spesa dal generatore di tensione per fare fluire la corrente i si ritrova come aumento di energia interna dell'acqua. Esattamente come avviene quando si scalda l'acqua in altri modi, per esempio compiendo un lavoro meccanico con un mulinello a pale, si può fare aumentare l'energia interna di un sistema *senza* usare quell'energia in transito che chiamiamo calore.

Il kilowattora

I consumi di energia elettrica sono di solito espressi non in joule, ma in kilowattora (kWh), che è un'unità di misura di energia (e non di potenza).

> Un **kilowattora** è l'*energia* assorbita in un'ora da un dispositivo che dissipa la potenza di 1000 W:
> $$1 \text{ kWh} = 1000 \text{ W} \times 3600 \text{ s} = 3{,}6 \times 10^6 \text{ J}$$

Per esempio, una lavatrice, nella fase in cui scalda l'acqua, assorbe una potenza di 2 kW. Se continua a funzionare per due ore, consuma un'energia di 4 kWh.

7. LA FORZA ELETTROMOTRICE

All'interno di un generatore di tensione vi sono forze capaci di spingere le cariche *contro* il campo elettrico: le cariche positive verso il polo «+» e gli elettroni verso il polo «−». In questo modo si mantiene ai capi del generatore la differenza di potenziale, anche se cariche elettriche continuano a spostarsi nel circuito esterno. Chiamiamo W il lavoro che il generatore compie, contro le forze del campo elettrico, per spostare una carica q positiva dal polo negativo a quello positivo.

È conveniente caratterizzare ogni generatore con una nuova grandezza unitaria, che esprime quanto lavoro serve per spostare 1 C di carica. Questa grandezza si chiama *forza elettromotrice* del generatore:

> La **forza elettromotrice** f_{em} di un generatore è il rapporto tra il lavoro W che esso compie per spostare una carica q al suo interno e la carica q stessa.

$$f_{em} = \frac{W}{q} \quad (16)$$

forza elettromotrice (V), lavoro (J), carica elettrica (C)

La forza elettromotrice si misura in joule fratto coulomb, cioè in volt. Per esempio, una pila rettangolare con una forza elettromotrice di 9 V compie un lavoro di 9 J per trasportare al suo interno una carica positiva di 1 C dal polo negativo al polo positivo.

La forza elettromotrice di un generatore *ideale* di tensione è uguale alla differenza di potenziale che esso mantiene ai propri estremi. Ma per i generatori reali le cose non stanno così.

La forza elettromotrice è infatti uguale alla *massima* tensione che si può avere tra i poli di un generatore *reale* di tensione.

▶ Questa differenza di potenziale massima agli estremi del generatore si ha soltanto quando esso non eroga corrente.

▶ Quando circola corrente, la differenza di potenziale ai capi del generatore è *minore* della forza elettromotrice.

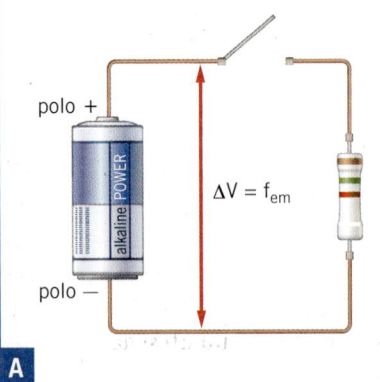
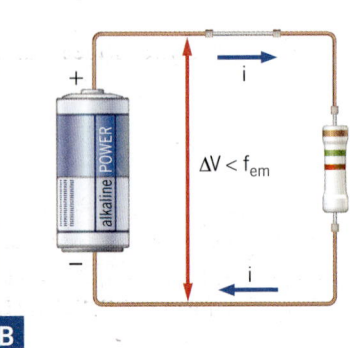

Infatti, quando circola corrente, una parte dell'energia fornita dal generatore serve per vincere la resistenza al moto delle cariche al suo interno. Ciò significa che il generatore può fornire al circuito esterno un'energia potenziale minore: il «dislivello elettrico» che la pila produce si riduce.

Per descrivere questa diminuzione di tensione associamo a ogni generatore *reale* una nuova grandezza caratteristica, che si chiama **resistenza interna** del generatore ed è indicata con il simbolo r.

> La resistenza interna misura l'impedimento al moto delle cariche che si ha all'interno del generatore.

Il generatore reale di tensione

> Un generatore reale di tensione è modellizzato come un generatore ideale di tensione collegato in serie a una opportuna resistenza interna.

Mostreremo ora che un dispositivo di questo genere ha le proprietà illustrate in precedenza.

Secondo il modello del generatore reale, un circuito costituito da una pila collegata in serie a un resistore può essere rappresentato utilizzando lo schema della **figura 22**, dove la forza elettromotrice f_{em} è la differenza di potenziale ai capi del generatore *ideale* di tensione e la differenza di potenziale ΔV ai capi della pila (cioè del generatore reale) è uguale a quella ai capi del resistore di resistenza R, per cui si ha

$$\Delta V = Ri. \qquad (17)$$

Per calcolare i è sufficiente applicare la seconda legge di Kirchhoff all'unica maglia del circuito (percorsa in senso orario). Visto che, quando si attraversa un generatore ideale di tensione nel senso convenzionale della corrente, si incontra una differenza di potenziale positiva pari a f_{em}, possiamo scrivere

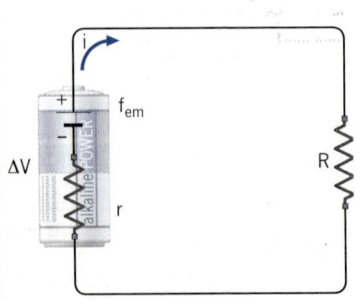

Figura 22 Schema circuitale che rappresenta un generatore reale collegato a una resistenza esterna.

$$f_{em} - ri - Ri = 0,$$

da cui otteniamo

$$i = \frac{f_{em}}{R + r}.$$

Sostituendo l'ultima espressione nella formula (17) otteniamo infine

$$\Delta V = \frac{R}{R + r} f_{em}. \qquad (18)$$

Tensione e forza elettromotrice
La frazione positiva $R/(R + r)$ è, in generale, minore di uno. Quindi, se $r > 0$ si ha $\Delta V < f_{em}$.

La (18) mostra che, a causa della resistenza interna r, la differenza di potenziale ΔV prodotta da un generatore è minore della sua forza elettromotrice f_{em}. Le due grandezze sono uguali soltanto in due casi: per $r = 0$ (come si ha in un generatore ideale) oppure nel caso limite in cui R diviene infinitamente grande; infatti si ha

$$\lim_{R \to +\infty} \frac{R}{R + r} = 1.$$

Una resistenza R infinitamente grande significa, in pratica, un circuito aperto, in cui non circola corrente elettrica.

Questo modello è quindi in grado di giustificare quanto affermato in precedenza: la forza elettromotrice di un generatore reale è uguale alla differenza di potenziale tra i suoi poli soltanto quando questa è misurata a circuito aperto, in una situazione in cui la corrente elettrica erogata è nulla.

La misura della forza elettromotrice e della resistenza interna

Per la considerazione precedente, f_{em} non può essere misurata con un voltmetro perché, durante la misura, esso è attraversato da una corrente elettrica; invece, uno strumento che misura una differenza di potenziale senza passaggio di corrente è l'elettrometro, che è presentato nel capitolo «Fenomeni di elettrostatica». Di conseguenza

> la forza elettromotrice di un generatore reale si misura con un elettrometro.

Una volta noto il valore di f_{em}, la resistenza interna r di un generatore reale può essere misurata ponendo il generatore stesso in **corto circuito**, cioè mettendo in collegamento i suoi poli mediante un conduttore che si possa considerare ideale, cioè a resistenza zero.

In questo modo si ottiene il circuito della figura 23, in cui è presente una sola resistenza, cioè r. Quindi la corrente di corto circuito i_{cc} presente nel circuito vale

$$i_{cc} = \frac{f_{em}}{r}$$

da cui si ottiene

$$r = \frac{f_{em}}{i_{cc}} \qquad (19)$$

Visto che la forza elettromotrice f_{em} è determinata in precedenza e che la corrente i_{cc} può essere misurata con un amperometro, anche la resistenza interna r è così conosciuta.

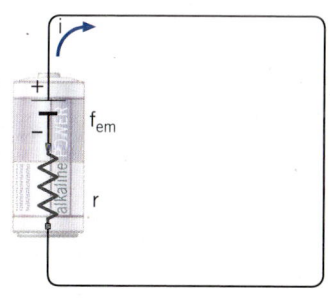

Figura 23 Il generatore reale è posto in corto circuito collegando i suoi morsetti con un conduttore di resistenza trascurabile.

I CONCETTI E LE LEGGI

PRIMA LEGGE DI OHM

Una differenza di potenziale ai capi di un conduttore genera una corrente elettrica: quindi un circuito elettrico è un insieme di conduttori connessi in modo continuo e collegati a un *generatore* di tensione, cioè un dispositivo che idealmente è capace di mantenere ai suoi capi una differenza di potenziale costante, per un tempo indeterminato e qualunque sia la corrente da cui è attraversato.

Intensità di corrente elettrica

$i = \dfrac{\Delta Q}{\Delta t}$ intensità di corrente elettrica $= \dfrac{\text{carica elettrica}}{\text{intervallo di tempo}}$

- È il rapporto tra la quantità di carica che attraversa una sezione del conduttore e l'intervallo di tempo impiegato.
- Una corrente elettrica è un moto ordinato di cariche elettriche.
- Il verso convenzionale della corrente elettrica è quello in cui si muovono le cariche positive, cioè da punti a potenziale elettrico più alto a punti a potenziale minore: nei metalli, è il verso opposto a quello in cui si muovono gli elettroni.
- Una corrente si dice **continua** se la sua intensità non cambia nel tempo.
- Si misura con amperometro, che va collegato in serie al conduttore.
- L'unità di misura è l'ampere $\left(1\,\text{A} = \dfrac{1\,\text{C}}{1\,\text{s}}\right)$.

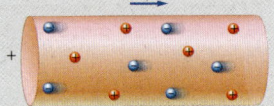

Conduttore ohmico

- Il grafico che esprime la relazione fra la differenza di potenziale ai suoi capi e l'intensità di corrente che lo attraversa è una retta che passa per l'origine.
- Il diagramma tensione-corrente di un conduttore si chiama curva caratteristica.

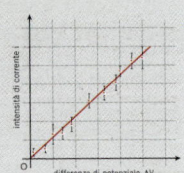

Prima legge di Ohm

$i = \dfrac{\Delta V}{R}$

- Nei conduttori ohmici l'intensità di corrente è direttamente proporzionale alla differenza di potenziale applicata ai loro capi.
- La costante di proporzionalità R si chiama resistenza elettrica.
- La resistenza elettrica si misura in ohm (Ω): $1\,\Omega = \dfrac{1\,\text{V}}{1\,\text{A}}$
- Un resistore è un componente elettrico che segue la prima legge di Ohm.
- La differenza di potenziale ai capi di un resistore si misura con il voltmetro, che va collegato in parallelo al conduttore, e deve avere una resistenza interna molto grande.

Resistori

Resistori in parallelo

$\dfrac{1}{R_{eq}} = \dfrac{1}{R_1} + \dfrac{1}{R_2} + \dfrac{1}{R_3} + \ldots$

- Due resistori in parallelo sono sottoposti alla stessa differenza di potenziale.
- L'inverso della loro resistenza equivalente è uguale alla somma degli inversi delle resistenze dei singoli resistori.

Resistori in serie

$R_{eq} = R_1 + R_2 + R_3 + \ldots$

- Due resistori sono in serie quando i conduttori sono posti in successione tra loro: in essi passa la stessa corrente elettrica.
- La loro resistenza equivalente è uguale alla somma delle resistenze dei singoli resistori.

Forza elettromotrice di un generatore

Ideale

$f_{em} = \dfrac{W}{q}$

- è il rapporto tra il lavoro W che il generatore compie per spostare una carica q al suo interno e la carica q stessa.
- È uguale alla differenza di potenziale che un generatore mantiene ai propri estremi.

Reale

$\Delta V = f_{em} - ri$

- Un generatore reale è un generatore ideale in serie a una data resistenza interna r; R è la resistenza del circuito esterno; ΔV è la tensione ai capi del generatore.
- Quindi $\Delta V < f_{em}$ per un generatore reale.
- $\Delta V = f_{em}$ in due casi:
  1) $r = 0$ (generatore ideale);
  2) $R \to \infty$ (circuito aperto).

LEGGI DI KIRCHHOFF

Risolvere un circuito significa determinare il valore e il verso di tutte le correnti presenti e, di conseguenza, anche il valore delle tensioni ai capi di tutti i resistori.

Leggi di Kirchhoff

- Esprimono le proprietà fondamentali di un circuito ohmico.
- Sono necessarie per risolvere un circuito con più di un generatore o con una disposizione di resistori complessa.

Prima legge (legge dei nodi)

$$i_1 + i_2 + \ldots + i_m = \sum_{k=1}^{m} i_k = 0$$

- La somma delle intensità di corrente entranti in un nodo è uguale alla somma di quelle uscenti (un nodo è un punto del circuito in cui convergono tre o più conduttori).
- È una conseguenza del principio di conservazione della carica.

Seconda legge (legge delle maglie)

$$\Delta V_1 + \Delta V_2 + \ldots + \Delta V_p = \sum_{k=1}^{p} \Delta V_k = 0$$

- Alla fine della maglia si trova lo stesso potenziale che c'era all'inizio.

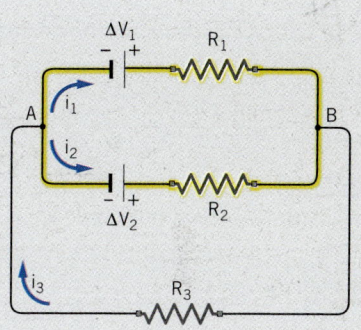

Potenza dissipata per un conduttore ohmico

$$P = i(V_A - V_B) = R i^2$$

potenza = resistenza × (intensità di corrente)²

- È la rapidità con cui l'energia elettrica è trasformata in energia interna del resistore.
- In un conduttore ohmico, è direttamente proporzionale alla resistenza e al quadrato della corrente elettrica.

Kilowattora

- L'energia elettrica si misura di solito in kilowattora: 1 kWh = $3{,}6 \times 10^6$ J
- 1 kWh è l'energia assorbita in un'ora da un dispositivo che dissipa la potenza di 1000 W.

Effetto Joule e conservazione dell'energia

$$W = R i^2 \, \Delta t = c m \, \Delta T$$

- L'effetto Joule è la trasformazione dell'energia elettrica in calore: si può spiegare a livello microscopico osservando che un conduttore metallico si scalda perché gli ioni positivi del reticolo cristallino assorbono, attraverso gli urti, l'energia cinetica degli elettroni accelerati dal campo elettrico, e così aumentano la propria energia cinetica media, cioè la propria temperatura.
- James Joule verificò, usando un resistore immerso in una massa m di acqua, che l'energia erogata dal resistore risulta uguale a quella assorbita dall'acqua, dove c è il calore specifico e ΔT è la conseguente variazione di temperatura dell'acqua.

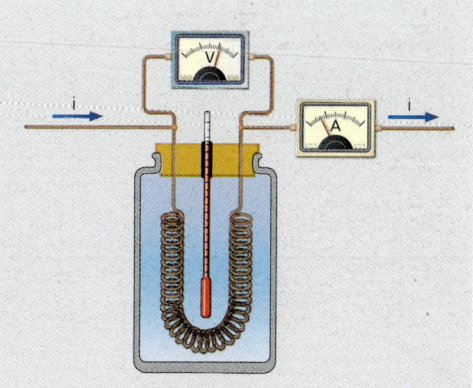

ESERCIZI

DOMANDE SUI CONCETTI

1 Dimostra che la variazione della velocità di un elettrone che si muove all'interno di un conduttore, in un dato intervallo di tempo Δt, è proporzionale al campo elettrico.

2 In un telecomando per lo stereo sono necessarie 2 pile *slim* da 1,5 V. Devono essere disposte una a fianco all'altra ma se non si inseriscono entrambe il telecomando non funziona.

▶ Perché?

3 Nel circuito mostrato nella figura stabilisci quali lampadine sono in serie e quali in parallelo.

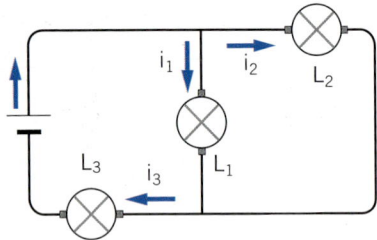

4 Perché un amperometro non può essere collegato in parallelo a un conduttore?

5 Per un tubo al neon, un LED luminoso, una lampadina ad arco elettrico vale la prima legge di Ohm?

6 Considera due circuiti ideali alimentati da generatori di tensione identici. Nei circuiti ci sono due resistori ognuno di resistenza R. Nel primo circuito i resistori sono in serie mentre nel secondo sono in parallelo. La resistenza equivalente nei due circuiti può essere la stessa per un dato valore di R?

7 Tre resistori diversi sono collegati in parallelo in un circuito alimentato con una differenza di potenziale di 24 V.

▶ In quale dei tre resistori circola la corrente più intensa?

8 La prima legge di Kirchhoff è una conseguenza di quale principio di conservazione?

9 Individua nella figura i nodi e le maglie.

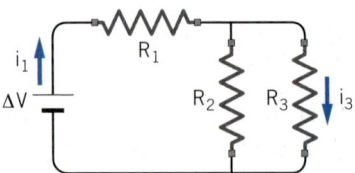

▶ Applica la seconda legge di Kirchhoff alla maglia esterna.

10 Immagina di collegare allo stesso generatore che fornisce una tensione di 120 V due lampadine, prima una da 40 W e poi una da 100 W.

▶ Quale delle due lampadine ha il valore più alto della resistenza?

11 Nei fenomeni elettrici vale il principio di conservazione dell'energia totale?

12 Perché quando circola corrente in un circuito reale la differenza di potenziale ai capi del generatore è minore della forza elettromotrice?

13 Quali sono i due casi in cui la forza elettromotrice di un generatore è uguale alla differenza di potenziale tra i suoi poli?

PROBLEMI

1 L'INTENSITÀ DELLA CORRENTE ELETTRICA

1 Attraverso la sezione di un filo di rame passa in ogni minuto la quantità di carica $Q = 0,36$ C.

▶ Calcola l'intensità di corrente che attraversa il filo.

[6,0 mA]

2 In un filo elettrico circola una corrente di intensità $4,0 \times 10^{-2}$ A per 5,0 s.

▶ Calcola la carica totale che attraversa una sezione del filo in quell'intervallo di tempo.

[0,20 C]

3 Calcola il numero di elettroni che attraversano la sezione del filo dell'esercizio 1.

[$2,2 \times 10^{18}$ elettroni al minuto]

4 Un filo di tungsteno è percorso da una corrente di 0,35 A. La carica che passa attraverso una qualsiasi sezione del filo è di 4,20 C.

▶ Calcola il tempo necessario perché la carica data attraversi la sezione del filo.

[12 s]

3 LA PRIMA LEGGE DI OHM

5 **PROBLEMA SVOLTO**

Una batteria che mantiene una differenza di potenziale di 4,5 V è collegata a un resistore e l'intensità di corrente che fluisce nel circuito vale 0,060 A.

▶ Calcola il valore della resistenza del resistore.

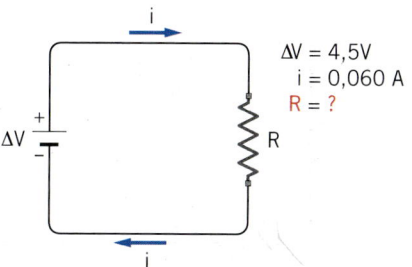

$\Delta V = 4,5$ V
$i = 0,060$ A
$R = ?$

■ **Strategia e soluzione**

• Se ricaviamo R nella **(3)** otteniamo

$$R = \frac{\Delta V}{i}.$$

• Sostituendo in questa espressione i valori numerici troviamo

$$R = \frac{4,5 \text{ V}}{0,060 \text{ A}} = 75 \text{ } \Omega.$$

■ **Discussione**

In un resistore la corrente è direttamente proporzionale alla differenza di potenziale applicata. Così, se si raddoppia la tensione portandola da 4,5 V a 9,0 V (per esempio mettendo in serie tra loro due pile da 4,5 V), anche l'intensità di corrente raddoppia, passando da 0,060 A a 0,12 A.

6 Una batteria che mantiene una differenza di potenziale di 1,5 V è collegata a un resistore e l'intensità di corrente che fluisce nel circuito vale 30 mA.

▶ Calcola il valore della resistenza del resistore.

[50 Ω]

7 🇬🇧 A conductor has an electric resistance of 12 Ω and the electric current that flows through it has a value of 20 mA.

▶ What is the value of the potential difference between its ends?

[$2,4 \times 10^2$ V]

ESERCIZI

8 ★★★ Un conduttore di resistenza $2{,}0 \times 10^6\ \Omega$ è sottoposto a una differenza di potenziale di $5{,}0 \times 10^2$ V.

▶ Calcola l'intensità di corrente che percorre il conduttore.

[$2{,}5 \times 10^{-4}$ A]

9 ★★ Un alimentatore mantiene una differenza di potenziale costante ai propri morsetti. Quando lo si collega a un resistore da 150 Ω, esso produce una corrente di 80 mA. In un secondo momento viene collegato a un resistore da 560 Ω.

▶ Calcola la corrente che attraversa il secondo resistore.

[21 mA]

10 ★★ Un *partitore resistivo* ideale è costituito da un generatore di tensione continua e una serie di resistori come mostrato nella figura. Il generatore, con differenza di potenziale $\Delta V = V_A - V_B = 100$ V, eroga una corrente $i = 1{,}0$ A.

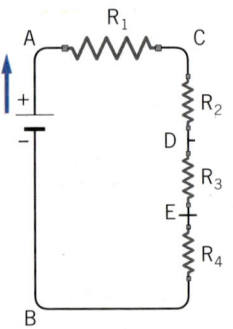

Nel caso in cui $V_A = 100$ V, $V_c = 80$ V, $V_D = 40$ V, $V_E = 30$ V:

▶ quali valori assumono le resistenze R_1, R_2, R_3, R_4?

[20 Ω, 40 Ω, 10 Ω, 30 Ω]

4 I RESISTORI IN SERIE E IN PARALLELO

11 ★ **PROBLEMA SVOLTO**

In un circuito sono inseriti, in serie, una batteria da 12,0 V e tre resistori con resistenze di 130 Ω, 150 Ω e 200 Ω.

▶ Quanto vale l'intensità di corrente?

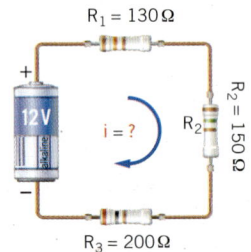

■ Strategia e soluzione

- Le tre resistenze in serie sono equivalenti a una sola resistenza di valore
$$R_{eq} = R_1 + R_2 + R_3 = (130 + 150 + 200)\ \Omega = 480\ \Omega.$$

- Come si vede nella figura, la resistenza R_{eq} è sottoposta alla stessa tensione ΔV che la batteria mantiene ai suoi estremi. Quindi, per la prima legge di Ohm vale la relazione

$$i = \frac{\Delta V}{R_{eq}}.$$

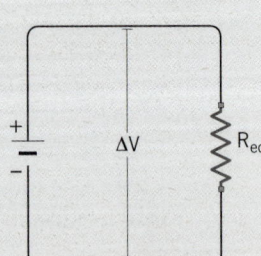

- Sostituendo i valori numerici otteniamo
$$i = \frac{\Delta V}{R_{eq}} = \frac{12{,}0\ \text{V}}{480\ \Omega} = 0{,}0250\ \text{A}.$$

■ Discussione

Applicando la prima legge di Ohm ai tre resistori, otteniamo che le differenze di potenziale ai loro estremi sono, rispettivamente,

$$\Delta V_1 = R_1 i = 130\ \Omega \times 0{,}0250\ \text{A} = 3{,}25\ \text{V},$$

$$\Delta V_2 = R_2 i = 150\ \Omega \times 0{,}0250\ \text{A} = 3{,}75\ \text{V},$$

$$\Delta V_3 = R_3 i = 200\ \Omega \times 0{,}0250\ A = 5{,}00\ V.$$

La somma di queste tre differenze di potenziale è

$$(3{,}25 + 3{,}75 + 5{,}00)\ V = 12{,}0\ V,$$

che è proprio la tensione mantenuta dalla batteria. Quindi il risultato ottenuto è corretto.

 12 In un circuito sono inseriti, in serie, una batteria da 6,0 V e tre resistori con resistenze rispettivamente uguali a 60 Ω, 80 Ω e 50 Ω.

▶ Quanto vale l'intensità di corrente?

[32 mA]

 13 **PROBLEMA SVOLTO**

Un circuito contiene una batteria da 18,0 V e due resistori collegati in parallelo. Le loro resistenze sono rispettivamente uguali a 400 Ω e 600 Ω.

▶ Quanto vale l'intensità di corrente erogata dal generatore?

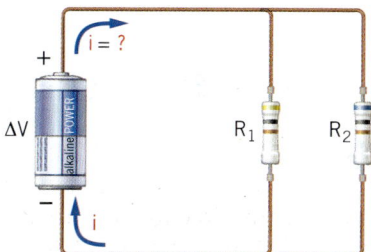

$R_1 = 400\ \Omega$
$R_2 = 600\ \Omega$
$\Delta V = 18{,}0\ V$

■ **Strategia e soluzione**

- Dalla formula (9), scritta come

$$\frac{1}{R_{eq}} = \frac{1}{R_1} + \frac{1}{R_2},$$

ricaviamo

$$R_{eq} = \frac{R_1 R_2}{R_1 + R_2} = \frac{400\ \Omega \times 600\ \Omega}{(400 + 600)\ \Omega} = 240\ \Omega.$$

- Come si vede nella figura seguente, la corrente i che esce dal generatore è la stessa corrente i_{eq} che attraversa la resistenza equivalente R. Quindi, per la formula (4) si ha:

$$i = i_{eq} = \frac{\Delta V}{R_{eq}} = \frac{18{,}0\ V}{240\ \Omega} = 0{,}0750\ A.$$

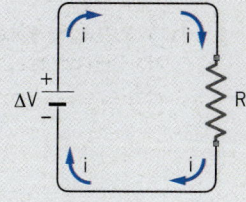

■ **Discussione**

Applicando la prima legge di Ohm ai due resistori otteniamo che le correnti che li attraversano sono

$$i_1 = \frac{\Delta V}{R_1} = \frac{18{,}0\ V}{400\ \Omega} = 0{,}0450\ A$$

e

$$I_2 = \frac{\Delta V}{R_2} = \frac{18{,}0\ V}{600\ \Omega} = 0{,}0300\ A.$$

Le correnti nei due rami del circuito sono inversamente proporzionali alle corrispondenti resistenze: dove la resistenza è minore, l'intensità di corrente è maggiore.

ESERCIZI

14 Un circuito contiene una batteria da 12,0 V e due resistori collegati in parallelo. Le loro resistenze sono rispettivamente uguali a 150 Ω e 300 Ω.

▶ Quanto vale l'intensità di corrente erogata dal generatore?

[0,120 A]

15 In un circuito sono collegati in serie un generatore di tensione di 18,0 V e dieci resistori uguali. Viene misurata l'intensità di corrente, che risulta di 6,0 mA.

▶ Calcola la resistenza equivalente del circuito.

▶ Calcola il valore della resistenza di ciascun resistore.

[$3{,}0 \times 10^3$ Ω, $3{,}0 \times 10^2$ Ω]

16 Nel circuito della figura, la resistenza R_1 vale 150 Ω ed è collegata in serie a una resistenza variabile R_x. Il generatore mantiene una differenza di potenziale di 220 V.

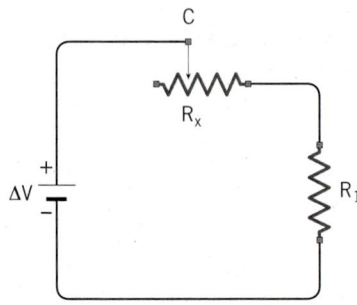

▶ Per quale valore di R_x l'intensità di corrente che attraversa il circuito è massima?

▶ Quanto vale la massima intensità di corrente che può attraversare il circuito?

[0 Ω; 1,47 A]

17 PROBLEMA SVOLTO

Nello schema a fianco poniamo un generatore che mantiene una tensione di 22,5 V e tre resistenze $R_1 = 200$ Ω, $R_2 = 300$ Ω, e $R_3 = 130$ Ω.

▶ Risolviamo tale circuito.

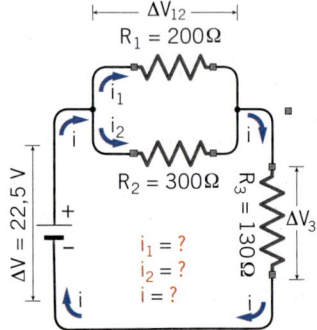

■ Strategia e soluzione

• Per prima cosa conviene determinare la resistenza equivalente del circuito.

• R_1 e R_2 (in parallelo) danno la resistenza R_{12} che vale

$$R_{12} = \frac{R_1 R_2}{R_1 + R_2} = \frac{200 \text{ Ω} \times 300 \text{ Ω}}{500 \text{ Ω}} = 120 \text{ Ω}.$$

• La resistenza equivalente di R_{12} e R_3 (in serie) è

$$R_{eq} = R_{12} + R_3 = 120 \text{ Ω} + 130 \text{ Ω} = 250 \text{ Ω}.$$

• L'intensità i della corrente che esce dal generatore e passa per R_{eq} è

$$i_1 = \frac{\Delta V}{R_{eq}} = \frac{22{,}5 \text{ V}}{250 \text{ Ω}} = 9{,}00 \times 10^{-2} \text{ A} = 90{,}0 \text{ mA}.$$

• La corrente i, che è erogata dal generatore, è la stessa che passa per R_3. Quindi possiamo calcolare la tensione ΔV_3 ai capi di R_3 come

$$\Delta V_3 = R_3 i = 130 \text{ Ω} \times 9{,}00 \times 10^{-2} \text{ A} = 11{,}7 \text{ V}.$$

- La corrente i, che è erogata dal generatore, è la stessa che passa per R_3. Quindi possiamo calcolare la tensione ΔV_3 ai capi di R_3 come

$$\Delta V_3 = R_3 i = 130 \,\Omega \times 9{,}00 \times 10^{-2} \,\text{A} = 11{,}7 \,\text{V}.$$

- La tensione ΔV_{12} ai capi di R_{12}, sommata a ΔV_3, è alla tensione ΔV del generatore. Quindi calcoliamo

$$\Delta V_{12} = \Delta V - \Delta V_3 = 22{,}5 \,\text{V} - 11{,}7 \,\text{V} = 10{,}8 \,\text{V}.$$

- La tensione ΔV_{12} è quella che si trova agli estremi di R_1. Quindi la corrente i_1 che attraversa questa resistenza è

$$i_1 = \frac{\Delta V}{R_1} = \frac{10{,}8 \,\text{V}}{200 \,\Omega} = 54{,}0 \,\text{mA}.$$

- La parte di i che non passa per R_1 costituisce la corrente i_2 che attraversa R_2. Quindi concludiamo la risoluzione calcolando

$$i_2 = i - i_1 = 90{,}0 \,\text{mA} - 54{,}0 \,\text{mA} = 36{,}0 \,\text{mA}.$$

■ Discussione

Avremmo potuto calcolare i_2 con la prima legge di Ohm, ottenendo lo stesso risultato.

$$i_2 = \frac{\Delta V_{12}}{R_2} = \frac{10{,}8 \,\text{V}}{300 \,\Omega} = 36{,}0 \,\text{mA}.$$

In tutti i casi, abbiamo risolto il circuito, perché conosciamo le correnti che passano attraverso tutti i resistori e le differenze di potenziale ai capi di essi.

18 Il circuito in figura contiene un generatore che mantiene una differenza di potenziale di 80 V e cinque resistenze che valgono $R_1 = 80 \,\Omega$, $R_2 = R_4 = 10 \,\Omega$, $R_3 = 20 \,\Omega$, $R_5 = 40 \,\Omega$.

▶ Risolvi il circuito.

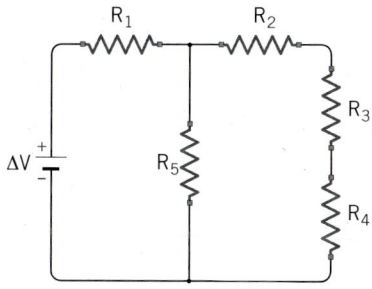

$[R_{eq} = 100 \,\Omega, i = i_1 = 0{,}80 \,\text{A}, \Delta V_1 = 64 \,\text{V}, \Delta V_5 = 16 \,\text{V},$
$i_5 = i_2 = i_3 = i_4 = 0{,}40 \,\text{A}; \Delta V_2 = \Delta V_4 = 4{,}0 \,\text{V}; \Delta V_3 = 8{,}0 \,\text{V}]$

19 Nel circuito della figura il generatore mantiene una differenza di potenziale di 28,0 V e le resistenze valgono $R_1 = 300 \,\Omega$, $R_2 = 200 \,\Omega$, $R_3 = 240 \,\Omega$ e $R_4 = 480 \,\Omega$.

▶ Risolvi il circuito.

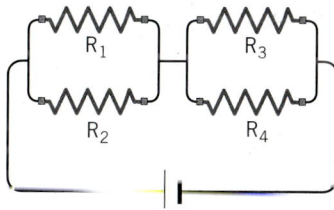

$[1: 12{,}0 \,\text{V}, 40{,}0 \,\text{mA}; 2: 12{,}0 \,\text{V}, 60{,}0 \,\text{mA};$
$3: 16{,}0 \,\text{V}, 66{,}7 \,\text{mA}; 4: 16{,}0 \,\text{V}, 33{,}3 \,\text{mA}]$

20 Il circuito nella figura è alimentato da un generatore che eroga una tensione di 24 V.

▶ Calcola le intensità di corrente che attraversano ogni resistore.

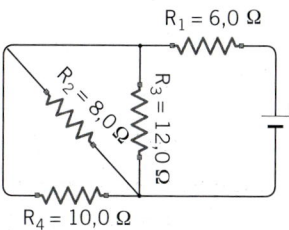

$[i_1 = 2{,}6 \,\text{A}; i_2 = 1{,}0 \,\text{A}; i_3 = 0{,}69 \,\text{A}; i_4 = 0{,}83 \,\text{A}]$

ESERCIZI

21 ★★★ Considera sette resistenze R tutte uguali tra loro e inserite nel circuito mostrato nella figura. Una corrente i del valore di 8 A entra nel punto A ed esce nel punto D.

▶ Determina l'intensità di corrente i_2 che attraversa il ramo FE.

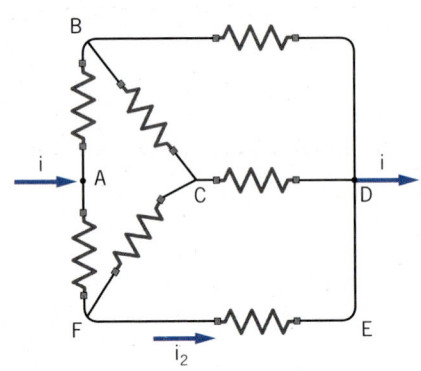

[3 A]

5 LE LEGGI DI KIRCHHOFF

22 ★☆☆ Nel circuito della figura, chiama i_1 la corrente che esce dal generatore e i_3 quella che attarversa R_3. Scegli come verso di percorrenza della maglia quello orario. Supponi che $\Delta V = 220$ V, $R_1 = 10$ Ω, $R_3 = 20$ Ω e $i_1 = 3{,}0$ A.

▶ Determina il valore di i_3.

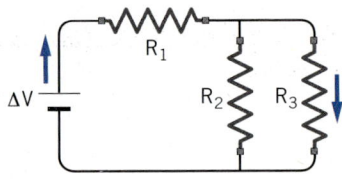

[9,5 A]

23 ★★☆ **PROBLEMA SVOLTO**

Nel circuito della figura si ha $\Delta V_1 = 12$ V, $\Delta V_2 = 15$ V, $R_1 = 10$ Ω, $R_2 = 35$ Ω e $R_3 = 50$ Ω.

▶ Determina, in verso e valore, tutte le correnti presenti nel circuito.

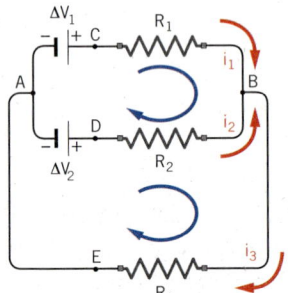

$\Delta V_1 = 12$ V
$\Delta V_2 = 15$ V
$R_1 = 10$ Ω
$R_2 = 35$ Ω
$R_3 = 50$ Ω
$i_1 = ?$
$i_2 = ?$
$i_3 = ?$

■ Strategia e soluzione

- Il circuito contiene tre correnti incognite, i_1, i_2 e i_3, alle quali è stato assegnato il verso del ramo in cui fluiscono (frecce rosse). Non è necessario indovinare tale verso fin dall'inizio: se, per esempio, ottenessimo per la variabile i_2 un risultato negativo, ciò ci segnalerà che il verso reale della corrente è l'opposto di quello scelto all'inizio.

- Per determinare il valore delle tre correnti incognite bisogna individuare tre equazioni. Si può allora applicare la prima legge di Kirchhoff al nodo A, in modo da ottenere la prima condizione

$$i_3 = i_1 + i_2.$$

- Ora applichiamo la seconda legge di Kirchhoff alla maglia definita dai punti A-C-B-D-A. Su tale maglia occorre scegliere un verso, per esempio quello orario visualizzato dalla freccia azzurra superiore nella figura.

- Passando da A a C attraversiamo una differenza di potenziale positiva ΔV_1 (infatti passiamo dal polo $-$ a quello $+$ del generatore). Poi, da C a B, abbiamo una caduta di potenziale $-R_1 i_1$ (come regola pratica si nota che, in questo tratto, la corrente i_1 fluisce nello stesso verso in cui percorriamo la maglia).

- Da B a D procediamo nel verso opposto alla corrente i_2, per cui attraversiamo una tensione positiva $+R_2 i_2$. Al contrario, da D ad A la differenza di potenziale è negativa, pari a $-\Delta V_2$. Tutto ciò si riassume nell'equazione

$$\Delta V_1 - R_1 i_1 + R_2 i_2 - \Delta V_2 = 0.$$

- Applicando la stessa logica alla maglia $A\text{-}D\text{-}B\text{-}E\text{-}A$, percorsa sempre in senso orario, otteniamo l'ulteriore equazione

$$\Delta V_2 - R_2 i_2 - R_3 i_3 = 0.$$

- Le tre equazioni ottenute (una dalla legge dei nodi e due da quella delle maglie) costituiscono il sistema lineare

$$\begin{cases} i_3 = i_1 + i_2 \\ \Delta V_1 - R_1 i_1 + R_2 i_2 - \Delta V_2 = 0 \\ \Delta V_2 - R_2 i_2 - R_3 i_3 = 0 \end{cases}$$

che può essere risolto nel modo usuale fornendo la soluzione

$$\begin{cases} i_1 = \dfrac{\Delta V_1 (R_2 + R_3) - \Delta V_2 R_3}{R_1 R_2 + R_1 R_3 + R_2 R_3} = 0{,}10 \text{ A} \\ i_2 = \dfrac{\Delta V_2 (R_1 + R_3) - \Delta V_1 R_3}{R_1 R_2 + R_1 R_3 + R_2 R_3} = 0{,}12 \text{ A} \\ i_3 = \dfrac{R_1 \Delta V_2 + R_2 \Delta V_1}{R_1 R_2 + R_1 R_3 + R_2 R_3} = 0{,}22 \text{ A} \end{cases}$$

■ Discussione

Il circuito del problema contiene due nodi e tre maglie e, quindi, può fornire cinque equazioni. Di queste, bisognava sceglierne tre in modo che fossero indipendenti tra loro.
Per esempio, il nodo B avrebbe fornito l'equazione $i_1 + i_2 = i_3$, equivalente a quella ottenuta dal nodo A. A sua volta, l'equazione che si otterrebbe dalla maglia $A\text{-}C\text{-}B\text{-}E\text{-}A$ è la somma membro a membro delle equazioni che abbiamo ottenuto dalle altre due maglie. Tali equazioni, non essendo indipendenti dalle altre tre, non fornirebbero alcuna nuova informazione.

---

24 ★★ Nel circuito della figura si ha $\Delta V_1 = 10$ V, $\Delta V_2 = 15$ V, $R_1 = 20\ \Omega$, $R_2 = 60\ \Omega$ e $R_3 = 40\ \Omega$.

▶ Determina il verso e il valore di tutte le correnti presenti nel circuito.

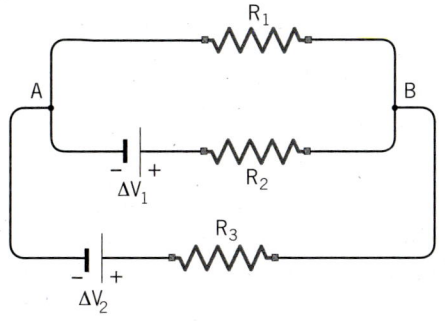

$[i_1 = 2{,}9 \times 10^{-2}$ A, $i_2 = 6{,}8 \times 10^{-3}$ A, $i_3 = 2{,}3 \times 10^{-2}$ A$]$

25 ★★★ Il circuito elettrico mostrato nella figura è percorso dalla corrente $i = 20$ A. Le tensioni e le resistenze indicate nella figura valgono rispettivamente $\Delta V_1 = 100$ V, $\Delta V_2 = 200$ V e $R_1 = 10\ \Omega$ e $R_2 = 30\ \Omega$.

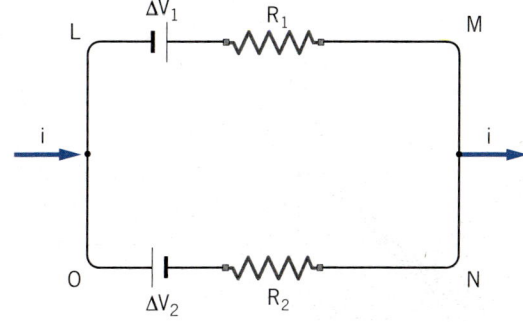

ESERCIZI

▶ Determina il verso e il valore delle correnti i_1 e i_2 che circolano rispettivamente nel ramo LM e nel ramo ON del circuito.

[23 A; −2,5 A]

26 Gli elementi del circuito raffigurato sono caratterizzati dai seguenti valori: $V_0 = \alpha R$ con $\alpha = 1,0$ A, $R_5 = 5R, R_4 = 4R, R_3 = 3R, R_2 = 2R$ e $R_1 = R$, dove R si misura in Ω.

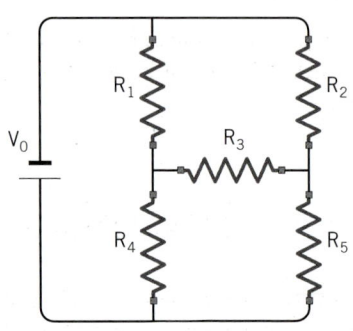

▶ Determina la corrente che attraversa il resistore di resistenza R_3.

[$1,7 \times 10^{-2}$ A]

6 LA TRASFORMAZIONE DELL'ENERGIA ELETTRICA

27 Sulla targhetta di un asciugacapelli compare la scritta: tensione 220 V, potenza 1000 W.

▶ Quanto vale all'incirca la resistenza degli elementi riscaldanti?

[48 Ω]

28 In un resistore di resistenza pari a 1,5 kΩ circola una corrente elettrica di intensità 6,7 mA.

▶ Quanto vale la potenza dissipata dal resistore?

[67 mW]

29 Un filo di ferro, attraversato da una corrente di 0,28 A, dissipa una potenza di 28 mW.

▶ Quanto vale la sua resistenza?

[0,36 Ω]

30 Un resistore dissipa una potenza di 15 W.

▶ Quanti kilowattora consuma in 24 ore?

▶ Quanto vale questa energia, espressa in joule?

[0,36 kWh; 1,3 MJ]

31 PROBLEMA SVOLTO

L'accendisigari di un'automobile è formato da un conduttore metallico che può essere collegato alla batteria dell'auto, che mantiene una differenza di potenziale di 12 V. Nel manuale leggiamo che l'accendisigari sviluppa una potenza di 38 W.

▶ Determina l'intensità della corrente presente nell'accendisigari quando esso è in funzione.

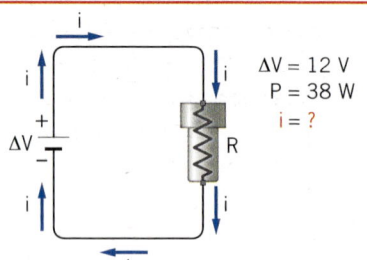

■ Strategia e soluzione

- In questo caso conviene utilizzare la relazione (15)

$$P = i(V_A - V_B) = i\Delta V,$$

da cui isoliamo:

$$i = \frac{P}{\Delta V}.$$

- Sostituendo in questa espressione i valori numerici troviamo

$$i = \frac{38 \text{ W}}{12 \text{ V}} = 3,2 \text{ A}.$$

■ **Discussione**

Dai dati ottenuti possiamo conoscere anche il valore della resistenza elettrica R del conduttore contenuto nell'accendisigari. Si trova

$$R = \frac{\Delta V}{i} = \frac{12 \text{ V}}{3{,}2 \text{ A}} = 3{,}8 \text{ }\Omega.$$

32 ★★ La potenza dissipata da una stufetta elettrica è di 1,3 kW quando viene collegata alla rete elettrica domestica, che ha una tensione di 220 V.

▶ Calcola l'intensità di corrente che passa attraverso il resistore all'interno della stufetta.

▶ Calcola, inoltre, il calore fornito in 10 min.

[5,9 A; 7,8 × 10⁵ J]

33 ★★ Un kilowattora di energia costa in media 0,10 euro. Decidi di sostituire una lampadina da 100 W con una da 75 W nella tua camera. La lampadina resta accesa circa 3,0 ore al giorno.

▶ A quanto ammonta il risparmio sulla bolletta dell'energia elettrica nell'arco di un mese?

[0,23 euro]

34 ★★★ Un sottile filo conduttore di resistenza $R = 50$ Ω, collegato a un generatore di tensione che mantiene una differenza di potenziale V_0, viene utilizzato per portare 10 L di un liquido dalla temperatura di 10 °C a quella di 50 °C. La corrente erogata dal generatore è di 10 A. Il calore specifico del liquido è di 1,0 kcal/litro·°C e il rendimento del sistema è $\mu = 0{,}8$.

▶ Calcola il tempo che occorre per il riscaldamento del liquido.

Trascura la variazione di resistenza e la dilatazione termica del filo nell'intervallo di temperatura considerato.

[4,2 × 10² s]

7 LA FORZA ELETTROMOTRICE

35 ★ Un generatore reale ha una forza elettromotrice di 4,5 V e una resistenza interna di 10 Ω. La corrente erogata vale 32 mA.

▶ Quanto vale la differenza di potenziale ΔV?

[4,2 V]

36 ★ Una batteria di forza elettromotrice 7,0 V viene inserita in un circuito elettrico con un resistore. Si misurano la corrente elettrica e la differenza di potenziale ai capi del resistore e si trovano i valori $i = 90$ mA e $\Delta V = 6{,}0$ V.

▶ Quanto vale la resistenza interna della batteria?

▶ Quanto vale la resistenza del resistore?

[11 Ω; 67 Ω]

37 ★★ **PROBLEMA SVOLTO**

La differenza di potenziale ai capi di una pila risulta 4,64 V se è misurata a circuito aperto e 4,14 V se è misurata quando il
circuito è chiuso su una resistenza $R = 100$ Ω.

▶ Quanto vale la resistenza interna r della pila?

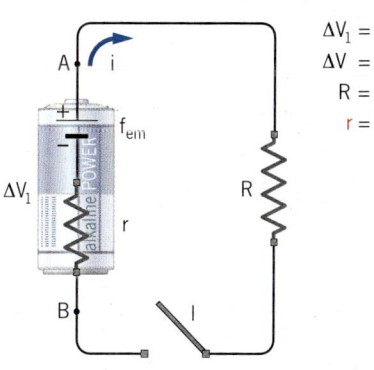

$\Delta V_1 = 4{,}64$ V
$\Delta V = 4{,}14$ V
$R = 100$ Ω
$r = ?$

ESERCIZI

> ■ **Strategia e soluzione**
>
> • Dalla misura effettuata a circuito aperto possiamo dedurre che la forza elettromotrice della pila è
>
> $$f_{em} = \Delta V_1 = 4{,}64 \text{ V}.$$
>
> • Ora possiamo isolare r nella formula (18), ottenendo
>
> $$r = R\frac{f_{em} - \Delta V}{\Delta V} = (100 \ \Omega) \times \frac{0{,}50 \text{ V}}{4{,}14 \text{ V}} = 12 \ \Omega.$$
>
> La resistenza interna della pila vale 12 Ω.
>
> ■ **Discussione**
>
> La differenza tra f_{em} e ΔV è sensibile perché r, pur essendo minore di R, non ha un valore trascurabile rispetto a essa. Se, con la stessa r, si collegasse il generatore reale a una resistenza esterna $R_1 = 1500 \ \Omega$ si avrebbe $\Delta V = 4{,}60$ V, praticamente uguale a f_{em}.

38 ★★ Ai capi di una batteria risulta una differenza di potenziale di 12,0 V se è misurata a circuito aperto e 11,8 V se è misurata quando il circuito è chiuso su una resistenza $R = 400 \ \Omega$.

▶ Quanto vale la resistenza interna r della pila?

[circa 7 Ω]

39 ★★★ Nel circuito della figura, le forze elettromotrici dei due generatori ideali valgono $f_1 = 12$ V e $f_2 = 24$ V. Le resistenze dei tre resistori valgono $R_1 = 10 \ \Omega$, $R_2 = 20 \ \Omega$, $R_3 = 30 \ \Omega$.

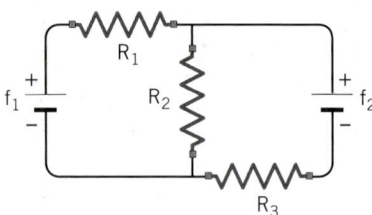

▶ Calcola l'intensità della corrente erogata dal generatore di forza elettromotrice f_2.

[0,44 A]

PROBLEMI GENERALI

1 ★★ Un pacemaker, dispositivo impiantato nelle persone cardiopatiche, è alimentato da batterie a lunga durata che erogano una corrente di 5,6 μA. La carica totale che le batterie sono in grado di fornire durante tutto il loro funzionamento è di $1{,}5 \times 10^3$ C.

▶ Dopo quanto tempo ci si aspetta che il dispositivo smetta di funzionare?

[8,5 anni]

2 ★★ Ai capi della pila di un telefono cellulare c'è una differenza di potenziale di 3,7 V e la corrente erogata è di 0,80 A. Determina:

▶ la carica che fluisce nel cellulare in 45 s.

▶ la potenza sviluppata per effetto Joule.

▶ l'energia dissipata per effetto Joule in 45 s.

[36 C; 3,0 W; $1{,}3 \times 10^2$ J]

3 ★★ Una caldaia per abitazioni contiene 80 kg d'acqua. Quando viene accesa, la caldaia scalda l'acqua tramite un resistore, portandola da 20 °C a 50 °C. La tensione ai capi del resistore è 220 V e la corrente che lo attraversa è di 4,5 A.

▶ Determina quanto tempo impiega la caldaia a scaldare l'acqua.

[2,8 h]

4 ★★ A una pila si collega un resistore di resistenza pari a $R = 50 \ \Omega$ che è così percorso da una corrente di 0,80 A. Collegando in parallelo alla resistenza R una seconda resistenza $R_1 = 25 \ \Omega$, la corrente complessiva diventa 2,0 A. Calcola:

▶ la resistenza interna r della pila.

▶ la forza elettromotrice della pila.

[5,6 Ω; 44 V]

5 ★★ Uno stimolatore elettrico per aumentare la muscolatura produce impulsi della durata di qualche secondo. Supponi che durante ognuno di questi impulsi la corrente rimanga costante e assuma il valore di 4,7 mA. La pila che genera la corrente ha una forza elettromotrice di 6,0 V e una resistenza interna di 50 Ω. Lo stimolatore è posizionato sui muscoli di entrambe le cosce di un atleta, che si possono considerare come due resistenze uguali e in serie. Calcola:

▶ la resistenza del muscolo di ciascuna coscia dell'atleta.

▶ la differenza di potenziale ai capi di ciascun muscolo.

[$6{,}1 \times 10^2$ Ω; 2,9 V]

6 ★★ La resistenza equivalente di un circuito è data da $R_{eq} = R_1 + \dfrac{R_2 R_3}{R_2 + R_3} + \dfrac{R_4 R_5}{R_4 + R_5}$. Supponi che i valori delle resistenze siano $R_1 = 200$ Ω, $R_2 = 600$ Ω, $R_3 = 400$ Ω, $R_4 = R_5 = 120$ Ω e la corrente totale valga 440 mA.

▶ Disegna il circuito corrispondente.

▶ Calcola il valore della differenza di potenziale del generatore presente nel circuito.

[220 V]

7 ★★ Una lampada è alimentata da un generatore di tensione da 15 V, con resistenza interna trascurabile. La resistenza della lampada vale 10 Ω. In un secondo momento, una seconda lampadina è inserita in serie alla prima e l'intensità di corrente diminuisce fino al valore 1,0 A.

▶ Calcola l'intensità di corrente che attraversa la lampada prima che venga inserita la seconda lampadina.

▶ Quanto vale la resistenza della seconda lampadina?

▶ Supponi che la seconda lampadina sia inserita in parallelo invece che in serie. Quanto vale adesso l'intensità di corrente attraverso la prima lampada?

[1,5 A; 5 Ω; 1,5 A]

8 ★★★ Una pila di forza elettromotrice f_{em} e resistenza interna r alimenta un resistore la cui resistenza R può essere variata da 0 a ∞.

▶ Esprimi la corrente i, che circola nell'utilizzatore, e la differenza di potenziale in funzione di R.

▶ Esprimi la potenza elettrica in funzione di R, e determina per quale valore della resistenza il valore della potenza è massimo.

[P è massima per $R = r$]

9 ★★★ In un cantiere una gru solleva carichi da 50 kg ciascuno a 20 m di altezza. Per un guasto del sistema elettrico è necessario ricorrere a un motore in corrente continua alimentato da una batteria di automobile da 12 V e 40 Ah (cioè in grado di fornire una corrente di 40 A per un'ora). Per sollevare ciascun carico la gru impiega 1 minuto. Il rendimento del sistema è del 60%. Calcola:

▶ la potenza necessaria per sollevare ciascun carico.

▶ la quantità di carichi che la gru riesce a sollevare prima che si esaurisca la batteria.

[$1{,}6 \times 10^2$ W; $1{,}1 \times 10^2$]

10 ★★★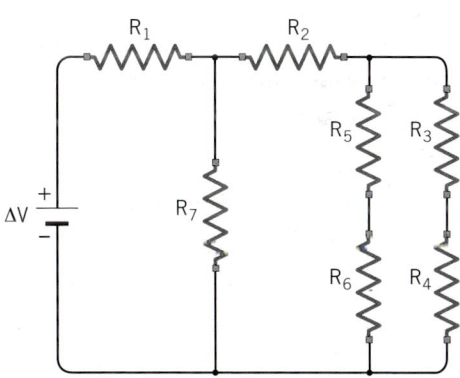

Nel circuito della figura si hanno i seguenti valori delle resistenze: $R_1 = 5{,}0$ Ω, $R_2 = R_3 = 10$ Ω, $R_4 = R_5 = 20$ Ω, $R_6 = 40$ Ω, $R_7 = 30$ Ω. La differenza di potenziale ai capi del generatore è 10 V.

▶ Determina la resistenza equivalente del circuito.

▶ Determina la corrente totale che lo attraversa.

▶ Determina la differenza di potenziale ai capi di R_7.

Applica la seconda legge di Kirchoff per risolvere il circuito.

[20 Ω; 0,50 A; 7,5 V]

ESERCIZI

11 ★★★ Un circuito è formato da un generatore reale di forza elettromotrice ΔV_0 e di resistenza interna r, e da una resistenza $R = 100\ \Omega$. Inseriamo nel circuito prima un amperometro di resistenza $R_a = 10\ \Omega$ e poi un voltmetro di resistenza $R_v = 1000\ \Omega$, come mostrano le figure. Sui due strumenti leggiamo rispettivamente i valori di 1,1 A e di 120 V.

▶ Determina i valori di r e ΔV_0.

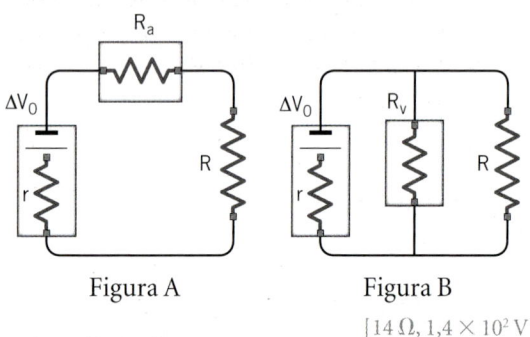

Figura A   Figura B

[$14\ \Omega$, $1,4 \times 10^2$ V]

12 ★★★

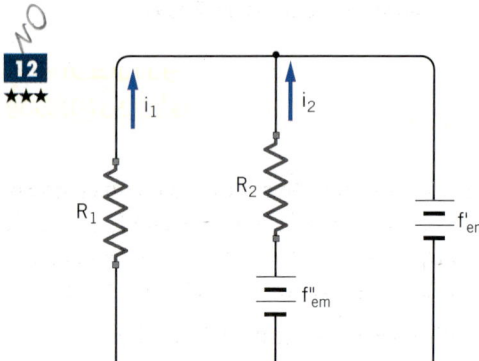

Nel circuito rappresentato nella figura le batterie, di resistenza interna trascurabile, hanno una forza elettromotrice $f'_{em} = 5,0$ V e $f''_{em} = 10,0$ V; i resistori valgono $R_1 = 5,0\ \Omega$ e $R_2 = 2,0\ \Omega$ V_2.

▶ Qual è l'intensità delle correnti i_1 e i_2?

[1,0 A; 2,5 A]

13 ★★★ Un circuito è costituito da due generatori reali di uguale forza elettromotrice $f = 6,0$ V e resistenze interne rispettivamente $r_1 = 1,0\ \Omega$ e $r_2 = 2,0\ \Omega$. Nel circuito è presente una resistenza $R = 10\ \Omega$ che può essere esclusa se un interruttore viene chiuso, come mostra la figura.

▶ Calcola il valore della corrente nei due casi (interruttore aperto e chiuso).

Vogliamo che $V_A - V_D \neq V_B - V_D$.

▶ L'interruttore deve essere aperto o chiuso?

▶ Calcola, in questo caso, $V_A - V_D$ e $V_B - V_D$.

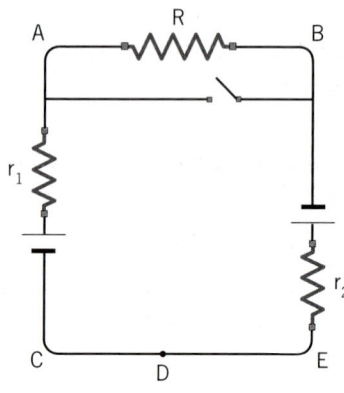

[0,92 A; 4,0 A; aperto; 5,1 V; −4,2 V]

14 ★★★ Un voltmetro di resistenza interna $r = 0,5$ MΩ è usato per misurare V_{AB}. Se $R = 1$ MΩ si legge sul voltmetro una differenza di potenziale di 6 V.

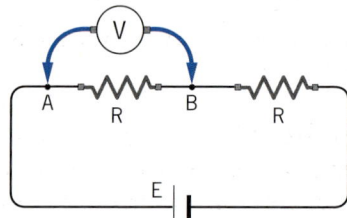

▶ Quanto vale V_{AB} in assenza del voltmetro?

(*Olimpiadi della Fisica 2002, gara di secondo livello*)

[12 V]

QUESITI PER L'ESAME DI STATO

Rispondi ai quesiti in un massimo di 10 righe.

1 Definisci la grandezza fisica *intensità di corrente elettrica*, specificando la sua unità di misura nel Sistema Internazionale. In quale caso si parla di *corrente continua*?

2 Descrivi che cosa caratterizza un conduttore ohmico e fai qualche esempio di conduttori ohmici e non ohmici.

3 Descrivi le differenze che esistono tra un generatore ideale e un generatore reale di tensione.

TEST PER L'UNIVERSITÀ

1 Ad una batteria da automobile da 12 V vengono collegati in serie due elementi resistivi così costituiti:

1. due resistenze da 60 e 120 ohm collegate tra loro in parallelo

2. una resistenza da 40 ohm.

▶ Trascurando la resistenza dei conduttori, qual è il valore più probabile della corrente circolante nel circuito?

A 150,0 mA

B 54,5 mA

C 600,0 mA

D 66,6 mA

E 960,0 mA

(*Prova di ammissione al corso di laurea in Medicina, 2009/2010*)

2 Un circuito elettrico è costituito da tre resistenze collegate in parallelo. Le prime due hanno un valore di 20 e 40 ohm rispettivamente, mentre il valore resistivo della terza è ignoto. Misurando la resistenza totale del circuito si ricava un valore di 12 ohm. Qual è il valore più probabile della terza resistenza?

A 120 ohm

B 72 ohm

C 48 ohm

D 32 ohm

E 240 ohm

(*Prova di ammissione al corso di laurea in Medicina Veterinaria, 2009/2010*)

3 Due resistenze elettriche $R_1 = 100\,\Omega$ e $R_2 = 1000\,\Omega$ sono poste in parallelo tra loro e il circuito è alimentato da una batteria a 25 V. Sono attraversate rispettivamente da i_1 e i_2 dove:

A $i_1 = 250$ mA e $i_2 = 25$ mA

B $i_1 = 25$ mA e $i_2 = 250$ mA

C $i_1 = i_2 = 250$ mA

D $i_1 = 500$ mA e $i_2 = 50$ mA

(*Concorso a borse di studio per l'iscrizione ai corsi di laurea della classe «Scienze e Tecnologie Fisiche» della SIF, 2008/2009*)

4 Una corrente di 2 A viene erogata da una batteria a corrente continua ed alimenta due lampadine collegate in parallelo che offrono una resistenza di 100 Ω ciascuna: quanto vale la potenza (in watt) erogata dalla batteria?

A 200 W

B 400 W

C 1/50 W

D 40 W

E 1/40 W

(*Prova di ammissione al corso di laurea in Odontoiatria e Protesi Dentaria, 2008/2009*)

PROVE D'ESAME ALL'UNIVERSITÀ

1 Si consideri un circuito composto da una batteria e da 4 resistenze in serie. Sapendo che $R_1 = 200\,\Omega$, $R_2 = 3\,R_1$, $R_3 = 0,5\,R_1$, $R_4 = R_1$ e che la corrente erogata dalla batteria vale 10 mA, calcolare:

a) la resistenza equivalente del circuito.

b) la tensione V ai capi della batteria.

c) la potenza dissipata in R_1.

(*Esame di Fisica, Corso di laurea in Scienze Biologiche, Università di Genova, 2009/2010*)

2 Una lampadina di resistenza $R = 10\,\Omega$ è collegata a un generatore di differenza di potenziale di 50 volt.

a) Calcolare la potenza dissipata dalla lampadina.

b) Volendo ridurre la potenza dissipata dalla lampadina a 1/4 del suo valore iniziale, che resistenza le si deve collegare in serie?

c) Qual è in questo secondo caso la corrente che circola nel circuito?

(*Esame di Fisica, Corso di laurea in Farmacia, Università La Sapienza di Roma, 2007/2008*)

ESERCIZI

3 Due resistenze di valore $R_1 = 60\ \Omega$ e $R_2 = 30\ \Omega$ sono connesse tra loro in parallelo, e poi vengono collegate a un generatore reale avente forza elettromotrice f e resistenza interna r_i. In queste condizioni il generatore eroga una corrente $I_1 = 0{,}409$ A. Quando la resistenza R_2 viene disconnessa lasciando collegata solo la resistenza R_1, la corrente erogata dal generatore diminuisce e diventa $I_2 = 0{,}145$ A. Determinare:

a) la resistenza interna del generatore.

b) la forza elettromotrice del generatore.

c) la potenza dissipata dalla resistenza R_1 in entrambi i casi.

(*Esame di Fisica, Corso di laurea in Farmacia, Università La Sapienza di Roma, 2006/2007*)

4 In una resistenza di $R = 1\ \Omega$ circola una corrente di $I = 1$ A. Tale resistenza è immersa in 1 g di acqua per $t = 100$ s. Si calcoli l'aumento di temperatura dell'acqua, ricordando che il calore specifico dell'acqua è $c = 4186$ J/(kg·K).

(*Esame di Fisica, Corso di laurea in Biotecnologie, Università degli Studi di Milano, 2002/2003*)

5 Una lampada a filamento dissipa una potenza di 200 W quando è alimentata da una tensione di rete, pari a 220 V. Calcolare la corrente che attraversa il filamento.

(*Esame di Fisica, Corso di laurea in Scienze biologiche, Università di Genova, 2004/2005*)

STUDY ABROAD

1 Which graph represents the total heat developed from time $t = 0$ by a resistor carrying a steady current?

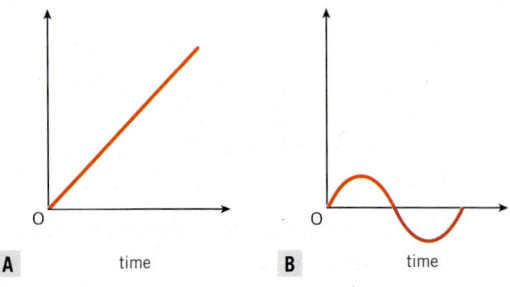

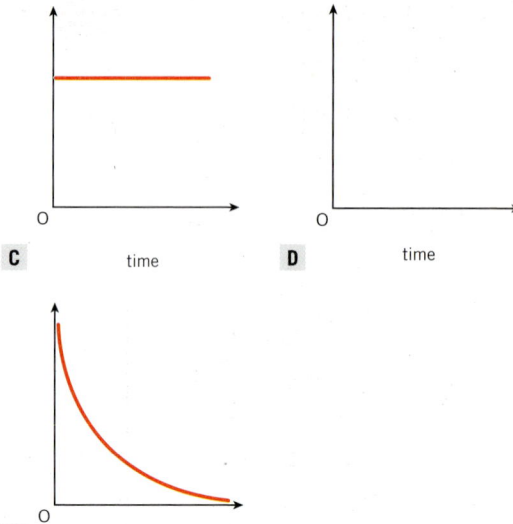

(*Scholastic Aptitude Test (SAT), USA*)

2 The following question has 4 choices for its answer, out of which ONE OR MORE is/are correct.

For the circuit shown in the figure

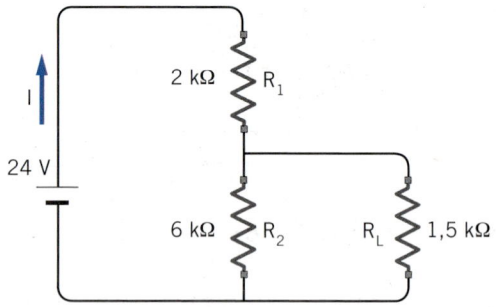

A the current I through the battery is 7.5 mA.

B the potential difference across R_1 is 18 V.

C ratio of powers dissipated in R_1 and R_2 is 3.

D if R_1 and R_2 are interchanged, magnitude of the power dissipated in R_L will decrease by a factor of 9.

(*Joint Entrance Examination for Indian Institutes of Technology (JEE), India, 2009/2010*)

3 Figure shows three resistor configurations $R1$, $R2$ and $R3$ connected to 3 V battery. The power dissipated by the configuration $R1$, $R2$ and $R3$ is $P1$, $P2$ and $P3$ respectively, then

A $P1 > P2 > P3$

B $P1 > P3 > P2$

C $P2 > P1 > P3$

D $P3 > P2 > P1$

Figure:

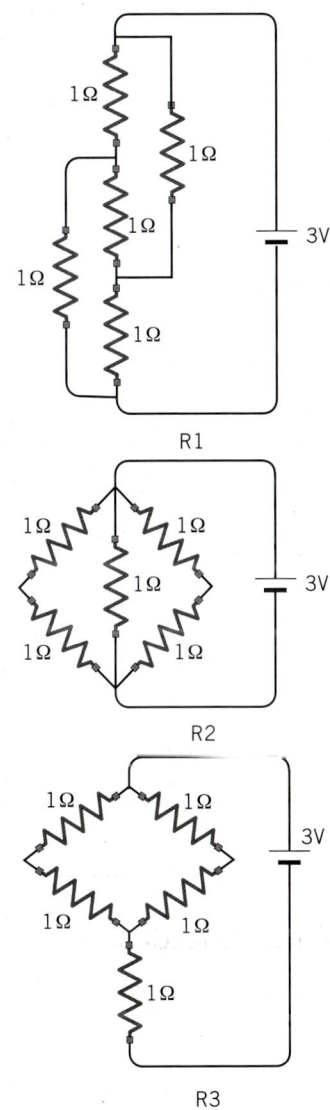

(Joint Entrance Examination for Indian Institutes of Technology (JEE), India, 2008/2009)

4 A resistor of resistance 1.5 kΩ has a voltage of 30 V applied across it. What is the current through it? (Give your answer in amperes.)

(BioMedical Admission Test (BMAT), UK, 2005/2006)

5 The figure shows a box with four terminals: P, Q, R and S. The following observations were made.

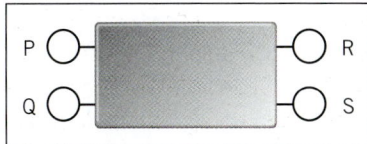

1) There is a measurable resistance between P and Q.

2) Resistance between P and R is twice that between P and Q.

3) There is no measurable resistance between Q and S.

▶ Which of the following circuits is most likely to be within the box?

Assume that all the resistances shown are equal.

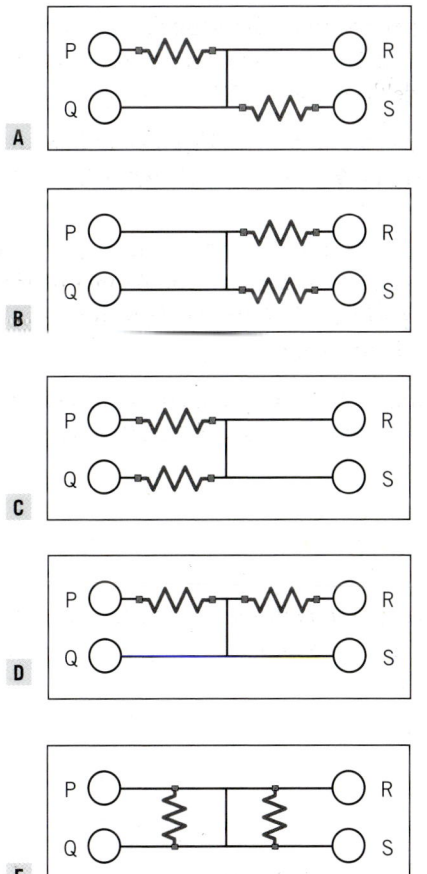

(Trends in International Mathematics and Science Study, 2008/2009)

807

CAPITOLO 23
LA CORRENTE ELETTRICA NEI METALLI

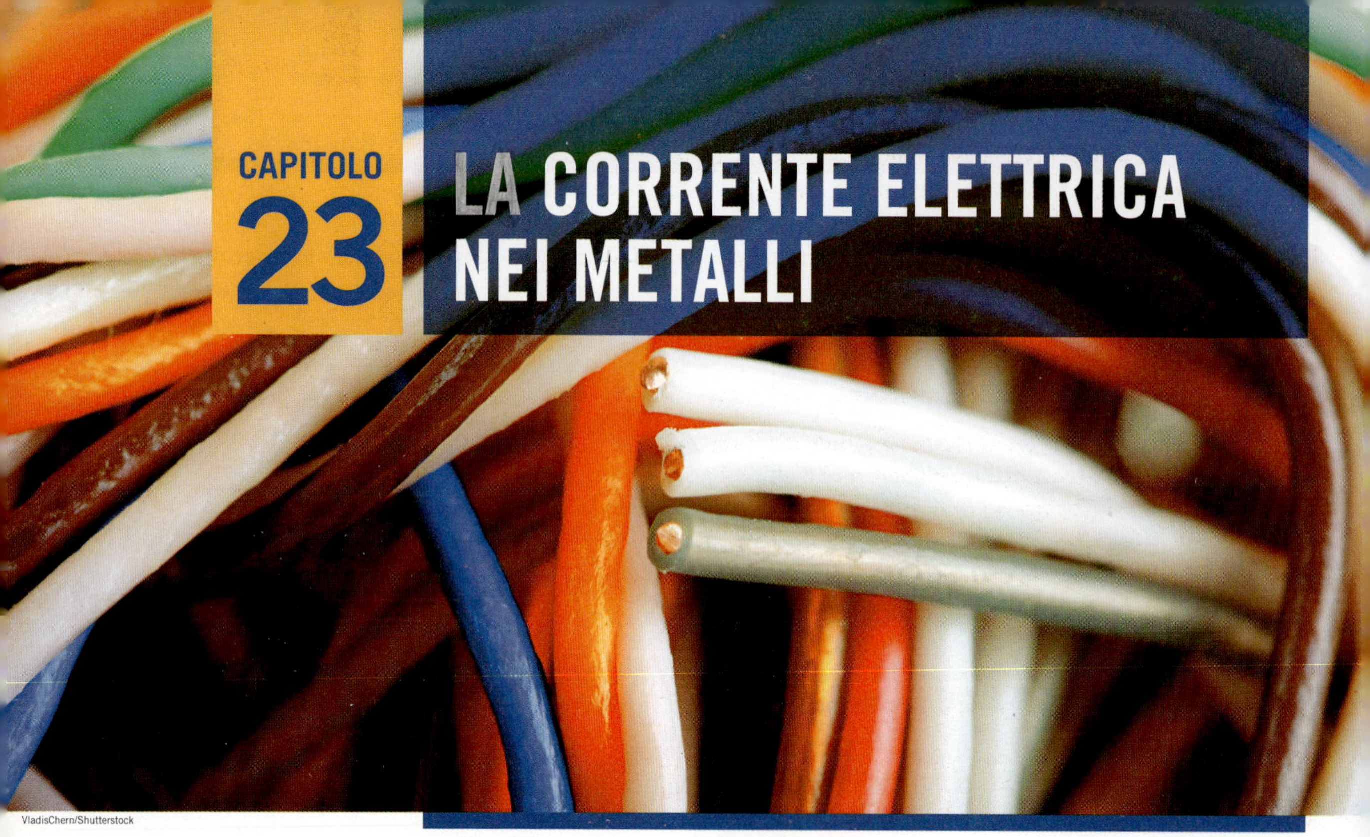

1 I CONDUTTORI METALLICI

In un filo di metallo, gli atomi sono impacchettati in una struttura regolare, detta **reticolo cristallino**, che è costituita da ioni positivi (cioè atomi a cui sono stati tolti uno o più elettroni).

Gli elettroni «sfuggiti» agli atomi del metallo, per esempio rame, sono liberi di spostarsi all'interno del reticolo; per questa ragione sono detti **elettroni di conduzione**. Essi si comportano come le molecole di un gas, per cui si parla di «gas di elettroni» o di «mare di Fermi», dal nome del fisico italiano Enrico Fermi (1901-1954), che per primo ne ha descritto le proprietà.

▶ Il moto di agitazione termica porta gli elettroni a muoversi in tutte le direzioni, urtando gli ioni del reticolo. Così lo spostamento medio degli elettroni è nullo e non crea nessuna corrente elettrica.

▶ Quando si collega il filo a un generatore, all'interno del filo si genera un campo elettrico che spinge gli elettroni verso il polo positivo, nel verso opposto a quello del vettore $\vec{E}$.

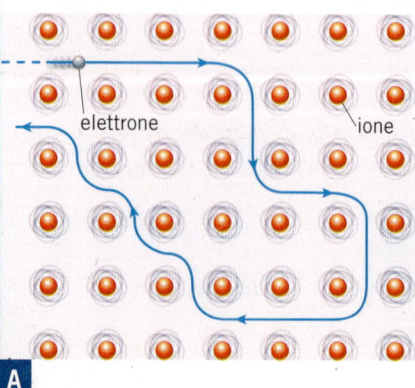

A

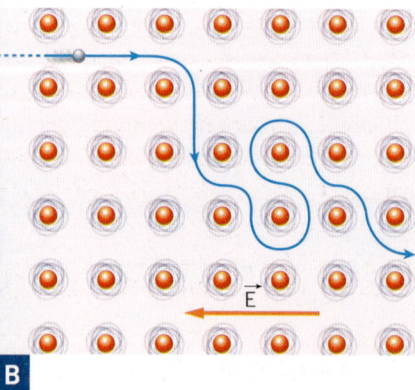

B

Così, al moto disordinato di agitazione termica si sovrappone un moto ordinato, e lentissimo, degli elettroni liberi verso i punti a potenziale maggiore. La traiettoria di ogni singolo elettrone è il risultato dell'accelerazione costante che esso subisce per effetto del campo elettrico e delle brusche «frenate» dovute agli urti contro gli ioni dell'edificio cristallino.

Spiegazione microscopica dell'effetto Joule

Questo modello della conduzione elettrica nei metalli spiega come mai avviene l'effetto Joule: nei numerosi urti tra gli elettroni e gli ioni positivi del cristallo, accade spesso che gli elettroni perdano buona parte dell'energia acquistata per azione del campo elettrico e la cedano agli ioni, che così aumentano la propria energia cinetica media, cioè la propria temperatura. Quindi:

> un conduttore metallico si scalda perché gli ioni del reticolo cristallino assorbono, attraverso gli urti, l'energia cinetica degli elettroni che sono stati accelerati dal campo elettrico.

La velocità di deriva degli elettroni

Anche se il moto degli elettroni in un metallo è così complicato, è conveniente utilizzare un modello semplificato, ma efficace, in cui si immagina che tutti gli elettroni che contribuiscono alla corrente elettrica si muovano verso i punti a potenziale maggiore con lo stesso valore v_d della velocità.

> La **velocità di deriva** v_d è il modulo della velocità media degli elettroni nel metallo.

Se nel metallo non è presente un campo elettrico, la velocità media è nulla e anche l'intensità di corrente è uguale a zero. Invece, se in un filo metallico è presente un campo elettrico, la relazione tra intensità di corrente i e velocità di deriva v_d è data dalla formula

$$i = enAv_d \tag{1}$$

dove e è la carica elementare, A è l'area della sezione trasversale del filo e n è il numero di elettroni di conduzione per unità di volume, una proprietà tipica di ogni metallo. Per esempio, nel rame si hanno $8{,}4 \times 10^{28}$ elettroni di conduzione per ogni m³ di materiale, per cui vale $n = 8{,}4 \times 10^{28}$ m^{-3}.

Per avere un'idea del valore di v_d consideriamo una corrente di intensità $i = 1{,}0$ A che scorre in un filo di rame con una sezione di 1,0 mm² (cioè $1{,}0 \times 10^{-6}$ m²). Dalla formula (**1**), con il valore di n visto sopra, otteniamo

$$v_d = \frac{i}{enA} = \frac{1{,}0 \text{ A}}{(1{,}60 \times 10^{-19} \text{ C}) \times (8{,}4 \times 10^{28} \text{ m}^{-3}) \times (1{,}0 \times 10^{-6} \text{ m}^2)} =$$

$$= 7{,}4 \times 10^{-5} \frac{\text{m}}{\text{s}}.$$

Accendere la luce
Quando si aziona l'interruttore, per avere luce non è necessario attendere che gli elettroni che si trovano nel generatore arrivino fino alla lampadina: il campo elettrico si propaga nel conduttore con una velocità dell'ordine di c facendo muovere tutti gli elettroni di conduzione nel circuito e, dal nostro punto di vista, l'accensione della lampadina è istantanea.

Si tratta di una velocità molto piccola rispetto a quelle dell'esperienza quotidiana (in un'ora, gli elettroni percorrono in media meno di 30 cm nel filo) e molto più piccola di quella di agitazione termica, che è dell'ordine di 10^5 m/s. Però, producendo uno spostamento netto degli elettroni, la velocità di deriva ha effetti fisici importanti.

Dimostrazione della formula

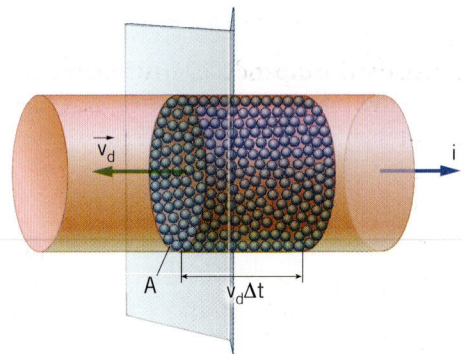

Consideriamo una sezione del filo percorso da corrente e consideriamo il modello nel quale gli elettroni si muovono, nel verso opposto alla corrente convenzionale, tutti con lo stesso valore v_d della velocità.

Gli elettroni che passeranno attraverso una sezione del filo, di area A, in un intervallo di tempo Δt sono quelli che, all'istante iniziale, si trovano all'interno di un cilindro che ha due basi di area A e un'altezza pari a $v_d \Delta t$ (figura 1).

Figura 1 All'interno del filo, gli elettroni che possono attraversare la sezione trasversale di area A in un tempo Δt sono quelli che non distano più di $v_d \Delta t$ dalla sezione stessa.

Infatti, nel tempo Δt gli elettroni di conduzione percorrono una distanza pari a $v_d \Delta t$; quindi un elettrone posto all'interno del cilindro passerà attraverso la sezione del filo entro l'intervallo di tempo Δt, mentre un elettrone che si trova fuori da esso non farà in tempo a passare (figura 2).

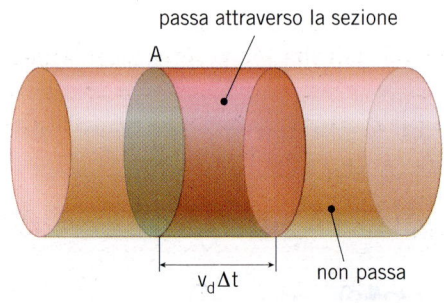

Il numero N di elettroni di conduzione contenuti nel cilindro è uguale al numero di elettroni per unità di volume, n, moltiplicato per il volume del cilindro, $A v_d \Delta t$; quindi si ha

Figura 2 Un elettrone che dista meno di $v_d \Delta t$ dalla sezione di area A riesce ad attraversarla entro il tempo Δt, uno che dista di più non ci riesce.

$$N = n A v_d \Delta t.$$

La carica ΔQ che passa attraverso A nel tempo Δt, cioè la carica contenuta nel cilindro, è uguale alla carica (positiva) di un elettrone per il numero di elettroni:

$$\Delta Q = eN = enAv_d \Delta t,$$

per cui possiamo calcolare l'intensità di corrente, che risulta

$$i = \frac{\Delta Q}{\Delta t} = \frac{enAv_d \Delta t}{\Delta t} = enAv_d.$$

come affermato dalla formula (**1**).

2 LA SECONDA LEGGE DI OHM

Un filo metallico è caratterizzato da una lunghezza l e da un'area trasversale A. Oltre alla sua prima legge, che permette di introdurre la resistenza R di un conduttore metallico, Ohm scoprì una seconda legge sperimentale:

LA CORRENTE ELETTRICA NEI METALLI — CAPITOLO 23

la resistenza di un filo conduttore è direttamente proporzionale alla sua lunghezza e inversamente proporzionale alla sua area trasversale.

$$R = \rho \frac{l}{A} \quad (2)$$

resistenza elettrica (Ω) — resistività ($\Omega \cdot m$) — lunghezza (m) — area trasversale (m²)

Figura 3 Filo conduttore di lunghezza l e area trasversale A.

La costante di proporzionalità ρ si chiama **resistività** e dipende dal particolare materiale con cui è fatto il filo e dalla sua temperatura. È numericamente uguale alla resistenza di un «filo» di quel materiale, lungo 1 m e con una sezione di 1 m².

Per ricavare le dimensioni fisiche della resistività, isoliamo ρ nella (2):

$$\rho = R \frac{A}{l} \quad (3)$$

e otteniamo

$$[\rho] = [R]\frac{[A]}{[l]} = [R] \cdot \frac{[l^2]}{[l]} = [R] \cdot [l].$$

Quindi, nel Sistema Internazionale la resistività si misura in $\Omega \cdot m$.

Le due leggi di Ohm valgono, sebbene in modo talvolta approssimato, per la maggior parte dei corpi solidi. È allora possibile assegnare a ogni materiale un valore della resistività. La tabella qui sotto riporta, per diverse sostanze, il valore della resistività alla temperatura di 20 °C.

ANIMAZIONE
La seconda legge di Ohm e la resistività (2 minuti)

IN LABORATORIO
La seconda legge di Ohm
- Video (2 minuti)
- Test (3 domande)

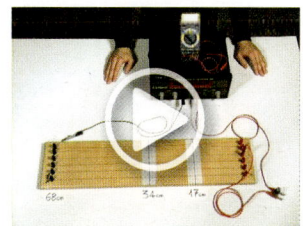

Resistività di alcune sostanze (a 20 °C)	
Sostanza	Resistività ($\Omega \cdot m$)
alluminio	$2,8 \times 10^{-8}$
argento	$1,6 \times 10^{-8}$
ferro	10×10^{-8}
mercurio	96×10^{-8}
platino	10×10^{-8}
rame	$1,7 \times 10^{-8}$
carbonio	$3,5 \times 10^{-5}$
germanio	$0,46$
silicio	100-1000
neoprene	10^9
polietilene	10^8-10^9
polistirene (polistirolo)	10^7-10^{11}
porcellana	10^{10}-10^{12}
vetro	10^{10}-10^{14}
teflon	10^{14}

Conoscere il valore della resistività permette di dire se un certo materiale è un buon conduttore o un buon isolante.

Come è mostrato nella figura 4, i buoni conduttori elettrici hanno valori della resistività che vanno da $10^{-8}\ \Omega \cdot m$ a $10^{-5}\ \Omega \cdot m$; i valori di ρ dei buoni isolanti superano i $10^{11}\ \Omega \cdot m$. Esistono poi delle sostanze con caratteristiche intermedie, che sono dette *semiconduttori*.

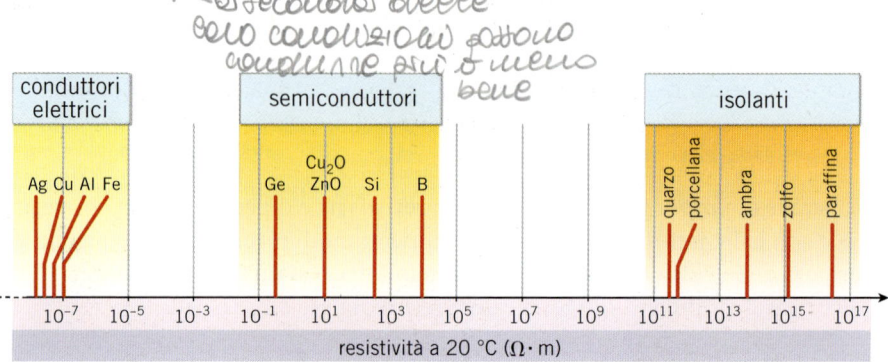

Figura 4 Schema delle resistività di diversi materiali.

ESEMPIO

Un filo di rame è lungo $l = 2{,}5$ m e ha una sezione di area $A = 8{,}0 \times 10^{-7}\ m^2$.

▶ Calcola la resistenza R del filo.

Nella tabella precedente leggiamo che il valore della resistività del rame è $\rho = 1{,}7 \times 10^{-8}\ \Omega \cdot m$.

Grazie a questo dato e a quelli forniti nel testo, dalla formula (**2**) otteniamo

$$R = \rho \frac{l}{A} = (1{,}7 \times 10^{-8}\ \Omega \cdot m) \times \frac{2{,}5\ m}{8{,}0 \times 10^{-7}\ m^2} = 0{,}053\ \Omega$$

3 IL RESISTORE VARIABILE E IL POTENZIOMETRO

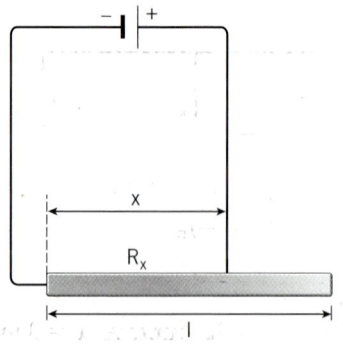

Figura 5 Schema costruttivo di un resistore variabile: il contatto strisciante è posto a distanza x da un estremo del filo conduttore di lunghezza l.

Utilizzando la seconda legge di Ohm è possibile costruire in modo molto semplice un resistore la cui resistenza può essere variata in modo continuo tra $0\ \Omega$ e un valore massimo R.

In linea di principio, ciò può essere ottenuto con una filo o una barretta conduttrice di lunghezza l, sezione A e di resistenza complessiva R; come è mostrato nella figura 5, il generatore di tensione è collegato a uno degli estremi del conduttore e a un contatto strisciante che si trova a distanza x da tale estremo ($0 \le x \le l$).

La parte di conduttore attraversata dalla corrente elettrica ha una resistenza R_x data, per la seconda legge di Ohm, dalla formula

$$R_x = \rho \frac{x}{A},$$

dove ρ è la resistività del conduttore. Sostituendo nella formula precedente l'espressione di ρ data dalla (3) si ottiene

$$R_x = \rho \frac{x}{A} = R \frac{A}{l} \frac{x}{A} = R \frac{x}{l} \qquad (4)$$

Valori estremi
Dalla formula (4) si riconosce che, come detto in precedenza, il valore di R_x varia tra il valore minimo 0 Ω (per $x = 0$ m) e il valore massimo R (per $x = l$).

In pratica, il resistore variabile può essere realizzato avvolgendo un filo metallico attorno a un **supporto isolante** che può essere rettilineo o a forma di ciambella.

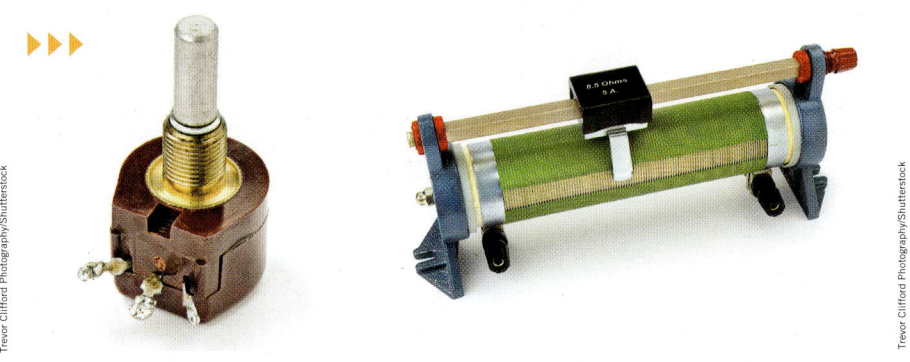

Data la sua struttura fisica e logica, negli schemi circuitali il resistore variabile è spesso indicato con il simbolo

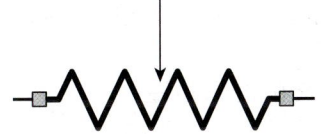

Figura 6 Schema circuitale del resistore variabile.

Il potenziometro

Il resistore variabile può essere utilizzato per fare variare da zero a un valore massimo la differenza di potenziale ai capi di un dispositivo. In questo caso si dice che

il resistore variabile è utilizzato come **potenziometro** o **partitore di tensione**.

La figura 7 mostra lo schema circuitale del potenziometro, dove la resistenza esterna R_1 rappresenta il dispositivo esterno, per esempio una lampadina di cui si vuole variare la luminosità o l'amplificatore di uno stereo di cui si vuole variare il volume.

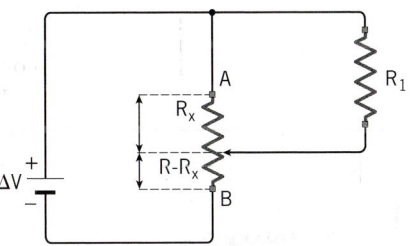

Figura 7 Resistore variabile usato come potenziometro: quando la posizione del contatto strisciante passa da A a B, il valore della tensione ai capi di R_1 varia da 0 V a ΔV.

Il contatto strisciante indicato con una freccia può spostarsi dal punto A ($x = 0$ m) al punto B ($x = l$). Nel primo caso la differenza di potenziale ai capi di R_1 è nulla, per cui il dispositivo esterno risulta spento. Nel secondo caso ai capi di R_1 è applicata l'intera differenza di potenziale ΔV fornita dal generatore.

Se R_1 è decisamente maggiore di R, quando il contatto strisciante passa da A a B il valore della differenza di potenziale ai capi della resistenza varia con un andamento che è con buona approssimazione lineare (cioè proporzionale a R_x).

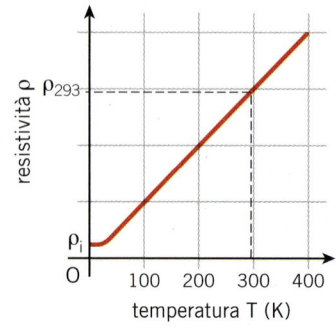

Figura 8 Schema costruttivo di un touch screen resistivo.

Il touch screen resistivo

Nei dispositivi con touch screen resistivo, davanti allo schermo sono posti due strati conduttori separati da elementi isolanti (figura 8); in questo modo, in condizioni normali i due strati non sono a contatto.

A uno dei due strati conduttori è applicata una differenza di potenziale, per cui il potenziale elettrico varia lungo di esso in modo continuo, come avviene lungo il potenziometro. L'altro strato possiede un dispositivo in grado di misurare il potenziale.

Lo strato di plastica esterno dello schermo è deformabile. In questo modo, quando si preme lo schermo in un punto P, in quella zona i due strati conduttori arrivano a toccarsi; si ha quindi un contatto elettrico e viene misurata la differenza di potenziale (per esempio) tra P e il bordo sinistro dello schermo. In questo modo si misura la coordinata x di P. In modo analogo si misura anche la coordinata y e si individua così il punto di pressione sullo schermo, in modo che il software del dispositivo possa acquisire il comando che ne deriva.

Per la sua struttura, un touch screen resistivo può quindi essere comandato non solo da un dito (come il touch screen capacitivo), ma anche da un pennino di scrittura, da un'unghia o da qualunque altro oggetto adatto (come il cappuccio di una normale penna).

4 LA DIPENDENZA DELLA RESISTIVITÀ DALLA TEMPERATURA

La figura 9 mostra l'andamento sperimentale della resistività in funzione della temperatura per molti metalli, come il rame, l'argento e l'oro. Come si vede, in generale,

> nei metalli la resistività aumenta al crescere della temperatura.

Infatti, quando la temperatura del metallo aumenta, gli ioni del reticolo cristallino oscillano attorno alle posizioni di equilibrio in maniera più veloce e ampia. Ciò rende più probabili gli urti tra elettroni e ioni e, in questo modo, aumenta l'impedimento opposto dal reticolo cristallino al movimento degli elettroni.

Figura 9 Grafico della resistività di molti materiali in funzione della temperatura assoluta.

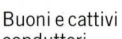

ESPERIMENTO VIRTUALE

Buoni e cattivi conduttori
- Gioca
- Misura
- Esercitati

Il coefficiente di temperatura

In un ampio intervallo di temperatura, che si estende da valori piuttosto bassi (attorno ai 100 K) fino ad arrivare quasi alla temperatura di fusione del metallo, la relazione tra resistività e temperatura è bene rappresentata da una retta.

In tale intervallo, quindi, la resistività ρ_T del metallo alla temperatura T è legata a ρ_{293}, quella a 293 K (che, di solito, è riportata sulle tabelle) attraverso la relazione sperimentale

$$\rho_T = \rho_{293}(1 + \alpha \Delta T) \tag{5}$$

dove si ha $\Delta T = T - 293$ K e α è detto **coefficiente di temperatura della resistività** per il metallo. Nella tabella seguente sono riportati i coefficienti di temperatura per diversi metalli.

LA CORRENTE ELETTRICA NEI METALLI — CAPITOLO 23

Coefficienti di temperatura della resistività per alcuni metalli	
Metallo	α (K^{-1})
Argento	$3,9 \times 10^{-3}$
Rame	$4,3 \times 10^{-3}$
Alluminio	$4,3 \times 10^{-3}$
Ferro	$6,5 \times 10^{-3}$

ESEMPIO

Alla temperatura $T_1 = 293$ K la resistività del ferro è $\rho_{293} = 1,0 \times 10^{-7}\ \Omega \cdot m$.

▶ Calcola la resistività ρ_T del ferro alla temperatura $T_2 = 413$ K.

L'incremento di temperatura del ferro tra le temperature T_1 e T_2 è:

$$\Delta T = T_2 - T_1 = (413 - 293)\ \text{K} = 120\ \text{K}.$$

Nella tabella precedente leggiamo che il coefficiente di temperatura per la resistività del ferro è

$$\alpha = 6,5 \times 10^{-3}\ \text{K}^{-1}.$$

Ora possiamo calcolare ρ_T grazie alla formula (5):

$$\rho_T = \rho_{293}(1 + \alpha \Delta T) =$$
$$= (1,0 \times 10^{-7}\ \Omega \cdot m) \times [1 + (6,5 \times 10^{-3}\ \text{K}^{-1}) \times (120\ \text{K})] =$$
$$= (1,0 \times 10^{-7}\ \Omega \cdot m) \times 1,78 = 1,8 \times 10^{-7}\ \Omega \cdot m.$$

I superconduttori

Al diminuire della temperatura, l'andamento della resistività nei metalli può avere due andamenti diversi:

▶ di solito, quando T si riduce a zero la resistività tende a stabilizzarsi e ad acquistare un valore limite ρ_L.

▶ Però in alcuni metalli, come il mercurio, a basse temperature la resistività si annulla bruscamente.

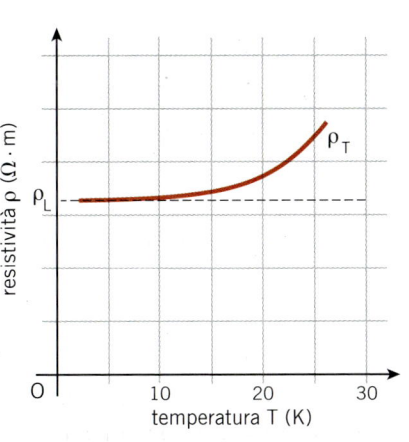

A

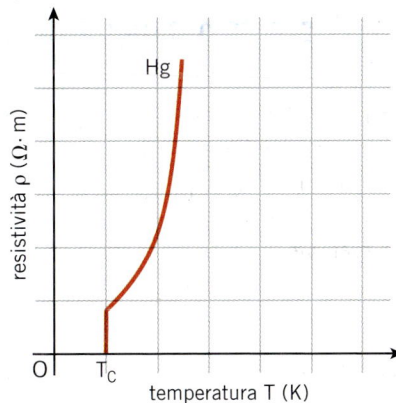

B

Una volta raggiunto il valore zero a una temperatura specifica, chiamata **temperatura critica** T_c, la resistività di questi metalli si mantiene nulla fino allo zero assoluto. Questo fenomeno, chiamato **superconduttività**, fu scoperto nel 1911 dal fisico olandese Heike Kamerlingh Onnes (1853-1926), mentre studiava la resistività del mercurio. La tabella seguente mostra il valore delle temperature critiche per diversi metalli superconduttori.

Temperature critiche di alcuni metalli superconduttori*	
Metallo	T_c **(K)**
Alluminio (Al)	1,175
Mercurio (Hg)	4,154
Indio (In)	3,408
Niobio (Nb)	9,25
Piombo (Pb)	7,196
Titanio (Ti)	0,40

*Handbook of Chemistry and Physics, 84ª Edizione, CRC Press 2004.

Negli ultimi anni sono stati creati nuovi materiali che diventano superconduttori a temperature molto al di sopra dello zero assoluto. Alla data del marzo 2012, il migliore risultato ottenuto in questa ricerca appartiene a un materiale complesso che risulta avere una temperatura critica di 138 K.

Si tratta di un risultato importante perché temperature di questo tipo sono superiori a quella dell'azoto liquido e quindi possono essere ottenute con tecnologie più semplici di quelle, basate sull'elio liquido, necessarie per rendere superconduttori i metalli della tabella.

In un superconduttore percorso da corrente non avviene l'effetto Joule, perché la sua resistenza vale, rigorosamente, 0 Ω. Una volta che gli elettroni di conduzione sono stati messi in moto, essi continuano a circolare senza che nel circuito sia inserito un generatore. In esperienze di questo tipo si è visto che la corrente può mantenersi inalterata per molti anni.

Il fenomeno della superconduttività non può essere spiegato sulla base della fisica classica, ma è una conseguenza delle proprietà ondulatorie degli elettroni di conduzione all'interno di alcuni materiali.

Azoto liquido
A pressione atmosferica la temperatura di ebollizione dell'azoto è 77 K.

5 LA FORZA DI ATTRAZIONE TRA LE ARMATURE DI UN CONDENSATORE PIANO

Consideriamo un condensatore piano, con armature di area A poste a distanza d nel vuoto. Vogliamo calcolare l'intensità F della forza con cui esse si attraggono.

Visto che è molto difficile calcolare la risultante delle forze attrattive che si esercitano scegliendo (in tutti i modi possibili) una carica puntiforme positiva che si trova su un'armatura e una negativa situata sull'altra, ricaviamo il valore di F da considerazioni energetiche.

Immaginiamo allora di mantenere fissa una delle armature e di permettere alla forza di attrazione di spostare la seconda armatura verso la prima di un tratto Δx

molto piccolo rispetto a d (figura 10).

Visto che Δx è infinitesimo rispetto a d, durante lo spostamento il valore di F rimane praticamente invariato. Inoltre i vettori forza e spostamento sono paralleli, per cui il lavoro fatto dal campo elettrico durante l'attrazione tra le armature è

$$W_A = F\Delta x. \qquad (6)$$

Dopo l'avvicinamento la distanza tra le armature è $d_f = d - \Delta x$.

Così la capacità iniziale C_i del condensatore e quella finale C_f sono date rispettivamente dalle formule

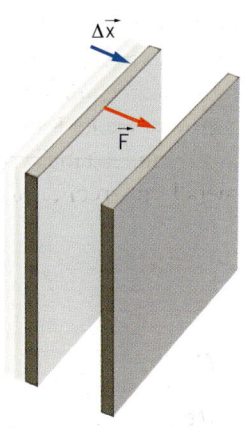

Figura 10 Mentre le armature del condensatore piano si attraggono, la forza elettrostatica compie un lavoro positivo.

$$C_i = \varepsilon_0 \frac{A}{d} \quad \text{e} \quad C_f = \varepsilon_0 \frac{A}{d_f} = \varepsilon_0 \frac{A}{d - \Delta x}. \qquad (7)$$

Il moto di avvicinamento tra le armature può avvenire in due modi: mantenendo costante la carica sulle armature oppure mantenendo fissa la differenza di potenziale tra di esse. Esaminiamo i due casi.

Forza di attrazione a Q costante   NO

Per prima cosa esaminiamo il caso di un condensatore piano caricato sulle due armature con cariche $+Q$ e $-Q$ e poi *scollegato* dal generatore. Essendo questo sistema isolato dall'ambiente, durante l'avvicinamento tra le armature la carica presente su di esse non varia.

Nel caso che stiamo esaminando conviene scrivere l'energia immagazzinata nel condensatore come $W_C = Q^2/(2C)$. Allora, tenendo conto delle formule (7), nella condizione iniziale l'energia immagazzinata vale

$$W_C^{(i)} = \frac{Q^2}{2C_i} = \frac{Q^2 d}{2\varepsilon_0 A} \qquad (8)$$

mentre l'energia del condensatore nella condizione finale è

$$W_C^{(f)} = \frac{Q^2}{2C_f} = \frac{Q^2 d_f}{2\varepsilon_0 A} = \frac{Q^2 (d - \Delta x)}{2\varepsilon_0 A}. \qquad (9)$$

Quindi, durante l'avvicinamento tra le armature l'energia del sistema è variata della quantità

$$\Delta W_C = W_C^{(f)} - W_C^{(i)} = \frac{Q^2 d_f}{2\varepsilon_0 A} - \frac{Q^2 d}{2\varepsilon_0 A} = \frac{Q^2}{2\varepsilon_0 A}(d - \Delta x - d) = -\frac{Q^2}{2\varepsilon_0 A}\Delta x. \qquad (10)$$

In effetti, per conservare l'energia il lavoro di attrazione della formula (6) deve essere compiuto a spese dell'energia immagazzinata nel sistema (che, come si vede dal segno meno nella formula precedente, è diminuita). Così il bilancio energetico richiede che valga la relazione

$$W_A = -\Delta W_C.$$

Inserendo in questa relazione le espressioni (**6**) e (**10**) otteniamo, allora

$$F\Delta x = \frac{Q^2}{2\varepsilon_0 A}\Delta x$$

da cui, dividendo entrambi i membri per Δx, otteniamo il risultato

$$F = \frac{Q^2}{2\varepsilon_0 A} = \frac{Q^2}{2\left(\frac{\varepsilon_0 A}{d}\right)d} = \frac{Q^2}{2C_i d} = \frac{1}{2d}Q\frac{Q}{C_i} = \frac{QV}{2d}, \quad (11)$$

dove V è la differenza di potenziale iniziale tra le armature del condensatore.

Forza di attrazione a *V* costante NO

È però anche possibile permettere l'attrazione tra le armature mentre esse continuano a essere collegate con un generatore che mantiene tra di esse la differenza di potenziale V. In questo caso occorre includere nel bilancio energetico anche il lavoro W_G compiuto dal generatore di tensione durante il processo di avvicinamento delle armature. W_G è un lavoro esterno al sistema, che fornisce sia l'incremento di energia nel condensatore, sia il lavoro fatto dalla forza elettrostatica tra le armature.

Così l'equazione del bilancio energetico diviene

$$W_A + \Delta W'_C = W_G. \quad (12)$$

Nell'equazione precedente W_A è data ancora dalla (**6**), mentre $\Delta W'_C$ è la nuova variazione dell'energia immagazzinata nel condensatore. In questo caso le energie immagazzinate nel condensatore nella condizione iniziale e in quella finale sono, rispettivamente,

$$W'^{(i)}_C = \frac{1}{2}C_i V^2 \quad \text{e} \quad W'^{(f)}_C = \frac{1}{2}C_f V^2.$$

Da queste formule si ottiene

$$\Delta W'_C = W'^{(f)}_C - W'^{(i)}_C = \frac{1}{2}C_f V^2 - \frac{1}{2}C_i V^2 = \frac{1}{2}(C_f - C_i)V^2. \quad (13)$$

È ora necessario calcolare

$$C_f - C_i = \varepsilon_0 \frac{A}{d - \Delta x} - \varepsilon_0 \frac{A}{d} = \varepsilon_0 A\left(\frac{1}{d - \Delta x} - \frac{1}{d}\right) =$$
$$= \varepsilon_0 A \frac{d - (d - \Delta x)}{d(d - \Delta x)} = \varepsilon_0 A \frac{\Delta x}{d(d - \Delta x)}.$$

Infine, tenendo conto che Δx è infinitesimo (per cui $d - \Delta x$ è praticamente uguale a d), possiamo scrivere questa espressione nella forma

$$C_f - C_i = \varepsilon_0 A \frac{\Delta x}{d^2} = \frac{\varepsilon_0 A}{d}\frac{\Delta x}{d} = \frac{C_i}{d}\Delta x. \quad (14)$$

Sostituendo il risultato precedente nella (**13**) possiamo quindi concludere il calcolo di $\Delta W'_C$, ottenendo

$$\Delta W'_C = \frac{1}{2}(C_f - C_i)V^2 = \frac{1}{2}V^2\frac{C_i}{d}\Delta x = \frac{(C_i V)V}{2d}\Delta x = \frac{QV}{2d}\Delta x, \qquad (15)$$

dove Q è la carica inizialmente presente sull'armatura positiva del condensatore.

Ora siamo in grado di calcolare il valore di W_G. Infatti, come si è ricordato anche nel calcolo precedente, nella condizione iniziale il modulo della carica presente sulle armature del condensatore è

$$Q_i = Q = C_i V$$

mentre, dopo l'avvicinamento tra le armature, la nuova carica vale

$$Q_f = C_f V.$$

Quindi, ricordando anche la formula (**14**), per mantenere costante il valore di V mentre le armature si avvicinavano, sulle stesse è stata richiamata una carica

$$\Delta Q = Q_f - Q_i = C_f V - C_i V = (C_f - C_i)V = \frac{C_i V}{d}\Delta x = \frac{Q}{d}\Delta x,$$

per cui il lavoro compiuto dal generatore durante questo trasferimento di carica è

$$W_G = V\Delta Q = V\frac{Q}{d}\Delta x = \frac{QV}{d}\Delta x. \qquad (16)$$

Siamo finalmente in grado di sostituire nella formula (**12**) le espressioni (**6**), (**15**) e (**16**); in questo modo otteniamo

$$F\Delta x + \frac{QV}{2d}\Delta x = \frac{QV}{d}\Delta x \quad\Rightarrow\quad F\Delta x = \frac{QV}{2d}\Delta x.$$

Dividendo per Δx i due membri dell'equazione precedente si ottiene la relazione

$$F = \frac{QV}{2d} \qquad (17)$$

Che è identica alla (**11**): nei due casi la forza di attrazione tra le due armature ha lo stesso valore.

Coerenza logica
La forza tra le due armature a distanza d ha un valore fissato e non può dipendere dal modo con cui la si calcola (a Q costante o a V costante). È quindi logico avere ottenuto lo stesso risultato con i due metodi di calcolo.

6 CARICA E SCARICA DI UN CONDENSATORE

Nel capitolo «Fenomeni di elettrostatica» abbiamo calcolato il lavoro compiuto da una forza esterna per caricare un condensatore. Questo lavoro di carica permette di immagazzinare energia elettrica all'interno del condensatore; essa rimane quindi a disposizione fino a quando non decidiamo di utilizzarla inserendo il condensatore carico in un circuito elettrico.

Processo di carica

Esaminiamo ora il processo di carica del condensatore. Consideriamo un circuito in cui sono collegati in serie una batteria di forza elettromotrice f_{em}, un resistore di resistenza R, un condensatore di capacità C, un interruttore I e un amperometro A.

▶ Per semplicità, supponiamo che la resistenza interna del generatore sia trascurabile, cosicché la differenza di potenziale ΔV ai capi della batteria è uguale a f_{em}.

▶ Con i dati forniti dall'amperometro al trascorrere del tempo costruiamo il grafico i-t, in cui è stato scelto come istante iniziale ($t = 0$ s) quello in cui si chiude l'interruttore.

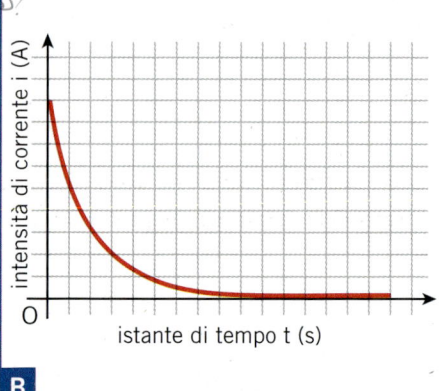

A   **B**

All'inizio la corrente è piuttosto intensa: il condensatore è scarico e quindi è facile portare cariche elettriche su di esso. In seguito le cariche che già si trovano sulle armature del condensatore tendono a respingere le cariche dello stesso segno che provengono dalla batteria; così il flusso di cariche elettriche nel circuito diventa sempre meno rapido, fino a diventare praticamente uguale a zero.

L'espressione matematica che fornisce il valore dell'intensità di corrente i al variare degli istanti di tempo t è

$$i = \frac{f_{em}}{R} e^{-\frac{t}{RC}} \qquad (18)$$

dove e è il numero di Nepero: $e \cong 2{,}718$. Il grafico della funzione esponenziale data dalla formula (18) ha proprio l'andamento mostrato nella figura precedente.

Il prodotto RC è un tempo caratteristico del circuito che misura quanto rapidamente il condensatore di capacità C si carica (e si scarica) attraverso il resistore di resistenza R. Anche se, dal punto di vista matematico, la funzione esponenziale (18) non raggiunge mai il valore zero, normalmente si considera che il processo di carica (e di scarica) del condensatore è terminato dopo un tempo

$$t = 5RC.$$

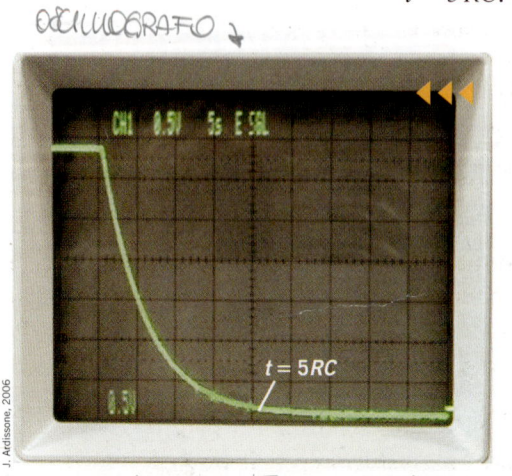

Nella **fotografia a lato** si vede l'andamento della corrente di carica rappresentato sul monitor di un oscilloscopio. È indicato l'istante $5RC$ e si vede che, in corrispondenza di esso, la corrente misurata è praticamente nulla.

Bilancio energetico del processo di carica

La corrente descritta dalla formula (**18**) produce due effetti fisici:
- permette il processo di carica del condensatore;
- dissipa, per effetto Joule, energia nella resistenza R.

Le formule (**31**) del capitolo «Fenomeni di elettrostatica» mostrano che il lavoro di carica W_C del condensatore è dato da

$$W_C = \frac{1}{2}\frac{Q^2}{C} = \frac{1}{2}C(f_{em})^2,$$

dove $Q = C\Delta V = Cf_{em}$ è la carica che alla fine si trova sull'armatura positiva del condensatore. Per trasportare questa carica da un polo all'altro il generatore compie un lavoro

$$W_G = Q\Delta V = (C\Delta V)\Delta V = C(f_{em})^2 \qquad (19)$$

Visto che l'energia $W_C = \frac{1}{2}C(f_{em})^2 = \frac{1}{2}W_G$ viene immagazzinata nel condensatore, per il principio di conservazione dell'energia totale la parte rimanente, che è anch'essa uguale a

$$\frac{1}{2}W_G = \frac{1}{2}C(f_{em})^2,$$

deve essere stata spesa nell'unico altro modo possibile, cioè dissipata per effetto Joule nella resistenza R presente nel circuito.

Così, se vogliamo utilizzare un condensatore per immagazzinare una certa quantità di energia potenziale elettrica, nel processo siamo costretti a dissiparne una quantità uguale, che va ad aumentare l'energia interna dell'ambiente e degli oggetti che formano il sistema in esame.

Resistenza del circuito
La resistenza R non può mai essere nulla, perché esistono sempre la resistenza dei fili conduttori presenti nel circuito e la resistenza interna del generatore.

Processo di scarica

Ora, con il condensatore carico, togliamo dal circuito la batteria, ottenendo lo schema della **figura 11**. Quando chiudiamo l'interruttore I si crea una corrente elettrica che passa attraverso la resistenza R scaricando il condensatore.

L'intensità di tale corrente ha ancora la forma rappresentata dal grafico precedente e anche la sua espressione analitica è identica a quella della formula (**18**) (a parte un segno meno, che indica che il verso della corrente è opposto a quello di prima).

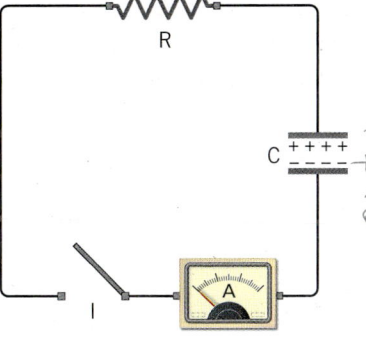

Figura 11 Schema circuitale che descrive la scarica del condensatore a partire dall'istante in cui l'interruttore I viene chiuso.

In effetti, quando chiudiamo l'interruttore I la tensione ai capi del condensatore è massima (e pari a f_{em}), per cui la corrente elettrica che si genera è piuttosto intensa. Più tardi, quando il condensatore è parzialmente scarico, la differenza di potenziale tra le armature del condensatore è ridotta e, quindi, anche la corrente generata è minore.

Alla fine del processo di scarica, l'energia $W_C = \frac{1}{2}W_G$ che era immagazzinata nel condensatore si è dissipata interamente sulla resistenza per effetto Joule.

MATEMATICA

L'ESPONENZIALE E I CIRCUITI *RC*

Nella formula (**18**) compare la *funzione esponenziale*

$$y = e^{-\frac{t}{RC}}$$

la cui derivata e il cui integrale definito sono dati dalle formule

$$\frac{de^{-\frac{t}{RC}}}{dt} = -\frac{1}{RC}e^{-\frac{t}{RC}}$$

e

$$\int_a^b e^{-\frac{t}{RC}} dt = -RC\left(e^{-\frac{b}{RC}} - e^{-\frac{a}{RC}}\right).$$

PROCESSO DI CARICA

Esaminiamo il circuito *RC*, con il generatore inserito, a un istante $t > 0$ dopo che, all'istante $t = 0$ s, l'interruttore *I* è stato chiuso. In questo istante la corrente nel resistore ha intensità $i(t)$, mentre la carica positiva sul condensatore è $Q(t)$.

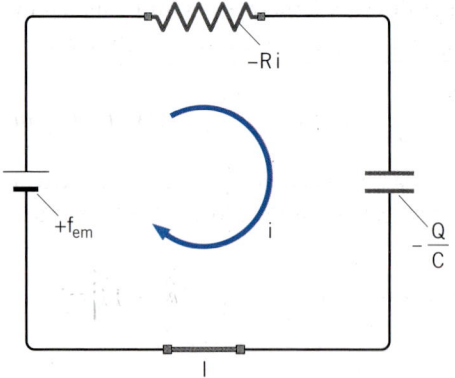

Come si vede nella figura, partendo dall'interruttore e procedendo in senso orario troviamo prima un aumento di potenziale pari a a $+f_{em}$ tra i poli del generatore, poi una caduta di potenziale $- Ri(t)$ ai capi della resistenza e, infine, una differenza di potenziale negativa $- Q(t)/C$ tra le armature del condensatore. Per la legge delle maglie si ha, allora,

$$f_{em} - Ri(t) - \frac{Q(t)}{C} = 0.$$

Nella scheda matematica «Le quantità istantanee e la derivata» del capitolo «La corrente elettrica continua» si spiega che l'intensità di corrente è la derivata della funzione carica elettrica:

$$i(t) = \frac{dQ(t)}{dt}.$$

Sostituendo quest'ultima espressione nella precedente, troviamo:

$$f_{em} - R\frac{dQ(t)}{dt} - \frac{Q(t)}{C} = 0.$$

Quella scritta sopra è un'*equazione differenziale*, cioè un'equazione la cui incognita è una funzione che, insieme alla sua derivata prima, deve soddisfare la condizione data. La sua soluzione generale è

$$Q(t) = A\left(1 - e^{-\frac{t}{K}}\right)$$

dove *A* e *K* sono costanti da determinare.

L'espressione per $Q(t)$ è stata scritta in modo da dare $Q(0) = 0$: infatti, all'istante $t = 0$ s (in cui viene chiuso il circuito) la carica sulle armature del condensatore è nulla.

Per trovare i valori di *A* e *K* calcoliamo dapprima la derivata di $Q(t)$ usando la formula della derivata vista in precedenza.

$$\frac{dQ(t)}{dt} = \frac{A}{K}e^{-\frac{t}{K}}$$

e poi sostituiamo le ultime due formule nell'equazione differenziale che descrive il circuito. Così otteniamo

$$\left(f_{em} - \frac{A}{C}\right) + Ae^{-\frac{t}{K}}\left(\frac{1}{C} - \frac{R}{K}\right) = 0.$$

L'espressione precedente deve essere *identicamente nulla*, cioè deve essere uguale a zero qualunque sia il valore di *t*. Per ottenere ciò, si devono annullare i due termini tra parentesi. Così, per le quantità incognite si trovano i valori $A = Cf_{em}$ e $K = RC$, in modo da poter scrivere la funzione che fornisce $Q(t)$:

$$Q(t) = Cf_{em}\left(1 - e^{-\frac{t}{RC}}\right).$$

Il diagramma della funzione precedente è rappresentato nella figura sotto. Come si vede, la carica sul condensatore è nulla all'istante $t = 0$ s e poi sale fino al valore finale $Q = Cf_{em}$. In corrispondenza di questo valore di Q il grafico della funzione ha un asintoto orizzontale per $t \to +\infty$.

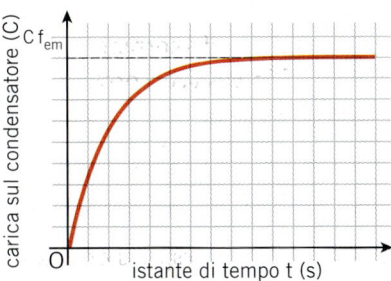

Per trovare l'intensità di corrente $i(t)$ basta ora calcolare la derivata di $Q(t)$. Il risultato che si ottiene,

$$i(t) = \frac{f_{em}}{R} e^{-\frac{t}{RC}},$$

è proprio quello riportato nella formula (**18**).

PROCESSO DI SCARICA

L'equazione differenziale che descrive la scarica del condensatore si deduce da quella precedente ponendo $f_{em} = 0$; così si ottiene

$$R\frac{dQ(t)}{dt} + \frac{Q(t)}{C} = 0.$$

Questa volta l'istante $t = 0$ s è quello in cui viene chiuso l'interruttore. Ora, però, la carica iniziale $Q(0)$ sul condensatore è Cf_{em}, cioè la carica finale della fase precedente. La soluzione dell'equazione differenziale è

$$Q(t) = Cf_{em} e^{-\frac{t}{RC}}.$$

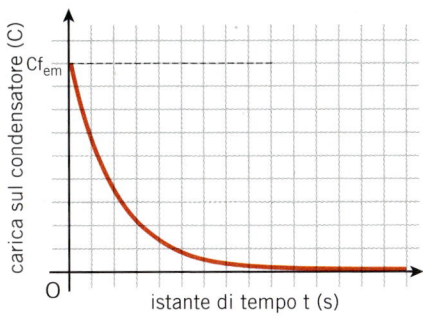

Per controllare che è vero, basta calcolare la sua derivata e sostituire sia la funzione che la derivata nell'equazione differenziale. Il grafico della funzione $Q(t)$ è rappresentato nella figura precedente: la carica parte dal valore iniziale per poi ridursi esponenzialmente a zero.

La corrente di scarica è, ancora una volta, la derivata di $Q(t)$. In questo caso, essa risulta

$$i(t) = -\frac{f_{em}}{R} e^{-\frac{t}{RC}}.$$

Come si vede, la corrente di scarica della formula precedente è identica, in modulo, a quella di carica. L'unica differenza è il segno, perché i due versi della corrente sono opposti tra loro.

L'EFFETTO JOULE

Il segno della corrente è irrilevante nel calcolare la potenza dissipata per effetto Joule sulla resistenza. Infatti, in entrambi i casi tale potenza è

$$P(t) = R[i(t)]^2 = \frac{(f_{em})^2}{R} e^{-\frac{2t}{RC}}.$$

Le due correnti di carica e scarica hanno inizio all'istante $t = 0$ s e, dal punto di vista matematico, non hanno fine, perché la funzione esponenziale non si annulla mai. Quindi, in analogia a quanto è detto nella scheda matematica «L'integrale e l'energia potenziale elettrica» del capitolo «Il potenziale elettrico», per ottenere l'energia W sviluppata da una potenza variabile occorre considerare l'integrale

$$W = \int_0^{+\infty} P(t)dt = \frac{(f_{em})^2}{R} \lim_{b \to +\infty} \int_0^b e^{-\frac{2t}{RC}} dt.$$

Grazie alla formula di integrazione che si trova all'inizio della scheda, ponendo $a = 0$, otteniamo

$$W = \frac{(f_{em})^2}{R} \lim_{b \to +\infty} \left[-\frac{RC}{2}(e^{-\frac{2b}{RC}} - 1) \right] =$$

$$= \frac{(f_{em})^2}{R} \frac{RC}{2} \lim_{b \to +\infty} (1 - e^{-\frac{2b}{RC}}) = \frac{1}{2} C(f_{em})^2.$$

Si conferma, quindi, che l'energia totale dissipata dalle correnti di carica e scarica per effetto Joule è uguale alla metà dell'energia W_G spesa dal generatore:

$$W = \frac{1}{2} C(f_{em})^2 = \frac{1}{2} W_G$$

e, in particolare, che W non dipende dal valore della resistenza R su cui l'energia è dissipata.

7 L'ESTRAZIONE DEGLI ELETTRONI DA UN METALLO

In condizioni normali gli elettroni liberi non escono dai metalli.

▶ All'interno del metallo, un elettrone è circondato da ogni parte dagli ioni del reticolo e la risultante delle loro forze di attrazione su di esso è nulla.

▶ Vicino alla superficie ciò non è più vero, perché le forze dovute agli ioni che si trovano da una parte non sono equilibrate da ioni che siano dalla parte opposta.

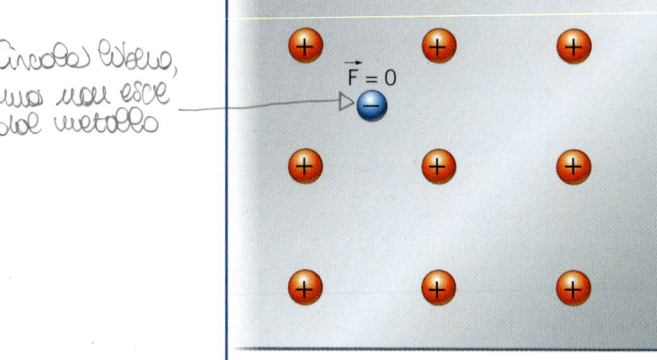
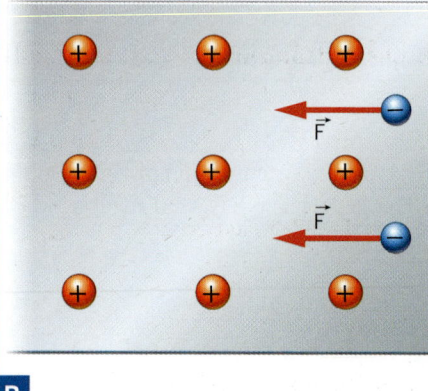

A **B**

Come risultato, su un elettrone posto vicino alla superficie del metallo agisce una forza elettrica rivolta verso l'interno, che gli impedisce di uscire dal metallo stesso. Se si vuole estrarre un elettrone dal metallo, è necessario fornirgli energia.

> Si chiama **lavoro di estrazione** il minimo lavoro che occorre compiere per fare uscire un elettrone da un metallo.

Un elettrone all'interno di un metallo possiede un'energia totale $\mathscr{E}_{Tot}$ che è pari alla somma della sua energia cinetica K (che è sempre positiva) e della sua energia potenziale U. Visto che l'elettrone è soggetto alla forza *attrattiva* del reticolo di ioni positivi, con la solita scelta di porre uguale a zero l'energia potenziale dei punti infinitamente lontani dalle cariche, il valore di U è negativo.

Un elettrone fermo appena al di fuori del metallo ha energia cinetica e potenziale pari a zero (l'energia potenziale è uguale a quella che lo stesso elettrone avrebbe all'infinito, cioè nulla, perché al di fuori del reticolo cristallino non si avvertono forze elettriche). Quindi la sua energia totale è nulla.

Siccome l'elettrone non esce spontaneamente dal metallo, dobbiamo dedurre che la sua energia totale, quando si trova nel reticolo cristallino, è negativa:

$$\mathscr{E}_{Tot} = K + U < 0. \tag{20}$$

Il minimo lavoro capace di estrarre un elettrone dal metallo è quello che consente di passare dal valore negativo di $\mathscr{E}_{Tot}$ dato dalla (**20**) al valore nullo. Quindi il lavoro di estrazione risulta

$$W_e = 0 - \mathscr{E}_{Tot} = -\mathscr{E}_{Tot}. \tag{21}$$

Il potenziale di estrazione

Un modo semplice per fornire energia a un elettrone consiste nel sottoporlo a una differenza di potenziale elettrico.

Per questa ragione è conveniente introdurre una nuova grandezza, il *potenziale di estrazione* V_e:

> il **potenziale di estrazione** di un elettrone da un metallo è la differenza di potenziale (considerata positiva) a cui deve essere sottoposto un elettrone per fornirgli una quantità di energia pari al lavoro di estrazione.

Da questa definizione si ricava la formula

$$V_e = \frac{W_e}{e} \qquad (22)$$

dove e è la carica elementare.

L'elettronvolt

È comodo misurare il lavoro di estrazione in *elettronvolt* (eV):

> un elettronvolt è l'energia acquistata da una carica con modulo pari alla carica elementare e, quando è accelerata da una differenza di potenziale di un volt.

In base alla definizione e alla formula $W = q\Delta V$ si trova:

$$1\,\text{eV} = e \times (1\,\text{V}) = (1{,}60 \times 10^{-19}\,\text{C}) \times (1\,\text{V}) = 1{,}60 \times 10^{-19}\,\text{J}. \qquad (23)$$

L'elettronvolt è un'unità di misura che non appartiene al Sistema Internazionale, ma che è molto usata nello studio dei fenomeni atomici e subatomici. Per esempio, per ionizzare un atomo di idrogeno che si trova in condizioni normali occorre un'energia pari a

$$\frac{2{,}18 \times 10^{-18}\,\text{J}}{1{,}60 \times 10^{-19}\,\frac{\text{J}}{\text{eV}}} = 13{,}6\,\text{eV}.$$

Allo stesso modo, come mostra la tabella seguente i lavori di estrazione degli elettroni dai metalli sono dell'ordine di qualche eV.

Osserviamo che i potenziali di estrazione – espressi in volt – sono numericamente uguali ai lavori di estrazione espressi in elettronvolt, perché i valori numerici di entrambe le grandezze si ottengono dividendo il lavoro di estrazione (espresso in joule) per la quantità $1{,}60 \times 10^{-19}$.

Nella descrizione dei fenomeni nucleari e subnucleari si usano multipli dell'elettronvolt: 1 MeV vale un milione di eV (10^6 eV) e un GeV vale un miliardo di eV (10^9 eV).

| Lavoro di estrazione e potenziale di estrazione di elettroni da diversi metalli ||
Metallo	Potenziale di estrazione (V) Lavoro di estrazione (eV)
Argento (Ag)	4,70
Calcio (Ca)	3,20
Ferro (Fe)	4,63
Nichel (Ni)	4,91
Potassio (K)	2,25
Rame (Cu)	4,48
Sodio (Na)	2,28
Torio (Th)	3,47
Zinco (Zn)	4,27

Per esempio, **nell'acceleratore LHC (Large Hadron Collider) del CERN di Ginevra**, il cui percorso sotterraneo di 27 km è mostrato nella fotografia a lato, i protoni sono portati a un'energia di 3500 GeV, cioè $3,5 \times 10^{12}$ eV. Questa energia è pari a 3,5 TeV, dato che T è il simbolo del "tera", che corrisponde al fattore 10^{12}.

L'effetto termoionico

Si può fornire energia agli elettroni scaldando il metallo in cui si trovano. L'aumento di temperatura provoca un aumento dell'energia cinetica media degli elettroni. Così, alcuni di essi acquistano un'energia maggiore del lavoro di estrazione e possono uscire dal metallo.

Tra gli elettroni che hanno questa proprietà, soltanto quelli che si trovano vicino alla superficie del metallo e con il vettore velocità rivolto verso l'esterno riescono a sfuggire.

> L'estrazione di elettroni da un metallo mediante riscaldamento si chiama **effetto termoionico**.

APPROFONDIMENTO

Il diodo termodinamico
(2 pagine)

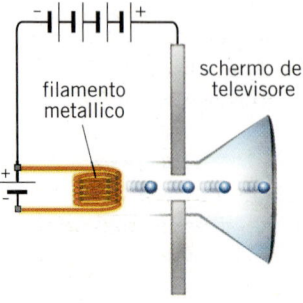

Figura 12 Il filamento metallico ad alta temperatura emette elettroni per effetto termoionico.

Esso è utilizzato nei vecchi televisori e monitor a tubo catodico per creare il fascio di elettroni che «disegna» l'immagine sullo schermo. Come si vede nella **figura 12**, gli elettroni sono emessi da un filamento metallico (l'elettrodo negativo) reso incandescente dalla corrente elettrica. Gli stessi elettroni, poi, sono accelerati verso un elettrodo positivo e formano il «pennello» che giunge sullo schermo.

L'effetto fotoelettrico

Un altro modo per fornire energia agli elettroni di conduzione consiste nell'illuminare il metallo con luce visibile o ultravioletta, a seconda del metallo considerato **(figura 13)**. La luce trasporta energia che può essere assorbita dagli elettroni vicini alla superficie del metallo; in questo modo alcuni di essi, avendo ricevuto un'energia maggiore del lavoro di estrazione, riescono a sfuggire all'esterno.

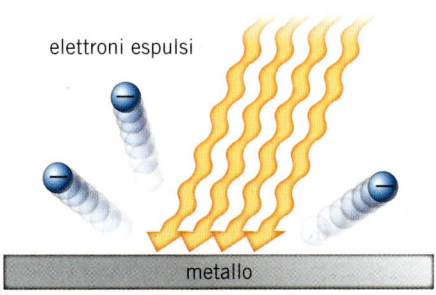

Figura 13 Una lastra di metallo emette elettroni per effetto fotoelettrico.

> L'estrazione di elettroni ottenuta illuminando il metallo si chiama **effetto fotoelettrico**.

L'effetto fotoelettrico permette la costruzione delle *celle fotoelettriche*, quei dispositivi che, per esempio, impediscono che un cancello elettrico si chiuda quando passa un veicolo o una persona.

▶ In condizioni normali, un fascio di luce colpisce la cella fotoelettrica e provoca l'emissione degli elettroni. Nel circuito esterno circola corrente.

▶ Se qualcosa interrompe il fascio di luce, dal metallo non escono più elettroni: nel circuito esterno non circola corrente e il cancello si blocca.

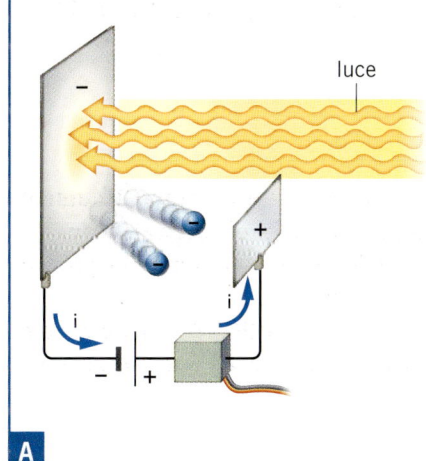

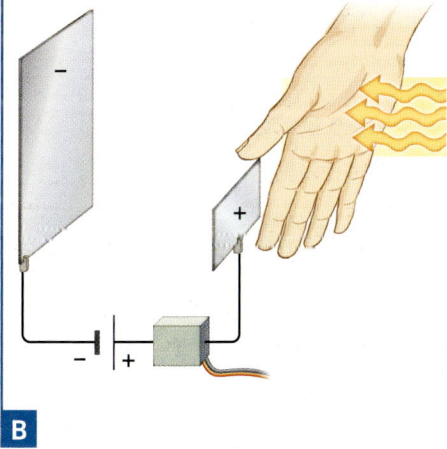

A

B

8 L'EFFETTO VOLTA

All'inizio dell'Ottocento Alessandro Volta scoprì un importante fenomeno, nel quale tra due metalli posti a contatto si stabilisce una differenza di potenziale. In termini moderni, la sua scoperta (detta **effetto Volta**) si può esprimere dicendo che

> mettendo a contatto due metalli, tra di essi si instaura una differenza di potenziale uguale alla differenza, cambiata di segno, tra i rispettivi potenziali di estrazione.

Enunciato equivalente dell'effetto Volta
La differenza di potenziale tra i due metalli a contatto è anche numericamente uguale alla differenza, cambiata di segno, tra i loro lavori di estrazione, espressi in elettronvolt.

Questa differenza di potenziale dipende dalle caratteristiche fisiche dei due metalli posti a contatto (temperatura, stato di ossidazione delle superfici…) ma non dalla forma e dalle dimensioni dei due pezzi di metallo e neppure dall'area delle superfici di contatto.

Per discutere come mai ciò avviene, immaginiamo di unire un pezzo di calcio fatto a U e uno simile di nichel. Il potenziale di estrazione di un elettrone dal calcio vale 3,20 V, mentre il valore del potenziale di estrazione del nichel è 4,91 V. Ciò vuol dire che gli elettroni liberi del nichel sono più legati di quelli che si trovano nel calcio.

▶ Quindi, un certo numero di elettroni passa dal calcio al nichel. Così, il nichel acquista una carica negativa, mentre il calcio si carica positivamente.

▶ Il flusso di elettroni cessa quando, tra i due metalli, si è instaurata una differenza di potenziale che tende a far passare gli elettroni dal nichel al calcio.

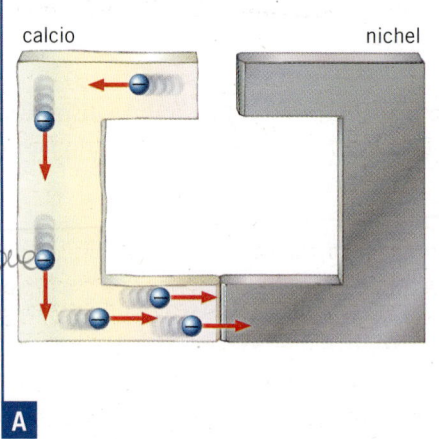
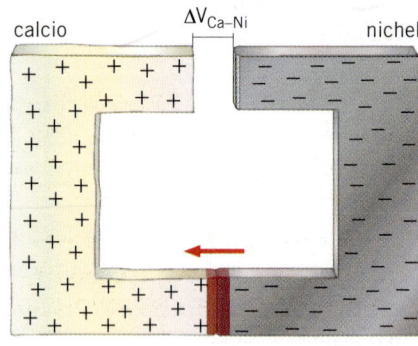

forza elettrica sugli elettroni

A   **B**

All'equilibrio questi due meccanismi si compensano: la differenza di potenziale dovuta al contatto tra i metalli è uguale e opposta alla differenza tra i loro due potenziali di estrazione. Nel caso del calcio e del nichel tale differenza di potenziale è

$$\Delta V_{\text{Ca-Ni}} = -[V_e(\text{Ca}) - V_e(\text{Ni})] = -(3{,}20 - 4{,}91)\ \text{V} = 1{,}71\ \text{V}. \quad (24)$$

La catena di più metalli

Supponiamo di mettere a contatto tre metalli. Per esempio, inseriamo un blocco di zinco tra il calcio e il nichel dell'esempio precedente. La differenza di potenziale che si instaura tra calcio e zinco è

$$\Delta V_{\text{Ca-Zn}} = -[V_e(\text{Ca}) - V_e(\text{Zn})]$$

mentre quella che si genera tra zinco e nichel è

$$\Delta V_{\text{Zn-Ni}} = -[V_e(\text{Zn}) - V_e(\text{Ni})].$$

Allora la differenza di potenziale ΔV_{Tot} tra il calcio e il nichel è la somma delle tensioni create a causa dei due contatti **(figura 14)** e risulta

$$\Delta V_{\text{Tot}} = \Delta V_{\text{Ca-Zn}} + \Delta V_{\text{Zn-Ni}} = -[V_e(\text{Ca}) - V_e(\text{Zn})] - [V_e(\text{Zn}) - V_e(\text{Ni})] =$$
$$= -[V_e(\text{Ca}) - V_e(\text{Zn}) + V_e(\text{Zn}) - V_e(\text{Ni})] = -[V_e(\text{Ca}) - V_e(\text{Ni})].$$

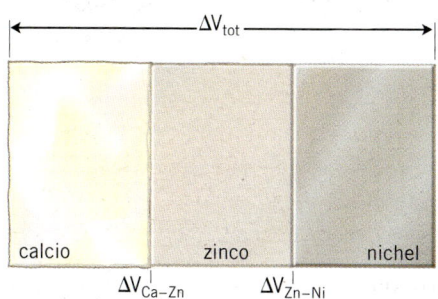

Figura 14 La differenza di potenziale tra calcio e nichel è uguale a quella tra calcio e zinco, più quella tra zinco e nichel.

La tensione ΔV_{Tot} che si instaura tra i due metalli estremi della catena risulta uguale alla differenza di potenziale $\Delta V_{\text{Ca-Ni}} = -[V_e(\text{Ca}) - V_e(\text{Ni})]$, data dalla formula **(24)**, che si crea quando questi due metalli sono posti direttamente a contatto.

Questo esempio è un caso particolare della **legge dei contatti successivi**, scoperta anch'essa da Alessandro Volta:

> la differenza di potenziale tra i due metalli estremi di una catena di metalli è la stessa che si avrebbe se essi fossero posti a diretto contatto.

Volta si rese conto che non tutti i conduttori seguono la legge dei contatti successivi. Egli chiamò **conduttori di prima specie** quelli per i quali essa è valida (per esempio i metalli) e **conduttori di seconda specie** gli altri (per esempio le soluzioni diluite di sali o di acidi in acqua).

Combinando in modo opportuno conduttori di prima e di seconda specie Volta realizzò la **pila**, il primo generatore di tensione capace di fornire una corrente elettrica in modo continuo e non impulsivo (come avviene nella scarica di un conduttore).

9 L'EFFETTO TERMOELETTRICO E LA TERMOCOPPIA

Si potrebbe pensare di utilizzare l'effetto Volta per mantenere una corrente in una catena metallica chiusa, come quella della figura 15. In realtà, se la coppia di metalli ha ovunque la stessa temperatura, ciò che avviene alla giunzione A è identico a ciò che accade alla giunzione B.

Se la differenza di potenziale dovuta al contatto A tende a trasportare gli elettroni dal rame allo zinco, lo stesso accade all'interfaccia B: non vi è alcun meccanismo che possa mantenere una corrente elettrica lungo il circuito.

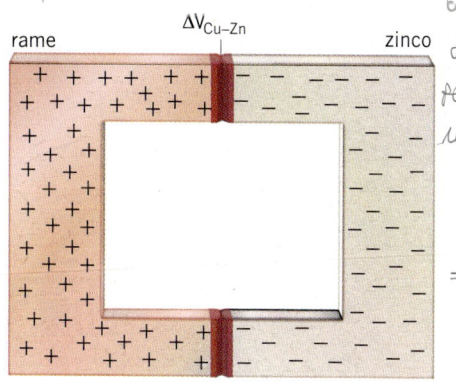

Figura 15 In una catena metallica chiusa, mantenuta alla stessa temperatura, non circola corrente.

Nel 1826, però, il fisico tedesco Johann Thomas Seebeck (1770-1831) scoprì che:

> in un circuito, formato da due metalli, in cui le due giunzioni sono mantenute a temperature diverse, fluisce una piccola corrente.

Questa corrente corrisponde a una forza elettromotrice (detta «termoelettrica») di qualche millesimo di volt. Il fenomeno prende il nome di **effetto termoelettrico** oppure, dal nome del suo scopritore, di **effetto Seebeck**.

L'energia cinetica degli elettroni di conduzione in un metallo (e, quindi, il loro lavoro di estrazione) dipende dalla temperatura. Però la variazione di energia con la temperatura non è la stessa nei due metalli posti in giunzione. Ciò fa sì che il flusso di elettroni in corrispondenza di una giunzione sia diverso da quello che si ha nell'altra saldatura; così la densità degli elettroni aumenta in certe zone del circuito e diminuisce in altre e, se la differenza di temperatura viene mantenuta, ciò porta alla circolazione di una corrente stazionaria.

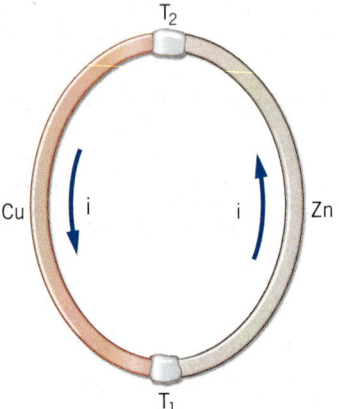

Figura 16 In una catena bimetallica con le giunzioni mantenute a temperature diverse circola corrente.

Il circuito della **figura 16** è del tutto analogo allo schema di una macchina termica (Capitolo «Il secondo principio della termodinamica», nella Termologia): il gas di elettroni liberi presente nei metalli assorbe una certa quantità di calore alla temperatura maggiore, ne trasforma una piccola parte in energia elettrica e ne cede il resto alla temperatura minore. Perciò, perché la corrente continui a fluire, occorre che le temperature delle due saldature siano e rimangano diverse.

La termocoppia

Tarare la termocoppia
Esistono, per una coppia assegnata di metalli, curve di taratura che permettono di ricavare il valore della differenza di temperatura tra le giunzioni partendo dal valore della forza elettromotrice che si genera nella termocoppia.

L'effetto termoelettrico può essere sfruttato per costruire termometri molto pronti e capaci di sostenere temperature molto più elevate di quelle misurabili con i normali termometri a liquido.

Tali termometri sfruttano una **coppia termoelettrica** (spesso chiamata, per brevità, **termocoppia**) cioè due fili metallici, di caratteristiche note, saldati ai due estremi.

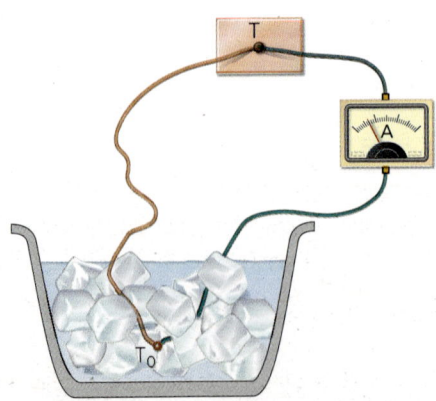

Figura 17 Una termocoppia può essere usata come termometro, mantenendo una delle giunzioni a temperatura fissata e ponendo l'altra alla temperatura che si vuole misurare.

Come si vede nella **figura 17**, una delle giunzioni è posta a contatto del corpo di cui si vuole misurare la temperatura T, mentre l'altra è mantenuta a una temperatura di riferimento T_0 (per esempio quella del ghiaccio fondente, oppure quella dell'azoto liquido).

La corrente che fluisce nel circuito dipende, così, dalla temperatura T. Tale corrente è misurata da un amperometro A inserito, in serie, nel circuito. Dalla corrente si risale al valore della forza elettromotrice presente nella termocoppia e da questa alla temperatura. Se opportunamente tarato, tale amperometro fornisce il valore di T.

I CONCETTI E LE LEGGI

MAPPA INTERATTIVA

SECONDA LEGGE DI OHM

Nei conduttori metallici la conduzione elettrica è descritta dalle due leggi sperimentali di Ohm e le cariche responsabili della corrente elettrica sono gli elettroni di conduzione, sfuggiti agli atomi del metallo.

Velocità di deriva

$i = enAv_d$

intensità di corrente = carica elettrone × numero elettroni per unità di volume × sezione × velocità di deriva

- La velocità di deriva è il modulo della velocità media degli elettroni in un metallo, all'interno del quale è attivo un campo elettrico.
- Si tratta di una velocità dell'ordine di 10^{-4} m/s.
- Se n elettroni per unità di volume sono sottoposti a un campo elettrico dentro un filo con un'area trasversale fissata, l'intensità di corrente è direttamente proporzionale alla loro velocità di deriva.

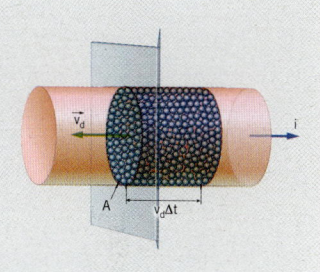

Seconda legge di Ohm

$R = \rho \dfrac{l}{A}$

resistenza elettrica = resistività × $\dfrac{\text{lunghezza del conduttore}}{\text{sezione del conduttore}}$

- La resistenza R di un filo conduttore è direttamente proporzionale alla sua lunghezza l e inversamente alla sua area trasversale A.
- ρ è la resistività, una proprietà che dipende dal particolare materiale con cui è fatto il filo.
- I buoni conduttori hanno resistività bassa; nei buoni isolanti la resistività è molto elevata; nei semiconduttori essa ha valori intermedi.

Unità di misura

La resistività si misura in $\Omega \cdot m$

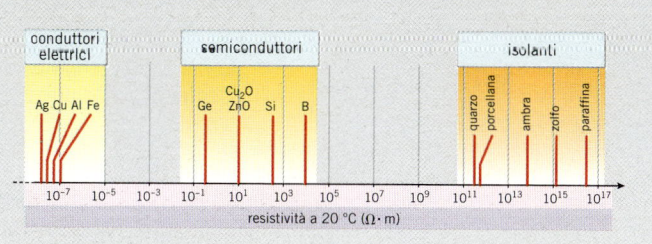

Variazione della resistività con la temperatura

$\rho_T = \rho_{293}(1 + \alpha \Delta T)$

- Nei metalli, al crescere della temperatura diventano più probabili gli urti tra elettroni e ioni del reticolo cristallino: di conseguenza il movimento degli elettroni è ostacolato e la resistività aumenta.
- Il parametro ρ è detto coefficiente di temperatura della resistività per il metallo; $\Delta T = T - 293$ K.
- Questa relazione è valida da valori bassi di temperatura (circa 100 K) fin quasi alla temperatura di fusione del metallo; se a basse temperature la resistività si annulla bruscamente, il materiale è detto superconduttore.

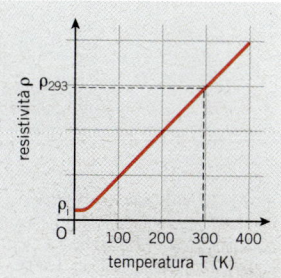

I CONCETTI E LE LEGGI

MAPPA INTERATTIVA

CARICA E SCARICA DI UN CONDENSATORE

Il lavoro compiuto per caricare un condensatore rimane immagazzinato sotto forma di energia elettrica finché non decidiamo di utilizzarla inserendo il condensatore in un circuito elettrico.

Carica di un condensatore

$$i = \frac{f_{em}}{R} e^{-\frac{t}{RC}}$$

- Il condensatore di capacità C è inserito in un circuito ed è collegato in serie a una batteria di forza elettromotrice f_{em} e resistenza interna trascurabile, un resistore di resistenza R, un interruttore e un amperometro.
- All'inizio ($t = 0$ s, si chiude l'interruttore) la corrente è piuttosto intensa e poi si annulla.
- RC è un tempo caratteristico e misura quanto rapidamente un condensatore si carica attraverso il resistore di resistenza R.
- Metà dell'energia $W_G = C(f_{em})^2$ erogata dal generatore durante il processo di carica è conservata nel condensatore; l'altra metà è dissipata nel resistore per effetto Joule.

Scarica di un condensatore

$$i = -\frac{f_{em}}{R} e^{-\frac{t}{RC}}$$

- La corrente ha lo stesso modulo di quella del processo di carica ma verso opposto.
- Con il condensatore carico, togliamo dal circuito la batteria e chiudiamo l'interruttore.
- Tutta l'energia che era conservata nel condensatore è dissipata nel resistore per effetto Joule.

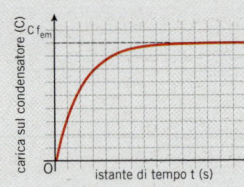

Lavoro di estrazione

$W_e = -E_{tot}$

lavoro di estrazione = − energia totale elettrone

- È il minimo lavoro che occorre compiere per fare uscire un elettrone da un metallo.
- È uguale all'opposto dell'energia totale (negativa) dell'elettrone nel metallo.

Potenziale di estrazione

$$V_e = \frac{W_e}{e}$$

potenziale di estrazione = $\dfrac{\text{lavoro di estrazione}}{\text{carica elettrone}}$

- È la differenza di potenziale (positiva) a cui deve essere sottoposto un elettrone per fornirgli una quantità di energia pari al lavoro di estrazione W_e.

Elettronvolt

Il lavoro di estrazione si misura in elettronvolt (eV):

1 eV $= 1{,}60 \times 10^{-19}$ J

- È una unità di misura non SI.
- È molto usata in ambito atomico.
- I potenziali di estrazione sono numericamente uguali alle energie di estrazione espresse in eV.

Applicazioni

Effetto termoionico

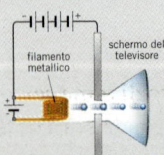

- È l'estrazione di elettroni da un metallo mediante riscaldamento.
- Si utilizza nei vecchi televisori e monitor a tubo catodico.

Effetto fotoelettrico

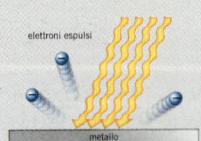

- È l'estrazione di elettroni ottenuta illuminando il metallo con luce di tipo opportuno.
- Si usa nella costruzione di celle fotoelettriche.

Effetto Volta

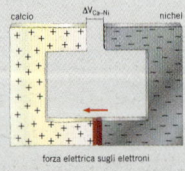

Mettendo a contatto due metalli, tra di essi si instaura una differenza di potenziale uguale alla differenza, cambiata di segno, tra i rispettivi potenziali di estrazione.

Effetto Seebeck

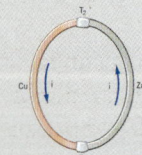

In un circuito, formato da due metalli, in cui le due giunzioni sono mantenute a temperature diverse, fluisce una piccola corrente che corrisponde a una piccola forza elettromotrice.

ESERCIZI

DOMANDE SUI CONCETTI

1 È corretto affermare che gli elettroni di conduzione in un metallo percorso da corrente hanno una velocità dell'ordine di 10^{-5}-10^{-4} m/s? Giustifica la risposta.

2 Considera un filo metallico di diametro d, percorso da una corrente i. Come cambia la velocità di deriva degli elettroni nel caso in cui raddoppino sia il diametro che la corrente?

3 Considera due fili geometricamente identici percorsi da una corrente i, costituiti da due metalli diversi, il primo con una densità di portatori di carica maggiore del secondo. Per quale dei due fili si avrà una maggiore velocità di deriva a parità di corrente? Giustifica la risposta e interpretane il significato sulla base della definizione di intensità di corrente.

4 Un conduttore ohmico di forma cilindrica è caratterizzato da resistività ρ e resistenza R. Immagina di aumentare di un fattore 100 la lunghezza del conduttore: come dovremmo variare il suo diametro per mantenere gli stessi valori di ρ ed R?

5 Discuti sinteticamente gli effetti di un'eventuale dilatazione termica sul valore della resistenza di un cilindro conduttore.

6 Per quale scopo può essere utilizzato un resistore variabile?

7 Una lampadina a incandescenza è costituita da un filamento di tungsteno attraversato da corrente. Quando la lampadina è spenta, il filamento si trova a temperatura ambiente. Pochi secondi dopo l'accensione la temperatura del filamento raggiunge circa 2700 K, per mantenersi poi costante durante tutto il periodo di accensione della lampadina. Rappresenta graficamente l'andamento qualitativo della corrente che attraversa la lampadina in funzione del tempo.

8 Con riferimento alla situazione descritta nella domanda precedente, è corretto limitarsi a considerare la dipendenza della resistività dalla temperatura? Oppure ci sono altri effetti dovuti alla temperatura che potrebbero influire sulla resistenza del filo di tungsteno?

9 Le armature di un condensatore piano, disposte nel vuoto, sono caricate con cariche $+Q$ e $-Q$. La forza tra le armature del condensatore è costante al variare della distanza tra le armature?

10 Un circuito RC è alimentato da un generatore la cui forza elettromotrice è rappresentata da un'onda quadra di periodo pari a dieci volte il tempo caratteristico del circuito (costante di tempo), come mostra la figura. Rappresenta graficamente gli andamenti nel tempo della corrente e della differenza di potenziale ai capi del condensatore. (Trascura la resistenza interna del generatore.)

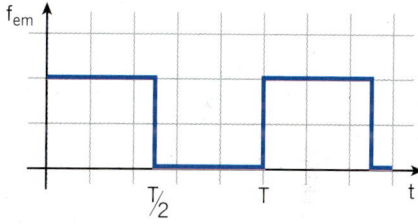

11 In un circuito RC in condizioni stazionarie, è possibile ridurre l'energia dissipata dalla resistenza per effetto Joule senza diminuire l'energia accumulata nel condensatore?

12 Quanto vale l'energia potenziale di un elettrone fuori dal metallo?

13 Cerca il lavoro di estrazione del rame nella tabella nella teoria. Quanto vale questo lavoro di estrazione espresso in joule?

14 Si pone a contatto un blocchetto di rame con uno di zinco. Quale dei due metalli si porterà a potenziale minore? Per rispondere, fai riferimento alla spiegazione microscopica dell'effetto Volta.

15 È corretto affermare che accostando due metalli diversi, dopo una breve fase transitoria di riequilibrio, non ci sono migrazioni di elettroni tra un metallo e l'altro?

ESERCIZI

16 È possibile ottenere una corrente elettrica in un circuito costituito da una catena chiusa formata da due metalli? In caso affermativo, in quali condizioni?

17 Perché in una termocoppia circola corrente soltanto finché sussiste una differenza di temperatura tra le due giunzioni?

PROBLEMI

1 I CONDUTTORI METALLICI

1 Un filo di rame con un diametro di 1,4 mm, che contiene $1,8 \times 10^{30}$ elettroni di conduzione per metro cubo, viene collegato a un generatore di tensione. La velocità di deriva degli elettroni di conduzione nel filo vale $6,4 \times 10^{-5}$ m/s.

▶ Calcola l'intensità della corrente che circola nel filo.

Successivamente viene modificata la tensione del generatore in modo che nel filo circoli una corrente di intensità 17 A.

▶ Calcola il nuovo valore della velocità di deriva degli elettroni.

[28 A; $3,8 \times 10^{-5}$ m/s]

2 In un filo di argento che contiene $5,8 \times 10^{28}$ elettroni di conduzione per metro cubo circola una corrente elettrica di intensità 0,50 A. La velocità di deriva degli elettroni è di $4,3 \times 10^{-4}$ m/s.

▶ Determina il diametro del filo.

[0,40 mm]

3 Un conduttore cilindrico di volume 6,00 cm³ e lungo 0,40 cm è attraversato da una corrente di intensità 1,90 A. La velocità di deriva degli elettroni nel conduttore vale $1,30 \times 10^{-5}$ m/s.

▶ Determina il numero di elettroni di conduzione per unità di volume.

▶ Determina il numero totale di elettroni di conduzione presenti nel conduttore.

[$6,09 \times 10^{26}$ m^{-3}; $3,65 \times 10^{21}$]

4 In un filo conduttore cilindrico circola per un secondo una corrente di 0,50 A. La sezione del conduttore è di $0,13 \times 10^{-6}$ m² e la velocità di deriva degli elettroni è $4,3 \times 10^{-4}$ m/s.

▶ Determina il numero di elettroni di conduzione che hanno attraversato la sezione del conduttore nell'intervallo di tempo considerato.

[$3,1 \times 10^{18}$]

2 LA SECONDA LEGGE DI OHM

5 **PROBLEMA SVOLTO**

Un filo di nichel lungo 87 cm e con un diametro di 0,26 mm è percorso da una corrente di intensità 0,78 A quando alle sue estremità è applicata una differenza di potenziale pari a 1,0 V.

▶ Quanto vale la resistività del nichel?

l = 87 cm
d = 0,26 mm
i = 0,78 A
ΔV = 1,0 V
ρ = ?

■ **Strategia e soluzione**

• Dai dati ricaviamo innanzitutto la resistenza R del filo, che risulta

$$R = \frac{\Delta V}{i} = \frac{1,0 \text{ V}}{0,78 \text{ A}} = 1,3 \text{ } \Omega.$$

• Poi calcoliamo l'area trasversale A del filo, che risulta

$$A = \pi\left(\frac{d}{2}\right)^2 = \pi(1,3 \times 10^{-4} \text{ m})^2 = 5,3 \times 10^{-8} \text{ m}^2.$$

- Siamo quindi in grado di utilizzare la formula (3), da cui otteniamo

$$\rho = R\frac{A}{l} = (1{,}3\ \Omega) \times \frac{5{,}3 \times 10^{-8}\ \text{m}^2}{0{,}87\ \text{m}} = 7{,}9 \times 10^{-8}\ \Omega \cdot \text{m}.$$

La resistività del nichel risulta, quindi, pari a $7{,}9 \times 10^{-8}\ \Omega \cdot \text{m}$.

■ **Discussione**

Come puoi controllare nella tabella del paragrafo 2, la resistività del nichel risulta circa 4,6 volte maggiore di quella del rame. Quindi il nichel è un buon conduttore elettrico, visto che la sua resistività è dell'ordine di $10^{-7}\ \Omega \cdot \text{m}$, ma non è un conduttore buono quanto il rame.

6 Un filo di rame lungo 92 cm ($\rho_{Cu} = 1{,}7 \times 10^{-8}\ \Omega \cdot \text{m}$), con un diametro di 0,18 mm, è collegato a un generatore di tensione che eroga una differenza di potenziale di 1,2 V.

▶ Calcola il valore dell'intensità della corrente che attraversa il filo di rame.

[2,0 A]

7 Un filo conduttore lungo 5,0 m con un diametro di 2,0 mm ha una resistenza di 20 Ω. Un secondo filo conduttore, dello stesso materiale del primo, ma con un diametro di 4,0 mm, ha una resistenza di 12 Ω.

▶ Calcola la lunghezza del secondo filo conduttore.

[12 m]

8 Il filamento di tungsteno di una lampadina è lungo 8,0 cm e ha resistenza pari a 0,10 Ω. La sua resistività vale $5{,}6 \times 10^{-8}\ \Omega\text{m}$.

▶ Calcola il diametro del filamento di tungsteno.

Vuoi ottenere un filo geometricamente identico al precedente con una resistenza di 0,20 Ω.

▶ Identifica il materiale più adatto sulla base della tabella del paragrafo 2.

[0,24 mm]

3 IL RESISTORE VARIABILE E IL POTENZIOMETRO

9 Un reostato è un resistore variabile. La sua struttura è simile a quella riportata in figura: il valore della resistenza viene variato spostando il cursore C lungo il conduttore, in modo che la parte effettivamente inserita nel circuito sia quella compresa tra A e C. Considera il caso in cui il reostato, sia lungo 3,90 metri e sia costituito da un materiale di resistività $3{,}40 \times 10^{-6}\ \Omega \cdot \text{m}$. Quando il cursore è in posizione tale che CB sia il doppio di AC, la resistenza vale 15,0 Ω.

▶ Determina l'area trasversale del reostato.

▶ Determina il valore della resistenza massima del reostato.

Il reostato, sottoposto poi ad una differenza di potenziale di 20 V tra i punti A e C, è percorso da una corrente di 0,75 A.

▶ Determina la posizione del cursore C rispetto al punto A.

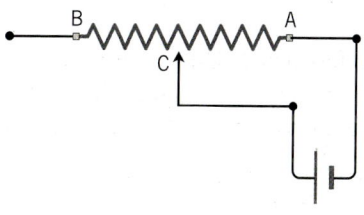

[$2{,}95 \times 10^{-7}\ \text{m}^2$; 45,0 Ω; 2,3 m]

10 Nel circuito della figura una lampadina di resistenza R_L pari a 50,0 Ω (alla temperatura di funzionamento) è collegata in serie a una resistenza R_1 di 10,0 Ω, a una batteria che fornisce una differenza di potenziale di 105 V e a un resistore variabile. Quest'ultimo è costituito da un conduttore di sezione $7{,}00 \times 10^{-9}\ \text{m}^2$, lunghezza 30,0 cm e resistività $1{,}40 \times 10^{-7}\ \Omega \cdot \text{m}$.

ESERCIZI

▶ Determina la potenza massima e la potenza minima dissipata dalla lampadina al variare della posizione del cursore C del resistore variabile.

▶ Esprimi la potenza dissipata dalla lampadina in funzione della posizione del cursore C del resistore variabile.

▶ Determina la posizione del cursore affinché la potenza dissipata dalla lampadina sia pari a 9/10 di quella massima.

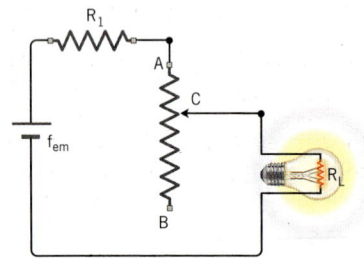

$\left[153\ \text{W};\ 127\ \text{W};\ P_L = \dfrac{1{,}38 \times 10^3}{(3{,}00 + x)^2}\ \text{W};\ 0{,}163\ \text{m}\right]$

4 LA DIPENDENZA DELLA RESISTIVITÀ DALLA TEMPERATURA

11 ★☆☆ La resistività di un filo di argento alla temperatura di 20 °C vale $1{,}6 \times 10^{-8}\ \Omega \cdot \text{m}$. Il filo viene riscaldato fino alla temperatura di 95 °C. Il coefficiente di temperatura della resistività per l'argento vale $3{,}9 \times 10^{-3}\ \text{K}^{-1}$.

▶ Calcola il rapporto tra la resistenza elettrica del filo alla temperatura di 95 °C e la sua resistenza a 20 °C.

[1,3]

12 ★★☆

PROBLEMA SVOLTO

Alla temperatura di 293 K la resistività del platino è $1{,}06 \times 10^{-7}\ \Omega \cdot \text{m}$. La resistività di una sbarra dello stesso materiale, posta in un forno per un tempo abbastanza lungo, risulta essere $1{,}57 \times 10^{-7}\ \Omega \cdot \text{m}$. Il coefficiente di temperatura della resistività per il platino è $\alpha = 3{,}93 \times 10^{-3}\ \text{K}^{-1}$.

▶ Determina la temperatura del forno.

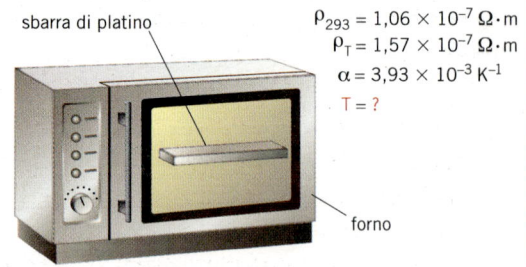

- sbarra di platino
- $\rho_{293} = 1{,}06 \times 10^{-7}\ \Omega \cdot \text{m}$
- $\rho_T = 1{,}57 \times 10^{-7}\ \Omega \cdot \text{m}$
- $\alpha = 3{,}93 \times 10^{-3}\ \text{K}^{-1}$
- T = ?
- forno

■ **Strategia e soluzione**

- Dalla formula (5) si ricava

$$\Delta T = \dfrac{1}{\alpha}\left(\dfrac{\rho_T}{\rho_{293}} - 1\right).$$

- Sostituendo i valori numerici nella relazione trovata otteniamo

$$\Delta T = \dfrac{1}{3{,}93 \times 10^{-3}\ \text{K}^{-1}}\left(\dfrac{1{,}57}{1{,}06} - 1\right) = (2{,}54 \times 10^2\ \text{K}) \times 0{,}48 = 1{,}2 \times 10^2\ \text{K}.$$

Quindi possiamo ottenere

$$T = 293\ \text{K} + \Delta T = 2{,}93 \times 10^2\ \text{K} + 1{,}2 \times 10^2\ \text{K} = 4{,}1 \times 10^2\ \text{K}.$$

■ **Discussione**

La temperatura di fusione del platino vale 2045 K; con temperature dell'ordine di alcune centinaia di kelvin, come quelle del problema precedente, l'utilizzo della formula (5) è giustificato.

13 ★★ Un filo di rame lungo 1,0 m con una sezione di 1,0 mm² alla temperatura di 293 K ha una resistenza di $1,7 \times 10^{-2}$ Ω. Il filo è riscaldato con un saldatore e la sua resistenza aumenta fino a $2,0 \times 10^{-2}$ Ω. Il coefficiente di temperatura del rame è $\alpha = 4,3 \times 10^{-3}$ K^{-1}.

▶ Calcola la temperatura finale del filo di rame.

[334 K]

14 ★★ Un conduttore di lunghezza 5,2 m e diametro 0,21 mm alla temperatura di 20 °C presenta una resistività di $8,9 \times 10^{-8}$ Ω · m. Nel conduttore, inserito in un circuito con una differenza di potenziale di 48 V, alla temperatura di 100 °C, circola una corrente di 2,4 A.

▶ Calcola il coefficiente di temperatura del conduttore.

[$6,4 \times 10^{-3}$ K^{-1}]

5 LA FORZA DI ATTRAZIONE TRA LE ARMATURE DI UN CONDENSATORE PIANO

15 ★★ Un condensatore è costituito da due armature quadrate, disposte nel vuoto, di lato $l = 30$ cm, massa $M = 1,3$ kg e inizialmente distanti $d = 3,0$ cm. Il condensatore viene collegato a un generatore che fornisce una differenza di potenziale di 40 V e poi staccato. Un'armatura, lasciata libera di muoversi, viene attirata dall'altra armatura.

▶ Determina la forza con cui l'armatura libera viene attratta dall'altra.

▶ Determina quanto tempo è necessario perché l'armatura si sposti di 1,0 cm.

[$7,1 \times 10^{-7}$ N; $1,9 \times 10^2$ s]

16 ★★ Considera lo stesso condensatore dell'esercizio precedente nelle stesse condizioni, ma con entrambe le armature libere di muoversi dopo essere state caricate.

▶ Dopo quanto tempo si sono avvicinate di 1,4 cm?

▶ Quanto lavoro bisogna compiere per fermarle, dopo che si sono avvicinate di 1,4 cm?

(*Suggerimento*: risolvi prima l'esercizio precedente)

[$1,6 \times 10^2$ s; $9,9 \times 10^{-9}$ J]

17 ★★ Un condensatore piano, con armature di area 400 cm² e distanti 1,4 cm tra loro, disposte nel vuoto, viene caricato mediante un generatore di tensione con una carica $Q = 8,5 \times 10^{-9}$ C e poi staccato dal generatore. Un'armatura viene lasciata libera di muoversi e quando si è avvicinata di 0,50 cm viene nuovamente bloccata.

▶ Quanto lavoro è stato compiuto dalla forza attrattiva tra le armature?

▶ Di quanto è variata l'energia immagazzinata nel condensatore? Commenta i risultati ottenuti.

[$5,1 \times 10^{-7}$ J; $-5,1 \times 10^{-7}$ J]

18 ★★ Un condensatore, le cui armature quadrate, disposte nel vuoto, sono poste a distanza di 2,8 cm l'una dall'altra, è collegato a un generatore di tensione, che fornisce una differenza di potenziale pari a 15 V. Un'armatura viene lasciata libera di muoversi e, a causa della forza attrattiva tra le armature, si sposta di 1,2 cm, prima di essere fermata. Il generatore ha erogato un'energia $W_G = 4,2 \times 10^{-9}$ J.

▶ Determina il lato delle armature.

[28 cm]

6 CARICA E SCARICA DI UN CONDENSATORE

19 Un circuito elettrico è costituito da una batteria da 12 V, da un condensatore carico di capacità 80 μF e da un resistore di resistenza 2,5 kΩ. Calcola:

▶ l'energia immagazzinata nel condensatore;

▶ il valore del tempo caratteristico del circuito;

▶ il nuovo valore della capacità affinché raddoppi il valore del tempo caratteristico.

[$5,76 \times 10^{-3}$ J; 0,20 s; 160 μF]

20 ★★★ In un circuito, alimentato da una batteria che fornisce una differenza di potenziale di 4,5 V, sono collegati in serie un condensatore di capacità C e un resistore di resistenza $R = 70$ Ω. Il tempo

ESERCIZI

caratteristico del circuito è di 1,3 ms. Trascuriamo la resistenza interna del generatore. Calcola:

▶ la capacità del condensatore.

▶ l'intensità della corrente nel circuito dopo un intervallo di tempo di 2,6 ms.

[$1,9 \times 10^{-5}$ F; $8,7 \times 10^{-3}$ A]

21 ★★ PROBLEMA SVOLTO

Un circuito contiene una batteria con una forza elettromotrice di 12,0 V, collegata in serie a un resistore che ha una resistenza di 7,30 kΩ e a un condensatore che ha una capacità di 26,9 μF.

▶ Determina il valore dell'intensità di corrente di carica nell'istante iniziale ($t = 0$ s).

▶ Dopo quanto tempo dall'inizio del processo di carica, l'intensità di corrente è pari a 1/2 del suo valore iniziale?

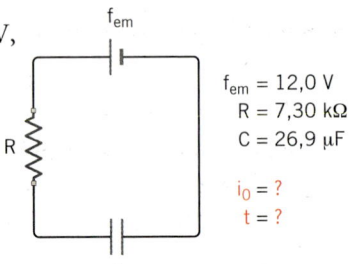

f_{em} = 12,0 V
R = 7,30 kΩ
C = 26,9 μF

i_0 = ?
t = ?

■ Strategia e soluzione

- Il valore dell'intensità di corrente iniziale si ricava dalla formula (18) ponendo $t = 0$ s:

$$i_0 = i(0) = \frac{f_{em}}{R} e^0 = \frac{f_{em}}{R} = \frac{12,0 \text{ V}}{7,30 \times 10^3 \text{ Ω}} = 1,64 \times 10^{-3} \text{ A}.$$

- La seconda richiesta del problema equivale a porre

$$\frac{f_{em}}{R} e^{-\frac{t}{RC}} = \frac{1}{2} \frac{f_{em}}{R}$$

da cui si ottiene

$$e^{-\frac{t}{RC}} = \frac{1}{2} \quad \Rightarrow \quad e^{\frac{t}{RC}} = 2.$$

- L'incognita t dell'equazione precedente si mette in evidenza calcolando il logaritmo di entrambi i membri:

$$\frac{t}{RC} = \ln 2 \quad \Rightarrow \quad t = RC \ln 2.$$

- Sostituendo i valori numerici si ottiene:

$$t = RC \ln 2 = (7,30 \times 10^3 \text{ Ω}) \times (2,69 \times 10^{-5} \text{ F}) \times 0,693 = 0,136 \text{ s}.$$

■ Discussione

Dopo 0,136 s la corrente di carica si è ridotta alla metà del valore iniziale di 1,64 mA. Dopo un altro tempo pari a 0,136 s il valore della corrente si riduce ancora della metà, cioè a un quarto dell'intensità iniziale. Procedendo in questo modo, dopo meno di 1 s la corrente si è ridotta a $(1/2)^7 = 1/128$ del valore iniziale, cioè praticamente a zero.

22 ★★

Un circuito contiene una batteria con una forza elettromotrice di 24 V, collegata in serie a due resistori, di resistenza $R_1 = 5,7$ kΩ, $R_2 = 4,3$ kΩ, e a un condensatore di capacità $C = 2,2$ μF. Calcola:

▶ il massimo valore della corrente che attraversa il circuito.

▶ dopo quanto tempo dall'inizio del processo di carica, l'intensità di corrente sarà pari a 1/5 del suo valore iniziale.

▶ l'energia potenziale elettrica accumulata sul condensatore.

▶ l'energia dissipata per effetto Joule.

[$2,4 \times 10^{-3}$ A; $3,5 \times 10^{-2}$ s; $6,3 \times 10^{-4}$ J; $6,3 \times 10^{-4}$ J]

23 Nel circuito della figura la forza elettromotrice del generatore vale 12 V, R_1 è 10 kΩ, R_2 è 800 Ω e C vale 4,0 μF. L'interruttore inizialmente in posizione 0, viene spostato in posizione 1.

▶ Calcola il tempo necessario perché la corrente sia ridotta all'1,0% della corrente massima.

▶ Determina l'energia immagazzinata nel condensatore.

Dopo un tempo sufficientemente lungo per poter considerare il condensatore completamente carico, l'interruttore viene spostato in posizione 2.

▶ Determina la corrente massima che attraversa la resistenza R_2.

▶ Determina il valore dell'intensità di corrente che attraversa R_2 dopo 4,8 ms dallo spostamento dell'interruttore in posizione 2.

▶ Al termine delle due fasi di carica e di scarica, quale percentuale del lavoro del generatore è stata dissipata per effetto Joule?

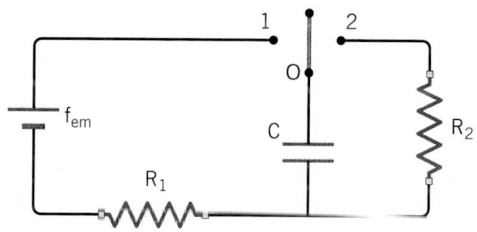

[0,18 s; 2,9 × 10⁻⁴ J; 1,5 × 10⁻² A; 3,3 mA; 100%]

7 L'ESTRAZIONE DEGLI ELETTRONI DA UN METALLO

24 Il lavoro di estrazione di un elettrone da un metallo è di 4,48 eV.

▶ Determina l'energia minima in joule che un elettrone deve ricevere per essere estratto dal metallo.

[$7,17 \times 10^{-19}$ J]

25 Il lavoro necessario per estrarre un elettrone da un metallo è di $5,37 \times 10^{-19}$ J.

▶ Determina la differenza di potenziale minima necessaria per estrarre un elettrone.

[3,36 V]

26 Il lavoro di estrazione di un elettrone da un metallo è $5,44 \times 10^{-19}$ J. Una lastra di quel metallo viene illuminata e gli elettroni in superficie ricevono un'energia di $6,63 \times 10^{-19}$ J.

▶ Calcola l'energia cinetica degli elettroni che escono dalla lastra.

(*Suggerimento*: supponi che non vi siano altre dispersioni di energia.)

[$1,19 \times 10^{-19}$ J]

27 Una lastra di sodio è illuminata con una radiazione in grado di estrarre elettroni di conduzione. La luce fornisce un'energia di $5,2 \times 10^{-19}$ J a un elettrone di superficie, in assenza di qualsiasi altra dispersione di energia. Il lavoro di estrazione di un elettrone dal sodio è pari a $3,7 \times 10^{-19}$ J.

▶ Calcola il valore della velocità dell'elettrone estratto.

[$5,7 \times 10^5$ m/s]

28 Un *diodo a vuoto* è costituito da un'ampolla di vetro che contiene due elettrodi. Il *catodo* è l'elettrodo che, riscaldato, raggiunge l'incandescenza ed emette elettroni. L'*anodo* è l'elettrodo che riceve gli elettroni accelerati dalla differenza di potenziale che esiste tra i due elettrodi. In un diodo la differenza di potenziale tra i due elettrodi è di 400 V.

▶ Calcola la velocità massima con la quale gli elettroni emessi dal catodo raggiungono l'anodo.

[$1,2 \times 10^7$ m/s]

8 L'EFFETTO VOLTA

29 In un esperimento di laboratorio sono posti a contatto un blocchetto di rame e un blocchetto di zinco.

▶ Qual è il valore della differenza di potenziale di contatto?

[0,21 V]

30 Tre blocchetti di metallo, rispettivamente di torio, rame e argento, sono messi a contatto e formano una catena di metalli. Calcola:

▶ la differenza di potenziale di contatto tra ogni coppia di blocchetti.

ESERCIZI

▶ la differenza di potenziale di contatto tra i due blocchetti posti alle estremità della catena.

[1,01 V; 0,22 V; 1,23 V]

31 ★★ Un cilindro conduttore è ottenuto accostando cinque cilindri di materiali diversi, come riportato nella figura. Il cilindro identificato con il numero 1 è costituito di un materiale con lavoro di estrazione di 4,63 eV. Le differenze di potenziale nelle quattro giunzioni sono $\Delta V_{12} = +150$ mV, $\Delta V_{23} = -430$ mV, $\Delta V_{34} = +640$ mV e $\Delta V_{45} = -430$ mV.

▶ Determina i lavori di estrazione degli altri quattro metalli e la differenza di potenziale totale ai capi del cilindro conduttore.

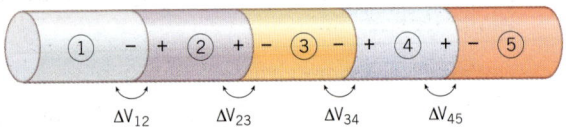

[4,48 eV; 4,91 eV; 4,27 eV; 4,70 eV; 0,07 V]

9 L'EFFETTO TERMOELETTRICO NO E LA TERMOCOPPIA

32 ★★ La figura seguente fornisce la curva forza elettromotrice-temperatura per la termocoppia formata da chromel e alumel (due leghe a base di nichel). La curva, in cui i punti rappresentano i dati sperimentali, è ottenuta sotto l'ipotesi che una delle giunzioni sia mantenuta alla temperatura di 273 K.

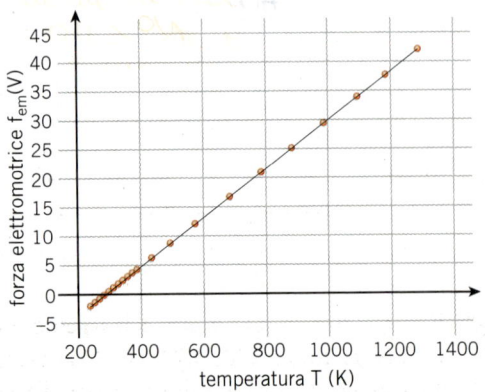

▶ Qual è la temperatura a cui si trova la seconda giunzione se la forza elettromotrice termoelettrica vale 30 mV?

▶ Quanto vale, in media, l'aumento della forza elettromotrice nel circuito per ogni kelvin di aumento della temperatura?

[circa 10 000 K; $4,2 \times 10^{-5}$ V/K]

33 ★★ Nei suoi esperimenti sui conduttori, Ohm usò nel 1826 una *termopila* composta da un pezzo di bismuto collocato tra due pezzi di rame. Egli fece due tipi di prove: una prima prova mantenendo una giunzione alla temperatura dell'acqua in ebollizione e l'altra giunzione alla temperatura del ghiaccio fondente; la seconda mantenendo una giunzione alla temperatura di 9,6 °C e l'altra sempre alla temperatura del ghiaccio fondente.

▶ Calcola le forze elettromotrici utilizzate da Ohm per eseguire i suoi esperimenti.

(*Suggerimento*: puoi considerare la forza elettromotrice della pila direttamente proporzionale al salto termico. La costante di proporzionalità per la coppia bismuto-rame vale 12×10^{-6} V·K^{-1}.)

[$1,2 \times 10^{-3}$ V; $1,2 \times 10^{-4}$ V]

34 ★★ La figura seguente riporta il grafico della forza elettromotrice in funzione della temperatura di una termocoppia, la cui giunzione fredda è mantenuta a una temperatura di 0 °C.

▶ Individua sul grafico il valore della f_{em} quando la temperatura della giunzione calda è 17,5 °C.

▶ Individua sul grafico il valore della temperatura della giunzione calda quando la f_{em} è pari a 5,0 V.

▶ Determina la sensibilità della termocoppia se la f_{em} è rilevata con uno strumento di sensibilità 0,2 V.

▶ Con quale sensibilità deve essere rilevata la f_{em} per avere una sensibilità della termocoppia pari a 0,5 °C?

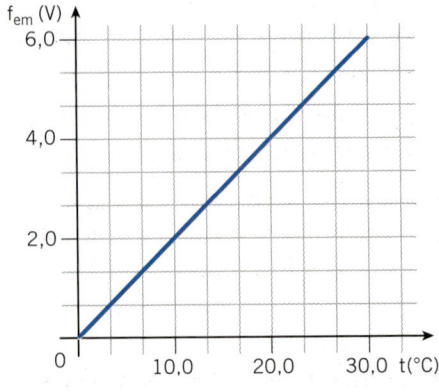

[3,5 V; 25,0 °C; 1 °C; 0,1 V]

35 Una termocoppia è costituita da 52 giunzioni antimonio-bismuto su una faccia, che viene tenuta alla temperatura di riferimento di 20 °C, e da un ugual numero di giunzioni sull'altra faccia, che viene esposta a una radiazione incidente. La costante di proporzionalità per la coppia antimonio-bismuto vale $1,1 \times 10^{-4}$ V · K^{-1}. In queste condizioni si rileva una differenza di potenziale totale di 0,15 V.

▶ Calcola la temperatura della radiazione incidente.

[46 °C]

PROBLEMI GENERALI

1 Due fili di rame di sezione circolare sono lunghi 8,0 m e hanno un diametro pari a 0,20 mm. La resistività del rame è $\rho_{Cu} = 1,7 \times 10^{-8}$ Ω · m. In una prima fase agli estremi di ogni filo viene applicata una differenza di potenziale di 12 V e, in seguito, i due fili vengono affiancati in parallelo, lasciando inalterata la differenza di potenziale. Calcola:

▶ la corrente che attraversa ognuno dei due fili nella fase iniziale.

▶ la corrente che attraversa il circuito quando i fili sono appaiati.

(*Ridotto dalla seconda prova di maturità scientifica sperimentale*, 1986)

[2,8 A; 5,6 A]

2 Un filo di rame, di resistenza 80 Ω deve essere inserito in un circuito. Problemi di ordine logistico costringono l'elettricista a ripiegare più volte il filo su se stesso, riducendone la lunghezza a 1/5 del suo valore iniziale.

▶ Che valore assume, in queste nuove condizioni, la resistenza del filo di rame?

(*Suggerimento*: osserva che, in seguito al ripiegamento, si modifica anche la sezione del nuovo filo inserito nel circuito.)

[3,2 Ω]

3 Un filo di ferro lungo 3,4 m, con sezione 0,42 mm^2 è inserito in un circuito elettrico. Alla temperatura di 20 °C e alimentato da una differenza di potenziale di 12 V, il circuito è percorso da una corrente di intensità 4,2 A. Trascorso un certo intervallo di tempo, l'intensità della corrente è dimezzata, mentre la differenza di potenziale è rimasta costante. Il coefficiente di temperatura del ferro vale $6,5 \times 10^{-3}$ K^{-1}.

▶ Qual è la temperatura finale del filo di ferro?

[$1,7 \times 10^2$ °C]

4 Un uccello si posa su un cavo di rame nel quale scorre una corrente di 32 A. Il cavo ha una sezione di 0,13 cm^2; la resistività del rame è di $1,7 \times 10^{-8}$ Ω · m. La distanza tra le zampe dell'uccello è pari a 5,5 cm. Calcola:

▶ la resistenza del tratto di cavo compreso tra le zampe dell'uccello.

▶ la differenza di potenziale tra le zampe.

[$7,2 \times 10^{-5}$ Ω; $2,3 \times 10^{-3}$ V]

5 Un cilindro di metallo di sezione $3,0 \times 10^{-8}$ m^2 e lunghezza 4,5 m, è stato ottenuto congiungendo due parti di materiale diverso, come riportato nella figura. La prima di queste è di ferro e ha una lunghezza di 1,5 m. La resistenza dell'intero cilindro vale 8,0 Ω.

▶ Determina la resistività del secondo materiale e stabilisci di quale materiale potrebbe trattarsi (fai riferimento alla tabella del paragrafo 2).

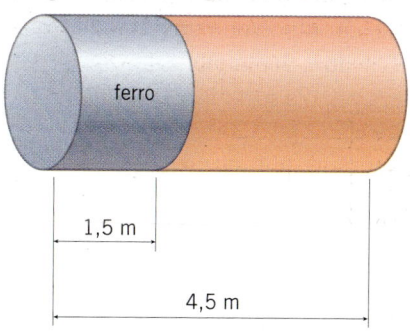

[$3,0 \times 10^{-8}$ Ω m]

6 Per estrarre un elettrone dall'argento occorre un'energia minima di 4,70 eV. Una radiazione elettromagnetica incide su una lastra d'argento e riesce a fornire agli elettroni un'energia di 6,00 eV.

▶ Determina la velocità degli elettroni liberi.

[$6,76 \times 10^5$ m/s]

ESERCIZI

7 ★★ Un'onda quadra di ampiezza V_0 e periodo T viene applicata alla serie di un resistore R e di una capacità C.

▶ Descrivi come varia la differenza di potenziale ai capi di C al passare del tempo.

8 ★★★ A un sistema di condensatori con una capacità complessiva di 1,0 mF è applicata la differenza di potenziale di 10 kV. Il sistema è fatto scaricare su un resistore, di resistenza $R = 100\ \Omega$, immerso in 1,0 L di acqua distillata alla temperatura di 20 °C e contenuto in un recipiente isolato termicamente.

▶ Calcola la temperatura finale dell'acqua dopo che il condensatore si è completamente scaricato.

▶ Discuti le eventuali variazioni della temperatura finale in funzione del valore della resistenza R.

(*Ridotto dalla seconda prova dell'esame di stato per il Liceo Scientifico e Scientifico-tecnologico Brocca, 1999*)

[32 °C]

9 ★★★ I lavori di estrazione di due metalli differiscono di 2 eV. Quando si pongono i due metalli a contatto, alcuni elettroni passano dall'uno all'altro e si localizzano presso la superficie. Secondo un possibile modello descrittivo, le superfici dei due metalli sono a effettivo contatto solo in alcuni punti (che si possono trascurare in questo esercizio) mentre, per lo più, sono affacciate a una distanza piccola su scala macroscopica, ma grande su scala atomica. Possiamo quindi pensare che le superfici dei due metalli formino un condensatore piano ai cui capi si ha una differenza di potenziale pari alla differenza fra i potenziali di estrazione. Ipotizziamo inoltre che, in questa occasione, gli elettroni siano stati spostati da un metallo all'altro mediamente di 3×10^{-8} cm.

▶ Stima quanti elettroni per metro quadrato sono stati spostati.

(*Suggerimento*: devi calcolare n/S, dove n è il numero di elettroni che costituiscono la carica del condensatore piano e S è la superficie dei metalli affiancati.)

[4×10^{17} m^{-2}]

10 ★★★ Nella sua forma più essenziale, il circuito elettrico di un pacemaker è costituito da una batteria, un condensatore e una resistenza. A un paziente viene inserito un pacemaker che invia un impulso al cuore a intervalli di tempo di 0,85 s ogni volta che il condensatore all'interno del pacemaker si carica finché ai suoi capi si è stabilita una differenza di potenziale di 0,25 V. La capacità del condensatore è di $1,0 \times 10^{-4}$ F e la batteria di alimentazione ha una forza elettromotrice di 9,0 V.

▶ Calcola il valore della resistenza del pacemaker.

[$3,0 \times 10^5\ \Omega$]

11 ★★★ Una lampadina a incandescenza è costituita da un filamento di tungsteno di lunghezza 25 cm. Il tungsteno ha una resistività di $5,25 \times 10^{-8}$ a 20 °C e un coefficiente di temperatura di $5,3 \times 10^{-3}$ K^{-1}. La lampadina è inserita nel circuito della figura, in cui la forza elettromotrice della batteria vale 220 V. L'interruttore viene chiuso e nel circuito comincia a circolare corrente. Dopo una breve fase transitoria, la temperatura del filamento si stabilizza a 2700 °C. La potenza dissipata dalla lampadina vale 75 W.

▶ Determina il diametro del filamento.

▶ Considerando anche la fase transitoria tra la chiusura dell'interruttore e lo stabilizzarsi della temperatura, in quale momento la corrente sulla lampadina assume il valore massimo? Determina questo valore massimo di corrente.

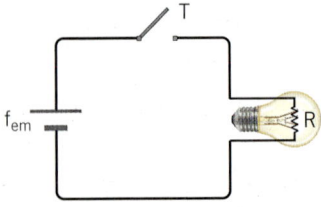

[0,020 mm; 5,1 A]

12 ★★★ Un semplice circuito, che può essere utilizzato come termometro, è costituito da una batteria, un resistore e un amperometro ideale collegati in serie. Il resistore, formato da un filamento di alluminio di lunghezza 15 cm e sezione $2,44 \times 10^{-10}$ m^2, è in contatto termico con l'ambiente di cui si vuole misurare la temperatura.

Quando la temperatura dell'ambiente è di 70 °C, l'amperometro misura 240 mA. L'alluminio ha una resistività a 20 °C pari a $2{,}8 \times 10^{-8}\ \Omega \cdot m$ ed un coefficiente di temperatura di $4{,}3 \times 10^{-3}\ K^{-1}$.

▶ Determina il valore della differenza di potenziale della batteria e il valore della corrente misurata dall'amperometro a 20 °C.

▶ Completa la seguente tabella con i valori di corrente corrispondenti ai diversi valori di temperatura riportati (nell'ipotesi che il coefficiente di temperatura sia costante nell'intervallo considerato).

T (K)	100	150	200	250	300
i (mA)					

T (K)	350	400	500	700	1000
i (mA)					

▶ Costruisci, sulla base della tabella precedente, il grafico della corrente misurata dall'amperometro in funzione della temperatura e discuti la curva ottenuta.

▶ Determina la sensibilità del termometro in prossimità di 50 °C, nel caso in cui l'amperometro abbia una sensibilità di 6 mA.

[5,0 V; $2{,}9 \times 10^2$ mA; 8 K]

13 Un condensatore ha armature circolari, disposte
★★★ nel vuoto, di massa $m = 200$ g, raggio $r = 24$ cm e distanti $d = 2{,}0$ cm tra loro. Il condensatore è collegato a una batteria che fornisce una differenza di potenziale di 12 V.

▶ Determina la carica presente sulle due armature.

▶ Un'armatura viene lasciata libera di muoversi e si sposta di 0,46 cm. Calcola la variazione dell'energia immagazzinata nel condensatore.

[0,96 nC; $1{,}7 \times 10^{-9}$ J]

QUESITI PER L'ESAME DI STATO

Rispondi ai quesiti in un massimo di 10 righe.

1 Enuncia la *seconda legge di Ohm*, specificando le unità di misura di tutte le grandezze che compaiono nella formula che esprime tale legge.

2 Illustra come varia la resistività di un metallo con la temperatura.

3 Illustra i processi di carica e di scarica di un condensatore.

TEST PER L'UNIVERSITÀ

 Due conduttori, il primo di rame Cu (resistività $\rho = 1{,}7 \times 10^{-8}\ \Omega \cdot m$) ed il secondo di platino Pt (resistività $\rho = 11{,}7 \times 10^{-8}\ \Omega \cdot m$) hanno lunghezza uguale e sezione rispettivamente, 1 cm² ed 8 cm². Quali delle seguenti affermazioni è corretta?

A La resistenza dei due conduttori è la stessa poiché hanno uguale lunghezza.

B Il conduttore in Cu ha minor resistenza perché ha minor sezione.

C Il conduttore in Pt ha resistenza minore perché la sua sezione è maggiore.

D Il conduttore in Pt ha resistenza minore perché il rapporto resistività/sezione è minore.

E Il conduttore in Cu ha minor resistenza perché ha minor resistività.

(*Prova di ammissione al corso di laurea in Ingegneria*, 2005/2006)

PROVE D'ESAME ALL'UNIVERSITÀ

1 Una rondine si posa su un filo dell'alta tensione e la distanza tra le due zampette è di 3 cm. Il cavo è di alluminio (resistività elettrica $\rho = 2{,}65 \times 10^{-8}\ \Omega \cdot m$), ha la sezione di 1,2 cm² e trasporta una corrente di 100 A. Calcolare:

▶ la resistenza elettrica di un metro di filo.

▶ la differenza di potenziale tra le due zampette della rondine.

(*Esame di Fisica, Corso di laurea in Farmacia, Università La Sapienza di Roma*, 2007/2008)

David Munns/Science Photo Library

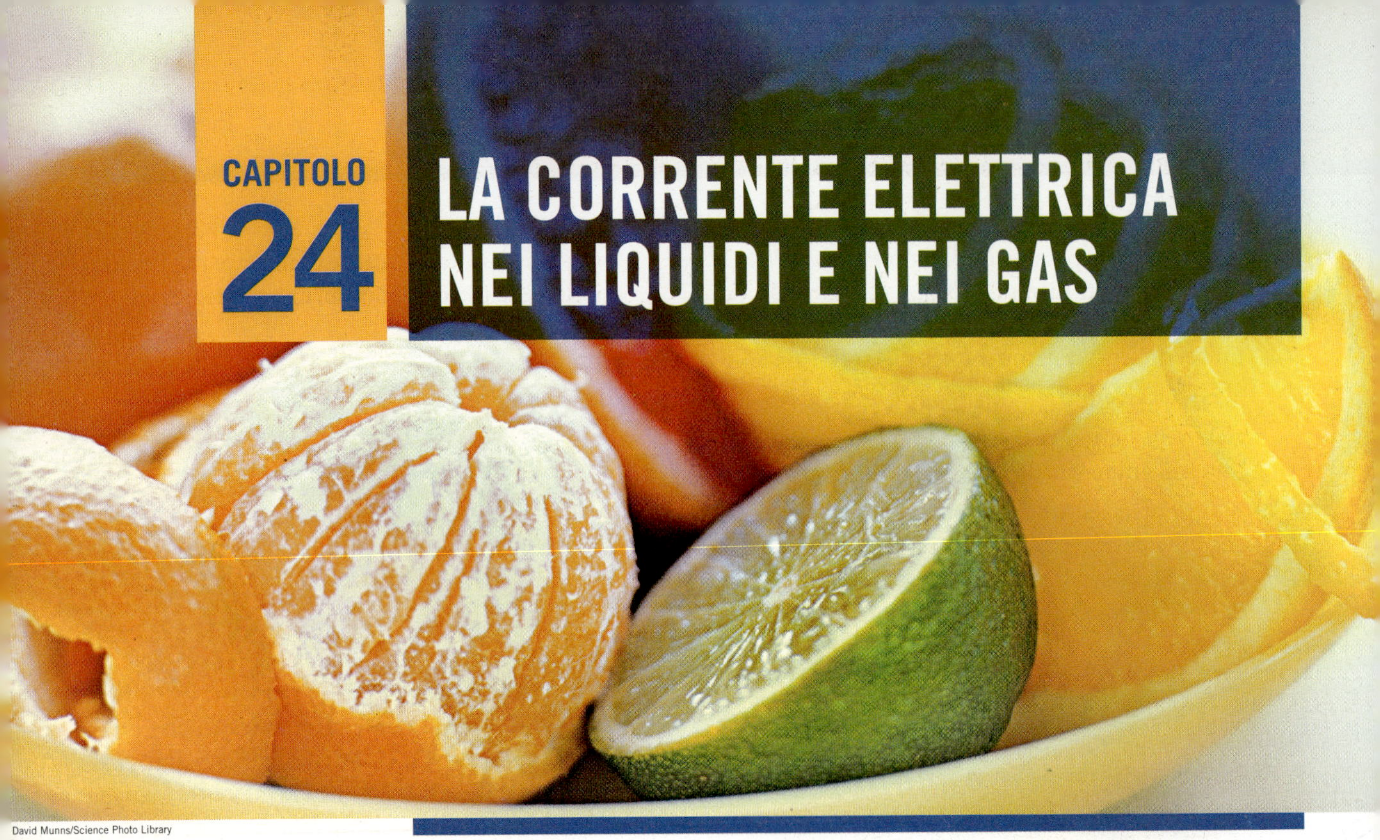

CAPITOLO 24
LA CORRENTE ELETTRICA NEI LIQUIDI E NEI GAS

1 LE SOLUZIONI ELETTROLITICHE

Studiando il passaggio della corrente elettrica nei liquidi, lo scienziato inglese Michael Faraday (1791-1867) osservò che l'acqua pura è praticamente isolante, mentre diventa conduttrice se si scioglie in essa una piccola quantità di sale (per esempio sale da cucina, cioè cloruro di sodio: NaCl), o di un acido (per esempio acido solforico: H_2SO_4), o di una base (per esempio idrossido di sodio: NaOH). Invece le soluzioni in acqua della maggior parte dei composti organici (come, per esempio, lo zucchero) non sono conduttrici.

Figura 1 Apparato sperimentale per studiare la conduzione dei liquidi.

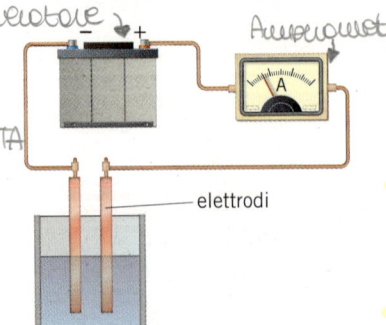

Questo esperimento si realizza mediante l'apparato sperimentale della figura 1, detto **cella elettrolitica**: inseriamo nel liquido che vogliamo studiare due **elettrodi**, cioè due conduttori metallici collegati ai poli di un generatore. Se il liquido in esame è un conduttore, il circuito è chiuso e l'amperometro *A*, in serie agli altri conduttori, segnala il passaggio di una corrente elettrica.

Per mettere in luce la debolissima conduzione dell'acqua distillata occorre un amperometro molto sensibile.

Aggiungendo quantità anche piccole di sali, acidi o basi, la conduzione dell'acqua aumenta notevolmente.

Qualsiasi sostanza che, disciolta nell'acqua, la rende conduttrice si chiama **elettrolita**.

Le altre sostanze si dicono **non-elettroliti**. Le soluzioni con elettroliti sono dette **soluzioni elettrolitiche**.

> L'esperienza mostra che per le soluzioni elettrolitiche vale la prima legge di Ohm.

Questa affermazione è vera finché la temperatura della soluzione non diventa troppo alta. Quando la soluzione bolle, al suo interno avvengono fenomeni complessi e la prima legge di Ohm non è più rispettata.

La dissociazione elettrolitica

Il diverso comportamento elettrico delle soluzioni elettrolitiche e di quelle non elettrolitiche si spiega a partire dalla loro struttura microscopica.

Come esempio di elettrolita consideriamo il sale da cucina: esso è prevalentemente costituito da cloruro di sodio, la cui formula chimica è NaCl. Come è mostrato nella figura 2, ogni cristallo di questo sale è un vero e proprio edificio ottenuto dall'aggregazione regolare nello spazio di un grande numero di «unità costruttive», gli ioni positivi sodio (Na^+) e gli ioni negativi cloro (Cl^-).

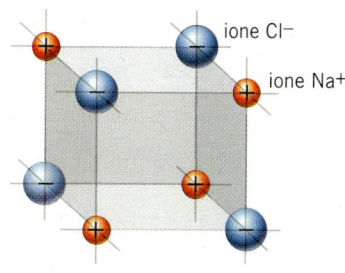

Figura 2 Struttura cristallina del cloruro di sodio (NaCl).

Tali ioni si sono formati a seguito del trasferimento di un elettrone da un atomo di sodio a un atomo di cloro (figura 3).

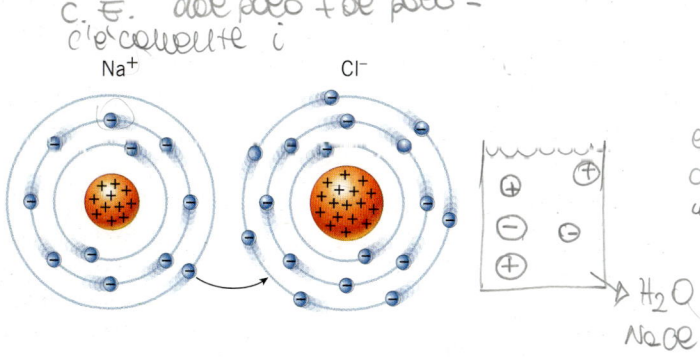

Figura 3 Un elettrone passa dall'atomo di sodio (Na, che diviene uno ione Na^+) all'atomo di cloro (Cl, che diventa uno ione Cl^-).

La stabilità dell'edificio cristallino è dovuta alla forza attrattiva che si esercita tra ogni ione e quelli di segno opposto.

> All'attrazione che si stabilisce tra gli ioni di segno opposto si dà il nome di **legame ionico**.

Nei *cristalli ionici* (come quello di NaCl) la forza di attrazione tra gli ioni positivi e quelli negativi è così grande da mantenere ciascuno di essi fisso nella posizione che occupa nel reticolo cristallino.

Quando però sciogliamo uno di questi cristalli in acqua, gli ioni divengono liberi di muoversi poiché l'acqua ha la capacità di demolire la struttura ordinata del cristallo liberando gli ioni, che si disperdono nel solvente.

Agitazione termica

A rigore, bisogna dire che le forze coulombiane tra cariche opposte fanno sì che rimanga fissata la posizione *media* di ogni ione nel reticolo cristallino. Infatti, tutti gli ioni oscillano attorno a tale posizione a causa del moto di agitazione termica, che aumenta con la temperatura.

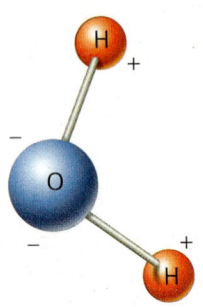

Figura 4 La molecola dell'acqua è polare: cariche elettriche di segno opposto si accumulano alle estremità.

ANIMAZIONE

La dissociazione elettrolitica
(1 minuto e mezzo)

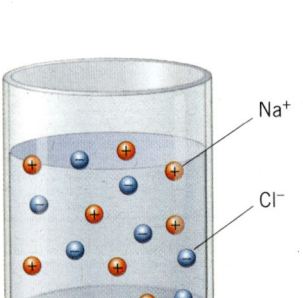

Figura 5 Dissociazione elettrolitica del cloruro di sodio in acqua.

IN LABORATORIO

Corrente elettrica in una cella elettrolitica
- Video (2 minuti)
- Test (3 domande)

L'azione delle molecole di acqua dipende dalla loro natura *polare*: a causa della forma angolata e delle proprietà fisiche di idrogeno e ossigeno, al loro interno la carica non è distribuita simmetricamente, ma tende ad accumularsi alle estremità, come è mostrato nella **figura 4**. Quindi la molecola d'acqua si comporta come un dipolo elettrico.

▶ Le molecole d'acqua che penetrano nel reticolo cristallino schermano la carica elettrica degli ioni; in questo modo fanno diminuire le forze elettriche di attrazione che si esercitano tra di essi.

▶ Il moto di agitazione termica nel liquido completa poi lo sfaldamento del reticolo e la dispersione degli ioni. Alla fine il cristallo scompare e gli atomi restano in soluzione come ioni positivi e negativi.

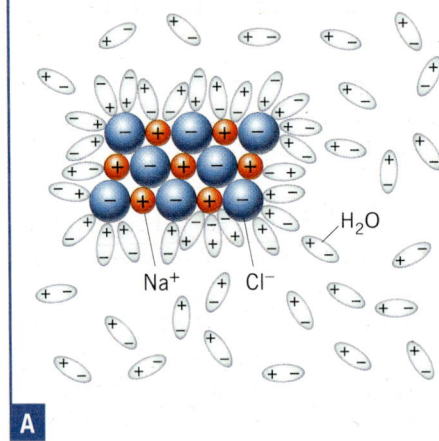

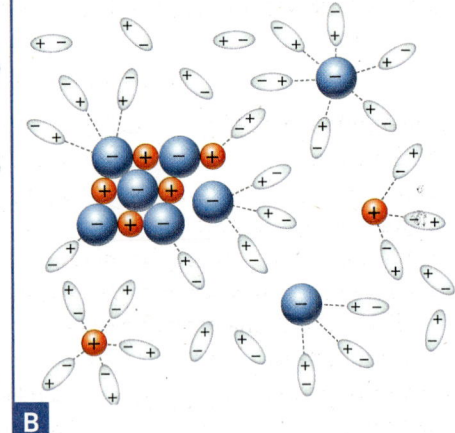

A   **B**

Questi ioni, circondati da molecole di acqua, possono poi muoversi liberamente nella soluzione (**figura 5**). L'effetto di schermo da parte delle molecole d'acqua è dovuto al grande valore della costante dielettrica relativa dell'acqua ($\varepsilon_r = 80$), che riduce la forza di Coulomb tra due ioni del cristallo.

> Al fenomeno che avviene durante la dissoluzione delle sostanze ioniche in acqua e che comporta la dispersione di ioni nel solvente si dà il nome di **dissociazione ionica** o **dissociazione elettrolitica**.

Le particolari proprietà delle soluzioni elettrolitiche sono quindi la conseguenza della dissociazione ionica che si verifica al momento della dissoluzione in acqua di sostanze quali acidi, basi e sali.

Per le soluzioni acquose di acidi la liberazione degli ioni nel solvente segue in realtà una via leggermente diversa poiché gli acidi, a differenza dei sali e delle basi, non hanno struttura ionica.

La maggior parte dei composti organici, come lo zucchero, ha invece struttura molecolare. Ciò significa che le «unità costruttive» del loro edificio cristallino sono le molecole. In ogni molecola gli atomi costituenti sono uniti da forti legami *covalenti*; le molecole, al contrario, si attraggono tra di loro con forze molto più deboli. Un cristallo di zucchero è allora il risultato dell'aggregazione regolare nello spazio di un grande numero di molecole trattenute nel reticolo cristallino da attrazioni piuttosto deboli. Quando si pone un tale cristallo in acqua, esso si dissolve disperdendo nel solvente le molecole di zucchero che, essendo elettricamente neutre, non possono dar luogo a una corrente elettrica.

LA CORRENTE ELETTRICA NEI LIQUIDI E NEI GAS | **24** CAPITOLO

2 L'ELETTROLISI

Una corrente elettrica continua che attraversa una soluzione elettrolitica determina in essa svariati fenomeni. Se, per esempio, si fa passare corrente elettrica in acqua, in cui è stato aggiunto un acido opportuno, si osserva lo sviluppo di numerose bollicine gassose in prossimità degli elettrodi; il gas così prodotto può essere raccolto utilizzando il dispositivo della **fotografia a lato**.

Come altro esempio, la corrente che circola in una soluzione azzurra di solfato di rame ($CuSO_4$) provoca invece il deposito di un solido rosso-bruno su uno degli elettrodi e la progressiva decolorazione della soluzione azzurra.

> In generale, si dà il nome di **elettrolisi** all'insieme dei fenomeni che hanno luogo nelle soluzioni elettrolitiche per effetto del passaggio della corrente continua.

Utilizzando il modello di soluzione elettrolitica descritto al paragrafo precedente, è possibile spiegare in che modo si realizza il passaggio della corrente e quali fenomeni essa determina all'interno della soluzione.

Quando agli elettrodi immersi nella soluzione si applica una differenza di potenziale, all'interno del liquido si stabilisce un campo elettrico, diretto dalla lastra a potenziale più alto (**ànodo**) a quella a potenziale più basso (**catodo**).

Gli ioni che prima vagavano qua e là in modo caotico, sotto l'effetto dell'agitazione termica, sono sottoposti a una forza elettrica che li costringe a migrare verso gli elettrodi di segno opposto **(figura 6)**: gli ioni positivi, pur continuando ad agitarsi, si muovono lentamente verso il catodo, mentre quelli negativi tendono a raggiungere l'ànodo, sovrapponendo un moto ordinato a quello disordinato dovuto all'agitazione termica.

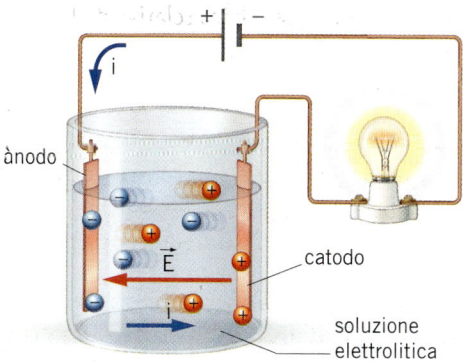

Figura 6 In una soluzione elettrolitica la corrente elettrica è dovuta al moto di ioni dei due segni, che migrano in versi opposti.

Nota che, a differenza di ciò che accade in un conduttore metallico, dove i portatori di carica sono i soli elettroni, in una soluzione elettrolitica la corrente elettrica è dovuta a cariche di entrambi i segni: ioni positivi e ioni negativi che migrano nella stessa direzione ma in versi opposti.

Poiché la massa di un elettrone è piccolissima rispetto a quella di uno ione, il passaggio della corrente elettrica in un metallo avviene sostanzialmente senza trasferimento di massa; in un conduttore elettrolitico invece i portatori di carica, gli ioni, hanno massa migliaia di volte più grande di quella di un elettrone e possono dare luogo a depositi consistenti di materia in prossimità degli elettrodi. Tali depositi si formano a seguito delle trasformazioni chimiche che subiscono gli ioni quando giungono sugli elettrodi.

Le reazioni chimiche provocate dall'elettrolisi

Esaminiamo in dettaglio il processo dell'elettrolisi. Per fare ciò prendiamo in considerazione un liquido ionico come il cloruro di sodio fuso, che si forma quando si riscaldano i cristalli di sale da cucina a una temperatura superiore a 800 °C. In questa condizione il cristallo ionico si disgrega a causa dell'agitazione termica e, all'interno del liquido così ottenuto, gli ioni sono allora liberi di muoversi verso gli elettrodi di segno opposto quando questi sono collegati a un generatore di tensione.

Analogamente alla soluzione acquosa di cloruro di sodio, i portatori di carica sono gli ioni Na^+ e gli ioni Cl^-; il fatto che nel sale fuso siano presenti soltanto questi ioni rende però più semplice la previsione e la descrizione delle trasformazioni provocate dall'elettrolisi.

Come mostra la **figura 7**, sotto l'azione del campo elettrico gli ioni Na^+ giungono sull'elettrodo negativo, il catodo, dal quale ciascuno di essi acquista un elettrone.

Acqua salata
Una soluzione acquosa di cloruro di sodio contiene moltissime molecole d'acqua, fra le quali sono dispersi numerosi ioni Na^+ e Cl^- e pochi ioni H^+ e OH^- provenienti dalla dissociazione di alcune molecole di acqua. Ciascuna di queste specie subisce trasformazioni in corrispondenza degli elettrodi, complicando notevolmente la descrizione del fenomeno.

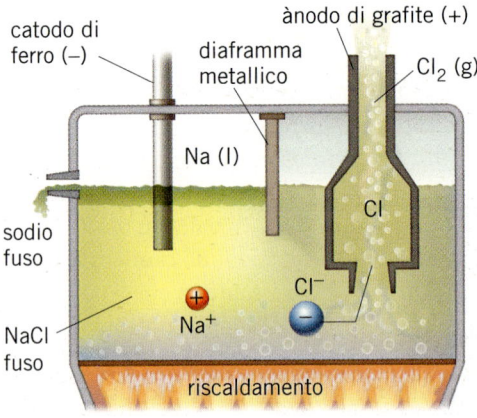

Figura 7 Il cloruro di sodio fuso si scinde in sodio metallico e in cloro gassoso.

Come conseguenza ogni ione Na^+ si trasforma in un atomo neutro; al catodo si ha allora deposito di sodio, Na (che a questa temperatura è liquido e galleggia sulla massa fusa del sale).

Gli ioni Cl^- giungono invece sull'elettrodo positivo, l'ànodo, a cui ciascuno di essi cede un elettrone. Ogni ione Cl^- si trasforma pertanto in un atomo neutro; dalla combinazione a due per due di tali atomi si formano le molecole biatomiche di cloro, Cl_2, che si liberano allo stato gassoso.

Il risultato dell'elettrolisi del cloruro di sodio fuso è dunque la produzione di sodio metallico fuso e cloro gassoso. Il processo può essere schematizzato dalle seguenti reazioni:

$$Na^+ + 1e^- \longrightarrow Na \quad \text{reazione catodica} \, (-)$$

$$Cl^- \longrightarrow \frac{1}{2} Cl_2 + 1e^- \quad \text{reazione anodica} \, (+)$$

Separazione dei prodotti
Il diaframma di metallo che si vede nella figura impedisce che il sodio e il cloro prodotti dall'elettrolisi vengano a contatto, poiché reagirebbero tra loro per ridare cloruro di sodio.

La somma delle reazioni catodica e anodica corrisponde alla trasformazione complessiva che si verifica durante l'elettrolisi:

$$Na^+Cl^- \longrightarrow Na + \frac{1}{2} Cl_2 \tag{1}$$

L'elettrolisi di sali fusi è il processo industriale con il quale si ottengono molti metalli importanti dal punto di vista tecnologico; oltre al sodio, si producono in modo analogo anche il potassio, il magnesio e l'alluminio.

Il processo elettrolitico con cui si ottiene l'alluminio è stato effettuato per la prima volta nel 1886 da un giovane studente di chimica, lo statunitense Charles Martin Hall (1863-1914). Prima di allora l'alluminio era un metallo più prezioso dell'oro nonostante esso sia l'elemento metallico più abbondante nella crosta terrestre.

Tramite un processo di elettrolisi, che avviene in soluzioni che contengono sali metallici, è anche possibile depositare strati sottili di metallo (per esempio zinco o argento) su oggetti diversi, purché questi siano posti al catodo (polo negativo) di una cella elettrolitica contenente gli ioni del metallo con cui si vuole ricoprire l'oggetto. A questo processo di deposizione elettrolitica si dà il nome di **galvanoplastica**.

Le celle a combustibile

Una corrente elettrolitica è presente anche nelle *celle a combustibile*.

> Una **cella a combustibile** è un generatore di tensione alimentato, per esempio, da idrogeno.

È formata da due elettrodi porosi, separati da una sottile membrana elettrolitica, che lascia passare gli ioni positivi ma non gli elettroni.

▶ Dall'elettrodo di sinistra entra l'idrogeno, che è scomposto in protoni ed elettroni da un catalizzatore. I protoni diffondono attraverso la membrana e raggiungono l'elettrodo di destra, che diviene l'elettrodo positivo.

▶ Gli elettroni, bloccati dalla membrana, fluiscono lungo il filo esterno verso l'elettrodo positivo, generando una corrente. All'elettrodo di destra, si combinano con i protoni e con l'ossigeno dell'aria dando vapore acqueo.

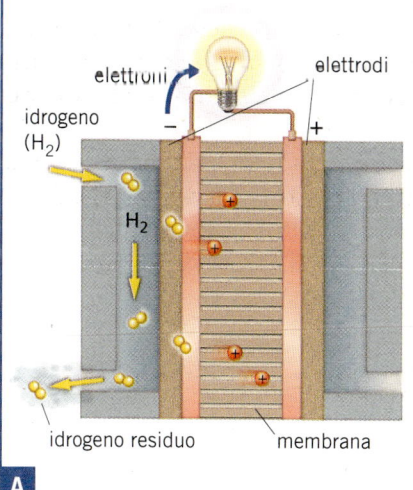

A

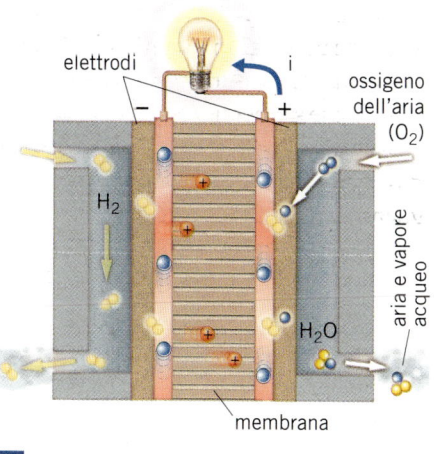

B

La corrente che circola nel circuito esterno può essere usata per alimentare un dispositivo, ad esempio un motore elettrico.

Esistono già automobili che funzionano con motori elettrici alimentati con celle a combustibile. In questi veicoli non si fa il «pieno» di benzina o gasolio, ma di idrogeno. I loro gas di scarico, costituiti da vapore acqueo, non sono inquinanti.

3 LE LEGGI DI FARADAY PER L'ELETTROLISI

Raccolta differenziata
Il grande consumo di energia elettrica necessario per la produzione dell'alluminio rende molto vantaggioso il suo riutilizzo. Gli oggetti in alluminio devono pertanto essere sempre riciclati.

L'esperienza mostra che per produrre mediante l'elettrolisi 20 g di alluminio (sufficienti per una lattina da bibite) è necessario far circolare una corrente elettrica di 1 A per 59 ore.

È possibile calcolare come produrre per via elettrolitica una certa massa di sostanza grazie a due leggi che Michael Faraday ottenne sperimentalmente nel 1833. Esse possono essere ricavate partendo dalla conoscenza del modello atomico e molecolare della materia, cioè sapendo che la materia è fatta di atomi, e che gli atomi della stessa sostanza sono tutti identici tra loro.

La prima legge di Faraday

La **prima legge di Faraday** stabilisce che

> la massa di una sostanza che si libera presso un elettrodo è direttamente proporzionale alla carica che, attraversando la soluzione, è giunta allo stesso elettrodo.

Per spiegare questa affermazione consideriamo una cella elettrolitica e supponiamo che, in essa, giungano a un particolare elettrodo N ioni di massa m e carica q (che prendiamo in valore assoluto, senza considerare se è positiva o negativa).

La massa m di uno ione è uguale alla massa M_A di una mole della sostanza divisa per il numero di grani (atomi, molecole, ioni...) contenuti in una mole, che è il numero di Avogadro N_A,

$$m = \frac{M_A}{N_A}. \tag{2}$$

Inoltre la carica q dello ione è un multiplo della carica e dell'elettrone (anche questa considerata in valore assoluto):

$$q = ze. \tag{3}$$

Il numero z si chiama **valenza** dello ione. Per esempio lo ione Cu^{++} che, in valore assoluto, ha una carica pari al doppio di quella dell'elettrone, ha valenza $z = 2$.

Per calcolare la massa di materiale che si libera all'elettrodo si deve moltiplicare la massa di uno ione per il numero di ioni che giungono all'elettrodo. La stessa relazione vale per la carica.

La massa M di sostanza che si libera presso l'elettrodo è allora data dalla formula

$$M = Nm = N\frac{M_A}{N_A},$$

mentre la quantità di carica Q che giunge all'elettrodo è

$$Q = Nq = Nze.$$

Dividendo membro a membro le ultime due equazioni otteniamo

$$\frac{M}{Q} = \cancel{N}\frac{M_A}{N_A}\frac{1}{\cancel{N}ze} = \frac{M_A}{N_A ze},$$

da cui ricaviamo

$$M = \frac{M_A}{N_A e z} Q \qquad (4)$$

La relazione che abbiamo ottenuto giustifica la prima legge di Faraday perché la massa M è direttamente proporzionale alla carica Q attraverso una costante di proporzionalità che dipende da costanti universali (N_A ed e) e dalle proprietà dello ione in esame (M_A e z).

Al denominatore della (4) compare il prodotto $N_A e$, che corrisponde al modulo della carica elettrica posseduta da una mole di elettroni. Tale grandezza è talvolta indicata come un faraday (1 F) di carica. Nelle Unità S.I. vale

$$1\,\text{F} = N_A e = (6{,}02 \times 10^{23}\,\text{mol}^{-1}) \times (1{,}60 \times 10^{-19}\,\text{C}) = 9{,}63 \times 10^4 \frac{\text{C}}{\text{mol}}.$$

ESEMPIO

La massa molare dell'alluminio è $M_A = 2{,}698 \times 10^{-2}$ kg/mol e la valenza dello ione Al^{3+} è $z = 3$.

▶ Calcola la carica Q necessaria a fare depositare al catodo 1,00 g di alluminio metallico.

- Dalla formula (4) si ricava l'espressione per Q, che risulta $Q = M\dfrac{N_A z e}{M_A}$.
- Grazie ai dati riportati nel libro ricordiamo che il numero di Avogadro vale $N_A = 6{,}02 \times 10^{23}\,\text{mol}^{-1}$ e che il valore della carica elementare è $e = 1{,}60 \times 10^{-19}$ C.
- Con questi dati e quelli riportati nel testo del problema possiamo ricavare

$$Q = M\frac{N_A z e}{M_A} = (1{,}00 \times 10^{-3}\,\text{kg}) \times \frac{\left(6{,}02 \times 10^{23}\,\dfrac{1}{\text{mol}}\right) \times 3 \times (1{,}60 \times 10^{-19}\,\text{C})}{2{,}698 \times 10^{-2}\,\dfrac{\text{kg}}{\text{mol}}} =$$

$$= 1{,}07 \times 10^4\,\text{C}.$$

La seconda legge di Faraday

La stessa quantità di carica che fluisce in soluzioni elettrolitiche diverse fa depositare agli elettrodi masse diverse degli elementi contenuti nelle soluzioni.

Questo caso è descritto dalla **seconda legge di Faraday**:

> una stessa quantità di carica, attraversando soluzioni elettrolitiche diverse, libera agli elettrodi masse di sostanze che sono direttamente proporzionali ai rispettivi equivalenti chimici.

L'**equivalente chimico** di una sostanza è definito come il rapporto $\dfrac{M_A}{z}$ tra il suo peso atomico (o molecolare) espresso in grammi e la sua valenza.

Per esempio, il rame ha peso atomico 63,55 e, come abbiamo visto in precedenza, valenza uguale a 2. Il suo equivalente chimico è quindi $\dfrac{63,55}{2}\dfrac{\text{g}}{\text{mol}} = 31{,}78\dfrac{\text{g}}{\text{mol}}$.

La seconda legge di Faraday non è altro che un'altra versione della formula (**4**), che può essere riscritta come

$$M = \frac{Q}{N_A e}\frac{M_A}{z}. \tag{5}$$

Questa equazione mostra infatti che, tenendo Q fissata, la massa M è direttamente proporzionale all'equivalente chimico $\dfrac{M_A}{z}$.

Il significato della seconda legge di Faraday può essere facilmente compreso in maniera intuitiva: infatti, ogni volta che quattro elettroni sono sottratti oppure ceduti a un elettrodo, presso di esso:

▶ sono liberati quattro atomi di una sostanza che ha valenza $z = 1$,

▶ oppure sono liberati due atomi di una sostanza che ha $z = 2$.

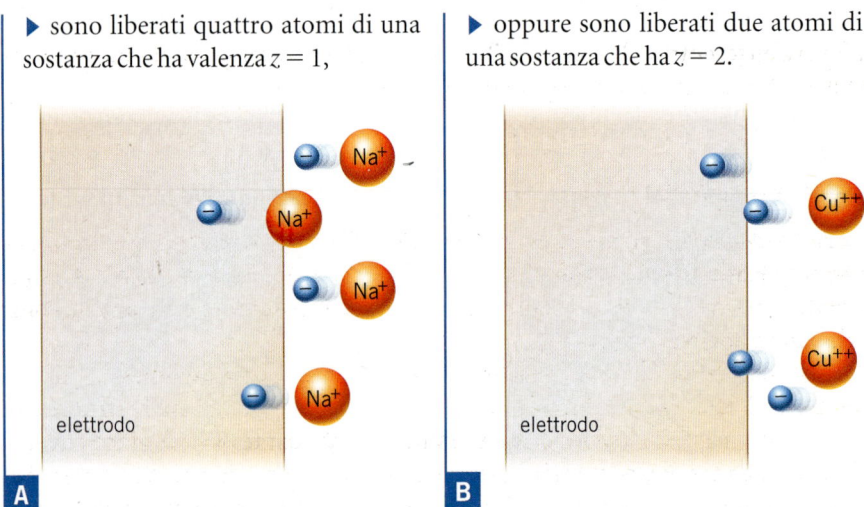

D'altronde, ogni atomo porta con sé una massa che è proporzionale al suo peso atomico. Così, la massa di sostanza liberata all'elettrodo è
- direttamente proporzionale al peso atomico;
- inversamente proporzionale alla carica dello ione, cioè alla valenza;

e, quindi, direttamente proporzionale all'equivalente chimico.

4 LE PILE E GLI ACCUMULATORI

Mediante l'elettrolisi si può trasformare il sale da cucina fuso in sodio metallico e cloro gassoso grazie al generatore di corrente che fornisce energia e «costringe» gli ioni Na$^+$ a prendere elettroni dal catodo e gli ioni Cl$^-$ a cederli all'anodo (figura 7).

La reazione opposta avviene, però, in modo spontaneo quando poniamo un pezzettino di sodio metallico in un recipiente che contiene gas cloro: in questo caso si assiste a una trasformazione violenta che libera energia e porta alla produzione di una polvere bianca di cloruro di sodio. La fotografia a fianco mostra gli **effetti della liberazione di energia** nella reazione: durante la combinazione del sodio con il cloro si sviluppa una fiamma gialla molto intensa che provoca un notevole riscaldamento del sistema e dell'ambiente.

Poiché il cloruro di sodio è costituito da ioni Na$^+$ e Cl$^-$, durante la reazione gli atomi di sodio devono avere ceduto elettroni agli atomi di cloro.

Possiamo riassumere questo fenomeno dicendo che il sodio metallico e il cloro gassoso si trasformano spontaneamente in cloruro di sodio scambiandosi elettroni e liberando energia in modo violento. Prima della reazione il sodio metallico e il cloro gassoso possedevano un'energia potenziale «chimica», che lo scambio di elettroni trasforma in un aumento dell'agitazione termica, cioè in energia interna.

In opportune condizioni è però possibile controllare lo scambio di elettroni fra i due elementi e utilizzare la loro energia potenziale, in modo graduale, per generare una corrente elettrica. Ciò accade in una cella a combustibile, che usa idrogeno e ossigeno iniettati dall'esterno. Però le sostanze che reagiscono possono essere all'interno del dispositivo.

> Si definisce **pila** (o **cella elettrochimica**) un generatore di tensione in grado di compiere lavoro a spese dell'energia potenziale chimica delle sostanze contenute al suo interno.

La forza elettromotrice di una pila è il frutto di una trasformazione chimica spontanea in cui le sostanze reagenti si scambiano elettroni.

Le «pile a secco»

La pila è stata inventata nel 1799 da Alessandro Volta. Egli realizzò questo dispositivo impilando (da cui il nome «pila») molte coppie di dischi di zinco e di rame, separate l'una dall'altra da un panno imbevuto di un conduttore elettrolitico, come acido solforico diluito (figura 8).

La pila di Volta è «umida», perché contiene delle componenti liquide. Una sua evoluzione è detta «pila a secco». Come esempio, la figura 9 mostra la struttura di una comune pila zinco-carbone, che è costituita da un contenitore di zinco che racchiude un cilindro di grafite circondato da uno strato di diossido di manganese. Tra questo e lo zinco è posta una soluzione elettrolitica (pasta gelatinosa di diossido di manganese MnO_2 e di cloruro d'ammonio NH_4Cl).

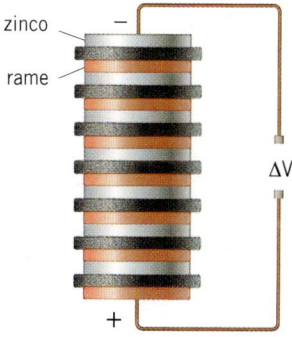

Figura 8 Struttura schematica della pila di Volta.

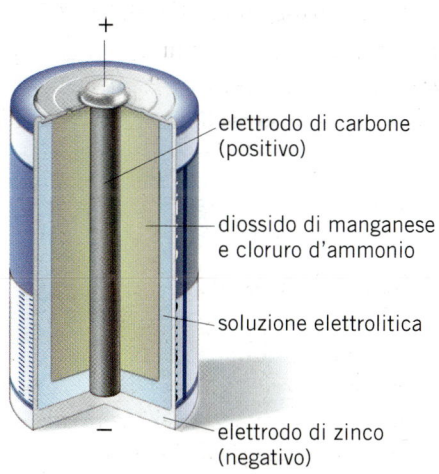

Figura 9 Spaccato di una comune pila zinco-carbone.

Catodo e ànodo
Per gli ioni che migrano nella parte umida, l'involucro di zinco e la barra di carbone sono l'ànodo e il catodo che acquistano e perdono elettroni. Visti fuori della pila, essi sono rispettivamente un catodo, che respinge gli elettroni lungo un conduttore esterno, e un ànodo, che li attira.

Le proprietà della pila sono determinate dai seguenti comportamenti elettrici:
- Gli atomi dell'elettrodo di zinco tendono a perdere due elettroni e a trasformarsi in ioni Zn^{++}, che poi migrano nella soluzione elettrolitica. A causa dell'eccesso di elettroni che rimangono nel suo interno, l'involucro di zinco diviene negativo e costituisce l'elettrodo «−» della pila.

- L'elettrodo di carbone si carica invece di segno positivo, perché tende a cedere elettroni al diossido di manganese (MnO_2), che si trasforma in triossido di dimanganese (Mn_2O_3). Così l'elettrodo di carbone diviene il polo «+» della batteria.

Ma la separazione delle cariche agli elettrodi non avviene indefinitamente; per esempio, la carica negativa dell'elettrodo di zinco attira verso di sé gli ioni Zn^{++} che erano passati nella soluzione elettrolitica; si raggiunge così una condizione in cui il numero di ioni positivi che passano dallo zinco alla soluzione è uguale a quello degli ioni che seguono il percorso inverso (figura 10).

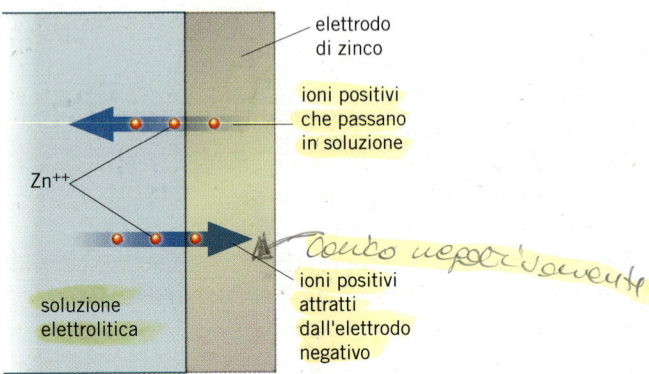

Figura 10 All'equilibrio, il numero di ioni di zinco che passano dall'elettrodo alla soluzione è uguale al numero di ioni che si muovono in verso opposto.

In questa situazione di equilibrio i due elettrodi si stabilizzano a potenziali diversi. Se li si collega con un filo conduttore, gli elettroni si spostano attraverso di esso dall'elettrodo di zinco, in cui sono in eccesso, a quello di carbone, dando luogo a una corrente convenzionale nel verso opposto.

In tal modo la precedente condizione di equilibrio viene meno e, in prossimità dei due elettrodi, le cariche riprendono a separarsi. La pila permette così di ottenere una corrente continua:

> l'energia necessaria per mantenere una corrente elettrica nel circuito esterno alla pila è fornita dal fenomeno chimico che provoca lo scioglimento dell'elettrodo di zinco e la trasformazione del diossido di manganese.

Le pile alcaline sono simili a quelle zinco-carbone, ma usano l'idrossido di potassio (KOH) come elettrolita al posto del cloruro d'ammonio. In generale, rispetto alle pile zinco-carbone hanno la possibilità di erogare più energia a parità di volume e di potere essere immagazzinate più a lungo in attesa del loro utilizzo.

Gli accumulatori elettrici

Le batterie delle automobili, che si chiamano «accumulatori elettrici», sono in sostanza delle batterie ricaricabili.

> Mentre l'automobile va, trasforma parte del lavoro del motore in energia elettrica mediante l'alternatore. Questa energia elettrica è accumulata nelle batterie (processo di *carica*).
> L'energia immagazzinata nella batteria permette di compiere lavoro azionando il motorino elettrico che mette in moto l'automobile o accendendo i fari (processo di *scarica*).

Riciclare le batterie esaurite
Le batterie elettriche contengono sostanze che sono dannose per l'ambiente e, una volta esaurite, non vanno gettate nella spazzatura, ma portate negli appositi contenitori per la raccolta differenziata.

La figura 11 mostra uno spaccato di una batteria da automobile, formata da una successione di elettrodi di piombo immersi in una soluzione di acido solforico. Le lastre di piombo negative sono isolate da quelle positive mediante sottili lamine isolanti e porose (i separatori).

Quando la batteria è carica, l'elettrodo negativo è formato da piombo metallico, mentre quello positivo è ricoperto di diossido di piombo. Durante il processo di scarica, entrambe le sostanze reagiscono con l'acido solforico (H_2SO_4) presente nella batteria e si ricoprono di solfato di piombo, sottraendo acido solforico alla soluzione elettrolitica.

La figura 12 mostra una coppia di elementi della batteria. Ognuno di questi elementi fornisce una forza elettromotrice di circa 2 V e una normale batteria da automobile contiene sei di questi elementi collegati in serie tra loro, in modo da fornire una forza elettromotrice nominale di 12 V.

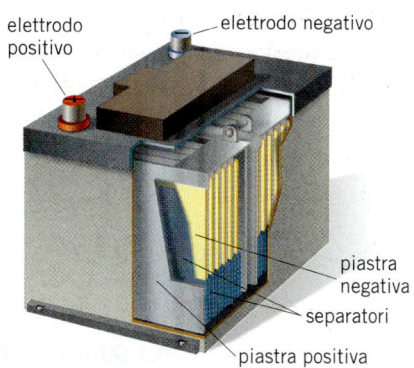

Figura 11 Spaccato di una batteria da automobile.

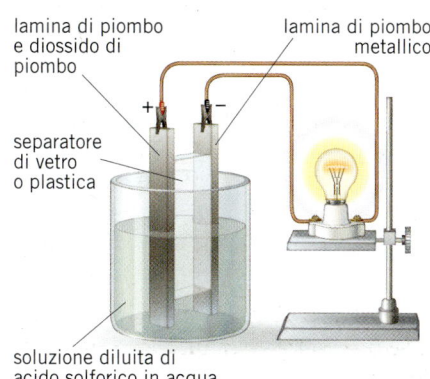

Figura 12 Coppia di elementi contenuti in una batteria da automobile.

▶ Quando gli elettrodi dell'accumulatore sono ricoperti di solfato di piombo ($PbSO_4$) e la concentrazione dell'acido solforico in soluzione è a un livello minimo, la batteria è «scarica» e cessa di funzionare.

▶ Ma la reazione chimica avvenuta all'interno dell'accumulatore durante il processo di scarica è reversibile, ed è possibile riportare il dispositivo nella sua condizione iniziale in cui l'elettrodo positivo è ricoperto di diossido di piombo (PbO_2).

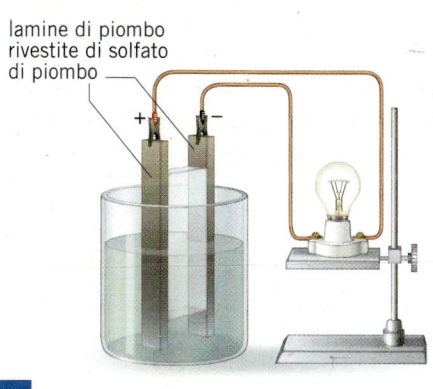

A

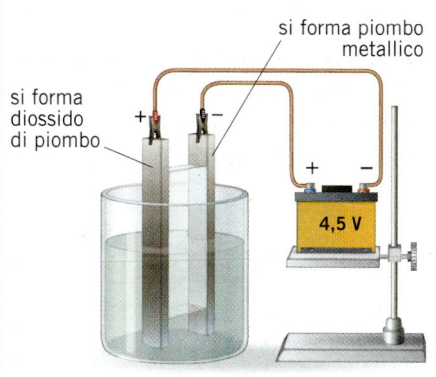

B

Durante il processo di carica, all'interno dell'accumulatore avviene l'elettrolisi che trasforma il solfato di piombo di una piastra in piombo metallico e quello dell'altra piastra in diossido di piombo. Poiché a tali prodotti compete maggiore energia potenziale chimica, l'accumulatore ha immagazzinato energia a spese del lavoro compiuto dal generatore esterno ed è pronto a funzionare nuovamente come generatore di forza elettromotrice.

La capacità energetica di una pila o di un accumulatore è di solito espressa empiricamente in ampere-ora (Ah). Per esempio, una capacità di 1 Ah indica che la batteria può sostenere una corrente di intensità 1A per un'ora.

> **ESEMPIO**
>
> Una batteria da automobile che mantiene una differenza di potenziale $\Delta V = 12$ V può avere una capacità di 80 Ah.
>
> ▶ Qual è il valore della carica totale Q che la batteria può erogare?
>
> ▶ Quanto vale l'energia teorica W che tale batteria può fornire?
>
> - L'indicazione 80 Ah indica che la batteria in esame può erogare una corrente $i = 1{,}0$ A per un tempo $\Delta t = 1{,}0$ h. Sulla base della definizione di i, la carica Q è data da
>
> $$Q = i\Delta t = (1{,}0 \text{ A}) \times (80 \text{ h}) = (1{,}0 \text{ A}) \times (80 \text{ h}) \times \left(3600 \frac{\text{s}}{\text{h}}\right) =$$
> $$= (80 \text{ A}) \times (3600 \text{ s}) = 2{,}9 \times 10^5 \text{ A} \cdot \text{s} = 2{,}9 \times 10^5 \text{ C}.$$
>
> - Se la batteria potesse mantenere ai suoi estremi la differenza di potenziale ΔV nel corso di tutto il suo funzionamento, erogherebbe un'energia totale W data da:
>
> $$W = Q\Delta V = (2{,}9 \times 10^5 \text{ C}) \times (12 \text{ V}) = 3{,}5 \times 10^6 \text{ C} \cdot \text{V} = 3{,}5 \times 10^6 \text{ J}.$$

5 LA CONDUCIBILITÀ NEI GAS

A differenza di quanto accade in un conduttore metallico e in una soluzione elettrolitica, in un gas (ben protetto da influenze esterne) *non* vi sono portatori di carica. Quindi:

> per sua natura un gas è un isolante perfetto.

ANIMAZIONE

Ionizzazione di un gas
(2 minuti)

Però il gas diventa conduttore se qualche causa esterna produce la ionizzazione di alcune sue molecole.

Si può ionizzare una frazione (sia pure molto piccola) delle molecole di un gas investendolo con radiazioni elettromagnetiche di energia adeguata (luce visibile, raggi ultravioletti, raggi X, raggi gamma), oppure con corpuscoli veloci di dimensioni subatomiche (elettroni, protoni) emessi da sostanze radioattive o accelerati da acceleratori di particelle.

Questi agenti «ionizzanti» forniscono agli elettroni di alcune molecole del gas un'energia sufficiente a staccarli da esse. Quindi:

> in un gas ionizzato sono presenti ioni positivi, elettroni liberi e ioni negativi, che si formano spesso per cattura di un elettrone libero da parte di una molecola.

Per esempio:

> ▶ un fotone di luce ultravioletta colpisce un atomo di ossigeno e fornisce a uno degli elettroni più esterni l'energia sufficiente per allontanarsi.

> ▶ L'atomo diviene così uno ione positivo, perché gli manca un elettrone. Ora, nel gas ci sono una carica negativa (l'elettrone) e una positiva libere di muoversi.

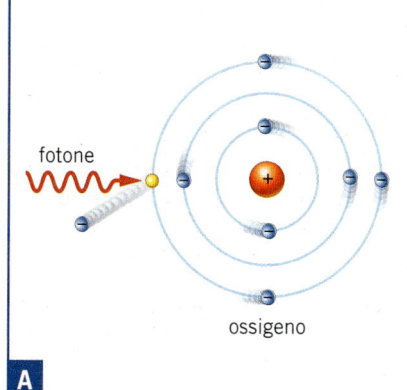

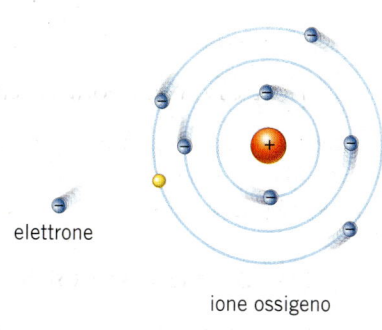

A ossigeno

B elettrone — ione ossigeno

Eventualmente, l'elettrone perso dall'atomo di ossigeno può essere catturato da un'altra molecola presente del gas, che si trasforma in uno ione negativo.

In pratica, non è mai possibile sottrarre completamente un gas all'azione di qualche agente ionizzante.

Infatti, tutti i materiali di cui è costituita la crosta terrestre contengono piccole quantità di sostanze radioattive, che emettono elettroni, particelle alfa o raggi gamma. Alla ionizzazione del gas contribuiscono anche le fiamme, la radiazione solare e i raggi cosmici (cioè la «pioggia» di particelle subatomiche che investe la Terra, proveniente dagli spazi interstellari).

Proprio perché al loro interno è sempre presente un certo numero di ioni, i gas possono essere attraversati dalla corrente elettrica.

Le scariche elettriche nei gas

Per osservare il fenomeno della **scarica elettrica** in un gas, lo si racchiude in un tubo trasparente, alle cui estremità sono fissati due elettrodi metallici. Essi sono collegati a un circuito esterno costituito da un generatore G e da una resistenza variabile R **(figura 13)**. Modificando la resistenza R, si fa variare la corrente che attraversa il gas e la differenza di potenziale applicata agli elettrodi.

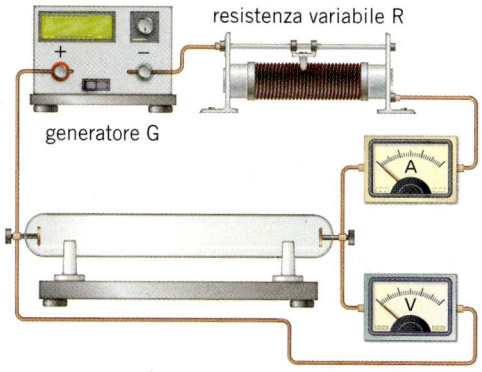

Figura 13 Apparato sperimentale per studiare la conduzione in un gas.

A qualsiasi pressione del gas si osserva che l'intensità di corrente *non* è direttamente proporzionale alla differenza di potenziale ai capi del tubo. La relazione tra queste due grandezze è complessa e diversa da caso a caso. Ciò significa che, a differenza dei conduttori metallici e delle soluzioni elettrolitiche,

per i gas non vale la prima legge di Ohm.

Variando la pressione del gas e la differenza di potenziale tra gli elettrodi, la scarica assume aspetti molto diversi.

Mantenendo il gas a pressione atmosferica, se si applica tra gli elettrodi una tensione sufficientemente elevata, all'interno del tubo scocca una scintilla. Essa è più o meno ramificata a seconda della distanza tra gli elettrodi e della loro forma, ed è accompagnata da un rumore secco.

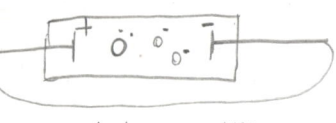

La formazione della scintilla è il risultato di un processo in cui numerose molecole si ionizzano e acquistano energia, che riemettono subito dopo sotto forma di luce.

Nel dettaglio, la formazione della scintilla è il risultato di due meccanismi simultanei, la produzione di ioni e l'emissione luminosa.

1. **Produzione di ioni.** Quando la differenza di potenziale tra gli elettrodi è di molte migliaia di volt, il campo elettrico esercita sui pochi ioni presenti all'interno del gas una forza così intensa che essi, tra un urto con una molecola di gas e l'altro, acquistano un'energia cinetica molto grande.
   Così gli ioni, colpendo violentemente altre molecole del gas, strappano elettroni e formano altri ioni, che vengono a loro volta accelerati dal campo elettrico e sono in grado di urtare e ionizzare altre molecole.
   Si ha così una *produzione di ioni a valanga*, che provoca un rapidissimo aumento della corrente.
2. **Emissione luminosa.** A seguito degli urti, le molecole del gas immagazzinano temporaneamente energia, che poi riemettono sotto forma di luce.

▶ Uno ione veloce urta un atomo di una molecola neutra; l'urto non è così energetico da ionizzarlo, ma porta comunque un elettrone dell'atomo su un'orbita di diametro più grande ed energia maggiore.

▶ Trovandosi in una situazione di instabilità, l'atomo subito dopo ritorna nella condizione iniziale: l'elettrone, tornando nella sua orbita originale, emette l'energia acquistata nell'urto sotto forma di una particella di luce, il fotone.

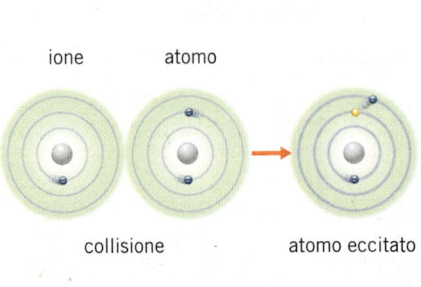

A

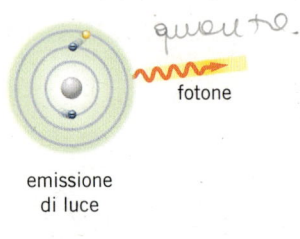

B

LA CORRENTE ELETTRICA NEI LIQUIDI E NEI GAS

Aspirando il gas dal tubo mediante una pompa da vuoto, la scarica avviene in modi diversi, a seconda della pressione del gas. A 1000 Pa (circa un centesimo di atmosfera) la scintilla è silenziosa e invade tutto il tubo. Si ha la cosiddetta scarica a bagliore, che viene utilizzata per i tubi fluorescenti per l'illuminazione e per le insegne luminose. A pressioni inferiori la luminosità diminuisce progressivamente per poi sparire del tutto.

Il fulmine

Il fulmine è la manifestazione luminosa di scariche elettriche che attraversano la troposfera, la parte bassa dell'atmosfera terrestre, a causa della grande differenza di potenziale fra due corpi. Si possono avere fulmini fra nuvola e terreno (sia ascendenti sia discendenti), fra nube e nube o fra la parte superiore e quella inferiore di una stessa nube.

Durante un temporale, le correnti d'aria all'interno di una nuvola generano urti fra gocce d'acqua, frammenti di grandine e cristalli di ghiaccio. In questo modo si producono particelle cariche: solitamente quelle positive si accumulano nella parte superiore delle nubi e quelle negative nella parte inferiore. Le cariche negative, a loro volta, inducono una carica positiva sulla superficie del terreno sottostante (figura 14).

Normalmente le cariche restano separate poiché l'aria, in condizioni ordinarie, fa da isolante. Quando, però, la differenza di potenziale raggiunge valori dell'ordine di 10^8 V, i pochi ioni presenti nell'aria, accelerati dalle elevate forze elettriche, innescano un effetto a valanga: dalla base della nuvola scocca una scarica pilota e le cariche elettriche fluiscono fra la nube e il suolo in una sequenza di successive scariche.

Il bagliore del fulmine è dovuto all'emissione luminosa delle molecole d'aria. Inoltre, il calore sprigionato dal rapido moto delle cariche riscalda l'aria e ne provoca una improvvisa espansione che produce un'onda sonora. Quando essa arriva al nostro orecchio, sentiamo il boato del tuono.

Come mostra la figura 15, a seconda della distribuzione delle cariche accumulate nella nuvola e nel terreno e a seconda della conducibilità dell'aria, si possono avere scariche all'interno della stessa nube, tra la base negativa e la sommità positiva, oppure fra la base e la sommità di nubi distinte.

Figura 14 Accumulo di cariche elettriche nelle diverse parti della nube e sul terreno.

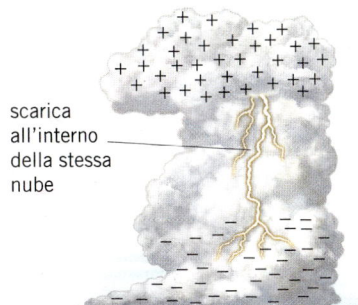

scarica all'interno della stessa nube

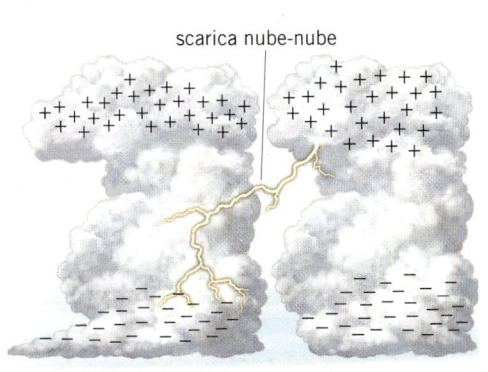

scarica nube-nube

Figura 15 Le scariche elettriche possono avvenire all'interno della stessa nube o tra nube e nube.

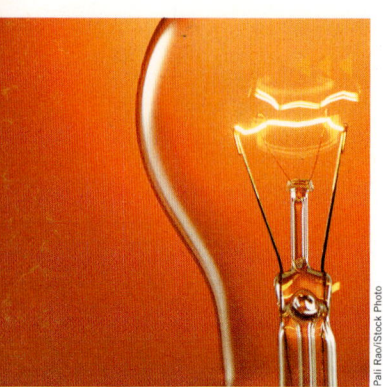

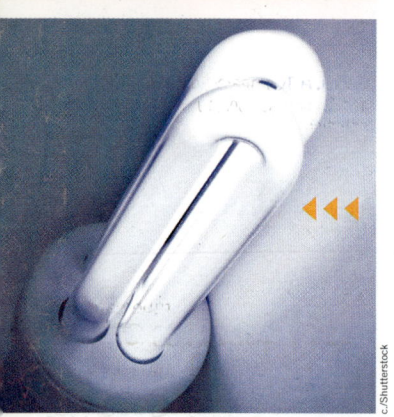

Le lampade a fluorescenza

Le lampade a fluorescenza fanno parte della famiglia delle lampade a scarica in gas. Nelle lampade a incandescenza, la luce è prodotta per riscaldamento di un filamento di tungsteno in cui circola corrente elettrica, fino a raggiungere temperature di 2500 K. Il filamento si assottiglia per evaporazione durante l'uso e si spezza dopo circa mille ore di funzionamento.

Solo il 5-10% della potenza assorbita produce luce visibile; la maggior parte dell'energia consumata è dispersa sotto forma di calore.

Una lampada a fluorescenza è formata da un tubo di vetro in cui all'inizio è praticato il vuoto; poi il tubo è riempito con un gas nobile, solitamente argo o neon, e con una piccola quantità di vapori di mercurio. Ai due estremi del tubo sono posti due elettrodi. Uno strato di polveri bianche fluorescenti, per esempio di fosforo, è depositato sulle pareti interne del tubo.

Gli elettroni emessi dal catodo sono accelerati dal campo elettrico presente. Percorrendo il tubo, colpiscono ed eccitano gli atomi di mercurio che, quando ritornano nella loro condizione normale, emettono radiazione ultravioletta. Questa radiazione, per noi invisibile, viene assorbita dallo strato di fosforo che la riemette a una frequenza più bassa, visibile.

Una lampada fluorescente compatta (a basso consumo) permette di ridurre di circa il 70% i consumi di energia elettrica rispetto a una lampada a incandescenza con uguale flusso luminoso: per esempio, una lampada a risparmio energetico da 20 W fornisce le stesse prestazioni di una a incandescenza da 100 W. La sua durata è di circa diecimila ore e il costo iniziale più alto è ammortizzato da una maggiore efficienza e durata.

La tabella mostra un confronto, in condizioni reali di funzionamento, fra quattro soluzioni di illuminazione basate su diverse tipologie di lampade.

Confronto fra diverse soluzioni di illuminazione					
Tipo di lampada	Efficienza (lm/W)	Potenza lampada (W)	Durata vita (ore)	Costo lampada (€/unità)	Risparmio (€/anno)*
Incandescenza	12	100	1000	1,00	–
Alogene	15,5	100	2000	2,00	161
Fluorescenti compatte elettroniche	60	20	10000	7,00	524
Fluorescenti tubolari	100	32	10000	12,00	598

* Risparmio rispetto alla soluzione con lampade ad incandescenza.

ESPERIMENTO VIRTUALE

Raggi catodici
- Gioca
- Misura
- Esercitati

6 I RAGGI CATODICI

Quando nel tubo a scarica la pressione del gas è dell'ordine di 10^{-1} Pa o 10^{-2} Pa (cioè da un milione a dieci milioni di volte minore della pressione atmosferica), sulla parete di fronte al catodo (l'elettrodo negativo) compare una piccola macchia fluorescente.

Si osserva che il bagliore scompare quando si fa cessare la scarica. Quindi si deduce che nel tubo sotto tensione si produce un fascio di raggi che, colpendo la parete opposta del tubo, la rendono fluorescente.

Gli ioni positivi presenti nel gas sono accelerati verso il catodo e, quando lo colpiscono, cedono energia che estrae elettroni dal metallo da cui il catodo è formato. A causa della loro origine, quando furono scoperti alla fine dell'Ottocento, questi raggi furono chiamati *raggi catodici*.

LA CORRENTE ELETTRICA NEI LIQUIDI E NEI GAS 24 CAPITOLO

I raggi catodici sono costituiti da elettroni emessi dal catodo a causa del bombardamento che esso subisce da parte degli ioni positivi.

Gli elettroni emessi sono a loro volta accelerati verso l'anodo. È allora conveniente costruire tubi in cui l'anodo ha una forma particolare, come quella cilindrica che si vede nella figura 16.

Gli elettroni, che non sono frenati nel loro moto perché il tubo è praticamente vuoto, sono accelerati verso l'elettrodo positivo e acquistano una velocità notevole: quando la differenza di potenziale applicata al tubo è di 10 000 V, essi raggiungono una velocità di circa 100 000 km/s, ma non è troppo difficile applicare tensioni ancora più elevate e ottenere, quindi, velocità ancora maggiori.

Quando elettroni così veloci giungono al di là dell'anodo, la forza elettrica attrattiva non riesce a deviare in modo significativo la loro traiettoria. Così essi continuano praticamente in linea retta e collidono sulla parete di vetro che si trova oltre l'anodo.

Qui cedono al vetro la loro energia cinetica, che viene riemessa sotto forma di energia luminosa, provocando quel bagliore che si osserva di fronte al catodo.

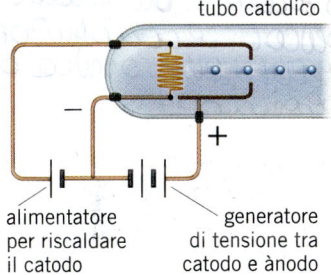

Figura 16 Apparecchio a vuoto con anodo cilindrico per studiare i raggi catodici.

Il tubo a raggi catodici

I vecchi televisori e schermi per i computer utilizzano un **tubo a raggi catodici** (o **tubo catodico**), che è un'ampolla di vetro a forma di imbuto, all'interno della quale è stato fatto il vuoto.

Nella parte più stretta del tubo è posto il **cannone elettronico**, che serve a produrre e ad accelerare gli elettroni del fascio catodico. Nella sua forma più semplice, il cannone elettronico è costituito da un catodo riscaldato fino all'incandescenza e da un anodo forato (figura 17).

Nei tubi catodici si genera un fascio di elettroni molto più intenso di quello che si aveva nei tubi a vuoto più antichi; infatti,

nei tubi catodici gli elettroni sono emessi per effetto termoionico dal catodo ad alta temperatura, e non semplicemente per bombardamento da parte degli ioni positivi.

Figura 17 Schema del cannone elettronico contenuto nel tubo catodico.

Una volta emessi dal catodo, gli elettroni sono accelerati verso l'anodo e una parte di essi passa attraverso il foro praticato nell'elettrodo positivo, formando un fascio filiforme ed essenzialmente monoenergetico (cioè costituito da particelle che hanno tutte la stessa energia).

Il fascio così formato è diretto verso il centro dello schermo fluorescente che si trova nella parte opposta del tubo catodico e formerebbe semplicemente l'immagine di un puntino luminoso al centro dello schermo. Per muovere il punto luminoso in altri punti dello schermo (come è necessario per ottenere un'immagine sullo schermo del televisore o del computer) bisogna deviare il fascio mediante forze elettriche o magnetiche.

Nei televisori e nei monitor la deviazione del fascio è ottenuta grazie a forze magnetiche, che sono l'argomento dei prossimi capitoli.

Forze elettriche sono utilizzate invece nell'oscilloscopio a raggi catodici, uno strumento usato per rappresentare su uno schermo l'andamento di una grandezza fisica in funzione del tempo o in funzione della variazione di una seconda grandezza fisica.

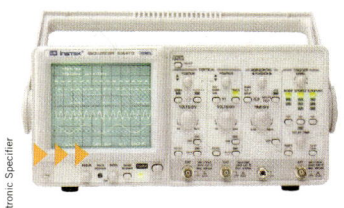

861

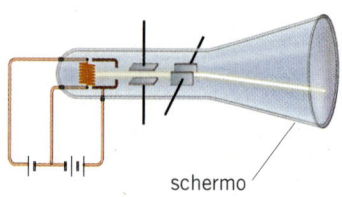

Figura 18 Deviazione del fascio catodico che passa attraverso due condensatori.

Nell'oscilloscopio, sul cammino del fascio catodico sono posti due condensatori piani (figura 18): uno di essi serve per deviare il fascio a destra o a sinistra, l'altro verso l'alto o il basso.

Un elettrone che entra nel condensatore risente di una forza costante e quindi si muove con accelerazione costante. Come è mostrato nella figura 19, il suo moto è quindi simile a quello di un sasso lanciato in aria. In particolare

> una particella carica che entra tra le armature di un condensatore piano con una velocità iniziale obliqua rispetto alle linee di campo elettrico descrive un moto parabolico.

Variando in modo opportuno la differenza di potenziale ai capi dei condensatori, è possibile spostare il puntino fluorescente in un punto qualunque dello schermo: il moto di tale puntino disegna il grafico della grandezza che si intende studiare.

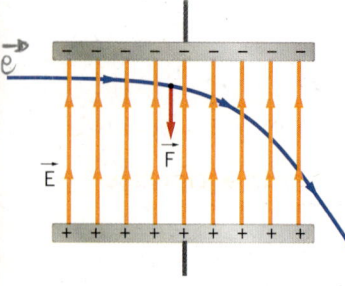

Figura 19 Traiettoria del fascio catodico all'interno di un condensatore piano.

La deflessione del fascio catodico

Consideriamo uno degli elettroni che fanno parte del fascio catodico prodotto dal cannone elettronico. Nel momento in cui esso entra nel condensatore piano, l'elettrone ha una velocità iniziale $\vec{v}_0$ parallela alle armature del condensatore. Queste sono lunghe $2l$ e distano d tra loro; inoltre, la distanza tra il centro S dello schermo e il punto medio Q di un'armatura vale L.

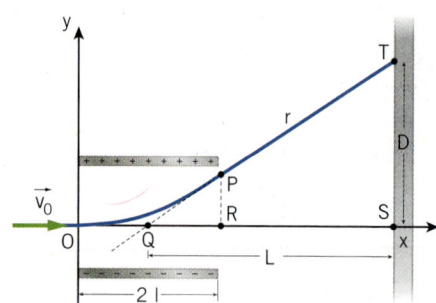

Figura 20 La traiettoria seguita dal fascio catodico è parabolica all'interno del condensatore e rettilinea al di fuori di esso, dove non agiscono forze elettriche. In realtà, le linee del campo sono distorte alle estremità delle piastre e gli elettroni del fascio sono soggetti a una forza decrescente anche fuori del condensatore.

Per analizzare il moto dell'elettrone, utilizziamo un sistema di riferimento Oxy in cui l'asse x ha la direzione e il verso di $\vec{v}_0$, e l'origine è posta nel punto in cui gli elettroni del fascio catodico entrano nel campo elettrico generato dal condensatore (la figura 20 è volutamente fuori scala, per rendere più chiara la forma della traiettoria).

Come è spiegato nel capitolo «Fenomeni di elettrostatica», il campo elettrico $\vec{E}$ all'interno del condensatore è uniforme e perpendicolare a $\vec{v}_0$. L'intensità di $\vec{E}$ vale

$$E = -\frac{\Delta V}{\Delta s} = -\frac{\Delta V}{d}.$$

La forza $\vec{F}$ che agisce su un elettrone del fascio è quindi perpendicolare a $\vec{v}_0$, è rivolta verso l'armatura positiva del condensatore e ha modulo

$$F = -eE = -e\left(-\frac{\Delta V}{d}\right) = e\frac{\Delta V}{d},$$

dove $-e$ è la carica dell'elettrone ($e = 1{,}60 \times 10^{-19}$ C).

Per la seconda legge della dinamica, la forza $\vec{F}$ imprime all'elettrone un'accelerazione verticale $\vec{a}$ il cui modulo è

$$a = \frac{F}{m} = \frac{e\Delta V}{md},$$

dove m è la massa dell'elettrone ($m = 9{,}11 \times 10^{-31}$ kg).

A questo punto si possono scrivere le leggi del moto della coordinata x (che varia con moto rettilineo uniforme) e della coordinata y (che, essendo la velocità iniziale $\vec{v}_0$ nella direzione x, descrive un moto uniformemente accelerato con velocità iniziale nulla):

$$\begin{cases} x = v_0 t \\ y = \frac{1}{2}at^2 = \frac{e\Delta V}{2md}t^2 \end{cases}$$

Le equazioni sono state scritte indicando con $t = 0$ s l'istante in cui l'elettrone passa per l'origine. Eliminando t tra le due equazioni si ottiene la forma della traiettoria parabolica dell'elettrone all'interno del condensatore:

$$y = \frac{e\Delta V}{2mv_0^2 d}x^2.$$

L'equazione precedente permette di determinare le coordinate $P\left(2l, \frac{2el^2\Delta V}{mv_0^2 d}\right)$ del punto P in cui in cui il fascio esce dal condensatore.

Giunti in P, gli elettroni non risentono più di alcuna forza elettrica (data la loro velocità, la forza gravitazionale è trascurabile) e iniziano a muoversi di moto rettilineo uniforme lungo la retta r, tangente in P alla parabola trovata in precedenza, fino al punto T in cui il fascio incide sullo schermo. Si può dimostrare che r interseca l'asse delle x nel punto Q di ascissa l.

Ora possiamo notare che i due triangoli QRP e QST della figura precedente sono simili, visto che sono entrambi rettangoli e che l'angolo $\widehat{RQP}$ è in comune. Quindi possiamo scrivere la proporzione

$$\frac{\overline{ST}}{\overline{QS}} = \frac{\overline{RP}}{\overline{QR}},$$

da cui ricaviamo l'ordinata D del punto che si illumina sullo schermo:

$$D = \overline{ST} = \frac{\overline{RP}}{\overline{QR}}\overline{QS} = \frac{2el^2\Delta V}{mv_0^2 d}\frac{1}{l}L = \frac{2elL\Delta V}{mv_0^2 d}. \qquad (6)$$

L'effetto della forza-peso
Alla velocità (abbastanza comune in questi fenomeni) di almeno 10^6 m/s, l'elettrone percorre l'intera traiettoria in un intervallo di tempo Δt minore o uguale a 10^{-6} s. In questo intervallo di tempo la sua distanza di caduta per effetto della forza-peso è all'incirca $at^2/2$, dell'ordine di 10^{-11} m. Si tratta quindi di un effetto del tutto trascurabile.

ESEMPIO

Facendo riferimento alle notazioni della dimostrazione precedente, all'interno di un tubo catodico si ha: $l = 4{,}50$ cm, $d = 6{,}00$ mm, $L = 62{,}0$ cm, $\Delta V = 3{,}21$ V. La velocità iniziale degli elettroni è $v_0 = 8{,}70 \times 10^6$ m/s.

▶ Calcola il valore D della distanza tra il centro dello schermo e il punto in cui giungono gli elettroni.

Sostituendo i valori numerici nella formula (6) otteniamo il valore richiesto:

$$D = \frac{2elL\Delta V}{mv_0^2 d} = \frac{2 \times (1{,}60 \times 10^{-19}\text{ C}) \times (0{,}0450 \text{ m}) \times (0{,}620 \text{ m}) \times (3{,}21 \text{ V})}{(9{,}11 \times 10^{-31}\text{ kg}) \times \left(8{,}70 \times 10^6 \frac{\text{m}}{\text{s}}\right)^2 \times (6{,}00 \times 10^{-3}\text{ m})} =$$

$$= 0{,}0693 \frac{(\text{C} \cdot \text{V}) \cdot \text{m}}{\text{kg} \cdot \frac{\text{m}^2}{\text{s}^2}} = 0{,}0693 \frac{\text{J} \cdot \text{m}}{\text{J}} = 0{,}0693 \text{ m}.$$

I CONCETTI E LE LEGGI

LA CORRENTE ELETTRICA NEI LIQUIDI

Una soluzione è elettrolitica se contiene *elettroliti*, cioè sostanze disciolte in essa che la rendono conduttrice. L'acqua utilizzata come solvente produce la *dissociazione elettrolitica*, cioè indebolisce la forza attrattiva tra gli ioni di un cristallo ionico e li disperde in soluzione: gli ioni positivi e negativi sono i responsabili della conduzione elettrica nelle soluzioni elettrolitiche. Gli ioni sono molto più massivi degli elettroni, per cui lo spostamento di carica comporta anche un significativo trasporto di materia.

Elettrolisi

Insieme dei fenomeni che hanno luogo nelle soluzioni elettrolitiche per effetto del passaggio della corrente continua.

- Due elettrodi sono immersi nella soluzione e sono collegati a un generatore di tensione: all'interno del liquido si stabilisce un campo elettrico, diretto dall'elettrodo a potenziale più alto (**ànodo**) all'elettrodo a potenziale più basso (**catodo**).
- Gli ioni sono soggetti a una forza elettrica che li spinge a migrare verso gli elettrodi.
- Al catodo e all'anodo avvengono reazioni chimiche: per esempio, nel caso del cloruro di sodio fuso, al catodo arrivano ioni Na^+ che acquistano elettroni e depositano sodio metallico; all'anodo arrivano ioni Cl^- che cedono elettroni, diventano atomi neutri e si legano ad altri atomi per formare molecole Cl^2 gassose.

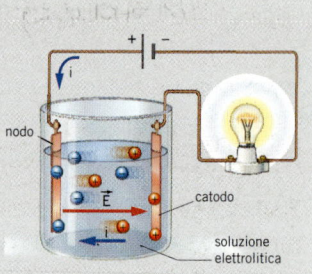

Leggi di Faraday per l'elettrolisi

Prima legge

$$M = \frac{M_A}{N_A z e} Q$$

La massa M di sostanza che si libera presso un elettrodo è direttamente proporzionale alla carica Q che, attraversando la soluzione, è giunta allo stesso elettrodo.

Seconda legge

$$M = \frac{Q}{N_A e} \frac{M_A}{z}$$

Una stessa quantità di carica, attraversando soluzioni elettrolitiche diverse, libera agli elettrodi masse M di sostanze che sono direttamente proporzionali ai rispettivi equivalenti chimici $\frac{M_A}{z}$.

- La seconda legge di Faraday è un'altra versione della formula che esprime la prima legge, dove si mette in evidenza l'equivalente chimico, e si interpreta tenendo fissata la quantità di carica Q che fluisce in soluzioni elettrolitiche diverse.

Valenza di uno ione

$$z = \frac{q}{e}$$

- È il rapporto tra il modulo della carica dello ione e la carica elementare.

Equivalente chimico

$$\frac{M_A}{z}$$

- È il rapporto tra il peso atomico (o molecolare) di uno ione, espresso in grammi, e la sua valenza.

Pila o cella elettrochimica

- È un generatore di tensione in grado di compiere lavoro a spese dell'energia potenziale delle sostanze chimiche contenute al suo interno.
- La reazione che avviene in una pila è l'opposto di quella dell'elettrolisi: mentre l'elettrolisi può trasformare sale da cucina fuso in sodio metallico e cloro gassoso grazie all'energia fornita dal generatore, il sodio metallico e il cloro gassoso possono scambiarsi elettroni e utilizzare la loro energia chimica per generare energia elettrica, fornendo la forza elettromotrice di una pila. Esempi di celle elettrochimiche sono la pila di Volta, la pila a secco zinco-carbone e l'accumulatore elettrico.

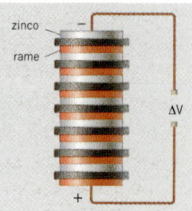

LA CORRENTE ELETTRICA NEI GAS

Un gas diventa conduttore se una causa esterna ionizza parte delle sue molecole. In un gas ionizzato, i portatori di carica responsabili della conduzione elettrica sono elettroni liberi, ioni positivi e ioni negativi, che si formano per cattura di un elettrone da parte di una molecola.

Prima legge di Ohm

- A differenza dei metalli e delle soluzioni elettrolitiche, per i gas **non** vale la prima legge di Ohm.
- A qualsiasi pressione, l'intensità di corrente che attraversa un gas racchiuso in un tubo alle cui estremità sono fissati due elettrodi metallici, non è direttamente proporzionale alla differenza di potenziale ai capi del tubo.

Scintilla

È il risultato di un processo in cui numerose molecole si ionizzano e acquistano energia, che riemettono subito dopo sotto forma di luce.

Produzione di ioni a valanga

Gli ioni, soggetti a una differenza di potenziale, acquistano energia cinetica e, urtando le molecole del gas, le ionizzano. Questi ioni vengono a loro volta accelerati dal campo elettrico, sono in grado di urtare e ionizzare altre molecole e così via.

Emissione luminosa

Un elettrone di una molecola acquista energia quando questa è urtata da uno ione veloce e si porta su un livello energetico superiore. Poi ritorna nella condizione iniziale emettendo sotto forma di luce l'energia che aveva acquistato.

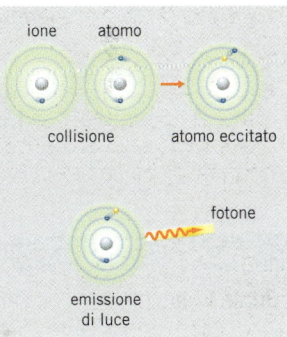

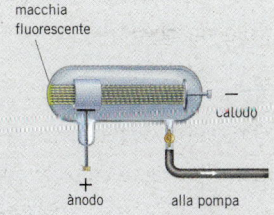

Raggi catodici

- Sono costituiti da elettroni emessi dal catodo a causa del bombardamento che esso subisce da parte degli ioni positivi.
- Si producono quando la pressione nel tubo a scarica è dell'ordine di 10^{-1} Pa o 10^{-2} Pa.
- Si osservano sulla parete di fronte al catodo (elettrodo negativo) sotto forma di una piccola macchia fluorescente.
- Gli elettroni accelerati verso l'anodo (elettrodo positivo) raggiungono velocità elevate e quindi la forza elettrica non riesce a deviare la loro traiettoria che si mantiene quasi rettilinea.

Tubo catodico

Ampolla di vetro a forma di imbuto, all'interno della quale è stato fatto il vuoto e che contiene un cannone elettronico.

- È contenuto nei tipi più vecchi di televisori e schermi per computer.
- Il cannone elettronico produce e accelera gli elettroni del fascio catodico, emessi per effetto termoionico dal catodo ad alta temperatura.
- La deviazione del fascio necessaria per far muovere il puntino luminoso su tutto lo schermo è ottenuta mediante forze magnetiche.

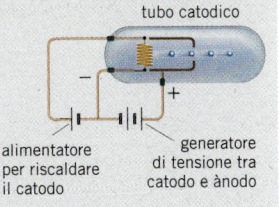

Oscilloscopio catodico

Strumento usato per rappresentare su uno schermo l'andamento di una grandezza fisica in funzione del tempo o in funzione della variazione di una seconda grandezza.

- Sul cammino del fascio catodico, sono posti due condensatori piani: uno di essi devia il fascio a destra e a sinistra, l'altro in alto e in basso.
- La deviazione del puntino luminoso sullo schermo è ottenuta mediante forze elettriche, variando la differenza di potenziale ai capi dei condensatori.

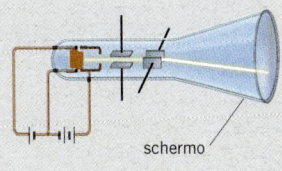

ESERCIZI
DOMANDE SUI CONCETTI

1 Perché le sostanze come i sali, gli acidi e le basi sono elettroliti?

2 Perché le sostanze organiche, come per esempio lo zucchero, non sono elettroliti anche se si sciolgono in acqua?

3 Che cosa accade durante l'elettrolisi agli ioni che arrivano all'ànodo e al catodo?

4 I prodotti della scomposizione elettrolitica compaiono solo in vicinanza degli elettrodi. In quale modo si può evidenziare questo fenomeno?

5 Due celle elettrolitiche vengono attraversate da una stessa carica Q. Ai catodi si depositano due masse m_1 e m_2 di due diverse sostanze, con $m_1 = 3m_2$. Che cosa puoi dire degli equivalenti chimici delle due sostanze?

6 La forza elettromotrice della pila di Volta è dovuta all'*effetto Volta*, cioè al contatto di due metalli differenti?

7 Sulla confezione di pile alcaline da 1,5 V sono riportati i tempi indicativi di funzionamento di alcuni dispositivi elettronici. Per esempio, è possibile alimentare una radiolina portatile per 60 minuti, un lettore CD per 240 minuti ecc. Come mai i tempi di funzionamento sono diversi?

8 Le curve sperimentali che descrivono l'andamento della corrente in funzione della differenza di potenziale applicata a un gas a pressione atmosferica presentano un andamento pressoché piatto per valori del potenziale oltre un valore critico ΔV_c. Come si spiega questo fenomeno?

9 Per riprodurre l'andamento nel tempo di una grandezza fisica sullo schermo di un oscilloscopio sono necessari, come descritto nel testo, due condensatori piani, di cui uno, quello orizzontale, serve per dirigere il movimento orizzontale degli elettroni del raggio catodico. La figura mostra, in funzione del tempo, la differenza di potenziale ΔV ideale da applicare ai capi di questo condensatore, che ha un andamento caratteristico detto «a dente di sega». Giustifica qualitativamente questo andamento della differenza di potenziale elettrico.

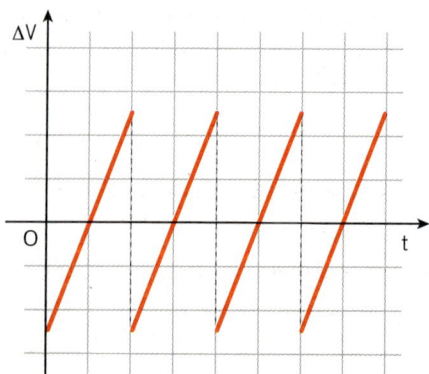

PROBLEMI

2 L'ELETTROLISI

1 PROBLEMA SVOLTO

In una corrente elettrolitica dovuta a cloruro di sodio disciolto in acqua i portatori di carica negativa sono gli ioni Cl⁻, mentre nei metalli le cariche negative sono trasportate dagli elettroni.

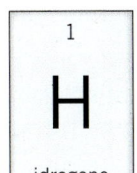
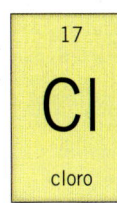

$m_{Cl}/m_e = ?$

▶ Di quante volte la massa di uno ione Cl⁻ supera quella di un elettrone?

■ Strategia e soluzione

- Nella tavola periodica che si trova in fondo al libro leggiamo che il peso atomico del cloro è 35,45, mentre quello dell'idrogeno è 1,008. Ciò significa che il rapporto tra la massa di un atomo di cloro e una di idrogeno vale

$$\frac{m_{Cl}}{m_H} = \frac{35,45}{1,008} = 35,17.$$

- Come è detto nel testo, la massa dello ione H⁺ è 1836 volte maggiore di quella dell'elettrone. Allora l'atomo di idrogeno, che contiene lo ione H⁺ e un elettrone, ha una massa 1837 volte maggiore di quella dell'elettrone:

$$\frac{m_H}{m_e} = 1837.$$

- Siamo allora in grado di calcolare la quantità richiesta dal problema:

$$\frac{m_{Cl}}{m_e} = \frac{m_{Cl}}{m_H} \times \frac{m_H}{m_e} = 35,17 \times 1837 = 6,461 \times 10^4.$$

■ Discussione

Nella risoluzione del problema si è posta la massa dello ione Cl⁻ uguale a quella dell'atomo Cl. Il risultato ottenuto giustifica questa approssimazione, perché la massa dell'atomo di cloro supera di almeno 64 610 volte quella dell'elettrone, e il fatto di togliere a esso una massa elettronica non modifica il risultato cercato.

2
La dissociazione elettrolitica di NaOH produce gli ioni negativi OH⁻.

▶ Di quante volte uno di questi portatori di carica negativa è più massivo di un elettrone?

[$3,100 \times 10^4$]

3
Se si versa in acqua acido nitrico (HNO₃) si ha il fenomeno della dissociazione elettrolitica e si formano degli ioni negativi NO₃⁻.

▶ Di quante volte uno di questi portatori di carica negativa è più massivo di un elettrone?

4
Nella dissociazione elettrolitica del solfato di zinco si producono ioni SO₄⁻⁻.

▶ Qual è il rapporto tra la massa dello ione SO₄⁻⁻ e due masse elettroniche?

▶ Per quale motivo è opportuno confrontare la massa di questo ione con quella di due elettroni?

[$8,754 \times 10^4$]

ESERCIZI

3 LE GGI DI FARADAY PER L'ELETTROLISI

5 **PROBLEMA SVOLTO**

Una cella elettrolitica a nitrato d'argento ($AgNO_3$) è attraversata da una carica di 285 C. In soluzione acquosa, il nitrato d'argento si scompone negli ioni Ag^+ e NO_3^-.

▶ Determina la quantità di argento che si deposita su uno degli elettrodi.

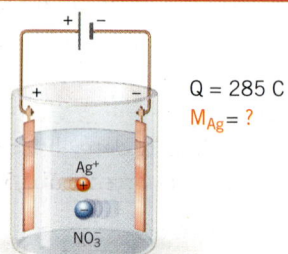

$Q = 285$ C
$M_{Ag} = ?$

■ Strategia e soluzione

- Lo ione Ag^+ porta una sola carica elementare e ha, quindi, $z = 1$.

- Nella tavola periodica alla fine del libro leggiamo che una mole d'argento ha massa $M_A = 107,9$ g/mol = $= 0,1079$ kg/mol.

- Ora siamo in grado di introdurre questi valori numerici nella formula (**4**), insieme con $N_A = 6,02 \times 10^{23}$ mol^{-1} ed $e = 1,60 \times 10^{-19}$ C. In questo modo otteniamo

$$M = \frac{M_A}{N_A z e} Q = \frac{0,1079 \, \frac{\text{kg}}{\text{mol}}}{\left(6,02 \times 10^{23} \, \frac{1}{\text{mol}}\right) \times (1,60 \times 10^{-19} \, \text{C})} \times (285 \, \text{C}) = 3,19 \times 10^{-4} \, \text{kg}.$$

■ Discussione

Il passaggio di 285 C di carica nella cella elettrolitica porta al deposito, su un elettrodo, di circa 1/3 di grammo d'argento. Per depositare 1 g di argento occorre che la cella elettrolitica sia attraversata da una carica di 285/0,319 C = 893 C ottenibile, per esempio, con una corrente di 1 A che fluisce per circa un quarto d'ora.

6 In una cella elettrolitica a solfato di rame ($CuSO_4$) è passata una carica di 500 C. La dissociazione elettrolitica produce ioni Cu^{++} e SO_4^{--}.

▶ Determina la quantità di rame che si deposita su uno degli elettrodi.

[$1,65 \times 10^{-4}$ kg]

7 Al catodo di una cella elettrolitica a nitrato di argento si depositano 5,00 g di argento.

▶ Qual è la carica che ha attraversato la cella?

[$4,46 \times 10^3$ C]

8 Una cella elettrolitica contiene una soluzione di un sale di calcio. Per ottenere 10,0 g di calcio deve essere attraversata da una carica di $4,81 \times 10^4$ C.

▶ Qual è la valenza del calcio?

[2]

9 Il rodio (Rh) somiglia molto all'argento, ma si appanna meno ed è più resistente, per questo è spesso usato come sostituto dell'argento. Una soluzione di $Rh(NO_3)_3$ è sottoposta a un processo di elettrolisi per un'ora con una corrente di 0,80 A.

▶ Quanto rodio si può ottenere?

[1,0 g]

10 L'idrogeno, che può essere isolato dall'acqua per elettrolisi, potrebbe essere il combustibile del futuro per le auto, secondo alcuni esperti. Una corrente di 1,00 A attraversa una massa di acqua salata.

▶ Quanto tempo è necessario perché questa corrente produca 1,00 g di idrogeno?

[26 h 33 min]

11 ★★★ Marco vuole ottenere 2,00 g di zinco utilizzando una cella elettrolitica a solfato di zinco percorsa da una corrente di 2,50 A.

▶ Calcola per quanto tempo deve far passare la corrente.

[$2,36 \times 10^3$ s = 39 min]

12 ★★★ Una soluzione di sali di calcio è collegata in serie a una soluzione di sali di argento. La carica che fluisce nelle due soluzioni elettrolitiche è la stessa.

▶ Trova il rapporto tra le masse di calcio e d'argento liberate agli elettrodi.

[0,1857]

13 ★★★ Cecilia vuole ricoprire le perline sferiche di una sua collana con un sottile strato di argento, di spessore $d = 1,0 \times 10^{-4}$ m, utilizzando una cella a nitrato d'argento. Le perline hanno un raggio di 4,0 mm e sono in tutto 20. La densità dell'argento è 10 490 kg/m³ e la massa di uno ione d'argento è $1,8 \times 10^{-22}$ g.

▶ Quanta carica deve attraversare la cella?

▶ Quanto nitrato di argento deve essere sciolto in soluzione?

[$3,7 \times 10^3$ C; 6,5 g]

4 LE PILE E GLI ACCUMULATORI

14 ★★★ La batteria di un'automobile alimenta il motorino d'avviamento che, a sua volta, mette in moto il veicolo. Il motorino d'avviamento assorbe una corrente di 40 A e funziona solo per pochi secondi.

▶ Fai l'ipotesi che la batteria abbia la capacità di 80 Ah e forza elettromotrice 12 V e che il motorino d'avviamento funzioni solitamente per 5,0 s. Supponi che la batteria presenti un qualche difetto e non sia in grado di ricaricarsi durante il movimento dell'auto.

▶ Per quante volte sarebbe possibile far partire l'auto (nell'ipotesi di non avere altri consumi di energia elettrica)?

▶ Quanta energia viene impegnata in ogni accensione?

▶ Per quale motivo se, all'atto dell'avviamento, si accendono i fari, il motorino d'avviamento «fatica» a partire?

[circa 1400; 2,4 kJ]

15 ★★★ La capacità energetica di una pila o di un accumulatore è di solito espressa empiricamente in ampere-ora (Ah). Per esempio, una capacità di 1 Ah significa indica che la batteria può sostenere una corrente di intensità 1 A per un'ora. Una batteria da automobile con una forza elettromotrice di 12 V può avere una capacità di 80 Ah.

▶ Determina il valore della carica totale che la batteria può erogare.

▶ Determina l'energia massima che la batteria può fornire.

[$2,9 \times 10^5$ C; $3,5 \times 10^6$ J]

16 ★★★ Una batteria di forza elettromotrice pari a 12 V può fornire energia fino a $2,0 \times 10^6$ J in 30 min.

▶ Determina quanta carica fornisce la batteria.

▶ Determina la capacità energetica della batteria.

[$1,7 \times 10^5$ C; 46 Ah]

17 ★★★ Una batteria di forza elettromotrice pari a 12 V può fornire una corrente di 8,0 A per 2,0 h.

▶ Determina la capacità energetica della batteria.

▶ Determina per quanto tempo la batteria può rimanere in funzione se deve fornire una corrente costante pari a 0,50 A.

[16 Ah; 32 h]

5 LA CONDUCIBILITÀ NEI GAS

18 ★★★ Una radiazione ionizzante colpisce un gas che si trova tra le armature di un condensatore, il cui dielettrico è l'aria, collegato a un generatore di tensione. La radiazione produce ioni positivi, con carica e, ed elettroni, di carica $-e$. Il 30% de-

ESERCIZI

gli ioni e degli elettroni che si formano raggiunge le armature del condensatore e il circuito risulta attraversato da una corrente di 0,30 mA.

▶ Determina quanti ioni si formano ogni secondo.

[$6,3 \times 10^{15}$]

19 ★★ Una radiazione ionizzante colpisce un gas che si trova tra le armature di un condensatore, il cui dielettrico è l'aria, collegato a un generatore di tensione. La radiazione produce ioni positivi, con carica e, ed elettroni, di carica $-e$, al ritmo di 10^{19} ogni ora. Una parte degli ioni e degli elettroni che si formano raggiunge le armature del condensatore e il circuito risulta attraversato da una corrente di 0,13 mA.

▶ Determina la percentuale di ioni prodotti dalla ionizzazione che giungono alle armature del condensatore.

[29%]

20 ★★ Un condensatore piano di capacità 0,7 nF e distanza fra le superfici 5 mm è collegato in serie a un alimentatore ad alta tensione attraverso una resistenza di 10 kΩ. L'aria tra le superfici del condensatore è ionizzata da raggi X in modo da formare 10^{14} coppie di ioni ogni centimetro cubo e ogni secondo. La carica di ogni ione è uguale a quella di un elettrone. Assumi che tutti gli ioni raggiungano le superfici del condensatore prima di ricombinarsi.

▶ Determina la caduta di tensione ai capi della resistenza.

[0,6 mV]

6 I RAGGI CATODICI

21 ★☆☆ In un tubo a vuoto sono collocate due piastre conduttrici, parallele, alla distanza di 4,8 cm, con una differenza di potenziale di 40 V tra loro. Uno ione ossigeno, con carica pari al doppio di quella elementare, inizialmente in quiete in prossimità di una piastra, viene accelerato verso l'altra piastra, la raggiunge e la urta.

▶ Quanto vale la sua energia cinetica nel momento dell'urto?

[$1,3 \times 10^{-17}$ J]

22 ★★ Un fascio di elettroni entra con velocità orizzontale $3,6 \times 10^7$ m/s tra le placche metalliche di controllo di un tubo a raggi catodici; la lunghezza delle placche è $2l = 5,0$ cm, la loro distanza è $d = 0,40$ cm, e tra di esse è applicata la differenza di potenziale di 100 V. A una distanza $L = 60$ cm dal centro del tubo è posto uno schermo fluorescente. In queste condizioni, un elettrone arriva al termine delle placche spostato verticalmente, rispetto alla sua direzione di moto, di un tratto Δy.

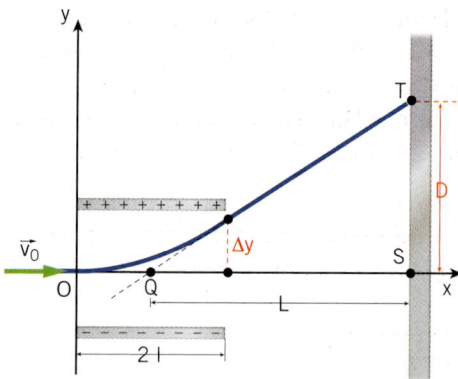

▶ Calcola Δy.

▶ Calcola l'ordinata del punto luminoso sullo schermo.

[4,2 mm; 10 cm]

23 ★★ Nel tubo a raggi catodici rappresentato nella figura, fra la coppia di placchette A e A', di lunghezza 4,0 cm e distanza 4,0 mm, c'è una differenza di potenziale di 10 V, che curva il raggio catodico verso l'alto. La coppia di placchette BB', identica alla prima, ha una differenza di potenziale di $-7,0$ V tra B' e B. I centri delle coppie AA' e BB' distano, rispettivamente, 60 cm e 50 cm dallo schermo. Gli elettroni del fascio catodico si muovono alla velocità di $2,0 \times 10^7$ m/s.

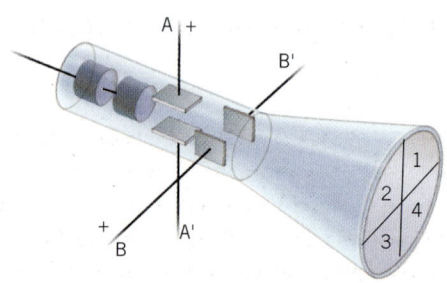

▶ In quale dei quattro quadranti arriverà il raggio catodico?

▶ Determina le coordinate x e y del punto sullo schermo.

[secondo; 1,5 cm e 2,6 cm]

24 Sullo schermo di un tubo catodico identico a quello
★★★ del problema precedente (fai riferimento agli stessi dati) si vede il segnale luminoso rappresentato nella figura. La differenza di potenziale applicata alle placche BB' ha la forma a denti di sega, in modo che il raggio catodico percorre l'intero schermo in orizzontale, come raffigurato, in 12 ms. Cresta e ventre dell'onda rappresentata sullo schermo distano 3,7 cm dalla linea centrale orizzontale.

▶ Determina l'espressione sinusoidale del potenziale elettrico da applicare alle placche AA' in funzione del tempo.

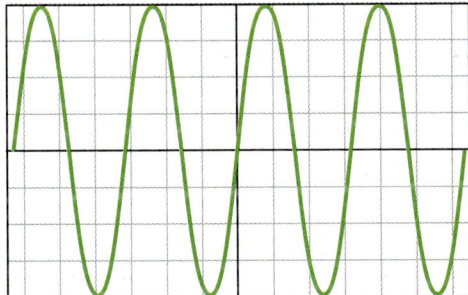

[$14 \operatorname{sen}(2,1 \times 10^3 \, t)$]

PROBLEMI GENERALI

1 Una cella elettrolitica contiene una soluzione di
★★ idrossido di sodio (NaOH) ed è attraversata per 24 ore da una corrente di 6,0 A. La massa di uno ione ossigeno è $2,67 \times 10^{-23}$ g.

▶ Calcola quanto ossigeno viene liberato.

[43 g]

2 Una resistenza regolabile R_x è collegata in serie a
★★ una cella elettrolitica a nitrato d'argento di resistenza $R = 4,0 \, \Omega$ e a una pila di $f_{em} = 4,5$ V di resistenza interna $r_i = 1,0 \, \Omega$. Sai che 1,0 A di corrente depositano al catodo in un secondo 1,118 mg di argento. Vuoi ottenere un deposito di 1,0 g di argento in 2,0 h.

▶ Quanto deve valere R_x?

[31 Ω]

3 Al catodo di una cella elettrolitica si sviluppa
★★ idrogeno che passa allo stato gassoso biatomico e viene raccolto in una provetta. Dopo 30 min si nota che il gas è caratterizzato da questi valori: pressione di 750 mmHg, volume di 300 cm³, temperatura di 25 °C.

▶ Determina il valore della corrente costante che circola nella cella.

(Ricorda che 1 mmHg = $1,33 \times 10^2$ Pa)

(*Adattato dalla seconda prova di maturità scientifica sperimentale*, 1983)

(*Suggerimento*: ricava il numero di moli di gas dall'equazione di stato dei gas perfetti.)

[1,29 A]

4 Una corrente di 1,0 A libera 37 mg di idrogeno
★★ all'ora in una cella elettrolitica che contiene una soluzione di acido cloridrico (HCl). Una corrente elettrica che attraversa una cella elettrolitica che contiene cloruro rameico (CuCl$_2$) deposita sul catodo 3,5 g di rame in un'ora.

▶ Qual è il valore della corrente elettrica?

[3,0 A]

5 Una pila di $f_{em} = 4,5$ V e resistenza interna 0,50 Ω
★★ è collegata a una cella elettrolitica a solfato di rame CuSO$_4$. L'anodo è un elettrodo di rame, mentre il catodo è costituito da una medaglia di raggio $r = 2,0$ cm e spessore trascurabile, che deve essere ricoperta di rame. Il circuito elettrico esterno alla pila ha una resistenza elettrica $R = 4,00 \, \Omega$; il rame ha una densità di 8,96 g/cm³. Vuoi ottenere uno strato di 0,20 mm di spessore.

▶ Determina il tempo necessario.

[$1,4 \times 10^4$ s]

6 Due distinte celle elettrolitiche contengono la
★★ stessa soluzione. Quando si alimenta la prima cella con un generatore, di resistenza interna di 1,0 Ω, per 5,0 h si depositano al catodo 20 g di argento. Se si alimenta con lo stesso generatore la

ESERCIZI

seconda cella per 12 h si ricavano 18 g di argento. Sai che la resistenza della prima cella è un terzo della resistenza della seconda.

▶ Calcola le resistenze delle due celle.

[5,0 Ω; 15,0 Ω]

7 ★★★ Due conduttori sono posti in derivazione su uno stesso elettromotore che fornisce una corrente complessiva nota i. Il primo conduttore è immerso in un vaso calorimetrico; nel secondo è inserito un voltametro a nitrato d'argento. Dopo un tempo t si constata che si è avuto, per effetto Joule, uno sviluppo di calore Q nel calorimetro e un deposito di massa m (di cui si conosce l'equivalente chimico ε) al catodo del voltametro.

▶ Calcola quali sono i valori dell'intensità della corrente nei due rami.

▶ Calcola i valori delle rispettive resistenze.

(*Esame di ammissione alla Scuola Normale Superiore di Pisa*, 1947)

(*Suggerimento*: due conduttori sono posti in derivazione se sono collegati in parallelo; il voltametro è un altro modo per indicare una cella elettrolitica; indica con q la carica che passa nella cella elettrolitica.)

$$\left[i - \frac{q}{t}; \frac{q}{t}; \frac{Q}{\left(i - \frac{q}{t}\right)^2 t}; \frac{Q}{\left(i - \frac{q}{t}\right) q}; q = \frac{m N_A e}{\varepsilon} \right]$$

8 ★★ In una cella elettrolitica a nitrato d'argento ($AgNO_3$) passa per 2,0 ore una corrente di intensità $i = 2{,}50$ A. La massa di uno ione argento è $1{,}8 \times 10^{-22}$ g.

▶ Calcola qual è la massa totale di argento depositata su un elettrodo.

[20 g]

9 ★★★ Un fascio di elettroni entra all'interno di un condensatore piano in direzione parallela alle sue armature in modo da essere equidistante da esse. Le armature sono lunghe 6,2 cm, distano tra loro 5,0 mm e la differenza di potenziale tra di esse è pari a 2,2 V. Quando il fascio esce dal condensatore, si osserva che esso si è avvicinato di 2,0 mm all'armatura positiva.

▶ Determina il modulo della velocità iniziale degli elettroni presenti nel fascio.

▶ Determina le componenti della velocità finale degli elettroni.

(*Suggerimento*: utilizza un sistema di riferimento in cui l'asse y ha la direzione e il verso del vettore campo elettrico all'interno del condensatore, con l'armatura positiva verso il basso come mostra la figura.)

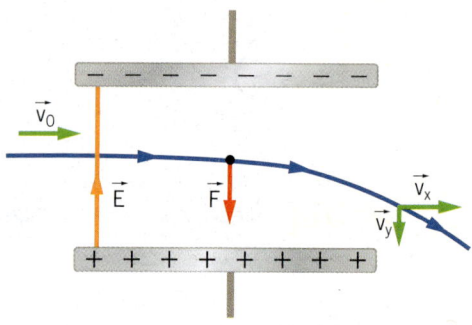

[$8{,}6 \times 10^6$ m/s; $v_x = 8{,}6 \times 10^6$ m/s; $v_y = 5{,}6 \times 10^5$ m/s]

QUESITI PER L'ESAME DI STATO

1 Descrivi il fenomeno della dissociazione elettrolitica.

2 Enuncia le leggi di Faraday per l'elettrolisi.

3 Illustra la struttura e spiega il principio di funzionamento di un tubo a raggi catodici.

TEST PER L'UNIVERSITÀ

1 Il passaggio della corrente elettrica attraverso una soluzione acquosa è legato al moto di:

A elettroni nel verso opposto a quello convenzionale della corrente.

B ioni positivi e negativi nel verso della corrente.

C ioni positivi nel verso della corrente ed elettroni nel verso opposto.

D ioni positivi nel verso della corrente e ioni negativi nel verso opposto.

E ioni positivi nel verso della corrente in assenza di moto di tutte le altre cariche.

(*Prova di ammissione al corso di laurea in Medicina Veterinaria*, 1997/1998)

CAMPO MAGNETICO

CAPITOLO 25
FENOMENI MAGNETICI FONDAMENTALI

1. LA FORZA MAGNETICA E LE LINEE DEL CAMPO MAGNETICO

Nell'antica Grecia, già ai tempi di Talete (VI secolo a.C.) era noto che un minerale di ferro, la *magnetite*, ha la proprietà di attirare oggetti di ferro. La magnetite è un **magnete naturale**.

In condizioni normali una sbarretta di acciaio non attira delle puntine di ferro, ma se la mettiamo a contatto con un pezzo di magnetite, acquista questa proprietà.

La sbarretta di acciaio si è così *magnetizzata* ed è divenuta un **magnete artificiale** o **calamita**.

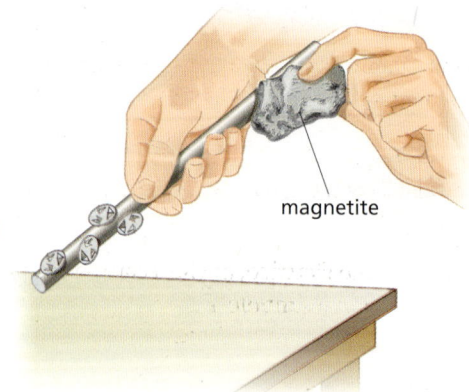

Figura 1 Una sbarretta di acciaio posta a contatto con un cristallo di magnetite attira piccoli oggetti di ferro.

Si chiamano **sostanze ferromagnetiche** i materiali che possono essere magnetizzati.

Sono sostanze ferromagnetiche il ferro, l'acciaio, il nickel, il cobalto e le loro leghe: per esempio, la lega di ferro, neodimio e boro con cui sono costruiti i magneti della fotografia a destra.

Le forze tra i poli magnetici

Un *ago magnetico* è una piccola calamita che può ruotare attorno al suo centro. Si osserva che l'ago ruota fino a disporsi nella direzione Nord-Sud. L'estremo dell'ago magnetico che punta verso Nord si chiama **polo nord** dell'ago, l'altro estremo si chiama **polo sud**.

Ogni magnete ha un polo nord e un polo sud. Essi si individuano cercando le zone del magnete che esercitano un'azione più intensa sui poli di una calamita. Gli esperimenti mostrano che

▶ due poli nord o due poli sud, affacciati, si respingono;

▶ un polo nord e un polo sud, vicini tra loro, si attraggono.

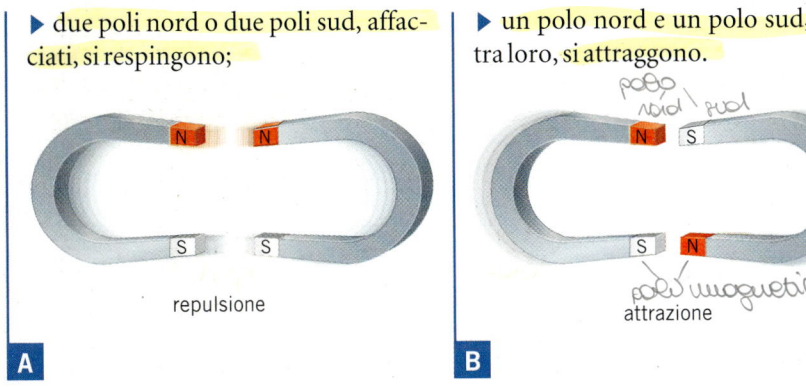

A repulsione

B attrazione

ANIMAZIONE

I poli magnetici
(1 minuto e mezzo)

Poli magnetici dello stesso tipo si respingono, poli magnetici di tipo diverso si attraggono.

Il campo magnetico

Una calamita esercita una forza magnetica su una seconda calamita. Usando lo stesso linguaggio che abbiamo già adoperato nel caso elettrico, diciamo che

ogni magnete genera nello spazio che lo circonda un *campo magnetico*.

Come quello elettrico, anche il campo magnetico è descritto da un vettore, che indicheremo con il simbolo $\vec{B}$.

Il campo magnetico terrestre

Il fatto che un ago magnetico, libero di muoversi, ruota fino a disporsi nella direzione Sud-Nord dimostra che esso è soggetto a un campo magnetico. In effetti, la Terra è un enorme magnete, che esercita i suoi effetti su tutti gli altri magneti posti nelle vicinanze.

In vicinanza del Polo Nord geografico c'è una zona, chiamata *polo nord magnetico* (figura 2), verso cui si dirigono i poli nord delle bussole. In modo corrispondente, nei pressi del Polo Sud geografico si trova il *polo sud magnetico*.

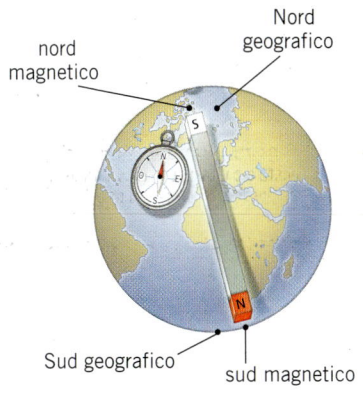

Figura 2 Il magnete-Terra ha un polo sud magnetico nella zona del Polo Nord geografico e viceversa.

Nella zona del polo nord magnetico, il magnete-Terra ha un polo sud, visto che attira i poli nord di tutte le bussole.

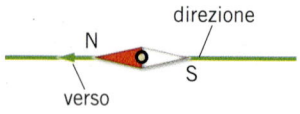

Figura 3 Un ago di bussola fornisce la direzione e il verso del campo magnetico.

La direzione e il verso del campo magnetico

Per esplorare le proprietà di un campo magnetico utilizziamo il **magnete di prova**, cioè un piccolo ago magnetico, che genera un campo abbastanza debole da non disturbare quello dovuto al sistema che intendiamo esaminare.

Se poniamo un magnetino di prova in un punto di un campo magnetico, osserviamo che l'ago ruota attorno al proprio centro fino a fermarsi, dopo qualche oscillazione, in una posizione di equilibrio.

Definiamo la direzione e il verso del campo magnetico nel punto:

- la direzione è data dalla retta che unisce i poli nord e sud del magnete di prova;
- il verso va dal polo sud al polo nord del magnete di prova.

Il verso del campo magnetico, in sostanza, è quello indicato dalla freccia che è spesso disegnata sull'ago della bussola (figura 3).

Le linee di campo

Possiamo visualizzare il campo magnetico mettendo della limatura di ferro vicino a una calamita.

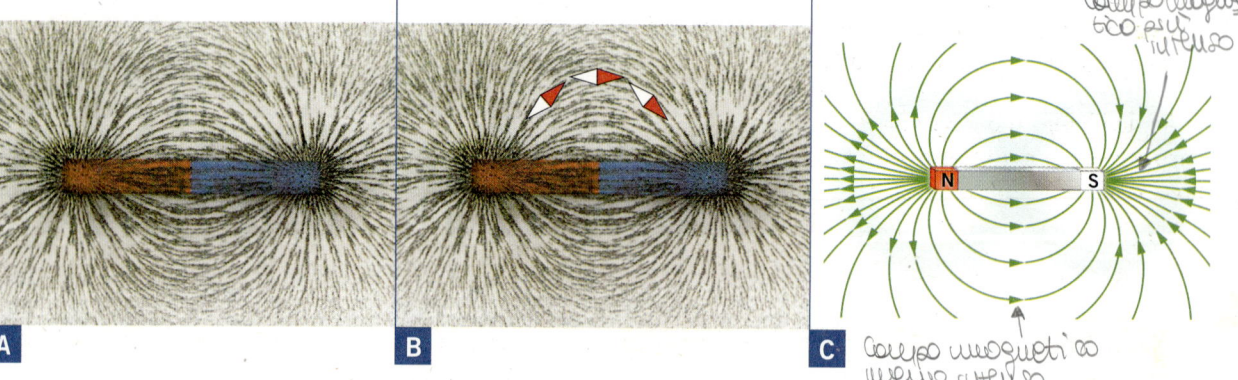

▶ **A** La limatura di ferro disegna delle linee che si accumulano sui poli della calamita.

▶ **B** Questo accade perché ogni frammento di ferro si magnetizza e si dispone lungo il campo.

▶ **C** Schematizziamo il campo magnetico tracciando alcune linee che seguono i disegni della limatura.

Dal punto di vista matematico, le linee di campo magnetico si disegnano con lo stesso procedimento già visto per le linee di campo elettrico. La differenza è che, ora, al posto della carica di prova si usa un magnete di prova: partendo da un punto P, osserviamo la direzione e il verso del campo magnetico in tale punto. Poi spostiamo in tal senso l'ago di un tratto $\Delta \vec{s}$, molto piccolo, e determiniamo ancora il campo magnetico.

Ripetendo molte volte questa operazione e facendo tendere a zero la lunghezza di $\Delta \vec{s}$ otteniamo una linea come quella della figura 4.

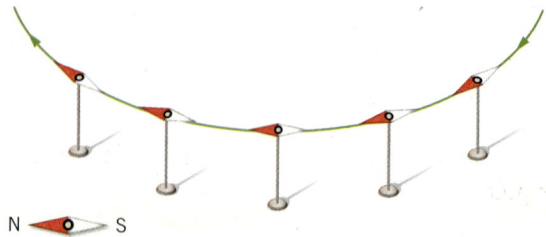

Figura 4 I magneti di prova si dispongono in direzione tangente a una linea di campo magnetico.

Come conseguenza della definizione precedente, le **linee del campo magnetico** hanno le seguenti proprietà:

- in ogni punto sono tangenti alla direzione del campo magnetico;
- escono dai poli nord dei magneti ed entrano nei poli sud;
- la loro densità è direttamente proporzionale all'intensità del campo magnetico.

Confronto tra campo magnetico e campo elettrico

Il campo elettrico e il campo magnetico hanno proprietà simili:
- sono *campi di forza*, cioè campi che descrivono gli effetti di una forza (in un caso quella elettrica, nell'altro quella magnetica);
- entrambi possono essere descritti da linee di campo;
- esistono due tipi di poli magnetici, come esistono due tipi di carica elettrica;
- in modo analogo a quanto accade per le cariche elettriche, poli dello stesso tipo si respingono e di tipo diverso si attraggono;
- un conduttore scarico può essere elettrizzato da un corpo carico, come una sbarretta di acciaio può essere magnetizzata da una calamita.

Però i due campi differiscono per aspetti molto importanti:
- quando si ha l'elettrizzazione per contatto, parte della carica elettrica del primo corpo passa al secondo; nella magnetizzazione di un oggetto ferromagnetico non si ha alcun passaggio di poli magnetici;
- mentre esistono oggetti carichi positivamente o carichi negativamente, una calamita ha *sempre entrambi* i poli sud e nord.

▶ Se dividiamo una calamita in due parti, ciascuno dei frammenti ha un polo nord e un polo sud.

▶ Suddividendo le due calamite piccole in quattro parti, otteniamo otto magneti, ciascuno con due poli.

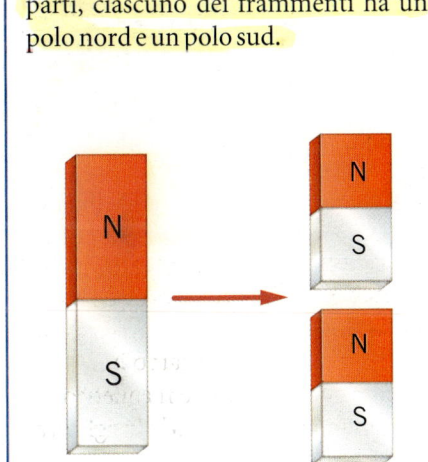

A

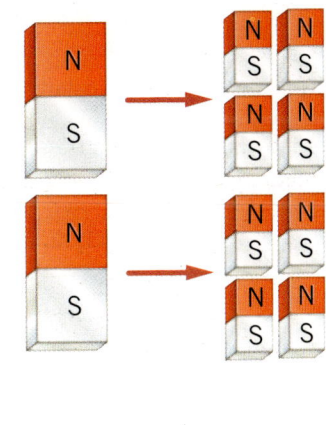

B

Non è possibile suddividere un magnete in modo da ottenere un polo nord isolato o un polo sud isolato.

2 FORZE TRA MAGNETI E CORRENTI

IN LABORATORIO

Il campo magnetico di un filo rettilineo percorso da corrente
- Video (2 minuti)
- Test (3 domande)

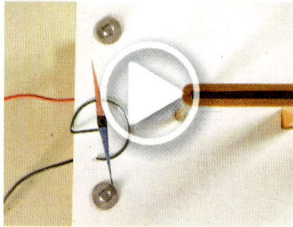

Nel 1820 il fisico danese Hans Christian Oersted (1777-1851) scoprì un legame inaspettato tra fenomeni elettrici e fenomeni magnetici.

▶ Egli dispose un filo elettrico, collegato a una batteria, nella direzione nord-sud, sopra un ago magnetico.

▶ Quando faceva passare la corrente nel filo, l'ago ruotava, tendendo a disporsi perpendicolarmente al filo stesso.

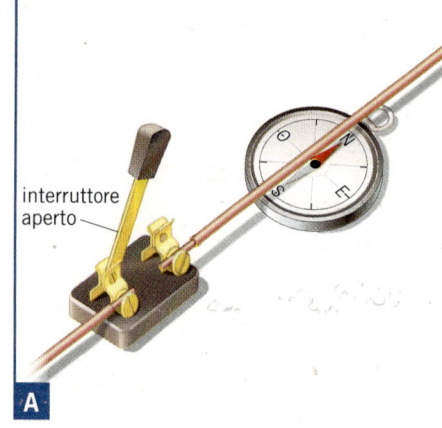

A

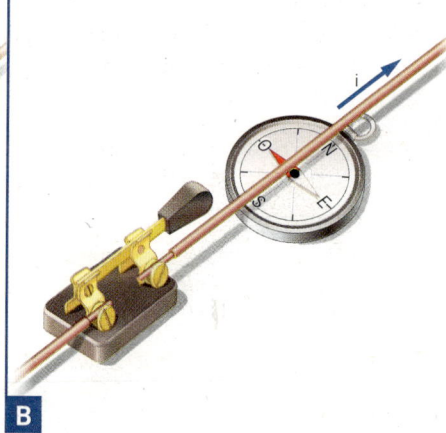

B

L'esperienza di Oersted mette in luce che

> un filo percorso da corrente genera un campo magnetico.

Il campo magnetico generato dal filo è avvertito dall'ago della bussola, che si sposta in una nuova posizione di equilibrio.

Il campo magnetico generato da un filo percorso da corrente

Spargendo della limatura di ferro su un cartoncino, otteniamo la forma delle linee del campo magnetico prodotto da un filo rettilineo.

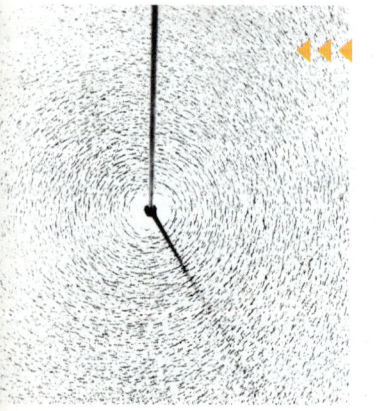

▶ In un piano perpendicolare al filo percorso dalla corrente le linee del campo magnetico sono circonferenze concentriche al filo.

▶ Il verso convenzionale delle linee di campo, si ottiene puntando il pollice nel senso della corrente. Le altre dita si chiudono nel verso del campo.

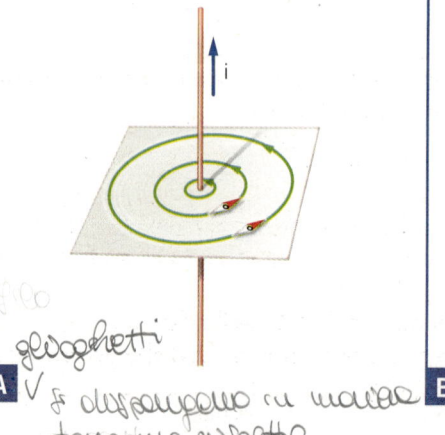

A

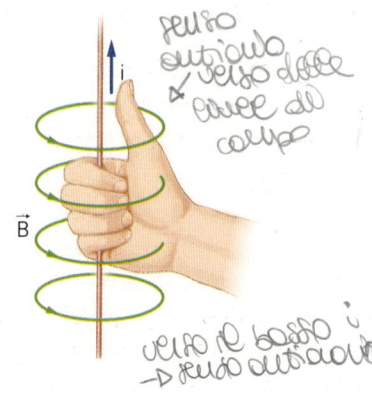

B

L'esperienza di Faraday

Nel 1821 il fisico inglese Michael Faraday scoprì che

> un filo percorso da corrente, in un campo magnetico, subisce una forza.

ANIMAZIONE
Esperimento di Faraday
(1 minuto)

Mettiamo un filo metallico in un campo magnetico, in direzione perpendicolare alle linee di campo.
Se diamo corrente al filo, su di esso agisce una forza perpendicolare sia al filo stesso sia alle linee di campo magnetico (figura 5).

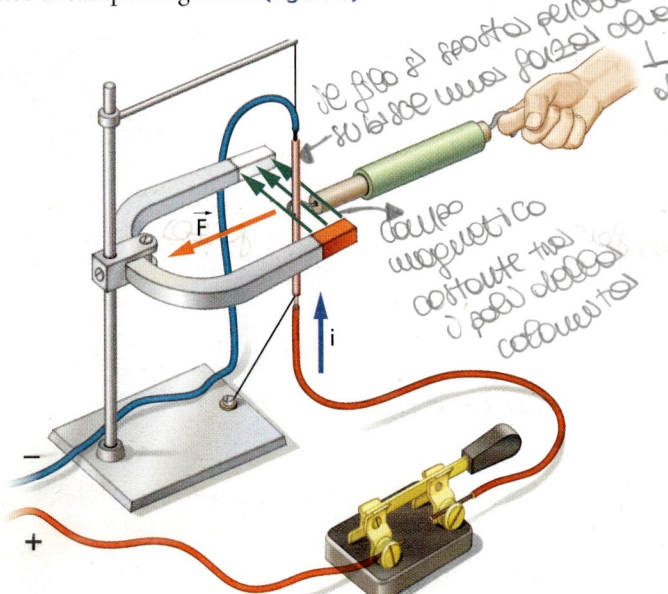

Figura 5 Un filo percorso da corrente immerso in un campo magnetico subisce una forza.

Il verso della forza magnetica che si esercita su un filo rettilineo percorso da corrente è dato dalla **regola della mano destra** (figura 6). Ponendo:

- il pollice della mano destra nel verso della corrente,
- le altre dita nel senso delle linee di campo magnetico,
- il verso della forza è quello che esce dal palmo della mano.

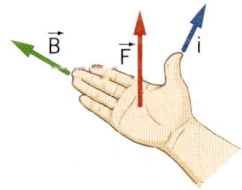

Figura 6 Regola della mano destra per determinare il verso della forza magnetica.

3 FORZE TRA CORRENTI

Le esperienze di Oersted e di Faraday mostrano che esiste una relazione tra corrente elettrica e campo magnetico, perché una corrente elettrica
- genera un campo magnetico,
- subisce una forza magnetica.

Ci si può aspettare, allora, che esista una forza magnetica tra due fili percorsi da corrente: infatti, ciascuno di essi genera un campo magnetico e subisce la forza del campo creato dall'altro.

La verifica sperimentale di questo fenomeno fu fatta dal fisico francese André Marie Ampère una settimana dopo essere venuto a conoscenza dell'esperimento di Oersted.

▶ Egli verificò che due fili rettilinei e paralleli si attraggono se sono percorsi da correnti nello **stesso verso**.

▶ Invece i due fili rettilinei e paralleli si respingono se conducono correnti elettriche che hanno **versi opposti**.

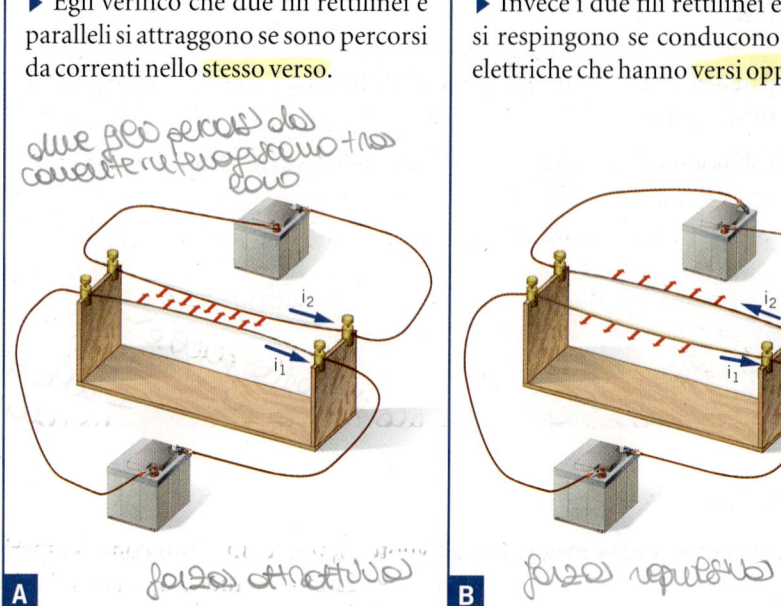

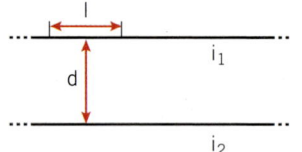

Figura 7 Grandezze fisiche che compaiono nella legge di Ampère.

Eseguendo l'esperimento con due fili molto più lunghi della distanza che li separa, si ottiene la **legge di Ampère** (figura 7):

> il valore della forza che agisce su un tratto, lungo l, di uno dei fili è direttamente proporzionale alle due correnti che circolano; inoltre è inversamente proporzionale alla distanza d tra i fili.

La formula che esprime la legge di Ampère è, quindi,

$$F = k_m \frac{i_1 i_2}{d} l.$$

Per semplicità, immaginiamo di compiere l'esperimento di Ampère nel vuoto. In questa condizione, nel Sistema Internazionale è abituale porre

$$k_m = \frac{\mu_0}{2\pi},$$

dove μ_0 è una nuova costante, detta **permeabilità magnetica del vuoto**. Per essa è stato scelto un valore esatto:

$$\mu_0 = 4\pi \times 10^{-7} \frac{\text{N}}{\text{A}^2}. \tag{1}$$

Quindi, nel Sistema Internazionale l'espressione usuale della forza di Ampère è:

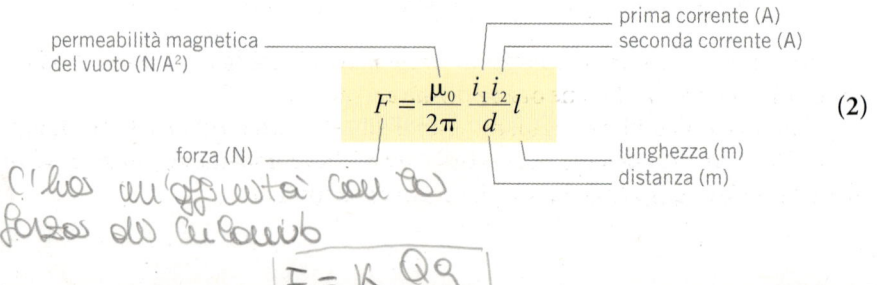

ESEMPIO

Due fili paralleli, attraversati da correnti di intensità $i_1 = i_2 = 1$ A, sono posti alla distanza $d = 1$ m.

▶ Qual è il modulo F della forza elettrica che agisce su un tratto, di lunghezza $l = 1$ m, di uno dei due fili?

Per trovare il valore di F sostituiamo i dati numerici nella formula **(2)**:

$$F = \frac{\mu_0}{2\pi} \frac{i_1 i_2}{d} l = \frac{4\pi \times 10^{-7} \frac{\text{N}}{\text{A}^2}}{2\pi} \frac{(1\text{ A}) \times (1\text{ A})}{1\text{ m}} \times (1\text{ m}) = 2 \times 10^{-7} \text{ N}.$$

La definizione dell'ampere

Il valore della permeabilità magnetica del vuoto μ_0 non è misurato con un esperimento, ma è stato scelto convenzionalmente per definire in modo operativo l'unità di misura dell'intensità di corrente elettrica, cioè l'ampere. Come è mostrato nell'esempio precedente, con la scelta dell'equazione **(1)**:

> una corrente ha intensità di 1 A se, circolando in due fili rettilinei e paralleli molto lunghi, che distano 1 m tra di loro, provoca una forza di 2×10^{-7} N su ogni tratto di filo lungo 1 m.

La definizione del coulomb

Lungo tutto lo studio dell'elettrostatica il coulomb di carica è stato trattato come un'unità di misura fondamentale, anche se non era stato definito in modo operativo. Una volta introdotte le correnti elettriche, l'ampere è stato considerato (provvisoriamente) come un'unità di misura derivata dal coulomb: per definizione, $1\text{A} = (1\text{ C})/(1\text{ s})$. Da questa definizione si ricava

$$1\text{ C} = (1\text{ A}) \times (1\text{ s}).$$

Ora, avendo a disposizione l'ampere, che è una delle unità fondamentali del Sistema Internazionale, siamo in grado di dire che cosa è un coulomb di carica:

> un **coulomb** è la carica che attraversa, in un secondo, una sezione di un filo in cui è presente una corrente elettrica di intensità pari a un ampere.

La carica elementare
Con questa definizione la carica di un elettrone vale $-e = -1{,}60 \times 10^{-19}$ C.

4 L'INTENSITÀ DEL CAMPO MAGNETICO

Usando un ago magnetico, sappiamo come determinare la direzione e il verso del campo magnetico $\vec{B}$. Rimane ora da definire il suo valore.

A questo scopo utilizziamo un pezzetto di filo elettrico rettilineo. La sua lunghezza è l e l'intensità di corrente che lo attraversa è i. Portiamo questo *filo di prova* nella zona dove c'è il campo magnetico che ci interessa studiare.

ESPERIMENTO VIRTUALE

Fili magnetici
- Gioca
- Misura
- Esercitati

Gli esperimenti mostrano che la forza sul filo di prova dipende dall'angolo che esso forma con le linee di campo magnetico, e che il modulo della forza è massimo quando il filo è perpendicolare alla direzione di $\vec{B}$.

▶ Per operare in condizioni ben definite, poniamo il filo perpendicolare alle linee del campo magnetico.

▶ Un dinamometro ci permette di misurare la forza magnetica che agisce sul filo di prova percorso dalla corrente.

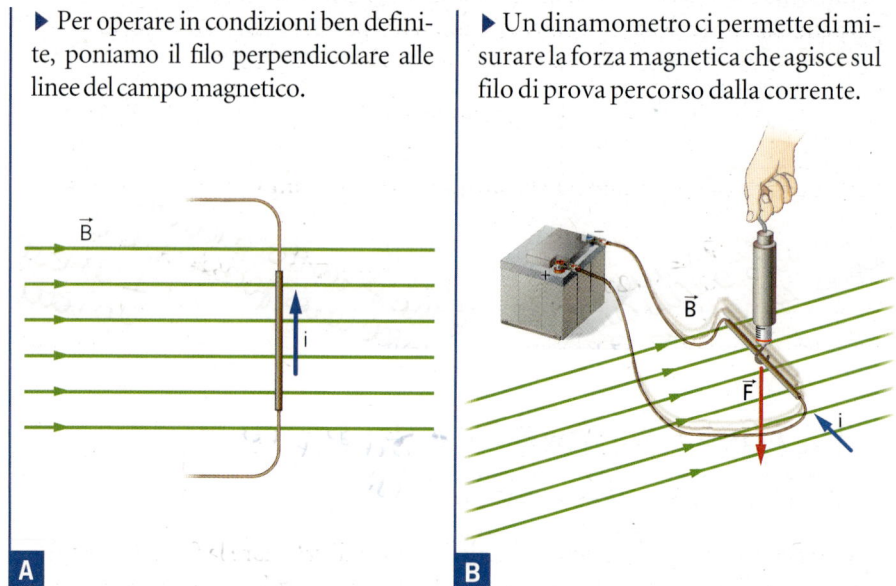

A **B**

Gli esperimenti mostrano che il modulo della forza $\vec{F}$ raddoppia quando si raddoppia o la corrente i oppure la lunghezza l.

Definendo il modulo del campo magnetico B con la formula

$$B = \frac{F}{il}$$

si ottiene quindi un valore che non dipende dalla scelta di i ed l.

La grandezza B ha un valore che dipende solo dal campo magnetico presente e dal punto ove è posto il filo di prova.

L'unità di misura di B

Dalla definizione precedente si può ricavare l'unità di misura di B:

campo magnetico (N/(A·m) o T) — forza magnetica (N)

$$B = \frac{F}{il} \tag{3}$$

intensità di corrente (A) — lunghezza (m)

La formula (3) mostra infatti che l'unità di misura del campo magnetico è il newton fratto ampere fratto metro ($N/(A \cdot m)$).

Nel Sistema Internazionale questa unità di misura è detta anche *tesla* (simbolo T), dal nome del fisico e inventore serbo Nikola Tesla (1856-1943):

$$1\ T = 1\ \frac{N}{A \cdot m}.$$

Il campo magnetico di una piccola calamita è dell'ordine del centesimo di tesla, mentre un elettromagnete capace di sollevare un'auto raggiunge campi magnetici di due tesla.

ESEMPIO

Un filo rettilineo, di lunghezza $l = 1,0$ cm e percorso da una corrente di intensità $i = 0,26$ A è posto in un campo magnetico, in direzione perpendicolare a quella delle linee di campo nel punto in cui esso si trova. La forza magnetica che agisce sul filo ha modulo $F = 3,7 \times 10^{-4}$ N.

▶ Calcola il modulo B del vettore campo magnetico nella zona in cui si trova il filo.

Sostituendo i valori numerici nella formula (**3**), otteniamo

$$B = \frac{F}{il} = \frac{3,7 \times 10^{-4} \text{ N}}{(0,26 \text{ A}) \times (0,010 \text{ m})} = 0,14 \frac{\text{N}}{\text{A} \cdot \text{m}} = 0,14 \text{ T}.$$

5 LA FORZA MAGNETICA SU UN FILO PERCORSO DA CORRENTE

Se conosciamo il campo magnetico, siamo in grado di calcolare la forza F che agisce su un pezzo di filo lungo l percorso da una corrente i. Quando il filo è *perpendicolare* alle linee del campo, subisce una forza di modulo

$$F = Bil. \qquad (4)$$

Come è mostrato dagli esperimenti di Faraday, la direzione della forza è perpendicolare sia al campo magnetico, sia al filo e il verso è dato dalla regola della mano destra (figura 8).

ANIMAZIONE

L'intensità della forza magnetica
(2 minuti)

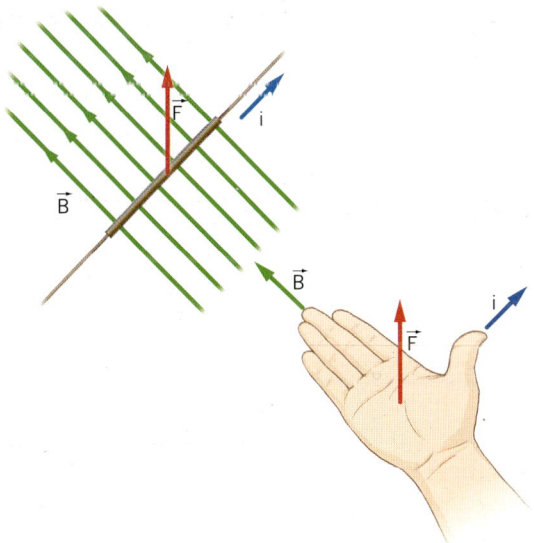

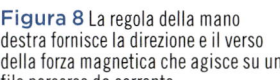

Figura 8 La regola della mano destra fornisce la direzione e il verso della forza magnetica che agisce su un filo percorso da corrente.

Se il filo non è perpendicolare al campo magnetico, la forza è più piccola. Ciò che conta non è il valore del campo magnetico, ma quello della sua componente $B_\perp$ perpendicolare al filo. Nel caso generale la formula diventa

$$F = B_\perp il. \qquad (5)$$

▶ Quando $\vec{B}$ è perpendicolare al filo si ha $B_\perp = B$ e la forza magnetica ha il valore massimo.

▶ Se il campo $\vec{B}$ è inclinato rispetto al filo, $B_\perp$ è minore di B e la forza magnetica ha un valore minore.

▶ Se $\vec{B}$ è parallelo al filo si ha $B_\perp = 0$: la forza magnetica è nulla su un filo parallelo al campo.

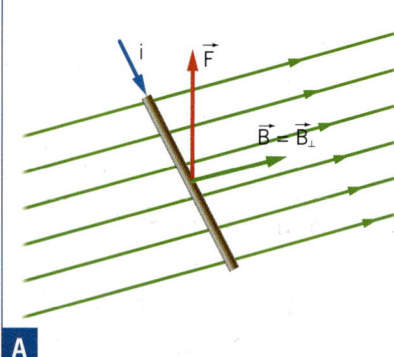

A

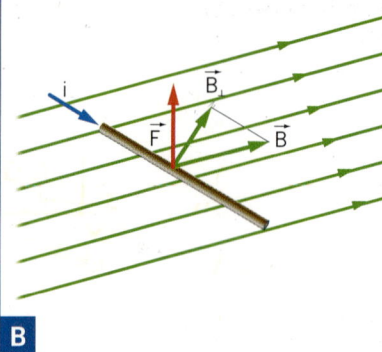

B

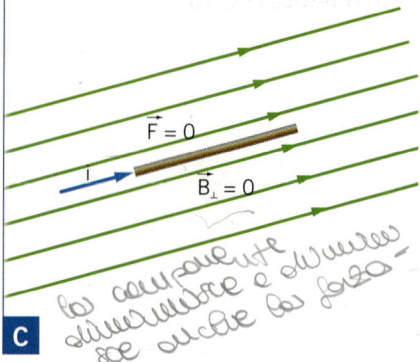

C

L'operazione di prodotto vettoriale permette di esprimere con una sola formula tutte le caratteristiche (direzione, verso e modulo) di un vettore che ha le proprietà indicate nelle figure. Tale formula è

$$\vec{F} = i\vec{l} \times \vec{B}, \qquad (6)$$

dove $\vec{l}$ è un vettore che ha la direzione e la lunghezza del filo rettilineo, e il verso della corrente i. L'intensità di $\vec{F}$ è data anche dalla formula

$$F = Bil \, \text{sen}\, \alpha, \qquad (7)$$

dove α è l'angolo compreso tra i vettori $\vec{l}$ e $\vec{B}$.

ESEMPIO

Un filo rettilineo di lunghezza $l = 36{,}4$ cm e attraversato da una corrente elettrica $i = 4{,}15$ A, è posto in direzione perpendicolare alle linee di un campo magnetico di modulo $B = 5{,}62 \times 10^{-2}$ T.

▶ Calcola il valore F della forza magnetica che agisce sul filo.

- Il problema si risolve con la formula (4) o, in modo equivalente, ponendo sen(90°) = 1 nella formula (7).
- Allora possiamo calcolare la forza magnetica:

$$F = Bil = (5{,}62 \times 10^{-2}\,\text{T}) \times (4{,}15\,\text{A}) \times (0{,}364\,\text{m}) = 8{,}49 \times 10^{-2}\,\text{N}.$$

6 IL CAMPO MAGNETICO DI UN FILO PERCORSO DA CORRENTE

Conoscendo la forza magnetica che agisce su un filo percorso da corrente, siamo in grado di capire perché due fili rettilinei e paralleli si attraggono quando sono attraversati da correnti che circolano nello stesso verso e si respingono quando le correnti hanno versi opposti.

Ricorda che le linee del campo magnetico generato da un filo sono circonferenze concentriche al filo e perpendicolari a esso.

▶ Nella zona in cui si trova il filo 2, il campo magnetico $\vec{B}_1$ generato dal filo 1, tangente alla linea di campo, è rivolto come nella figura.

▶ Con la corrente i_2 e il campo $\vec{B}_1$ come nella figura, la forza magnetica $\vec{F}_{1\rightarrow 2}$, esercitata dal filo 1 sul filo 2, è rivolta verso il filo 1.

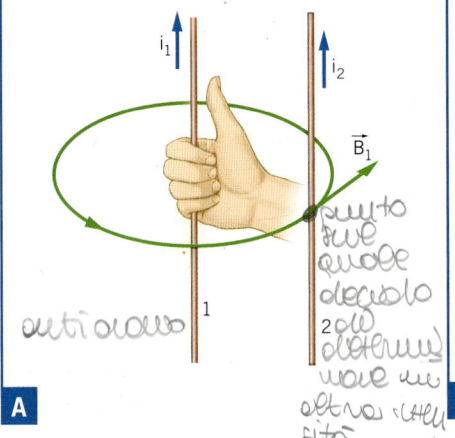

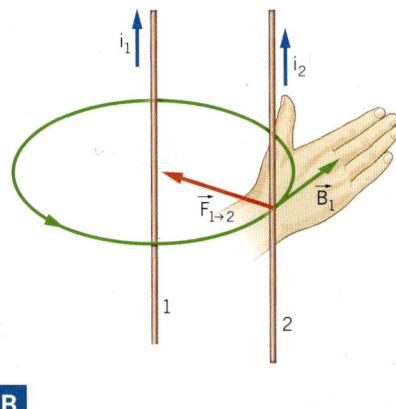

Per il terzo principio della dinamica, la forza $\vec{F}_{2\rightarrow 1}$ che il filo 2 esercita sul filo 1 è uguale e opposta a $\vec{F}_{1\rightarrow 2}$. Quindi, come aveva trovato sperimentalmente Ampère, i due fili con correnti equiverse si attraggono.

Se il verso di una delle due correnti viene invertito, entrambe le forze cambiano verso e i fili si respingono.

Valore del campo magnetico generato da un filo

In un punto a distanza d da un filo rettilineo, molto lungo rispetto a d, in cui circola una corrente i (figura 9), il valore del campo magnetico è dato dalla formula

$$B = \frac{\mu_0}{2\pi} \frac{i}{d} \qquad (8)$$

permeabilità magnetica del vuoto (N/A²)
intensità di corrente (A)
campo magnetico (T)
distanza (m)

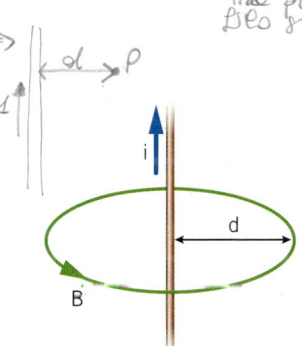

Figura 9 Linea di campo circolare generata dalla corrente i che fluisce in un filo rettilineo.

Il campo magnetico generato da un filo rettilineo in un punto è quindi direttamente proporzionale alla corrente nel filo e inversamente proporzionale alla distanza tra il punto e il filo.

La formula (8) è detta **legge di Biot e Savart**, perché è stata determinata sperimentalmente, nel 1820, dal fisico francese Jean Baptiste Biot (1774-1862) con l'aiuto dell'allievo Félix Savart (1791-1841).

ESEMPIO

Un lungo filo rettilineo è percorso da una corrente di intensità $i = 8{,}44$ A.

▶ Calcola il modulo B del campo magnetico generato dalla corrente in un punto a distanza $d = 3{,}82$ cm dal filo stesso.

Per la legge di Biot e Savart (8) il valore di B si calcola come:

$$B = \frac{\mu_0}{2\pi}\frac{i}{d} = \frac{\left(4\pi \times 10^{-7}\,\frac{\mathrm{N}}{\mathrm{A}^2}\right)\times(8{,}44\,\mathrm{A})}{2\pi\times(3{,}82\times 10^{-2}\,\mathrm{m})} = 4{,}42\times 10^{-5}\,\frac{\mathrm{N}}{\mathrm{A\cdot m}} = 4{,}42\times 10^{-5}\,\mathrm{T}.$$

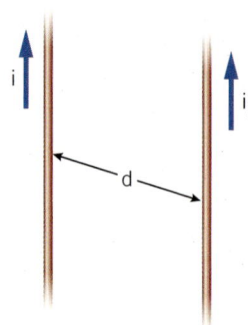

Figura 10 Due fili paralleli, a distanza d, trasportano correnti di intensità i e i_1.

Dimostrazione della formula di Biot-Savart

Consideriamo due fili paralleli in cui sono presenti correnti di intensità i e i_1 (figura 10). La distanza tra i fili è d. Il campo magnetico $\vec{B}$ generato dalla corrente i è perpendicolare al filo con la corrente i_1. Quindi, per la formula (**4**), la forza magnetica che agisce su un tratto, lungo l, di questo secondo filo è

$$F = B i_1 l,$$

dove B è il valore del campo magnetico che vogliamo calcolare, cioè quello generato dal filo con la corrente i. La stessa forza sul secondo filo è data anche dalla legge di Ampère (formula (**2**)):

$$F = \frac{\mu_0}{2\pi} \frac{i i_1}{d} l.$$

Uguagliando i secondi membri di queste due equazioni, otteniamo

$$B i_1 l = \frac{\mu_0}{2\pi} \frac{i i_1}{d} l \Rightarrow B = \frac{\mu_0}{2\pi} \frac{i}{d}.$$

7 IL CAMPO MAGNETICO DI UNA SPIRA E DI UN SOLENOIDE

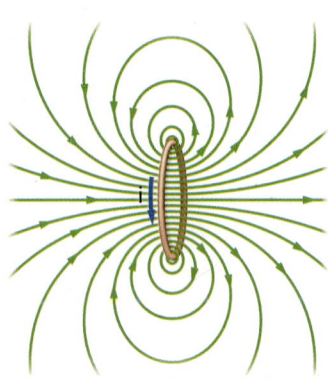

Figura 11 Linee di campo magnetico dovute a una spira circolare percorsa da corrente.

Asse della spira
L'asse di una spira circolare è la retta perpendicolare al piano che contiene la spira e passa per il suo centro.

Consideriamo una **spira circolare** (cioè un filo conduttore a cui è stata data una forma circolare) percorsa da corrente. Il campo magnetico generato dalla spira può essere calcolato, in linea di principio, suddividendo la spira stessa in un numero molto grande di parti così piccole da poter essere considerate rettilinee e sommando poi vettorialmente i campi magnetici (ciascuno di intensità molto debole) generati da ognuno di questi piccoli tratti.

Nella figura 11 sono rappresentate le linee, calcolate in questo modo, del campo magnetico generato da una spira di forma circolare. Si nota che sull'asse della spira la linea di campo ha la forma di una retta, cioè è sovrapposta all'asse stesso. Ciò significa che, in questi punti, il vettore che rappresenta il campo $\vec{B}$ ha la stessa direzione dell'asse. In altre parole:

> in ogni punto dell'asse di una spira circolare il campo magnetico $\vec{B}$ ha direzione perpendicolare al piano che contiene la spira.

Il verso del campo magnetico generato da una spira può essere ottenuto grazie alla *regola della mano destra*: se si dispongono le dita della mano destra nel senso in cui fluisce la corrente nella spira, il pollice indica il verso di $\vec{B}$ (figura 12).

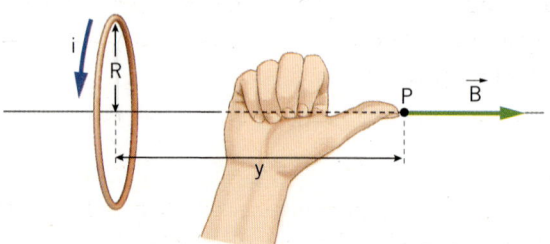

Figura 12 Avvolgendo le dita della mano destra nel verso in cui scorre la corrente elettrica, il pollice fornisce il verso del campo magnetico.

Se il raggio della spira è R e l'intensità della corrente elettrica che fluisce in essa è i, l'intensità del campo magnetico che si ha in un punto dell'asse della spira che ha una distanza y dal centro della spira stessa può essere calcolata e risulta:

$$B = \frac{\mu_0 i R^2}{2\sqrt{(R^2+y^2)^3}}. \qquad (9)$$

Da questa espressione si deriva, come caso particolare, l'intensità del campo al centro della spira; a questo scopo è sufficiente porre $y = 0$ nella formula (9). Così si trova

$$B = \frac{\mu_0}{2}\frac{i}{R} \qquad (10)$$

ESEMPIO

Una spira circolare di raggio $R = 7{,}0$ cm è percorsa da una corrente di intensità $i = 3{,}1$ A. Il punto P si trova sull'asse della spira a distanza $y = 4{,}4$ cm dal suo centro.

▶ Calcola il modulo B del campo magnetico in P.

Dalla formula (9) si ottiene:

$$B = \frac{\mu_0 i R^2}{2\sqrt{(R^2+y^2)^3}} = \frac{\left(4\pi \times 10^{-7}\,\frac{\text{N}}{\text{A}^2}\right) \times (3{,}1\,\text{A}) \times (0{,}070\,\text{m})^2}{2\sqrt{[(0{,}070\,\text{m})^2 + (0{,}044\,\text{m})^2]^3}} =$$

$$= \frac{1{,}9 \times 10^{-8}\,\frac{\text{N}\cdot\text{m}^2}{\text{A}}}{1{,}1 \times 10^{-3}\,\text{m}^3} = 1{,}7 \times 10^{-5}\,\frac{\text{N}}{\text{A}\cdot\text{m}} = 1{,}7 \times 10^{-5}\,\text{T}.$$

Campo magnetico di un solenoide

Una bobina il cui filo è avvolto a elica come nella **figura 13** è detta **solenoide**. Questo sistema fisico può essere schematizzato come se fosse formato da un grande numero di spire circolari tutte uguali, impilate l'una sull'altra con un «passo» che è dato dalla distanza tra due spire contigue.

Se il solenoide è infinitamente esteso, le proprietà del campo magnetico sono particolarmente semplici:

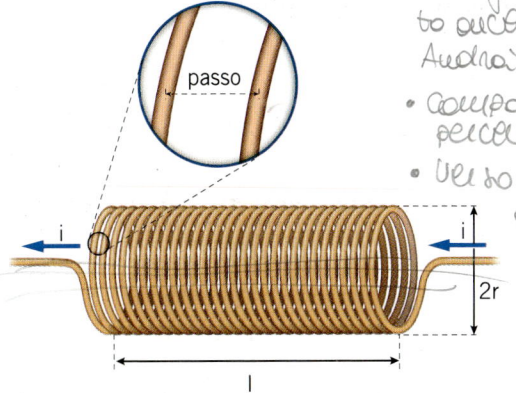

Figura 13 Solenoide.

Campo magnetico sull'asse
Il campo magnetico in un punto dell'asse si ottiene sommando i contributi di tutte le spire, che sono dati dalle formule (9).

il campo magnetico *esterno* a un solenoide infinito è nullo, mentre quello *interno* è uniforme e parallelo all'asse del solenoide.

Solenoide infinito

Se il solenoide è infinitamente lungo, sia N che l tendono all'infinito, ma il rapporto N/l (il numero di spire per unità di lunghezza) ha un valore finito e, quindi, il modulo di B è determinato.

Il modulo del campo magnetico all'interno del solenoide (lungo l, formato da N spire e percorso da una corrente di intensità i) è dato dalla formula:

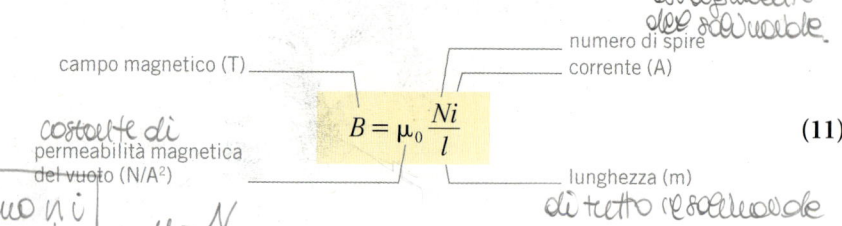

$$B = \mu_0 \frac{Ni}{l} \quad (11)$$

dove:
- campo magnetico (T)
- costante di permeabilità magnetica del vuoto (N/A²)
- numero di spire
- corrente (A)
- lunghezza (m)

Un solenoide reale (e, quindi, di dimensioni finite) approssima bene il comportamento appena descritto se la sua lunghezza è molto maggiore del raggio delle spire. La **figura 14** mostra le linee di campo magnetico per un solenoide reale.

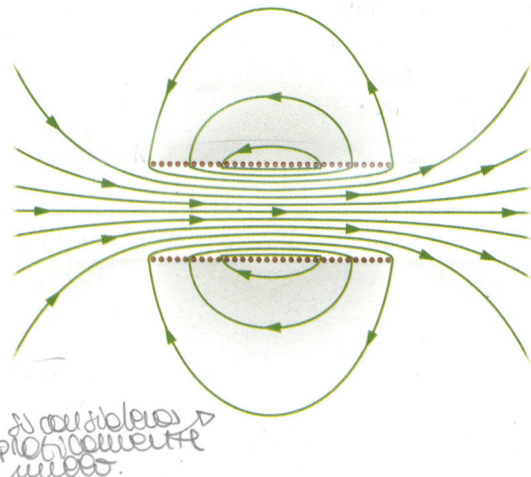

Figura 14 Linee del campo magnetico generato da un solenoide reale.

Si nota che:
- all'**interno** del solenoide il campo è particolarmente intenso (le linee sono fitte);
- all'**esterno** il campo magnetico è debole (le linee sono rade);
- nella zona **centrale** del solenoide le linee sono parallele ed equidistanziate, per cui il campo magnetico è uniforme, parallelo all'asse del solenoide ed è dato dalla formula **(11)**.

Il comportamento sarebbe ancora più simile a quello del solenoide infinito se, a parità di raggio delle spire e del passo di avvolgimento, il solenoide fosse ancora più lungo.

ESEMPIO

Un solenoide lungo $l = 26{,}1$ cm è formato da $N = 180$ spire avvolte in modo regolare ed è percorso da una corrente di intensità $i = 4{,}50$ A.

▶ Calcola il modulo B del campo magnetico all'interno del solenoide.

Dalla formula **(11)** possiamo calcolare:

$$B = \mu_0 \frac{Ni}{l} = \left(4\pi \times 10^{-7} \frac{\text{N}}{\text{A}^2}\right) \times \frac{180 \times (4{,}50 \text{ A})}{0{,}261 \text{ m}} = 3{,}90 \times 10^{-3} \text{ T}.$$

FENOMENI MAGNETICI FONDAMENTALI **25** CAPITOLO

8 IL MOTORE ELETTRICO

Un **lettore di DVD** contiene un *motore elettrico* che fa ruotare il DVD posto all'interno.

> Un **motore elettrico** è un dispositivo che trasforma energia elettrica in energia meccanica.

Esaminiamo un semplice modello di motore elettrico a corrente continua **(figura 15)**: è costituito da una spira rettangolare, vincolata a ruotare intorno a un asse perpendicolare alle linee del campo magnetico. Immettendo una corrente continua nella spira, essa subisce delle forze magnetiche che la fanno ruotare su se stessa.

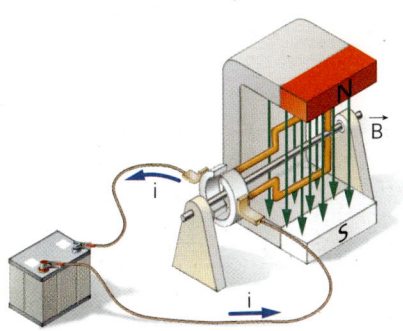

Figura 15 Struttura schematica di un motore elettrico.

Supponiamo che all'inizio la spira si trovi sul piano parallelo alle linee del campo. Ciascuno dei due lati orizzontali, lunghi l, è perpendicolare alle linee del campo e subisce una forza

$$F = Bil.$$

▶ La forza magnetica $\vec{F}_1$, sul lato in alto, esce dalla pagina.

▶ La forza magnetica $\vec{F}_2$, sul lato in basso, entra nella pagina.

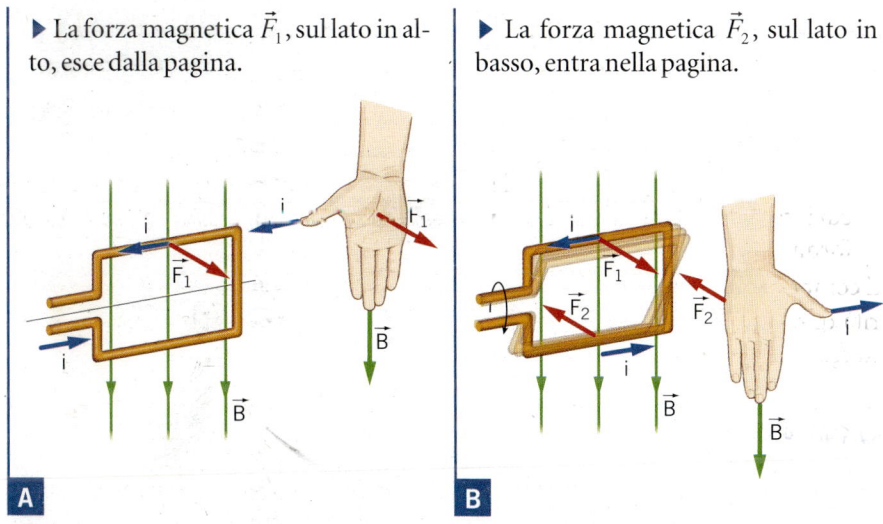

Le due forze, che hanno la stessa direzione (perpendicolare alla pagina) e versi opposti, formano una coppia di forze che costringe la spira a ruotare.

La corrente cambia verso

Il movimento continua fino a quando il piano della spira diventa perpendicolare al campo magnetico.

In questa posizione le due forze sono sulla stessa retta e tendono a deformare la spira, senza farla ruotare.

Tuttavia, la spira non si ferma di colpo, ma prosegue la rotazione per inerzia e oltrepassa di poco la posizione orizzontale (figura 16).

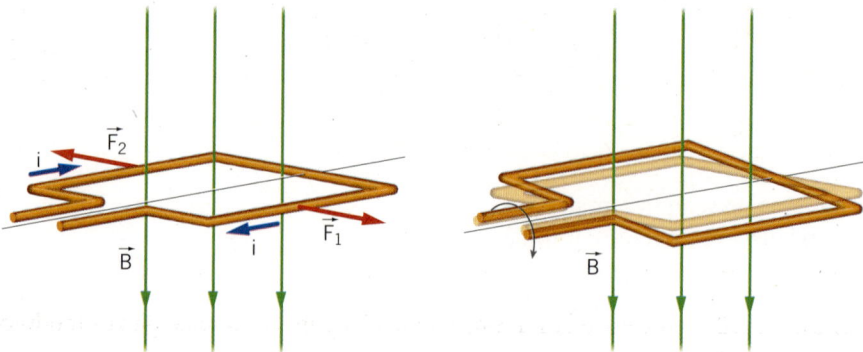

Figura 16 Quando la spira è perpendicolare alle linee di campo magnetico, le forze $\vec{F}_1$ ed $\vec{F}_2$ non la fanno ruotare. Una volta raggiunta la posizione perpendicolare alle linee di campo, la spira continua a ruotare per inerzia.

Per far sì che la spira continui a ruotare, bisogna invertire il senso della corrente non appena essa oltrepassa la posizione orizzontale.

▶ Con la corrente che circola in senso opposto, le forze cambiano verso e la coppia continua a favorire la rotazione.

▶ Ciò che inverte il senso della corrente ogni mezzo giro sono i contatti striscianti tra il commutatore che ruota e le spazzole fisse.

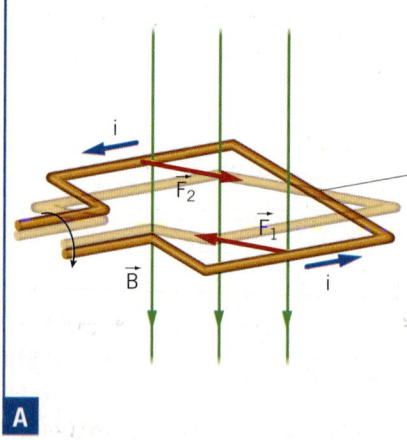

A

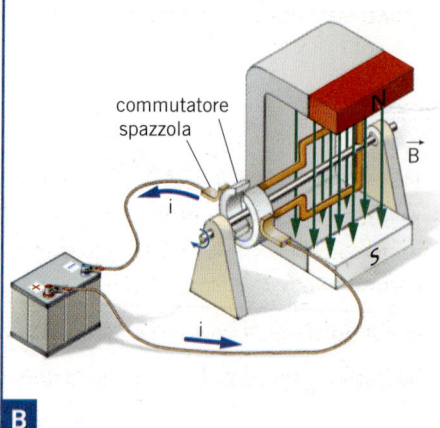

B

Quindi,

cambiando il senso della corrente ogni mezzo giro, la coppia di forze magnetiche mantiene la spira in rotazione.

I motori elettrici reali, per funzionare a dovere, non hanno una sola spira, ma contengono diverse bobine, ciascuna costituita da numerose spire.

Il momento della forza magnetica su una spira

Consideriamo una spira rettangolare immersa in un campo magnetico $\vec{B}$ uniforme (figura 17) e indichiamo con $\vec{A}$ il vettore che descrive la superficie racchiusa dalla spira.

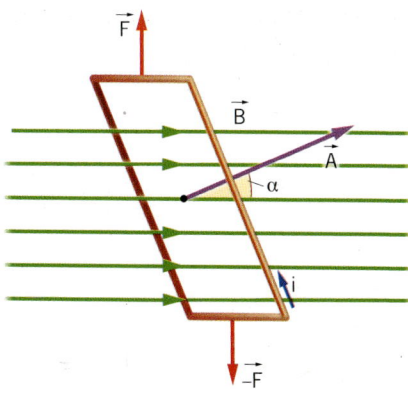

Figura 17 Forze che agiscono su una spira rettangolare immersa in un campo magnetico.

Si dimostra che il momento delle forze magnetiche che agiscono sulla spira ha modulo

$$M = iAB \operatorname{sen} \alpha \qquad (12)$$

dove i è l'intensità di corrente nella spira. Quindi, quando il seno di α è diverso da zero, M non è nullo e la forza magnetica tende a fare ruotare la spira fino a quando non si ha $\operatorname{sen} \alpha = 0$, cioè $\alpha = 0$. Ne consegue che

una spira percorsa da corrente, posta in un campo magnetico, ruota fino a quando il vettore superficie della spira non è parallelo al vettore $\vec{B}$.

Equilibrio instabile
C'è anche una condizione di equilibrio instabile se i vettori $\vec{A}$ e $\vec{B}$ sono antiparalleli. In questo caso si ha $\alpha = 180°$ e $\operatorname{sen} \alpha = 0$, ma ogni piccola rotazione della spira attorno al suo asse la porta a ruotare ulteriormente fino alla condizione di equilibrio stabile.

ESEMPIO

Una spira rettangolare di area $A = 1{,}6 \times 10^{-3}$ m² è immersa in un campo magnetico che ha modulo $B = 7{,}1 \times 10^{-2}$ T. Nella spira circola una corrente di intensità $i = 0{,}67$ A e l'angolo tra il vettore superficie della spira $\vec{A}$ e il campo magnetico $\vec{B}$ è $\alpha = 60°$.

▶ Quanto vale il modulo M del momento della forza magnetica sulla spira?

Secondo la formula (12), il valore di M è dato dalla formula

$$M = iAB \operatorname{sen}\alpha = (0{,}67\ \text{A}) \times (1{,}6 \times 10^{-3}\ \text{m}^2) \times (7{,}1 \times 10^{-2}\ \text{T}) \times \operatorname{sen}(60°) =$$
$$= \left(7{,}6 \times 10^{-5}\ \text{A} \cdot \text{m}^2 \cdot \frac{\text{N}}{\text{A} \cdot \text{m}}\right) \times \frac{\sqrt{3}}{2} = 6{,}6 \times 10^{-5}\ \text{N} \cdot \text{m}.$$

Il momento magnetico della spira

La formula (12) afferma che, a parità di campo magnetico, il momento della forza magnetica che agisce sulla spira è direttamente proporzionale sia alla sua area A, sia all'intensità di corrente i che in essa circola. È allora conveniente introdurre una nuova grandezza vettoriale, detta **momento magnetico** della spira, definito dalla relazione

$$\vec{\mu}_m = i\vec{A} \qquad (13)$$

Due spire che hanno valori di A e di i differenti, ma lo stesso valore di $\mu_m = iA$, risentono dello stesso momento della forza se sono poste nelle stesse condizioni in un campo magnetico. Ora la formula (**12**) può essere riscritta come

$$M = \mu_m B \,\text{sen}\,\alpha$$

e, ricorrendo all'operazione di prodotto vettoriale, il vettore momento della forza vale

$$\vec{M} = \vec{\mu}_m \times \vec{B}.$$

Dimostrazione della formula del momento $\vec{M}$

Calcoliamo il valore del momento della forza magnetica su una spira rettangolare. Per permettere alla corrente di circolare occorrono dei fili che collegano la spira a un generatore esterno (**figura 18**). Ma nei due fili di ingresso e uscita fluiscono due correnti uguali e con versi opposti; le forze magnetiche su questi fili sono sempre uguali e opposte, per cui essi si possono eliminare dalla trattazione.

Così utilizziamo il modello rappresentato nella figura a lato, in cui la spira rettangolare è percorsa da corrente anche se non c'è alcun generatore inserito. La spira ha un lato lungo l_1 e l'altro di lunghezza l_2, e quindi la sua area è

$$A = l_1 l_2.$$

Figura 18 I due fili che collegano la spira rettangolare al generatore, isolati elettricamente ma meccanicamente connessi, possono essere trascurati nel calcolo.

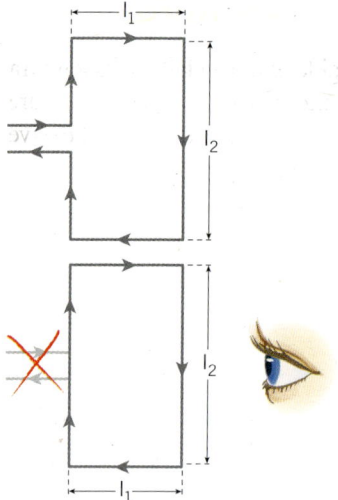

Figura 19 Grandezze rilevanti per il calcolo del momento della forza magnetica sulla spira rettangolare.

Analizziamo il sistema costituito dalla spira e dal campo magnetico, osservandolo di lato (**figura 19**). Il segno ⊙ indica una corrente che esce dalla pagina, mentre il simbolo ⊗ rappresenta una corrente entrante.

Sul filo, di lunghezza l_1, posto alla sommità della spira agisce una forza magnetica di modulo

$$F = B \, i \, l_1. \tag{14}$$

Il modulo M del momento dovuto alla forza $\vec{F}$ e a quella $-\vec{F}$ (che agisce sul filo inferiore) è dato dal valore della forza F moltiplicato per il braccio $b = \overline{QR}$, indicato nella figura precedente:

$$M = Fb. \tag{15}$$

L'angolo $Q\hat{P}R$ è uguale all'angolo α compreso tra i vettori $\vec{A}$ e $\vec{B}$; ciò permette di calcolare il braccio b come:

$$b = \overline{QR} = \overline{PR} \,\text{sen}\,\alpha = l_2 \,\text{sen}\,\alpha. \tag{16}$$

Sostituendo la (**14**) e la (**16**) nella (**15**) otteniamo quindi l'espressione

$$M = Fb = (Bil_1)(l_2 \operatorname{sen} \alpha) = i(l_1 l_2) B \operatorname{sen} \alpha = iAB \operatorname{sen} \alpha,$$

che dimostra la formula (**12**).

9 L'AMPEROMETRO E IL VOLTMETRO

Lo stesso momento della forza che fa girare il motore elettrico permette anche di misurare le correnti e le differenze di potenziale.

> Lo strumento che misura l'intensità della corrente elettrica si chiama **amperometro**.

L'amperometro *analogico* è costituito da una bobina rigida di filo metallico disposta tra le espansioni polari di un magnete e vincolata a ruotare intorno a un asse perpendicolare alle linee di campo (**figura 20**). La bobina è avvolta attorno a un cilindro di ferro che serve a concentrare il più possibile il campo magnetico all'interno della bobina stessa.

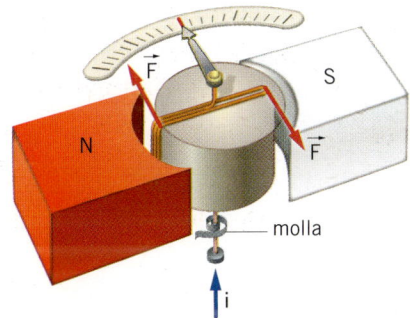

Figura 20 Schema costruttivo di un amperometro analogico.

Facendo circolare nell'amperometro la corrente continua di cui si vuole misurare l'intensità, la bobina subisce una coppia di forze che tende a farla ruotare. La formula (**12**) mostra che il momento M che agisce sulla bobina è direttamente proporzionale alla corrente i.

La rotazione della bobina attorno al proprio asse è contrastata da una molla, che esercita un momento di ritorno proporzionale all'angolo di rotazione. All'equilibrio, quando il momento motore della forza magnetica e quello resistente della molla si compensano, l'indice fissato sulla bobina si ferma in corrispondenza a un angolo di rotazione che è direttamente proporzionale al momento M applicato e, quindi, alla corrente che circola nella bobina (**figura 21**).

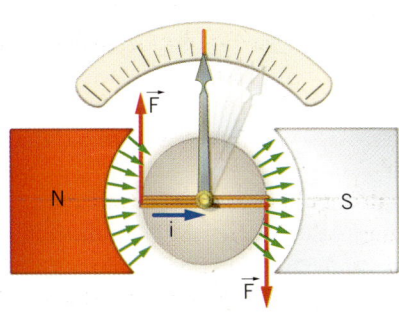

Figura 21 La rotazione della bobina, contrastata da una molla, provoca il movimento dell'indice lungo la scala graduata.

Utilizzo dell'amperometro

Nell'amperometro deve fluire la stessa corrente che si vuole misurare. Quindi:

> un amperometro deve essere inserito *in serie* nel circuito dove passa la corrente che si vuole misurare.

Come è mostrato nella **figura 22**, bisogna interrompere il circuito in un punto e collegare i suoi estremi liberi con i morsetti dello strumento.

Il filo che costituisce la bobina dell'amperometro e le altre parti che lo compongono possiedono una resistenza propria R_P, che si somma a quella del circuito in esame. In questo modo non si misura più la corrente che fluiva nel circuito, ma una corrente minore. Il fatto di usare uno strumento di misura altera (sia pure di poco) il sistema che si intende esaminare.

Per rendere minima la perturbazione provocata dall'amperometro, occorre che la resistenza interna R_P dell'amperometro sia piccola rispetto alla resistenza totale del circuito. Un amperometro è tanto migliore, quanto minore è la sua resistenza interna.

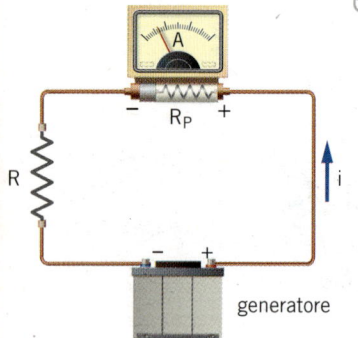

Figura 22 L'amperometro va inserito in serie al circuito.

Elettròmetro e voltmetro
Gli elettròmetri (come l'elettròmetro a condensatore che è illustrato nel capitolo «Fenomeni di elettrostatica») servono per misurare le differenze di potenziale a circuito aperto. I voltmetri misurano le differenze di potenziale a circuito chiuso.

Il voltmetro

Lo stesso dispositivo che misura la corrente elettrica può essere utilizzato anche per misurare le differenze di potenziale.

> Lo strumento che misura la differenza di potenziale tra due punti di un circuito percorso da corrente si chiama **voltmetro**.

Un voltmetro analogico è costituito da un amperometro a bobina, a cui è collegata in serie una resistenza di valore noto R_0. L'amperometro misura la corrente i_0 che attraversa la resistenza e lo strumento è tarato in modo da leggere direttamente, sulla scala graduata, il valore

$$\Delta V = R_0 i_0.$$

Come mostra la **figura 23**,

> il voltmetro deve essere collegato *in parallelo* al circuito, con i morsetti collegati ai due punti tra i quali si vuole misurare la differenza di potenziale.

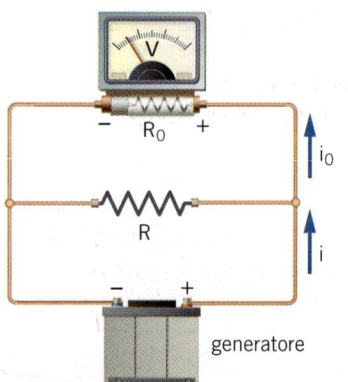

Figura 23 Il voltmetro va inserito nel circuito in parallelo alla differenza di potenziale che si vuole misurare.

La resistenza R_0 del voltmetro deve essere molto grande, in modo da non alterare in modo significativo la corrente che fluirebbe nel circuito se il voltmetro non fosse connesso.

I CONCETTI E LE LEGGI

MAPPA INTERATTIVA

LA FORZA MAGNETICA

In natura esistono sostanze dette *ferromagnetiche* che possono essere magnetizzate, e diventano *calamite* o *magneti artificiali*. Ogni magnete produce nello spazio intorno a sé un campo magnetico: quindi una calamita esercita una forza magnetica su una seconda calamita.

Polo nord e polo sud di un magnete

- Il polo nord è l'estremo del magnete che punta verso il Polo Nord terrestre; l'estremo opposto si chiama polo sud.
- Non è possibile ottenere un polo magnetico nord o sud isolato.
- Due poli nord o due poli sud, affacciati, si respingono.
- Un polo nord e un polo sud, vicini, si attraggono.

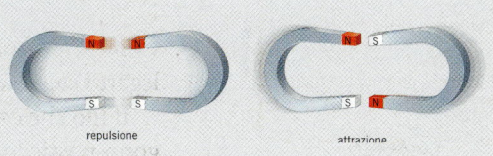

Linee di campo

- Il campo magnetico, come il campo elettrico, si rappresenta mediante linee di campo.
- Si disegnano utilizzando un magnete di prova, cioè un piccolo ago magnetico.
- In ogni punto sono tangenti alla direzione del campo magnetico.
- Escono dai poli nord dei magneti ed entrano nei poli sud.
- La loro densità è direttamente proporzionale all'intensità del campo magnetico.

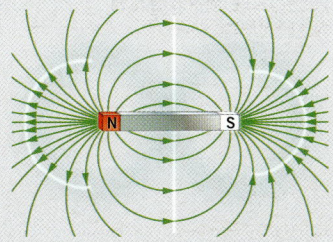

Esperienza di Oersted

Un filo percorso da corrente genera un campo magnetico (che fa ruotare un ago magnetico).

Esperienza di Faraday

Le esperienze di Oersted e Faraday mostrano che esiste una relazione fra corrente elettrica e campo magnetico, perché una corrente elettrica genera un campo magnetico e subisce una forza magnetica.

Esperienza di Ampère

- Due fili rettilinei e paralleli si attraggono se attraversati da correnti nello stesso verso, si respingono se le correnti hanno versi opposti.
- Fra due fili percorsi da corrente esiste una forza magnetica.

Legge di Ampère

$$F = \frac{\mu_0}{2\pi} \frac{i_1 i_2}{d} l \quad \text{con } \mu_0 = 4\pi \times 10^{-7} \text{ N/A}^2$$

- Il valore della forza che agisce su un tratto, lungo l, di uno dei fili è direttamente proporzionale alle due correnti i_1 e i_2 ed è inversamente proporzionale alla distanza d tra i fili.

Permeabilità magnetica del vuoto

$\mu_0 = 4\pi \times 10^{-7}$ N/A^2

- Il valore di μ_0 non deriva da misure sperimentali ma è stato fissato convenzionalmente per definire in modo operativo l'unità di misura dell'intensità di corrente, cioè l'ampere.

L'ampère

- Una corrente ha intensità di 1 A se, circolando in due fili rettilinei molto lunghi, che distano 1 m tra di loro, provoca una forza di 2×10^{-7} N su ogni tratto di filo lungo 1 m.
- È una unità di misura fondamentale del SI.

Il coulomb

- È la carica che attraversa, in 1 s, una sezione di un filo percorsa da una corrente di intensità 1 A.
- 1 C = (1 A) × (1 s)
- È una unità di misura derivata dall'ampere.

I CONCETTI E LE LEGGI

MAPPA INTERATTIVA

L'INTENSITÀ DEL CAMPO MAGNETICO

Usando un ago magnetico, determiniamo la direzione e il verso di un campo magnetico. Per definire la sua intensità, usiamo un filo di prova percorso da corrente immerso nel campo magnetico.

Valore del campo magnetico

$B = \dfrac{F}{il}$ campo magnetico = $\dfrac{\text{forza}}{(\text{intensità di corrente}) \times (\text{lunghezza filo})}$

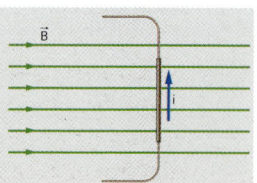

- F è il valore della forza che agisce su un filo lungo l immerso perpendicolarmente in un campo magnetico e percorso da una corrente di intensità i.
- La sua unità di misura nel SI è il tesla: $1\,T = 1\,N/(A \cdot m)$.

Filo percorso da corrente

Forza magnetica su un filo percorso da corrente

$\vec{F} = i\vec{l} \times \vec{B}$

- Il valore della forza è espresso come
$F = B_\perp il$ o
$F = Bil\,\text{sen}\alpha$ e la direzione e il verso della forza si ottengono con la regola della mano destra.

Campo magnetico di un filo percorso da corrente (legge di Biot-Savart)

$B = \dfrac{\mu_0}{2\pi}\dfrac{i}{d}$

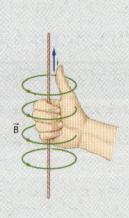

- Le linee di campo sono circonferenze concentriche al filo e perpendicolari a esso: puntando il pollice nel senso della corrente, le altre dita si chiudono nel verso del campo.

Spira circolare

Campo magnetico

$B = \dfrac{\mu_0 i R^2}{2\sqrt{(R^2 + y^2)^3}}$

- Il campo magnetico ha direzione parallela all'asse, verso dato dalla regola della mano destra.

Campo magnetico nel centro della spira circolare

$B = \dfrac{\mu_0}{2}\dfrac{i}{R}$

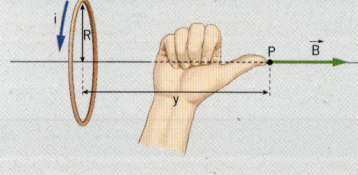

Solenoide

Campo magnetico all'interno di un solenoide

$B = \mu_0 \dfrac{Ni}{l}$

- All'esterno di un solenoide infinito il campo è nullo; al suo interno è uniforme, parallelo all'asse del solenoide.

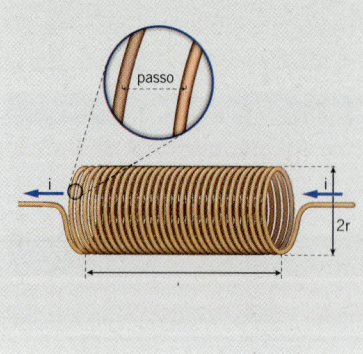

Momento magnetico di una spira

$\vec{\mu}_m = i\vec{A}$ momento magnetico = intensità di corrente × vettore superficie della spira

Momento della forza magnetica su una spira

$\vec{M} = \vec{\mu}_m \times \vec{B}$ momento delle forze = momento magnetico × campo magnetico esterno

- Il modulo del momento delle forze magnetiche su una spira percorsa da corrente è direttamente proporzionale all'area A racchiusa dalla spira, al valore B del campo magnetico in cui è immersa e alla corrente i: $M = iAB\,\text{sen}\alpha$

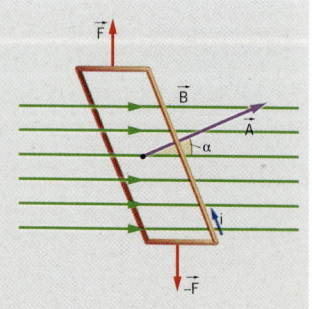

ESERCIZI

DOMANDE SUI CONCETTI

1 Disegna qualitativamente le linee del campo magnetico generato nello spazio circostante dalla barra magnetizzata nella figura.

2 Sei un astronauta e ti trovi su un pianeta sconosciuto. Sei sprovvisto di attrezzature sperimentali e intorno a te non ci sono minerali. Hai due barre di ferro: una è magnetizzata, l'altra non lo è. Sai anche che il pianeta, a differenza della Terra, non possiede un suo campo magnetico.

▶ Come puoi stabilire quale delle due barre è quella magnetizzata?

3 Il segno ⊙ (indica una corrente o un campo magnetico che esce dal foglio, mentre il simbolo ⊗ rappresenta una corrente o un campo magnetico che entra.

a)

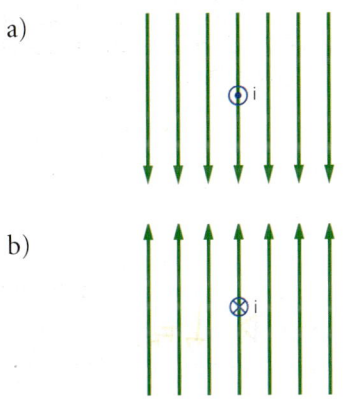

b)

c)

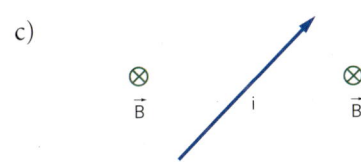

d)

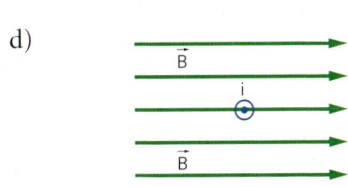

e)

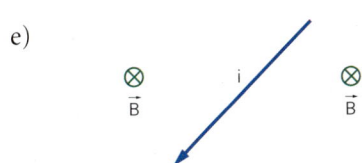

▶ Disegna la direzione e il verso della forza magnetica che agisce in ciascuno dei seguenti fili percorsi da corrente immersi in un campo magnetico.

4 Nella figura seguente disegna la direzione e il verso seguente della forza magnetica che agisce sul filo percorso da corrente.

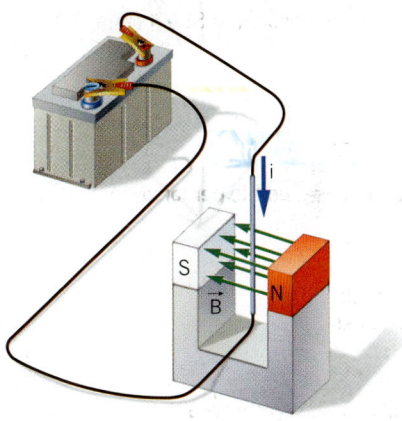

5 Come si determina il valore della costante di permeabilità magnetica del vuoto?

6 Nell'esperimento per misurare la forza magnetica che agisce su un filo attraversato da corrente all'interno di un campo magnetico abbiamo utilizzato un dinamometro. Che relazione fisica esprime la condizione di equilibrio fra la forza magnetica e la forza elastica del dinamometro?

7 Un filo percorso da corrente è immerso in un campo magnetico. Quando la forza magnetica che agisce sul filo è massima? E quando è minima?

8 Nelle figure che seguono, i valori della lunghezza l di un filo conduttore rettilineo, dell'intensità di corrente i e del modulo del campo magnetico $\vec{B}$ in cui è immerso il filo sono gli stessi. $\vec{l}$ indica un vettore che ha la direzione e la lunghezza del filo rettilineo e il verso della corrente i.

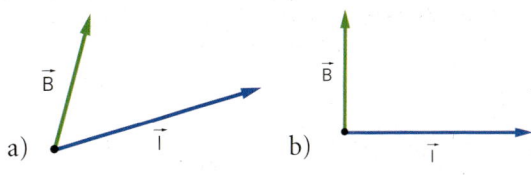

897

DOMANDE SUI CONCETTI

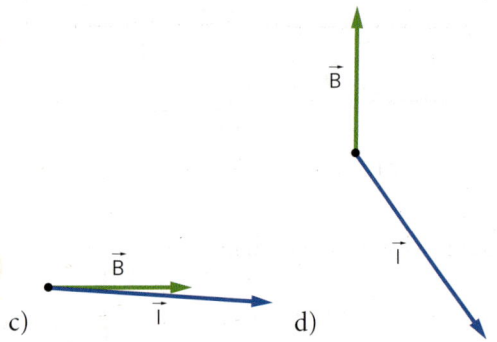

▶ Disponi le seguenti figure in ordine decrescente dell'intensità della forza magnetica.

9 Due fili rettilinei sono percorsi dalla stessa intensità di corrente nello stesso verso, e sono disposti perpendicolarmente a un piano orizzontale a distanza fissa l'uno dall'altro. In quali punti dello spazio il campo magnetico $\vec{B}$ totale è nullo?

10 Inserisci le grandezze opportune sugli assi x e y dei grafici seguenti impiegando anche più volte i simboli «B», «d», «i».

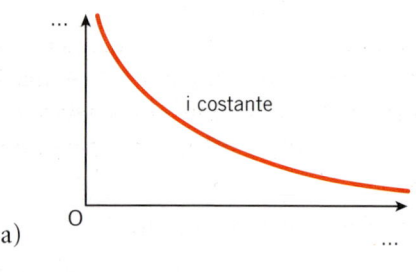

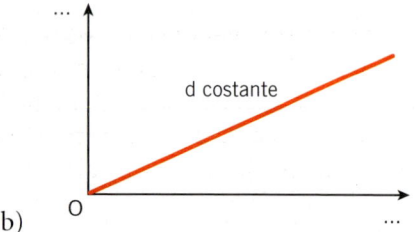

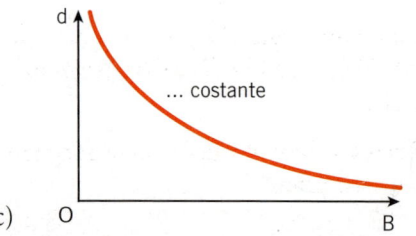

11 Due spire identiche e con lo stesso asse sono percorse da correnti di uguale intensità che circolano però in verso opposto. La distanza fra i centri delle spire vale d: esiste un punto dove il campo $\vec{B}$ si annulla?

12 Nelle figure che seguono, i valori della corrente i che circola nella spira, della superficie della spira e del modulo del campo magnetico $\vec{B}$ sono gli stessi. I simboli $\odot$ e $\otimes$ indicano il verso in cui circola la corrente nei tratti di spira perpendicolari al piano del foglio.

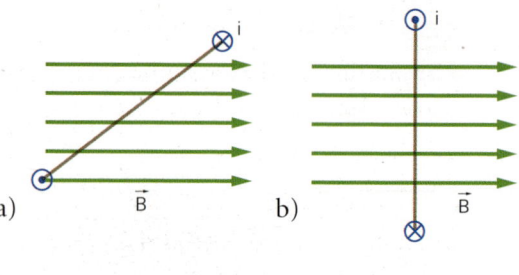

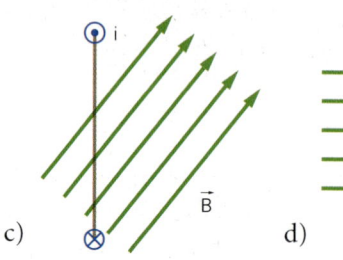
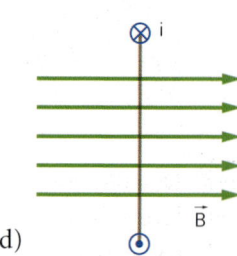

▶ Determina in tutti i casi se si tratta di equilibrio stabile, equilibrio instabile o di non equilibrio e, in questo ultimo caso, indica il verso in cui ruota la spira.

13 Un semplice motore elettrico è formato da una spira rettangolare immersa in un campo magnetico $\vec{B}$ uniforme, vincolata a ruotare intorno a un asse perpendicolare alle linee del campo magnetico. Considera la condizione in cui il vettore superficie della spira e il vettore campo magnetico sono antiparalleli: si tratta di una condizione di equilibrio stabile o instabile? Perché?

14 «Un amperometro misura esattamente la corrente che fluisce in un circuito.» Questa frase è sbagliata: perché?

15 Qual è la differenza fra voltmetro ed elettrometro?

PROBLEMI

3 FORZE TRA CORRENTI

1 PROBLEMA SVOLTO

In due lunghi fili conduttori rettilinei, che distano tra loro 2,2 cm, sono presenti due correnti di intensità 3,8 A e 7,5 A.

▶ Qual è il valore della forza magnetica che agisce su un tratto di filo lungo 2,0 m?

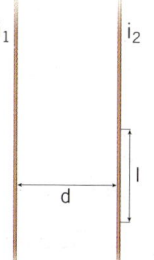

■ **Strategia e soluzione**

- Sostituendo i valori numerici nella formula di Ampère otteniamo

$$F = \frac{\mu_0 i_1 i_2}{2\pi d} l = \left(\frac{4\pi \times 10^{-7}}{2\pi} \frac{N}{A^2}\right) \times \frac{(3{,}8 \text{ A}) \times (7{,}5 \text{ A})}{(0{,}022 \text{ m})} \times (2{,}0 \text{ m}) = 5{,}2 \times 10^{-4} \text{ N}.$$

■ **Discussione**

Abbiamo calcolato la forza con il valore di k_m che vale se i fili sono nel vuoto. Il valore di k_m nell'aria, però, è maggiore di quello nel vuoto solo per 360 parti su un miliardo. Quindi il valore del risultato praticamente non cambierebbe per nulla con il valore corretto di k_m nell'aria.

---

2 Due fili rettilinei lunghi 2,00 m sono paralleli tra loro e distano 1,5 cm. I due fili sono attraversati da correnti di 2,7 A e 6,8 A che fluiscono nello stesso verso.

▶ Calcola il modulo della forza che agisce sui due fili.

▶ Calcola il modulo della forza per unità di lunghezza che agisce sui due fili.

▶ La forza è attrattiva o repulsiva?

[$4{,}9 \times 10^{-4}$ N; $2{,}4 \times 10^{-4}$ N]

3 In due fili rettilinei paralleli e rettilinei sono presenti due correnti che scorrono nel medesimo verso. I due fili distano fra di loro 0,32 m e le due correnti hanno entrambe intensità pari a 1,7 A. La forza tra i due fili ha intensità $9{,}5 \times 10^{-6}$ N.

▶ Determina la lunghezza dei fili.

Supponi che la lunghezza dei fili raddoppi.

▶ Calcola l'intensità della forza magnetica tra di essi.

[5,3 m; $1{,}9 \times 10^{-5}$ N]

4 Due fili paralleli sono percorsi dalle correnti i_1 e i_2, con la stessa intensità pari a 3,21 A, ma di verso opposto. I due fili sono lunghi 0,68 m e la forza che si esercita tra di essi ha modulo pari a 21 μN.

▶ Determina la distanza tra i fili.

[$6{,}7 \times 10^{-2}$ m]

5 Due fili paralleli di rame, di sezione $S = 3$ mm² e lunghezza $l = 1{,}20$ m si trovano nel vuoto a una distanza $d = 0{,}43$ m. All'istante t_0 ai capi di uno dei due fili viene applicata una differenza di potenziale di 20 V. La resistività del rame vale $\rho_{Cu} = 1{,}7 \times 10^{-8}$ Ω · m.

▶ Calcola il modulo della forza magnetica che agisce sui fili.

Dopo un intervallo di tempo Δt, anche al secondo filo viene applicata la stessa differenza di potenziale.

▶ Calcola il modulo della forza magnetica che agisce sui due fili.

[0 N; 4,8 N]

899

ESERCIZI

6 Tre fili rettilinei paralleli sono posti sui vertici di un triangolo equilatero di lato $d = 35$ cm, come mostrato nella figura, e sono attraversati dalle correnti i_1, i_2 e i_3. Le correnti hanno tutte intensità uguali a 2 A.

▶ Determina modulo, direzione e verso della forza per unità di lunghezza che agisce sul filo 1 nel caso in cui le correnti i_1, i_2 e i_3 siano tutte uscenti dal foglio.

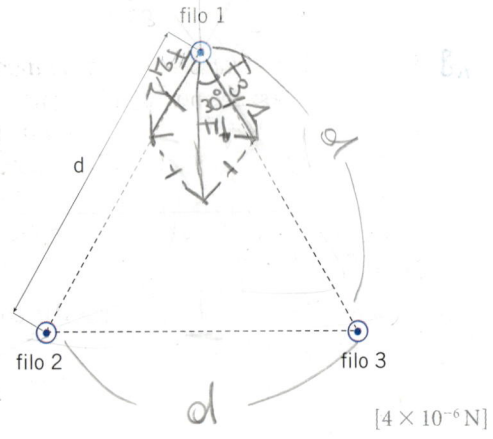

[4×10^{-6} N]

7 Due fili rettilinei paralleli distanti $d = 1,0$ m sono percorsi, in versi opposti, dalla stessa corrente i. Sullo stesso piano dei fili è presente un piccolo circuito quadrato di lato a percorso dalla corrente i_q in verso orario come mostra la figura. In questa situazione il circuito assume una posizione d'equilibrio a distanza $l = 25$ cm dal primo filo.

▶ Quanto è lungo il lato a del circuito quadrato?

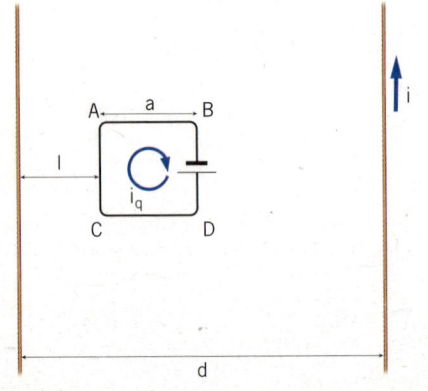

[50 cm]

4 L'INTENSITÀ DEL CAMPO MAGNETICO

8 Il campo magnetico nello spazio compreso tra le espansioni di un magnete è omogeneo e ha intensità pari a 0,10 T. Una sbarra conduttrice lunga 70 cm e percorsa da una corrente di 70 mA è disposta perpendicolarmente alle linee del campo magnetico.

▶ Qual è il modulo della forza che agisce sulla sbarra?

[$4,9 \times 10^{-3}$ N]

9 Una barra di ferro di lunghezza $l = 23$ cm e massa 0,12 kg è disposta orizzontalmente in una regione occupata da un campo magnetico di modulo 8×10^{-2} T omogeneo e le cui linee di campo sono dirette perpendicolarmente al filo come mostra la figura (il simbolo ⊙ indica che le linee del campo magnetico escono dal foglio).

▶ Determina il verso e il valore della minima intensità di corrente i, da fare passare nella barra, necessaria per farla sollevare.

(*Suggerimento*: sulla barra agisce anche la forza-peso, e perché la barra si sollevi, occorre che la forza totale che agisce sia diretta verso l'alto.)

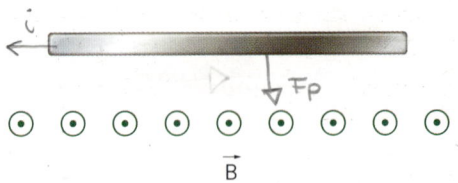

[6×10 A]

10 In una regione occupata da un campo magnetico $\vec{B}$ omogeneo di modulo 3×10^{-5} T, un conduttore rettilineo è attraversato da una corrente i_1 in direzione perpendicolare alle linee di campo di $\vec{B}$ e risente di una forza di modulo 7×10^{-3} N. Un secondo conduttore, parallelo al primo e della stessa lunghezza, è attraversato da una corrente $i_2 = 8,7$ A e subisce una forza di intensità $4,9 \times 10^{-2}$ N.

▶ Calcola il valore di i_1.

[1 A]

11 Un'asta di alluminio con sezione 1,0 mm² viene sospesa a un dinamometro in modo da stare in equilibrio in posizione orizzontale. L'asta viene disposta in modo da essere orientata perpendicolarmente al meridiano magnetico e, successivamente, in essa si fa passare una corrente di 1,6 A da Est a Ovest. Quando circola corrente si osserva una diminuzione del peso dell'asta pari allo 0,128%. La densità dell'alluminio vale 2600 kg · m^{-3}.

▶ Determina l'intensità del campo magnetico terrestre nella posizione della misura.

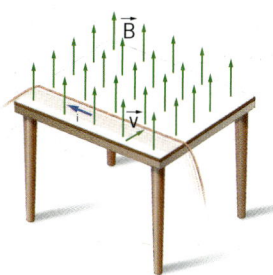

[$2,0 \times 10^{-5}$ T]

5 LA FORZA MAGNETICA SU UN FILO PERCORSO DA CORRENTE

12 Un pezzetto di filo elettrico rettilineo lungo $l = 10$ cm e di massa $m = 100$ g è appoggiato su un piano orizzontale scabro con coefficiente d'attrito dinamico $\mu_D = 0{,}102$. Il filo è percorso da una corrente $i = 2$ A ed è inizialmente fermo. Ad un certo istante, viene acceso un campo magnetico uniforme diretto perpendicolarmente al filo, che fa muovere il filo. Dopo 10 s dall'accensione del campo magnetico, il filo ha una velocità $v = 0{,}5$ m/s.

▶ Calcola il valore del campo magnetico.

[0,5 T]

13 Un tratto di conduttore rettilineo lungo 20,0 cm è posto tra le espansioni di un magnete. Il campo magnetico è uniforme e la sua intensità vale 0,400 T. Quando nel conduttore circola una corrente elettrica continua di 0,320 A, si misura la forza magnetica che agisce sul conduttore e si trova $F_m = 1{,}28 \times 10^{-2}$ N.

▶ Determina l'angolo formato dal conduttore con il campo magnetico.

[30° oppure 150°]

14 PROBLEMA SVOLTO

Un filo rettilineo lungo 14 cm è percorso da una corrente di intensità 2,3 A ed è posto in un campo magnetico, con una direzione che forma un angolo di 30° rispetto alle linee di campo. Il valore del campo magnetico è 0,94 T.

▶ Qual è il valore della forza magnetica che agisce sul filo?

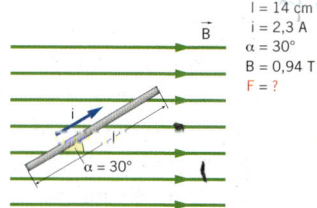

■ Strategia e soluzione

- È possibile risolvere il problema utilizzando la formula (5). Per farlo, occorre prima di tutto determinare $B_\perp$.

- Come è mostrato nella figura a fianco, i vettori $\vec{B}$ e $\vec{B}_\perp$ formano un triangolo rettangolo PQR che è la metà di un triangolo equilatero, con l'angolo tra i due vettori pari a 60°.
  Quindi si ha

$$B_\perp = \frac{1}{2}B = \frac{1}{2}(0{,}94 \text{ T}) = 0{,}74 \text{ T}.$$

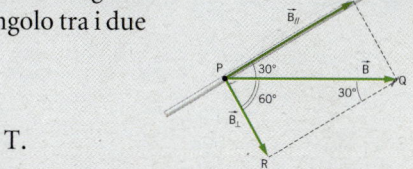

- Sostituendo i valori numerici nella formula che fornisce la forza magnetica su un filo percorso da corrente, otteniamo

$$F = B_\perp i l = (0{,}47 \text{ T}) \times (2{,}3 \text{ A}) \times (0{,}14 \text{ m}) = 0{,}15 \text{ T} \cdot \text{A} \cdot \text{m} = 0{,}15 \frac{\text{N}}{\text{A} \cdot \text{m}} \cdot \text{A} \cdot \text{m} = 0{,}15 \text{ N}.$$

ESERCIZI

> **■ Discussione**
> Lo stesso risultato poteva essere ottenuto, in maniera più veloce, usando la formula (7):
> $$F = B_\perp \, il \, \text{sen}\,\alpha = (0{,}94\text{ T}) \times (2{,}3\text{ A}) \times (0{,}14) \times \text{sen}(30°) = (0{,}30\text{ N}) \times \frac{1}{2} = 0{,}15\text{ N}.$$

15 ★★ Il campo magnetico tra le espansioni polari di un elettromagnete è uniforme, di intensità 0,50 T e diretto verticalmente verso il basso. All'interno di questa regione, è collocato un filo di lunghezza pari a 10 cm percorso da una corrente di 5,0 A. Calcola l'intensità della forza magnetica che agisce sul filo quando:

▸ il filo è in posizione orizzontale,

▸ il filo è deviato di 30° dall'orizzontale e la corrente scorre verso l'alto,

▸ il filo è deviato di 30° dall'orizzontale e la corrente scorre verso il basso,

▸ il filo è in posizione verticale e la corrente scorre dall'alto verso il basso.

[0,25 N; 0,22 N; 0,22 N; 0 N]

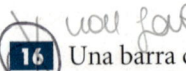

16 ★★ Una barra cilindrica di alluminio lunga 75,0 cm e con una sezione di 1,00 cm² è appoggiata su un tavolo, in un punto della superficie terrestre in cui il campo magnetico vale $4{,}80 \times 10^{-5}$ T, è orizzontale e forma un angolo di 30° con la barra. Ai capi della barra è applicata una differenza di potenziale ΔV.

La densità dell'alluminio vale 2960 kg/m³ e la sua resistività è $2{,}8 \times 10^{-8}\ \Omega \cdot$ m.

▸ Determina il valore minimo che deve avere ΔV perché la barra si sollevi.

[25 V]

17 ★★ In una località, il campo magnetico terrestre ha componente verticale, diretta verso l'alto, $B_V = 6 \times 10^{-5}$ T, mentre la componente orizzontale, diretta verso Nord, ha intensità $B_O = 2 \times 10^{-5}$ T. Un filo lungo 2,0 m viene teso in direzione Est-Ovest ed è percorso da una corrente continua di intensità 20 A con verso da Est a Ovest.

▸ Determina intensità, modulo e direzione della forza totale che agisce sul filo.

[circa 3×10^{-3} N; $\alpha = 72°$ fra la verticale verso il basso e il Nord]

18 ★★★ Un'asta lunga $l = 10$ cm e di massa $m = 102$ g è tenuta in equilibrio parallelamente a un piano orizzontale da una grossa molla di costante k costruita con materiale plastico isolante e fissata al piano. In questa situazione la molla è compressa di Δy. Lungo l'asta circola una corrente $i = 30$ A che scorre da sinistra verso destra. Ad un certo istante viene acceso un campo magnetico uniforme $\vec{B}$, le cui linee di campo sono perpendicolari all'asta e parallele al piano orizzontale. In questa situazione la molla subisce un allungamento rispetto alla sua posizione d'equilibrio. Chiamiamo $\Delta y'$ la nuova posizione d'equilibrio del sistema tale che $\Delta y'/\Delta y = 2$.

▸ Quanto vale l'intensità di $\vec{B}$?

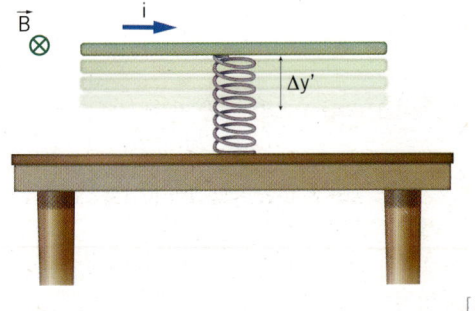

[1,0 T]

6 IL CAMPO MAGNETICO DI UN FILO PERCORSO DA CORRENTE

19 ★ 🇬🇧 A current of 2.0 A flows in a conductive straight wire. The distance between the point P and the wire is 50 cm.

▸ Calculate the intensity of the magnetic field in P generated by the conductor.

[$8{,}0 \times 10^{-7}$ T]

20 ★ Un fulmine è costituito da una certa quantità di carica elettrica che, in un intervallo di tempo molto breve, si trasferisce da un punto che si trova a un potenziale V_1 a un punto che si trova a un potenziale V_2; in questo senso può essere schematizzato come un filo percorso da una corrente continua. Per stimare l'intensità della corrente, si misura l'intensità del campo magnetico a 150 m dal punto in cui un fulmine si scarica e si ottiene il valore $2,5 \times 10^{-4}$ T.

▶ Determina l'intensità della corrente trasportata dal fulmine.

[$1,9 \times 10^5$ A]

21 Alcuni pacemaker sono dotati di un interruttore magnetico che viene pilotato dall'esterno attraverso un campo magnetico. Per poter agire sul pacemaker, il campo deve avere una intensità di 5×10^{-4} T. Tale campo viene generato tramite un filo percorso da corrente di intensità di $1,2 \times 10^3$ A che è posizionato dal medico a una distanza d dal paziente.

▶ Calcola il valore della distanza d.

Supponi che un paziente portatore di un pacemaker come questo si trovi in prossimità del punto in cui si scarica un fulmine, che trasporta una corrente di intensità pari a $1,9 \times 10^5$ A.

▶ Qual è la distanza minima che deve esserci tra il paziente e il fulmine perché non subentrino problemi cardiaci?

[0,5 m; 8×10 m]

22 PROBLEMA SVOLTO

Due lunghi fili rettilinei paralleli distano 5,6 cm tra loro e sono percorsi da due correnti che hanno lo stesso verso e la stessa intensità, pari a 1,7 A. Un punto P appartiene al piano che contiene i due fili ed è equidistante da essi.

▶ Calcola il valore del campo magnetico totale generato dai due fili in P.

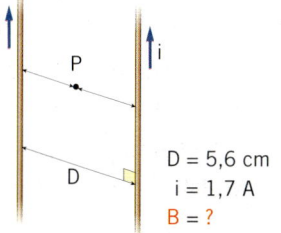

D = 5,6 cm
i = 1,7 A
B = ?

■ **Strategia e soluzione**

- Il campo magnetico $\vec{B}$ nel punto P è la somma vettoriale dei due campi magnetici $\vec{B}_1$ e $\vec{B}_2$ generati, rispettivamente, dai fili 1 e 2:

$$\vec{B} = \vec{B}_1 + \vec{B}_2.$$

- Nella situazione della figura a fianco, il campo magnetico $\vec{B}_1$ (tangente alla linea di campo generata dal filo 1 e passante per P) ha direzione perpendicolare al piano che contiene i due fili ed è rivolto verso il dietro della pagina. Invece il campo magnetico $\vec{B}_2$, generato dal secondo filo, è rivolto verso il davanti della pagina.

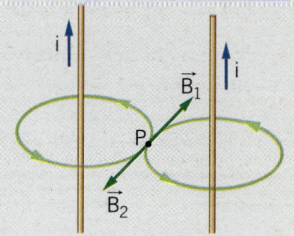

- Visto che le correnti nei due fili sono uguali e che P ha distanza $d = D/2$ da entrambi i fili, i campi $\vec{B}_1$ e $\vec{B}_2$ hanno lo stesso modulo

$$B_1 = B_2 = \frac{\mu_0}{2\pi} \frac{i}{d} = \frac{\mu_0}{2\pi} \frac{i}{D/2} = \frac{\mu_0}{\pi} \frac{i}{D},$$

quindi il campo totale $\vec{B} = \vec{B}_1 + \vec{B}_2$ in P è nullo, essendo la somma di due vettori uguali e opposti.

■ **Discussione**

Se si considerano i due fili percorsi da una stessa intensità di corrente come due rette parallele, esiste una retta, parallela alle due, equidistante da esse e posta nel loro stesso piano, in ogni punto della quale il campo magnetico risultante è nullo.

ESERCIZI

23  Nella figura seguente *A* e *B* rappresentano le sezioni di due lunghi conduttori rettilinei e paralleli, che distano fra loro 10 cm e sono percorsi da corrente in verso opposto, uscente nel filo *A* ed entrante nel filo *B*. Le intensità di corrente valgono, rispettivamente, 2,0 A e 3,0 A. I punti P_1, P_2 e P_3 sono disposti in modo tale da avere $\overline{P_1 A} = 2{,}0$ cm, $\overline{P_2 A} = 4{,}0$ cm e $\overline{P_3 A} = 3{,}0$ cm.

▶ Determina l'intensità del campo magnetico generato dai fili nei punti P_1, P_2 e P_3. Assumi che il vettore campo magnetico abbia verso positivo quando è orientato verso l'alto.

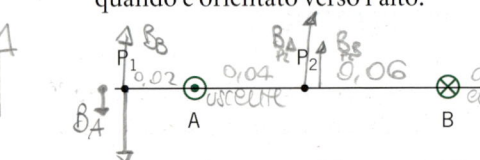

$[-1{,}5 \times 10^{-5}\ \text{T};\ 2{,}0 \times 10^{-5}\ \text{T};\ -1{,}7 \times 10^{-5}\ \text{T}]$

24 Risolvi l'esercizio precedente nel caso che, a parità di tutte le altre condizioni, la corrente circoli anche in *B* nello stesso verso di *A*.

$[-2{,}5 \times 10^{-5}\ \text{T};\ 0\ \text{T};\ 2{,}3 \times 10^{-5}\ \text{T}]$

25 Un nastro di lunghezza indefinita, di piccolo spessore e semi larghezza $l = 101$ cm, è percorso da una corrente *i* distribuita uniformemente. Il campo magnetico generato a una distanza $r = 8l$ dall'asse del nastro ha un'intensità $B = 1{,}0 \times 10^{-5}$ T. Il nastro viene rimosso e al suo posto è inserito un filo indefinito in cui circola la stessa corrente *i*. Calcolando ora il campo B' a distanza $r = 8l$ dal filo, la differenza percentuale tra B e B' risulta dell'1%.

▶ Ricava il valore di *i*.

$[4{,}0 \times 10^2\ \text{A}]$

7 IL CAMPO MAGNETICO DI UNA SPIRA E DI UN SOLENOIDE

26 **PROBLEMA SVOLTO**

Un solenoide ha 400 spire e la sua lunghezza *l* è di 56,4 cm. L'intensità del campo magnetico al suo interno è $2{,}10 \times 10^{-3}$ T.

▶ Quanto vale l'intensità di corrente che attraversa il solenoide?

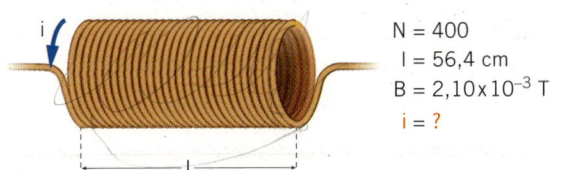

$N = 400$
$l = 56{,}4$ cm
$B = 2{,}10 \times 10^{-3}$ T
$i = ?$

■ **Strategia e soluzione**

• Nella formula (**11**) possiamo ricavare *i*, che risulta

$$\frac{Bl}{\mu_0 N}$$

• Sostituendo i valori numerici nell'ultima espressione troviamo

$$i = \frac{(2{,}10 \times 10^{-3}\ \text{T}) \times (0{,}564\ \text{m})}{\left(4 \times 3{,}14 \times 10^{-7}\ \dfrac{\text{N}}{\text{A}^2}\right) \times 400} = 2{,}36\ \text{A}.$$

■ **Discussione**

Il valore del campo magnetico terrestre varia da punto a punto, ma è dell'ordine di 10^{-5} T. Quindi il campo magnetico generato dal solenoide di questo problema è un centinaio di volte più intenso del campo magnetico terrestre.

esercizi sull'amperometro e voltmetro non li facciamo

27 Un solenoide lungo 58 cm è formato da 200 spire ed è attraversato da una corrente di 4,89 A.

▶ Determina l'intensità del campo magnetico all'interno del solenoide.

Supponi che lo stesso solenoide venga allungato, mantenendo lo stesso numero di spire, fino a misurare 72 cm.

▶ Quanta corrente occorre per avere lo stesso campo magnetico?

[$2,1 \times 10^{-3}$ T; 6,1 A]

NO

28 Una spira circolare di raggio 3,2 cm è percorsa da una corrente di 4,89 A che circola in verso orario.

Determina l'intensità del campo magnetico:

▶ al centro della spira,

▶ sull'asse della spira, a 2,0 cm dal centro,

▶ sull'asse della spira, a 6,0 cm dal centro.

[$9,6 \times 10^{-5}$ T; $5,9 \times 10^{-5}$ T; $1,0 \times 10^{-5}$ T]

29 Due spire rispettivamente di raggio 4,5 cm e 7,2 cm sono disposte nello stesso piano in modo tale che i rispettivi centri siano sovrapposti. Nelle due spire circola una corrente con la stessa intensità di 8,5 A, ma di verso opposto.

▶ Determina il campo magnetico totale nel centro.

Supponi di potere variare la corrente nella spira più piccola.

▶ Quanto deve essere l'intensità della corrente nella spira più piccola affinché il campo magnetico totale nel centro sia nullo?

[$4,4 \times 10^{-5}$ T; 5,3 A]

30 Un solenoide è lungo 20,0 cm e ha un diametro di 50,0 mm. Il filo di rame utilizzato per realizzare le spire dell'avvolgimento ha una sezione di diametro 0,50 mm. Ai capi del solenoide è applicata una differenza di potenziale affinché il campo magnetico all'interno abbia un'intensità di $1,26 \times 10^{-3}$ T. La resistività del rame vale $\rho_{Cu} = 1,7 \times 10^{-8}$ Ω · m.

▶ Calcola il valore della differenza di potenziale.

[2,7 V]

31 I centri di due spire coassiali entrambe di raggio R sono poste a distanza $h = 1,1$ m. Nelle spire circolano rispettivamente le correnti i_1 e i_2 di versi opposti ma d'intensità tali che $i_1/i_2 = \alpha = 0,1$. In un punto a distanza $d < h$ dalla prima spira, lungo l'asse che collega le due spire, il campo magnetico totale si annulla. La distanza d vale 10 cm.

▶ Calcola il valore del raggio R.

[51 cm]

8 IL MOTORE ELETTRICO

32 Una spira rettangolare con un'area di 12,7 cm² è attraversata da una corrente continua di intensità 4,5 A.

▶ Determina il modulo del momento magnetico della spira.

La spira è immersa in un campo magnetico uniforme di intensità $3,5 \times 10^{-5}$ T.

▶ Determina il modulo del momento torcente massimo che può agire sulla spira.

[$5,7 \times 10^{-3}$ A · m²; $2,0 \times 10^{-7}$ N · m]

33 Una spira rettangolare è immersa in un campo magnetico uniforme di modulo $7,1 \times 10^{-3}$ T. Le linee del campo formano un angolo α con l'asse della spira. I lati della spira misurano rispettivamente 2,5 cm e 7,8 cm, e la corrente che la attraversa vale 3,5 A. Il momento torcente sulla spira vale $5,5 \times 10^{-6}$ N · m.

▶ Determina il valore dell'angolo α.

[6,5°]

34 Due spire hanno il medesimo perimetro ma sono di forma diversa, una quadrata e una circolare. Supponi che siano attraversate dalla stessa corrente.

▶ Determina il rapporto tra i momenti magnetici delle due spire.

[$\mu_q/\mu_c = \pi/4$]

35 Una spira quadrata di lato 3,00 cm è immersa in un campo magnetico di modulo $2,1 \times 10^{-2}$ T, le cui linee di campo formano un angolo di 45° con l'asse della spira. Nella spira circola una corrente i di 1,3 A.

ESERCIZI

Determina:

▶ intensità, direzione e verso della forza che agisce su ogni singolo lato per effetto del campo magnetico.

▶ il valore del momento torcente che agisce sulla spira.

[$8{,}2 \times 10^{-4}$ N, $5{,}8 \times 10^{-4}$ N; $1{,}7 \times 10^{-5}$ N · m]

36 ★★★ Una spira di materiale isolante e raggio r è caricata uniformemente con densità di carica lineare $\lambda = 3{,}18 \times 10^{-2}$ C/m. La spira ruota con velocità angolare costante $\omega = 10$ rad/s attorno al suo asse perpendicolare alla spira e passante per il suo centro. Il modulo del momento magnetico della spira è $\mu_m = 27 \times 10^{-3}$ A · m².

▶ Calcola il valore del raggio della spira.

[30 cm]

9 L'AMPEROMETRO E IL VOLTMETRO

37 ★☆☆ **PROBLEMA SVOLTO**

Un filo conduttore trasporta una corrente di intensità pari a 0,0385 A fino a un resistore con una resistenza di 540 Ω. In parallelo al resistore si collega un voltmetro che ha una resistenza interna di 5,00 kΩ.

▶ Quanto vale la differenza di potenziale ai capi del resistore prima di inserire il voltmetro?

▶ Quanto vale la differenza di potenziale misurata dal voltmetro?

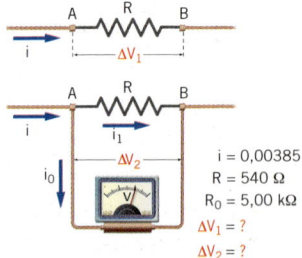

$i = 0{,}00385$
$R = 540$ Ω
$R_0 = 5{,}00$ kΩ
$\Delta V_1 = ?$
$\Delta V_2 = ?$

■ **Strategia e soluzione**

- La tensione ai capi del resistore prima del collegamento con il voltmetro può essere calcolata grazie alla prima legge di Ohm:

$$\Delta V_1 = Ri = (540 \text{ Ω}) \times (0{,}0385 \text{ A}) = 20{,}8 \text{ V}.$$

- Dopo avere inserito il voltmetro la corrente i costante fornita da un circuito esterno si divide nei due rami, come è mostrato nella figura precedente. Per le leggi di Kirchhoff valgono le relazioni

$$\begin{cases} i = i_0 + i_1 \\ Ri_1 = R_0 i_0 \end{cases},$$

da cui si ricava

$$\begin{cases} i_0 = \dfrac{R}{R + R_0} i = \dfrac{540 \text{ Ω}}{5{,}54 \times 10^3 \text{ Ω}} \times (0{,}0385 \text{ A}) = 3{,}75 \text{ mA} \\ i_1 = \dfrac{R_0}{R + R_0} i = \dfrac{5{,}00 \times 10^3 \text{ Ω}}{5{,}54 \cdot 10^3 \text{ Ω}} \times (0{,}0385 \text{ A}) = 0{,}0347 \text{ A}. \end{cases}$$

- Ora la differenza di potenziale può essere calcolata in due modi (usando la resistenza R oppure la resistenza R_0); per esempio, calcoliamo

$$\Delta V_2 = Ri_1 = (540 \text{ Ω}) \times (0{,}0347 \text{ A}) = 18{,}7 \text{ V}.$$

■ **Discussione**

La variazione percentuale tra ΔV_1 e ΔV_2 vale

$$\frac{\Delta V_1 - \Delta V_2}{\Delta V_1} = \frac{(20{,}8 - 18{,}7) \text{ V}}{20{,}8 \text{ V}} = 0{,}10 = 10\%,$$

che è piuttosto elevata.

È possibile ottenere una misura meno falsata utilizzando un voltmetro con una resistenza interna decisamente maggiore di R_0. In tal caso, però, la corrente che attraversa il voltmetro diventa molto più piccola e la sua misura ragionevolmente precisa richiede, in generale, uno strumento di qualità migliore e, verosimilmente, più costoso.

38 ★★ Tra i punti A e B del sistema di resistenze nella figura scorre una corrente di intensità 4,0 A. In parallelo alla resistenza da 55 Ω si collega un voltmetro che ha una resistenza interna di 4,00 kΩ.

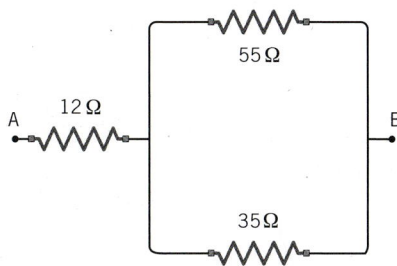

▶ Quanto vale la differenza di potenziale misurata con il voltmetro?

[85 V]

39 ★★ Tra i punti A e B del sistema di resistenze nella figura c'è una differenza di potenziale di 120 V. In serie alla resistenza da 45 Ω si collega un amperometro che ha una resistenza interna di 2,50 mΩ.

▶ In questo modo, si misura l'intensità di quale corrente?

▶ Quanto vale la corrente misurata con l'amperometro?

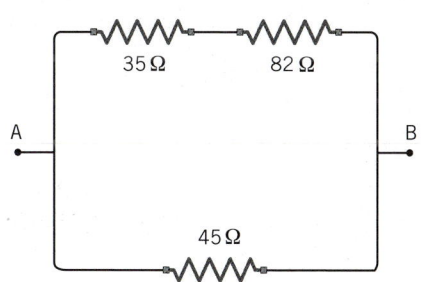

[2,7 A]

40 ★★★ Un amperometro è inserito nel circuito schematizzato nella figura. I valori delle resistenze R_1, R_2 e R_3 sono rispettivamente 10 Ω, 15 Ω e 30 Ω. L'amperometro non segna passaggio di corrente.

▶ Quanto deve valere R_x?

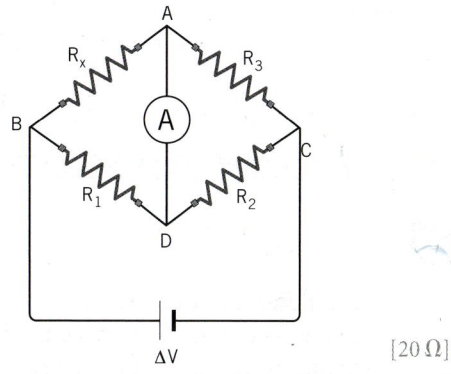

[20 Ω]

PROBLEMI GENERALI

1 ★★ Due fili rettilinei r ed s sono perpendicolari fra loro e si trovano sullo stesso piano. Nel filo r fluisce una corrente di 5,0 A, e nel filo s una corrente di 3,0 A. I punti A, B, C e D appartengono al piano dei due fili, sono situati in posizione simmetrica a due a due rispetto ai fili e distano 4,0 cm da r e 2,0 cm da s.

▶ Determina il campo magnetico in A, B, C e D.

$[-5,0 \times 10^{-6} \text{ T}; -5,5 \times 10^{-5} \text{ T}; 5,0 \times 10^{-6} \text{ T}; 5,5 \times 10^{-5} \text{ T}]$

2 ★★ Un filo rettilineo indefinito attraversato da una corrente di 3,2 A è affiancato a una spira circolare di raggio 3,0 cm e attraversata da una corrente i. Il filo e la spira sono situati nello stesso piano e il centro della spira dista 5,0 cm dal filo.

▶ Calcola il valore di i affinché il campo magnetico complessivo nel centro della spira possa essere nullo.

[0,61 A]

3 ★★ Due conduttori rettilinei e paralleli molto lunghi distano tra di loro 5,0 m e sono percorsi da una corrente continua con la stessa intensità 2,0 A. La corrente fluisce nei due conduttori in verso opposto. I punti A e B distano 5,0 m da entrambi i fili.

▶ Calcola l'intensità del campo magnetico in A e B.

$[8,0 \times 10^{-8} \text{ T, in entrambi in punti}]$

ESERCIZI

4 Due spire circolari hanno lo stesso raggio R e sono disposte nel piano in modo da avere gli assi coincidenti. Quando la distanza d fra i due centri è uguale a R, il campo magnetico nello spazio compreso fra le due spire può approssimativamente essere considerato uniforme. Supponi che nelle due spire la corrente circoli nello stesso verso, abbia la stessa intensità e che $d = R$.

▶ Determina il rapporto tra il valore del campo magnetico nel centro del sistema e il valore del campo magnetico nel centro di una delle due spire.

[1,1]

5 Due fili rigidi paralleli lunghi 1,0 m e percorsi dalle correnti $i_1 = 0{,}25$ A e $i_2 = 1{,}1$ A che scorrono in verso opposto sono collegati fra di loro da un elastico di materiale isolante e di costante elastica $k = 5{,}6 \times 10^{-6}$ N/m. La lunghezza a riposo dell'elastico è 0,72 m.

▶ Determina l'allungamento dell'elastico quando il sistema si trova in condizioni di equilibrio.

[$1{,}5 \times 10^{-2}$ m]

6 Ai morsetti di una spira quadrata di lato 0,500 m è applicata una differenza di potenziale di 20 V. A fianco della spira, nello stesso piano e parallelamente a un lato, viene posizionato un lungo filo rettilineo percorso da una corrente di 10 A. Il filo si trova a $1{,}0 \times 10^{-3}$ m dal lato più vicino della spira e la attrae con una forza complessiva di modulo $5{,}0 \times 10^{-4}$ N.

Determina:

▶ la resistenza elettrica della spira,

▶ l'intensità della corrente elettrica che circola nella spira.

(*Adattato dalla seconda prova di maturità sperimentale*, 1983)

[40 Ω; 0,50 A]

7 Quattro sottili aste di uguale lunghezza $l = 1{,}0$ m sono disposte come mostrato in figura. Le aste AB e CD hanno massa $m_1 = 40$ g mentre EF e GH hanno massa $m_2 = 20$ g. CD e GH sono fissate a un piano orizzontale, mentre AB e EF sono libere di muoversi verticalmente collegate da un filo inestensibile di massa trascurabile. Le aste sono attraversate da correnti con lo stesso verso ma intensità diverse. Lungo AB e CD scorre $i_1 = 196$ A; lungo EF e GH scorre $i_2 = 98$ A. All'equilibrio la distanza d tra AB e CD è uguale alla distanza tra EF e GH.

▶ Calcola il valore di d. (Trascura tutti gli attriti.)

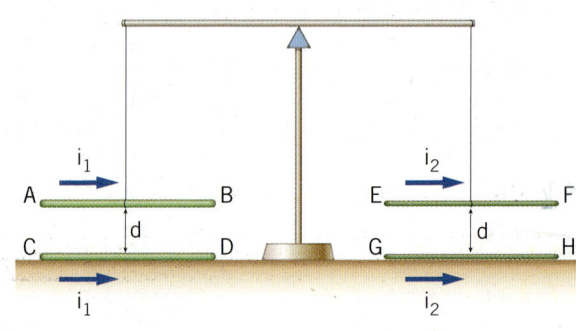

[2,9 cm]

8 Un prototipo molto elementare di motore elettrico può essere costituito da una ruota conduttrice posta in un campo magnetico. La ruota mostrata in figura è formata da un cerchione con 4 raggi uguali di lunghezza l, ciascuno di resistenza R, mentre la resistenza del resto del circuito è trascurabile. Due contatti striscianti collegano l'asse e il cerchione ai poli di una batteria di forza elettromotrice V. Il campo magnetico $\vec{B}$ è uniforme e perpendicolare al piano verticale della ruota, uscente in figura.

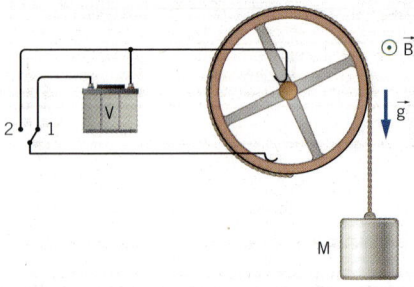

▶ Si determini la polarità della batteria e il valore V_0 della forza elettromotrice della batteria affinché il motore tenga sollevato l'oggetto di massa M come indicato in figura.

Per i calcoli si usino i seguenti valori numerici:

$l = 20{,}0$ cm; $R = 20$ mΩ; $V = 0{,}25$ V; $B = 0{,}250$ T; $M = 85$ g; $g = 9{,}81$ m s^{-2}.

(*Tratto da Olimpiadi della fisica, problema 3, quesito 1, gara nazionale* 2005)

[0,167 V]

QUESITI PER L'ESAME DI STATO

Rispondi ai quesiti in un massimo di 10 righe.

1 Illustra la definizione operativa della grandezza fisica vettore campo magnetico $\vec{B}$.

2 Il campo magnetico e il campo elettrico sono entrambi campi vettoriali. Quali sono le principali differenze e le principali analogie?

3 Cosa è un motore elettrico? Come funziona?

TEST PER L'UNIVERSITÀ

1 Un solenoide lungo 5 cm è costituito da 50 spire ed è attraversato da una corrente elettrica di 0,5 A. Qual è l'intensità del campo magnetico al centro del solenoide? (La permeabilità magnetica del vuoto vale nel sistema SI $4\pi \times 10^{-7}$ N/A^2)

- **A** $6,28 \times 10^{-4}$ T
- **B** 1 T
- **C** 0,5 T
- **D** $1,5 \times 10^{-3}$ T

(*Concorso a borse di studio per l'iscrizione ai corsi di laurea della classe «Scienze e Tecnologie Fisiche» della SIF, 2006/2007*)

2 Intorno ad un filo metallico percorso da corrente elettrica si stabilisce:

- **A** un campo magnetico.
- **B** un campo elettrico.
- **C** un campo gravitazionale.
- **D** un campo di etere.
- **E** una differenza di potenziale elettrico.

(*Prova di ammissione al corso di laurea in Medicina Veterinaria, 2005/2006*)

PROVE D'ESAME ALL'UNIVERSITÀ

1 Un circuito formato dal parallelo fra un solenoide e una resistenza $R = 6\,\Omega$ è alimentato da una batteria con $V = 12$ V. Il solenoide ha sezione quadrata di lato $l = 1$ cm, è costituito da $N = 10\,000$ spire ed è realizzato con un filo di rame con resistività $\rho = 1,7 \times 10^{-8}\,\Omega \cdot$m e sezione $s = 0,5$ mm^2. Il solenoide è lungo 40 cm. Si calcoli:

- ▶ la resistenza equivalente del circuito.
- ▶ la corrente generata dalla pila.
- ▶ la corrente che circola nel solenoide.
- ▶ il campo magnetico B generato dal solenoide.

(*Esame di Fisica, Corso di laurea in Scienze Biologiche, Università di Genova, 2008/2009*)

2 Due fili conduttori paralleli di lunghezza infinita sono attraversati da due correnti dirette nello stesso verso di modulo rispettivamente $I_1 = 10$ A e $I_2 = 20$ A. La distanza tra i due fili è $d = 12$ cm. Determinare:

- ▶ il campo magnetico nel punto a distanza intermedia tra i due fili.
- ▶ il punto dello spazio in cui il campo B è nullo (indicare la distanza rispetto al filo percorso dalla corrente I_1).

(*Esame di Fisica, Corso di laurea in Farmacia, Università La Sapienza di Roma, 2007/2008*)

STUDY ABROAD

1 Which graph best represents the magnetic field established at the center of a coil by a steady current in the coil?

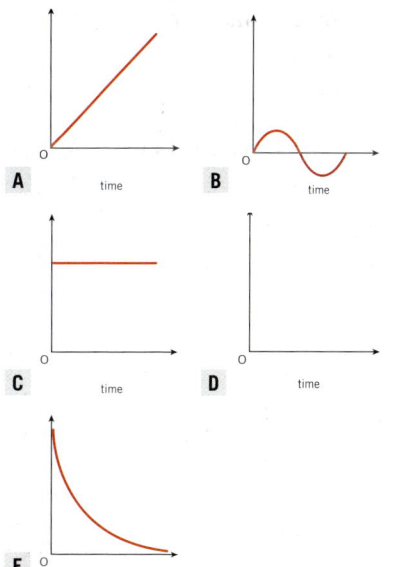

(*Scholastic Aptitude Test (SAT), USA*)

CAPITOLO 26
IL CAMPO MAGNETICO

ESPERIMENTO VIRTUALE

La forza di Lorentz
- Gioca
- Misura
- Esercitati

1 LA FORZA DI LORENTZ

Come mai un filo percorso da corrente genera un campo magnetico e risente dell'effetto di un campo magnetico esterno? Possiamo sostituire il filo percorso da corrente con un fascio catodico ed effettuare un esperimento.

▶ Si osserva che il fascio è deviato da un campo $\vec{B}$ con la stessa regola della mano destra che vale per un filo. Quindi, cariche elettriche in moto risentono della forza magnetica, e non importa se siano contenute o meno in un filo metallico.

▶ Osserviamo ora un filo percorso da corrente affiancato a un tubo catodico, con le due correnti rivolte nello stesso verso: le due correnti (nel filo e nel fascio catodico) si attraggono, esattamente come avviene tra due fili percorsi da correnti equiverse.

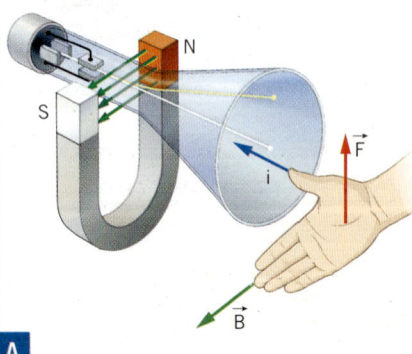

A

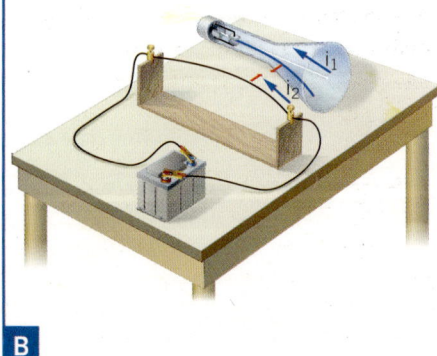

B

Ancora una volta non è importante che gli elettroni dei raggi catodici si muovano nel vuoto e non in un filo metallico. La cosa importante è che siano cariche in movimento: infatti, una carica elettrica ferma non subisce alcuna forza dovuta alla corrente che fluisce in un filo.

Possiamo quindi affermare che

> il campo magnetico è generato da cariche elettriche *in moto* e, a loro volta, cariche elettriche *in moto* sono soggette a forze dovute a un campo magnetico.

Quando fu scoperto l'effetto magnetico delle correnti elettriche, lo stesso Ampère propose che anche il campo magnetico generato dalle calamite fosse dovuto all'effetto collettivo del moto di cariche elettriche presenti all'interno dei magneti.
Questo argomento è discusso nel paragrafo 6 di questo capitolo.

La forza magnetica che agisce su una carica in moto

Una carica puntiforme q che si muove con velocità $\vec{v}$ in un campo magnetico $\vec{B}$ risente di una forza $\vec{F}_q$ che è data dalla formula

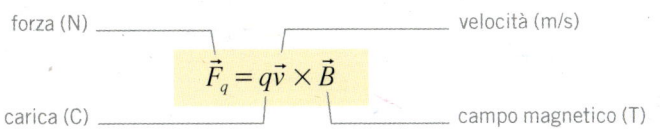

$$\vec{F}_q = q\vec{v} \times \vec{B} \qquad (1)$$

forza (N), velocità (m/s), carica (C), campo magnetico (T)

$\vec{F}_q$ è detta **forza di Lorentz**, dal nome del fisico olandese Hendrik Antoon Lorentz (1853-1928).

Il valore della forza di Lorentz può essere espresso come

$$F_q = qvB_\perp \qquad (2)$$

oppure con la formula

$$F_q = qvB \operatorname{sen} \alpha, \qquad (3)$$

dove α è l'angolo compreso tra i vettori $\vec{v}$ e $\vec{B}$.
La direzione della forza $\vec{F}_q$ è perpendicolare al piano definito dai vettori velocità e campo magnetico; il verso è dato dalla **regola della mano destra**, tenendo conto del segno della carica:

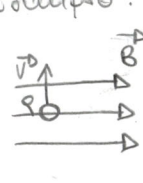

▶ se la carica è *positiva*, si pone il pollice della mano destra nel verso della velocità e le altre dita nel verso del campo magnetico.

▶ Se invece la carica è *negativa*, il pollice della mano destra va orientato nel verso opposto a quello della velocità.

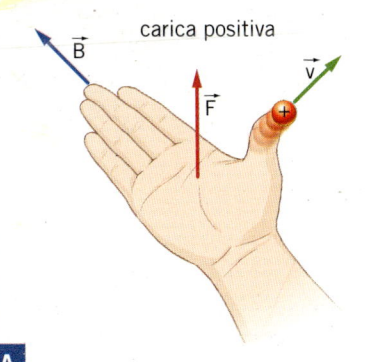

A carica positiva

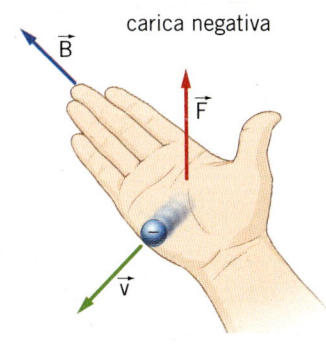

B carica negativa

In entrambi i casi, quindi, il pollice va rivolto nel verso della corrente convenzionale generata dalle cariche in moto.

> **ESEMPIO**
>
> Un protone di carica $q = e$ si muove in direzione perpendicolare a un campo magnetico di modulo $B = 67{,}3$ mT. La forza magnetica che agisce sul protone vale $F_q = 9{,}26 \times 10^{-16}$ N.
>
> ▶ Calcola la velocità v del protone.
>
> • Visto che la velocità del protone e il campo magnetico sono perpendicolari, si ha sen$\alpha = 1$ e $B_\perp = B$. Inoltre si ha $q = e = 1{,}60 \times 10^{-19}$ C. Quindi, in questo caso le formule (2) e (3) diventano
>
> $$F_q = evB.$$
>
> • Si può isolare v nella formula precedente e si ottiene
>
> $$v = \frac{F_q}{eB} = \frac{9{,}26 \times 10^{-16} \text{ N}}{(1{,}60 \times 10^{-19} \text{ C}) \times (6{,}73 \times 10^{-2} \text{ T})} =$$
> $$= 8{,}60 \times 10^4 \frac{\text{N}}{\text{C} \cdot \frac{\text{N}}{\text{A} \cdot \text{m}}} = 8{,}60 \times 10^4 \frac{\text{A} \cdot \text{m}}{\text{A} \cdot \text{s}} = 8{,}60 \times 10^4 \frac{\text{m}}{\text{s}}.$$

Dimostrazione della forza magnetica su una carica in moto

La forza magnetica che agisce su un filo percorso da corrente è la somma vettoriale delle forze che il campo magnetico esercita sugli elettroni che lo percorrono. Ritorniamo quindi al modello del capitolo «La corrente elettrica nei metalli», secondo cui si trascura l'agitazione termica e tutti gli elettroni di conduzione presenti nel filo si muovono con la stessa velocità di deriva v, che ha verso opposto a quello della corrente.

Secondo tale modello, l'intensità di corrente è data dalla formula

$$i = enAv, \qquad (4)$$

dove n è il numero di elettroni per unità di volume che sono liberi di muoversi nel metallo di cui è fatto il filo, e A è l'area della sezione trasversale del filo.

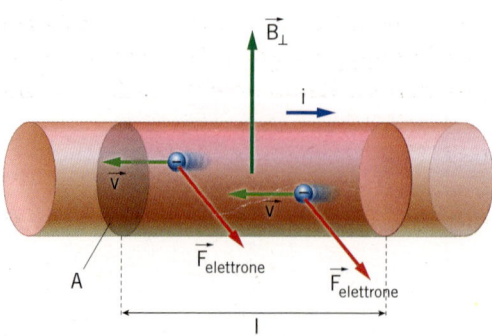

Figura 1 La forza magnetica su un filo è la somma vettoriale delle forze magnetiche $\vec{F}_{elettrone}$ che agiscono su ogni elettrone che contribuisce al passaggio della corrente nel filo.

Per fissare le idee, consideriamo un tratto di filo di lunghezza l; sappiamo che la forza magnetica che agisce su tale porzione di filo vale

$$F = ilB_\perp.$$

Su ogni elettrone che si muove all'interno del tratto di filo in esame agisce una forza, perpendicolare alla velocità dell'elettrone e quindi al filo, di modulo $F_{elettrone}$ (**figura 1**).

Il valore di $F_{elettrone}$, che è uguale per tutti gli elettroni perché tutti hanno la stessa carica e la stessa velocità, è data dal modulo della forza magnetica F, che agisce sul filo, diviso per il numero N di elettroni di conduzione presenti nel filo:

$$F_{elettrone} = \frac{F}{N} = \frac{ilB_\perp}{N}. \qquad (5)$$

Il tratto cilindrico di filo che stiamo considerando ha un volume pari ad Al, per cui il numero di elettroni di conduzione contenuti al suo interno è

$$N = nAl. \qquad (6)$$

Ora possiamo sostituire la (4) e la (6) nella (5), ottenendo

$$F_{elettrone} = \frac{ilB_\perp}{N} = \frac{enAvlB_\perp}{nAl} = evB_\perp,$$

che è proprio la formula di Lorentz (2), scritta per una particella che ha carica $|q| = e$, cioè per un elettrone.

2 FORZA ELETTRICA E MAGNETICA

Analizziamo ora due fenomeni fisici in cui agiscono contemporaneamente, su una carica puntiforme, la forza elettrica e la forza di Lorentz.

Il selettore di velocità

Nella **figura 2** è rappresentato lo spazio interno a un condensatore piano immerso in un campo magnetico. Le linee di campo elettrico sono rivolte dall'armatura positiva a quella negativa (linee arancioni) e le linee di campo magnetico sono perpendicolari alla pagina e uscenti da essa (tondi verdi con un punto al centro).

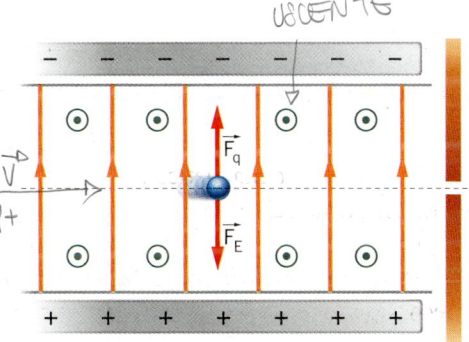

Figura 2 Un campo elettrico e un campo magnetico incrociati esercitano sull'elettrone forze in versi opposti.

Su un elettrone, che fa parte di un fascio in moto verso la parte destra della figura, il campo elettrico presente nel condensatore esercita una forza $\vec{F}_E$ diretta verso il basso. Sulla stessa carica agisce la forza di Lorentz $\vec{F}_q$ dovuta al campo magnetico. Per la regola della mano destra, tale forza è diretta verso l'alto. Quindi le due forze si oppongono l'una all'altra.

In particolare, se $\vec{F}_E$ e $\vec{F}_q$ hanno lo stesso modulo, l'elettrone risente di una forza totale uguale al vettore nullo. Quindi, per il primo principio della dinamica, esso si muove di moto rettilineo uniforme, passando per il foro praticato nello schermo che si trova alla fine del condensatore.

Tale uguaglianza si ha quando risulta $|\vec{F}_E| = |\vec{F}_q|$, cioè quando vale la relazione

$$eE = evB, \qquad (7)$$

da cui

$$v = \frac{E}{B}. \qquad (8)$$

Carica positiva
Se la particella che si muove nel condensatore avesse carica positiva, entrambe le forze cambierebbero verso, per cui sarebbero sempre opposte l'una all'altra.

La formula precedente può essere letta in due modi: se tutte le particelle del fascio hanno la stessa velocità v, possiamo misurare tale velocità, trovando quali valori di E e di B lasciano il fascio non deviato.

Se, come accade spesso, il fascio contiene particelle che hanno diverse velocità, passano attraverso il foro praticato nello schermo soltanto le particelle che hanno il valore di v dato dalla (8).

Infatti, per le particelle più lente la forza elettrica prevale su quella magnetica, generando una deflessione nel verso di $\vec{F}_E$. Al contrario, su quelle più veloci si esercita una forza magnetica più intensa ed esse sono deviate nel verso di $\vec{F}_q$. Soltanto quelle della velocità voluta restano indeflesse e passano al di là dello schermo forato.

Per questa ragione il dispositivo appena descritto è detto **discriminatore** (o **selettore**) **di velocità**.

L'effetto Hall

Un fenomeno per certi versi analogo al precedente avviene quando si pone in un campo magnetico una lamina metallica percorsa da corrente, in modo che la direzione della corrente sia perpendicolare a quella del campo magnetico. Consideriamo il primo breve intervallo di tempo dopo che la corrente ha cominciato a scorrere; per fissare le idee, nelle figure sotto consideriamo che la corrente scorra dalla sinistra della pagina verso destra e che il campo $\vec{B}$, perpendicolare al disegno, entri nella pagina.

▶ Sugli elettroni (negativi) che si muovono all'interno della lamina agisce la forza di Lorentz, che tende a spostarli verso il bordo superiore della lamina, che rimane così carico negativamente, mentre quello inferiore si carica positivamente.

▶ Se, nel metallo, la stessa corrente fosse trasportata da cariche positive, la forza di Lorentz sposterebbe anche queste verso l'alto. In questo modo il bordo superiore sarebbe carico positivamente e quello inferiore avrebbe carica negativa.

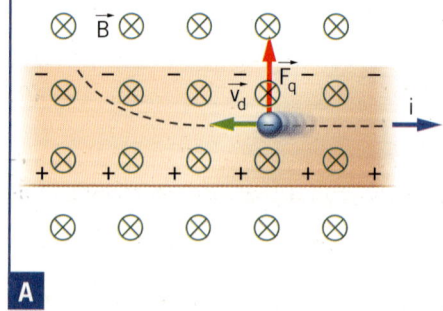

A

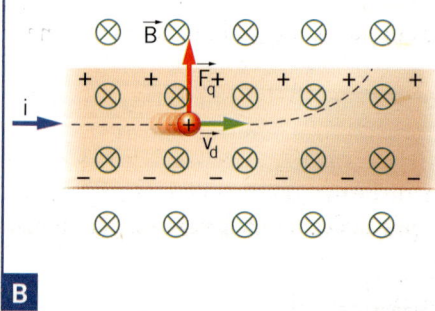

B

Così, tra il margine superiore e quello inferiore della lamina percorsa da corrente si crea una differenza di potenziale, il cui segno dipende dal segno dei portatori di carica che si muovono all'interno del metallo. Questo fenomeno prende il nome di **effetto Hall**, dal nome del fisico statunitense Edwin Hall (1855-1938), che lo scoprì nel 1879.

Durante i suoi esperimenti, Hall verificò che

> la differenza di potenziale osservata era quella che si prevede nel caso di portatori di carica negativa.

Ciò conferma che, nei metalli, le cariche libere di muoversi sono elettroni.

La tensione di Hall NO

La separazione delle cariche negative verso l'alto della lamina e di quelle positive verso il basso crea un campo elettrico che tende a spingere gli elettroni verso il basso (figura 3).

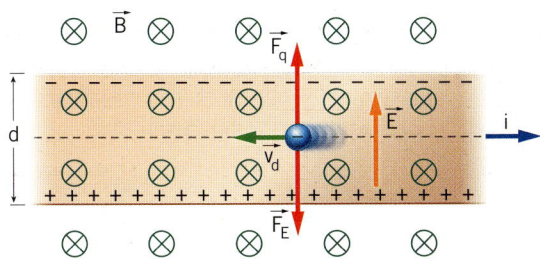

Figura 3 In condizioni stazionarie, la forza magnetica sugli elettroni è compensata dalla forza elettrica dovuta alle cariche presenti ai bordi opposti della lamina.

A un certo punto si crea una situazione di equilibrio: la forza elettrica equilibra quella magnetica e gli elettroni non sono più deviati. La condizione di uguaglianza tra i valori delle due forze è ancora data dall'equazione (7), dove v è, questa volta, la velocità di deriva degli elettroni.

Ora indichiamo con d la larghezza della lamina, con $\vec{E}$ il campo elettrico dovuto all'effetto Hall e con ΔV_H la **tensione di Hall**, cioè il valore assoluto della differenza di potenziale, dovuta all'effetto Hall, che si misura una volta raggiunta la situazione di equilibrio.

Per la formula (13) del capitolo «Il potenziale elettrico» si ha

$$\Delta V_H = Ed \;\Rightarrow\; E = \frac{\Delta V_H}{d}.$$

Se sostituiamo questa espressione nella formula (7) otteniamo

$$e\frac{\Delta V_H}{d} = evB,$$

da cui ricaviamo il valore della tensione di Hall:

$$\Delta V_H = dvB. \tag{9}$$

La tensione ΔV_H è proporzionale al campo magnetico. Per questo l'effetto Hall permette misure precise dell'intensità del campo magnetico a partire dalla misura, molto più facile, di una differenza di potenziale.

> **ESEMPIO**
>
> Una lamina di rame di altezza $d = 4{,}1$ cm è posta in modo da essere perpendicolare a un campo magnetico uniforme di intensità $B = 0{,}32$ T. La velocità di deriva degli elettroni nella lamina è $v = 2{,}6 \times 10^{-4}$ m/s.
>
> ▶ Calcola il valore della tensione di Hall ΔV_H ai capi della lamina.
>
> Sostituendo i valori numerici nella formula (9) possiamo trovare:
>
> $$\Delta V_H = dvB = (0{,}041 \text{ m}) \times \left(2{,}6 \times 10^{-4}\,\frac{\text{m}}{\text{s}}\right) \times (0{,}32 \text{ T}) =$$
> $$= 3{,}4 \times 10^{-6}\,\frac{\text{m}^2}{\text{s}} \cdot \frac{\text{N}}{\text{A} \cdot \text{m}} = 3{,}4 \times 10^{-6}\,\frac{\text{J}}{\text{C}} = 3{,}4 \times 10^{-6}\text{ V}.$$

3 IL MOTO DI UNA CARICA IN UN CAMPO MAGNETICO UNIFORME

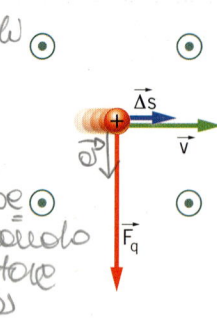

La forza di Lorentz, che agisce su una carica puntiforme q in moto, ha sempre direzione perpendicolare alla velocità vettoriale con cui si muove la carica e, quindi, al suo spostamento istantaneo (**figura 4**).

Ciò significa che il lavoro W compiuto da $\vec{F}_q$ sulla carica è sempre nullo:

$$W = 0.$$

Il teorema dell'energia cinetica afferma che la variazione di energia cinetica ΔK di un punto materiale è uguale al lavoro W delle forze che agiscono su di esso.

Figura 4 La forza di Lorentz che agisce su una carica è perpendicolare alla sua velocità.

Nel caso della forza di Lorentz abbiamo

$$\Delta K = W = 0.$$

Quindi l'energia cinetica della carica puntiforme non cambia. Ciò significa che

la forza di Lorentz non può cambiare il valore della velocità di una carica.

Modifica invece la direzione del vettore velocità.

Moto con velocità perpendicolare a un campo $\vec{B}$ uniforme

Consideriamo, come nella **figura 4**, una carica puntiforme q positiva che si muove in un campo magnetico uniforme $\vec{B}$ con una velocità $\vec{v}$ perpendicolare alle linee del campo. Si dimostra che

sotto le condizioni dette, la carica puntiforme q si muove di moto circolare uniforme.

Infatti, il moto è *uniforme* perché, come abbiamo visto in precedenza, il modulo di $\vec{v}$ è costante. Inoltre, se $\vec{B}$ è uniforme e perpendicolare a $\vec{v}$, la forza $\vec{F}_q$:

- è sempre perpendicolare a $\vec{v}$;
- è perpendicolare a $\vec{B}$, per cui è contenuta nel piano della figura;
- ha un valore costante dato da $F_q = qvB$.

Quindi $\vec{F}_q$ ha le proprietà della forza centripeta che, in un moto circolare uniforme, è sempre perpendicolare alla velocità del punto materiale, ha modulo costante e varia in modo da rimanere sempre nello stesso piano, che è quello in cui avviene il moto circolare stesso (**figura 5**).

Si tratta della stessa cosa che accade a un satellite in orbita circolare attorno alla Terra. La forza di gravità ha modulo costante, è in ogni punto perpendicolare alla velocità (il cui valore rimane, a sua volta, costante) ed è sempre contenuta nel piano dell'orbita.

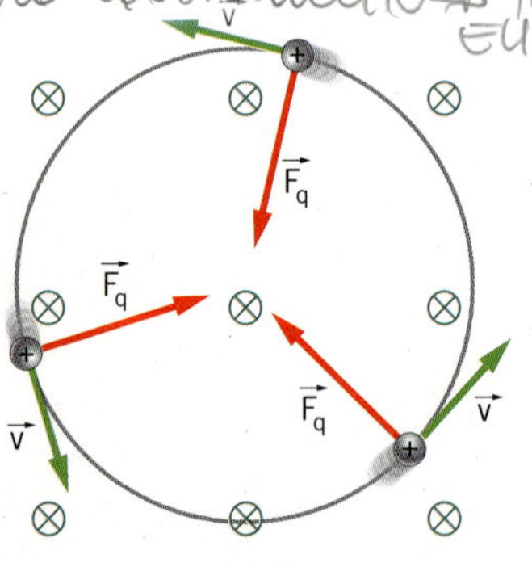

Figura 5 La carica puntiforme, con velocità perpendicolare alle linee di campo magnetico, descrive un moto circolare uniforme.

Il raggio della traiettoria circolare

Possiamo ora calcolare il raggio r della traiettoria circolare descritta da una particella puntiforme di massa m e carica q che si muove in un campo $\vec{B}$ uniforme, con una velocità $\vec{v}$ perpendicolare a esso. La forza di Lorentz

$$F_q = qvB$$

è la forza centripeta del moto, che ha forma generale

$$F_c = m\frac{v^2}{r}.$$

Uguagliando le ultime due espressioni otteniamo

$$qvB = m\frac{v^2}{r},$$

da cui possiamo isolare r, che risulta

$$r = \frac{mv}{qB} \tag{10}$$

Il raggio dell'orbita circolare è direttamente proporzionale alla massa della particella e alla sua velocità, inversamente proporzionale alla sua carica e al campo magnetico presente.

ANIMAZIONE

Il moto di una carica in un campo magnetico uniforme (1 minuto e mezzo)

ESEMPIO

Una particella di carica $q = 3{,}20 \times 10^{-19}$ C e massa $6{,}64 \times 10^{-27}$ kg si muove con velocità $v = 2{,}53 \times 10^4$ m/s in direzione perpendicolare alle linee di un campo magnetico di modulo $B = 7{,}82 \times 10^{-3}$ T.

▶ Quanto vale il raggio r della traiettoria circolare descritta dalla particella?

Il valore di r è fornito dalla formula (**10**):

$$r = \frac{mv}{qB} = \frac{(6{,}64 \times 10^{-27}\text{ kg}) \times (2{,}53 \times 10^4\, \frac{\text{m}}{\text{s}})}{(3{,}20 \times 10^{-19}\text{ C}) \times (7{,}82 \times 10^{-3}\text{ T})} =$$

$$= 6{,}71 \times 10^{-2} \frac{\text{kg} \cdot \frac{\text{m}}{\text{s}}}{\text{A} \cdot \text{s} \cdot \frac{\text{N}}{\text{A} \cdot \text{m}}} = 6{,}71 \times 10^{-2} \frac{\text{kg} \cdot \frac{\text{m}}{\text{s}^2}}{\text{kg} \cdot \frac{\text{m}}{\text{s}^2}} = 6{,}71 \times 10^{-2}\text{ m}.$$

Il periodo del moto circolare

Nel moto circolare uniforme vale la relazione

$$v = \frac{2\pi r}{T}.$$

Sostituendo questa espressione nella (**10**) otteniamo

$$r = \frac{m}{qB}\frac{2\pi r}{T}$$

da cui possiamo isolare

$$T = \frac{2\pi m}{qB}. \qquad (11)$$

Nei calcoli *r* si semplifica: ciò significa che il periodo di rotazione del moto circolare uniforme descritto dalla particella carica in un campo magnetico non dipende dal raggio della traiettoria.

Moto con velocità obliqua a un campo $\vec{B}$ uniforme

Consideriamo ora, come mostra la **figura 6**, una carica *q* che viene emessa con una velocità $\vec{v}$ che forma un angolo α generico con il campo magnetico $\vec{B}$.

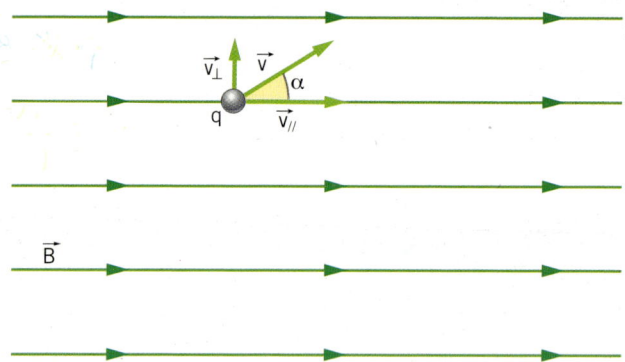

Figura 6 Carica elettrica inserita in un campo magnetico con una velocità obliqua rispetto a esso.

In questo caso è conveniente scomporre $\vec{v}$ in due componenti: uno, $\vec{v}_\perp$, perpendicolare a $\vec{B}$ e l'altro, $\vec{v}_\parallel$, parallelo a esso. Visto che l'angolo tra i vettori $\vec{B}$ e $\vec{v}_\parallel$ vale 0°, la forza magnetica che si esercita nel verso di $\vec{v}_\parallel$ è

$$F_q(\alpha = 0°) = qvB\,\text{sen}(0°) = 0:$$

sulla carica puntiforme non agisce alcuna forza parallela a $\vec{B}$ e, per il primo principio della dinamica, in quella direzione il moto della carica è rettilineo uniforme con valore della velocità pari a $v_\parallel$.

Come si è visto in precedenza, nel piano perpendicolare a $\vec{v}_\parallel$ la forza magnetica cambia continuamente la direzione di $\vec{v}_\perp$, anche se il modulo di tale componente rimane invariato. Così:

il moto della carica puntiforme è la sovrapposizione di:
- un moto rettilineo uniforme, con velocità $v_\parallel$, nella direzione parallela a $\vec{B}$;
- un moto circolare uniforme, con modulo della velocità $v_\perp$, nel piano perpendicolare a $\vec{B}$.

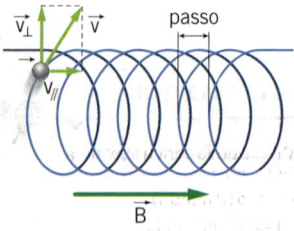

Figura 7 La carica elettrica si muove lungo un'elica cilindrica a passo costante.

La sovrapposizione dei due moti è un'*elica cilindrica a passo costante* (**figura 7**), una curva che può essere disegnata sulla superficie di un cilindro circolare con l'asse di simmetria parallelo al campo magnetico $\vec{B}$. Il raggio *r* dell'elica è dato dalla formula (**10**), nella quale si sostituisce *v* con $v_\perp$:

$$r = \frac{mv_\perp}{qB}.$$

Il *passo* Δs dell'elica è uguale alla distanza percorsa dalla particella, in direzione parallela a $\vec{B}$, nel tempo T impiegato dal moto circolare per compiere un giro completo; per la formula (11) si ha

$$\Delta s = v_\parallel T = v_\parallel \frac{2\pi m}{qB}. \qquad (12)$$

Se il campo magnetico non è uniforme, la traiettoria delle particelle è un'elica incurvata, che diventa più stretta dove $\vec{B}$ è più intenso. Un esempio è dato dal movimento delle particelle cariche, provenienti dal vento solare, che rimangono intrappolate nel campo magnetico terrestre e contribuiscono a formare le fasce di van Allen (figura 8).

Quando queste particelle, che sono molto energetiche, colpiscono le molecole dell'atmosfera possono provocare il fenomeno delle aurore boreali.

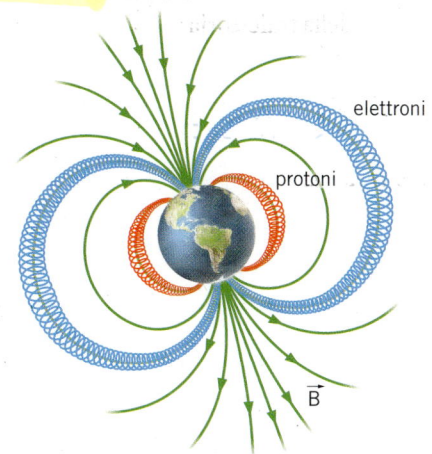

Figura 8 Rappresentazione schematica delle fasce di van Allen che circondano la Terra.

4 APPLICAZIONI SPERIMENTALI DEL MOTO DI CARICHE IN CAMPI MAGNETICI

Le conoscenze che abbiamo sviluppato sul moto delle cariche elettriche nei campi magnetici possono essere sfruttate per ottenere importanti informazioni sperimentali su componenti microscopiche della materia; vediamo ora due esempi rilevanti.

Il valore della carica specifica dell'elettrone

Il rapporto e/m tra il valore e della carica elementare e la massa m dell'elettrone prende il nome di **carica specifica** dell'elettrone.

Questa grandezza fu misurata per la prima volta nel 1897 dal fisico britannico Joseph John Thomson (1856-1940) per i «raggi catodici». Grazie a ciò, egli è spesso indicato come lo scopritore dell'elettrone. In effetti, la verifica sperimentale del fatto che tutte le particelle che costituiscono un fascio di raggi catodici hanno lo stesso valore di e/m rese ragionevole l'ipotesi che esse fossero tutte identiche tra loro.

Nel suo lavoro sperimentale, J. J. Thomson utilizzò un tubo a raggi catodici.

IN LABORATORIO

Misura della carica specifica dell'elettrone
- Video (2 minuti)
- Test (3 domande)

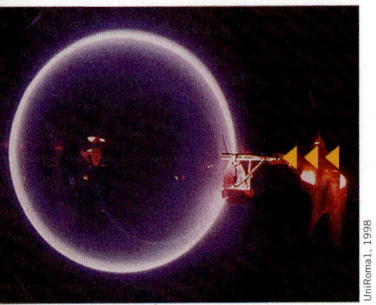

Con questo tubo, simile a quello disegnato nell'ultimo paragrafo del capitolo «La corrente elettrica nei liquidi e nei gas», Thomson studiò la deflessione del fascio mediante una formula equivalente a quella che compare alla fine di tale paragrafo.

In molte ripetizioni moderne dello stesso esperimento si preferisce però utilizzare un **apparato sperimentale** come quello rappresentato nella fotografia: un fascio di elettroni, generato per effetto termoionico, è reso visibile grazie a un gas a bassa pressione.

Gli elettroni sono emessi, con velocità iniziale trascurabile, da un cannone elettronico ai cui capi è applicata una differenza di potenziale ΔV; quindi, per la conservazione dell'energia, si ha

$$\frac{1}{2}mv^2 = e\Delta V \Rightarrow v^2 = \frac{2e\Delta V}{m}. \tag{13}$$

Una volta usciti dal cannone elettronico, gli elettroni risentono dell'effetto di un campo magnetico B, di valore noto, che li porta a descrivere una circonferenza di raggio r.

La relazione (**10**) può essere riscritta come

$$\frac{e}{m} = \frac{v}{rB} \Rightarrow \left(\frac{e}{m}\right)^2 = \frac{v^2}{r^2B^2}. \tag{14}$$

Sostituendo nella (**14**) il valore di v^2 dato dalla (**13**) otteniamo

$$\left(\frac{e}{m}\right)^2 = \frac{v^2}{r^2B^2} = \frac{2e\Delta V}{m}\frac{1}{r^2B^2} \Rightarrow \left(\frac{e}{m}\right)^2 = \left(\frac{e}{m}\right)\frac{2\Delta V}{r^2B^2},$$

da cui si trova

$$\frac{e}{m} = \frac{2\Delta V}{r^2B^2}. \tag{15}$$

Essendo ΔV, r e B quantità misurabili, usando la formula (**15**) si calcola la carica specifica e/m dell'elettrone. Il valore ottenuto da J.J. Thomson (espresso in unità di misura SI) fu $1{,}7 \times 10^{11}$ C/kg, in buon accordo con le migliori misure attuali, che forniscono

$$\frac{e}{m} = (1{,}758\,820\,150 \pm 0{,}000\,000\,044) \times 10^{11}\,\frac{\text{C}}{\text{kg}}.$$

Lo spettrometro di massa

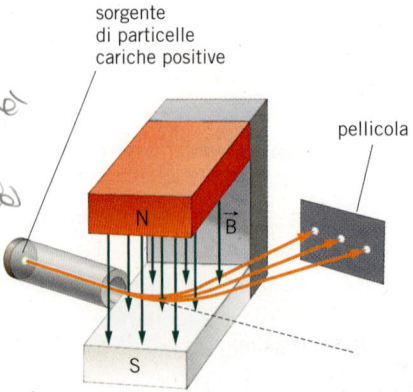

Figura 9 Schema di funzionamento di uno spettrometro di massa. Oggi, invece della pellicola, si usano rivelatori a stato solido.

A parità di v, q e B, i raggi descritti dalla formula (**10**) sono direttamente proporzionali alla massa m della particella. Se si fa entrare un fascio, composto da particelle che hanno tutte la stessa velocità e la stessa carica, ma masse diverse, in direzione perpendicolare a un campo magnetico, la forza di Lorentz suddivide il fascio in diverse componenti che descrivono traiettorie con raggi diversi, uno per ogni valore della massa presente nel fascio (figura 9).

Ciò permette di:

- contare quanti tipi di particelle con masse diverse sono contenute nel fascio;
- misurare la massa di ciascun tipo di particelle a partire dalla misura di r, v e B;
- determinare la presenza in percentuale di ogni tipo di particella.

Quest'ultima informazione si otteneva valutando, per esempio, l'annerimento di una pellicola sulla quale le particelle vanno a collidere (più intenso l'annerimento, maggiore la quantità di particelle che sono giunte in quella zona). Negli strumenti moderni le particelle sono rivelate una per una da un sistema costituito da moltissimi contatori elettronici.

Uno strumento di questo tipo si chiama **spettrometro di massa**. Esso permette, per esempio, di riconoscere nel fascio la presenza di diversi *isotopi* nucleari, cioè di nuclei che hanno la stessa carica elettrica Ze, ma masse differenti.

Selettore di velocità
Prima dell'apparato descritto nella figura deve essere posto un selettore di velocità, in modo che il fascio che entra nel campo magnetico sia composto da particelle che hanno tutte la stessa velocità v nota.

5 IL FLUSSO DEL CAMPO MAGNETICO

Il flusso del campo magnetico attraverso una superficie si definisce in modo analogo al flusso del campo elettrico.

Se la superficie in questione è piana ed è descritta da un vettore superficie $\vec{S}$, con il campo $\vec{B}$ costante sulla superficie, il flusso $\Phi_{\vec{S}}(\vec{B})$ del campo magnetico attraverso $\vec{S}$ è definito come

$$\Phi_{\vec{S}}(\vec{B}) = \vec{B} \cdot \vec{S} = BS\cos\alpha \qquad (16)$$

dove α è l'angolo compreso tra i vettori $\vec{B}$ e $\vec{S}$.

Nel Sistema Internazionale il flusso del campo magnetico si misura in tesla per metro quadrato ($T \cdot m^2$). Questa unità è chiamata anche **weber** (Wb) dal nome del fisico tedesco Wilhelm Eduard Weber (1804-1891).

Il verso del vettore superficie $\vec{S}$ che descrive una superficie piana è scelto ad arbitrio; una volta operata questa scelta, la superficie piana possiede una *faccia positiva*, che è quella rivolta nel verso di $\vec{S}$.

▶ Quando le linee di campo magnetico escono dalla faccia positiva della superficie, $\Phi_{\vec{S}}(\vec{B})$ è positivo, perché l'angolo tra $\vec{B}$ e $\vec{S}$ è acuto ($\cos\alpha > 0$).

▶ Invece $\Phi_{\vec{S}}(\vec{B})$ è negativo quando le linee di campo magnetico entrano nella faccia positiva, perché in quel caso l'angolo tra $\vec{B}$ e $\vec{S}$ è ottuso ($\cos\alpha < 0$).

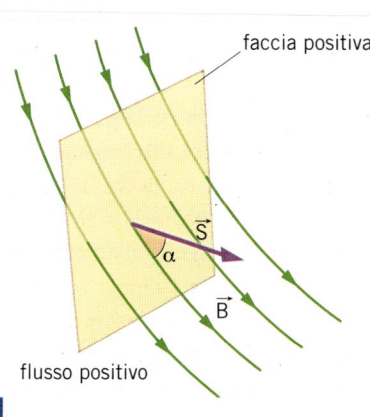

flusso positivo

A

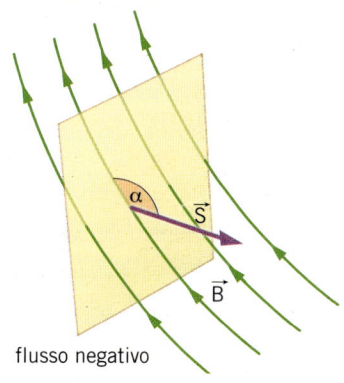

flusso negativo

B

ESEMPIO

Una superficie piana ha area $S = 1{,}46 \times 10^{-3}$ m^2 e il suo vettore superficie forma un angolo $\alpha = 60°$ con un campo magnetico di modulo $B = 0{,}0548$ T.

▶ Calcola il flusso $\Phi_{\vec{S}}(\vec{B})$ del campo magnetico attraverso la superficie S.

Dalla definizione (16) si ricava

$$\Phi_{\vec{S}}(\vec{B}) = BS\cos\alpha = (0{,}0548 \text{ T}) \times (1{,}46 \times 10^{-3} \text{ m}^2) \times \cos(60°) =$$
$$= (8{,}00 \times 10^{-5} \text{ T} \cdot \text{m}^2) \times \frac{1}{2} = 4{,}00 \times 10^{-5} \text{ T} \cdot \text{m}^2 = 4{,}00 \times 10^{-5} \text{ Wb}.$$

Flusso attraverso una superficie non piana

Se si vuole calcolare il flusso del campo magnetico attraverso una superficie S qualunque, bisogna suddividere S in n parti $\Delta \vec{S}_i$ ($i = 1, \ldots, n$) così piccole da soddisfare le condizioni della definizione (superficie piana e campo magnetico costante su di essa). Indicando con $\vec{B}_i$ il vettore campo magnetico nei punti della piccola superficie $\Delta \vec{S}_i$, il flusso $\Phi_S(\vec{B})$ del campo magnetico attraverso S è dato da

$$\Phi_s(\vec{B}) = \sum_{i=1}^{n} \vec{B}_i \cdot \Delta \vec{S}_i = \sum_{i=1}^{n} B_i \Delta S_i \cos\alpha_i \tag{17}$$

dove α_i ($i = 1, \ldots, n$) è l'angolo formato dai vettori $\vec{B}_i$ e $\Delta \vec{S}_i$.

Il teorema di Gauss per il magnetismo

Si dimostra che

> il flusso del campo magnetico attraverso qualunque superficie chiusa è uguale a zero.

Questo risultato, che è il **teorema di Gauss per il magnetismo**, si esprime con la formula

$$\Phi_\Omega(\vec{B}) = 0 \tag{18}$$

dove Ω è una superficie chiusa qualunque.

Il flusso del campo elettrico attraverso una superficie chiusa (spesso detta «gaussiana») è direttamente proporzionale alla carica elettrica totale contenuta all'interno della superficie. Ma, mentre esistono cariche elettriche isolate, non esistono monopòli magnetici, cioè poli magnetici, nord o sud, isolati. Per questo, il valore del secondo membro della (18) è nullo: all'interno di una superficie chiusa qualunque, si ha sempre una uguale quantità di poli nord e poli sud magnetici.

Il teorema di Gauss per il magnetismo ha anche un'interpretazione in termini di linee di campo: quelle del campo elettrico hanno origine sulle cariche positive e terminano su quelle negative. Il flusso del campo elettrico attraverso una superficie chiusa che racchiude una o più cariche:

▶ è positivo se si ha una predominanza di linee uscenti dalla superficie;

▶ è invece negativo se le linee di campo sono soprattutto entranti.

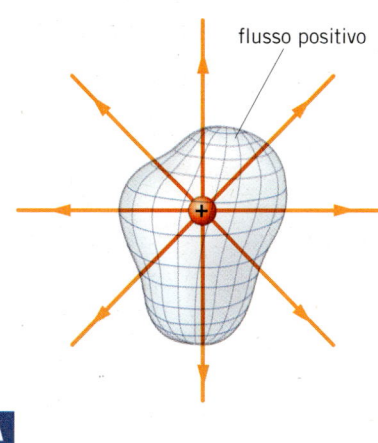

A

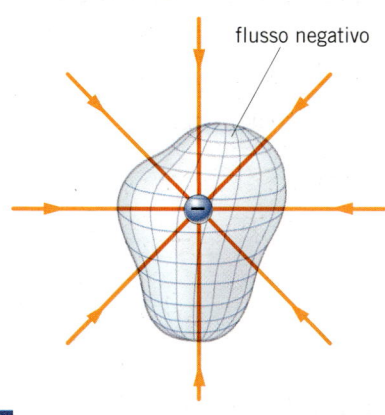

B

Invece, le linee di campo magnetico non hanno né inizio né fine, perché sono linee chiuse (come le linee del campo generato da un filo rettilineo) oppure linee che si estendono all'infinito (come la linea sovrapposta all'asse di una spira circolare). Così, come è mostrato nella **figura 10**, a ogni linea di campo entrante nella superficie gaussiana Ω (contributo negativo al flusso), ne corrisponde sempre una uscente (contributo positivo al flusso); di conseguenza, il flusso totale di campo magnetico attraverso Ω è nullo.

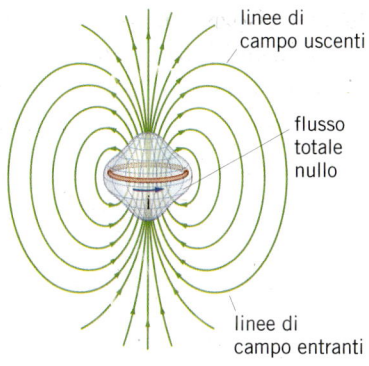

Figura 10 Il numero di linee di campo magnetico entranti in una superficie chiusa è sempre uguale al numero di quelle uscenti.

Dimostrazione del teorema di Gauss per il magnetismo

Dimostriamo il teorema di Gauss per il magnetismo nel caso particolare del campo magnetico generato da un filo rettilineo infinito.

▶ Consideriamo una superficie gaussiana cilindrica, con l'asse sovrapposto al filo percorso da corrente. Le linee di campo $\vec{B}$ sono circonferenze concentriche al filo e parallele alle basi del cilindro.

▶ In ogni piccola zona (come la $\Delta \vec{S}_1$) della superficie laterale del cilindro, il campo $\vec{B}$ è tangente alla superficie stessa e, quindi, perpendicolare al vettore superficie: il flusso è nullo.

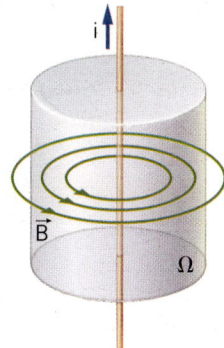

A

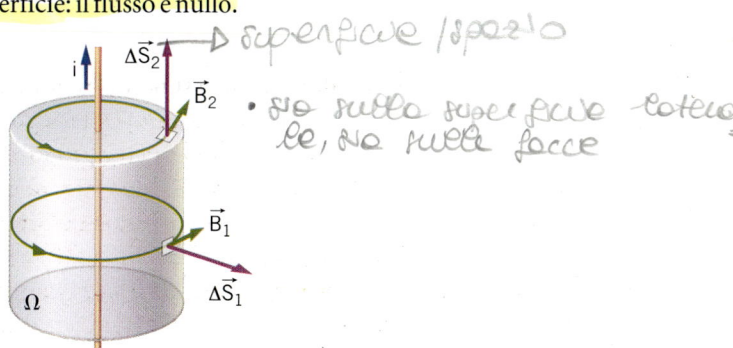

B

Lo stesso è vero per tutte le piccole regioni (come la $\Delta \vec{S}_2$) in cui vengono suddivise le due basi del cilindro.

Dal punto di vista matematico, ciò significa che nella formula (17) si ha

$$\alpha_i = 90° \ (i = 1, \ldots, n)$$

per cui si può calcolare

$$\Phi_\Omega(\vec{B}) = \sum_{i=1}^{n} B_i \Delta S_i \cos\alpha_i = \sum_{i=1}^{n} B_i \Delta S_i \cos 90° = \sum_{i=1}^{n} B_i \Delta S_i \times 0 = 0$$

che dimostra la formula (18) in questo caso particolare.

6 LA CIRCUITAZIONE DEL CAMPO MAGNETICO

La **circuitazione** $\Gamma_{\mathscr{L}}(\vec{B})$ **del vettore** $\vec{B}$, lungo un cammino orientato $\mathscr{L}$, si definisce in modo analogo alla circuitazione del campo elettrico: si suddivide $\mathscr{L}$ in n parti $\Delta \vec{l}_j$, ciascuna così piccola da poterla considerare rettilinea e da potere considerare uniforme il campo magnetico lungo essa, e si calcola

$$\Gamma_{\mathscr{L}}(\vec{B}) = \sum_{j=1}^{n} \vec{B}_j \cdot \Delta \vec{l}_j = \sum_{j=1}^{n} B_j \cdot \Delta l_j \cos\alpha_j \qquad (19)$$

dove α_j è l'angolo formato dai vettori $\vec{B}_j$ e $\Delta \vec{l}_j$.

Il teorema di Ampère

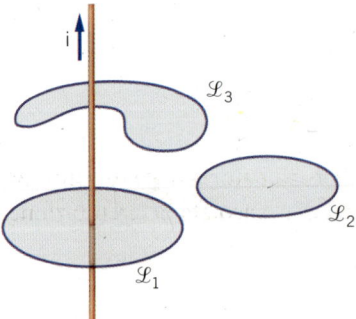

Figura 11 La corrente i è concatenata alla linea $\mathscr{L}_1$ ma non alle linee $\mathscr{L}_2$ e $\mathscr{L}_3$.

Una corrente si dice *concatenata* al cammino $\mathscr{L}$ se attraversa una superficie che ha come contorno la linea $\mathscr{L}$. Nella **figura 11**, la corrente è concatenata al cammino $\mathscr{L}_1$, ma non ai cammini $\mathscr{L}_2$ e $\mathscr{L}_3$.

Per la circuitazione del campo magnetico si dimostra che vale il teorema di Ampère, secondo cui

$$\Gamma_{\mathscr{L}}(\vec{B}) = \mu_0 \sum_{k} i_k. \qquad (20)$$

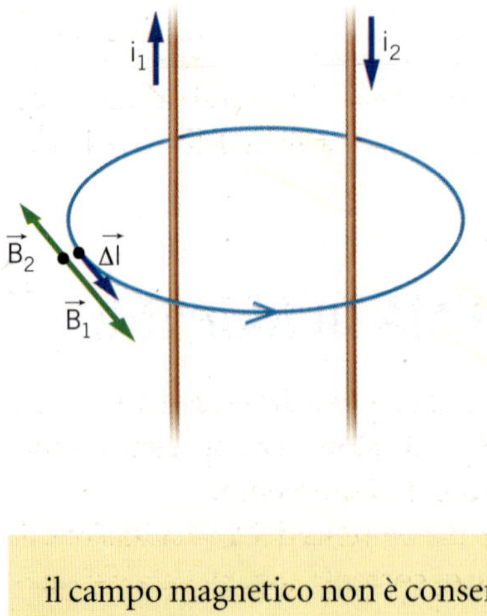

Nella formula precedente la sommatoria è estesa alle k correnti *concatenate* con $\mathscr{L}$ (quelle non concatenate non danno contributo). Inoltre, la corrente è presa con il segno positivo se il campo magnetico che essa genera ha lo stesso verso con cui è percorso il cammino $\mathscr{L}$ (come il campo $\vec{B}_1$ della **figura 12**, generato dalla corrente i_1) e segno negativo in caso contrario.

Il teorema di Ampère stabilisce che la circuitazione del campo magnetico può essere diversa da zero. Ciò ha un significato fisico molto importante, perché indica che

Figura 12 La corrente i_1 ha segno convenzionale positivo perché il campo magnetico che essa genera ha lo stesso verso del cammino $\mathscr{L}$; la corrente i_2 ha segno convenzionale negativo.

il campo magnetico non è conservativo.

Dimostrazione del teorema di Ampère

Dimostriamo il teorema di Ampère nel caso particolare del campo magnetico generato da un filo infinito percorso da una corrente i. Per sfruttare la simmetria del campo $\vec{B}$, calcoliamo la circuitazione lungo un cammino circolare, di raggio r, che si sovrappone con una delle linee del campo magnetico.

In questo modo, come è mostrato nella figura 13, in ogni tratto del cammino lo spostamento infinitesimo $\Delta \vec{l}_j$ è parallelo al vettore $\vec{B}_j$ presente in quella zona.

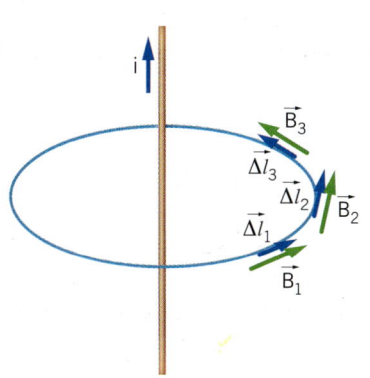

Figura 13 Con $\mathscr{L}$ che coincide con una linea di campo magnetico, i vettori spostamento $\Delta \vec{l}_j$ risultano sempre paralleli ai corrispondenti campi $\vec{B}_j$.

Ciò significa che possiamo applicare la formula (19) sapendo che

$$\alpha_j = 0° \quad (j = 1, ..., n)$$

Così otteniamo

$$\Gamma_{\mathscr{L}}(\vec{B}) = \sum_{j=1}^{n} B_j \Delta l_j \cos\alpha_j = \sum_{j=1}^{n} B_j \Delta l_j \cos 0° = \sum_{j=1}^{n} B_j \Delta l_j.$$

I campi magnetici $\vec{B}_j$ hanno direzioni diverse, ma lo stesso modulo

$$B_j = \frac{\mu_0}{2\pi} \frac{i}{r}.$$

Sostituendo questa formula nella precedente otteniamo

$$\Gamma_{\mathscr{L}}(\vec{B}) = \sum_{j=1}^{n} B_j \Delta l_j = \sum_{j=1}^{n} \frac{\mu_0}{2\pi} \frac{i}{r} \Delta l_j = \frac{\mu_0}{2\pi} \frac{i}{r} \sum_{j=1}^{n} \Delta l_j.$$

Quando il numero di tratti $\Delta \vec{l}_j$ tende all'infinito, la sommatoria delle distanze Δl_j diventa la lunghezza $2\pi r$ della circonferenza lungo cui è calcolata la circuitazione. Quindi la formula precedente diviene

$$\Gamma_{\mathscr{L}}(\vec{B}) = \frac{\mu_0}{2\pi} \frac{i}{r} \sum_{j=1}^{n} \Delta l_j = \frac{\mu_0}{2\pi} \frac{i}{r} (2\pi r) = \mu_0 i,$$

che coincide con la (20) nel caso particolare di una sola corrente.

Nota che, nel calcolo precedente, il risultato non dipende dal raggio r del cammino perché il suo perimetro è direttamente proporzionale a r, mentre il valore del campo magnetico è inversamente proporzionale a r: nella formula della circuitazione questi due fattori si cancellano.

Circuitazione del campo elettrico
Nel capitolo «Il potenziale elettrico» si mostra che per il campo elettrostatico, che è conservativo, la circuitazione è nulla lungo qualunque linea orientata.

Proprietà del segno di sommatoria
La quantità $\frac{\mu_0}{2\pi} \frac{i}{r}$ esce dal segno di sommatoria perché non dipende dall'indice j.

7 APPLICAZIONI DEL TEOREMA DI AMPÈRE

Nel capitolo «Il campo elettrico» abbiamo visto che il teorema di Gauss per il campo elettrostatico è utile, tra le altre cose, per determinare il valore di campi elettrostatici generati da distribuzioni di carica che abbiano particolari simmetrie.

Per il campo magnetico lo stesso ruolo è svolto dal teorema della circuitazione di Ampère $\Gamma_{\mathscr{L}}(\vec{B}) = \mu_0 i_{tot}$, dove i_{tot} è l'intensità totale di corrente concatenata dal cammino $\mathscr{L}$; in questo paragrafo ne vedremo due esempi.

Il campo magnetico all'interno di un filo percorso da corrente

Fino a ora, nella trattazione dei campi magnetici abbiamo considerato i fili percorsi da corrente come se avessero diametro nullo (o comunque trascurabile rispetto alle dimensioni dell'ambiente in cui il filo è immerso).

Grazie al teorema di Ampère è però possibile determinare il modulo del campo magnetico $B(r)$ a distanza r dall'asse di simmetria di un filo rettilineo indefinito di raggio R, con $0 \leq r \leq R$ (all'interno del filo). Si dimostra infatti che vale

$$B(r) = \frac{\mu_0}{2\pi} \frac{i}{R^2} r \qquad (21)$$

Come per il campo elettrico all'interno di una distribuzione sferica omogenea di carica, il campo risulta direttamente proporzionale alla distanza dal centro di simmetria del sistema.

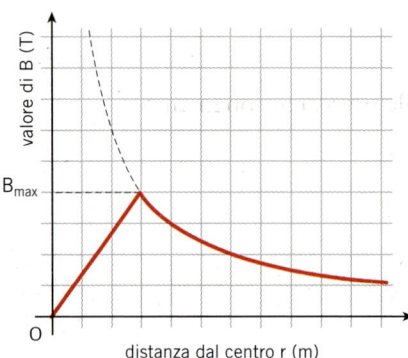

Figura 14 Andamento del modulo B del campo magnetico generato da un filo rettilineo indefinito in funzione della distanza r dal centro.

La **figura 14** mostra l'andamento del modulo B del campo magnetico generato dal filo in funzione della distanza r dal centro.

Per $0 \leq r \leq R$ il valore del campo magnetico cresce linearmente fino al valore massimo $B_{max} = \mu_0 i/(2\pi R)$ che si ottiene per $r = R$; al di fuori del filo il valore di B diminuisce in maniera inversamente proporzionale a r (cioè seguendo un arco di iperbole equilatera) come è previsto dalla legge di Biot e Savart (formula (**8**) del capitolo «Fenomeni magnetici fondamentali»).

Dimostrazione del valore dei campo magnetico all'interno di un filo

Data una superficie di area A, disposta perpendicolarmente al moto dei portatori di carica e attraversata da una corrente di intensità i, si definisce la **densità di corrente** j attraverso il rapporto

$$j = \frac{i}{A}. \qquad (22)$$

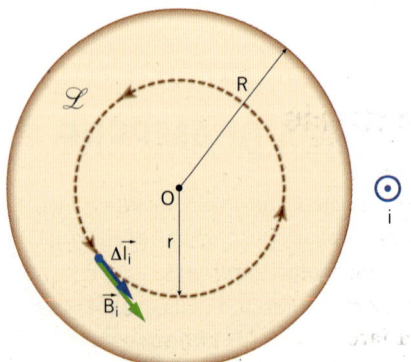

Figura 15 Sezione di un filo rettilineo attraversato da una corrente di intensità i.

La densità di corrente è utile per analizzare il sistema schematizzato nella **figura 15**, dove è rappresentata la sezione trasversale di un filo elettrico di raggio R che trasporta una corrente i. Il punto O è l'intersezione dell'asse di simmetria del filo con il piano della figura.

Visto che l'area trasversale del filo è $A = \pi R^2$, la sua densità di corrente vale, per la definizione precedente:

$$j = \frac{i}{\pi R^2}. \qquad (23)$$

Ora consideriamo, nel piano della figura precedente, un cammino $\mathcal{L}$ costituito da una circonferenza di raggio r (con $0 \leq r \leq R$) percorsa in senso antiorario se il verso di i è uscente dalla figura.

Un criterio generale, verificato in tutti i casi studiati finora, è che il verso del campo magnetico si ricava da quello della corrente con la regola della mano destra. Quindi, in ogni tratto $\Delta \vec{l}_i$ di $\mathcal{L}$ il campo $\vec{B}_i$ è parallelo in direzione e in verso a $\Delta \vec{l}_i$.

Inoltre il sistema che stiamo studiando rimane invariato se lo ruotiamo attorno a O di un angolo qualunque. Ciò significa che in tutti i punti di $\mathcal{L}$ il campo magnetico ha lo stesso modulo $B(r)$.

Con $\Delta \vec{l}_i$ parallelo a $\vec{B}_i$ in tutti i punti e il modulo del campo costante ci troviamo esattamente nelle condizioni della dimostrazione vista nel paragrafo precedente. Quindi possiamo scrivere, per le stesse motivazioni già viste in quel caso:

$$\Gamma_{\mathcal{L}}(\vec{B}) = \sum_{j=1}^{n} B_j \Delta l_j = \sum_{j=1}^{n} B(r) \Delta l_j = B(r) \sum_{j=1}^{n} \Delta l_j.$$

Ancora una volta la sommatoria $\sum_{j=1}^{n} \Delta l_j$ è uguale, nel limite di n che tende a più infinito, alla lunghezza $2\pi r$ di $\mathcal{L}$. Quindi dal calcolo precedente otteniamo

$$\Gamma_{\mathcal{L}}(\vec{B}) = B(r) \sum_{j=1}^{n} \Delta l_j = 2\pi r B(r). \qquad (24)$$

Dalla definizione (**22**) si deduce che vale la relazione $i = jA$. L'area racchiusa dal cammino $\mathcal{L}$ vale $A_r = \pi r^2$ e j è data dalla formula (**23**); quindi, la corrente i_r concatenata al cammino $\mathcal{L}$ è data da

$$i_r = jA_r = \frac{i}{\pi R^2} \pi r^2 = i \frac{r^2}{R^2}. \qquad (25)$$

Ora abbiamo tutte le informazioni che ci permettono di sfruttare il teorema di Ampère (**19**) e, sulla base delle formule (**24**) e (**25**), possiamo scrivere

$$\Gamma_{\mathcal{L}}(\vec{B}) = \mu_0 i_{tot} \Rightarrow 2\pi r B(r) = \mu_0 i \frac{r^2}{R^2}.$$

Isolando $B(r)$ nell'ultima equazione troviamo, quindi

$$B(r) = \frac{\mu_0}{2\pi} \frac{ri}{R^2},$$

che è proprio la formula (**21**).

Linee del campo magnetico
Affermare che Δl_i è parallelo a B_i in ogni punto di $\mathcal{L}$ è un altro modo per dire che il campo $\vec{B}$ è tangente a $\mathcal{L}$ in ogni suo punto.
Ciò significa che $\mathcal{L}$ è una linea di campo $\vec{B}$.

Campo magnetico generato da un toroide

Il «toro» (**figura 16**) è il solido geometrico, simile a una ciambella, che si ottiene facendo ruotare di un angolo giro un cerchio attorno a un asse esterno al cerchio stesso. Un po' arbitrariamente lo si può immaginare come un cilindro di raggio di base a che è stato piegato in forma circolare fino a fare unire tra loro le due basi.

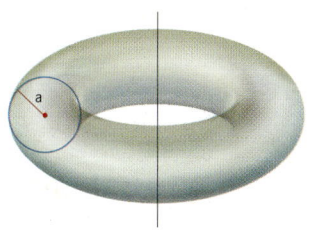

Figura 16 Toro ottenuto facendo ruotare di un angolo giro il cerchio di raggio a.

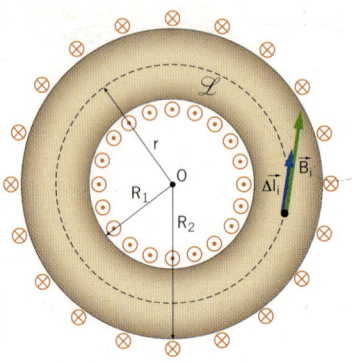

Figura 17 Sezione di un solenoide toroidale: le spire sono avvolte in modo da seguire la superficie del toro.

Nella **figura 17** il raggio interno del toro è indicato con R_1 e quello esterno con R_2, mentre O è il centro di simmetria del sistema. Avvolgendo strettamente e regolarmente una bobina di N spire in modo che segua la superficie del toro si ottiene un **solenoide toroidale**, o **toroide**.

Consideriamo ora un cammino $\mathscr{L}$ di forma circolare, con centro O e raggio r ($R_1 < r < R_2$). Ancora una volta la simmetria del sistema e il fatto che il campo $\vec{B}$ debba essere, punto per punto, perpendicolare alle correnti elettriche nelle vicinanze ci dice che $\mathscr{L}$ è una linea del campo magnetico (cioè che ogni tratto $\Delta \vec{l}_i$ di $\mathscr{L}$ e il corrispondente campo $\vec{B}_i$ hanno la stessa direzione e lo stesso verso). Inoltre, come nel caso precedente, tutti i vettori $\vec{B}_i$ hanno lo stesso modulo $B_T(r)$ sui punti di $\mathscr{L}$.

Dal punto di vista matematico siamo nelle stesse condizioni che ci hanno portato alla formula (24); così possiamo scrivere

$$\Gamma_{\mathscr{L}}(\vec{B}) = 2\pi r B_T(r).$$

Ora, però, al cammino $\mathscr{L}$ è concatenata N volte la corrente i; quindi in questo caso il teorema di Ampère si scrive

$$\Gamma_{\mathscr{L}}(\vec{B}) = 2\pi r B_T(r) = \mu_0 N i.$$

Il secondo e il terzo termine della precedente catena di uguaglianza costituiscono un'equazione da cui è possibile ricavare $B_T(r)$, trovando

$$B_T(r) = \frac{\mu_0}{2\pi} \frac{Ni}{r} \qquad (26)$$

Come si vede dalla formula precedente, all'interno del solenoide toroidale il modulo del campo magnetico non è uniforme (come accade in quello lineare), ma è inversamente proporzionale alla distanza r da O.

In molti casi pratici il raggio a della sezione del toroide è molto minore dei raggi R_1 e R_2 che lo caratterizzano. Se si verifica questa condizione ha senso introdurre il raggio medio

$$R \cong R_1 \cong R_2$$

del toroide e considerare B_T costante con il valore

$$B_T = \frac{\mu_0}{2\pi} \frac{Ni}{R}. \qquad (27)$$

8 LE PROPRIETÀ MAGNETICHE DEI MATERIALI

Esistono materiali che, come il ferro e il nichel, sono attratti in maniera piuttosto intensa da un magnete. Le sostanze che si comportano in questo modo sono dette **ferromagnetiche** e sono le stesse che, come è spiegato all'inizio del capitolo precedente, si magnetizzano se sono poste a contatto con un magnete permanente, come un cristallo di magnetite.

Se utilizziamo magneti ordinari abbiamo l'impressione che le sostanze non ferromagnetiche non risentano in alcun modo della presenza di un campo magnetico.

ANIMAZIONE

Le sostanze ferromagnetiche
(1 minuto e mezzo)

IL CAMPO MAGNETICO **26** CAPITOLO

Però in laboratorio, dove si ottengono campi magnetici di grande intensità, possiamo osservare diversi tipi di comportamenti: per esempio l'acqua, l'argento e il rame vengono debolmente *respinti* da un campo magnetico. Invece l'aria e l'alluminio sono *attratti*, anche in questo caso con una forza molto piccola.

> Le sostanze che sono respinte da un campo magnetico si dicono **diamagnetiche**. Quelle che vengono debolmente attratte sono chiamate **paramagnetiche**.

ANIMAZIONE

Le sostanze diamagnetiche e paramagnetiche
(2 minuti e mezzo)

Ampère aveva fatto l'ipotesi che il comportamento dei magneti permanenti fosse dovuto all'effetto di correnti elettriche microscopiche che fluiscono al loro interno. A cavallo tra il Settecento e l'Ottocento, egli non aveva però alcuna idea di quali fossero e come si generassero queste correnti.

Oggi sappiamo che all'interno degli atomi ci sono davvero correnti «elementari», dovute al moto degli elettroni attorno al nucleo e al loro *spin*. Ogni atomo, quindi, si può comportare come una spira percorsa da corrente che, come è spiegato nel capitolo precedente, in un campo magnetico esterno ruota fino ad allineare il proprio momento magnetico al campo $\vec{B}$.

Consideriamo, per esempio, un cilindro di ferro.

Lo spin degli elettroni
Lo spin è una proprietà delle particelle subatomiche che non è spiegabile sulla base della fisica classica. È descritta nel capitolo «La teoria quantistica».

▶ In condizioni normali, i singoli atomi di ferro sono orientati a caso e, di conseguenza, il campo $\vec{B}$ totale che generano nel materiale è nullo.

▶ In presenza di un campo magnetico esterno, le «spire» atomiche percorse da corrente si orientano e generano un campo $\vec{B}$ diverso da zero.

▶ La sovrapposizione delle correnti elementari dei singoli atomi, tutte dello stesso verso, è equivalente a una corrente che circola sulla superficie del cilindro.

A | **B** | **C**

Questo modello spiega l'intuizione di Ampère, secondo cui il campo magnetico di una calamita rettilinea è analogo a quello prodotto da un solenoide (figura 18).

Il campo magnetico esterno $\vec{B}_0$ orienta nella propria direzione i momenti magnetici elementari presenti nella materia.

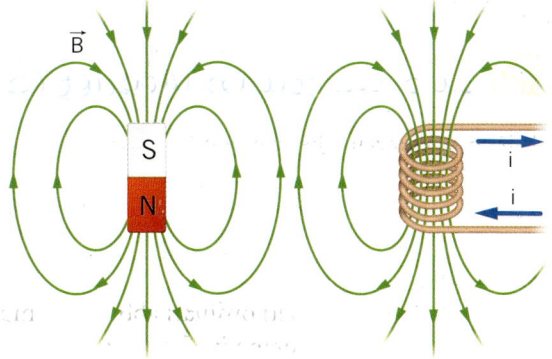

Figura 18 Il campo magnetico generato da una calamita rettilinea è analogo a quello prodotto da un magnete.

L'effetto globale di questo allineamento è equivalente al fluire di una corrente sulla superficie del blocco di materia e questa corrente genera, a sua volta, un campo magnetico $\vec{B}_m$ (il pedice *m* ricorda che si tratta di un campo magnetico dovuto alla presenza di materia).

Così, in tutto lo spazio il campo magnetico che si misura non è più il campo magnetico esterno $\vec{B}_0$, ma il campo totale

$$\vec{B} = \vec{B}_0 + \vec{B}_m. \tag{28}$$

Interpretazione microscopica delle proprietà magnetiche

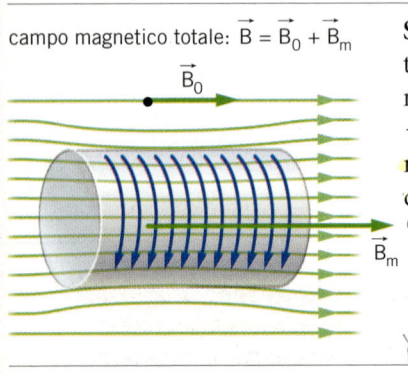

campo magnetico totale: $\vec{B} = \vec{B}_0 + \vec{B}_m$

Sostanze ferromagnetiche. Possiedono momenti magnetici elementari *piuttosto intensi* (che subiscono fortemente l'effetto di $\vec{B}_0$ e generano un campo $\vec{B}_m$ intenso). $\vec{B}_0$ e $\vec{B}_m$ hanno lo stesso verso, per cui $\vec{B} = \vec{B}_0 + \vec{B}_m$ può essere molto più intenso di $\vec{B}_0$. Per questa ragione, anche se $\vec{B}_0$ è uniforme, $\vec{B}$ è più intenso all'interno del materiale: in tale zona le linee di campo magnetico si addensano.

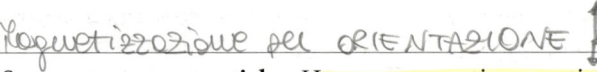

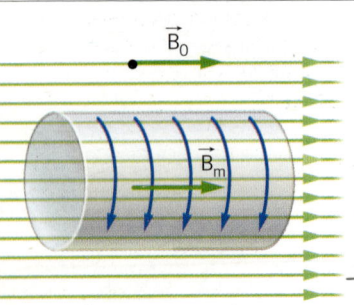

Sostanze paramagnetiche. Hanno momenti magnetici elementari *piuttosto deboli*. Il loro allineamento nella direzione di $\vec{B}_0$ avviene come nelle sostanze ferromagnetiche, ma gli effetti sono molto meno evidenti. Il campo $\vec{B} = \vec{B}_0 + \vec{B}_m$ è poco maggiore di $\vec{B}_0$ e l'addensamento delle linee di campo all'interno del materiale è trascurabile.

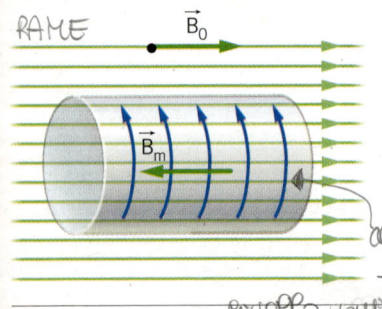

Sostanze diamagnetiche. In condizioni normali hanno correnti elettriche elementari *uguali a zero*, perché al loro interno gli effetti magnetici dovuti ai singoli elettroni si compensano. Un campo magnetico esterno $\vec{B}_0$, che agisce sugli elettroni in movimento, disturba questo equilibrio e genera un momento magnetico debole, ma con verso *opposto* a quello di $\vec{B}_0$. Così il campo magnetico totale $\vec{B} = \vec{B}_0 + \vec{B}_m$ è di poco *minore* di $\vec{B}_0$: le linee di campo magnetico tendono a essere espulse, anche se di poco, dal materiale.

La permeabilità magnetica relativa

Per descrivere la risposta di un materiale all'azione di un campo magnetico esterno si introduce una nuova grandezza, detta **permeabilità magnetica relativa** μ_r della sostanza in esame, definita dalla relazione

$$\vec{B} = \mu_r \vec{B}_0 \tag{29}$$

Dal momento che i campi magnetici $\vec{B}$ e $\vec{B}_0$ hanno la stessa unità di misura, μ_r è un numero puro.

Per le sostanze diamagnetiche e paramagnetiche, $\vec{B}$ risulta direttamente proporzionale a $\vec{B}_0$ e quindi μ_r è una costante.

Per le sostanze diamagnetiche, per le quali $\vec{B}$ è minore di $\vec{B}_0$, μ_r risulta minore di 1 (anche se di pochissimo). Al contrario, nelle sostanze paramagnetiche μ_r è maggiore di 1 (tabella seguente).

Permeabilità magnetiche relative μ_r di alcune sostanze

Sostanza	μ_r	Sostanza	μ_r	Sostanza	μ_r
bismuto	0,99983	rame	0,999990	alluminio	1,000021
acqua	0,999910	idrogeno	0,9999999979	platino	1,00021
mercurio	0,999968	aria	1,00000036	cromo	1,00033
argento	0,999981	sodio	1,000008	palladio	1,00078
vetro	0,999987	ossigeno	1,000018		

DIAMAGNETICI — PARAMAGNETICI — PARAMAGNETICI

APPROFONDIMENTO

Il campo magnetico H (2 pagine)

9 IL CICLO DI ISTERESI MAGNETICA

Nei materiali ferromagnetici il campo magnetico totale $\vec{B}$ non è direttamente proporzionale al campo esterno $\vec{B}_0$, come avviene nelle sostanze diamagnetiche e paramagnetiche, e la permeabilità magnetica relativa è grande.

Per vedere cosa accade in questo caso, avvolgiamo un solenoide attorno a un lungo cilindro fatto di una sostanza ferromagnetica. Questo solenoide fornisce il campo esterno $\vec{B}_0$, il cui modulo è dato dalla formula

$$B = \mu_0 \frac{N}{l} i,$$

e quindi può essere variato a piacere cambiando l'intensità della corrente i che fluisce nel solenoide stesso (il numero N di spire e la lunghezza l del solenoide sono fissi).

Nella **figura 19** è presentato un grafico che descrive i valori assunti dall'intensità del campo magnetico totale $\vec{B}$ al variare dell'intensità di $\vec{B}_0$.

La curva sperimentale parte dall'origine degli assi: prima di fare fluire corrente nel solenoide sia $\vec{B}$ che $\vec{B}_0$ sono nulli.

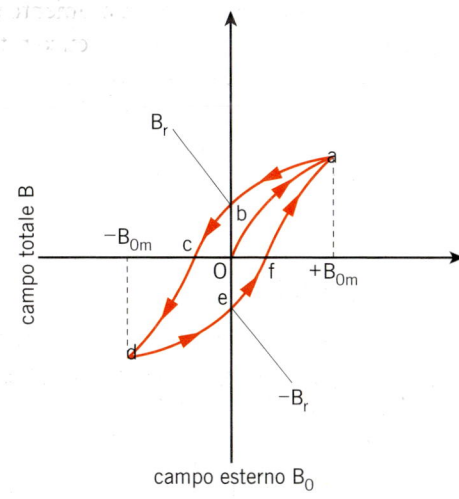

Permeabilità magnetica relativa molto elevata

Il supermalloy (una lega di ferro, nichel, molibdeno e manganese) ha un valore massimo di μ_r uguale a 8×10^5.

Figura 19 Ciclo di isteresi magnetica di un materiale ferromagnetico.

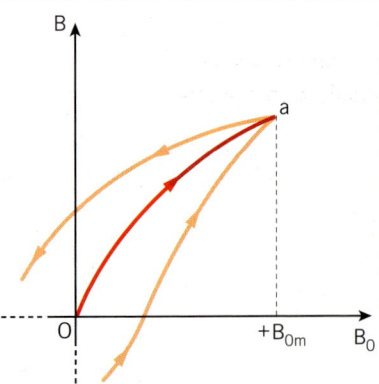

Nel tratto Oa, al crescere di $\vec{B}_0$ aumenta anche $\vec{B}$, ma la curva che descrive la relazione che li lega non è una retta. Ciò significa che per le sostanze ferromagnetiche lo scalare μ_r (che può assumere valori molto elevati) non è una costante, ma varia al variare di $\vec{B}_0$.

Giunti alla zona del punto a del grafico, il valore di B non cresce rapidamente come prima ma tende a rimanere costante (valore di *saturazione*); ciò accade perché, ormai, quasi tutti i momenti magnetici all'interno del materiale sono orientati.

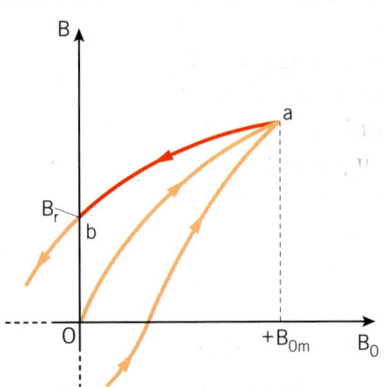

Giunti a questo punto, si riduce la corrente i nel solenoide in modo da far diminuire l'intensità di B_0. Così facendo, il sistema magnetico non ripercorre a ritroso il comportamento visto in precedenza, ma descrive la curva che va da a a b.

Quando B_0 si annulla, nel cilindro ferromagnetico rimane un campo magnetico residuo di intensità B_r (punto b del grafico).

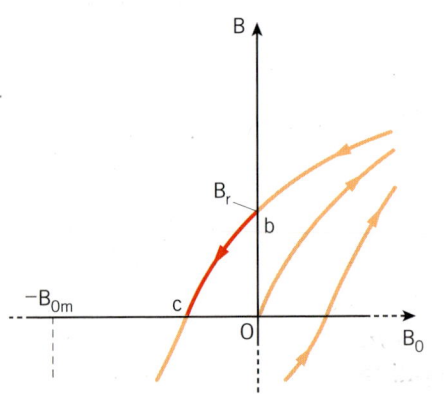

Per eliminare questa magnetizzazione residua è necessario invertire il segno di B_0 (cioè invertire il verso in cui scorre la corrente elettrica nel solenoide). In questo modo si giunge al punto c, in cui B è uguale a zero, ma B_0 ha un valore negativo.

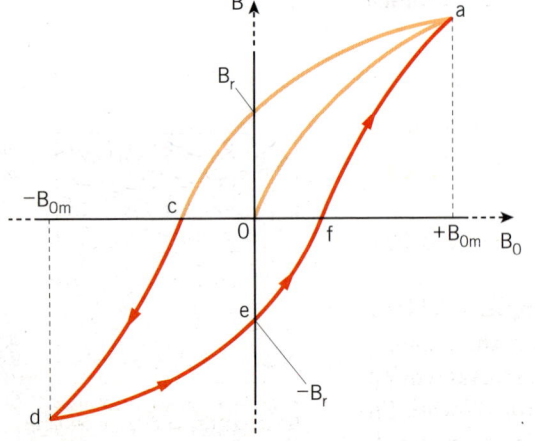

Facendo in modo che B_0 diminuisca ancora, fino a valere $-B_{0m}$, e poi torni a crescere, fino a $+B_{0m}$, si ottiene la curva della figura, che prende il nome di **curva di isteresi magnetica**. Si vede che questa curva non passa più dall'origine (che corrisponde allo stato iniziale in cui sia B_0 che B erano uguali a zero).

La magnetizzazione permanente

Nei due punti *b* ed *e* il materiale ferromagnetico ha acquistato una *magnetizzazione permanente*: in questo modo abbiamo costruito un magnete artificiale. Ciò è possibile perché

> in un materiale ferromagnetico i momenti magnetici microscopici della materia, che sono stati ordinati dal campo magnetico esterno, sono abbastanza intensi da risentire gli effetti della loro interazione reciproca, rimanendo parzialmente allineati.

Questo ordinamento si mantiene nel tempo senza che sia più necessario l'effetto di un campo magnetico esterno.

Ciò non accade nelle sostanze paramagnetiche: in esse i momenti magnetici microscopici sono poco intensi e, una volta rimosso il campo magnetico esterno, il moto di agitazione termica riporta subito i circuiti elementari contenuti nel materiale alla condizione di disordine, per cui il campo magnetico complessivo dovuto alla materia è nullo.

La temperatura di Curie

Anche un materiale ferromagnetico può essere smagnetizzato, ma per portarlo in questa condizione è necessario aumentare a sufficienza il moto di agitazione termica portandolo al di sopra di una certa temperatura caratteristica della sostanza, detta *temperatura di Curie* dal nome del fisico francese Pierre Curie (1859-1906).

> Al di sopra della **temperatura di Curie** ogni materiale ferromagnetico diviene paramagnetico e perde la propria magnetizzazione residua.

I domini di Weiss

L'esistenza del fenomeno della magnetizzazione residua mostra che, in una sostanza ferromagnetica, i momenti magnetici elementari possono mantenersi allineati gli uni con gli altri, senza la necessità di un campo magnetico esterno.

Va sottolineato che, all'interno di un blocco di ferro *non* magnetizzato, i momenti magnetici non sono completamente disordinati. Al contrario,

> a temperatura ambiente il blocco di ferro è suddiviso in un grande numero di zone magnetizzate.

Queste zone, mostrate nella **figura 20**, sono dette **domini di Weiss** dal nome del fisico francese Pierre-Ernest Weiss (1865-1940).

Ogni dominio genera un proprio campo magnetico, ma nel complesso il blocco di ferro risulta smagnetizzato perché i singoli domini hanno orientazioni casuali.

Un campo magnetico esterno provoca la crescita dei domini che si trovano orientati lungo di esso, oppure fa ruotare l'orientazione dei domini non allineati. Entrambi questi meccanismi generano la magnetizzazione macroscopica del materiale.

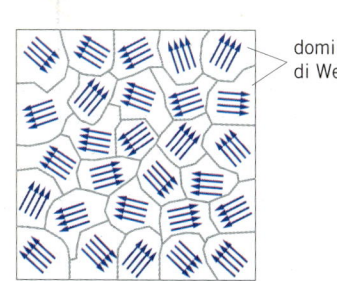

Figura 20 Blocco di materiale ferromagnetico suddiviso in domini di Weiss.

Le memorie magnetiche digitali

Il fenomeno della magnetizzazione residua è utilizzato nella realizzazione di memorie magnetiche digitali. In un computer tutte le informazioni sono rappresentate da una sequenza di 0 e 1 (l'«alfabeto» del computer è composto da due soli caratteri).

Nel **disco rigido**, queste informazioni sono immagazzinate sotto forma di zone in cui la magnetizzazione ha un certo verso oppure quello opposto (figura 21). Lo stesso accade nelle chiavette USB, nei nastri digitali e in altri tipi di memorie magnetiche.

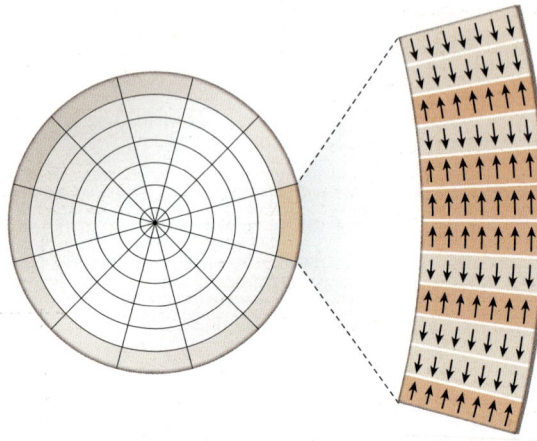

Figura 21 In un disco rigido le informazioni sono conservate come orientazione di campi magnetici.

Per fare in modo che il segnale memorizzato sia «robusto» (cioè, che non si cancelli spontaneamente e che possa essere letto facilmente da una testina o da un altro dispositivo analogo), occorre che la magnetizzazione residua del materiale utilizzato sia elevata. Quindi, per costruire le memorie magnetiche si utilizzano materiali che hanno curve di isteresi simili a quelle della figura 22.

L'elettromagnete

Avvolgendo un solenoide attorno a un nucleo di ferro speciale si ottiene un *elettromagnete* (figura 23).

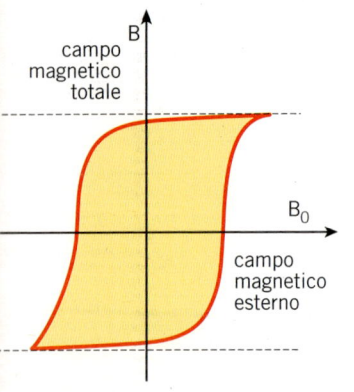

Figura 22 Ciclo di isteresi magnetica con grande magnetizzazione residua.

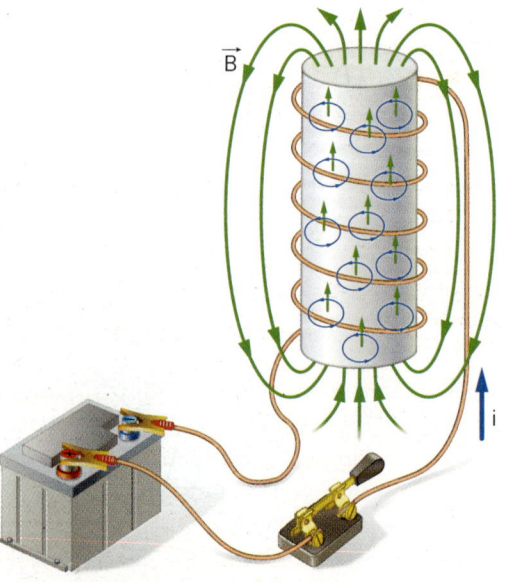

Figura 23 Schema costruttivo di un elettromagnete.

IL CAMPO MAGNETICO **26** CAPITOLO

> Un **elettromagnete** si comporta come una calamita che è messa in funzione a comando, azionando un interruttore.

Quando nel solenoide circola corrente, il nucleo di ferro genera un campo magnetico che può essere diverse centinaia di volte maggiore di quello che sarebbe creato dal solenoide posto nell'aria.

Non appena però la corrente si interrompe, il nucleo si smagnetizza quasi completamente. Per ottenere ciò, per i nuclei degli elettromagneti si utilizzano materiali, come il ferro dolce, che hanno una curva di isteresi analoga a quella mostrata nella **figura 24**, con una magnetizzazione residua particolarmente bassa.

Gli elettromagneti hanno moltissime applicazioni.

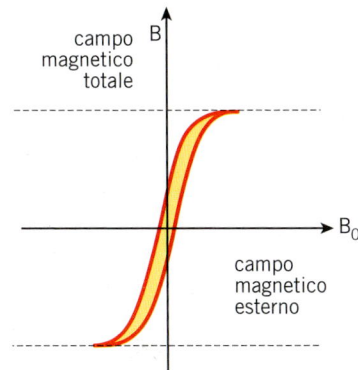

Figura 24 Ciclo di isteresi magnetica con piccola magnetizzazione residua.

▶ Le testine dei registratori audio o video contengono dei piccoli elettromagneti che creano sul nastro una copia «magnetica» del suono o dell'immagine da riprodurre.

▶ Nella fisica delle particelle, potentissimi elettromagneti sono impiegati per guidare il moto di fasci di particelle che circolano negli acceleratori.

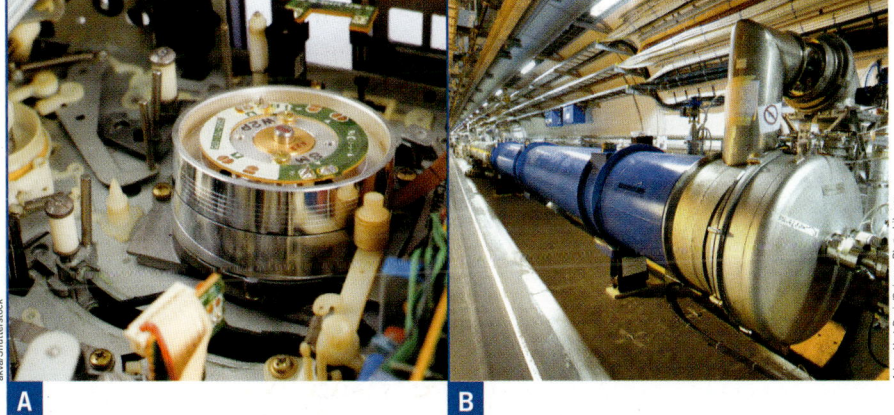

A B

Inoltre, gli elettromagneti sono usati anche in molti macchinari di uso industriale. Per esempio, le gru che sollevano le automobili nelle autodemolizioni, contengono potenti elettromagneti.

935

10 VERSO LE EQUAZIONI DI MAXWELL

Le proprietà matematiche fondamentali del campo magnetico sono riassunte in due equazioni

$$\Phi_\Omega(\vec{B}) = 0$$

e

$$\Gamma_{\mathscr{L}}(\vec{B}) = \mu_0 \sum_k i_k ;$$

come vedremo nel capitolo «Le equazioni di Maxwell e le onde elettromagnetiche», sono due delle quattro equazioni di Maxwell, scritte nel caso statico (le prime due sono state presentate nel paragrafo 8 del capitolo «Fenomeni di elettrostatica»).

Prima equazione
Che cosa dice
La prima equazione stabilisce che il flusso del campo magnetico attraverso qualunque superficie chiusa è uguale a zero.

Che cosa significa
Per ogni linea di campo entrante, ce n'è una uscente, quindi le linee del campo magnetico sono chiuse.

Questa caratteristica delle linee di campo magnetico lo differenzia dal campo elettrico che invece ha linee aperte, che hanno gli estremi in corrispondenza delle cariche (come abbiamo visto studiando il teorema di Gauss per il campo elettrico, prima equazione di Maxwell).

Quali sono le conseguenze
- Non esistono poli magnetici isolati (monopoli): a ogni polo nord magnetico (da cui le linee di campo escono) corrisponde necessariamente un polo sud a esso indissolubilmente connesso (in cui le linee di campo entrano).
- Le linee del campo magnetico $\vec{B}$ non hanno né inizio né fine (o sono chiuse oppure si estendono all'infinito, come accade nel caso di un solenoide illimitato).

Seconda equazione
Che cosa dice
La seconda equazione riguarda la circuitazione del campo magnetico, e stabilisce che questa non è sempre uguale a zero, come invece succede per il campo elettrico. Il suo valore dipende dalle correnti concatenate al percorso $\mathscr{L}$ considerato (cioè dalle correnti che attraversano una superficie che ha $\mathscr{L}$ come contorno).

Che cosa significa
Il fatto che la circuitazione del campo magnetico non sia sempre zero implica che il campo magnetico non è conservativo. Una volta fissate le correnti che formano il sistema fisico, il valore della circuitazione dipende dal percorso $\mathscr{L}$ scelto.

Quali sono le conseguenze
- Le cariche in movimento (correnti elettriche) sono le sorgenti del campo magnetico
- Siccome il campo magnetico non è conservativo, non ha senso introdurre una «energia potenziale magnetica» come quella elettrica e quella gravitazionale. Di conseguenza, mentre esiste un potenziale elettrico non ha senso definire un «potenziale magnetico».
- Permette di calcolare il modulo del campo magnetico all'interno di un filo percorso da corrente e in un toroide.

IL CAMPO MAGNETICO **26** CAPITOLO

La tabella seguente riprende anche quanto è stato detto a proposito del campo elettrico. Le quattro equazioni scritte nella colonna di sinistra sono dette equazioni di Maxwell per i campi statici.

Equazione	Campo	Grandezza interessata	A parole	Proprietà del campo	Conseguenze
$\Phi_\Omega(\vec{E}) = \dfrac{Q_{tot}}{\varepsilon}$ (Teorema di Gauss per il campo elettrico)	$\vec{E}$	Flusso	Il flusso del campo elettrico attraverso una superficie chiusa è direttamente proporzionale alla carica totale contenuta all'interno della superficie.	Linee aperte che escono dalle cariche positive ed entrano nelle cariche negative	• Le cariche elettriche sono le sorgenti del campo elettrico • Campo $\vec{E}$ di particolari distribuzioni di carica • Carica elettrica sulla superficie dei conduttori in equilibrio • Teorema di Coulomb
$\Gamma_{\mathscr{L}}(\vec{E}) = 0$ (teorema della circuitazione per il campo elettrostatico)	$\vec{E}$	Circuitazione	La circuitazione del campo elettrostatico è nulla, qualunque sia il cammino orientato lungo il quale essa è calcolata.	Conservativo	Si può definire un potenziale elettrico
$\Phi_\Omega(\vec{B}) = 0$ (Teorema di Gauss per il campo magnetico)	$\vec{B}$	Flusso	Il flusso del campo magnetico attraverso qualunque superficie chiusa è nullo.	Linee chiuse	Non esistono monopoli magnetici isolati
$\Gamma_{\mathscr{L}}(\vec{B}) = \mu_0 \sum_k i_k$ (Teorema di Ampère)	$\vec{B}$	Circuitazione	La circuitazione del campo magnetico lungo un percorso $\mathscr{L}$ è diversa da zero in presenza di correnti elettriche concatenate a $\mathscr{L}$.	Non conservativo	• Le cariche in movimento (correnti elettriche) sono le sorgenti del campo magnetico • Non si può definire un potenziale magnetico • Campo magnetico all'interno di un filo percorso da corrente e in un toroide

937

I CONCETTI E LE LEGGI

IL MOTO DI UNA CARICA IN UN CAMPO MAGNETICO UNIFORME

Il campo magnetico è generato da cariche elettriche *in moto* e, a loro volta, cariche elettriche *in moto* sono soggette a forze dovute a un campo magnetico.

Forza di Lorentz

$$\vec{F}_q = q\vec{v} \times \vec{B} \qquad \text{forza di Lorentz} = \text{(carica elettrica)} \cdot \text{(velocità)} \times \text{(campo magnetico)}$$

- È esercitata da un campo magnetico su una carica q in moto con velocità $\vec{v}$.
- Il suo modulo è dato da $F_q = qvB_\perp$ o $F_q = qvB \sen\alpha$.
- La direzione è perpendicolare al piano definito dai vettori $\vec{v}$ e $\vec{B}$.
- Il verso è dato dalla regola della mano destra: se la carica è positiva, si punta il pollice nel verso della velocità; se è negativa, si punta il pollice nel verso opposto a quello di $\vec{v}$.
- La forza di Lorentz e lo spostamento istantaneo della carica sono perpendicolari: di conseguenza, la forza non può cambiare il valore della velocità di una carica, ma può modificare la sua direzione.

Moto di una carica

Raggio della traiettoria circolare di una carica in moto con $\vec{v}$ perpendicolare a $\vec{B}$ uniforme

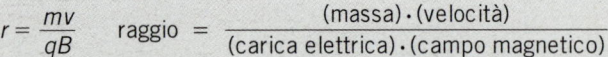

- Una carica q di massa m, che ha una velocità $\vec{v}$ perpendicolare alle linee di un campo $\vec{B}$ uniforme, descrive un moto circolare uniforme.
- La forza che agisce sulla carica è la forza centripeta.

Periodo del moto circolare di una carica in moto con $\vec{v}$ perpendicolare a $\vec{B}$ uniforme

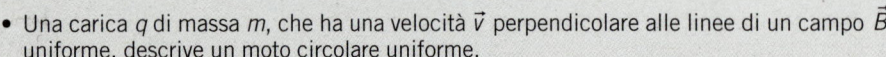

- Nell'espressione del periodo, il raggio della traiettoria non compare: quindi il periodo di rotazione del moto circolare uniforme descritto dalla particella carica non dipende da r.

Moto di una carica con $\vec{v}$ obliqua a $\vec{B}$ uniforme

- Il moto della carica è dato dalla sovrapposizione di un moto rettilineo uniforme, con velocità $v_\parallel$, nella direzione parallela a $\vec{B}$ e un moto circolare uniforme, con modulo della velocità $v_\perp$, nel piano perpendicolare a $\vec{B}$: il risultato è una traiettoria a *elica cilindrica di passo costante*.

Carica specifica dell'elettrone

$$\frac{e}{m} = \frac{2\Delta V}{r^2 B^2}$$

- Dall'osservazione di una carica in moto in un campo magnetico uniforme su una traiettoria circolare, si può determinare la **carica specifica**, il rapporto tra la carica della particella e la sua massa.
- Un elettrone, emesso per effetto termoionico da un cannone elettronico a cui è applicata la differenza di potenziale ΔV e che è inserito in un campo $\vec{B}$ in direzione perpendicolare al campo stesso, descrive una circonferenza di raggio r.
- Il valore ottenuto da Thomson nel 1897 fu di $1{,}7 \times 10^{11}$ C/kg, in buon accordo con i dati attuali.

Tensione di Hall

- La forza di Lorentz permette di interpretare l'effetto Hall: una lamina percorsa da corrente è inserita in un campo in modo che la direzione della corrente sia perpendicolare a quella del campo; tra i suoi bordi si misura una differenza di potenziale dovuta alla forza di Lorentz che agisce sui portatori di carica.
- Il segno di questa differenza di potenziale conferma sperimentalmente che, nei metalli, i portatori di carica sono negativi.

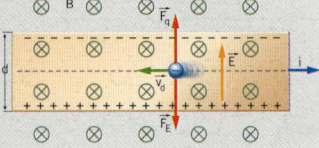

PROPRIETÀ DEL CAMPO MAGNETICO

Le proprietà del campo magnetico sono sintetizzate dalle espressioni del flusso e dalla circuitazione del campo magnetico.

Flusso del vettore campo magnetico

Caso semplice (superficie piana e campo uniforme):

$\Phi_S(\vec{B}) = \vec{B} \cdot \vec{S} = BS \cos \alpha$
flusso del campo magnetico = (campo magnetico)·(vettore superficie)

Caso generale: (superficie qualunque suddivisa in porzioni così piccole da essere considerate piane)

$\Phi_\Omega(\vec{B}) = \sum_{i=1}^{n} \vec{B}_i \cdot \Delta \vec{S}_i = \sum_{i=1}^{n} B_i \Delta S_i \cos \alpha_i$

- È il prodotto scalare fra il vettore campo magnetico e il vettore superficie sul quale il campo magnetico è costante.
- È massimo quando il campo magnetico e il vettore superficie sono paralleli, è zero quando sono perpendicolari.
- Si misura in Weber (1 Wb = 1 T · m^2)

Segno del flusso del campo magnetico

- Il verso del vettore superficie $\vec{S}$ è scelto ad arbitrio.
- $\Phi_S(\vec{B})$ è positivo se le linee di campo magnetico escono dalla faccia positiva della superficie; è negativo quando le linee di campo entrano nella faccia positiva.

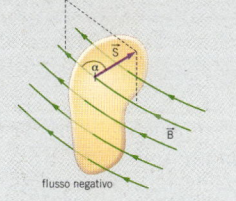
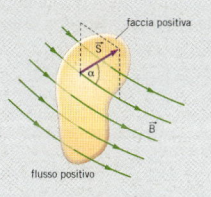

Teorema di Gauss per il magnetismo

$\Phi_\Omega(\vec{B}) = 0$

- Il flusso del campo magnetico attraverso qualunque superficie chiusa è uguale a zero.
- Ciò indica che non esistono monopòli magnetici: per questa ragione le linee di campo magnetico non hanno inizio né fine.

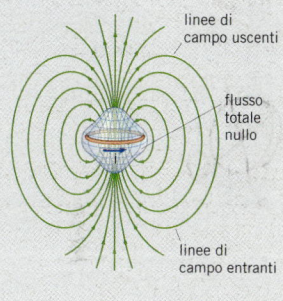

Circuitazione del campo magnetico

$\Gamma_{\mathcal{L}}(\vec{B}) = \sum_{j=1}^{n} \vec{B}_j \cdot \Delta \vec{l}_j = \sum_{j=1}^{n} B_j \Delta l_j \cos \alpha_j$

- La circuitazione di $\vec{B}$ lungo un cammino chiuso $\mathcal{L}$ è la somma dei prodotti scalari relativi a tutti gli n tratti $\Delta \vec{l}_j$, dove $\vec{B}_j$ è il campo magnetico uniforme lungo $\Delta \vec{l}_j$

Teorema di Ampère

$\Gamma_{\mathcal{L}}(\vec{B}) = \mu_0 \sum_{k} i_k$

- La sommatoria è estesa a tutte le correnti **concatenate**.
- Il campo magnetico non è conservativo: la sua circuitazione può essere diversa da zero.
- La corrente è positiva se il campo magnetico che genera ha lo stesso verso con cui è percorso il cammino chiuso, negativa in caso contrario.

Campo magnetico totale dovuto alla presenza di materia

$\vec{B} = \vec{B}_0 + \vec{B}_m$ campo magnetico totale = campo magnetico esterno + campo magnetico della materia

- Ogni atomo di un pezzo di ferro si comporta come una «spira» microscopica percorsa da corrente, dovuta al moto degli elettroni.
- Un campo magnetico esterno $\vec{B}_0$ orienta nella propria direzione i momenti magnetici elementari della materia, creando un nuovo campo magnetico della materia $\vec{B}_m$; nello spazio quindi si misura il campo magnetico totale $\vec{B}$.

Sostanze ferromagnetiche

Possono essere magnetizzate e sono attratte in maniera intensa da un magnete.

Sostanze paramagnetiche

Sono debolmente attratte da un magnete.

Sostanze diamagnetiche

Sono debolmente respinte da un magnete.

ESERCIZI

DOMANDE SUI CONCETTI

1 Una particella di carica positiva entra, con velocità v da sinistra verso destra, in una zona dove è presente un campo magnetico uniforme perpendicolare a v. La particella devia verso sinistra: che verso ha il vettore campo magnetico?

2 La forza di Lorentz agisce su cariche ferme?

3 Per misurare la velocità del sangue in un'arteria si ricorre a un dispositivo chiamato *flussometro elettromagnetico*. Quando l'arteria in esame è posta tra i poli di un magnete, gli ioni del sangue vengono deflessi dal campo magnetico perpendicolarmente all'arteria e creano un campo elettrico che si oppone alla deflessione.

▶ In che modo si può misurare la velocità del sangue?

(*Suggerimento*: pensa a cosa accade quando la forza elettrica e la forza magnetica hanno lo stesso modulo.)

4 Come si può verificare che una lamina conduttrice qualsiasi è attraversata da cariche negative o positive?

5 Un elettrone e un protone che viaggiano alla stessa velocità entrano in un campo magnetico uniforme in direzione perpendicolare al campo.

▶ Descrivi cosa succede alle traiettorie delle due particelle.

6 Quali sono le condizioni che si devono verificare affinché una carica puntiforme immersa in un campo magnetico si muova di moto circolare uniforme?

7 Un fascio composto da isotopi nucleari di uno stesso elemento con la stessa velocità viene fatto entrare in direzione perpendicolare a un campo magnetico uniforme.

▶ Cosa succede alle particelle?

8 In una zona A di un campo magnetico il flusso del campo attraverso un dato circuito vale 0,012 Wb. In un'altra zona B del campo il flusso attraverso una seconda superficie vale 0,006 Wb.

▶ Si può dedurre che in A il campo è più intenso che in B?

9 Perché, a differenza del flusso del campo elettrico, il flusso del campo magnetico attraverso una superficie chiusa è nullo?

10 Possiamo definire un'energia potenziale magnetica?

11 Perché il campo magnetico non è conservativo?

12 Un conduttore, a forma di parallelepipedo cavo, è percorso da una corrente elettrica continua i. Il conduttore ha una sezione quadrata, di lato esterno L e lato interno l, come mostrato nella figura. La corrente esce dal piano del foglio.

▶ Qual è l'intensità del campo magnetico al centro del conduttore?

13 Un ipotetico materiale ha permeabilità magnetica relativa μ_r esattamente uguale a uno: cosa si può dire del campo magnetico generato dagli atomi di quel materiale per effetto di un campo B_0 esterno?

14 Perché viene introdotta la permeabilità magnetica relativa?

15 Un magnete attira una barra di ferro. In seguito, la barra di ferro può attirare un'altra barra di ferro.

▶ Spiega, sulla base dell'allineamento dei domini microscopici, che cosa accade in ogni barra di ferro.

16 Dopo un ciclo di isteresi magnetica è possibile far perdere la magnetizzazione residua a un materiale ferromagnetico?

17 Nel ciclo di isteresi magnetica il valore del campo magnetico residuo è minore di quello che si ha nella zona di saturazione.

▶ Qual è la ragione di questa differenza di valori?

18 Alcune teorie delle particelle elementari ipotizzano l'esistenza di monopoli magnetici. Se esistesse un monopolo magnetico di tipo Nord, come dovrebbe essere il flusso del campo magnetico attraverso una superficie che lo contiene?

19 Il fatto che il campo magnetico non è conservativo implica che la forza di Lorentz non è conservativa?

PROBLEMI

1 LA FORZA DI LORENTZ

1 PROBLEMA SVOLTO

Un elettrone si muove con velocità $c/10$ in direzione perpendicolare al campo magnetico terrestre, in un punto dove esso ha un'intensità di $4,8 \times 10^{-5}$ T.

▶ Calcola il modulo della forza magnetica che agisce sull'elettrone.

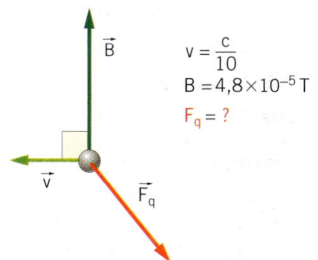

$v = \dfrac{c}{10}$
$B = 4,8 \times 10^{-5}$ T
$F_q = ?$

■ **Strategia e soluzione**

- Visto che la velocità dell'elettrone è perpendicolare alle linee di campo magnetico si ha

$$B_\perp = B$$

per cui il problema può essere risolto con la formula (2), scritta come

$$F_q = evB = e\frac{c}{10}B.$$

- Sostituendo nella formula precedente i corrispondenti valori numerici si trova

$$F_q = \frac{ecB}{10} = \frac{(1,60 \times 10^{-19} \text{ C}) \times (3,00 \times 10^8 \text{ m/s}) \times (4,8 \times 10^{-5} \text{ T})}{10} = 2,3 \times 10^{-16} \text{ N}.$$

■ **Discussione**

Nei calcoli si è posta la carica dell'elettrone uguale a e (e non a $-e$) perché il problema chiede il *modulo* della forza magnetica; quindi il segno della carica non è rilevante.

2 Un protone si muove in un campo magnetico uniforme di intensità $1,0 \times 10^{-2}$ T, in una direzione perpendicolare a quella del campo magnetico. Sul protone agisce una forza di modulo $1,6 \times 10^{-16}$ N.

▶ Calcola il modulo della velocità del protone.

[$1,0 \times 10^5$ m/s]

3 Una carica di $-0,50$ μC si muove con una velocità di 3,0 m/s in direzione perpendicolare a quella di un campo magnetico di 0,15 T, come indicato nella figura.

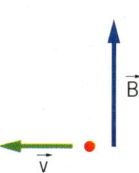

▶ Determina intensità, direzione e verso della forza che agisce sulla carica.

[$2,3 \times 10^{-7}$ N; uscente dal foglio]

ESERCIZI

4 ★★ Una carica di 1,0 μC viaggia in un campo magnetico di 0,15 T, con una velocità di 3,0 m/s in una direzione che forma un angolo di 45° con la direzione del campo magnetico, come indicato nella figura.

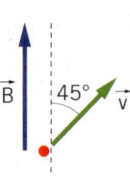

▶ Determina intensità, direzione e verso della forza che agisce sulla carica.

[$3,2 \times 10^{-7}$ N; uscente dal foglio]

5 ★★ Un tratto di filo di rame lungo 10 cm e con la sezione di 1,0 mm², è percorso da una corrente di 10 mA. Esso è immerso in un campo magnetico uniforme, perpendicolare al filo, di intensità 1,0 T. Nel filo di rame vi sono $8,4 \times 10^{28}$ elettroni di conduzione per m³. Calcola:

▶ la forza che agisce su quel tratto di filo.

▶ la forza che agisce su un elettrone di conduzione.

[$1,0 \times 10^{-3}$ N; $1,2 \times 10^{-25}$ N]

6 ★★★ Una particella di carica q entra all'interno di un solenoide percorso da corrente, in direzione perpendicolare alle linee del campo magnetico, con velocità $v = 1,0 \times 10^4$ m/s. Il solenoide è formato da N spire, è lungo $l = 2,0$ m e in esso circola la corrente $i = 100$ A. La particella è sottoposta alla forza di Lorentz d'intensità $F_L = 31,4$ N. La stessa particella immersa in un campo elettrico uniforme d'intensità $E = 20$ V/m subisce forza elettrica $F_E = 10$ N.

▶ Calcola il numero di spire del solenoide.

[100]

2 FORZA ELETTRICA E MAGNETICA

7 ★★★ 🇬🇧 A charged particle is moving without deflections in a space region where an electric field of intensity $3,5 \times 10^2$ V/m and a magnetic field of intensity 0,25 T act in perpendicular directions.

▶ Calculate the speed of the particle.

[$1,4 \times 10^3$ m/s]

8 ★★★ Una lamina metallica è inserita in un campo magnetico di intensità 0,92 T, perpendicolare alla lamina. La velocità di deriva degli elettroni della lamina è di $6,9 \times 10^{-4}$ m/s e la tensione di Hall misurata è di $7,6 \times 10^{-6}$ V.

▶ Calcola l'altezza della lamina.

[$1,2 \times 10^{-2}$ m]

9 ★★ Una particella carica di massa $1,7 \times 10^{-7}$ kg attraversa senza essere deviata una regione dello spazio in cui sono presenti, e perpendicolari tra loro, un campo magnetico e un campo elettrico. La particella ha un'energia di 45 J e si muove in direzione perpendicolare a entrambi i campi. Il campo elettrico ha un'intensità di 18×10^2 V/m.

▶ Calcola l'intensità del campo magnetico.

[$7,8 \times 10^{-2}$ T]

10 ★★ Una lamina di rame di lunghezza trasversale 15 cm è percorsa da una corrente di intensità 0,50 A. Quando viene immersa in un campo magnetico di intensità 0,22 T, fra i suoi margini si genera, per effetto Hall, una tensione di $2,7 \times 10^{-2}$ V.

▶ Calcola il numero di elettroni, per unità di lunghezza, responsabili della corrente elettrica.

[$3,8 \times 10^{18}$]

11 ★★★ Alcune sferette cariche, considerate puntiformi, sono inserite in quiete all'interno di una zona dove è presente un campo elettrico di intensità $E_1 = 100$ V/m. Le sferette sono caratterizzate da diversi valori del rapporto carica su massa q/m. Il campo elettrico viene acceso per un tempo $\Delta t = 2,0$ s. Successivamente le sferette transitano in un selettore di velocità dove è presente un campo elettrico di valore $E_2 = 20$ V/m e un campo magnetico di modulo $B = 0,1$ T perpendicolari tra loro e perpendicolari alla direzione di moto delle sferette.

▶ Calcola con quale valore di q/m le sferette escono dal selettore. (Trascura l'effetto della forza-peso.)

[1,0 C/kg]

3 IL MOTO DI UNA CARICA IN UN CAMPO MAGNETICO UNIFORME

12 Una particella α, composta da due protoni e due neutroni, si muove alla velocità di $1,0 \times 10^6$ m/s ed entra in un campo magnetico uniforme, perpendicolare alla direzione di moto della particella e di intensità pari a 0,12 T.

▶ Calcola il raggio della circonferenza descritta dalla particella.

[17 cm]

13 Un elettrone che si muove alla velocità di $1,0 \times 10^5$ m/s entra in un campo magnetico perpendicolare alla direzione di moto. Si vuole che l'elettrone compia traiettorie circolari di raggio non superiore a 10 cm.

▶ Come deve essere regolata l'intensità del campo magnetico?

[$B \geq 5,7 \times 10^{-6}$ T]

14 Un elettrone e un protone vengono introdotti contemporaneamente, e con la stessa velocità, in un campo magnetico uniforme diretto perpendicolarmente alla direzione della velocità delle particelle.

▶ Calcola il rapporto r_p/r_e tra i raggi delle traiettorie descritte dalle due particelle.

[$1,84 \times 10^3$]

15 Un elettrone entra in un campo magnetico uniforme di intensità 2,0 T, con una velocità di $2,0 \times 10^6$ m/s che forma un angolo di 45° con le linee del campo. Calcola:

▶ il raggio della traiettoria elicoidale descritta dall'elettrone.

▶ il passo dell'elica.

[$4,0 \times 10^{-6}$ m; $2,5 \times 10^{-5}$ m]

4 APPLICAZIONI SPERIMENTALI DEL MOTO DI CARICHE IN CAMPI MAGNETICI

16 Due tipi di ioni aventi carica positiva $2e$, pari al doppio del valore della carica elementare, vengono introdotti alla velocità di $1,0 \times 10^5$ m/s in uno spettrometro di massa. La massa di uno dei due ioni è di $6,4 \times 10^{-27}$ kg. L'intensità del campo magnetico, perpendicolare alla direzione della velocità degli ioni, è di 0,15 T e la differenza tra i raggi delle traiettorie descritte dai due ioni è di 0,33 cm.

▶ Calcola i possibili valori della massa del secondo tipo di ioni.

[$4,8 \times 10^{-27}$ kg; $8,0 \times 10^{-27}$ kg]

17 Un fascio di particelle contiene due isotopi dello stesso elemento. Tutte le particelle hanno la stessa velocità e incidono perpendicolarmente su un sottile schermo. Le particelle attraversano una zona dove è presente un campo magnetico uniforme e perpendicolare alla direzione del fascio. Gli isotopi più leggeri descrivono una traiettoria di raggio $r = 1,0$ m. Gli isotopi più pesanti descrivono invece una traiettoria circolare di raggio $r_1 + \Delta r$ con $\Delta r = 10$ cm. La massa dell'isotopo più leggero è $m = 1,7 \times 10^{-25}$ kg, mentre $m + \Delta m$ è la massa dell'isotopo più pesante.

▶ Calcola il valore della differenza Δm fra le masse dei due isotopi.

[$1,7 \times 10^{-26}$ kg]

18 In un esperimento simile a quello condotto da J.J. Thomson per misurare la carica specifica dell'elettrone, le piastre del condensatore distano 5,40 cm e la differenza di potenziale applicata vale $1,45 \times 10^3$ V. Gli elettroni percorrono una zona di campo elettrico di lunghezza $x = 10,0$ cm e vengono deviati di $y = 2,00$ cm. Il campo magnetico che genera sugli elettroni una forza di verso opposto a quella elettrica è di $7,72 \times 10^{-4}$ T.

▶ Calcola, sulla base di questi dati, il valore della carica specifica dell'elettrone.

[$1,80 \times 10^{11}$ C/kg]

5 IL FLUSSO DEL CAMPO MAGNETICO

19 Un circuito con la superficie di 4 cm² è orientato rispetto a un campo magnetico di 2×10^{-3} T come nelle due situazioni riportate nella figura. La faccia gialla è, per convenzione, quella positiva, cioè rivolta nel verso di $\vec{S}$.

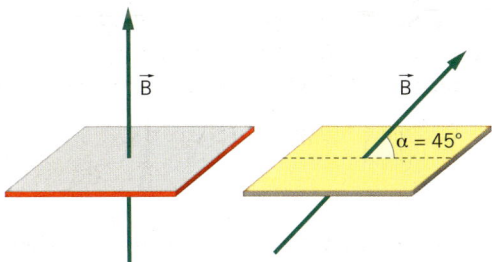

▶ Calcola il flusso del campo magnetico attraverso il circuito in entrambi i casi.

[-8×10^{-7} Wb; 6×10^{-7} Wb]

ESERCIZI

20 ★★★ Una lamina rettangolare, i cui lati misurano 6,5 cm e 8,4 cm, è immersa in un campo magnetico. Il flusso magnetico attraverso la lamina vale $6,2 \times 10^{-5}$ Wb e i vettori $\vec{B}$ e $\vec{S}$ formano tra di loro un angolo di 42°.

▶ Calcola l'intensità del campo magnetico.

[$1,5 \times 10^{-2}$ T]

21 ★★ Una bobina costituita da 25 spire di raggio 4,0 cm viene immersa in un campo magnetico di intensità $0,5 \times 10^{-2}$ T in modo che la superficie delle spire sia perpendicolare alla direzione delle linee del campo. In seguito la bobina viene ruotata di 90°.

▶ Calcola la variazione del flusso del campo magnetico attraverso la bobina.

[$-6,3 \times 10^{-4}$ Wb]

22 ★★ Un solenoide lungo 62,5 cm è percorso da una corrente di 3,23 A che genera al suo interno un campo magnetico $\vec{B}$. L'area di ognuna delle spire che compongono il solenoide è di 30,0 cm² e il flusso del campo magnetico attraverso la superficie trasversale del solenoide stesso è uguale a $9,75 \times 10^{-6}$ Wb.

▶ Calcola il numero di spire che compongono il solenoide.

[500]

23 ★★★ Alle estremità dei due bracci di una bilancia sono posti rispettivamente un oggetto di massa $m = 1,5$ g e una spira di massa $m_s = 0,50$ g. La spira è quadrata di lato a ed è parzialmente immersa per un tratto h in un campo magnetico uniforme perpendicolare alla spira come mostrato nella figura. Il flusso del campo magnetico attraverso la parte della spira immersa nel campo magnetico vale $2,0 \times 10^{-5}$ T · m. Nella spira circola in verso antiorario una corrente $i = 9,8$ A.

▶ Calcola il valore di h per ottenere l'equilibrio della bilancia. (Trascura ogni forma d'attrito.)

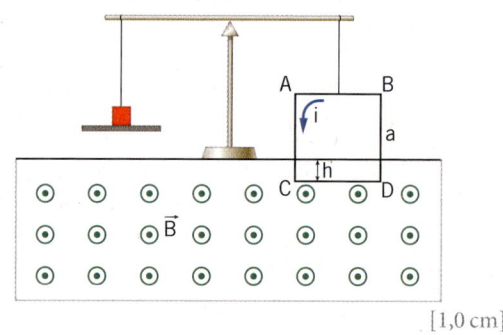

[1,0 cm]

6 LA CIRCUITAZIONE DEL CAMPO MAGNETICO

24 Un filo rettilineo infinitamente lungo è percorso da una corrente di 5×10^{-1} A. Calcola l'intensità del campo magnetico:

▶ in un punto A distante 1 mm dal filo.

▶ in un punto B distante 1 cm dal filo.

[1×10^{-4} T; 1×10^{-5} T]

25 ★★ **PROBLEMA SVOLTO**

Un solenoide ideale, che ha lunghezza L ed è formato da N spire, è percorso da una corrente i. Scegliamo un cammino rettangolare, come quello della figura a lato, che contiene n spire del solenoide. Il simbolo con la croce indica che, nel solenoide visto in sezione, la corrente elettrica entra nella pagina.

▶ Calcola la circuitazione del campo magnetico lungo il cammino indicato nella figura.

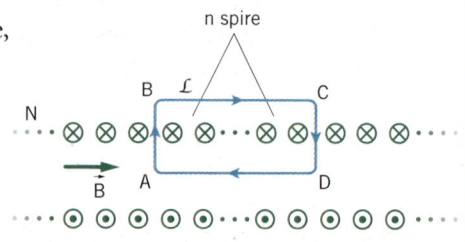

■ **Strategia e soluzione**

• Scomponendo il cammino $\mathcal{L}$ nelle sue parti abbiamo

$$\Gamma_{\mathcal{L}}(\vec{B}) = \Gamma_{AB}(\vec{B}) + \Gamma_{BC}(\vec{B}) + \Gamma_{CD}(\vec{B}) + \Gamma_{DA}(\vec{B}),$$

dove i pedici dei simboli Γ indicano qual è la zona di cammino lungo cui si calcolano i prodotti scalari tra spostamento e campo magnetico.

- All'esterno di un solenoide ideale il campo magnetico è nullo. Quindi, il contributo alla circuitazione di $\vec{B}$ lungo la linea BC esterna al solenoide è nullo:

$$\Gamma_{BC}(\vec{B}) = 0.$$

- All'interno di un solenoide ideale il campo magnetico è uniforme e parallelo all'asse del solenoide stesso. Per questa ragione, nei due tratti AB e CD la circuitazione è nulla, perché essi sono perpendicolari a $\vec{B}$:

$$\Gamma_{AB}(\vec{B}) = 0 \text{ e } \Gamma_{CD}(\vec{B}) = 0.$$

- Rimane soltanto da considerare la circuitazione lungo il cammino DA:

$$\Gamma_{\mathcal{L}}(\vec{B}) = \Gamma_{DA}(\vec{B}).$$

Questo contributo è positivo perché lo spostamento e il campo $\vec{B}$ generato dalle correnti hanno lo stesso verso.

- Visto che, per ipotesi, gli avvolgimenti del solenoide sono avvolti in modo regolare, la lunghezza $\overline{DA} = l$ può essere calcolata attraverso la proporzione

$$\frac{l}{L} = \frac{n}{N} \Rightarrow l = \frac{n}{N}L.$$

- Quindi si ha

$$\Gamma_{\mathcal{L}}(\vec{B}) = \Gamma_{DA}(\vec{B}) = Bl = \left(\mu_0 \frac{N}{L} i\right)\left(\frac{n}{N} L\right) = \mu_0 n i.$$

■ Discussione

Il testo parla di un solenoide ideale, cioè di un solenoide finito che ha, però, le proprietà matematiche di quello infinito perché è molto più lungo del raggio delle spire da cui è formato.
In questo caso il campo magnetico ha una forma molto semplice ed è possibile fare i calcoli, che danno un risultato in accordo con il teorema di Ampère: al cammino $\mathcal{L}$ sono concatenate n correnti, tutte di intensità i, per cui si trova

$$\Gamma_{\mathcal{L}}(\vec{B}) = \mu_0 \sum_{k=1}^{n} i_k = \mu_0 \sum_{k=1}^{n} i = \mu_0 n i.$$

Lo stesso risultato vale anche per un solenoide non ideale, ma non saremmo stati in grado di svolgere i calcoli in modo esplicito.

  Ai vertici di un triangolo equilatero vengono collocati tre lunghi conduttori cilindrici paralleli percorsi da correnti elettriche. La figura indica i versi e i valori delle correnti elettriche che circolano nei conduttori. In base alle convenzioni adottate, per i conduttori R e T la corrente è uscente, per il conduttore S è entrante.

Calcola la circuitazione del campo magnetico:

▶ lungo il percorso chiuso del quadrato inscritto nel triangolo.

▶ lungo una circonferenza chiusa che contiene all'interno i tre conduttori.

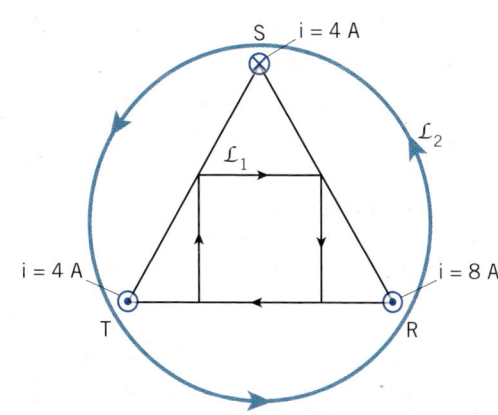

$[0; 1 \times 10^{-5} \text{ T} \cdot \text{m}]$

ESERCIZI

27 ★★ Un quadrato di lato 5,0 cm racchiude al suo interno tre fili percorsi rispettivamente dalle correnti $i_1 = 1,4$ A, $i_2 = 1,8$ A, $i_3 = 1,1$ A. La corrente i_3 circola in verso opposto a quello delle altre due correnti, e il campo magnetico che essa genera ha lo stesso verso con cui è percorso il cammino quadrato.

▶ Quanto vale la circuitazione del campo magnetico lungo il quadrato?

[$-2,6 \times 10^{-6}$ T · m]

28 ★★★ Tre fili di lunghezza $l = 1,0$ m e distanti tra loro $d = 1,0$ cm sono percorsi dalle correnti i_1, i_2 e i_3. I fili sono concatenati al cammino orientato L come mostrato nella figura. La circuitazione del campo magnetico lungo il cammino L è nulla. Il modulo della forza magnetica tra il filo 1 e il filo 2 è $F_{1,2} = 1,0$ N e quella tra il filo 2 e il filo 3 è $F_{2,3} = 4,0$ N.

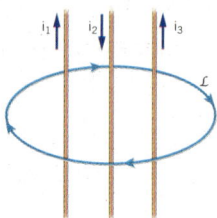

▶ Ricava i valori delle correnti i_1, i_2 e i_3.

[$1,0 \times 10^2$ A; $5,0 \times 10^2$ A; $4,0 \times 10^2$ A]

7 APPLICAZIONI DEL TEOREMA DI AMPÈRE

29 ★★ Un filo metallico di diametro 0,20 cm è attraversato da una corrente di 50 μA.

▶ Determina la densità di corrente.

▶ Determina l'intensità del campo magnetico generato dalla corrente a $d_1 = 0,050$ cm e a $d_2 = 3,0$ cm dal centro del filo.

[16 A/m²; $5,0 \times 10^{-9}$ T; $3,3 \times 10^{-10}$ T]

30 ★★ Una corrente i scorre in un filo conduttore di raggio r.

▶ Esprimi l'intensità del campo magnetico generato dalla corrente in termini della densità di corrente j sia per punti all'interno del filo che per punti all'esterno del filo, a distanza d dal suo centro.

▶ La densità di corrente è di $1,0 \times 10^6$ A/m² e il raggio del filo è 4,2 cm. Calcola l'intensità del campo magnetico a 6,0 cm dal centro del filo.

[$\mu_0 jd/2$; $\mu_0 jr^2/(2d)$; 18 mT]

31 ★★ Un toroide con 1200 spire, di raggio interno $R_1 = 5,3$ cm e raggio esterno $R_2 = 8,7$ cm ha al suo interno un campo magnetico che in prossimità del bordo interno ha intensità $B_1 = 4,0 \times 10^{-5}$ T.

▶ Determina l'intensità di corrente che attraversa il toroide.

▶ Determina l'intensità del campo magnetico vicino al bordo esterno del toroide.

[8,8 mA; $2,4 \times 10^{-5}$ T]

8 LE PROPRIETÀ MAGNETICHE DEI MATERIALI

32 ★★★ Un blocco di palladio è immerso in un campo magnetico uniforme di 890,0 μT.

▶ Calcola l'intensità del campo magnetico all'interno del palladio.

[890,7 μT]

33 ★★ **PROBLEMA SVOLTO**

Un cucchiaino d'argento è posto all'interno di un solenoide che genera un campo magnetico di 0,080 T.

▶ Determina il verso e il valore del campo magnetico generato dagli atomi d'argento per effetto del campo magnetico esterno.

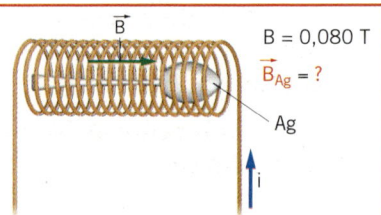

■ **Strategia e soluzione**

• In base alle formule (21) e (22) possiamo scrivere

$$\mu_r \vec{B}_0 = \vec{B} = \vec{B}_0 + \vec{B}_m.$$

- Dal primo e ultimo passaggio di questa catena di uguaglianze ricaviamo

$$B_m = (\mu_r - 1) B_0,$$

dove è stato eliminato il segno di vettore perché i due campi magnetici hanno certamente la stessa direzione, mentre il problema chiede il verso e il valore di B_m.

- Il valore di μ_r per l'argento è riportato nella tabella precedente. Con questo dato e quello sul valore di B_0 troviamo:

$$B_m = (\mu_r - 1) B_0 = (0{,}999981 - 1) \times (0{,}080 \text{ T}) =$$
$$= -1{,}9 \times 10^{-5} \times (8{,}0 \times 10^{-2} \text{ T}) = -1{,}5 \times 10^{-6} \text{ T}.$$

Quindi il vettore $\vec{B}_m$ ha verso opposto al vettore $\vec{B}_0$ (come è ovvio per il fatto che l'argento è una sostanza diamagnetica) e il suo modulo risulta uguale a 1,5 μT.

■ Discussione

Il valore del campo magnetico totale all'interno della materia, calcolato con il numero corretto di cifre significative, è

$$B = B_0 = B_m = 8{,}0 \times 10^{-2} \text{ T} + 0{,}00015 \times 10^{-2} \text{ T} =$$
$$= (8{,}0 + 0{,}00015) \times 10^{-2} \text{ T} = 8{,}0 \times 10^{-2} \text{ T}.$$

L'effetto magnetico degli atomi di argento non è abbastanza intenso da modificare in modo significativo il valore del campo magnetico all'interno del solenoide.

---

34 ★★ Un nucleo di alluminio è posto all'interno di un solenoide lungo 40 cm, composto da 2000 spire. Il solenoide è alimentato con una corrente di 10 A. Calcola:

▶ il modulo del campo magnetico generato dagli atomi dell'alluminio per effetto del campo magnetico esterno.

▶ il modulo del campo magnetico totale risultante.

$[1{,}3 \times 10^{-6} \text{ T}; 6{,}3 \times 10^{-2} \text{ T}]$

35 ★★ All'interno di un solenoide, lungo 50 cm, composto da 1000 spire, viene inserito un nucleo di ferro. Nel solenoide circola una corrente di 5A e nello spazio si misura un campo magnetico totale di $1{,}3 \times 10$ T.

▶ Calcola la permeabilità magnetica relativa del nucleo di ferro.

$[1{,}0 \times 10^3]$

36 ★★ Il campo magnetico all'interno di un solenoide vuoto vale $B_0 = 4{,}00 \times 10^{-5}$ T. La misura del campo magnetico viene effettuata nuovamente dopo aver inserito, in successione e separatamente, due nuclei di materiali diversi. Nel primo caso si ottiene un valore $B_1 = 4{,}00 \times 10^{-2}$ T e nel secondo caso un valore B_2 che è $0{,}997 \times 10^3$ volte minore di B_1.

▶ Calcola la permeabilità magnetica relativa dei materiali che formano i due nuclei.

▶ Indica la classificazione magnetica dei due materiali.

$[1{,}00 \times 10^3; 1{,}00]$

37 ★★★ Al centro di una spira di raggio a è posta una sferetta di platino ($\mu_r = 1{,}00021$) di raggio $r \ll a$. La spira ha resistenza $R = 10\ \Omega$ e, percorsa da una corrente i, dissipa una potenza $P = 1{,}0 \times 10^3$ W. Il campo magnetico generato dagli atomi di platino nel centro della spira ha intensità $B_m = 2{,}1 \times 10^{-8}$ T.

▶ Ricava il valore di a.

$[6{,}3 \text{ cm}]$

PROBLEMI GENERALI

1 ★★ Un solenoide formato da 10^2 spire al cm è percorso da una corrente di 0,15 A. Parallelamente al

ESERCIZI

suo asse viaggiano degli elettroni alla velocità di $1{,}0 \times 10^5$ m/s e al ritmo di $0{,}40 \times 10^{16}$ s^{-1}.

▶ Calcola la forza magnetica sugli elettroni.

[0 N]

2 Una particella α, dotata di energia cinetica di 5,0 MeV, si muove su un piano perpendicolare alle linee di un campo magnetico di intensità 1,2 T. La massa della particella α vale $6{,}7 \times 10^{-27}$ kg.

▶ Calcola il raggio della traiettoria descritta dalla particella.

(*Dalla seconda prova di maturità sperimentale, 1993*)

[27×10^{-2} m]

3 Un solenoide viene costruito avvolgendo un metro di filo conduttore attorno a una sagoma cilindrica, lunga 10 cm e di raggio 1,0 cm. Un secondo solenoide viene ottenuto avvolgendo due metri di filo conduttore attorno a una sagoma cilindrica lunga 20 cm e di raggio 2,0 cm.

▶ Di quante volte deve essere maggiore la corrente che circola nel secondo solenoide rispetto a quella nel primo solenoide perché l'intensità del campo magnetico in entrambi i solenoidi sia la stessa?

▶ Di quante volte deve essere maggiore la corrente nel secondo solenoide rispetto a quella nel primo solenoide perché il flusso del campo magnetico attraverso una sezione dei due solenoidi sia lo stesso?

[2 volte; 0,5 volte]

4 Il campo magnetico terrestre in prossimità della tua scuola ha una componente di $4{,}4 \times 10^{-5}$ T verso il basso e una componente di $3{,}2 \times 10^{-5}$ T orizzontale. Le dimensioni del pavimento e del soffitto di un'aula della scuola sono 28 m × 42 m.

▶ Calcola l'intensità del flusso magnetico attraverso il pavimento dell'aula.

[$5{,}2 \times 10^{-2}$ Wb]

5 All'interno di un solenoide lungo 80 cm è inserito un nucleo di ferro con una sezione di 20 cm² e permeabilità magnetica relativa uguale a 500. Il solenoide, alimentato da una corrente di 10 A, genera un campo magnetico di $1{,}0 \times 10^{-2}$ T. Calcola:

▶ il numero delle spire che costituiscono il solenoide.

▶ il valore del flusso magnetico all'interno del solenoide.

[$6{,}4 \times 10^2$; 0,010 Wb]

6 Un fascio di protoni, ciascuno dei quali possiede un'energia cinetica $K = 4{,}00 \times 10^5$ eV, è proiettato in un campo magnetico uniforme di modulo $3{,}00 \times 10^{-2}$ T. La direzione del fascio e la direzione di $\vec{B}$ sono tra di loro perpendicolari.

▶ Calcola il periodo e il raggio della traiettoria descritta da un protone.

▶ Determina come variano il raggio e il periodo della traiettoria circolare descritta da un protone, in funzione di K.

(*Dalla seconda prova di maturità sperimentale, 1983*)

[$2{,}19 \times 10^{-6}$ s; 3,05 m; $r \propto \sqrt{K}$; T indipendente da K]

7 Un mestolo di alluminio è posto all'interno di un solenoide che genera un campo magnetico di 0,050 T.

▶ Determina il verso e il valore del campo magnetico generato dagli atomi di alluminio per effetto del campo magnetico esterno.

[$1{,}1 \times 10^{-6}$ T]

8 Un fascio collimato di elettroni monoenergetici penetra nel vuoto in un campo magnetico uniforme di modulo $2{,}0 \times 10^{-4}$ T perpendicolarmente alle linee di campo. La regione in cui agisce il campo si estende per una lunghezza di 20 cm. All'uscita del dispositivo, il fascio risulta deviato di un angolo α = 60° rispetto alla direzione iniziale.

▶ Calcola la velocità degli elettroni.

(*Adattato dalla seconda prova di maturità sperimentale, 1992*)

[$8{,}1 \times 10^6$ m/s]

9 Una particella α, di carica pari al doppio della carica elementare, in quiete è accelerata da un campo elettrico di intensità 4,2 N/C per 15 cm. Penetra, poi, in un campo magnetico di intensità $9,0 \times 10^{-4}$ T, perpendicolare alla direzione della velocità acquistata, è deviata dalla traiettoria originale e va a colpire un punto di uno schermo posto a 15 cm di distanza. La massa della particella α vale $6,7 \times 10^{-27}$ kg.

▶ Calcola l'altezza del punto in cui l'elettrone colpisce lo schermo.

(*Suggerimento:* prendi come livello zero di riferimento per l'altezza la direzione iniziale di penetrazione della particella all'interno del campo magnetico.)

[8,1 cm]

10 Una particella di carica q e massa $m = 9,11 \times 10^{-31}$ kg immersa in un campo magnetico descrive un'orbita circolare di raggio $r = 1,0$ mm a velocità angolare costante $\omega = 1,16 \times 10^2$ rad/s. Il fattore giromagnetico, definito come il rapporto tra il momento magnetico della particella (dovuto al moto della particella) e il suo momento angolare, vale $G = \mu/L = 8,78 \times 10^{10}$ C/kg.

▶ Calcola il momento magnetico della particella.

[$9,3 \times 10^{-24}$ A·m²]

11 Un filo metallico, di massa m e lunghezza $d = 1,0$ m, posto inizialmente in quiete, è libero di scorrere senza attrito con gli estremi su due guide metalliche parallele orizzontali di resistenza trascurabile. A un certo istante, il filo viene percorso da una corrente $i = 1,5$ A e immerso in un campo magnetico uniforme e perpendicolare al piano formato dalle guide e dal filo. Dopo un intervallo di tempo $\Delta t = 1,0$ s, il filo ha velocità $v = 0,50$ m/s e ha percorso una distanza $l = 50$ cm. La temperatura del filo è superiore a quella iniziale di 20 °C. Il calore specifico del filo è $c = 500$ J/kg·°C, la sua resistenza vale $R = 10$ Ω.

▶ Calcola il valore della massa m del filo.

▶ Calcola l'intensità del campo magnetico.

[0,23 kg; 38 T]

12 Tre particelle cariche vengono accelerate da una d.d.p. di 1000 V ed entrano, in tempi diversi e dallo stesso punto, in una zona sede di un campo magnetico uniforme $B = 3,0$ mT perpendicolare alla velocità delle particelle. Le traiettorie, contrassegnate dai numeri 1, 2, 3 e relative alle tre particelle, sono riportate in figura. Il campo B è uscente dal piano del foglio. Il rapporto q/m per la particella 1 vale $9,58 \times 10^7$ C·kg⁻¹.

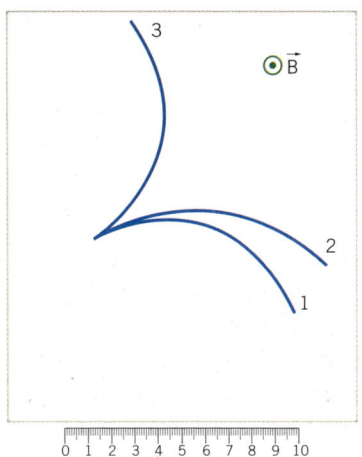

▶ Determinare il rapporto q/m e il segno della carica elettrica di ciascuna delle altre due particelle.

(*Olimpiadi della Fisica*, 2003, *gara di secondo livello*)

[(2) $4,43 \times 10^7$ C·kg⁻¹; (3) $9,58 \times 10^7$ C·kg⁻¹]

QUESITI PER L'ESAME DI STATO

Rispondi ai quesiti in un massimo di 10 righe.

1 Ricava la formula che fornisce il raggio della traiettoria circolare descritta da una carica puntiforme che entra in un campo magnetico uniforme in direzione perpendicolare al campo stesso.

2 Definisci la grandezza fisica *flusso del campo magnetico* e fai un confronto con la grandezza fisica *flusso del campo elettrico*.

3 Definisci la grandezza fisica *circuitazione del campo magnetico* ed enuncia il teorema di Ampère, specificando il significato di tutti i simboli che compaiono nella formula che esprime questo teorema.

ESERCIZI

TEST PER L'UNIVERSITÀ

1 Nel Sistema Internazionale delle unità di misura, quale delle seguenti grandezze fisiche viene misurata in weber (Wb)?

- **A** Il flusso di induzione magnetica.
- **B** La forza elettromotrice.
- **C** La resistività.
- **D** La potenza.
- **E** L'intensità del campo magnetico.

(*Prova di ammissione al corso di laurea delle Professioni Sanitarie, 2009/2010*)

2 In una resistenza da 10 Ω passa una corrente di 10 A. Individuare l'affermazione corretta.

- **A** Ai capi della resistenza c'è una differenza di potenziale di 10 V.
- **B** Il campo elettrico è nullo.
- **C** La resistenza immagazzina un'energia di 200 J.
- **D** La resistenza dissipa una potenza di 1000 W.
- **E** La resistenza induce un campo magnetico di 100 T.

(*Prova di ammissione al corso di laurea in Scienze Motorie, 2009/2010*)

3 Una carica positiva $q = 3 \times 10^{-4}$ C è sottoposta ad un campo magnetico di intensità $B = 5 \times 10^{-5}$ T perpendicolare alla sua direzione di moto. La forza di Lorentz cui è soggetta la carica ha un'intensità di $1,6 \times 10^{-5}$ N; qual è la velocità della carica?

- **A** $1,1 \times 10^3$ m/s
- **B** $2,1 \times 10^3$ m/s
- **C** $1,1 \times 10^4$ m/s
- **D** $5,1 \times 10^2$ m/s

(*Concorso a borse di studio per l'iscrizione ai corsi di laurea della classe «Scienze e Tecnologie Fisiche» della SIF, 2008/2009*)

4 Una forza compie lavoro solo se ha una componente lungo la direzione del moto della particella. Nel caso della forza di Lorentz (forza agente su una particella carica in moto in un campo magnetico), la forza è sempre perpendicolare alla direzione del moto. Quale delle seguenti grandezze fisiche, riferite ad una particella su cui agisca solo la forza di Lorentz, risulta necessariamente nulla:

- **A** il lavoro compiuto sulla particella.
- **B** l'energia cinetica della particella.
- **C** la velocità della particella.
- **D** l'accelerazione impressa alla particella.

(*Concorso a borse di studio per l'iscrizione ai corsi di laurea della classe «Scienze e Tecnologie Fisiche» della SIF, 2006/2007*)

5 Una carica elettrica q in moto rettilineo uniforme entra in una regione in cui è presente un campo magnetico; allora, in generale:

- **A** è soggetta ad una forza ma la sua energia cinetica non cambia.
- **B** non è soggetta ad alcuna forza, salvo se sia presente anche un campo elettrico.
- **C** mantiene la sua traiettoria inalterata.
- **D** cambia la sua energia cinetica solo se il campo magnetico è parallelo alla velocità.
- **E** compie una traiettoria parabolica.

(*Prova di ammissione al corso di laurea delle Professioni Sanitarie, 2003/2004*)

6 Una carica elettrica positiva, ferma tra i poli di un magnete:

- **A** è attratta dal polo Sud del magnete.
- **B** è attratta dal polo Nord del magnete.
- **C** subisce una forza perpendicolare al campo magnetico.
- **D** subisce una forza parallela al campo magnetico.
- **E** non subisce alcuna forza da parte del magnete.

(*Prova di ammissione al corso di laurea in Medicina e Chirurgia, 2000/2001*)

PROVE D'ESAME ALL'UNIVERSITÀ

1 Due fili di lunghezza $l = 1$ m paralleli posti alla distanza $d = 2$ cm sono percorsi da una corrente $I = 3$ A. Le due correnti circolano in verso opposto. Calcolare:

▶ il modulo e la direzione della forza esercitata fra i due fili.

▶ l'intensità del campo magnetico nel punto A che si trova in mezzo ai due fili.

▶ la forza che subisce un elettrone che passa nel punto A con velocità $v = 10^5$ m/s perpendicolare al piano dove giacciono i due fili.

(*Esame di Fisica, Corso di laurea in Scienze biologiche, Università di Genova, 2009/2010*)

2 Un protone si muove su un'orbita circolare di raggio $R = 4$ cm, in un piano ortogonale ad un campo magnetico uniforme, con una frequenza $f = 7,6 \times 10^6$ Hz. Assumendo la massa del protone $m_p = 1,67 \times 10^{-27}$ kg, calcolare:

▶ il valore del campo B.

▶ l'energia cinetica del protone.

▶ se il campo magnetico uniforme è ottenuto utilizzando un solenoide di 5000 spire di filo distribuite uniformemente su una lunghezza di 25 cm, determinare la corrente che percorre il solenoide.

(*Esame di Fisica, Corso di laurea in Scienze biologiche, Università di Genova, 2009/2010*)

3 Un protone urta in modo completamente anelastico un secondo protone inizialmente fermo. Dopo l'urto si osserva che il sistema dei due protoni si muove su una traiettoria circolare di raggio $r = 42,0$ cm, in una regione in cui è presente un campo magnetico uniforme, perpendicolare al piano della traiettoria, di valore 0,05 T. Si ricorda che la carica del protone è $e = 1,6 \times 10^{-19}$ C e la sua massa è $m_p = 1,67 \times 10^{-27}$ kg. Determinare:

▶ il modulo della velocità dei due protoni dopo l'urto.

▶ il modulo della forza di Lorentz.

▶ il modulo della velocità del protone in moto prima dell'urto.

(*Esame di Fisica, Corso di laurea in Farmacia, Università La Sapienza di Roma, 2009/2010*)

4 Un conduttore rigido molto lungo orizzontale è percorso da una corrente $i_1 = 20$ A ed è vincolato ai suoi estremi in modo che non possa muoversi. Un secondo conduttore libero di muoversi, di densità lineare di massa $\lambda = 0,2$ g/m, è parallelo al primo e posto più in basso di $d = 1$ cm. Il secondo conduttore è attraversato dalla corrente i_2 in modo tale che la forza di Lorentz che agisce su di esso compensi la forza di gravità facendolo rimanere sospeso nello spazio. Determinare:

▶ il modulo della corrente i_2.

▶ il verso di percorrenza di i_2 rispetto a quello di i_1.

(*Esame di Fisica, Corso di laurea in Farmacia, Università La Sapienza di Roma, 2007/2008*)

5 Un elettrone si muove di moto rettilineo alla velocità di $7,3 \times 10^7$ m/s. A un tratto entra in una zona dove c'è un campo $B = 10$ T e inizia a percorrere una circonferenza. Calcolare il raggio della circonferenza e la forza che agisce sull'elettrone durante il moto circolare.

(*Esame di Fisica, Corso di laurea in Scienze biologiche, Università di Genova, 2005/2006*)

STUDY ABROAD

1 A particle of electric charge q moves with speed v in a uniform magnetic field whose magnitude of magnetic flux density is B. What is the magnitude of the force f on the particle? Further, which is the direction of the force? Choose the correct one with the proper combination from the following 1-4.

1 $f = qvB$; opposite to the direction of motion of the particle.

2 $f = qvB$; perpendicular to the direction of motion of the particle and the direction of the magnetic field.

3 $f = \dfrac{1}{qvB}$; perpendicular to the direction of

ESERCIZI

motion of the particle and the direction of the magnetic field.

4 $f = \dfrac{1}{qvB}$; opposite to the direction of motion of the particle.

(*Examination for Japanese University Admission for International Students*)

2 A time-of-flight mass spectrometer can be used to determine the mass of charged molecules through the equation $t = d\sqrt{m/2qU}$, where t is the time-of-flight, $d = 1.5$ m is the length of the tube, m is the mass of the molecule, q is its charge, and $U = 16$ kV is the accelerating voltage. Assuming that q is a single elementary charge (1.6×10^{-19} C) what is the mass that corresponds with a time-of-flight of 30 μs?

A 1.4×10^{-12} kg

B 1.0×10^{-23} kg

C 1.0×10^{-24} kg

D 2.0×10^{-24} kg

(*PAT, Oxford University*, 2009/2010)

3 The following question has 4 choices for its answer, out of which ONE OR MORE is/are correct.

A particle of mass m and charge q, moving with velocity V enters Region II normal to the boundary as shown in the figure. Region II has a uniform magnetic field B perpendicular to the plane of the paper. The length of the Region II is l. Choose the correct choice(s).

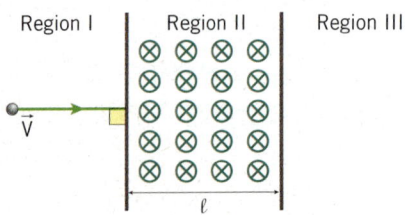

A The particle enters Region III only if its velocity $V > \dfrac{qlB}{m}$.

B The particle enters Region III only if its velocity $V < \dfrac{qlB}{m}$.

B Path length of the particle in Region II is maximum when velocity $V = \dfrac{qlB}{m}$.

D Time spent in Region II is same for any velocity V as long as the particle returns to Region I.

(*Joint Entrance Examination for Indian Institutes of Technology (JEE), India,* 2008/2009)

4 STATEMENT 1

The sensitivity of a moving coil galvanometer is increased by placing a suitable magnetic material as a core inside the coil.

And

STATEMENT 2

Soft iron has a high magnetic permeability and cannot be easily magnetized or demagnetized.

A STATEMENT 1 is true, STATEMENT 2 is true; STATEMENT 2 is a correct explanation for STATEMENT 1.

B STATEMENT 1 is true, STATEMENT 2 is true; STATEMENT 2 is NOT a correct explanation for STATEMENT 1.

C STATEMENT 1 is true, STATEMENT 2 is false.

D STATEMENT 1 is false, STATEMENT 2 is true.

(*Joint Entrance Examination for Indian Institutes of Technology (JEE), India,* 2008/2009)

5 A particle with charge q and mass m moves at speed v in a uniform magnetic field B at right angle to the direction of the field. The particle moves in a circle. Show that the period T of the particle's revolution does not depend on v. Show your work.

(*Trends in International Mathematics and Science Study,* 2008/2009)

PHYSICS IN ENGLISH

PHYSICS TALK
FORMULAE

SUBJECT	IN SYMBOLS	IN WORDS
Periodic waves	$v = \dfrac{\lambda}{T} = f\lambda$	The phase velocity of a wave is equal to the ratio of its wavelength λ to its period T, or the product of its frequency f and its wavelength λ.
Mirror equation	$\dfrac{1}{d_o} + \dfrac{1}{d_i} = \dfrac{1}{f}$	The sum of the reciprocals of the object distance d_o and the image distance d_i equals the reciprocal of the focal length of the mirror f.
Snell's law of refraction	$n_1 \sin\theta_1 = n_2 \sin\theta_2$	For light or other waves passing through a boundary between two different isotropic media, the product of the refractive index of the first medium n_1 and the sine of the angle of incidence θ_1 at the boundary equals the product of the refractive index of the second medium n_2 and the sine of the angle of refraction θ_2.
Diffraction	$\sin\theta = \dfrac{\lambda}{D}$	For diffraction through a single long slit, the first minimum intensity occurs at an angle θ, the sine of which equals the ratio of the wavelength λ of the light incident on the slit to the thickness of the slit D.
Coulomb's law	$F = \dfrac{1}{4\pi\varepsilon} \dfrac{Q_1 Q_2}{r^2}$	The electrostatic force acting simultaneously between two point charges is equal to the product of the reciprocal of four pi multiplied by the permittivity of the medium, the charges Q_1 and Q_2, and the reciprocal of the square of the separation distance r of the point charges.
Permittivity	$\varepsilon = \varepsilon_0 \varepsilon_r$	The absolute permittivity of a dielectric medium equals the product of the relative permittivity of the material ε_r and the permittivity of free space ε_0.
Electric field of a point charge	$E = \dfrac{1}{4\pi\varepsilon} \dfrac{Q}{r^2}$	The contribution to the electric field at a point in space due to a single point charge located at another point in space is equal to the product of the reciprocal of four pi multiplied by the permittivity of the medium ε, the charge of the particle creating the electric force Q, and the reciprocal of the square of the separation distance r of the point charge to the evaluation point of the electric field.
Gauss' law	$\Phi_\Omega(\vec{E}) = \dfrac{Q_{tot}}{\varepsilon}$	The electric flux through a closed surface equals the ratio of the total charge Q_{tot} enclosed by the surface to the permittivity ε of the dielectric medium enclosed within the surface Ω.
Electric potential energy	$U = \dfrac{1}{4\pi\varepsilon} \dfrac{Q_1 Q_2}{r}$	The electric or electrostatic potential energy of charge Q_1 in the potential of charge Q_2 is equal to the product of the reciprocal of four pi multiplied by the permittivity ε of the medium, the charges Q_1 and Q_2, and the reciprocal of the separation distance r of the point charges.

SUBJECT	IN SYMBOLS	IN WORDS
Electric potential of a point charge	$V = \dfrac{1}{4\pi\varepsilon} \dfrac{Q}{r}$	The electric potential created by a point charge equals the product of the reciprocal of four pi multiplied by the permittivity ε of the medium, the charge Q, and the reciprocal of the distance r from the charge.
Capacitors	$Q = CV$	The magnitude of the charge stored on each plate in a parallel-plate capacitor equals the product of its capacitance C and the potential difference V between the plates.
Current	$i = \dfrac{\Delta Q}{\Delta t}$	The electric current in a medium equals the electric charge transferred through a surface ΔQ over a time interval Δt.
Ohm's first law	$\Delta V = iR$	The potential difference across two points in a conductor equals the current in the conductor i multiplied by the electrical resistance R of the conductor.
Ohm's second law	$R = \rho \dfrac{\ell}{A}$	The electrical resistance R of a conductor equals the resistivity ρ of the material multiplied by the ratio of the length ℓ and the cross section area A of the material.
Lorentz force	$\vec{F} = q\vec{v} \times \vec{B}$	The force on a point charge due to an electromagnetic field equals the electric charge q of the particle multiplied by the vector product of the instantaneous velocity $\vec{v}$ of the particle and the magnetic field $\vec{B}$.
Magnetic field produced by an infinitely long straight wire carrying a current [Biot-Savart law]	$B = \dfrac{\mu_0 i}{2\pi r}$	The magnitude of the magnetic field at a point due to an infinitely long wire carrying current equals the product of the magnetic permeability μ_0 of free space and the current i in the wire divided by the product of two pi and the distance r of the evaluation point from the wire.
Gauss' law for a magnetic field	$\Phi_\Omega(\vec{B}) = 0$	The magnetic flux through a closed surface Ω is zero. The law is often referred to as a statement of the "absence of free magnetic poles".
Ampere's law	$\Gamma_\gamma(\vec{B}) = \mu_0 (\Sigma_j i_j)$	For an electric field that varies with time the circulation of the magnetic field around a closed path γ is equal to the product of the magnetic permeability μ_0 of free space and of the currents that penetrate through the surface bounded by the path γ.

READING COMPREHENSION
THE PHYSICS OF TSUNAMIS

Tsunamis, commonly called tidal waves, are large sea waves or surges. These waves can carry a lot of energy from one side of the globe to the other, as shown by the South East Asian event of December 26, 2004, tsunamis can claim thousands of lives and cause extensive damage to property.

The United States Geological Survey defines a tsunami as: "A sea wave of local or distant origin that results from large-scale sea floor displacements associated with large earthquakes, major submarine slides, or exploding volcanic islands".

Many people picture large, breaking waves when they hear the word tsunami. This is usually not the case, however. Most tsunamis make landfall as little more than a gigantic surge, as if the tide just moved in way too far, way too fast. This surging nature of tsunamis is mostly due to their extremely long wavelength, generally on the order of 100-200 km.

A tsunami can turn into a locally, large and breaking wave if the wave energy is concentrated, shortening the wavelength and increasing the amplitude. This often happens if the wave enters a bay, fjord or similar feature.

There are several geologic events that can trigger the propagation of a tsunami.
– Earthquakes: generally tectonic rebound at or near a subduction zone.
– Landslides: often earthquake or volcanically triggered, can be purely submarine, or the slide could begin on land and then into the water.
– Volcanic activity.
– The impact of a large meteor or asteroid.

A tsunami behaves as a shallow water wave. The main differences between tsunamis and wind-generated waves are the wavelength and period of the waves. Regular ocean waves have a wavelength of about 150 m, and a period of about 10 s. Tsunamis, on the other hand, have wavelengths in excess of 100 km, maximum amplitude of 1.5 m and a period on the order of an hour.

Taken from http://ffden-2.phys.uaf.edu/212_spring2005.web.dir/michael_tapp/index.htm

EXERCISES

1 True or false?

A. A tsunami behaves like a shallow water wave. T F

B. The wavelength of a tsunami is generally on the order of 400-500 km. T F

C. A tsunami is always associated with large, breaking waves. T F

D. Regular ocean waves have a wavelength of about 150 m. T F

2 Find mistakes and correct them.

A. A tsunami can turn into a local, small and breaking wave.

B. A tsunami behaves as a deep water wave.

C. Regular ocean waves have a wavelength of about 150 cm.

D. A tsunami wave has a maximum amplitude of 1.5 km.

E. The impact of a large meteor or asteroid cannot trigger a tsunami.

3 Match questions and answers.

QUESTIONS	ANSWERS
A. Which geological events may trigger a tsunami?	1. The wavelength and period are the main differences.
B. What is the main difference between a tsunami and wind-generated waves?	2. The USGS definition of a tsunami is: "A sea wave of local or distant origin that results from large-scale sea floor displacements associated with large earthquakes, major submarine slides, or exploding volcanic islands".
C. What is a tsunami, according to the United States Geological Survey?	3. Earthquakes, landslides and volcanic activity may all trigger a tsunami.

A. _____   B. _____   C. _____

ECHO VS. REVERBERATION

Sound is a mechanical wave, which travels through a medium from one location to another. This motion through a medium occurs as one particle of the medium interacts with its neighbouring particle, transmitting the mechanical motion and corresponding energy to it. This transport of mechanical energy through a medium by particle interaction is what makes a sound wave a mechanical wave.

Reflection of sound waves off of barriers results in some observable behaviours, which you have likely experienced. If you have ever been inside of a large canyon, you have likely observed an echo resulting from the reflection of sound waves off the canyon walls. Suppose you are in a canyon and you give a *holler*. Shortly after the *holler*, you would hear the echo of the *holler*, a faint sound resembling the original sound. This echo results from the reflection of sound off the distant canyon walls and its ultimate return to your ear. If the canyon wall is more than approximately 17 metres away from where you are standing, then the sound wave will take more than 0.1 seconds to reflect and return to you. Since the perception of a sound usually endures in memory for only 0.1 seconds, there will be a small time delay between the perception of the original sound and the perception of the reflected sound.

A reverberation is quite different than an echo. A reverberation is perceived when the reflected sound wave reaches your ear in less than 0.1 seconds after the original sound wave. Since the original sound wave is still held in memory, there is no time delay between the perception of the reflected sound wave and the original sound wave. The two sound waves tend to combine as one very prolonged sound wave. If you have ever sung in the shower (and we know that you have), then you have probably experienced a reverberation. The Pavarotti-like sound, which you hear, is the result of the reflection of the sounds you created combining with the original sounds. Because the shower walls are typically less than 17 metres away, these reflected sound waves combine with your original sound waves to create a prolonged sound: a reverberation.

Taken from http://www.physicsclassroom.com/mmedia/waves/er.cfm

EXERCISES

1 True or false?

A. The perception of a sound endures in memory for 1 second. T F
B. Sound is a mechanical wave, which travels through a medium. T F
C. A reverberation is quite different than an echo. T F
D. You have probably never experienced a reverberation. T F

2 Order the words to make sentences.

A. medium • wave • Sound • through • is • travels • a • mechanical, • which • a
B. sound • An • faint • echo • sound • is • a • the • original • resembling
C. seconds • The • endures • of • a • memory • sound • in • for • usually • only • 0.1 • perception
D. sound • wave • is • perceived • when • the • reaches • A • reverberation • seconds • your • ear • in • less • than • 0.1 • reflected • sound • wave • after • the • original

3 Match questions and answers.

QUESTIONS	ANSWERS
A. What happens during a reverberation?	1. The time that the reflected sound takes to reach your ear: if it is less then 0.1 seconds it is a reverberation, otherwise an echo is heard.
B. What is the main difference between an echo and a reverberation?	2. Sound travelling through a medium transports mechanical energy, for this reason it is a mechanical wave.
C. Why is sound a mechanical wave?	3. You hear the two sound waves as one very prolonged sound wave, because the original sound is still in your memory when the reflected sound arrives back.

A. _____   B. _____   C. _____

READING COMPREHENSION
WHAT IS LIGHT?

Light is part of the electromagnetic spectrum, which includes visible light, microwaves, radio waves, x-rays, and gamma gays.

In the late 1600s, important questions were raised, asking whether light is made up of particles or waves.

Sir Isaac Newton held the theory that light was made up of tiny particles. In 1678, the Dutch physicist Christiaan Huygens proposed that light was made up of waves that vibrated up and down perpendicular to the direction of travel of the light, and therefore formulated a way of visualising wave propagation. This became known as *Huygens' Principle*. Huygens' theory was the first successful theory of light wave motion in three dimensions. Huygens suggested that the peaks of light waves form surfaces like the layers of an onion. In a vacuum, or other uniform medium, the light waves are spherical, and these wave surfaces advance or spread out as they travel at the speed of light. This theory explains why light shining through a pin hole or slit will spread out rather than going in a straight line.

Newton's theory came first, but Huygens' theory better described early experiments. Huygens' principle enables one to predict where a given wavefront will be in the future, if you have the knowledge of where the given wave front is at the present time.

At that time, some of the experiments conducted on light theory for both the wave theory and particle theory, had some unexplained phenomenon, Newton could not explain the phenomenon of light interference and this favour the wave theory over Newton's particle theory. This difficulty was due to the unexplained phenomenon of light polarisation - scientists were familiar with the idea that wave motion was parallel to the direction of travel of a wave, NOT perpendicular to the direction of travel, as is the case for light.

Taken from http://www.nightlase.com.au/education/optics/light.htm

EXERCISES

1 True or false?

- A The electromagnetic spectrum does not include microwaves. T F
- B According to Newton's theory, light is made of waves. T F
- C Christiaan Huygens was German. T F
- D Using Huygens' principle the position of a given wavefront can be predicted. T F

2 Complete.

_____ and Huygens elaborated the _____ important light _____. According to the first, _____ is made of tiny _____, according to the second it is composed of _____. Huygens theory _____ some questions that Newton's couldn't _____. The second theory explained why light _____ through a pinhole _____ out rather than proceeding in a straight _____.

resolve • Newton • explained • shining • most • light • waves • line • theories • particles • spreads

3 Match questions and answers.

QUESTIONS	ANSWERS
A. What is the main difference between Newton's and Huygens' theories?	1. It is a way of visualising wave propagation based on the hypothesis that light is made up of waves vibrating up and down perpendicular to the direction of travel of the light.
B. What is *Huygens' principle*?	2. According to Newton light was made up of tiny particles, whilst Huygens believed that light was made up of waves.
C. According to Huygens how can we describe light motion?	3. Light waves are spherical and vibrate up and down perpendicular to the direction of motion. In a uniform medium they travel at the speed of light.

A. _____ B. _____ C. _____

"STATIC ELECTRICITY" IS ELECTRICITY WHICH IS STATIC? NO!

"Static electricity" is a collection of different electrical phenomena; phenomena in which the amounts of positive and negative electric charge within a material are not perfectly equal. Where voltage is high and current is low.

Where electrical forces (attraction and repulsion) are seen to reach across space. Widely spaced electrically charged objects may attract or repel each other. Hair might stand on end!

Where electric fields (as opposed to magnetic fields) become very important.

Electrostatics is about "charge", and about the attract/repel forces which electric charge creates. The motion or the "staticness" of the charges is irrelevant. After all, the same forces continue to exist even when the charges start flowing. And charges that are separated or imbalanced can sometimes flow along, yet the "static" effects are undiminished when the current begins. In other words, it's perfectly possible to create flows of so-called "static" electricity.

It's very misleading to concentrate on the "staticness" of the charges. It derails our explanations and hides many important concepts such as charge separation, the density of imbalanced positive/negative charge, and the presence of voltage fields surrounding the imbalanced charges. Electrostatics is not about "staticness": instead it's about charge and forces.

Imagine if water was explained just as badly as "static electricity". In that case, most people would believe in two special kinds of water called "static water" and "current water". We'd wrongly insist that "hydrostatics" was the study of static water. In that case, only the hydraulics expert would realize there's no such thing as "static water". In a similar way, "static electricity" has nothing to do with "electricity at rest".

Taken from http://amasci.com/emotor/stmiscon.html#one

EXERCISES

1 True or false?

A In "static electricity" phenomena, the amounts of positive and negative electric charge are perfectly equal.   T   F

B Widely spaced objects may attract or repel each other.   T   F

C Electrostatics is about "staticness".   T   F

D Flows of static electricity can be created.   T   F

2 Find the mistakes in each sentences and correct.

A Charges that are separated or imbalanced can never flow along.

B Electrostatics is all about "staticness".

C Widely spaced electrically charged objects cannot attract or repel each other.

D Electrostatics is about the attract/repel forces which electric force creates.

E The motion or the "staticness" of the charges is relevant.

F "Static electricity" deals with "electricity at rest".

3 Match questions and answers.

QUESTIONS	ANSWERS
A. Is electrostatics about "staticness"?	1. Of course they can, widely spaced electrically charged objects may attract or repel each other, for example hair may stand on end.
B. Can electrical forces act across space?	2. Yes, in the misconception of the word "static": neither electrostatic nor hydrostatic phenomena deal with the "staticness" of electricity or water.
C. Is there any correlation between electrostatic and hydrostatic?	3. No, it is all about charge and forces.

A. _____   B. _____   C. _____

READING COMPREHENSION
SHARKS - ELECTRORECEPTION

Of all the animals on Earth and in the oceans, sharks have the most acutely developed electroreception abilities. This sensory perception enables them to detect and interpret the electric field that is emitted by animals as well as by the Earth itself. It is used to hunt prey that may be concealed from vision and even as a gravitational device and stabiliser.

The electroreception ability is enabled by the ampullae of Lorenzini. These are modified sensory organs situated on the snout or nose of the shark and can number from a few hundred (for the more placid sharks) to well over 1000 for active hunters and killers. The ampullae of Lorenzini are made up of a large pore, filled with a jelly-like substance. Gelatinous secretions are stored in cylindrical canals, which are attached to these bulbous pores. Minute sensory cells line the walls of each pore. These sense even faint electrical impulses from the environment around the shark and transmit the message to the sensory nerve at the base of each pore. This nerve sends messages directly to the brain to inform the shark of gravitational electro-sensations or those of nearby prey. So acute is this sensory ability that they can detect a change in voltage of 10 millionths of a volt. The ampullae of Lorenzini are also able to detect changes in water pressure and temperature, although this is to a far lesser degree.

The electroreception ability present in sharks is a significant survival tool as it allows them to seek out and find prey that is hidden behind rocks, or even under sand, just from sensing the natural electrical signals emitted by all animals. The prey is unable to control this emission of impulse, regardless of how motionless it remains. When an animal or person is injured, they emit erratic electrical impulses, attracting the shark.

Taken from http://www.sharks.org.za/electroreception.html

EXERCISES

1 True or false?

A. Sharks are lacking in electroreception. T F
B. Sharks use the ampullae of Lorenzini to detect electric fields. T F
C. Sharks cannot find prey if it is hidden behind rocks. T F
D. Animals can stop the emission of electrical impulses if they want to. T F

2 Complete.

Among _____ on Earth, sharks have _____ the most _____ electroreception ability. A _____ shark can _____ prey hidden behind _____ and under sand. The more animals sense _____ the more they emit _____ electrical impulses, that can be _____ detected by sharks. This ability is _____ by the ampullae of Lorenzini, a _____ organ situated on the _____ of the shark. The number of ampullae of Lorenzini can _____ from a few hundred to over 1000. This ability is so _____ that sharks can detect a change in _____ of 10 millionths of a volt.

rocks • sensory • animals • enabled • killer • developed • acute • voltage • erratic • vary • sharp • easily • detect • danger • snout

3 Match questions and answers.

QUESTIONS	ANSWERS
A. What happens to the human electrical emission in a dangerous situation?	1. Sharks are predators, meaning that they need to find prey to survive. Using their electroreception ability they can even find prey hidden behind rocks and under sand.
B. How do sharks use their electroreception ability?	2. Sharks' sensory organs, used to detect electric fields. These organs are situated on the snouts or noses of sharks, and are variable in number.
C. What are the ampullae of Lorenzini?	3. The human body emits erratic electrical impulses when in danger and these impulses are sensed by sharks.

A. _____ B. _____ C. _____

HOW DO ECG MACHINES WORK?

The electrocardiograph machine, or ECG, is one of the most common medical machines found in hospitals today. The ECG interprets electrical signals produced by the heart over time, capturing them and recording them via electrodes attached to the skin.

The first breakthrough in ECG technology was made by the Dutch scientist Willem Einthoven. In 1903, Einthoven developed a series of prototype string galvanometers that he used to build the first ever ECG machine. Before Einthoven, scientists were aware that the heart produced electrical signals, but they had no way of recording them without attaching electrodes directly to the heart. Einthoven's 600 lbs machine was the first to allow recording of the heart's electrical impulses via non-invasive methods. Though many advances to the ECG have been made since Einthoven's time, the core concepts are still used today.

To understand how an ECG can record a person's heart impulses through his or her skin, it can prove helpful to think of the human body as a large sack of salt water. That is, a natural conductor of electricity.

The human heart is a pump made up of four chambers. The two upper chambers are the atria, and the two lower ones are called ventricles. The body's natural electric current causes the heart muscles to contract and pump blood through the heart's chambers and throughout the body. To measure the sympathetic electrical impulses, an ECG technician attaches electrodes to selected parts of the patient's torso, directly on the skin.

These electrodes are extremely sensitive, they have to be able to detect incredibly minute changes in potential energy on the body's skin only about 1 mV (millivolt) or less.

There are three different electrical waves that are recorded by the ECG machine, which are represented in a digital graph, which can be printed out on paper for closer analysis.

EKG readings are helpful in determining in advance whether a patient is likely to suffer a heart attack before it actually happens.

Taken from http://www.akwmedical.com/blog/how-do-ekg-machines-work

EXERCISES

1 **True or false?**

A It is very rare to find an ECG in a hospital. T F

B The ECG interprets electrical signals produced by the heart. T F

C A German scientist invented the ECG. T F

D ECG results cannot be written down on paper. T F

2 **Find mistakes and correct.**

A The ECG interprets magnetic signals produced by the heart.

B Einthoven's machine was the first invasive method to record the heart's electrical impulses.

C The human heart is a pump made up of four tubes.

D The body's natural electric power causes the heart muscles to contract and pump blood.

E The electrodes of an ECG machine are attached indirectly to the skin.

F By reading ECG results doctors cannot determine in advance if a patient is likely to suffer a heart attack.

3 **Match questions and answers.**

QUESTIONS	ANSWERS
A. Were scientists able to record the heart's electrical signals before Einthoven's invention?	**1.** They can read a digital graph where the three different electrical waves that are recorded by the ECG machine are written down.
B. How does a human heart work?	**2.** They had no way of recording them without attaching electrodes directly to the heart.
C. How can doctors study ECG results?	**3.** It works like a pump moved by natural electric current produced by the human body.

A. _____ B. _____ C. _____

READING COMPREHENSION

HOW IS A PLANE PROTECTED FROM LIGHTNING STRIKES?

Since the outer skin of most airplanes is primarily aluminium, which is a very good conductor of electricity, the secret to safe lightning hits is to allow the current to flow through the skin from the point of impact to some other point without interruption or diversion to the interior of the aircraft.

Estimates show that each commercial airliner averages one lightning hit per year but the last crash that was attributed to lightning was in 1967 when the fuel tank exploded, causing the plane to crash.

Generally, the first contact with lightning is at an extremity, the nose or a wingtip. Lightning transits through the aircraft skin and exits through another extremity point, frequently the tail.

Another related problem is the effect on computers and flight instruments. Shielding and surge suppressors insure that electrical transients do not threaten the on board avionics.

Electricity finds it's way from one place to the other via what's called a "step leader". The sheer power of the cloud will start to attract electrons from the ground. These electrons will gather on anything that gathers charge (like a fence) or sticks up in the air (like a person), or that does both (like a telephone pole). That electric charge will start to work it's way through the air, ionising it, until the leader working it's way down, and the leader trying to get up finally meet. When they do, there's lightning. An aircraft will act as a conduit for step leaders.

The way an aircraft tries to dissipate these step leaders is through the use of a "static wick". A static wick is a piece of metal connected electrically to the frame of the aircraft, with one or two spikes or needles on the end. It is housed in a fiberglass rod to insulate it from the airplane. Because the spikes concentrate the electric charge around them, and they are connected to the airframe, they allow the airplane to dissipate any static electricity it may build up out into the air.

Taken from http://www.physlink.com/education/askexperts/ae568.cfm

EXERCISES

1 True or false?

A According to estimates every commercial airliner receives several lightning hits per year. T F

B Lightning transits through the aircraft skin and exits through another extremity point. T F

C A fence may gather electrical charge. T F

D A "static wick" is a piece of metal electrically connected to the aircraft. T F

2 Complete.

Electric _____ starts it's way through the _____. The electrons ionise the air, _____ the leader working it's way _____, and the leader trying to get up _____ meet, at this point we usually can see _____. The aircrafts usually act as a _____ for step leaders, because lightning _____ through the aircraft _____, entering from a side and going out from _____.
Aircrafts use a "static wick" to _____ the electric charge of _____.

transits • lightning • charge • conduit • until • dissipate • air • skin • lightning • finally • down • another

3 Match questions and answers.

QUESTIONS	ANSWERS
A. Are aircraft crashes due to lightning a common event?	1. It is a piece of metal, electrically connected to the aircraft.
B. What is a "static wick"?	2. Even though every commercial airliner averages at least one lightning hit per year the last crash due to lightning was in 1967.
C. Give some examples of common things that may gather electrons.	3. A fence, a person and a telephone pole are all examples of common things that may gather electrons.

A. _____   B. _____   C. _____

HOW HAIR-DRYERS WORK

Many people are familiar with the daily routine of washing, drying and styling their hair. Although hair will eventually dry on its own if given enough time, most people reach for a hair-dryer to speed up the process. While science may have disproven the link between wet heads and catching colds, it's still no fun to sit around with a head full of wet hair, especially in the winter.

Hair-dryers, also known as blow-dryers, were first sold in the 1920s. At first they were pretty dangerous to use: hundreds of people were electrocuted when they dropped their hair-dryer into water-filled sinks and bathtubs.

That isn't as likely today, however, because of the advent of Ground Fault Circuit Interrupters (GFCI). Since 1991, all portable hair-dryers have been required by U.S. federal law to protect you against electrocution should you accidentally drop one in water while it's plugged in. This applies whether the hair-dryer is on or off. A GFCI is the larger, polarised plug that you'll find on many consumer appliances. When they're plugged in, GFCIs monitor the amount of current that's running from one slot of a wall outlet through an electric circuit and back to the other slot. If they sense a leak in the current, they trip the circuit.

What happens to a hair-dryer if you drop it in water when it's not plugged in? You don't run the risk of electrocution, since there's no source of current, but you can certainly damage the hair-dryer if all of its components get wet. So, plugged in or not, it's a bad idea to throw it in the tub.

Taken from http://www.howstuffworks.com/hair-dryer.htm

EXERCISES

1 **True or false?**

A Science has proved the link between catching colds and having wet hair for long periods of time. T F

B The first hair-dryer was invented 50 years ago. T F

C Hundreds of people have been electrocuted using hair-dryers. T F

D Since 1991, all US hair-dryer must have a GFCI fitted. T F

2 **Complete.**

Hair-dryers are common _____ that people have used since the _____. Before the introduction of the _____, hair-dryers were pretty _____; many people have been electrocuted _____ using a hair-dryer. _____ 1991, all portable hair-dryers _____ been required by U.S. _____ law to protect _____ electrocution. GFCI (Ground Fault Circuit Interrupter) is a _____ plug that monitors the amount of _____ that's running from one _____ of a wall outlet _____ an electric circuit and _____ to the other slot, if there is a _____ in the current, they trip the _____ .

back • dangerous • GFCI • devices • whilst • through • have • current • 1920s • since • polarised • federal • against • leak • slot • circuit

3 **Match questions and answers.**

QUESTIONS	ANSWERS
A. What happens to a hair-dryer if you drop it in water when it's not plugged in?	1. A Ground Fault Circuit Interrupter; it is a device that protects people against electrocution if a hair-dryer is accidentally dropped in water.
B. What is a GFCI?	2. Once you plug your hair-dryer in, the Ground Fault Circuit Interrupter monitors the amount of current running back and forth from the wall's slot. If it senses a leak in the current, it trips the circuit.
C. How does a GFCI work?	3. As there is no source of current it is not dangerous for your own safety, but the device would certainly get damaged.

A. _____   B. _____   C. _____

READING COMPREHENSION
PHYSICAL PRINCIPLES OF DEFIBRILLATORS

Defibrillation is the application of a pre-set electrical current across the myocardium to cause synchronous depolarisation of the cardiac muscle with the aim of converting a dysrhythmia into a normal sinus rhythm.

The defibrillator was invented in 1932 by Dr William Bennett Kouwenhoven.

The most important component of a defibrillator is a capacitor that stores a large amount of energy in the form of electrical charge, then releases it over a short period of time. A capacitor consists of a pair of conductors (e.g. metal plates) separated by an insulator (called a dielectric).

When the switch is in position 1, direct current from the power supply is applied to the capacitor. Electrons flow from the upper plate to the positive terminal of the power supply and from the negative terminal of the power supply to the lower plate. Therefore current flows and a charge begins to build up on each electrode of the capacitor, with the lower plate becoming increasingly negatively charged, and the upper plate increasingly positively charged. As the charge builds up on the plates, it creates a potential difference across the plates, which opposes the electromagnetic force of the power supply.

The charged capacitor is therefore a store of potential energy, which may be released on discharge.

When the paddles are applied to the patient's chest and the switch is moved to position 2, a circuit is completed. Electrons stored on the lower (negative) plate of the capacitor are able to pass through the patient and back to the upper plate. Thus, current flows, stored electrical energy is released, and the potential difference across the plates falls to zero.

Taken from http://www.frca.co.uk/article.aspx?articleid=100392

EXERCISES

1 **True or false?**

A The charged capacitor is a store of potential energy. T F

B The defibrillator was invented in nineteen twenty-three. T F

C A defibrillator is a circuit. T F

D Defibrillators are used to convert a dysrhythmia into a normal sinus rhythm. T F

2 **Order the description of a defibrillator's functioning.**

__ Current flows and a charge begins to build up on each electrode of the capacitor,

__ Direct current is applied to the capacitor

__ Electrons flow from the upper plate to the positive terminal and from the negative terminal to the lower plate.

__ Electrons stored on the lower (negative) plate pass through the patient,

__ stored electrical energy is released, and the potential difference across the plates falls to zero.

__ The charge creates a potential difference across the plates,

__ the lower plate becoming increasingly negatively charged, the upper plate increasingly positively charged.

__ the switch is moved and the paddles are applied to the patient.

3 **Match questions and answers.**

QUESTIONS	ANSWERS
A. What is a capacitor?	1. It is the application of electrical current across the myocardium.
B. What happens when the defibrillator's paddles are applied to the patient's chest?	2. The current starts flowing, stored electrical energy is released and potential difference across the plates falls to zero.
C. What is defibrillation?	3. It is an electrical component used to store energy.

A. _____ B. _____ C. _____

ALESSANDRO VOLTA

Alessandro Volta was born in Como, Italy in 1745. In 1774, he was appointed Professor of physics at the Royal School in Como. While at the Royal School, Alessandro Volta designed his first invention, the electrophorus: a device that produced static electricity. For years at Como, he studied and experimented with atmospheric electricity by igniting static sparks. In 1779, Alessandro Volta was appointed Professor of physics at the University of Pavia and it was while there that he invented his most famous invention, the voltaic pile.

Constructed of alternating discs of zinc and copper, with pieces of cardboard soaked in brine between the metals, the voltaic pile produced electrical current. The metallic conducting arc was used to carry the electricity over a greater distance. Alessandro Volta's voltaic pile was the first battery that produced a reliable, steady current of electricity.

One contemporary of Alessandro Volta was Luigi Galvani, in fact, it was Volta's disagreement with Galvani's theory of galvanic responses (animal tissue contained a form of electricity) that led Volta to build the voltaic pile to prove that electricity did not come from the animal tissue but was generated by the contact of different metals, brass and iron, in a moist environment. Ironically, both scientists were right.

Volt - The unit of electromotive force, or difference of potential named after Alessandro Volta.

Photovoltaic - Photovoltaic are systems that convert light energy into electricity. The term "photo" is a stem from the Greek "phos" meaning "light" and "volt" comes from Volta.

Taken from http://inventors.about.com/od/utstartinventors/a/Alessandro_Volta.htm

EXERCISES

1 True or false?

A The electrophorus was Volta's first invention. T F

B Volta was a professor in Pavia in 1774. T F

C According to Galvani's theory, electricity is not intrinsic to animal tissue. T F

D Photovoltaics are systems that convert light energy into electricity. T F

2 Complete.

A Volta _____ the famous pile while he was _____ in Pavia.

B Volta built his pile alternating _____ of zinc and _____, with pieces of cardboard soaked in _____.

C To conduct _____ out of the pile and over great _____ he used a metallic conducting _____.

D The term "photo" comes from the _____ "phos" meaning "_____". And the _____ "volt" comes _____ Alessandro Volta.

invented • term • copper • Greek • brine • discs • electricity • Professor • distances • light • arc • from

3 Match questions and answers.

QUESTIONS	ANSWERS
A. How did Volta build his pile?	1. That electricity is intrinsic to animal tissue.
B. With which point of Galvani's theory did Volta disagree?	2. He alternated discs of zinc and copper, putting between them pieces of cardboard soaked in brine.
C. What is a volt?	3. It is the unit for electric potential, electric potential difference, and electromotive force. This unit is named after Alessandro Volta.

A. _____   B. _____   C. _____

READING COMPREHENSION
COMPASSES

Believe it or not, we're all walking on the surface of a gigantic magnet. Compasses work because planet Earth itself is encased by its own magnetic field. A magnetic field is created by a moving electrical charge. Electrons buzzing around an atom's nucleus create a very small magnetic field, which is usually cancelled out by a nearby atom. However in certain metals like iron and nickel, huge numbers of these electrons can line up and create a large-scale magnetic field. That's how a typical compass needle is magnetized, but how about planet Earth itself?

The wild thing is scientists are not entirely certain what exactly causes it. The prevailing theory is that the iron core of the Earth is under so much pressure it crystallizes into a solid form. The super hot liquid iron moving and churning all around it creates a gigantic, but relatively weak, magnetic field. This field sticks up out of the Earth's poles and attracts the ends of magnets.

Here's a question: if the old axiom "opposites attract" is true why does the "north" side of my compass point to the "North Pole"?

The reason is simple, the "North Pole" of Earth, is actually the south pole of its magnet. Mapmakers fudged the name so making sense of directions and compass readings would be easier.

Also the spot where the compass points on Earth is not actually the axis where the Earth rotates. The magnetic pole is always changing intensity and location, sometimes even switching direction. Archaeologists have been able to track these changes. Tiny magnetic signatures in rocks with iron deposits can tell where and how strong the Earth's magnetic signature was at the time of formation. Using this information, scientists have been able to date ancient human fossils, and even track the drifting continents over millions of years.

Taken from http://physicsbuzz.physicscentral.com/2009/02/howd-they-do-that-tuesday-compasses.html

EXERCISES

1 True or false?

A North Pole and South Pole had never changed their position. T F

B Earth has its own magnetic field. T F

C Scientists are not sure what exactly causes Earth's magnetic field. T F

D A magnetic field is created by a static electrical charge. T F

2 Find mistakes and correct them.

A Archaeologists cannot track changes in the Earth's magnetic field.

B The Earth is enveloped by the Sun's magnetic field.

C Earth's "North Pole" is the actual north pole of its magnet.

D In all metals electrons can line up and create a large-scale magnetic field.

E A magnetic field is created by a static electrical charge.

F Scientists can date ancient human fossils by using signatures in trees.

3 Match questions and answers.

QUESTIONS	ANSWERS
A. What is a compass?	1. No, the North Pole is actually the south pole of Earth's magnet, but mapmakers decided to invert the poles to make the reading of a compass easier.
B. Is the north of a compass the Earth's actual North Pole?	2. Archaeologists found little magnetic signature in the rocks, reading them they can tell how strong the Earth's magnetic has been through the centuries.
C. The Earth's magnetic pole is always changing, how do scientists know how and when it changed through history?	3. It is an instrument that indicates direction using the Earth's magnetic field.

A. _____ B. _____ C. _____

HOW DOES HEAT AFFECT MAGNETS?

Magnetic materials should maintain a balance between temperature and magnetic domains (the atoms' inclination to spin in a certain direction). When exposed to extreme temperatures, however, this balance is destabilised; magnetic properties are then affected. While cold strengthens magnets, heat can result in the loss of magnetic properties. In other words, too much heat can completely ruin a magnet.

How it works
Excessive heat causes atoms to move more rapidly, disturbing the magnetic domains. As the atoms are sped up, the percentage of magnetic domains spinning in the same direction decreases. This lack of cohesion weakens the magnetic force and eventually demagnetises it entirely. In contrast, when a magnet is exposed to extreme cold, the atoms slow down so the magnetic domains are aligned and, in turn, strengthened.

Ferromagnetism
The way in which specific materials form permanent magnets, or interact strongly with magnets. Most everyday magnets are a product of ferromagnetism.

Paramagnetism
A type of magnetism that occurs only in the presence of an external magnetic field. They are attracted to magnetic fields, but they are not magnetised when the external field is removed. This is because the atoms spin in random directions; the spins aren't aligned, and the total magnetisation is zero. Aluminium and oxygen are two examples of materials that are paramagnetic at room temperature.

Curie Temperature
Named after the French physicist Pierre Curie, the Curie temperature is the temperature at which no magnetic domain can exist because the atoms are too frantic to maintain aligned spins. At this temperature, the ferromagnetic material becomes paramagnetic. Even if the magnet is cooled, once it has become demagnetised, it will not become magnetised again. Different magnetic materials have different Curie temperatures, but the average is between 600–800 degrees Celsius.

Taken from http://www.ehow.com/how-does_4926450_heat-affect-magnets.html

EXERCISES

1 True or false?
- A High temperatures strengthen magnets. T F
- B Extreme cold makes the atoms of a magnet slow down. T F
- C All materials have the same Curie temperature. T F
- D Once a magnet is ruined by high temperatures, it can never get its magnetism back. T F

2 Find mistakes and correct them.
- A Cold can make a magnetic material lose its magnetic properties.
- B Excessive heat causes atoms to move more slowly.
- C Paramagnetism occurs only in the presence of an internal magnetic field.
- D Aluminium and oxygen are paramagnetic at high temperatures.
- E The average Curie temperature is between 600–800 degrees Fahrenheit.

3 Match questions and answers.

QUESTIONS	ANSWERS
A. What is the Curie temperature?	1. The mechanism through which some materials form permanent magnets, or are attracted by other magnets, is called ferromagnetism.
B. What is ferromagnetism?	2. When a magnetic material is exposed to low temperatures, its atoms slow down and, as a consequence, its magnetic domain is strengthened.
C. What happens to a magnetic material if it is exposed to low temperatures?	3. It is the temperature at which the magnetic domain of a material is permanently ruined and ceases to exist; it is different for different materials.

A. _____ B. _____ C. _____

INDICE ANALITICO

A

accumulatore elettrico, 852, 854
- processo di carica, 854
- processo di scarica, 854

agitazione termica, 845
ago magnetico, 875
altezza, di un suono, 567
altoparlante, 565
ampere (A), 769
Ampère André Marie, 769
- legge di, 880
- teorema di, 924
  - applicazioni del, 925

ampere, definizione, 881
amperometro, 776, 893
ampiezza d'onda, 543
angolo solido, 597
ànodo, 847
applicazione tra insiemi, 662
armature di un condensatore
- forza di attrazione tra le, 816
  - a Q costante, 817
  - a V costante, 818

assorbimento della luce, 598
atomo, 627
autovelox, 581

B

battimenti, 576
- equazione dei, 577
- frequenza dei, 577

bilancia a torsione, 636
Biot e Savart, legge di, 885

C

calamita, 874
calcolo della forza su una carica di prova, 658
campo elettrico, 656
- all'esterno di una distribuzione sferica di carica, 673
  - formule relative, 676
- all'interno di un conduttore carico in equilibrio, 724
- all'interno di una sfera omogenea di carica, 673
- formule relative, 677
- circuitazione del, 707
- con particolari simmetrie, 672
- costruzione delle linee del, 663
- di più cariche puntiformi, 659
- di una carica puntiforme, 659
- di una distribuzione lineare infinita di carica
- e potenziale, 705
- flusso del, 666
- formule relative, 674
- generato da un condensatore piano, 735
- generato da un toroide, 927
- generato da una distribuzione piana infinita di carica, 669
  - modulo del, 671
  - proprietà di simmetria del, 670
- linee del, 661
  - costruzione delle, 661
  - densità delle, 663
- somma di, 660
- sulla superficie di un conduttore carico in equilibrio, 725
- verso del, 705
- vs. campo gravitazionale, 674

campo magnetico, 875, 910
- circuitazione del, 924
- di un filo percorso da corrente, 884
- di un solenoide, 886
- di una spira, 886
- direzione e verso, 876
- flusso del, 921
- generato da un filo percorso da corrente, 878
- in un filo percorso da corrente, 926
- intensità del, 881
- linee del, 874
- terrestre, 875
- vs. campo elettrico, 877

campo/i, 656
- delle velocità di un fluido, 662
- di densità, 662
- e superfici equipotenziali, 704
- elettrostatico, circuitazione del, 706
- gravitazionale, 662
- linee di
- magnetico, 662
- scalari, 662
- vettoriale, 662
  - attraverso una superficie, flusso di un, 664

candela (cd), 599
cannone elettronico, 861
capacità
- di un condensatore, 734
  - piano, 737
  - sferico, 739
- di una sfera conduttrice isolata, 731
- elettrostatica di un conduttore, 730
- equivalente di una rete di condensatori, 741

caratteristiche del suono, 567
- altezza, 567
- intensità, 567
- timbro, 567

carica/he
- costruzione delle linee di campo, 663
  - in un mezzo isolante, 659
- dell'elettrone, 919
- densità lineare di, 672
- densità superficiale di, 669
- di prova, 657
  - e potenziale, 702
  - forza su una, 658
- di un condensatore, 819
  - bilancio energetico del processo di, 821
- distribuzione lineare infinita di, 672
- distribuzione piana infinita e campo elettrico, 669
- distribuzione sferica di
  - campo elettrico all'esterno di una, 673
  - campo elettrico all'interno di una, 673
- elettrica/he, 626
  - conservazione della, 633
  - definizione operativa, 631
  - densità superficiale di, 723
  - distribuzione nei conduttori, 722
  - misura della, 632
  - moto spontaneo delle, 701
  - negativa, 627
  - positiva, 627
- in un campo magnetico uniforme, 916

- negli atomi, 726
- puntiforme
  - campo elettrico di una, 659
  - potenziale di una, 696, 702
catodo, 847
cella
- a combustibile, 849
- elettrochimica, 853
- elettrolitica, 844
chiocciola dell'orecchio, 565
ciclo di isteresi magnetica, 931
circuitazione
- del campo elettrostatico, 707
- definizione della, 707
- del vettore campo elettrico, 707
  - significato della, 707
- del vettore velocità, 707
- e lavoro, 708
- in fluidodinamica, 707
- del campo magnetico, 924
circuito/i elettrico/i, 771
- aperto, 774
- chiuso, 774
- e inserimento degli strumenti di misura, 782
- nodo di un, 783
- maglia di un, 783
- rami di un, 783
- risoluzione di un, 781
- RC, 822
  - effetto Joule, 823
  - processo di carica, 822
  - processo di scarica, 823
coefficiente di temperatura della resistività, 814
- per alcuni metalli, 815
collegamento
- in parallelo, dei conduttori, 775
- in serie, dei conduttori, 774
colori e lunghezza d'onda della luce, 609
combustibile, cella a, 849
condensatore/i
- calcolo del lavoro di carica, 746
- capacità equivalente di una rete di, 741
- carica di un, 819
  - bilancio energetico del processo di, 821
- densità di energia elettrica nel, 747
- energia immagazzinata in un, 745
- in parallelo, 741, 742
- in serie, 741, 743
- piano, 734
  - armature, 734
  - campo elettrico generato da un, 735
  - capacità di un, 734
  - forza di attrazione tra le armature a Q costante, 817
  - forza di attrazione tra le armature a V costante, 818
- scarica di un, 821
- sferico, 739
  - capacità di un, 739
  - e induzione completa, 739
conducibilità nei gas, 856
conduttore/i elettrici, 629
- capacità di un, 730
- di prima specie, 829
- di seconda specie, 829
- ed elettrizzazione per contatto, 631
- in equilibrio elettrostatico, distribuzione della carica nei, 722
- messa a massa di un, 730
- messa a terra di un, 641, 729
- metallici, 808
  - resistività, 811
- modello microscopico, 630
- ohmici, 777
conduzione, elettroni di, 808
conservazione
- dell'energia
  - ed effetto Joule, 786
- della carica elettrica, 633
coppia termoelettrica, 830
corpo/i
- elettrizzato, 626
- negativo, 628
- neutri, 628
- positivo, 628
corrente/i
- elettrica
  - continua, 768, 770
  - intensità della, 768
  - nei gas, 844
  - nei liquidi, 844
  - nei metalli, 808
  - verso della, 770
  - forze tra, 879
costante dielettrica, 635
- assoluta, 639
- del vuoto, 635
- relativa, 638
coulomb (C), 632
- definizione, 881
Coulomb Charles Augustin de, 632
- costante dielettrica assoluta, 639
- costante dielettrica relativa, 638
- esperimento di, 636
- forza di
  - energia potenziale della, 694
  - nella materia, 638
- teorema di, 727
  - dimostrazione del, 727
Curie, temperatura di, 933

D

decibel (dB), 568
definizione
- del coulomb, 881
- del vettore campo elettrico, 657
- dell'ampere, 881
deflessione del fascio catodico, 862
densità
- delle linee di campo, 663
- di energia elettrica in un condensatore, 747
- lineare di carica, 672
- superficiale di carica, 669, 723
  - e potere delle punte, 727
  - valore della, 723
- volumica di energia elettrica, 747
derivata di una funzione, 772
determinazione delle cariche su due sfere in equilibrio elettrostatico, 732
differenza
- di energia potenziale, 694
- di potenziale elettrico, 701
diffrazione
- del suono, 604
- della luce, 604, 605
- delle onde d'acqua, 604
- figura di, 605

INDICE ANALITICO

- reticolo di, 608
direzione
- del campo magnetico, 876
- della forza elettrica, 634
dissociazione
- elettrolitica, 845
- ionica, 846
distribuzione
- della carica nei conduttori, 722
- lineare infinita di carica, 672
- sferica di carica
  - campo elettrico all'esterno di una, 673
  - campo elettrico all'interno di una, 673
domini di Weiss, 933
Doppler Christian Johann, effetto, 578
- applicazioni, 581
- con sorgente ferma e ricevitore in movimento, 578
- con sorgente in movimento e ricevitore fermo, 580

E

eco, 572
ecografia, 572
effetto
- Doppler, 578
  - applicazioni, 581
  - con sorgente ferma e ricevitore in movimento, 578
  - con sorgente in movimento e ricevitore fermo, 580
- fotoelettrico, 596, 827
- Hall, 914
- Joule, 785
  - e conservazione dell'energia, 786
  - spiegazione microscopica dell', 809
- Seebeck, 830
- termoelettrico, 830
- termoionico, 826
- Volta, 827
Einstein Albert, ed effetto fotoelettrico, 596
elettrizzazione
- metodi di, 641
- per contatto, 630
- per induzione, 640
- per strofinìo, 626
  - ipotesi di Franklin, 627
  - modello microscopico, 627
elettrocardiogramma, 702
elettrodi, 844
elettròforo di Volta, 641
elettrolisi, 847
- reazioni chimiche nella, 848
elettrolita, 844
elettromagnete, 934
elettròmetro, 738
elettrone/i, 627
- carica dell', 919
- di conduzione, 808
- lavoro di estrazione, 824
- liberi, 630
- velocità di deriva degli, 809
  - formula della, 810
elettronvolt, 825
elettroscopio, 631
elettrostatica, problema generale della, 726
energia
- cinetica nulla, 697
- elettrica, densità volumica di, 747
- immagazzinata in un condensatore, 745
  - trasformazione della, 784
- potenziale, 694, 699
  - della forza di coulomb, 694
  - di più cariche puntiformi, 696
  - elettrica, 694
  - tipi, 696
equazione/i
- dei battimenti, 577
- di Maxwell, 936
  - prima equazione, 748
  - seconda equazione, 749
equilibrio elettrostatico, 722
- di sfere conduttrici, 732
  - densità di carica, 733
  - determinazione delle cariche, 732
- e distribuzione della carica, 722
equivalente chimico, 851
esperienza di Faraday, 879
esperimento
- di Coulomb, 636
- di Young, 601
  - analisi dell', 602
estrazione degli elettroni da un metallo, 824

F

farad (F), 730
Faraday Michael, 730
- leggi di, per l'elettrolisi, 850
  - prima legge, 850
  - seconda legge, 851
- pozzo di, 723
fascio catodico, deflessione del, 862
fase
- iniziale di un'onda armonica, 545
- transiente, della distribuzione di carica, 722
fenomeni di elettrostatica, 722
figura
- di diffrazione della luce, 605
  - fascia luminosa centrale, 606
  - prima frangia scura, 606
- di interferenza, 550, 601
filtri elettrostatici, 728
fluidodinamica, circuitazione in, 707
- e vortici, 707
flusso
- del campo elettrico, 666
- del campo magnetico, 921
  - attraverso una superficie non piana, 922
- del vettore velocità, 666
- di un campo vettoriale attraverso una superficie, 664
- luminoso, 599
  - e lumen, 599
formula per l'interferenza, espressione goniometrica, 603
forza/e
- a distanza, 656
- come forza conservativa, 695
- di attrazione tra le armature di un condensatore piano, 816
  - a Q costante, 817
  - a V costante, 818
- di Coulomb
  - energia potenziale della, 694

- nella materia, 638
- vs. forza di gravitazione universale, 695
- di Lorentz, 910
- elettrica, 634, 913
  - direzione e verso della, 634
  - vs. forza gravitazionale, 635
- elettromotrice(fem), 787
  - misura della, 789
- gravitazionale vs. forza elettrica, 635
- magnetica, 874, 913
  - su un filo percorso da corrente, 883
  - su una carica in moto, 912
  - su una spira, 890
  - su una carica di prova, 658
  - tra correnti, 879
  - variabile, lavoro di una, 699
fotoni, 596
frange
- d'interferenza, 601
- luminose e frange scure di diffrazione, 607
Franklin Benjamin, ipotesi sulla elettrizzazione per strofinìo, 627
frequenza/e
- dei battimenti, 577
- dei modi normali di oscillazione, 574
- dell'onda composta, 576
- di un suono
  - relazione con la lunghezza d'onda, 571
- di un'onda, 544
- fondamentale (o prima armonica), 575
fronte d'onda, 541
fulmine, 859
funzione esponenziale, 822

galvanoplastica, 849
gas
- conducibilità nei, 856
- scarica elettrica in un, 857
Gauss Karl Friedrich, 667
- teorema di, 666, 667, 726
  - dimostrazione del, 668
  - per il magnetismo, 922

- validità del, 669
generatore di tensione
- ideale, 771
- reale, 788
grandezze
- fotometriche, 598
- istantanee, 773

Hall Edwin
- effetto, 914
- tensione di, 915
Huygens Christiaan, 594

illuminamento, 599
- e lux (lx), 599
impulso trasversale, 573
induzione
- completa, in un condensatore sferico, 739
- elettrostatica, 640
  - elettrizzazione per, 640
infrasuoni, 570
insiemi
- applicazione tra, 662
integrale, 699
- definito, 700
- indefinito, 700
intensità
- della corrente elettrica, 768
- di radiazione, 596, 598
- di un'onda sonora, 567, 568
  - livello di, 568
- luminosa, 599
  - e candela (cd), 599
interferenza
- della luce, 600
  - espressione goniometrica della formula per l', 601
- figura di, 601
- frange di, 601
- di onde, 547
  - armoniche su una retta, 548
  - costruttiva, 547
  - distruttiva, 547, 551
  - figura di, 550

- in un piano, 550
- nello spazio, 550
- sfasamento, 548
intervalli, di una scala naturale, 570
- semitono, 570
- tono, 570
ioni a valanga, produzione di, 858
irradiamento, 596
isolante/i
- polarizzazione di un, 642
- elettrici, 629
  - modello microscopico, 630
isolatori, 630
isteresi magnetica, ciclo di, 931

Joule, effetto, 785
- e conservazione dell'energia, 786
- spiegazione microscopica dell', 809

K

kilowattora (kWh), 787
Kirchhoff Gustav Robert
- prima legge (o legge dei nodi), 783
- seconda legge (o legge delle maglie), 784

L

lampade
- a fluorescenza, 860
- a incandescenza, 860
lavoro
- di carica del condensatore, 746
- di estrazione, di un elettrone, 824
  - da diversi metalli, 826l
- di una forza variabile, 699
legame ionico, 845
legge
- dei contatti successivi, 829
- dei nodi, 783
- delle maglie, 784
- delle onde armoniche in un istante fissato, 546
- delle onde armoniche in un punto fissato, 545
- di Ampère, 880

INDICE ANALITICO

- di Biot e Savart, 885
- di conservazione della carica elettrica, 633
- di Coulomb, 633
  - costante dielettrica della, 635
  - costante dielettrica assoluta, 639
  - costante dielettrica relativa, 638
- prima di Faraday, 850
- prima di Kirchhoff (o legge dei nodi), 783
- prima di Ohm, 776
- seconda di Faraday, 851
- seconda di Kirchhoff (o legge delle maglie), 784
- seconda di Ohm, 810

limiti di udibilità, 570

linee
- del campo elettrico, 661
  - costruzione delle, 661
  - di una carica puntiforme, 663
- del campo magnetico, 874

livello di intensità sonora, 568
- soglia di udibilità, 569
- soglia del dolore, 569

logaritmo decimale, 568

Lorentz Hendrik Antoon, forza di, 911

luce
- assorbimento della, 598, 610
- come corpuscolo, 596
- come onda elettromagnetica, 595
- diffrazione della, 604
- emissione della, 610
- flusso luminoso, 599
- illuminamento, 599
- intensità della, 599
- interferenza della, 600
- lunghezza d'onda e colori, 609
- modello corpuscolare, 594
- modello ondulatorio, 594
- rifrazione della, 594
- spettro continuo della, 611
- vs. suono, 610

lumen (lm), 599

lunghezza d'onda, 543
- di un suono, relazione con la frequenza, 571

lux (lx), 599

M

maglia, di un circuito, 783

magnete
- artificiale, 874
- di prova, 876
- naturale, 874

magnetizzazione permanente, 933

Maxwell James, 595
- prima equazione, 748
- seconda equazione, 749

memorie magnetiche digitali, 934

metallo/i
- catena di più, 828
- corrente elettrica nei, 808
- estrazione degli elettroni da un, 824
- reticolo cristallino, 808

Michael Faraday, esperienza di, 879

microfono, 565

misura
- della carica elettrica, 632
- della forza elettromotrice, 789

modello
- della luce, 594
- microscopico dell'elettrizzazione per strofinìo, 627

modi normali di oscillazione, 574
- frequenze dei, 574
- sovrapposizione di, 576

modulo del campo elettrico generato da un piano infinito di carica, 671

momento magnetico di una spira, 891

moto spontaneo delle cariche elettriche, 701

motore elettrico, 889

N

Newton Isaac, 594
nodo, di un circuito, 783
non-elettrolita, 845
note musicali, 569

O

Oersted Hans Christian, 878
ohm (Ω), 777
Ohm Georg Simon

- prima legge di, 776
- seconda legge di, 810

onda/e, 538
- ampiezza di, 543
- armoniche, 545
  - fase, 546
  - interferenza di, su una retta, 548
  - legge delle, in un istante fissato, 546
  - legge delle, in un punto fissato, 545
  - periodo spaziale, 546
  - sfasamento, 548
- circolari, 550
- d'acqua, diffrazione delle, 604
- elastica, 538, 541
- frequenza di, 544
- fronte di una, 541
- interferenza di, 547
  - costruttiva, 547
  - distruttiva, 547
- longitudinali, 539, 565
- luminose, 594
- lunghezza di, 543
- non stazionarie, 573
- periodiche, 542
- periodo di, 544
- piane, 541
- principio di sovrapposizione, 547
- progressive, 573
- raggi di, 542
- regressive, 573
- sfasamento, 548
- sferica, 541
- sonore, 564
  - intensità di, 568
  - limiti di udibilità, 570
  - riflessione delle, 572
  - soglia del dolore, 569
  - soglia di udibilità, 569
- sorgenti di, coerenti, 550
- stazionarie, 573
  - nodi di, 574
- su una corda, 539
- trasversali, 539
- velocità di propagazione, 544

oscilloscopio a raggi catodici, 861

ossicini dell'orecchio, 565

P

parallelo, collegamento in, dei conduttori, 775
partitore di tensione o potenziometro, 813
periodo
- di un'onda, 544
- spaziale di un'onda armonica, 546
permeabilità magnetica
- del vuoto, 880
- relativa, 930
piano infinito di carica, campo elettrico generato da, 669
- modulo del, 671
- proprietà di simmetria del, 670
pila (o cella elettrochimica), 853
- a secco, 853
  - catodo e ànodo, 853
polarizzazione, 642
poli magnetici, 875
potenza dissipata da un resistore, 785
- dimostrazione della formula, 785
potenziale
- da diversi metalli, 826
- definizione, 698
- di estrazione, di un elettrone, 825
- di una carica puntiforme, 702
- differenza di, 701
- e carica di prova, 702
- elettrico, 694, 698
  - convenzioni per lo zero del, 729
  - di una sfera carica isolata, 731
  - in un conduttore carico all'equilibrio, 725
  - zero, a massa, 730
  - zero, a terra, 729
  - zero, all'infinito, 729
potenziometro o partitore di tensione, 813
potere delle punte, in elettrostatica, 729
pozzo di Faraday, 723
prima armonica (o frequenza fondamentale), 575
principio di sovrapposizione
- delle forze elettriche, 635
- delle onde, 547
problema generale dell'elettrostatica, 726
processo di carica e di scarica di un accumulatore elettrico
prodotto scalare, 666
proprietà
- di simmetria di un campo elettrico generato da un piano infinito di carica, 669
- magnetiche dei materiali, 928
  - interpretazione microscopica, 930
protoni, 627
prova
- carica di, 657
  - forza su una, 658
punto angoloso, 731

R

radiazione, intensità di, 596, 598
raggi
- catodici, 860
  - tubo a, 861
- di un'onda, 542
rami, di un circuito, 783
rapporto incrementale, 772
reazioni chimiche, nell'elettrolisi, 848
resistenza
- elettrica, 777
- equivalente
  - di una rete di resistori, 778
- interna di un generatore, 788
  - misura della, 789
resistività, 811
- coefficiente di temperatura della, 814
- di alcune sostanze, 811
resistore/i, 778
- in parallelo, 778, 780
- in serie, 778, 779
- resistenza equivalente di una rete di, 778
- variabile, 812
reticolo
- cristallino dei metalli, 808
- di diffrazione, 608
riflessione delle onde sonore, 572
rifrazione della luce, 594
rimbombo, 572
risoluzione di un circuito, 781
rumore, 567

S

scale musicali, 569
- naturale, 570
  - intervalli, 570
scarica
- di un condensatore, 821
- elettrica in un gas, 857
Seebeck Johann Thomas, 829
- effetto, 830
selettore di velocità, 913
semiconduttori, 812
semitono musicale, 570
serie, collegamento dei conduttori in, 774
sfasamento, di due onde, 548
sfera/e
- capacità di una, conduttrice isolata, 731
- in equilibrio elettrostatico, 732
  - densità di carica, 733
  - determinazione delle cariche, 732
- potenziale di una, carica isolata, 731
simboli elettrici, 774
sistema
- di cariche
  - grandezze relative a, 698
  - unità di misura del, 701
- fisico chiuso, 633
- lineare, 783
soglia
- del dolore, 569
- di udibilità, 569
solenoide
- campo magnetico di un, 887
- toroidale, 928
soluzioni elettrolitiche, 768, 844
somma di campi elettrici, 660
sonar, 572
sorgenti d'onda coerenti, 550
sostanze
- diamagnetiche, 929

INDICE ANALITICO

- ferromagnetiche, 874, 928
- paramagnetiche, 929
sovrapposizione delle forze elettriche, principio di, 635
spettro
- continuo, 611
- di righe, 611
- solare, 612
- stellare, 612
spettrometro di massa, 920
spira
- forza magnetica su una, 890
- momento magnetico di una, 891
steradiante (sr), 598
strofinìo, elettrizzazione per, 626
- ipotesi di Franklin, 627
- modello microscopico, 627
strumenti di misura, inserimento in un circuito, 782
suono, 564
- altezza, 567
- caratteristiche del, 567
- come onda longitudinale, 565
- diffrazione del, 604
- e vuoto, 566
- intensità, 567
- timbro, 567
- velocità del, 566
- vs. luce, 610
superconduttività, 816
superconduttori, 815
- temperatura critica dei, 816
superficie/i
- equipotenziali, 703
  - e perpendicolarità tra linee di campo, 704
- flusso di un campo vettoriale attraverso una, 664
- vettore, 665

T

temperamento equabile, 570
temperatura
- coefficiente di, della resistività, 814
- critica dei superconduttori, 816
- di Curie, 933
tensione

- di Hall, 915
- generatore ideale, 771
- generatore reale di, 788
- partitore di, 813
teorema
- di Ampère, 924
  - applicazioni del, 925
- di Coulomb, 727
  - dimostrazione del, 727
- di Gauss
  - per il campo elettrico, 666, 667
  - per il magnetismo, 922
termocoppia, 830
timbro, di un suono, 567
timpano dell'orecchio, 565
tono musicale, 570
toroide, 927
touch screen
- resistivo, 814
- capacitivo, 738
trasformazione dell'energia elettrica, 784
tubo a raggi catodici (o tubo catodico), 861

U

ultrasuoni, 570
unità di misura del potenziale elettrico, 701

V

valenza di uno ione, 850
velocità
- del suono, 566
  - in diversi mezzi materiali, 566
- di deriva degli elettroni, 809
  - formula della, 810
- di propagazione di un'onda, 544
- di un fluido
  - campo delle, 662
- selettore di, 910
verso
- della corrente elettrica, 770
- della forza elettrica, 634
- del campo magnetico, 876
vettore
- campo elettrico, 656

- circuitazione del, 707
- definizione, 657
- flusso del, 666
- superficie, 665
- velocità
  - circuitazione del, 707
  - flusso del, 666
volt (v), 702
Volta Alessandro, elettròforo di, 641
voltmetro, 776, 894

W

weber (Wb), 921
Weiss Pierre-Ernest, domini di, 933

Y

Young Thomas, esperimento di, 601

Unità di misura che non fanno parte del Sistema Internazionale

Grandezza	Nome dell'unità	Simbolo	Equivalenza nel SI
lunghezza	unità astronomica	UA	1 UA = $1{,}50 \times 10^{11}$ m
	parsec	pc	1 pc = $3{,}09 \times 10^{16}$ m
	anno-luce	a.l.	1 a.l. = $9{,}46 \times 10^{15}$ m
	angstrom	Å	1 Å = 10^{-10} m
intervallo di tempo	giorno	d	1 d = $8{,}64 \times 10^4$ s
	anno	a	1 a = $3{,}16 \times 10^7$ s
volume	litro	l, L	1 l = 10^{-3} m^3
angolo piano	grado sessagesimale	°	1 ° = $\pi/180$ rad
velocità	kilometro all'ora	km/h	1 km/h = 1/3,6 m/s
energia	caloria	cal	1 cal = 4,19 J
	kilowattora	kWh	1 kWh = $3{,}60 \times 10^6$ J
	elettronvolt	eV	1 eV = $1{,}60 \times 10^{-19}$ J
potenza	cavallo vapore	CV	1 CV = $7{,}35 \times 10^2$ W
massa	unità di massa atomica	u	1 u = $1{,}66 \times 10^{-27}$ kg
pressione	bar	bar	1 bar = 10^5 Pa
	millimetro di mercurio, torr	mmHg, torr	1 mmHg = $1{,}33 \times 10^2$ Pa
	atmosfera	atm	1 atm = $1{,}01 \times 10^5$ Pa
temperatura	grado Celsius	°C	1 °C = 1 K

Costanti fondamentali

Nome della costante	Simbolo	Valore
costante di gravitazione universale	G	$6{,}67 \times 10^{-11}$ $\frac{\text{N} \cdot \text{m}^2}{\text{kg}^2}$
temperatura standard (0 °C)	T_0	273,15 K
costante dei gas perfetti	R	8,315 J/(mol · K)
costante di Boltzmann	k_B	$1{,}38 \times 10^{-23}$ J/K
numero di Avogadro	N_A	$6{,}02 \times 10^{23}$ (mol)$^{-1}$
velocità della luce nel vuoto	c	$2{,}9979 \times 10^8$ m/s
costante dielettrica del vuoto	ε_0	$8{,}854 \times 10^{-12}$ F/m
permeabilità magnetica del vuoto	μ_0	$4\pi \times 10^{-7}$ N/A^2
carica elementare	e	$1{,}60 \times 10^{-19}$ C
massa dell'elettrone	m_e	$9{,}11 \times 10^{-31}$ kg
massa del protone	m_p	$1{,}673 \times 10^{-27}$ kg
massa del neutrone	m_n	$1{,}675 \times 10^{-27}$ kg
costante di Planck	h	$6{,}63 \times 10^{-34}$ J · s
raggio di Bohr	a_0	$5{,}292 \times 10^{-11}$ m
magnetone di Bohr	μ_B	$9{,}274 \times 10^{-24}$ A · m^2

Proprietà fisiche dell'aria secca (273 K, $1{,}01 \times 10^5$ Pa)

Grandezza	Valore
velocità del suono	$3{,}32 \times 10^2$ m/s
calore specifico (a pressione costante)	$1{,}00 \times 10^3$ J/(kg · K)
densità	1,29 kg/m^3

Proprietà fisiche dell'acqua (293 K)

Grandezza	Valore
densità	$0{,}998 \times 10^3$ kg/m^3
velocità del suono	$1{,}48 \times 10^3$ m/s
calore specifico (a pressione costante)	$4{,}18 \times 10^3$ $\frac{\text{J}}{\text{kg} \cdot \text{K}}$
calore di fusione (273 K)	$3{,}34 \times 10^5$ J/kg
calore di evaporazione (373 K)	$2{,}26 \times 10^6$ J/kg
indice di rifrazione (λ = 589 nm)	1,33

Dati tratti da: Le tavole M • A • F • BI • C, Zanichelli, Bologna 1989 e M. Fazio, SI, MKSA, CGS & Co., Zanichelli, Bologna 1995.

TAVOLA PERIODICA DEGLI ELEMENTI

Legenda:
- IDROGENO — nome
- 1 — numero atomico
- H — simbolo
- 1,008 — peso atomico (u)

Gruppo	1 / I	2 / II	3	4	5	6	7	8	9	10	11	12	13 / III	14 / IV	15 / V	16 / VI	17 / VII	18 / VIII
	IDROGENO 1 **H** 1,008																	ELIO 2 **He** 4,003
	LITIO 3 **Li** 6,941	BERILLIO 4 **Be** 9,012											BORO 5 **B** 10,81	CARBONIO 6 **C** 12,01	AZOTO 7 **N** 14,01	OSSIGENO 8 **O** 16,00	FLUORO 9 **F** 19,00	NEON 10 **Ne** 20,18
	SODIO 11 **Na** 22,99	MAGNESIO 12 **Mg** 24,31											ALLUMINIO 13 **Al** 26,98	SILICIO 14 **Si** 28,09	FOSFORO 15 **P** 30,97	ZOLFO 16 **S** 32,07	CLORO 17 **Cl** 35,45	ARGON 18 **Ar** 39,95
	POTASSIO 19 **K** 39,10	CALCIO 20 **Ca** 40,08	SCANDIO 21 **Sc** 44,96	TITANIO 22 **Ti** 47,87	VANADIO 23 **V** 50,94	CROMO 24 **Cr** 52,00	MANGANESE 25 **Mn** 54,94	FERRO 26 **Fe** 55,85	COBALTO 27 **Co** 58,93	NICHEL 28 **Ni** 58,69	RAME 29 **Cu** 63,55	ZINCO 30 **Zn** 65,41	GALLIO 31 **Ga** 69,72	GERMANIO 32 **Ge** 72,64	ARSENICO 33 **As** 74,92	SELENIO 34 **Se** 78,96	BROMO 35 **Br** 79,90	CRIPTON 36 **Kr** 83,80
	RUBIDIO 37 **Rb** 85,47	STRONZIO 38 **Sr** 87,62	ITTRIO 39 **Y** 88,91	ZIRCONIO 40 **Zr** 91,22	NIOBIO 41 **Nb** 92,91	MOLIBDENO 42 **Mo** 95,94	TECNEZIO 43 **Tc** (98,91)	RUTENIO 44 **Ru** 101,1	RODIO 45 **Rh** 102,9	PALLADIO 46 **Pd** 106,4	ARGENTO 47 **Ag** 107,9	CADMIO 48 **Cd** 112,4	INDIO 49 **In** 114,8	STAGNO 50 **Sn** 118,7	ANTIMONIO 51 **Sb** 121,8	TELLURIO 52 **Te** 127,6	IODIO 53 **I** 126,9	XENON 54 **Xe** 131,3
	CESIO 55 **Cs** 132,9	BARIO 56 **Ba** 137,3	LANTANIO 57 **La** 138,9	AFNIO 72 **Hf** 178,5	TANTALIO 73 **Ta** 180,9	WOLFRAMIO 74 **W** 183,9	RENIO 75 **Re** 186,2	OSMIO 76 **Os** 190,2	IRIDIO 77 **Ir** 192,2	PLATINO 78 **Pt** 195,1	ORO 79 **Au** 197,0	MERCURIO 80 **Hg** 200,6	TALLIO 81 **Tl** 204,4	PIOMBO 82 **Pb** 207,2	BISMUTO 83 **Bi** 209,0	POLONIO 84 **Po** (210)	ASTATO 85 **At** (210)	RADON 86 **Rn** (222)
	FRANCIO 87 **Fr** (223)	RADIO 88 **Ra** (226)	ATTINIO 89 **Ac** (227)	RUTHERFORDIO 104 **Rf** (267)	DUBNIO 105 **Db** (268)	SEABORGIO 106 **Sg** (271)	BOHRIO 107 **Bh** (272)	HASSIO 108 **Hs** (270)	MEITNERIO 109 **Mt** (276)	DARMSTADIO 110 **Ds** (281)	ROENTGENIO 111 **Rg** (280)	COPERNICIO 112 **Cn** (285)	UNUNTRIO 113 **Uut** (284)	UNUNQUADIO 114 **Uuq** (289)	UNUNPENTIO 115 **Uup** (288)	UNUNHEXIO 116 **Uuh** (293)		UNUNOCTIO 118 **Uuo** (294)

LANTANIDI:

58 Ce 140,1	59 Pr 140,9	60 Nd 144,2	61 Pm (144)	62 Sm 150,4	63 Eu 152,0	64 Gd 157,3	65 Tb 158,9	66 Dy 162,5	67 Ho 164,9	68 Er 167,3	69 Tm 168,9	70 Yb 173,0	71 Lu 175,0

(CERIO, PRASEODIMIO, NEODIMIO, PROMEZIO, SAMARIO, EUROPIO, GADOLINIO, TERBIO, DISPROSIO, OLMIO, ERBIO, TULIO, ITTERBIO, LUTEZIO)

ATTINIDI:

90 Th 232	91 Pa 231	92 U 238	93 Np (237)	94 Pu (244)	95 Am (243)	96 Cm (247)	97 Bk (247)	98 Cf (252)	99 Es (252)	100 Fm (257)	101 Md (258)	102 No (259)	103 Lr (262)

(TORIO, PROTOATTINIO, URANIO, NETTUNIO, PLUTONIO, AMERICIO, CURIO, BERKELIO, CALIFORNIO, EINSTENIO, FERMIO, MENDELEVIO, NOBELIO, LAURENZIO)

DATI SUL SISTEMA SOLARE

Nome	Distanza media dal Sole ($\times 10^{12}$ m)	Periodo orbitale (d, a)	Raggio equatoriale ($\times 10^6$ m)	Massa ($\times 10^{24}$ kg)	Accelerazione di gravità alla superficie (m/s²)	Velocità di fuga ($\times 10^3$ m/s)
Sole			696,0	1,989[1]	273,6	617,7
Mercurio	0,0579	87,97 d	2,433	0,318	3,58	4,2
Venere	0,1082	224,70 d	6,080	4,881	8,87	10,4
Terra	0,1496	365,256 d	6,378	5,976	9,81	11,2
Luna	3,84[2]	27,32 d[3]	1,738	0,0735	1,62	2,4
Marte	0,2280	686,98 d	3,386	0,641	3,74	5,0
Giove	0,7783	11,86 a	71,37	1900	26,01	60,2
Saturno	1,429	29,46 a	60,37	568,1	11,17	36,1
Urano	2,875	84,02 a	25,6	86,78	10,49	22,2
Nettuno	4,504	164,8 a	22,7	102,6	13,25	24,5

[1] massa espressa in 10^{30} kg
[2] distanza dalla Terra espressa in 10^8 m
[3] periodo orbitale intorno alla Terra